KB150125

핵심정리

행정법원론

채우석 감수 · 김동근 저

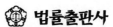 법률출판사

머리말

　행정법 공부를 시작할 때 가장 큰 고민거리 중의 하나가 어떤 책을 기본서로 하여 어떻게 공부할 것인가이다. 이는 행정법 이론의 습득 및 시험결과와 직결되는 가장 핵심적인 요소이기 때문이다.

　일반적으로 행정법은 처음 공부하는 학생들의 입장에서 볼 때 관련 용어 및 이론 등이 너무 현학적으로 기술되어 있는 경우가 많아 대체로 어려운 학문이라는 편견을 갖고 민법이나 형법 등에 비해 재미없고 흥미 없는 과목의 하나로 생각하고 마는 경향이 있다.

　따라서 본 기본서는 이런 전제하에 행정법을 처음 접하는 학생들이라도 보다 쉽게 이해할 수 있고 최소의 시간적 투입을 통해 최대의 산출이라는 결과물을 도출하기 위해 각 파트별 이론 정리를 사례를 들면서 쉽게 설명함은 물론 관련 학습에 유용한 핵심판례들을 원문 그대로 수록하여 그 이해도를 높였고 나아가 각각의 학설들 또한 간략하게 표로 정리하여 한눈에 비교분석하기 쉽게 만들었으며, 그 외 이론상 중요부분이나 다른 이론과 비교가 필요한 부분에 대하여는 비교표를 만들어 처리를 함으로써 학습자의 이해도를 높이는데 주안점을 두었다.

아무쪼록 본서가 행정법 입문서로서 행정법을 처음 접하는 학생들 및 법학 전반에 대한 관심을 가지고 법학을 연구하려는 분들에게 최적의 길라잡이 역할을 해낼 수 있기를 바라고, 다만, 다소 미흡하거나 부족한 점은 독자 분들의 지도편달을 바라며, 계속 판을 거듭하면서 이를 보완해 나가고자 한다.

마지막으로 본서의 출간을 위하여 여러 모로 아낌없이 조언 및 도움을 주신 여러분들께 이면을 빌어 고마움을 표하며, 어려운 가운데서도 본서의 출간을 위하여 불철주야 노력하신 법률출판사 김용성 사장님을 비롯하여 법률출판사의 편집자 및 여러 임직원들에게도 깊은 감사를 드리는 바이다.

2021. 5.
저자 씀

차 례

제1편 행정법 총론

제2편 행정쟁송법

제1편
행정법 총론

제1장 행정법의 개념

제1절 행정법의 의의

제1항 행정에 관한 법률로서의 행정법

Ⅰ. 행정법의 개념

1. 의의

행정법은 행정권의 조직과 작용 및 구제에 관한 국내 공법으로서 행정에 관한 성문 불문법규를 포괄하는 개념이다. 행정법은 행정의 전 영역에 걸친 모든 법규나 행정에 관한 전체의 법규를 의미하는 것은 아니고 행정에 관하여 독자적인 체계와 고유적 체계를 가진 법만을 의미한다. 이러한 행정법은 통일된 법전이 없다는 것이 특징이지만, 통일된 법전이 없다고 하여 그 독자성과 고유성이 부정되는 것은 아니다.

(1) 형식적 의미의 행정

행정법에 의하여 규율되는 행정개념은 권력분립의 원칙이 성립됨에 따라 등장하고 역사적 발전과정에서 성립되었다. 여기서 형식적 의미의 행정이란 국가작용의 성질이나 내용과 상관없이 제도적인 측면에서 현실적인 국가기관(입법기관, 행정기관, 사법기관)의 권한을 기준으로 한 개념이며, 행정부에 속하는 기관에 의해 이루어지는 모든 작용을 의미한다.

(2) 실질적 의미의 행정

실질적 의미의 행정이란 국가작용의 성질이나 내용상의 차이가 있음을 전제로 하여 그 성질에 따라 행정을 입법·사법과 구별하여 행정내용의 의의를 본질적 특성을 중심으로 구성하려는 개념이다.

형식적 의미의 행정	실질적 의미의 행정
행정기관에 의해 행해지는 모든 활동을 의미 가령, 대통령령 제정의 경우 형식적 의미의 행정에 속하나, 실질적 의미에서는 입법이다.	행정의 개념을 국가작용의 성질상의 차이를 표준으로 이론적 입장에서 입법, 사법과 구별하려는 것으로 실질적 개념규정이 가능하다는 견해(긍정설)와 불가능하다는 견해(부정설)로 나뉜다. 가령, 행정심판재결의 경우 형식적 의미에서는 행정이지만 실질적 의미에서는 사법이다.

2. 법적특수성

행정법은 통일된 법전이 없이 행정에 관련된 여러 법령들로 구성되어 있다. 그러나 그 나름대로의 공통적이고 통일적인 체계를 가지고 있는데, 그 통일적인 체계로서 행정법이 갖는 특색이 행정법의 해석과 적용·운영의 기준이 된다. 행정법의 그러한 특색은 크게 규정내용상의 특수성(행정주체의 우월성, 공익우선성, 행정법의 집단성, 평등성 등), 규정형식상의 특수성(성문성, 형식의 다양성 등), 규정성질상의 특수성(행정법의 기술성, 행정법의 획일·강행성, 행정법의 재량행위성, 단속규범성, 행위규범성, 강행규범성 등)으로 나눌 수 있다.

[법의 분류 개관]

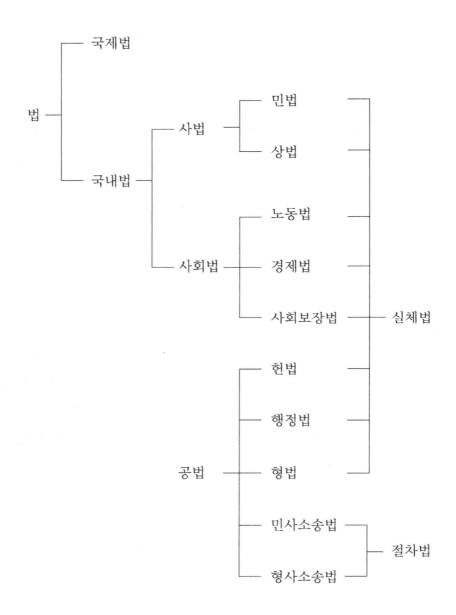

3. 행정의 종류

(1) 법적효과에 따른 분류

1) 수익적 행정

수익적 행정이란 국민에게 제한된 자유로 회복시켜 주거나 새로운 권리나 이익을 주는 행정을 말한다(예를 들어 각종 허가, 인가, 면제, 생계비 지급 등).

2) 침익적 행정(부담적 행정행위)

국민에게 의무를 부과하거나 기존의 권리나 이익을 박탈하거나 또는 각종 제재를 가하는 것을 내용으로 하는 국민에게 불이익한 행정을 말한다(허가의 취소, 철회, 행정강제 등).

3) 복효적 행정

수익적인 효과와 침익적인 효과를 동시에 갖는 행정을 말한다. 이에는 수익과 침익이 동일인에게 귀속하는 혼효적 행정이 있고(부담부 주점영업허가 등), 수익과 침익이 상이한 자에게 귀속하는 제3자효 있는 행정(유해물질을 배출하는 공장허가로 인근 주민이 공해에 시달리는)이 있다.

(2) 작용형식에 따른 분류

1) 침해행정

공익을 위해 명령이나 금지의 수단을 통해 개인의 자유와 재산의 영역을 침해하거나 제한하는 행정을 말한다(세금부과처분, 교통통제, 행정강제처분 등).

2) 급부행정

행정주체가 급부를 통하여 개인 또는 단체를 원조하고 그들의 이익추구를 촉진하여 주는 행정을 말한다(학교, 도서관, 병원 등 건립, 사회보험, 도로 항만의 건설 등).

(3) 주체와 목적에 따른 분류

행정의 주체에 따라서는 국가행정, 자치행정, 위임행정으로 분류되고, 목적에 따라서는 질서행정, 유도행정, 급부행정, 공과행정, 조달행정, 계획행정으로 분류된다.

주체	국가행정	국가가 직접 그 기관에 의하여 행하는 행정
	자치행정	지방자치단체, 기타 공공단체가 주체가 되어 그 기관 또는 사인에게 위임하여 행하는 행정
	위임행정	국가, 공공단체가 그 사무를 다른 공공단체나 그 기관 또는 사인에게 위임하여 행하는 행정
목적	질서행정	경찰행정 등 사회공공의 안녕과 질서를 유지하기 위한 행정
	급부행정	행정주체가 사회공공의 복리증진을 위하여 적극적으로 사회구성원의 생활여건 보장, 향상을 추구하는 행정
	유도행정	행정주체가 국민의 경제적, 사회적, 지역적 생활을 일정 방향으로 이끌어가며 촉진시키는 활동
	공과행정	조세나 부담금 등 부과, 징수하여 필요한 자금을 조달하는 활동
	조달행정	인적, 물적 수단을 확보하여 관리하는 활동
	계획행정	일정 목표달성을 위해 행정수단을 종합하는 작용

(4) 법적 기속, 수단, 법적형식에 따른 분류

법적 기속형식에 따라서는 기속적 행위, 재량적 행위로 분류되고, 수단에 따라서는 권력적 행위, 비권력적 행위로 분류되며, 형식에 따라서는 공법상 행정, 사법상 행정으로 분류된다.

기속	기속적행위	행정청에 반드시 일정한 행정활동을 하여야 하는 의무부여
	재량적행위	행정청이 어떤 행정활동을 할 수도 안할 수도 있는 자유, 선택할 수 있는 자유가 부여된 경우
수단	권력적행위	일방적 명령, 강제, 개인의 법적지위를 일방적으로 형성, 변경, 소멸시키는 행정
	비권력적행위	강제성을 띠지 않는 행정
형식	공법상 행정	권력행정, 관리행정
	사법상 행정	협의의 국고행정, 행정사법

제2항 공법으로서 행정법

Ⅰ. 공법과 사법의 구별필요성

구분	공법관계	사법관계
적용법규	공법	사법
소송형태	행정소송	민사소송
강제집행	행정청은 자력집행 가능	적법절차원칙 - 자력집행 ×
손해전보	국가배상책임	민사소송

1. 절차법상 구별필요성

행정청의 처분 등의 절차는 행정절차법이 정하는 절차와 방식에 의하여야 하나, 사인간의 영역인 민사관계에서는 사적자치의 원칙이 적용되며 원칙적으로 국가가 개입하지 않는다.

2. 실체법상 구별필요성

구체적 법률관계에 적용할 법규나 법원칙을 결정하기 위하여 필요 절차법적 구별이 필요하다. 예컨대, 행정청과 사인의 계약은 공법상계약으로 신뢰보호원칙 등의 공법원리가 적용되는 반면, 사인과 사인간의 계약은 사법상계약으로 민법의 일반원칙이 적용된다.

3. 소송법상 구별필요성

사인간의 민사분쟁의 경우에는 사법적 구제절차인 민사소송법이, 행정주체와 사인간의 법적 분쟁은 행정소송법이 적용된다.

공법	사법
행정소송	민사소송
표시주의 위주	의사주의 + 표시주의
법치주의	사적자치
표현대리 허용하지 않음	표현대리 허용

Ⅱ. 공법과 사법의 구별기준

1. 학설

학설	내용
이익설	공익보호 v 사익보호
성질설(권력설, 복종설)	행정주체 우월성 v 대등
주체설	당사자중 한쪽 행정주체 v 양자 모두 사인
생활관계설	정치적 생활관계 v 민사적 생활관계

이익설, 성질설, 주체설, 생활관계설 등이 대립한다. 이중 ⅰ) 이익설은 보호하고자 하는 법익이 공익이냐 사익이냐를 기준으로 공익을 보호하는 것이 공법이고 사익을 보하는 것이 사법이라는 견해이고, ⅱ) 성질설은 법률관계의 성질이 대등한 당사자들 간의 관계이나 상하관계에 따라 평등 또는 대등한 관계를 규율하는 법이 사법이고, 불평등한 관계를 규율하는 법이 공법이라는 견해이며, ⅲ) 주체설은 법률관계의 주체가 국가나 지방자치단체 등 공공단체냐 사인이냐에 따라 국가 기타 공공단체 상호간의 관계나 공공단체와 사인간의 관계를 규율하는 법은 공법이고 사인과 사인간의 관계를 규율하는 법은 사법으로 보는 견해이고, ⅳ) 생활관계설은 정치적 생활관계를 규율하면 공법관계이고 민사적 생활관계를 규율하면 사법으로 보는 견해이다.

2. 판례 : 판례는 종합적으로 판단

(1) 공법관계로 본 판례

국·공유재산의 관리청이 행정재산의 사용·수익을 허가한 다음 그 사용·수익하는 자에 대하여 하는 사용·수익허가취소는 순전히 사경제주체로서 행하는 사법상의 행위라 할 수 없고, 이는 관리청이 공권력을 가진 우월적 지위에서 행한 것으로서 항고소송의 대상이 되는 행정처분이다.[1]

공법관계로 본 판례	– 국·공유재산에 대한 변상금부과처분 – 조달청이 행한 입찰참가자격제한조치 – 공무원연금관리공단의 급여결정 – 국·공유재산인 행정재산의 사용허가 – 지방자치단체인 수도사업자의 수도료부과징수행위 – 시립무용단원의 위촉계약

(2) 사법관계로 본 판례

국유재산법 제31조, 제32조 제3항, 산림법 제75조 제1항의 규정 등에 의하여 국유잡종재산에 관한 관리 처분의 권한을 위임받은 기관이 국유잡종재산을 대부하는 행위는 국가가 사경제 주체로서 상대방과 대등한 위치에서 행하는 사법상의 계약이고, 행정청이 공권력의 주체로서 상대방의 의사 여하에 불구하고 일방적으로 행하는 행정처분이라고 볼 수 없으며, 국유잡종재산에 관한 대부료의 납부고지 역시 사법상의 이행청구에 해당하고, 이를 행정처분이라고 할 수 없다.[2]

사법관계로 본 판례	– 국·공유재산 중 일반재산의 대부행위 – 입찰계약 – 국가를 당사자로 하는 계약에 관한 법률에 의한 입찰계약 및 입찰 보증금의 국고귀속조치 – 조세과오납환급청구권(부당이득반환청구)

---

1) 대법원 1997. 4. 11. 선고 96누17325 판결.
2) 대법원 2000. 2. 11. 선고 99다61675 판결.

3. 검토

여러 기준을 모두 모두 고려하여야 한다는 견해가 통설이다(복수기준설). 특히 법규에서 행정상 강제집행, 행정벌, 손실보상이나 국가배상, 행정쟁송제도가 규정되어 있다는 것은 공법관계이다.

제2절 법률에 의한 행정의 원리(행정의 법률적합성의 원칙)

제1항 개념

법치행정의 원리란 '법률에 의한 행정의 원리'라고도 하며, 행정작용은 헌법과 법률에 근거하여 행해져야 하고, 위법한 행정작용에 대하여는 사법심사에 의하여 국민의 권익을 보장받는 것을 내용으로 하는 법치주의의 행정법적 표현이다. 이러한 원리의 목적은 근대입헌국가의 권력분립원리를 기초로 국민의 기본권을 보장하기 위하여 법률로 행정을 규제함으로써 행정주체의 자의적인 행정작용을 억제하는 것에 있다.

제2항 법률의 법규창조력

국가작용 중 국민의 권리를 새로이 제한하거나 의무를 부과하는 규율을 정하는 것은 모두 '국민의 대표기관인 의회가 정립하는 법률'에 의하여야 하며, 원칙적으로 의회가 제정한 법률만이 법규로서 구속력을 가진다는 것을 의미한다.

다만, 현행법상 통치행위의 하나로 다루어지는 긴급명령은 헌법에 의하여 그 발령요건이 엄격히 규정되어 예외적으로만 인정되고, 법률의 구체적 위임이 있는 경우에는 예외적으로 위임한 사항에 대하여 대통령령으로 제정할 수 있도록 하고 있다(예, 대통령령이 법률의 효력이 가지는 긴급명령 또는 긴급재정경제명령). 한편, 오늘날 행정법의 일반원칙이나 관습법의 법원성이 인정되고 있다는 점 등을 고려해 보면 법률의 법규창조력의 적용영역은 상대적으로 줄어들고 있는 추세이다.

제3항 법률우위의 원칙

법률우위의 이 원칙은 법률에 규정이 있는 경우에 행정작용은 그 법률에 위배되어서는 아니한다는 원칙이다. 법률이 행정 및 행정에 관한 그 밖의 규율에 우선함을 의미한다. 오늘날 실질적 법치주의 하에서는 헌법의 이념에 합치한 법률에 대해서만 우위성을 인정하면서 이를 위하여 위헌법률심사 제도를 두고 있다.

법률우위의 원칙은 소극적 의미의 법률적합성의 원칙으로 '행정작용의 법률 종속성'을 의미한다. 따라서 예를 들어 법률에 정해진 일정한 범위의 과태료 이상의 과태료를 부과하는 것은 허용되지 아니한다.

제4항 법률유보의 원칙

I. 의의

법률유보의 원칙이란 일정한 행정권의 발동은 법률에 근거하여 이루어져야 한다는 원칙이며, 이러한 법률유보의 원칙은 헌법상 민주주의원리, 법치주의원리, 기본권보장원리에서 도출되는 원리이다.

II. 적용범위

1. 학설 – 침해유보설, 급부행정유보설, 전부유보설, 중요사항유보설 등

학설	내 용
침해 유보설	개인의 자유와 사유재산을 군주의 독단적 집행권으로부터 보호하기 위해 침해는 국민대표의 동의에 의할 것, 즉 법률의 형식에 의할 것이 요구된다는 견해이다. 그러나 이 견해는 입헌군주제 시절에 나온 견해로서 현재의 국민주권주의 아래에서 인정되기 어려운 견해이다.
전부 유보설	모든 행정작용은 국민의 대표기관인 국회가 제정한 법률에 근거해야 한다는 견해이다. 하지만 이 견해는 행정의 자유영역을 모두 부정하는 문제가 있다.
권력행정유보설	침해적 행정이나 수익적 행정을 불문하고 모든 권력작용은 법률의 근거가 필요하다는 견해이다.
급부유보설	침해적, 급부행정작용은 법적 근거가 필요하다는 견해이다

중요사항 유보설	기본적인 규범영역에서 모든 중요한 사항 내지 본질적 사항은 적어도 입법 자 스스로 법률로 정해야 한다는 견해로서 현재 대다수의 학자들이 인정하 는 학설이다.

법률유보의 적용범위에 관해서는 침익적 행정작용 국민의 권리를 제한하거나 의무를 부과하는 침익적 행정작용에는 반드시 법률의 근거가 필요하다는 견해, 침익적 행정작용과 특별권력관계에서의 침익적 행정작용도 법률유보가 필요하다는 신침해유보설, 침익적 행정작용과 급부행정작용도 법률유보가 필요하다는 급부행정유보설, 국민의 기본권에 직접 영향을 미치는 본질적 사안에 대해서는 의회가 직접 규율해야 한다는 중요사항유보설, 행정의 모든 영역에 법률의 근거가 필요하다는 전부유보설이 있다.

2. 검토 - 중요사항유보설(통, 판)

오늘날 법률유보원칙은 단순히 행정작용이 법률에 근거를 두기만 하면 충분한 것이 아니라, 국가공동체와 그 구성원에게 기본적이고도 중요한 의미를 갖는 영역, 특히 국민의 기본권실현에 관련된 영역에 있어서는 행정에 맡길 것이 아니라 국민의 대표자인 입법자 스스로 그 본질적 사항에 대하여 결정하여야 한다는 요구까지 내포하는 것으로 이해하여야 한다(이른바 의회유보원칙). 그런데 입법자가 형식적 법률로 스스로 규율하여야 하는 사항이 어떤 것인가는 일률적으로 획정할 수 없고 구체적 사례에서 관련된 이익 내지 가치의 중요성, 규제 내지 침해의 정도와 방법 등을 고려하여 개별적으로 결정할 수 있을 뿐이나, 적어도 헌법상 보장된 국민의 자유나 권리를 제한할 때에는 그 제한의 본질적인 사항에 관한 한 입법자가 법률로써 스스로 규율하여야 할 것이다.[3]

---

3) 헌재 2008. 2. 28. 2006헌바70, 헌재 2009. 12. 29. 2008헌바48.

제2장 행정법의 법원

제1절 법원

제1항 행정법의 법원의 개념

Ⅰ. 의의

일반적으로 행정법의 법원이란 행정법의 조직과 작용에 관한 실정법의 존재형식을 말하며, 행정사무 처리의 기준이 되는 모든 법규범이 행정법의 법원이다.

Ⅱ 성문법주의(원칙) - 불문법주의

성문법이란 문서의 형식으로 표현되고 일정한 절차와 형식을 갖추어 공포된 법을 말한다. 이는 국가기관이 제정하였다는 의미에서 제정법이라고도 한다. 근대국가는 국민의 권리를 보장할 목적으로 법치주의를 채택하고 있으므로 성문법을 갖추고 있는 것이 보통이다. 이러한 성문법의 형식을 중시하고 그에 따라 법을 집행하고자 하는 성문법주의는 자의적인 법집행을 방지하고 국민에게 예측가능성, 법적안정, 권리구제절차를 명확히 함으로써 국민의 권익구제를 도모하는 등의 장점이 있다.

제2항 행정법의 법원

법원이란 법규범의 존재형식을 말하며, 행정법의 법원에는 성문법, 국제법, 불문법원, 행정법의 일반원칙(조리) 등이 있다.

Ⅰ. 성문법

우리 행정법은 성문법주의를 취하고 있다. 그러므로 헌법, 법률, 명령, 국제조약, 조례·규칙 등 자치법규가 법원이 된다.

분류	내용
헌법	다른 규범의 해석규범 행정법의 헌법종속성(행정법은 헌법의 구체화법)
법률	형식적의미의 법률(국회가 제정한 법률) 법규명령과 자치법규보다 우월한 효력을 가짐 특별법우선의 원칙, 신법우선의 원칙 구법인 특별법이 신법인 일반법보다 우선
명령	법규명령: 법규성 인정, 위임명령과 집행명령 행정규칙: 법규성 부정
자치법규	지방자치단체가 법령의 범위 안에서 제정하는 자치규정, 조례(지방의회)와 규칙(지방자치단체장) 단계구조: 조례와 규칙은 헌법, 법률과 명령에 위반될 수 없음, 조례가 규칙보다 상위규범
조약	국가와 국가사이 또는 국가와 국제기구 사이의 문서에 의한 합의 국내행정에 관한사항을 정하고 있는 것은 행정법의 법원이 됨

1. 헌법

헌법은 국가의 기본법인 까닭에 타당한 일체의 헌법규정은 행정에 직접 적용된다는 점에서 행법법의 법원이다(O. Mayer - 헌법은 변하여도 행정법은 존속한다, F. Werner - 구체화된 헌법으로서의 행정법). 헌법 제11조 평등원칙, 제37조 2항의 비례원칙 등 헌법의 일부조항들은 행정작용에 기준을 제시하는 중요한 법원으로서의 기능을 수행한다.

2. 법률

형식적 의미의 법률이란 실질적·내용적 성격을 고려함이 없이 헌법상의 입법절차에 따라 나타나는 입법기관이 제정한 법형식을 말한다. 다만, 행정기능의 확대 강화에 따라 위임입법의 증가로 본래적 법원으로서의 법률의 지위가 흔들리고 있다.

3. 행정입법(법규명령, 행정규칙)

행정기관에 의해 정립되는 법을 행정입법이라 하는데, 이는 법률 등의 위임에 의해 정해지는 법규명령(대통령의 긴급명령과 긴급재정 경제명령, 대통령령, 총리령, 부령, 중앙선거관리위원회 규칙, 감사원규칙, 국회규칙, 대법원 규칙, 헌법재판소규칙 등), 상급행정기관이 직권으로 소속행정기관 등에 대하여 가하는 규율인 행정규칙으로 구분된다. 행정규칙은 법규는 아니지만 행정사무처리의 기준이 된다는 점에서 법원으로 본다(다수설).

4. 자치법규

국가에 의해 설립된 공법인이 법률상 부여된 자치권의 범위 안에서 제정한 것으로서 그 구성원들에게 효력을 갖는 법규를 말한다. 이에는 지방의회의 조례, 지방자치단체장의 규칙, 지방교육자치에 관한 법률에 따라 교육감이 정하는 교육규칙 등이 있다.

Ⅱ. 국제법

국제법은 원래 국제관계에 관한 법이지 국내에서 행정주체와 국민 개인 간에 적용되는 법이 아니다. 따라서 모든 국제법이 행정법의 법원이 되는 것은 아니며, 일부의 국제법만이 행정법의 법원이 될 수 있다. 헌법 제6조는 "헌법에 의하여 체결, 공포된 조약과 일반적으로 승인된 국제법규는 국내법과 같은 효력을 가진다"고 규정하여 일정한 국제법을 법원으로 수용하고 있다. 따라서 이에 위반되는 경우 그 효력이 없다.

Ⅲ. 불문법원

문서의 형식으로 표현되지 않은 법으로서 일정한 제정절차를 거치지 않고 존재하는 법을 말한다. 성문법과 함께 중요한 법원이 되고 있다. 이에는 관습법 · 판례법 · 조리가 포함된다. 특히 관습법은 성문법의 모체이며, 근대국가가 대규모의 성문법을 편찬하기 이전에는 불문법이 오랫동안 법적 생활을 지배하여 왔다.

분류	내용
관습법	오랜 관행이 사회의 법적 확신을 얻어 법적 규범으로 승인 된 것, 여기서 법적확신은 특정인이 아닌 일반인의 인식을 기준으로 한다(대법원 1994. 3. 25. 선고 93다45701 판결).
판례법	· 법원의 재판을 통하여 형성되는 법 · 영미법계는 판례법국가로서 판례의 법적 구속력을 긍정하지만, 대륙법계는 성문법국가로서 판례의 사실상 구속력은 인정하나 판례의 법원성은 부정 · 우리나라는 대륙법계에 속하며 법률상으로는 상급법원의 판결은 당해사건에 한하여 하급심을 구속하는 효력만 있다. 따라서 판례의 법원성이 있는가에 대하여 다툼이 있음
조리	· 조리란 사물의 본질적 또는 일반원칙을 말함 · 조리는 행정법 해석의 기본원리이며, 성문법, 관습법 및 판례법이 모두 없는 경우 적용되는 최후의 보충법원으로 중요한 의미가 있음 · 조리에는 비례의 원칙, 평등의 원칙, 행정의 자기구속의 원칙, 신뢰보호의 원칙, 신의 성실의 원칙, 권리남용금지의 원칙, 과잉급부금지의 원칙, 보충성의 원칙, 부당결부금지의 원칙 등이 있음

1. 관습법 : 오랜 관행 + 법적확신 - 성문법 보충하는 효력(다)

(1) 관습법의 개념 및 민중관습법

1) 개념(오랜 관행 + 법적확신)

일반적으로 일정한 관행이 국민들 사이에 장기간 반복되고 그것에 대해 민중이 법적확신을 가질 때 관습법이 성립한다고 한다. 위 두 가지 요소 외에 국가에 의한 명시적 · 묵시적 승인이 필요하다는 견해도 있지만, 법적확신설이 통설 및 판례의 견해이다.

2) 민중관습법

공법관계에 관한 관행이 국민들 사이에서 장기간 반복되고 그것이 다수의 국민에 의해 인식되었을 때 성립하며, 그 예로는 입어권, 관습법상 유수사용권 등을 들 수 있다.

가령, 하천은 국가가 관리하는 공물인데 성문법규에는 사인이 하천을 사용하는 관계에 관하여는 규정이 없다. 그럼에도 일반 민중들이 오랜 세월동안의 관행으로 하천용수에 관해 서로 간에 협정을 맺고 마치 사용권이 있는 것처럼 사용하고 있다. 만일 성문법규에서 이를 금지한다면 이 하천용수권은 성립될 수 없을 것이다. 그런데 문제는 이 사용에 대하여 오랜 동안 행정관청이 이의를 제기하지 않았고 그래서 민중들이 이 사용권은 법적으로 용인된다고 믿는 데 있다. 이 때 국가의 재차 승인 필요 없이 이 권리는 관습상 권리로 확정되는 것이다.

3) 행정선례법

행정청의 선례가 오랜 기간 반복됨으로써 성립되며, 국세기본법 제18조 제3항은 조세행정에 있어서 행정선례법의 존재를 명문으로 인정하고 있다.

(2) 효력

관습법은 성문법이 없는 경우에만 보충적으로 적용될 뿐 성문법을 개폐하는 효력이 없다는 보충적 효력설이 다수설 및 판례의 태도이다.[4)]

2. 판례법

판례를 행정법의 법원으로 볼 것인가에 관하여는 학설의 대립이 있다. 그러나 행정사건에서 법원의 판결은 구체적인 분쟁에서 사실관계를 확정하고 그에 법령을 적용함으로써 해당 분쟁을 해결하고 법질서를 유지함을 직접적인 목적으로 하지만 판결 결과에 의하여 정립된 기준이 그 기판력으로 인하여 이후 같은 종류의 사건에 재판의 준거가 되기 때문이다. 법원조직법 제8조는 상급법원의 판결은 당해사건에 한하여 하급심을 기속하는 효력만 있다고 규정하고 있고 판례위반이 상고이유가 된다.

관습법	판례법
. 관행 O . 법적확신 O	. 관행 x . 법원의 행위 자체에 내포된 기판력의 소산

---

4) 대법원 1983. 6. 14. 선고 80다3231 판결.

【판시사항】

하급심법원이 유사 사건의 대법원 판례와 다른 견해를 취하여 재판한 경우, 민사소송법 제422조 제1항 제1호 소정의 재심사유에 해당하는지 여부(대법원 1996. 10. 25. 선고 96다31307 판결)

【판결요지】

대법원의 판례가 법률해석의 일반적인 기준을 제시한 경우에 유사한 사건을 재판하는 하급심법원의 법관은 판례의 견해를 존중하여 재판하여야 하는 것이나, 판례가 사안이 서로 다른 사건을 재판하는 하급심법원을 직접 기속하는 효력이 있는 것은 아니므로, 하급심법원이 판례와 다른 견해를 취하여 재판한 경우에 상고를 제기하여 구제받을 수 있음을 별론으로 하고 민사소송법 제422조 제1항 제1호 소정의 재심사유인 법률에 의하여 판결법원을 구성하지 아니한 때에 해당한다고 할 수 없다.

3. 헌재결정

헌법재판소의 위헌결정은 법원으로서의 성격을 가진다. 그 이유는 위헌으로 결정된 법률 또는 법률조항은 효력을 상실하고 아울러 위헌결정은 법원 기타 국가기관이나 지방자치단체를 기속하기 때문이다.

Ⅳ. 행정의 일반원칙

행정법의 일반원칙은 법적 공동체로서 민간단체에서 당연히 도출되는 윤리적 최소한의 원칙으로 행정법 전체에 걸쳐서 공통적으로 적용되는 법 원리를 말한다. 행정법의 일반원칙은 성문의 법규는 아니더라도 모든 법질서가 지향하여야 할 근간이 되며, 기본적인 법규범으로서 행정법의 법원이 된다. 이에는 행정의 자기구속의 원칙, 신뢰보호의 원칙, 부당결부금지의 원칙과 비례의 원칙, 평등의 원칙 등이 있으며, 이러한 일반원칙은 행정법이 존재하지 않는 행정법의 흠결을 보충하는 기능을 한다.

1. 행정의 자기구속의 원칙

(1) 의의

행정의 자기구속의 법리란 재량권 행사에 있어서 행정청이 제3자에게 재량권을 행사하였던 일정한 선례가 존재하는 경우, 행정청은 특별한 사정이 없는 한 같은 사안(동종사건)에서 동일한 결정을 하도록 스스로 구속당하는 원칙을 말한다(평등의 원칙을 매개). 즉 행정청 스스로 정하여 시행하고 있는 기준을 합리적인 이유 없이 이탈할 수 없다는 원칙이 행정의 자기구속의 원칙이다. 자기구속의 원칙은 행정청 스스로에 의한 구속이라는 점에서 행정의 법률에의 구속 등과 같은 타자구속과는 구별된다.

(2) 기능

행정의 자기구속의 원칙은 자의적의 행정권 행사 및 재량권 행사를 통제하는 기능을 한다. 다만, 행정활동의 경직성을 초래하여 탄력적인 행정운영을 저해한다는 문제점이 있다.

(3) 인정근거

행정의 자기구속의 법리의 근거에 대하여는 신뢰보호의 원칙에서 구하는 견해와 평등의 원칙에서 구하는 견해로 나누어져 있으나, 평등의 원칙에서 구하는 것이 타당하다(다수설). 행정의 자기구속의 법리는 행정청이 자유롭게 판단할 수 있는 영역에서 스스로 제시하거나 시행한 기준에 따라 자신이 이전에 행한 행위를 특별한 사유가 없다면 변경할 수 없다는 것을 의미한다. 만약 기존의 기준을 변경한다면 행정객체가 기존의 행위를 신뢰하였는가의 여부와 관계없이 불합리한 차별이 되고 이는 평등원칙을 위반하게 된다. 따라서 헌법적 원리인 평등의 원칙은 행정청이 재량권을 평등하게 행사하는 것을 요구하는 것으로 이해하여야 한다. 한편, 아래 판례에서 보듯 대법원 및 헌법재판소는 평등의 원칙 및 신뢰보호원칙에 근거하여 자기구속의 원칙을 명시적으로 인정하고 있다.

【판시사항】

자기구속의 원칙인정 여부(헌재 1990. 9. 3. 선고 90헌마13 결정)

【판결요지】

행정규칙이 법령의 규정에 의하여 행정관청에 법령의 구체적 내용을 보충할 권한을 부여한 경우, 또는 재량권행사의 준칙인 규칙이 그 정한 바에 따라 되풀이 시행되어 행정관행이 이룩되게 되면, 평등의 원칙이나 신뢰보호의 원칙에 따라 행정기관은 그 상대방에 대한 관계에서 그 규칙에 따라야할 자기구속을 당하게 되고, 그러한 경우에는 대외적인 구속력을 지게 된다.

【판시사항】

상급행정기관이 하급행정기관에 발하는 이른바 '행정규칙이나 내부지침'을 위반한 행정처분이 위법하게 되는 경우(대법원 2009. 12. 24. 선고 2009두7967 판결)

【판결요지】

상급행정기관이 하급행정기관에 대하여 업무처리지침이나 법령의 해석적용에 관한 기준을 정하여 발하는 이른바 '행정규칙이나 내부지침'은 일반적으로 행정조직 내부에서만 효력을 가질 뿐 대외적인 구속력을 갖는 것은 아니므로 행정처분이 그에 위반하였다고 하여 그러한 사정만으로 곧바로 위법하게 되는 것은 아니다. 다만, 재량권 행사의 준칙인 행정규칙이 그 정한 바에 따라 되풀이 시행되어 행정관행이 이루어지게 되면 평등의 원칙이나 신뢰보호의 원칙에 따라 행정기관은 그 상대방에 대한 관계에서 그 규칙에 따라야 할 자기구속을 받게 되므로, 이러한 경우에는 특별한 사정이 없는 한 그를 위반하는 처분은 평등의 원칙이나 신뢰보호의 원칙에 위배되어 재량권을 일탈·남용한 위법한 처분이 된다.

【판시사항】

행정의 자기구속의 원칙 등 위배여부(대법원 2009. 12. 24. 선고 2009두7967 판결)

【판결요지】

시장이 농림수산식품부에 의하여 공표된 '2008년도 농림사업시행지침서'에 명시되지 않은 '시·군별 건조저장시설 개소당 논 면적' 기준을 충족하지 못하였다는 이유로 신규 건조저장시설 사업자 인정신청을 반려한 사안에서, 위 지침이 되풀이 시행되어 행정관행이 이루어졌다거나 그 공표만으로 신청인이 보호가치 있는 신뢰를 갖게 되었다고 볼 수 없고, 쌀 시장 개방화에 대비한 경쟁력 강화 등 우월한 공익상 요청에 따라 위 지침상의 요건 외에 '시·군별 건조저장시설 개소당 논 면적 1,000ha 이상' 요건을 추가할 만한 특별한 사정을 인정할 수 있어, 그 처분이 행정의 자기구속의 원칙 및 행정규칙에 관련된 신뢰보호의 원칙에 위배되거나 재량권을 일탈·남용한 위법이 없다고 한 사례.

(4) 요건

가. 행정관행의 존재

행정관행이 존재하여야 한다. 그런데, 재량준칙이 존재하는 경우 행정의 자기구속의 법리를 적용함에 있어서 행정선례가 필요한가에 대하여는 선례필요설(다수설 - 비교의 대상이 되는 1회 이상의 행정선례 또는 행정규칙이 존재하여야 함)과 선례불필요설의 대립한다. 이중 선례불필요설은 재량준칙이 존재하는 경우 재량준칙 자체만으로 '미리 정해진 행정관행(선취된 행정관행 또는 예기관행)'이 성립되는 것으로 보고, 자기구속의 법리를 인정한다. 이에 반하여 선례필요설은 재량준칙이 존재하는 경우에 1회의 선례만으로 자기구속의 법리가 인정될 수도 있다는 견해도 있지만, 1회만의 행정결정으로부터 비교기준을 명확히 안다는 것은 쉽지 아니하고, 행정에게 시행착오의 기회를 박탈함으로서 행정을 경직화할 수 있다는 점에서 대체로 선례가 되풀이 되어 행정관행이 성립된 경우에 한하여 인정된다고 본다.

나. 동일한 상황에서 동일한 법적요인의 경우

기존 행정관행과 동일한 사안이어야 한다. 평등의 원칙에서 이야기한 것과 유사하게 어떤 것이 동일한 사안이고 어떤 것이 동일한 사안이 아닌가의 문제는 여전히 존재한다.

다. 기존의 처분청만

자기구속의 원칙은 행정관행이 존재하는 기존의 처분청만을 구속하고 그 외 다른 행정청을 구속하는 것은 아니다.

라. 선례 필요설 - 다수설과 판례(선례는 적법해야 함)

자기구속이란 행정기관이 과거의 선례에 스스로 구속된다는 의미이기 때문에 자기구속의 개념상 선례는 필요하고 그 선례는 적법하여야 하며,[5] 위법의 평등을 인정하게 되면 위법한 선례가 법률적합성의 원칙보다 우월한 것이 되어 법치행정의 원칙에 반하게 되므로 위법한 관행에 대하여는 자기구속의 원칙이 인정되지 아니한다.

【판시사항】

선례의 필요성 및 적법성 여부(대법원 2009. 6. 25. 선고 2008두13132 판결)

【판결요지】

일반적으로 행정상의 법률관계 있어서 행정청의 행위에 대하여 신뢰보호의 원칙이 적용되기 위하여는 행정청이 개인에 대하여 신뢰의 대상이 되는 공적인 견해표명을 하였다는 점이 전제되어야 한다(대법원 1998. 5. 8. 선고 98두4061 판결 등 참조). 그리고 평등의 원칙은 본질적으로 같은 것을 자의적으로 다르게 취급함을 금지하는 것이고, 위법한 행정처분이 수차례에 걸쳐 반복적으로 행하여졌다 하더라도 그러한 처분이 위법한 것인 때에는 행정청에 대하여 자기구속력을 갖게 된다고 할 수 없다.

마. 재량영역

행정의 자기구속의 원칙은 재량영역에서만 인정되고, 기속행위는 관행이 위법한 경우 적법성 원칙에 반해 자기구속의 원칙이 적용될 수 없다.

(5) 위반의 효과

행정의 자기구속의 법리를 위반한 경우 의무이행소송이 인정되지 않는 현행법상 취소심판, 취소소송, 부작위위법확인소송 등을 통하여 권리구제가 가능하다.

---

5) 대법원 2009. 12. 24. 선고 2009두7967; 대법원 2009. 6. 25. 선고 2008두13132 판결.

2. 비례의 원칙

(1) 의의

비례의 원칙이란 과잉조치금지의 원칙이라고도 하며, 행정목적의 실현을 위하여 선택된 수단과 당해 행정목적 사이에서 합리적인 비례관계가 있어야 한다는 원칙을 말한다. 즉, 행정주체가 구체적인 행정목적을 실현함에 있어서 개인의 권리와 자유에 대한 침해가 i) 목적상 공익에 적합하고 필요에 따른 것이어야 하고, ii) 수단상 그 침해의 정도가 공익상 필요의 정도와 상당한 비례관계를 유지하여야 한다. 이러한 비례의 원칙은 행정법의 전 영역에 적용된다.

(2) 법적근거

비례원칙을 명시적으로 규정하는 헌법규정은 없다. 다만, 비례의 원칙의 법적 근거를 헌법 제37조 제2항에서 찾는 견해도 있고, 법치국가원리 및 기본권 보장에서 찾기도 하지만, 비례원칙은 헌법상의 기본권 보장규정, 헌법 제37조 제2항 및 법치국가원칙으로부터 도출되는 법원칙이다.[6] 따라서 비례의 원칙은 평등의 원칙과 마찬가지로 헌법적 효력을 가진다. 비례의 원칙에 반하는 행정권 행사는 위법하다. 비례의 원칙에 반하는 법령은 위헌·무효가 된다. 법령의 비례원칙 위반의 판단시점은 직접적 통제의 경우에는 판단시점을 기준으로 하여야 하고, 간접적 통제의 경우에는 처분시를 기준으로 하여야 한다.

> **【판시사항】**
> 비례의 원칙은 헌법상의 원칙(대법원 1997. 9. 26. 선고 96누10096 판결)
>
> **【판결요지】**
> 비례의 원칙(과잉금지의 원칙)이란 어떤 행정목적을 달성하기 위한 수단은 그 목적달성에 유효·적절하고 또한 가능한 한 최소침해를 가져오는 것이어야 하며 아울러 그 수단의 도입으로 인한 침해가 의도하는 공익을 능가하여서는 아니 된다는 헌법상의 원칙이다.

---

6) 헌법 제37조 "② 국민의 모든 자유와 권리는 국가안전보장·질서유지 또는 공공복리를 위하여 필요한 경우에 한하여 법률로써 제한할 수 있으며, 제한하는 경우에도 자유와 권리의 본질적인 내용을 침해할 수 없다."는 규정 중 "필요한 경우"란 이 원칙을 포괄하는 의미로 해석될 수 있다.

(3) 내용

적합성의 원칙	수단은 추구하는 공익목표의 달성에 법적으로나 사실상으로 유용한 것이어야 한다는 원칙
필요성의 원칙	공익상의 목표달성을 위해 채택된 수많은 다른 적합한 수단 중에서도 개인이나 공중에 최소한의 침해를 가져오는 것이어야 한다는 원칙, 최소 수단의 원칙 또는 최소 침해의 원칙이라고 한다.
협의의 비례의 원칙	공익상의 목표달성을 위해 사용하는 수단으로부터 나오는 침해의 정도가 목적하는 공익상의 필요의 정도를 능가하여서는 아니 된다는 원칙(상당성의 원칙).

가. 적합성(목적과 수단의 적법성)

적합성의 원칙이란 행정은 추구하는 행정목적이 정당하여야 하며, 그의 달성에 적합한(유용한) 조치나 수단을 선택하여야 한다는 원칙을 말한다.

나. 필요성 - 최소침해의 원칙

필요성의 원칙(일명, 최소침해의 원칙)이란 행정조치가 행정목적 달성을 위한 여러 적합한 수단들 중 개인의 권리를 최소한으로 침해 또는 가장 작은 부담을 주는 수단을 선택하여야 한다는 원칙이다. 예를 들면, 어떤 건물에 붕괴위험이 있는 경우 적절한 보수로 붕괴위험을 막을 수 있음에도 철거라는 수단을 선택하여 철거명령을 내린 경우, 그 철거명령은 필요성의 원칙에 반하는 위법한 명령이다.

다. 상당성 - 협의의 비례원칙

(공익과 사익간의 비교형량 - 참새를 잡기 위해 대포를 쏘아서는 아니 된다.)

행정목적을 위한 적합하고도 필요한 수단을 선택하였다 하더라도 그 행정조치를 취함에 따른 불이익이 그것에 의해 초래되는 이익보다 심히 큰 경우에는 당해 행정조치를 취해서는 안 된다는 원칙을 말한다. 즉, 행정조치로 인하여 달성되는 공익과 사익을 한쪽으로 하고 그로 인하여 침해되는 공익과 사익을 다른 한쪽으로 하여 이익형량을 하여야 하고 이때 공익이 사익보다 우월할 경우에만 행정권이 발동되어야 한다. 이 경우 만일 이익형량이 심히 균형을 잃은 경우에 재량처분이 위법하게 되며 이익형량이 다소 균형을 잃은 경우에는 부당에 그치는 것으로 보아야 한다. 그 이유는 이익형량에 있어서 행정청의 재량권을 인정하여야 하기 때문이다.

【판시사항】

기본권제한에 있어서의 비례원칙(헌재 1995. 5. 28. 선고 96헌가5 판결)

【판결요지】

입법자는 공익실현을 위하여 기본권을 제한하는 경우에도 입법목적을 실현하기에 적합한 여러 수단 중에서 되도록 국민의 기본권을 가장 존중하고 기본권을 최소로 침해하는 수단을 선택해야 한다. 기본권을 제한하는 규정은 기본권행사의 '방법'에 관한 규정과 기본권행사의 '여부'에 관한 규정으로 구분할 수 있다. 침해의 최소성의 관점에서, 입법자는 그가 의도하는 공익을 달성하기 위하여 우선 기본권을 보다 적게 제한하는 단계인 기본권행사의 '방법'에 관한 규제로써 공익을 실현할 수 있는가를 시도하고 이러한 방법으로는 공익달성이 어렵다고 판단되는 경우에 비로소 그 다음 단계인 기본권행사의 '여부'에 관한 규제를 선택해야 한다.

【판시사항】

청소년보호법상의 제재적 행정처분인 과징금부과처분이 재량권의 범위를 일탈·남용하였는지 여부의 판단 기준(대법원 2001. 7. 27. 선고 99두9490 판결)

【판결요지】

제재적 행정처분인 청소년보호법상의 과징금부과처분이 사회통념상 재량권의 범위를 일탈하거나 남용한 경우에는 위법하고, 재량권의 일탈·남용 여부는 처분사유로 된 위반행위의 내용과 당해 처분행위에 의하여 달성하려는 공익목적 및 이에 따르는 모든 사정을 객관적으로 심리하여 공익침해의 정도와 그 처분으로 인하여 개인이 입게 될 불이익을 비교 교량하여 판단하여야 한다.

(4) 적용방법

적합성, 필요성, 상당성의 원칙은 단계구조(적합성 ▶ 필요성 ▶ 상당성)를 이루므로 일정한 순서에 따라 고려된다. 이들 중 최소침해를 가져오는 수단들을 선택하고 다시 이를 허용하는 수단 중 추구된 목적에 비추어 명백히 비례되지 않는 침해를 초래하는 조치들을 배제하는 과정을 거쳐야 하며(점진적 상승관계), 셋 중 어느 하나라도 부합하지 아니하면 비례의 원칙에 위반하게 된다.

(5) 위반의 효과

비례의 원칙은 행정법의 불문법원의 중 하나이다. 따라서 이를 위반한 행정작용은 당연히 위법하며, 판례도 위법성을 인정하고 있다. 따라서 비례의 원칙에 위반하여 법률상의 이익을 침해받은 자는 행정쟁송, 행정상 손해배상소송, 행정상 결과제거청구소송 등을 통해 구제를 받을 수 있다.

> **【판시사항】**
> 비례원칙에 위반여부(대법원 1997.11.28., 선고 97누15210 판결)
>
> **【판결요지】**
> 대중교통수단인 택시를 운전하는 직업적 운전수로서는 어떠한 경우라도 승객을 안전하게 목적지까지 운송하여야 할 의무가 있음에도 불구하고 그러한 의무를 망각하고 승객을 강간 상해까지 한 운전자에게 운전면허취소라는 제재를 가한 것은 택시를 타는 승객을 택시운행 자의 범죄행위의 위험에 노출시켜서는 안 된다는 취지이므로 면허취소처분으로 입는 원고의 불이익보다 더 큰 법익을 보호하려는 것으로서 운전면허 취소는 정당하다.

3. 신뢰보호의 원칙

(1) 의의

행정법상의 신뢰보호의 원칙이라 함은 행정기관의 적극적·소극적 언동(명시적, 묵시적 언동 포함)에 대해 국민이 신뢰(정당성 또는 존속성)를 갖고 행위를 한 경우, 그 국민의 신뢰가 보호가치 있는 경우에 그 신뢰를 보호해 주는 원칙을 말하며, 영미법상 금반언의 원칙도 대체로 동일한 개념이다.

우리나라 행정절차법 제4조에서는 이를 명문화하였고 판례에서도 오래전부터 이를 인정하였다. 판례는 조세소송에서는 신뢰보호의 원칙이라는 용어 대신에 신의성실의 원칙이라는 용어를 사용하는 경우가 많다. 이는 행정절차법이 제정되기 이전에 국세기본법 제15조(신의성실)에서 "납세자가 그 의무를 이행할 때에는 신의에 따라 성실하게 하여야 한다. 세무공무원이 직무를 수행할 때에도 또한 같다."고 규정한 것에 따른 것이다.

(2) 근거(법률적합성 / 법적안정성)

신뢰보호의 법적 근거로 신의성실의 원칙을 드는 경우도 있지만, 법치국가의 원리 및 법적안정성을 드는 것이 일반적 견해이다.[7]

> **【판시사항】**
> 신의칙 적용을 위하여 과세관청의 공적 견해표명이 있었는지 여부를 판단하는 기준(대법원 1996. 1. 23. 선고 95누13746 판결)
>
> **【판결요지】**
> 신의성실의 원칙 내지 금반언의 원칙은 합법성을 희생하여서라도 납세자의 신뢰를 보호함이 정의, 형평에 부합하는 것으로 인정되는 특별한 사정이 있는 경우에 적용되는 것으로서 납세자의 신뢰보호라는 점에 그 법리의 핵심적 요소가 있는 것이므로, 위 요건의 하나인 과세관청의 공적 견해표명이 있었는지의 여부를 판단하는 데 있어 반드시 행정조직상의 형식적인 권한분장에 구애될 것은 아니고 담당자의 조직상의 지위와 임무, 당해 언동을 하게 된 구체적인 경위 및 그에 대한 납세자의 신뢰가능성에 비추어 실질에 의하여 판단하여야 한다.

(3) 요건

가. 행정청의 선행조치 – 공적견해표명(적극 + 소극, 묵시 포함)

상대방의 신뢰가 보호되기 위해서는 행정권의 행사에 관하여 상대방인 국민에게 신뢰를

---

7) 헌재 1998. 9. 30. 97헌바38 결정.

주는 선행조치가 있어야 한다. 선행조치는 법령, 처분, 확약, 행정지도 등 모든 행정작용들이 해당하며 반드시 적극적 언동일 필요는 없고 소극적 언동일 수도 있다. 다만, 행정권의 언동은 구체적인 행정권의 행사에 관한 언동이어야 한다. 따라서 구체적인 행정권의 행사와 무관하게 단순히 법령의 해석에 대한 질의에 대하여 회신해 주는 것 등 일반적·추상적 견해표명은 신뢰보호원칙의 적용대상이 아니다. 그러나 구체적인사안과 관련된 법령의 질의회신은 그러하지 아니하다.

한편, 행정청의 공적 견해표명이 있었는지의 여부를 판단하는 데 있어 반드시 행정조직상의 형식적인 권한분장에 구애될 것은 아니다. 처분청 자신의 공적인 견해표명이 있어야 하는 것은 아니며 경우에 따라서는 보조기관인 담당공무원의 공적인 견해표명도 신뢰의 대상이 될 수 있다. 또한 행정청의 공적 견해표명은 특정 개인에 대한 것일 필요는 없다. 법규명령, 행정규칙 또는 행정계획에 대한 신뢰도 보호하여야 한다. 이에 반하여 조세행정상 신의성실의 원칙이 적용되기 위해서는 특정 개인에 대한 공적인 견해표명이 있어야 한다.

【판시사항】
행정행위에 대하여 신뢰보호의 원칙이 적용되기 위한 요건(대법원 1997. 9. 12. 선고 96누 18380 판결)

【판결요지】
일반적으로 행정상의 법률관계에 있어서 행정청의 행위에 대하여 신뢰보호의 원칙이 적용되기 위하여는, 첫째 행정청이 개인에 대하여 신뢰의 대상이 되는 공적인 견해표명을 하여야 하고, 둘째 행정청의 견해표명이 정당하다고 신뢰한 데에 대하여 그 개인에게 귀책사유가 없어야 하며, 셋째 그 개인이 그 견해표명을 신뢰하고 이에 어떠한 행위를 하였어야 하고, 넷째 행정청이 위 견해표명에 반하는 처분을 함으로써 그 견해표명을 신뢰한 개인의 이익이 침해되는 결과가 초래되어야 하며, 이러한 요건을 충족할 때에는 행정청의 처분은 신뢰보호의 원칙에 반하는 행위로서 위법하게 된다고 할 것이고, 또한 위 요건의 하나인 행정청의 공적 견해표명이 있었는지의 여부를 판단하는 데 있어 반드시 행정조직상의 형식적인 권한분장에 구애될 것은 아니고 담당자의 조직상의 지위와 임무, 당해 언동을 하게 된 구체적인 경위 및 그에 대한 상대방의 신뢰가능성에 비추어 실질에 의하여 판단하여야 한다.

【판시사항】

국세기본법 제18조 제3항 소정의 비과세관행의 성립 요건(대법원 2003. 9. 5. 선고 2001두 7855 판결)

【판결요지】

국세기본법 제18조 제3항에 규정된 비과세관행이 성립하려면, 상당한 기간에 걸쳐 과세를 하지 아니한 객관적 사실이 존재할 뿐만 아니라, 과세관청 자신이 그 사항에 관하여 과세할 수 있음을 알면서도 어떤 특별한 사정 때문에 과세하지 않는다는 의사가 있어야 하며, 위와 같은 공적 견해나 의사는 명시적 또는 묵시적으로 표시되어야 하지만 묵시적 표시가 있다고 하기 위하여는 단순한 과세누락과는 달리 과세관청이 상당기간의 불과세 상태에 대하여 과세하지 않겠다는 의사표시를 한 것으로 볼 수 있는 사정이 있어야 한다.

【판시사항】

폐기물처리업 사업계획에 대하여 적정통보를 한 것만으로 그 사업부지 토지에 대한 국토이용계획변경신청을 승인하여 주겠다는 취지의 공적인 견해표명을 한 것으로 볼 수 없다고 한 사례(대법원 2005. 4. 28. 선고 2004두8828 판결)

【판결요지】

폐기물관리법령에 의한 폐기물처리업 사업계획에 대한 적정통보와 국토이용관리법령에 의한 국토이용계획변경은 각기 그 제도적 취지와 결정단계에서 고려해야 할 사항들이 다르다는 이유로, 폐기물처리업 사업계획에 대하여 적정통보를 한 것만으로 그 사업부지 토지에 대한 국토이용계획변경신청을 승인하여 주겠다는 취지의 공적인 견해표명을 한 것으로 볼 수 없다

나. 보호가치 있는 사인의 신뢰

선행조치에 대한 관계인의 신뢰가 보호가치 있는 것이어야 한다. 보호가치가 부정되는 경우에는 관계자의 사기, 강박, 뇌물 등의 부정행위가 개입된 경우, 선행조치의 위법성을 인식하였거나 과실로 인식하지 못한 경우 등이 포함된다. 관계자에는 상대방 및 그로부터 신청행위를 위임받은 수임인 등이 포함된다.

> **【판시사항】**
> 수익적 처분이 상대방의 허위 기타 부정한 방법으로 행하여진 경우에도 그 상대방의 신뢰를
> 보호하여야 하는지 여부(대법원 1995. 1. 20. 선고 94누6529 판결)
>
> **【판결요지】**
> 수익적 처분이 있으면 상대방은 그것을 기초로 하여 새로운 법률관계 등을 형성하게 되는 것
> 이므로, 이러한 상대방의 신뢰를 보호하기 위하여 수익적 처분의 취소에는 일정한 제한이
> 따르는 것이나, 수익적 처분이 상대방의 허위 기타 부정한 방법으로 인하여 행하여졌다면
> 상대방은 그 처분이 그와 같은 사유로 인하여 취소될 것임을 예상할 수 없었다고 할 수 없으
> 므로, 이러한 경우에까지 상대방의 신뢰를 보호하여야 하는 것은 아니라고 할 것이다.

다. 사인의 처리

상대방인 국민이 행정청의 선행조치에 대한 신뢰에 입각하여 어떠한 조치를 취하였어야
한다. 즉 건축허가를 받고 설계도면을 의뢰한다거나 형질변경을 신뢰하고 토지를 매입하였
다거나, 재산의 처분, 자본투자 등의 사실이 있어야 한다. 그렇지 않다면 아무런 피해가
없기 때문에 신뢰보호의 원칙을 적용하여도 아무런 구제해 줄 대상이 없게 된다.

> **【판시사항】**
> 개인에게 귀책사유가 없어야 한다'는 것의 의미와 그 판단 기준(대법원 2002. 11. 8. 선고
> 2001두1512 판결)
>
> **【판결요지】**
> 귀책사유라 함은 행정청의 견해표명의 하자가 상대방 등 관계자의 사실은폐나 기타 사위의
> 방법에 의한 신청행위 등 부정행위에 기인한 것이거나 그러한 부정행위가 없다고 하더라도
> 하자가 있음을 알았거나 중대한 과실로 알지 못한 경우 등을 의미한다고 해석함이 상당하
> 고, 귀책사유의 유무는 상대방과 그로부터 신청행위를 위임받은 수임인 등 관계자 모두를
> 기준으로 판단하여야 한다.

라. 인과관계

상대방의 신뢰와 관계자의 조치 또는 권익의 침해 사이에 인과관계가 있어야 한다. 즉 상대방이 행정청의 선행조치를 믿었기 때문에 그에 따른 조치를 취한 경우여야 한다.

마. 선행조치에 반하는 후행조치

신뢰보호는 선행조치의 존속에 대한 신뢰를 바탕으로 한다. 따라서 상대방의 신뢰에 기초하여 일정한 처리행위를 하였지만 행정기관이 그러한 신뢰를 저버리는 행정권행사를 하였고 그로 인하여 상대방의 권익이 침해되어야 한다.

(4) 한계

신뢰보호의 이익과 공익이 충돌하는 경우가 있는데 이는 통상 신뢰보호의 원칙에 반하는 재량처분에서 그러하다. 신뢰보호의 이익과 공익 또는 제3자의 이익이 상호 충돌하는 경우에는 이들 상호간에 이익형량을 하여야 한다.

【판시사항】
행정청의 행위에 대하여 신뢰보호의 원칙이 적용되기 위한 요건(대법원 1998. 11. 13. 선고 98두7343 판결)

【판결요지】
행정처분이 신뢰보호원칙의 요건을 충족하는 경우라고 하더라도 행정청이 앞서 표명한 공적인 견해에 반하는 행정처분을 함으로써 달성하려는 공익이 행정청의 공적 견해표명을 신뢰한 개인이 그 행정처분으로 인하여 입게 되는 이익의 침해를 정당화할 수 있을 정도로 강한 경우에는 신뢰보호의 원칙을 들어 그 행정처분이 위법하다고는 할 수 없다고 할 것이다.

(5) 위반의 효과

신뢰보호의 원칙은 행정법의 일반원칙 중 하나이며 실정법상으로도 그 효력을 가지므로 그에 위반한 행정청의 행위는 원칙적으로 위법하다.

4. 부당결부금지원칙

(1) 의의

부당결부금지의 원칙이라 함은 가령 건축허가를 발령함에 있어서 체납된 지방세를 완납할 것을 조건으로 부관을 부과하는 경우와 같이 행정기관이 행정작용을 행사함에 있어서 이와 실체적 관련성이 없는 상대방의 반대급부와 결부시키거나 반대급부를 조건으로 하여서는 안 된다는 원칙을 말한다. 부당결부금지의 원칙은 판례가 인정하는 법원칙으로서 행정권의 자의적인 권한행사를 통제하고 국민의 권리를 보호하는 기능을 한다.

(2) 법적근거

부당결부금지의 원칙에 관하여 이론이 정립된 것은 아니지만 일반적으로 법치국가원리와 자의금지원칙에서 나오는 헌법(헌법 제37조 제2항)상의 원칙을 법적근거로 들고 있다.

(3) 적용범위

가. 행정행위 부관

수익적 행정행위, 특히 주택사업계획 승인처분을 행하면서 일정한 토지 또는 시설의 기부채납의무를 부담으로 부과하는 것이 부당결부금지의 원칙에 반하는 것인지가 문제된다. 가장 대표적인 사안이다. 예를 들어, 주택사업계획을 승인하면서 입주민이 주로 이용하는 진입도로의 개설 또는 확장, 공원부지, 학교부지의 조성과 함께 그의 기부 또는 학교용지부담금의 지급을 개발사업자에게 의무지우는 것은 당해 토지 또는 시설이 대규모주택사업으로 필요하게 된 것이고, 당해 공공시설은 당해 주택사업계획의 승인에 따라 건설된 주택에 입주한 자가 주로 이용하는 시설이므로 주된 이용자가 이들 시설을 부담하는 것이 타당하다. 따라서 부당한 결부가 아니다. 그러나 주택사업과 아무런 관련이 없는 인근 토지를 공용도로용지로 기부 채납하라고 하는 부관은 부당결부금지의 원칙에 반하여 위법하게 된다.

> **【판시사항】**
> 부관이 부당결부금지의 원칙에 위반하여 위법하지만 그 하자가 중대하고 명백하여 당연무효라고 볼 수는 없다고 한 사례(대법원 1997. 3. 11. 선고 96다49650 판결)

> **【판결요지】**
> 지방자치단체장이 사업자에게 주택사업계획승인을 하면서 그 주택사업과는 아무런 관련이 없는 토지를 기부채납하도록 하는 부관을 주택사업계획승인에 붙인 경우, 그 부관은 부당결부금지의 원칙에 위반되어 위법하지만, 지방자치단체장이 승인한 사업자의 주택사업계획은 상당히 큰 규모의 사업임에 반하여, 사업자가 기부채납한 토지 가액은 그 100분의 1 상당의 금액에 불과한데다가, 사업자가 그 동안 그 부관에 대하여 아무런 이의를 제기하지 아니하다가 지방자치단체장이 업무착오로 기부채납한 토지에 대하여 보상협조요청서를 보내자 그 때서야 비로소 부관의 하자를 들고 나온 사정에 비추어 볼 때 부관의 하자가 중대하고 명백하여 당연무효라고는 볼 수 없다.

나. 공법상 계약(공급거부)

위법건축물을 시정하도록 하기 위하여 수도나 전기의 공급을 거부하거나 이미 행해지고 있는 수도나 전기의 공급을 중단하는 것이 부당결부금지의 원칙에 반하는 것인지 문제된다. 위법건축물에 대한 수도ㆍ전기 등 공급거부 규정인 구건축법 제69조 제2항은 2005년 건축법 개정으로 삭제되었다.

다. 관허사업제한

행정법규의 위반에 대하여 관허사업을 제한하거나 거부하는 것이 부당결부금지의 원칙에 반하는 것인지가 문제된다. 이 경우에는 행정법규 위반과 당해 관허사업의 제한사이에 실질적 관련이 있는지 여부가 그 판단기준이 된다.

(4) 요건

가. 행정청의 행정작용 즉, 권한행사가 있어야 한다.
나. 행정청의 권한행사가 상대방에게 부과되는 반대급부와 결부되는 경우이어야 한다.

다. 행정청의 행정작용과 상대방의 반대급부가 부당한 내적관계에 있어야 한다.

(5) 위반의 효과

행정권의 행사와 결부된 반대급부 사이에 실질적 관련성이 있는지 여부에 대하여 다툼의 여지가 있는 경우에는 당해 행정권 행사가 위법한지 여부가 명백하지 않으므로 당해 행정권 행사는 취소할 수 있는 행위에 불과한 것으로 보아야 할 것이다. 이에 반하여 행정권 행사와 아무런 관련이 없는 급부를 명하는 경우에는 당해 행정권 행사는 무효라고 보아야 할 것이다. 그러나 이 구분은 그리 명확하지는 않다. 예를 들어, 주택사업계획을 승인함에 있어 추가되어 붙여진 그 주택사업과는 아무런 관련이 없는 토지를 기부 채납하도록 하는 부관에 대하여 우리 대법원은 위법하지만 당연무효는 아니라고 하였다.12)

> **【판시사항】**
> [부관이 부당결부금지의 원칙에 위반하여 위법하지만 그 하자가 중대하고 명백하여 당연무효라고 볼 수는 없다고 한 사례(대법원 1997. 3. 11. 선고 96다49650 판결)
>
> **【판결요지】**
> 지방자치단체장이 사업자에게 주택사업계획승인을 하면서 그 주택사업과는 아무런 관련이 없는 토지를 기부채납하도록 하는 부관을 주택사업계획승인에 붙인 경우, 그 부관은 부당결부금지의 원칙에 위반되어 위법하지만, 사업자가 그 동안 그 부관에 대하여 아무런 이의를 제기하지 아니하다가 지방자치단체장이 업무착오로 기부채납한 토지에 대하여 보상협조요청서를 보내자 그 때서야 비로소 부관의 하자를 들고 나온 사정에 비추어 볼 때 부관의 하자가 중대하고 명백하여 당연무효라고는 볼 수 없다.

5. 평등의 원칙

(1) 의의

평등의 원칙은 행정작용에 있어서 특별한 합리적인 사유가 없는 한 상대방인 국민을 공평하게 처우하여야 한다는 원칙을 말하며 이는 비례의 원칙과 함께 재량권행사를 한계지우는 중요한 기능을 한다. 따라서 합리적이 이유가 있어서 다르게 취급하는 것은 평등원칙의 위반이 아니다. 오히려 합리적인 이유가 있는 경우에는 다르게 취급하는 것이 평등의 원칙에 합치된다.

(2) 근거

평등원칙은 헌법 제11조를 직접적인 근거로 하는 것으로 성문법원이라고 보는 견해도 있다. 그러나 헌법 제11조[8]는 단지 법 앞의 평등의 원칙만을 규정하고 있을 뿐이다. 평등의 원칙은 법 앞의 평등만을 내용으로 하는 것은 아니며 모든 국가권력이 평등하게 대우할 것을 내용으로 한다고 해석하여야 한다. 따라서 평등원칙은 헌법 제11조로부터 도출되는 불문법원칙으로 보는 것이 타당하다.

(3) 효력

평등원칙은 헌법적 효력을 갖는다. 평등원칙에 반하는 행정권 행사는 위법하고, 평등원칙에 반하는 법률은 위헌이다.

【판시사항】

평등의 원칙에 위반하여 위법한 사건(대판 1972. 12. 72누195)

【판결요지】

당직근무 대기 중 심심풀이로 돈을 걸지 않고 점수 따기 화투놀이를 한 사실이 징계사유에 해당한다 할지라도 징계처분으로 파면을 택한 것은 함께 화투놀이를 한 3명을 견책에 처하기로 한 사실을 고려하여 공평의 원칙상 그 재량의 범위를 벗어나 위법한 것이다.

---

(4) 적용의 한계

불법 앞의 평등 요구는 인정되지 않는다. 즉, 거주하는 지역에 따라서는 지역주민들이 불법 유턴을 하거나 도로교통법을 자주 위반하는 경우가 있다. 이때 적발된 사람이 '어제는 단속하지 않더니 오늘은 왜 단속하는가?'라고 주장하면서 평등권의 침해를 이유로 단속에 대하여 이의를 제기하는 것은 허용될 수 없다는 것이다.

---

8) 헌법 제11조 ① 모든 국민은 법 앞에 평등하다. 누구든지 성별·종교 또는 사회적 신분에 의하여 정치적·경제적·사회적·문화적 생활의 모든 영역에 있어서 차별을 받지 아니한다.

Ⅴ. 행정법의 효력

1. 행정법 효력의 의의

행정법의 효력이란 행정법이 행정의 객체인 관계자를 구속하는 힘을 말하며, 행정법의 법원을 이루는 성문법규는 다른 법 분야의 법령과 같이 시간적, 지역적, 대인적 한계가 있다.

2 행정법의 효력 범위

(1) 시간적 효력

1) 효력발생시기

법(대통령령, 총리령, 부령 등)의 효력은 시행일로부터 폐지일까지 계속하여 발생하는데, 이 기간을 법의 '시행기간' 또는 '유효기간'이라고 한다. 법은 시행일을 기준으로 발생하므로 법이 제정되어 공포된 후 시행일 전까지는 효력을 발생하지 못한다.

또한 법의 효력발생시기는 부칙에 규정되어 있는 것이 일반적이지만, 「시행일」에 관한 특별한 규정이 없는 한, 공포한 날로부터 20일을 경과함으로써 효력을 발생한다(헌법 제53조 제7항, 법령 등 공포에 관한 법률 제12조).

법령 등 공포에 관한 법률 제12조는 공포일을 그 법령 등을 게재한 관보 또는 신문이 발행된 날이라고 규정하고 있다. 여기서 발생된 날이란 도달주의 관점에서 관보가 서울중앙보급소에 도달하여 국민이 구독 가능한 상태에 놓인 최초의 시점을 말한다(통설, 판례).

> **【판시사항】**
> 법령 등의 시행일(발행된 날)(대법원 1970. 7. 21. 선고 70누76 판결)
>
> **【판결요지】**
> 공포한 날부터 시행하기로 한 법령 등의 시행일은 그 법령이 수록된 관보의 발행일자가 아니고 그 관보가 정부간행물 판매센터에 배치되거나 관보취급소에 발송된 날이다

2) 소급효금지의 원칙

소급효금지의 원칙이란 새 법령은 시행된 이후의 행위에 대해서만 적용하고(행위시법주의), 시행 이전의 행위에까지 소급하여 적용할 수 없다는 헌법상 원칙을 말한다(사후입법금지의 원칙).[9] 이러한 소급적용금지의 원칙은 법적 안정성 및 예측가능성을 침해함으로써 법치국가의 원리 및 이에 근거한 신뢰보호원칙에 위반되어 적용되는 것이다. 그러나 소급입법이라도 그로 인해 침해되는 상대방의 신뢰이익이 적거나 신뢰보호요청에 우선시되는 중대한 공익상의 사유가 소급입법을 정당화하는 경우 등에는 예외적으로 허용된다.

【판시사항】

조세법령 불소급 원칙의 의의– 부진정소급효 긍정(대법원 1997. 9. 5. 선고 97누7493 판결)

【판결요지】

소급과세금지의 원칙은 조세법령의 제정 또는 개정이나 과세관청의 법령에 대한 해석 또는 처리지침 등의 변경이 있은 경우, 그 효력발생 전에 종결한 과세요건사실에 대하여 당해 법령 등을 적용할 수 없다는 것이지, 이전부터 계속되어 오던 사실이나 그 이후에 발생한 과세요건사실에 대하여 새로운 법령 등을 적용하는 것을 제한하는 것은 아니다.

【판시사항】

조세법령이 납세의무자에게 불리하게 개정되었으나 기득권 내지 신뢰보호를 위한 경과규정을 둔 경우의 적용법조(대법원 1995. 6. 30. 선고 94누5502 판결)

【판결요지】

조세법령이 납세의무자에게 불리하게 개정된 경우에 있어서 납세의무자의 기득권 내지 신뢰보호를 위하여 특별히 경과규정을 두어 납세의무자에게 유리한 종전 규정을 적용하도록 하고 있는 경우에는 마땅히 종전 규정을 적용하여야 한다.

---

9) 우리 헌법 제13조 제1항은 "모든 국민은 행위시의 법률에 의하여 범죄를 구성하지 아니하는 행위로 소추되지 아니하며, 동일한 범죄에 대하여 거듭 처벌받지 아니한다."라고 규정하여 소급효금지의 원칙을 천명하고 있다.

3) 효력의 소멸

일반적으로 법령은 당해 법령 또는 그와 동위 또는 상위의 법령의 명시적 개폐나 그와 저촉되는 동위 또는 상위의 후법 제정에 의하여 그 효력이 소멸된다. 다만 유효기간이 정해져 있는 한시법의 경우에는 그 기간이 도래하면 당연히 소멸된다.

【판시사항】
상위법령이 개정된 경우 종전 집행명령의 효력 유무(대법원 1989. 9. 12. 선고 88누6962 판결)

【판결요지】
상위법령의 시행에 필요한 세부적 사항을 정하기 위하여 행정관청이 일반적 직권에 의하여 제정하는 이른바 집행명령은 근거법령인 상위법령이 폐지되면 특별한 규정이 없는 이상 실효되는 것이나, 상위법령이 개정됨에 그친 경우에는 개정법령과 성질상 모순, 저촉되지 아니하고 개정된 상위법령의 시행에 필요한 사항을 규정하고 있는 이상 그 집행명령은 상위법령의 개정에도 불구하고 당연히 실효되지 아니하고 개정법령의 시행을 위한 집행명령이 제정, 발효될 때까지는 여전히 그 효력을 유지한다.

(2) 장소적 효력

① 속지주의

행정법규는 속지주의 원칙에 따라 원칙적으로 국적 여하를 불문하고 자국 영토 안의 모든 사람에 대해 자국법(우리나라 법)을 적용하는 원칙이다. 다만, 이에는 속인주의에 따른 예외가 있다.

② 속인주의

속인주의란 이는 장소를 불문하고 모든 사람(모든 한국인)에게 자국법을 적용하는 원칙을 말하는데, 속지주의만을 고집할 경우 자국의 영역 외에서 발생한 범죄에 대해 자국의 형법을 적용할 수 없다는 문제점을 해결하기 위해 나타난 것이다. 현행 형법에서도 '본법은 대한민국의 영역 외에서 죄를 범한 내국인에게 적용한다'고 하여 속인주의를 명문화하고 있다(형법 제3조). 여기에서 내국이라 함은 범행 당시에 대한민국의 국적을 가지고 있는 사람을 의미하는 것으로 이는 국적법에 의해 결정된다.

【판시사항】

북한주민도 대한민국 국민인지 여부(대법원 1996. 11. 12. 선고 96누1221 판결)

【판결요지】

조선인을 부친으로 하여 출생한 자는 남조선과도정부법률 제11호 국적에관한임시조례의 규정에 따라 조선국적을 취득하였다가 제헌헌법의 공포와 동시에 대한민국 국적을 취득하였다 할 것이고, 설사 그가 북한법의 규정에 따라 북한국적을 취득하여 중국 주재 북한대사관으로부터 북한의 해외공민증을 발급받은 자라 하더라도 북한지역 역시 대한민국의 영토에 속하는 한반도의 일부를 이루는 것이어서 대한민국의 주권이 미칠 뿐이고, 대한민국의 주권과 부딪치는 어떠한 국가단체나 주권을 법리상 인정할 수 없는 점에 비추어 볼 때, 그러한 사정은 그가 대한민국 국적을 취득하고 이를 유지함에 있어 아무런 영향을 끼칠 수 없다.

【판시사항】

재일교포도 대한민국 국민인지 여부(대법원 1981. 10. 13. 선고 80다2435 판결)

【판결요지】

대한민국 국민이 일본국에서 영주권을 취득하였다 하여 우리 국적을 상실하지 아니하며, 영주권을 가진 재일교포를 준 외국인으로 보아 외국인토지법을 준용하여야 하는 것도 아니다.

(3) 인적 효력

법은 장소 및 시간에 관한 효력이 미치는 범위 안에서는 원칙적으로 모든 사람에 대하여 적용된다. 그러나 국제법상 치외법권을 가진 외국원수 또는 외교사절 등의 경우 우리 행정법규가 적용되지 않으며, 또한 국내에 주둔하는 미합중국군대 등에 대하여는 우리 행정법규의 적용이 제한된다.

예외 사유	– 대통령의 형사상 특권(헌법 제84조) – 국회의원의 불체포특권과 면책특권(헌법 제44조·제45조) – 특별법은 일정범위의 사람에게만 효력을 미친다. 예컨대 군형법은 군인에게만, 국가공무원법은 국가공무원에게만, 근로기준법은 사용자 및 근로자에게만, 청소년보호법은 19세 미만 자에게만 각각 적용된다.

3. 통치행위

(1) 개념 등

1) 개념

통치행위란 국가기관의 작용 중 고도의 정치성으로 인하여 법 이론상 사법적 판단이 가능함에도 불구하고 법치주의 원칙과 사법심사의 대상에서 제외되는 국가작용을 말한다. 이러한 성격 때문에 통치행위는 삼권분립 즉 입법, 사법, 행정 어느 것에도 포함되지 않는 제4의 국가작용이라고도 한다(O. Mayer). 주로 대통령의 외교•군사에 관한 행위, 사면권, 긴급명령 또는 긴급재정 등 주로 정치적으로 논쟁이 심한 문제에 대해서 논의가 이루어지고 있다.

2) 외국의 사례

통치행위는 법과 정치와의 교차점, 즉 법률문제와 정치문제의 혼재영역이라고 볼 수 있는데, 프랑스에서는 이를 통치행위[국사원(Conseil d'Etat)의 판례에 의하여 발달, 현재는 범위가 축소되어 국제관계, 의회관계에서 일정행위만 인정], 독일에서는 재판에서 자유로운 고권(高權)행위 또는 통치행위(이론적 발달, 2차 대전이후 행정소송에서 열기주의에서 개괄주의로 변경 – 수상의 선거, 국회의 해산, 조약의 비준 등에서 인정), 미국에서는 정치문제(정치적 문제에 대한 관할권 부인, 루터 대 보덴(Luther vs Borden) 사건에서 처음으로 통치행위가 인정), 영국에서는 대권(大權)행위, 국가행위라는 이론[의회특권과 국왕 – 의원의 징계, 국가의 승인 선전포고, 조약의 비준 등 대권에 대하여 사법심사 불가]으로 주장되었고, 재판에 의하여 승인되었다. 학설과 판례는 통치행위를 인정하려는 것이 일반적이나 제한적인 경우에 한하여 이를 인정하려는 경향이다.

3) 통치행위의 제도적 전제

통치행위의 제도적 전제는 국민의 권리 및 의무와 관련되는 공권력 행사에 대한 사법심사가 고도로 발달되어 있어야 하며, 실질적 법치주의가 확립되고, 행정소송에서 개괄주의가 전제되어야 한다. 그 이유는 행정소송에 있어서의 열기주의를 채택하거나, 법치주의가 확립되지 않아 공권력 행사에 대해서 개인의 권리보호가 제대로 보장되지 않는 사법적 통제가 불완전하다면 별도로 통치행위의 사법심사 배제여부를 논의 할 실익이 없기 때문이다.

열기주의	개괄주의
법률에 열기(나열해서 기재)한 사항에 대해서만 행정쟁송을 인정하는 제도	법률상 예외가 인정되는 사항을 제외하고는 일반적으로 모든 사항에 대해 행정쟁송을 인정하는 제도

4) 통치행위의 주체

통치행위는 주로 행정부(대통령, 내각)에서 이루어지는 것이 일반적이다. 다만, 간혹 국회에 의해 이뤄질 수도 있다. 그러나 사법부에 의한 통치행위는 불가능함에 주의하여야 한다. 사법부가 판결을 통해 통치행위에 해당하느냐 하지 않느냐를 판단하는 것은 사법작용에 해당할 뿐이므로, 사법부에 의한 통치행위는 예상하기 어렵다.

(2) 통치행위의 이론적 근거

통치행위를 인정할 지에 대해서 다양한 견해가 제시되고 있다. 법치주의에 대한 예외를 인정해서는 안 된다는 근거로 통치행위를 부정하는 견해도 있지만, 대체로 긍정하는 견해가 다수설(권력분립설, 내제적 한계설)이며, 판례도 기본적으로 통치행위를 인정하고 있다.

학설		내용
긍정설	권력분립설	· 권력분립원칙상 정치적 책임없는 사법부는 심사할 수 없다는 설 · 우리나라 행정법학계의 통설이다. · 미국은 Luther vs Borden 사건을 통해 통치행위가 최초로 이론화 되었다.
	사법자제설	· 모든 국가작용은 심사가 가능하지만 사법부 스스로 자제하는 것이라는 설 · 이 설은 프랑스에서 행정재판에 대한 한계의 문제로 최고행정재판소인 국참사원의 판례를 통하여 통치행위의 개념이 최초로 성립·발전되었다.
	대권행위설	· 통치행위는 국왕의 대권행위이기 때문에 사법심사의 대상에서 제외된다는 설(왕은 소추될 수 없다). · 영국에서 유래된 고전적인 학설
	재량행위설	· 통치행위는 정치문제에 속하며, 정치문제는 재량행위에 속하므로 당부당은 판단할 수 있으나, 위적법문제는 아니므로 사법심사에서 제외된다는 설 · 제2차 세계대전 후 독일의 행정재판제도는 열기주의를 탈피하고 개괄주의를 취한 결과 행정재판의 대상으로부터 제외될 통치행위의 개념을 인정할 것인가가 비로소 문제되었다.
부정설		· 개괄주의와 법치주의의 철저한 관철 · 개괄주의(헌법 제107조 제3항, 행정소송법 제27조)가 인정되는 이상 사법심사에서 제외되는 통치행위란 관념은 인정될 수 없다.
판례	대법원	계엄선포행위, 남북정상회담의 개최는 사법심사의 대상이 아님 대북송금행위, 계엄선포행위, 확대가 국헌문란의 목적인 경우 통치행위가 부정되고 사법심사 대상이 됨.
	헌법재판소	· 통치행위 개념은 긍정 · 금융실명제에 관한 재정경제명령, 신행정수도건설문제에 대해 국민투표 여부에 관한 대통령의 의사결정이 국민의 기본권침해와 직접 관련되는 경우 헌법재판소의 심판대상이 됨 · 자이툰 부대사건에서는 각하 · 한미연합 군사훈련의 일종인 2007년 전시증원연습은 통치행위 아님

1) 부정설

통치행위를 부정하는 견해는 우리나라의 경우 모든 국가작용은 법적 근거나 통제를 받아야 한다는 법치주의가 완전히 실시되고 있으며, 행정소송에서 개괄주의(헌법 제107조 제3항,

행정소송법 제27조)가 인정되는 이상 사법심사에서 제외되는 통치행위라는 관념은 인정될 수 없다는 견해 즉, 통치행위도 사법심사가 가능하다는 견해이다. 그러나 이 견해는 정치문제의 사법화로 인한 현실적 문제점을 간과하고 있다는 비판을 면하기 어렵다.

2) 긍정설

(가) 재량행위설

재량행위설의 논거는 통치행위는 국가최고기관의 정치적 재량에 의한 행위로서 재량행위의 일종이어서 타당성 합목적성 여부만 문제될 뿐 위법의 문제가 발생할 여지가 없으므로 행정소송에서 제외된다는 것이다. 하지만 이러한 논거는 재량행위의 경우 법원의 심사가 불가능하다는 전통적인 행정법이론에 터잡은 것으로서 오늘날 행정소송법 제27조에 의해 재량행위도 일탈 남용 등의 경우에 사법심사의 대상이 되기 때문에 그 타당성이 약하다.

(나) 권력분립설(내재적 한계설) - 대법원

권력분립설은 권력분립원칙상 사법부는 행정부의 고도의 정치적 결정을 판단할 수 없는 일정한 내재적 한계가 존재한다는 견해이다. 그 결과 정치적으로 중요한 의미를 가지는 행위의 당부는 정치적으로 책임지지 않는 법원에 의한 소송절차를 통해 해결할 문제가 아니고, 정부, 의회 등에 의해 정치적으로 해결되거나 국민에 의해 민주적으로 통제되어야 한다는 입장이다.

(다) 대권행위설

대권행위설은 영국법상의 대권행위 불심사사상(1460년 '요크' 公사건에서 비롯하여 일찍부터 「국왕은 제소 될 수 없다」는 원칙이 확립)에 기초하여 통치행위는 대권행위라고 하여 사법심사에서 제외된다는 견해이다. 그러나 법치주의가 완전히 실현된 현대 국가 하에서 대권에 근거한 행위가 사법심사에서 제외될 수 있는지는 의문이다.

(라) 사법부자제설 - 헌재의 입장

사법부자제설은 이론상으로 통치행위에도 사법권이 미치지만 통치행위는 고도의 정치성 있는 행위이기 때문에 법원이 다른 국가기관의 이러한 행위에 관여하는 것은 사법의 정치화의 가능성이 있으므로 이를 방지하고자 스스로 정치적 문제인 통치행위에 대한 심사를 거부한다는 견해이다. 그러한 이 견해는 결국 사법권의 포기가 아닌가 라는 비판 및 헌법 제107조 제2항의 개괄적 사법심사 조항의 위배라는 비판을 받고 있다.

(3) 우리나라의 통치행위

1) 입법

우리나라의 경우 현행제도는 통치행위의 인정여부에 대하여 실정법상 직접적인 규정을 두고 있지는 않다. 다만, 제4공화국 헌법에서 대통령의 긴급조치를 사법심사의 대상에서 제외하였고, 현행 헌법은 의원의 자격심사와 징계에 대하여 명문으로 사법심사를 배제하고 있다(헌법 제64조 제1항). 따라서 그 밖의 통치행위의 관념을 인정할 것인지의 여부에 관하여는 학설과 판례에 의하여 해결할 문제이다.

2) 대법원 판례

대법원은 내재적한계설에 따라 대통령의 비상계엄선포·확대 등 사건에서 제한적으로 통치행위를 인정하고 사법심사를 배제하고 있다.

(가) 통치행위 긍정

가) 비상계엄사건

대통령의 계엄선포행위는 고도의 정치적, 군사적 성격을 띠는 행위라고 할 것이어서, 그 선포의 당, 부당을 판단할 권한은 헌법상 계엄의 해제요구권이 있는 국회만이 가지고 있다 할 것이고 그 선포가 당연무효의 경우라면 모르되, 사법기관인 법원이 계엄선포의 요건 구비여부나, 선포의 당, 부당을 심사하는 것은 사법권의 내재적인 본질적 한계를 넘어서는 것이 되어 적절한 바가 못 된다(대법원 1979. 12. 7. 자 79초70 재정).

나) 군사시설보호구역의 설정, 변경

군사시설보호법에 의한 군사시설보호구역의 설정, 변경 또는 해제와 같은 행위는 행정청에 의한 공법행위라는 점에서는 넓은 의미의 행정행위라고 할 것이나 이는 행정입법행위 또는 통치행위라는 점에서 협의의 행정행위와 구별되며 따라서 이와 같은 행위는 그 종류에 따라 관보에 게재하여 공포하거나 또는 대외적인 공고, 고시 등에 의하여 유효하게 성립되고 개별적 통지를 요하지 아니한다(대법원 1983. 6. 14. 선고 83누43 판결).

다) 대통령의 사면권

(전략) 잔여형기를 면제하는 것을 포함하여 대통령의 사면권은 고도의 정치적 결단에 의하여 발동되는 행위이고 그 결단을 존중하여야 할 필요성이 있는 행위라는 의미에서 이른바 통치행위에 속한다고 할 수 있고, 이러한 대통령의 사면권은 사법심사의 대상이 되지 않는다(서울행정법원 2000. 2. 2. 선고 99구24405 판결).

라) 남북정상회담의 개최행위

남북정상회담의 개최는 고도의 정치적 성격을 지니고 있는 행위라 할 것이므로 특별한 사정이 없는 한 그 당부를 심판하는 것은 사법권의 내재적·본질적 한계를 넘어서는 것이 되어 적절하지 못하다(대법원 2004. 3. 26. 선고 2003도7878 판결).

(나) 통치행위 부정

가) 남북정상회담의 개최과정 시 재경부장관의 승인 없는 대북송금행위

남북정상회담의 개최는 고도의 정치적 성격을 지니고 있는 행위라 할 것이므로 특별한 사정이 없는 한 그 당부를 심판하는 것은 사법권의 내재적·본질적 한계를 넘어서는 것이 되어 적절하지 못하지만, 남북정상회담의 개최과정에서 재정경제부장관에게 신고하지 아니하거나 통일부장관의 협력사업 승인을 얻지 아니한 채 북한 측에 사업권의 대가 명목으로 송금한 행위 자체는 헌법상 법치국가의 원리와 법 앞에 평등원칙 등에 비추어 볼 때 사법심사의 대상이 된다(대법원 2004. 3. 26. 선고 2003도7878 판결).

나) 군사반란 및 내란행위

군사반란과 내란을 통하여 폭력으로 헌법에 의하여 설치된 국가기관의 권능행사를 사실상 불가능하게 하고 정권을 장악한 후 국민투표를 거쳐 헌법을 개정하고 개정된 헌법에 따라 국가를 통치하여 왔다고 하더라도 그 군사반란과 내란을 통하여 새로운 법질서를 수립한 것이라고 할 수는 없으며, 우리 나라의 헌법질서 아래에서는 헌법에 정한 민주적 절차에 의하지 아니하고 폭력에 의하여 헌법기관의 권능행사를 불가능하게 하거나 정권을 장악하는 행위는 어떠한 경우에도 용인될 수 없다. 따라서 그 군사반란과 내란행위는 처벌의 대상이 된다(대법원 1997. 4. 17. 선고 96도3376 전원합의체 판결).

3) 헌법재판소 결정

헌법재판소는 사법자제설에 따라 대통령의 금융실명거래법 및 비밀보장에 관한 긴급재정경제명령의 발령, 사면권 행사, 이라크파병 결정 등에 관하여 통치행위로 보지만, "비록 고도의 정치적 결단에 의하여 행해지는 국가작용일지라도 그것이 「국민의 기본권 침해와 직접 관련되는 경우」에는 당연히 헌법재판소의 심판대상이 된다"고 하여 기본권보장에 관한한 통치행위의 관념을 부인한다.

(가) 대통령의 지방자치단체선거연기(대통령의 선거불공고 행위)

공권력의 행사에 대하여 헌법소원심판(憲法訴願審判)을 청구하기 위하여는, 공권력의 주체에 의한 공권력의 발동으로서 국민의 권리의무에 대하여 직접적인 법률효과를 발생시키는 행위가 있어야 한다. 그런데 대통령의 법률안 제출행위는 국가기관간의 내부적 행위에 불과하고 국민에 대하여 직접적인 법률효과를 발생시키는 행위가 아니므로 헌법재판소법 제68조에서 말하는 공권력의 행사에 해당되지 않는다(헌재 1994. 8. 31. 선고 92헌마174 판결).

(나) 긴급재정경제명령 및 국민의 기본권 침해

대통령의 긴급재정경제명령은 국가긴급권의 일종으로서 고도의 정치적 결단에 의하여 발동되는 행위이고 그 결단을 존중하여야 할 필요성이 있는 행위라는 의미에서 이른바 통치행위에 속한다고 할 수 있으나, 통치행위를 포함하여 모든 국가작용은 국민의 기본권적 가치를 실현하기 위한 수단이라는 한계를 반드시 지켜야 하는 것이고, 헌법재판소는 헌법의 수호와 국민의 기본권 보장을 사명으로 하는 국가기관이므로 비록 고도의 정치적 결단에 의하여 행해지는 국가작용이라고 할지라도 그것이 국민의 기본권 침해와 직접 관련되는 경우에는 당연히 헌법재판소의 심판대상이 된다(헌재 1996. 2. 29. 선고 93헌마186 판결).

(다) 이라크 파병

외국에의 국군의 파견결정은 파견군인의 생명과 신체의 안전뿐만 아니라 국제사회에서의 우리나라의 지위와 역할, 동맹국과의 관계, 국가안보문제 등 궁극적으로 국민 내지 국익에 영향을 미치는 복잡하고도 중요한 문제로서 국내 및 국제정치관계 등 제반상황을 고려하여 미래를 예측하고 목표를 설정하는 등 고도의 정치적 결단이 요구되는 사안이다. 따라서 그와 같은 결정은 그 문제에 대해 정치적 책임을 질 수 있는 국민의 대의기관이 관계분야의 전문가들과 광범위하고 심도 있는 논의를 거쳐 신중히 결정하는 것이 바람직하며 우리 헌법도 그 권한을 국민으로부터 직접 선출되고 국민에게 직접 책임을 지는 대통령에게 부여하고 그 권한행사에 신중을 기하도록 하기 위해 국회로 하여금 파병에 대한 동의여부를 결정할 수 있도록 하고 있는바, 현행 헌법이 채택하고 있는 대의민주제 통치구조 하에서 대의기관인 대통령과 국회의 그와 같은 고도의 정치적 결단은 가급적 존중되어야 한다(헌재 2004.04.29., 선고 2003헌마814 판결).

(라) 신행정수도이전

헌법개정사항인 수도의 이전을 헌법개정의 절차를 밟지 아니하고 단지 단순법률의 형태로 실현시킨 것으로서 결국 헌법 제130조에 따라 헌법개정에 있어서 국민이 가지는 참정권적 기본권인 국민투표권의 행사를 배제한 것이므로 동 권리를 침해하여 헌법에 위반된다[헌재 2004. 10. 21. 선고 2004헌마554 · 566(병합)].

통치행위 긍정	. 대통령의 법률안거부권 행사 . 대통령의 임시회 소집요구 . 국회의원의 자격심사, 징계, 제명처분 . 의회의 자율에 속하는 사항 . 국무총리, 국무위원 해임건의 . 국무총리, 국무위원 임명 . 대통령의 국민투표회부권 . 비상계엄선포, 긴급명령 . 영예수여권 행사 . 대통령의 사면, 복권행위 . 전쟁선포, 강화 등 군사에 관한 사항 . 외국정부의 승인, 대사의 임명 등 외교에 관한 사항 . 대통령의 조약체결 등 외교에 관한 행위
통치행위 부정	. 국회공무원 징계절차 . 대통령, 국회의원선거 . 한국은행총재 임명 . 지방의회의원 제명 . 도시계획 결정, 공고 . 대통령령 제정 . 서울시장의 국제협약 체결행위 . 헌법재판소의 위헌법률심사 . 대법원장의 법관인사조치 . 대통령의 국회해산 . 국무총리의 부서거부행위, 국민총리의 총리령 제정 . 고등검찰청장의 파면 . 계엄 관련 집행행위

(4) 통치행위의 한계

1) 기본권적 한계

통치행위는 그 한도 내에서 법원에 의한 구제가 부정된다. 따라서 통치행위가 인정된다고 하더라도 그러한 관념은 국민의 기본권과의 관계에서 매우 제한적으로 인정되어야 한다(헌재 1996. 2. 29. 선고 93헌마186 판결).

2) 법으로부터 자유여부

통치행위가 법으로부터 자유롭다 하여도 이는 법령으로부터 자유롭다는 의미일 뿐 법으로부터 자유로울 수는 없다. 다시 말해 통치행위도 헌법에 근거하는 작용인 점에 비추어 헌법의 기본이념이나 여러 원칙인 국민주권주의, 자유민주주의, 평등의 원칙, 비례의 원칙 등에 위배될 수 없다.

3) 통치행위의 판단주체

통치행위의 개념을 인정한다고 하더라도 과도한 사법심사의 자제가 기본권을 보장하고 법치주의 이념을 구현하여야 할 법원의 책무를 태만히 하거나 포기하는 것이 되지 않도록 그 인정을 지극히 신중하게 하여야 하며, 그 판단은 오로지 사법부만에 의하여 이루어져야 한다.

(5) 구제절차

통치행위라고 하여 국가배상이 배제될 이유는 없다. 다만 국가배상이 인정되기 위해서는 그 행위자체에 위법성이라는 요건을 충족하여야 하는데 통치행위는 사법심사의 대상에서 제외되기 때문에 위법성의 주장이 불가능하다. 법원도 5.18 사건 불기소처분에 대한 국가배상판결에서 '검사의 불기소처분이 잘못되었다는 사정만으로 막바로 위법행위에 해당한다고 볼 수 없고 적어도 그 합리성을 도저히 긍정할 수 없을 정도로 그 불기소처분이 잘못되었다고 볼 수 있어야 위법행위에 해당한다'고 판시한 사례가 있다(서울지방법원 1998. 6. 2. 선고 95합109826 판결).

제3장 행정법관계

제1절 행정법관계의 개념

제1항 행정법관계의 의의

행정상의 법률관계는 행정에 관한 법률관계, 즉, 행정에 관한 당사자 상호간의 권리·의무의 관계를 말한다. 행정상의 법률관계에는 행정주체와 국민 간에 맺어지는 법률관계와 행정주체와 공무원간에 맺어지는 법률관계 그리고 행정주체 상호간에 맺어지는 법률관계가 있다.

제2항 행정법관계의 종류

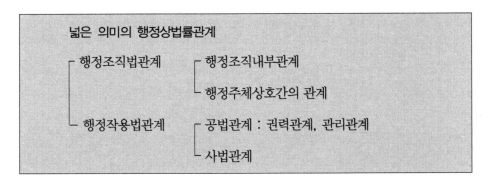

넓은 의미의 행정상법률관계

- 행정조직법관계 ─ 행정조직내부관계
  └ 행정주체상호간의 관계
- 행정작용법관계 ─ 공법관계 : 권력관계, 관리관계
  └ 사법관계

Ⅰ. 행정작용법 관계

1. 의의

행정주체와 행정객체 간의 관계를 규율하는 법을 말하고, 일반적으로 행정법관계라 할 때는 행정작용법관계만을 말하며, 이에는 공법관계와 사법관계가 포함된다. 공법관계(행정주체가 사인과 동등한 지위에서 행하며 특별한 공공성도 갖지 않는 법률관계)는 권력 관계(행정주체가 개인에게 일방적으로 명령, 강제, 법률관계를 형성, 변경, 소멸시키는 등 우월한 법률관계가 인정되는 관계)와 관리관계(행정주체가 사업 또는 재산의 관리주체로서 개인과 맺는 법률관계)로 나뉜다.

[공법관계와 사법관계의 구체적인 예]

사법관계	. 국유재산매각, 임대 . 청사, 도로 등 건설도급계약 . 물품매매계약 . 국고수표 발행 . 회사의 주주가 되는 관계 . 시영버스 이용관계 . 지방채모집 . 사립대학학생의 수업료납부 관계 . 국립병원의 유료입원
공법관계	. 영조물 경영, 하천관리 . 국립병원의 강제입원 . 공무원 임영 . 귀속재산의 매각, 임대 . 공유수면의 매립면허 . 회사의 소득세 원천징수 . 공업권의 허가 . 사립대학의 학위수여 . 시립도서관 이용관계 . 행정강제

(1) 행정주체

행정법관계의 당사자로는 '행정주체'와 '행정객체'가 있다. 행정주체는 행정권을 행사하는 당사자로서 '행정기관의 행위에 따른 행정법상의 권리·의무의 귀속주체'를 말하며, 이에 반해 행정객체(다른 말로 '행정의 상대방')는 행정주체에 의해 행정권행사의 대상이 되는 자를 말한다.

[구별개념]

	행정기관	행정주체
개념	행정을 실제로 수행하는 자	행정법관계에서 행정권을 행사하고 그 행위의 법적 효과가 궁극적으로 귀속되는 당사자
예	국가의 기관을 구성하는 장관 등	국가, 지방자치단체, 사단법인, 재단법인, 영조물법인, 공무수탁사인
법인격성	독립적인 법인격 없음—직무수행의 권한은 있으나 독자적인 권리는 없음	법인격 있음—행정기관이 한 행위의 법적효과의 구속주체는 행정주체임
종류	행정청, 의결기관, 보조기관, 보좌기관	국가, 공공단체(지자체, 공공조합, 영조물법인, 공법상재단), 공무수탁사인

(2) 행정주체의 종류

국가		국가는 행정권이 본래 존재하는 법인체로서 당연히 행정주체가 된다(대한민국)
공공단체	지방자치단체	지방자치단체는 국가의 일정한 지역 안에서 그 지역주민 모두에게 법이 인정하는 한도 내에서 지배권을 행사하는 단체(서울특별시·광역시·도·시·군·자치구)
	공공조합	특정한 행정목적을 위해 설립된 인적 결합체로서 행정주체가 된다(농업협동조합·건강보험관리공단).
	영조물법인	서울대병원＝인적 요소(의사)＋물적 요소(의료기기와 건물)＋법인격 ※ 법인격이 있다는 것은 설립등기가 되어 있다는 것을 의미하고 이로써 행정주체가 된다.(각종 공사, 한국은행과 같은 국책은행, 서울대병원, 적십자병원 등)
	공법상재산	국가나 지방자치단체가 출연한 재산을 관리하기 위하여 설립된 재단법인으로서 행정주체가 된다.(한국학술진흥재단·한국학중앙연구원)
공무수탁사인		사인이 자신의 이름으로 공행정사무를 처리할 수 있는 권한을 위임받아 그 범위 안에서 행정주체로서의 지위에 서게 되는 것(토지수용권을 행사하는 사업시행자인 사인)

1) 국가

국가는 시원적 행정주체로서 하나의 독립된 인격을 가진 법인이며 행정법관계에서 권리의무의 주체가 되지만 행정객체는 될 수 없다. 그러나 국가행정의 일부가 지방자치단체 등 및 사인에게 위임 또는 위탁되어 행하여지는 경우도 있다.

2) 공공단체

가) 지장자치단체

지방자치단체는 일정한 지역적 범위의 주민에 대하여 포괄적 지배권을 행사하는 국가로부터 독립된 법인격을 가진 단체이다. 한편 자치구가 아닌 구(수원시 팔달구 등)와 제주시 서귀포시(행정시에 불과) 그리고 읍, 면, 동, 리(행정단위에 불과)는 지방자치단체가 아니다. 이러한 지방자치단체는 보통지방자치단체(특별시, 광역시, 도, 특별자치도, 시, 군, 구)와 특별지방자치단체(지방자치단체조합)가 있다.

나) 공공조합

공공조합은 특수한 사업을 수행하기 위해 일정한 자격을 가진 사람(조합)에 의해 구성된 공법상의 사단법인을 말하는데, 대표적인 유형으로는 재개발조합이 있다. 한편 판례는 '도시 및 주거환경정비법에 따른 주택재건축정비사업조합은 관할 행정청의 감독 아래 위 법상의 주택재건축사업을 시행하는 공법인으로서, 그 목적 범위 내에서 법령이 정하는 바에 따라 일정한 행정작용을 행하는 행정주체의 지위를 갖는다'고 보고 있다.[10]

다) 영조물법인

특정한 공적목적에 제공된 인적, 물적 시설의 종합체{예, 서울대병원=인적 요소(의사)+물적 요소(의료기기와 건물)+법인격}로서 공법상 법인격이 부여된 단체를 말한다. 이에는 한국은행, 대한적십자병원, 국립대학병원, 한국방송공사 등이 있다. 주의할 것은 영조물이라도 국립대학, 국립도서관 등과 같이 독립된 법인격을 취득하지 못한 경우에는 행정주체가

---

10) 대법원 2009. 10. 15. 선고 2008다93001 판결.

되지 못한다. 단, 서울대학교와 인천대학교, 울산과학기술대학은 행정주체이다.

라) 공무수탁사인

ⅰ) 개념

공무수탁사인은 법률이나 법률에 근거한 행위로 공적인 임무를 자기의 이름으로 수행하도록 권한이 주어진 사인(자연인 또는 법인)을 말한다. 공무수탁사인의 예로는 경찰사무를 처리하는 선박의 선장 또는 항공기의 기장, 학위를 수여하는 사립학교, 건축사(건축공사에 관하여 조사 및 검사, 확인을 대행), 사업시행자(공익사업 공공사업의 시행자로서 다른 사람의 토지를 수용하는 경우) 등이 있다.

공무수탁사인으로 인정된 예	· 학위를 수여하는 사립대학 총장 · 선박 항해 중의 경찰사무 · 별정우체국장 · 강제집행을 행하는 집행관 · 공증사무를 수행하는 공증인 · 교정업무를 위탁받은 민간교도소
공무수탁사인과 구별되는 개념	· 부탁에 의하여 교통사고 현장에서 경찰을 돕는 경우 · 아르바이트로 행정사무를 정리하는 사인

다만, 사법상 계약에 의하여 단순히 경영위탁을 받은 사인(경찰과의 계약에 의하여 주차위반 차량을 견인하는 민간사업자)과 단순한 행정의 보조자(사고현장에서 경찰의 부탁에 의하여 경찰을 돕는 자), 공법상 의무가 부과된 사인(석유정제업자 등의 석유비축 의무) 등은 공무수탁사인이 아니다.

【판시사항】

공무수탁사인의 지위(헌재 2008. 6. 26. 선고 2005헌마506 결정)

【판결요지】

자율심의기구는 행정주체인 방송위원회로부터 위탁을 받아 방송광고의 사전심의라는 공무를 수행하고 있으므로 행정법상 공무수탁사안에 해당한다. 공무수탁사인은 자신의 책임하에 자신의 명의로 권한을 행사하고, 그 법적 효과의 귀속주체가 되지만, 국가는 공무수탁사인에 대하여 위임사무의 처리에 관한 지위, 감독권을 가지고 있다.

방송위원회와 자율심의기구 사이에 체결된 업무위탁계약서 제7조에 따르더라도 방송위원회는 위탁업무에 대해 심의기구를 지위 감독하고, 필요한 경우 위탁업무와 관련된 지시 및 조치를 할 수 있으며, 위탁업무 처리가 위법 또는 부당한 경우 그 처분을 취소하거나 정지시킬 수 있다. 이러한 경우 행정주체는 사인이 아니라 바로 그에게 공권을 수여한 국가 또는 공공단체 자신이라 할 것이며, 공무수탁사인의 공권력 행사는 국가가 행하는 것과 법적 효과 측면에서 전혀 다르지 않다.

ii) 지위 및 감독

공무수탁사인은 공법상 위임관계에 놓이게 되며, 행정임무의 수행을 위하여 공권을 수여받은 사인은 행정기관과 동일한 지위가 있다. 따라서 공무위탁자는 공무수탁사인에 대하여 법에 의하여 규정된 감독권을 가지며, 그 결과 공무수탁사인과 공무를 위탁한 행정주체는 특별권력관계의 유형인 특별감독관계에 있게 된다.

iii) 법적근거

공무수탁사인은 공권의 행사를 사인에게 이전하는 제도이므로 법적근거가 필요하다. 따라서 국가가 자신의 임무를 그 스스로 수행할 것인지 아니면 그 임무의 기능을 민간부분으로 하여금 수행하게 할 것인지 등이 문제될 수 있는데, 이에 관하여는 헌법재판소는 입법자에게 광범위한 입법재량 내지 형성의 자유가 인정된다고 보았다.[11]

일반법으로 정부조직법 제6조 제3항, 지방자치법 제104조 제3항 등이 있으나 동법은 소관사무 중 조사, 검사, 감정, 관리업 등 국민의 권리, 의무와 직접 관계되지 아니하는 사무를 법인, 단체 또는 그 기관이나 개인에게 위탁할 수 있도록 하고 있어 국민의 권리와 의무와 직접 관계되는 권한은 개별법적 근거가 필요하다. 개별법으로는 공익사업을 위한 토지 등의 취득 및 보상에 관한 법률 제19조, 민영교도소 등의 설치 운영에 관한 법률 제3조 등이 있다.

---

11) 헌재 2007. 6. 28. 2004헌마262.

iv) 행정주체성

공무수탁사인은 일정한 권한을 수탁받은 행정기관에 불과하다는 견해도 있지만 위탁받은 사무를 수행하는 한도 내에서는 전래적 행정주체로 보는 것이 타당하다. 따라서 공무수탁사인의 결정은 행정기관이 결정한 것과 동일하며, 그 권한범위 내에서 행정행위를 발령할 수도 있고, 수수료를 징수할 수도 있으며, 기타 공법상법률행위도 할 수 있다.

v) 지위의 소멸

공무수탁사인의 공적지위는 사망, 파산, 기간경과, 유죄선고 등 일정한 사실의 발생 또는 공무수탁사인에 대한 공권부여의 근거인 법률이나 행정행위의 폐지 등의 사유로 종료된다.

vi) 국민의 권리구제

공무수탁사인의 위법한 공무집행행위로 인하여 타인에게 손해를 가한 경우 그 타인은 항고소송, 당사자소송, 국가배상[12] 등을 통하여 행정주체성이 인정되는 공무수탁사인에게 권리구제를 받을 수 있다.

마) 공법상 재단

재단설립자에 의해 출연된 재산(재산+법인등기)을 관리하기 위하여 설립된 공공단체를 말하며, 현행법상으로는 한국연구재단, 한국학중앙연구원 등이 이에 속한다.

(3) 행정객체

행정주체에 의한 공권력 행사가 있을 시 그 상대방을 행정객체라 한다. 일반적으로 사인(내국인, 외국인)이나 법인(사법인, 공법인)이 행정객체가 되는 경우가 많지만 공공단체 또한 다른 공공단체나 국가에 대해 행정객체의 지위를 가지는 경우가 있다. 국가 또한 행정객체가

---

12) 국가배상법 제2조의 공무원에는 국가공무원, 지방공무원법상 공무원뿐만 아니라 널리 공무를 위탁받아 실질적으로 공무에 종사하는 자도 포함되기 때문에 공무수탁사인도 국가배상법상 공무원에 해당된다. 따라서 공무수탁사인의 위법한 공무집행행위로 인하여 타인에게 손해를 가한 경우 국가나 지방자치단체가 국가배상책임을 져야한다.

되는 경우가 있는지에 대해서는 부정적인 입장이지만 예외적으로 인정되는 경우가 있다. 따라서 국가는 원칙적으로 행정객체는 되지 아니한다.

행정주체	. 국가 . 서울시, 서울시 관악구 . 부산시 . 한국은행 . 적십자병원 . 변호사회, 농협, 재향군인회 . 별정우체국장 . 조세원천징수하는 사법인(판례는 제외함) . 학위수여 사립대학 총장 . 호적, 경찰사무를 행하는 선장
행정주체가 아닌 것	. 국민총리, 법무부장관, 행안부장관 . 서울시장, 관악 구청장 . 부산시장, 경기도지사, 고창군수 . 한국은행장 . 수업료를 수납하는 사립대학 총장 . 급여를 지급하는 선장

2. 행정작용법관계의 종류 - 공법관계, 사법관계

행정작용법관계란 행정주체와 국민 사이에 맺는 법률관계로서 외부관계라고도 하며, 이는 다시 공법관계인 권력관계와 행정상 사법관계 즉 국고관계로 구분된다. 공법관계는 행정소송법상의 행정소송의 대상이 되고, 사법관계는 민사소송법상의 민사소송의 대상이 된다.

공법과 사법의 구별기준에 관한 전통적 견해로 아래 표에서 보는 바와 같이 주체설, 종속설, 이익설, 귀속설 등이 있다. 오늘날에는 신주체설이 유력하게 주장되고 있다.

구분	공법	사법	비판
주체설	국가, 공공단체 등을 일방 또는 쌍방 당사자로 하는 법률관계를 규율하는 법	당사자가 모두 사인인 경우의 법률관계	국고행위 설명곤란
종속설	상하관계에 적용	대등관계에 적용	부자관계, 공법상 계약 설명 곤란
이익설	공익에 봉사하는 법	사익에 봉사하는 법	실제상 공익과 사익의 구별이 명확한 것이 아님
귀속설	공권력의 주체에 대해서만 권리의무를 귀속시키는 법	모든 권리주체에게 공통적으로 권리의무를 귀속시키는 법	구체적 법률관계에서 행정주체가 공권력 주체의 지위를 가지는지 여부가 불분명한 경우가 있음

(1) 공법관계 - 공법규정, 공법원리적용- 행정소송 대상

공법 관계	권력관계	행정주체에게 우월적 지위가 인정되는 법률관계
	관리관계	공권력주체가 아니라 공적재산 또는 사업의 관리주체로서 국민을 대하는 관계
사법 관계	국고관계	행정주체가 일반사인과 같은 사법상의 재산권주체로서 사인과 맺는 관계
	행정사법 관계	행정주체가 공행적작용을 수행하면서 사법적 형식으로 국민과 맺는 법률관계

1) 권력관계

- 행정청이 우월한 지위에서 행정법관계를 발생, 변경, 소멸시키는 관계, 항고소송의 대상

권력관계란 행정주체가 우월한 지위에서 일방적으로 행정법관계를 형성·변경·소멸시키는 관계를 말하며, 좁은 의미로는 고권관계라도 부른다. 이에는 공법규정과 공법원리가 적용되고 항고소송의 주된 대상이 된다. 종래의 이론은 권력관계를 일반권력관계와 특별권력관계로 구분하고 전자는 국가와 국민 간에 당연히 성립하는 관계 후자는 특별한 목적을 위해 특별한 법적원인에 근거하여 성립하는 관계로서 법치주의의 적용이 배제됨을 특징으

로 한다고 구분하였지만 오늘날에는 일반행정법관계 · 특별행정법관계라고 부른다.

2) 비권력관계

- 공법상 계약 등과 같이 행정객체와 대등한 지위에서 이루어지는 관계, 원칙적으로 공법규정 적용 - 행정소송 중 당사자소송

행정주체가 권력적인 수단을 사용하지 않고 행정작용을 하는 법관계를 의미하며, 원칙적으로 공법규정이 적용되고 당사자소송의 주된 대상이 된다. 이에 대한 예로는 공법상 계약, 공법상 합동행위, 공물관리, 공기업경영 등이 있다.

(2) 행정상 사법관계(국고관계) - 원칙상 사법규정 적용 - 민사소송 대상

국가 또는 공공단체 등의 행정주체가 우월적인 지위가 아니라 재산권의 주체로서 사인과 맺는 법률관계 즉, 국유재산의 임대, 처분 등과 같이 행정주체가 사법상의 재산권 주체의 지위에서 형성하는 법률관계를 말한다.

[행정작용법관계와 행정소송과의 관계성]

<table>
<tr><th colspan="2"></th><th colspan="2">소송형식</th><th colspan="2">법치행정의 원리(재판심사기준)</th></tr>
<tr><td rowspan="2">공법관계</td><td>권력관계</td><td rowspan="2">행정소송</td><td>항고소송</td><td rowspan="2">법치행정의 원리 적용</td><td>. 법률유보
. 법률위위: 성문법 + 불문법</td></tr>
<tr><td>비권력관계</td><td>당사자소송</td><td>. 법률유보 X
. 법률우위 : 성문법+불문법+공법규정 흠결시 사법적용</td></tr>
<tr><td rowspan="2">사법관계</td><td>국고관계</td><td colspan="2" rowspan="2">민사소송</td><td rowspan="2">법치행정의 원리 적용 안 됨</td><td>사법규정이 그대로 적용</td></tr>
<tr><td>행정사법관계</td><td>사법규정 뿐만 아니라 공법규율과 공법상 일반원칙 및 기본권구속이 인정됨</td></tr>
</table>

Ⅱ. 특별권력관계

(특별한 법적원인에 근거하여 성립 – 공무원임명 : 법치주의 배제) ↔ 일반권력관계(국가와 국민 간 당연히 성립 : 법치주의 적용)

1. 전통적 특별관력관계

(1) 개념

공무상 근무관계(공무원근무관계), 공법상 영조물이용관계(국공립학교 이용관계), 공법상 특별감독관계(공무수탁사인), 공법상 사단관계(공공조합과 조합원과의 관계)

종래의 특별권력관계이론은 공행정목적을 위한 특별한 법률상의 원인에 근거하여 성립되는 관계로서 권력주체가 구체적인 법률의 근거가 없이도 특정신분자를 포괄적으로 지배하는 관한을 가지며 그 신분자는 이에 복종하는 관계를 의미하였고, 그러한 권력관계에는 기본권도 적용되지 않는 등 법률유보의 원칙이나, 사법심사가 인정되지 않는 관계로 이해되었다. 이는 법치주의가 전적으로 적용되며 일반통치권에 복종하는 지위에 있는 일반권력관계와는 대비되는 것이다.

이러한 특별권력관계의 이론적 기초는 P. Laband 나 G. Jellinek 등의 법규의 관념이며, 이들에 의하여 법이란 인격주체 상호 간의 의사의 범위를 정해주는 것으로서 인격주체 간에는 법이 적용되지만, 인격주체 간의 관계가 아닌 국가 내부에는 외부의 법이 침투할 수 없다는 전제이다(P. Laband 법의 불침우성이론).

(2) 성립과 소멸

특별권력관계는 상대방의 동의에 의한 경우(임의적 동의 : 국공립학교의 입학이나 국공립도서관의 이용)나 법률의 규정(징집대상자의 입대, 전염병환자의 강제입원, 죄수의 수감, 공공조합의 강제가입 – 산림조합법 제3장)에 의해 성립된다.

소멸은 특별권력관계로서의 목적이 달성(국공립학교 졸업, 만기전역)되거나, 구성원 스스로의 탈퇴(공무원의 사임, 국공립학교의 자퇴), 권력주체에 의한 일방적인 배제(공무원의 파면, 학생의 퇴학)등에 의해 이루어진다.

(3) 내용
특별권력의 종류에는 공법상 근무관계(공무원), 영조물의 이용관계(국공립학교 재학관계), 공법상 사단관계(공공조합과 조합원과의 관계), 특별감독관계(국가와 공공단체와의 관계) 등이 있으며(통설), 그 내용으로 포괄적인 명령권과 징계권이 있다.

1) 포괄적 명령권 및 징계권
특별권력관계의 내용으로 특별권력의 주체는 상대방에게 대하여 개별적인 법률의 근거가 없이도 필요한 조치를 명할 수 있는 권한(포괄적 명령권)을 가지고 이는 행정규칙의 형식이나 개별구체적 하명의 형식으로 행사된다. 또한 특별권력 주체는 특별권력관계가 형성된 이상 개별적인 법률의 근거가 없이도 질서유지나 의무이행의 확보를 위해 일정한 제재나 강제를 할 수 있는 권한(징계권)이 있다.

2) 기본권 제한
특별권력관계가 형성된 자에 대하여는 기본권이 효력을 갖지 않기 때문에 법률의 근거가 없이도 기본권의 제한이 가능한다(법률유보의 원칙 배제)

3) 사법심사의 제한
특별권력관계에 놓인 자는 행정주체로부터 권리나 이익을 침해받는 결과가 초래하더라도 그 구제를 위한 사법심사가 제한된다.

2. 전통적 특별권력관계 부정설

전면적 부정설	실질적 법치주의 하에서는 인정할 수 없으며, 일반권력관계의 일환으로 본다.
개별적 부정설	종래 특별권력관계로 보아온 법률관계의 내용을 개별적으로 검토하여 권력적 색체가 강한 경우는 일반권력관계로 권력적 색체가 약한 경우에는 관리관계로 분리하여 하여 귀속시킨다.

(1) 개념

오늘날 기본권보장을 내용하는 실질적 법치국가에서는 모든 공권력행사는 법률의 근거를 요하며 따라서 기본권과 법률유보의 적용을 배제하는 특별권력관계란 전근대적인 시대의 산물로서 오늘날 더 이상 존립의 타당성이 존재하지 않는다는 견해이다 - 판례도 전통적 특별권력관계를 부정한다.

다만, 전면적 부정설은 일반권력관계와 구별되는 특별권력관계의 존재를 부정하고 이를 일반권력관계의 일환으로 보는 특수한 견해이다, 그러나 이설은 법률관계로서 특별권력관계가 일반권력관계에 대하여 갖는 특수성을 전적으로 무시한다는 문제가 있다.

> **【판시사항】**
> 국립 교육대학 학생에 대한 퇴학처분이 행정처분인지 여부(적극)(대법원 1991. 11. 22. 선고 91누2144 판결)
>
> **【판결요지】**
> 가. 행정소송의 대상이 되는 행정처분이란 행정청이 행하는 구체적 사실에 관한 법집행으로서의 공권력의 행사 또는 그 거부와 그 밖에 이에 준하는 행정작용을 말하는 것인바, 국립 교육대학 학생에 대한 퇴학처분은, 국가가 설립·경영하는 교육기관인 동 대학의 교무를 통할하고 학생을 지도하는 지위에 있는 학장이 교육목적실현과 학교의 내부질서유지를 위해 학칙 위반자인 재학생에 대한 구체적 법집행으로서 국가공권력의 하나인 징계권을 발동하여 학생으로서의 신분을 일방적으로 박탈하는 국가의 교육행정에 관한 의사를 외부에 표시한 것이므로, 행정처분임이 명백하다.

(2) 학설

학설은 긍정설(절대적 구별설, 상대적 구별설) 및 부정설(일반적, 형식적 부정설, 개별적, 실질적 부정설, 특별행정법관계설)이 대립하며, 부정설의 견해 중 울레(C, H, Ule)의 특별권력관계(수정설)를 살펴보면 종래 내부관계로 여겨온 특별권력관계 내에서도 내부관계의 범위를 축소하고 외부관계의 존재를 인정함으로써 거기까지 법치주의의 적용범위를 확대하려는 입장이다

울레의 특별권력관계(수정설)

울레는 특별권력관계를 기본관계와 경영수행관계로 나누어 기본관계에서는 사법심사에 의한 권리보호를 인정하여 특별권력관계 내에서 법치주의의 적용영역을 확대하였다.

가) 기본관계

기본관계란 특별권력관계 자체의 성립, 변경, 소멸을 가져오는 행위를 말하며, 그에 복종하는 자의 법적 지위와 직접 관련된 관계(수형자의 형의 집행, 공무원의 임명, 전직, 퇴직, 파면, 군인의 입대 제대, 국공민학생의 입학, 전학, 퇴학 등)를 말한다. 따라서 기본관계에서의 행위는 행정행위로서 사법심사가 가능하다고 보았다.

나) 경영수행관계

경영수행관계는 특별권력 내부에서 직무관련 또는 영조물관계에서의 경영수행적 관계로서 복종자의 법적 지위와 관련된 관계가 아닌 경우를 의미한다. 따라서 경영수행관계에 관한 행위는 행정행위가 아니므로 원칙적으로 사법심사가 허용되지 아니한다.

---

3. 특별행정법관계와 법치주의

(1) 법률유보와 기본권 – 제한시 법률적 근거 필요

특별권력관계에 있어서도 복종자의 권리 의무에 관한 명령, 강제 및 기본권제한은 개별적인 법률의 근거가 있어야 한다. 즉 일반행정법관계의 경우와 마찬가지로 법률의 근거를 요한다.

(2) 사법심사 - 대상

특별권력관계의 행위일지라도 상대방의 권리의무에 관한 사항은 원칙적으로 사법심사의 대상이 된다. 다만 예외적으로 특별한 행정목적의 달성을 위하여 필요한 범위내에서 사법심 사가 배제된다(상대적 구별설).

제2절 행정법관계의 내용 - 공권

공권은 행정법관계에서 권리주체가 직접 자기를 위하여 일정한 이익을 주장할 수 있는 법률상의 힘을 말하며, 여기에는 국가적 공권과 개인적 공권으로 구분된다. 이는 법률상 인정되는 권리라는 점에서 단순한 국가 또는 개인의 작위, 부작위를 규정한 결과 그 반사적 효과로서 발생하는 반사적 이익과 및 사법상의 사권과도 구별된다.

제1항 국가적 공권

Ⅰ. 개념

국가적 공권은 국가 또는 공공단체 그 밖의 국가로부터 공권력을 부여받은 자 등의 행정주체가 우월한 의사주체로서 상대방인 사인에 대하여 갖는 권리를 말하며, 국가적 공권의 일반적으로 하명권, 강제권, 형성권, 공법상의 물권 등으로 나눌 수 있다. 국가적 공권에는 공정력, 확정력, 강제력 등의 특수한 힘이 인정된다. 예컨대, 국가적공권의 대표적인 예인 하명권을 살펴보면, 하명권은 다시 협의의 하명권과 허가권으로 구분될수 있다. 행정법규가 행정청에게 허가권이 있다고 규정한 경우 행정청은 이로써 허가권이라는 국가적공권을 취득하며 이의 내용으로 행정객체인 사인은 그 법규에서 정한 일정한 행위를 하는 경우 반드시 행정청의 허가를 받아야할 의무를 지는 것이 된다. 즉, 행정청은 허가권을 행사하고 사인은 허가를 받아야 할 의무를 진다.

Ⅱ. 종류

국가적 공권은 ⅰ) 조직권, 재정권, 경찰권, 복리행정권, ⅱ) 명령권, 형성권, 강제권, ⅲ) 대인적 공권, 대물적 공권, ⅳ) 공법상 물권, 공법상 채권 등으로 구분할 수 있다.

Ⅲ. 국가적 공권의 특수성

국가적 공권은 법률이 정하는 바에 따라 권리의 내용을 스스로 결정할 수 있는 자율성, 그 불이행의 경우 자력으로 그 내용을 실현할 수 있는 자력집행력 그리고 침해에 대하여는 제재를 부과할 수 있다는 과벌성 등의 특성이 인정된다.

제2항 개인적 공권
Ⅰ. 개인적 공권과 반사적 이익의 의의, 구별실익

1. 개인적 공권

예를 들어 과세부과처분이 위법함을 이유로 행정청에 대항할 수 있는 힘과 같이 개인적 공권은 행정객체인 개인이 행정법상 법률관계에서 행정주체에 대하여 직접 자신의 이익을 위하여 일정한 행위를 요구할 수 있도록 공법에 의하여 주어진 법적인 힘을 말한다. 이 때문에 개인적 공권은 주관적 공권이라고 불린다. 한편, 개인적 공권은 헌법의 기본권과 밀접한 관계가 있다. 헌법 제24조가 국민에게 선거권이라는 참정권적기본권을 부여한 경우, 이를 받아 통합선거법이 그 선거권의 구체적인 행사방법을 정했다. 이 경우 헌법은 선거권이라는 기본권을, 통합선거법은 선거권이라는 공권을 부여한 것으로 파악된다. 즉, 행정법상의 공권은 언제나 헌법상 기본권을 그 연원으로 하고 있다는 말이다.

2. 반사적 이익

행정법규가 오로지 공익목적을 위해 또는 일정한 사인을 위해 행정기관이 작위, 부작위할 것을 규정하는 결과 다른 사인이 얻게 되는 사실상의 이익·불이익을 말한다. 법률상 이익과 반사적 이익은 근거법규가 공익만을 목적으로 하면 반사적 이익이고 근거법규에서 사익도 보호목적으로 가지고 있으면 법률상 이익으로 되는 차이가 있다.

구분	구별기준	구별실익	
		원고적격 인정여부	손해배상청구권 인정여부
개인적 공권	법규의 사익보호성 긍정	원고적격 긍정	손해배상청구권 인정
반사적 이익	법규의 사익보호성 부정	원고적격 부정	손해배상청구권 부정

(1) 제3자에 대한 법적규제로부터 얻는 이익

가령 의료법 제15조에 규정된 의사나 조산원에 대한 구급진료 또는 조산거부금지의무를 부과하고 있는 결과 환자가 심야나 휴일에도 진료받을 수 있는 이익처럼 국가 또는 공공단체가 개인의 어떤 행위에 관하여 법이 규제하고 있는 결과로서 개인이 얻는 이익을 말한다.

(2) 경찰허가에 의하여 얻는 이익

가령 공중목욕탕 영업허가 등과 같이 특정한 영업에 관하여 법이 일정지역 내에서 영업허가의 건수를 제한하는 규정을 두고 있는 결과로서 허가받은 자가 사실상 일정한 독점적 이익을 받는 경우를 말한다.

(3) 행정명령 준수로 얻는 이익

공무원이 상관의 훈령 또는 직무명령을 잘 준수하여 수행함으로써 개인이 얻는 이익을 말한다.

(4) 공물의 일반사용에 의하여 얻는 이익

도로 공원 등의 일반사용 등 일정한 공공시설로부터 얻는 이익을 말한다.

3. 구별실익 - 취소소송의 인정여부

행정소송법 제12조 제1항은 '취소소송은 처분등의 취소를 구할 법률상 이익이 있는 자가 제기할 수 있다'고 규정하고 있다. 여기서 법률상 이익이 있는 자에는 개인적 공권을 가진

자는 포함된다. 그러나 반사적 이익만으로는 취소소송을 제기할 원고적격이 인정되지 아니한다.

Ⅱ. 개인적 공권의 성립근거

개인적 공권은 헌법에서 직권 인정되는 것(피의자 접견권), 법률이나 대통령령으로 성립되는 것, 집행행위에 의하여 성립되는 것 등이 있는데. 이 중 핵심은 법률에 의하여 성립되는 것이며, 다만 그로부터 개인적 공권이 도출될 수 없을 경우 실효적인 권리구제를 위해 헌법의 기본권규정이 보충적인 근거규정이 될 수 있다.

한편, 개인적 공권의 성립요소에 관하여 독일의 전통적 견해(뷜러)는 강행법규의 존재, 사익보호성의 존재, 의사력의 존재 등 3요소론을 취하였지만, 오늘날의 이론은 일반적으로 강행법규의 존재, 사익보호성의 존재 2요소론를 취한다.

Ⅲ. 개인적 공권의 성립요건

개인적 공권이 성립하기 위해서는 전통적으로, ⅰ) 강행법규에 의한 행정권에 대한 의무의 부과(강행법규성), ⅱ) 법규상에 사익보호목적의 존재(사익보호성), ⅲ) 이익관철 의사력의 존재(소구가능성) 등을 요건으로 들고 있다. 그러나 이중 소구가능성은 오늘날 재판청구권이 헌법상 기본권으로 보장되고 있고 개괄주의를 택하고 있기 때문에 당연히 인정되어 이를 특별히 그 요건으로서 다루지는 않는 것이 일반적이다.

1. 행정청의 의무존재(강제법규성)

공법상 법규가 국가 등 행정주체에게 일정한 요건이 충족될 경우 행위의무(작위, 부작위, 급부, 수인 등)를 부과할 것이다. 이러한 의무에 대응하여 사인은 일정한 권리를 갖게 되는 것이다. 과거에는 기속행위의 경우에만 그러한 의무가 있다고 인정되었으나 오늘날에는 재량행위의 수권규범으로부터도 일정한 의무(하자 없는 재량행위를 발할 의무)가 인정되고 있다.

2. 사익보호목적

(1) 개념

개인적 공권이 성립하기 위해서는 관련법규가 공익의 실현 이외에 개인의 사적 이익의 보호도 목적으로 하고 있어야 한다. 단순히 공익만을 목적으로 하고 있는 경우에 발생하는 간접적 이익은 반사적 이익에 불과하다. 이와 같이 개인적 공권의 성립요건으로서 당해 법규의 보호목적의 내용과 연계하는 논의를 독일에서는 보호규범론이라 한다.

(2) 사익보호목적(법률상 이익)의 존부 판단 기준

1) 문제점

사익보호목적(법률상 이익)의 존부를 판단하기 위해서는 어느 범위까지의 관련 법률을 검토해야 할 것인지가 문제된다.

2) 학설

사익보호목적의 존부에 관하여 당해 처분의 근거가 되는 법률의 규정과 취지만을 고려해야 한다는 견해(근거법률고려설), 근거법률 및 당해 처분과 관련된 관련법령까지도 고려해야 한다는 견해(관련법률고려설). 근거법령과 관련법령 및 이에 더불어 헌법상의 기본권 규정까지도 고려해야 한다는 견해(기본권고려설 – 이른바 공권의 명확화로써의 자유권 기능) 등이 대립한다.

3) 판례

대법원은 원고적격의 법률상 이익의 판단에서 법률상 이익이란 당해 처분의 근거법률에 의하여 직접 보호되는 구체적인 이익을 말한다고 판시하여 기본적으로 당해 처분의 근거되는 법률을 의미하지만 최근에는 관련 법률까지도 고려하고 있으며, 일부 판례에서는 예외적이지만 기본권 규정까지도 고려한 판례도 보인다. 한편, 판례는 거부처분취소소송 또는 부작위위법확인소송에서는 법규상·조리상 신청권을 요구하고 있는데 이를 원고적격의 문제로 보는 경우 판례에 의하면 조리에 의해서도 개인적 공권이 성립되게 된다.

3. 소구가능성 - 학설대립

개인적 공권의 성립요건에 대한 전통적 이론은 공권성립의 제3요소로 개인이 법적으로 인정되는 이익을 행정주체에 대해 소송으로 요구할 수 있는 법적인 힘이 있을 것을 요구하였지만 오늘날 다수설은 제3요건은 불요한 것이고 나아가 재판청구권은 헌법상 일반적으로 보장된 권리이므로 이를 또 하나의 요건을 볼 필요가 있다는 견해이다.

Ⅳ. 개인적 공권의 특수성

1. 이전성의 제한

공권은 대체로 공익성이 요구되거나 일신전속성(공무원연금청구권, 국가배상을 받을 권리 -생명, 신체, 선거권, 병역의무 등)을 갖는 경우가 많기 때문에 양도, 상속 등 이전성이 부인되는 경우가 많다. 하지만 공권 중 그 목적이 경제적 가치를 주목적으로 하는 재산권 침해로 인한 국가배상청구권, 손실보상청권 등과 같은 권리는 이전성이 인정되는 경우도 있다.

2. 포기의 제한

공권은 공익적 견지에서 인정(선거권, 연금청구권, 소권 등)되는 경우가 많다. 따라서 이를 임의로 포기할 수 없는 것이 원칙이다. 공권의 포기는 이의 불행사와는 구별된다.

3. 대행의 제한

공권은 일신전속적인 성격을 가지므로 대리(대행)나 위임이 제한(가령 선거권의 대행)되는 경우가 많다.

4. 보호의 특수성

개인적 공권도 권리이다. 따라서 그것이 침해된 경우 법원에 소제기를 통한 구제가 가능하다. 이 경우 행정소송법이 정하는 바에 따른 특례가 인정되며, 특허기업자의 특권 등과 같이 국가로부터 특별한 보호를 받거나 부담을 지는 경우도 있다.

V. 개인적 공권의 확대화

현대복리국가에서 국민의 권리구제의 범위를 확대시키기 위한 노력이 계속된 결과 가령 경찰허가(영업의 허가, 건축의 허가)로부터 얻는 이익이 법률상 보호할 이익으로 인정되었고, 공물의 일반사용의 법적 성질이 법률상 보호이익으로 변경되었으며, 제3자의 규제로부터 얻는 이익도 법률상 보호이익으로 인정되는 경우도 있는 등 종래 단순한 반사적 이익에 불과하였던 것이 차츰 공권으로 인정되고 있다.

1. 제3자에게 개인적 공권인정

(가) 경업자소송

경업자소송이란 일정한 시장에서 신규진입을 허용하는 면허에 대하여 새로운 경쟁을 부담하게 되는 기존업자가 제기하는 소송이다. 일반적으로 면허나 인허가 등의 수익적 행정처분으로 인한 경영의 불합리를 방지하는 것도 그 목적으로 하고 있는 경우, 다른 업자에 대한 면허나 허가 등의 수익적 행정처분에 대하여 미리 같은 종류의 면허나 인허가 등의 수익적 행정처분을 받아 영업을 하고 있는 기존의 업자는 경업자에 대하여 이루어진 면허나 인허가 등 행정처분의 상대방이 아니라 하더라도 당해 행정처분의 취소를 구할 원고적격이 있다. 판례에서 처분의 상대방이 아닌 제3자의 원고적격을 인정한 구체적인 예로는 기존영업자의 신규영업자에 대한 선박운항사업면허취소소송,[13] 자동차운수사업의 노선연장허가 취소소송,[14] 시외버스정류장 설치허가 취소소송,[15] 약종상영업소이전허가취소소송[16] 등이 그 예이다.

---

13) 대법원 1969. 12. 30. 선고 69누106 판결.
14) 대법원 1975. 7. 22. 선고 73누173 판결.
15) 대법원 1975. 7. 22. 선고 75누12 판결.
16) 대법원 1988. 6. 14. 선고 87누873 판결.

【판시사항】

행정처분의 직접 상대방이 아닌 제3자가 행정처분의 취소 등을 구할 법률상 이익의 범위 및 경원자의 당사자적격성(대법원 1999. 10. 12. 선고 99두6026 판결)

【판결요지】

행정처분의 직접 상대방이 아닌 제3자라 하더라도 당해 행정처분으로 인하여 법률상 보호되는 이익을 침해당한 경우에는 취소소송을 제기하여 그 당부의 판단을 받을 자격이 있는 것이지만, 여기에서 말하는 법률상 보호되는 이익이란 당해 행정처분의 근거 법률에 의하여 보호되는 직접적이고 구체적인 이익을 말하고, 제3자가 당해 행정처분과 관련하여 간접적이거나 사실적·경제적인 이해관계를 가지는 데 불과한 경우는 여기에 포함되지 아니한다. 한편, 면허나 인·허가 등의 수익적 행정처분의 근거가 되는 법률이 해당 업자들 사이의 과당경쟁으로 인한 경영의 불합리를 방지하는 것도 그 목적으로 하고 있는 경우 다른 업자에 대한 면허나 인·허가 등의 수익적 행정처분에 대하여 미리 같은 종류의 면허나 인·허가 등의 수익적 행정처분을 받아 영업을 하고 있는 기존의 업자나, 면허나 인·허가 등의 수익적 행정처분을 신청한 수인이 서로 경쟁관계에 있어서 일방에 대한 면허나 인·허가 등의 행정처분이 타방에 대한 불면허·불인가·불허가 등으로 귀결될 수밖에 없는 경우[이른바 경원관계(경원관계)에 있는 경우로서 동일 대상지역에 대한 공유수면매립면허나 도로점용허가 혹은 일정지역에 있어서의 영업허가 등에 관하여 거리제한규정이나 업소개수제한규정 등이 있는 경우를 그 예로 들 수 있다.]에 면허나 인·허가 등의 행정처분을 받지 못한 사람 등은 비록 경업자나 경원자에 대하여 이루어진 면허나 인·허가 등 행정처분의 상대방이 아니라 하더라도 당해 행정처분의 취소를 구할 당사자적격이 있다.

(나) 경원자소송

인허가 등의 수익적 행정 처분을 신청한 여러 명이 서로 경쟁 관계에 있어서 한쪽에 대한 허가가 다른 쪽에 대한 불허가가 될 수밖에 없는 경우에, 허가를 받지 못한 자가 제기하는 소송이다.

다만, 명백한 법적 장애로 인하여 원고 자신의 신청이 인용될 가능성이 처음부터 배제되어 있는 경우에는 당해 처분의 취소를 구할 정당한 이익이 없다(법학전문대학원의 설치운영에 관한 예비인가처분취소사건 – 대법원 2009. 12. 10. 선고 2009두8359 판결).

(다) 인인소송(隣人訴訟)

환경오염으로 이웃에 피해를 주는 공장이나 시설의 설치에 대해 인가나 허가를 내어 준 행정청을 상대로 그 처분의 취소를 구하는 소송 등과 같이 경찰허가 등으로 얻는 인근주민의 이익은 본래 반사적 이익에 불과하였지만 점차 권리가 확대되어 감에 따라 일부는 법률상 보호이익에 해당하여 원고적격이 인정되는 경우가 늘고 있다. 판례가 인정한 구체적인 예로는 주거지역내의 위법한 연탄공장건축허가취소소송,[17] 제3자에게 도시계획결정처분의 취소를 구할 법률상 이익이 있다고 본 판례[18] 등이 있다.

> 【판시사항】
> 이웃관계에 있는 피해자의 청구인적격성(수원지방법원 2009. 8. 19. 선고 2008구합10813 판결)
>
> 【판결요지】
> 행정처분의 직접 상대방이 아닌 제3자라 하더라도 당해 행정처분으로 인하여 법률상 보호되는 이익을 침해당한 경우에는 그 처분의 취소나 무효확인을 구하는 행정소송을 제기하여 그 당부의 판단을 받을 자격이 있으며, 여기에서 말하는 법률상 보호되는 이익이라 함은 당해 처분의 근거 법규 및 관련 법규에 의하여 보호되는 개별적·직접적·구체적 이익이 있는 경우를 말하고, 공익보호의 결과로 국민 일반이 공통적으로 가지는 일반적·간접적·추상적 이익이 생기는 경우에는 법률상 보호되는 이익이 있다고 할 수 없다.

2. 무하자재량행사청구권

(1) 의의 및 법적성질

1) 의의

어떤 행위에 대한 법규정이 행정청에 재량권을 부여하고 있을 경우, 행정청은 그 재량의 범위 내에서 선택의 자유와 하자없는 재량권 행사의 법적의무를 지게된다. 이때 개인이 행정청에 대하여 하자없는 즉, 적법한 재량처분을 요구 할 권리를 무하자재량행사청구권이라 한다.

---

17) 대법원 1975. 5. 13. 선고 73누96 판결.
18) 대법원 1995. 9. 26. 선고 94누14544 판결.

2) 법적성질

무하자재량행사청구권은 형식적인 권리(공권)이다. 따라서 재량처분에 있어서 종국처분 형성과정상 단지 재량권의 법적 한계를 준수하면서 처분할 것을 구하는데 그치고 어떤 특정 처분을 구할 수 있는 실질적 권리는 아니다. 즉, 무하자재량행사청구권은 재량권의 법적한계를 준수할 것을 요구할 수 있는 제한적 공권일 뿐이다.

(2) 무하자재량행사청구권의 독자성 인정여부

1) 문제의 소재

현재는 재량행위에도 개인적 공권이 성립한다는 것이 다수설적 견해인데, 그 권리의 내용이 무엇인지에 관하여 학설이 대립한다.

2) 학설

가) 부정설(실체적 권리설)

행정청의 위법한 재량행사로 사인의 쟁송제기는 그 사인의 실체적 권리의 침해로 다투는 것이지 구태여 실체법적 권리와 구분되는 절차법적 권리를 따로 인정할 법적 실익이 없고 추상적 일반적인 형식적 권리를 인정한다면 남소의 폐단이 있을 뿐만 아니라 법원이 재량권의 행사과정에 개입함으로써 행정의 경질을 초래할 우려도 있고 특히 현행법상 그 적절한 근거를 찾을 수 없다는 견해이다.

나) 긍정설(형식적 권리설 - 다수설)

재량행위의 경우에는 당사자가 신청한 특정한 처분을 청구하는 권리는 인정될 수 없다. 결국 재량권의 일탈, 남용이 없는 재량행사를 청구하는 형식적 권리가 성립된다고 한다. 따라서 무하자재량행사청구권은 형식적 권리이지만 독자성이 인정되는 권리라고 본다.

3) 판례 - 긍정설

판례는 검사임용거부처분사건에서 사법시험에 합격하고 사법연수원의 소정과정을 마친 후 검사임용신청을 하였으나 그 임용이 거부된 자가 제기한 취소소송에서 재량권 일탈 남용이 없는 적법한 응답(무하자재량행사청구권)을 요구할 권리가 있다고 판시함으로써 무하자재량행사청구권의 법리를 인정한바 있다.

【판시사항】
검사임용거부처분의 항고소송대상 여부(대법원 1991. 2. 12. 선고 판결)

【판결요지】
검사의 임용에 있어서 임용권자가 임용여부에 관하여 어떠한 내용의 응답을 할 것인지는 임용권자의 자유재량에 속하므로 일단 임용거부라는 응답을 한 이상 설사 그 응답내용이 부당하다고 하여도 사법심사의 대상으로 삼을 수 없는 것이 원칙이나, 적어도 재량권의 한계 일탈이나 남용이 없는 위법하지 않은 응답을 할 의무가 임용권자에게 있고 이에 대응하여 임용신청자로서도 재량권의 한계 일탈이나 남용이 없는 적법한 응답을 요구할 권리가 있다고 할 것이며, 이러한 응답신청권에 기하여 재량권 남용의 위법한 거부처분에 대하여는 항고소송으로서 그 취소를 구할 수 있다고 보아야 하므로 임용신청자가 임용거부처분이 재량권을 남용한 위법한 처분이라고 주장하면서 그 취소를 구하는 경우에는 법원은 재량권남용 여부를 심리하여 본안에 관한 판단으로서 청구의 인용 여부를 가려야 한다.

(3) 청구권의 성립요건(강행법규성 + 사익보호성)

무하자재량행사청구권이 성립하기 위해서는 근거규정의 강행법규성(하자없는 재량행위를 하여야할 의무)과 사적이익의 보호 내지 충족이라는 사익보호성의 두 요건이 충족되어야 한다.

1) 강행법규의 존재여부

재량행위의 영역에서 권리가 인정되기 위해서는 행정청에게 강행법규에 의해 어떠한 법적 처분의무가 부과되어야 한다. 이때의 의무는 법령상의 의무만 인정될 수 있는 것은 아니고 조리상도 인정될 수 있다.[19] 한편, 행정청에 재량권이 부여되었다고 하더라도 재량권의 일탈, 남용이 없도록 행사하여야 할 법적 의무는 존재한다.

---

19) 대법원 1991. 2. 12. 선고 90누5825 판결.

2) 사익보호성

해당법규의 목적의 취지가 공적법익의 실현 이외에 적어도 개인의 이익도 보호하고자 하는 경우에만 인정된다. 따라서 관련규범이 공익뿐만 아니라 사익보호의 요건도 필요하다.

(4) 청구권의 내용

무하자재량행사청구권은 행정청이 재량권을 가지고 있는 경우에 적정하게 재량권을 행사하여 처분하여 줄 것을 요구하는 소극적인 공권이다. 그러나 예외적으로 재량권이 0으로 수축되어 오직 하나의 처분만이 적법한 재량권행사로 인정되는 경우에는 자신에게 특정한 처분을 해 줄 것을 요구할 수 있다. 즉, 재량권 0으로의 수축은 행정청이 재량행위를 함에 있어 국민의 신체와 재산에 중대한 위험이 있을 때에는 재량행위가 기속행위로 바뀌어 반드시 하나의 행위를 해야 하는 것이다. 이것이 바로 재량권 0으로의 수축이론이며, 이 경우 재량행위는 기속행위로 전환되어 국민은 행정청에 행정개입청구권을 행사할 수 있다.

(5) 무하자재량행사청구권과 행정쟁송

무하자재량행사청구권에 기하여 적법한 재량처분을 구하였지만 행정청이 이를 거부한 경우 당사자는 그 거부처분이 위법함을 이유로 그 취소를 구하는 소송을 제기할 수 있으며, 아울러 그러한 행정청의 부작위가 위법함을 이유로 부작위위법확인소송이나 의무이행심판 등을 제기할 수 있고 손해배상청구도 가능하다.

3. 행정개입청구권

(1) 의의

가령 이웃하는 공장에서 나온 폐수로 인하여 신체와 재산에 중대한 피해를 입고 있는 자가 행정청에 공장조업정지명령발령을 청구하는 경우와 같이 행정청의 부작위로 인하여 권익을 침해당한 자가 당해 행정청에 대하여 자기 및 타인에 대한 규제 등 일정한 행정권의 발동을 청구할 수 있는 공권을 말한다. 행정개입청구권은 자기이익을 위하여 타인에 대한 행정권의 발동을 청구하는 권리[20]라는 점에서 자기의 이익을 위하여 자기에 대한 행정권의 발동을 청구할 수 있는 권리인 행정행위발급청구권과 구별된다.

(2) 인정여부

1) 학설

(가) 긍정설(다수설)

제3자와의 관계(특히 복효적 행정행위)에서 행정개입청구인의 권익을 구제하기 위한 효과적인 소송수단이 없기 때문에(현재 행정쟁송 중 의무이행소송을 인정하고 있지 않음), 생명, 신체, 재산에 대한 급박한 위험이 존재한다면 사인에게 이러한 권리를 인정하여 행정청으로 하여금 보호의무를 지게 함으로써 실질적인 권리구제가 가능하므로 이를 인정하는 것이 사회적 법치국가의 원리에 부합하다는 견해이다.

(나) 부정설

일반적으로 행정권 발동은 행정청의 재량이며, 사인의 이익은 단순한 반사적 이익에 불과하기 때문에 행정개입청구권의 발동이 불가하다는 견해이다.

2) 판례

판례는 명시적으로 행정개입청구권을 인정하지는 않는다. 다만, 국가배상청구소송에서 행정청의 부작위에 대한 위법성을 인정함으로써 명시적이지는 않지만 간접적으로 행정개입청구권을 인정하였고(김신조 무장공비사건 – 대법원 1971. 4. 6. 선고 71다124 판결), 최근 새만금간척종합개발사업에 대한 판결에서 비록 명시적인 표현을 사용하지는 아니하였지만 행정개입권의 존재를 전제로 하여 원고적격을 인정하였으나 본안에서 공유수면매립면허 및 사업시행인가처분에 대한 항고소송을 기각하였다.

---

20) 석탄업소에서 사용하는 티톱으로 먼지와 소음이 발생하자 주민들이 건축금지처분을 발령해줄 것을 청구하는 경우(독일의 경우 행정개입청구권은 제2차 세계대전 후 독일의 경찰행정분야에 있어서 판례상 인정되었는데, 그 기본적 판례가 연방행정법원이 1960년 내린 띠톱판결로서 경찰권의 행사와 관련하여 사인의 특정조치를 취할 것을 청구할 수 있는 권리인 행정개입청구권이 인정된다. 우리나라 대법원은 김신조무장공비침투사건과 관련된 판례(대판 1971. 4. 6. 71다124)에서 행정청의 부작위로 인한 손해에 대하여 국가의 손해배상책임을 인정한바 있다.

(3) 성립요건(강행법규성 + 사익보호성)

1) 행정청의 개입의무 존재

원칙적으로 행정권의 발동여부는 재량이다. 그러나 법률의 규정에서 행정권의 발동여부를 행정청의 재량으로 인정하지 않는 경우도 있고, 비록 법률의 규정에 행정권발동의 여부를 행정권의 재량으로 부여하고 있더라도 일정한 경우에는 당해 재량권이 0으로 수축되는 경우 행정청에게 개입의무가 존재한다. 이러한 개입의무는 개별 구체적으로 검토되어야 한다.

기속행위인 경우 - 행정청의 개입의무 당연히 인정
재량행위인 경우 - 당연인정 않고, 재량권이 0으로 수축되는 경우 예외적으로 인정
                  - 재량권의 0으로의 수축이란 재량행위임에도 일정한 경우 행정청이 하나의 결정만 해야 하는 경우를 말한다. 즉 기속행위와 같은 결과가 되는 경우를 말함

2) 사익보호성의 존재

당해 법규의 취지가 적어도 개인의 이익도 보호하는 취지의 내용이거나 개인이익의 보호도 목적으로 하는 제3자 보호규범의 성질을 가지는 것이어야 한다.

구분	무하자재량행사청구권	행정개입청구권
내용	재량의 적법한 한계의 준수를 요함	특정한 개입를 요함
성질	형식적, 절차적 권리	실질적, 실체적 권리
이론	재량 통제법리	재량의 0으로의 수축이론
대상	선택, 결정재량에서 인정	기속재량에서만 인정
요건	재량준수의무 사익보호성	행정개입의무 사익보호성

(4) 권리구제

행정개입청구권을 가진 사인은 먼저 행정청에 행정권발동을 청구하고 행정청이 이를 거부하거나 부작위할 경우 의무이행심판을 제기할 수 있다. 그럼에도 행정청이 이를 거주하고 방치할 경우 그 사인은 취소소송, 부작위위법확인소송을 제기할 수 있으며, 위 소송에서 승소할 경우 간접강제제도에 의해 권리를 실현할 수 있게 된다.

(5) 행정개입청구권의 적용영역

행정개입청구권은 독일의 경우 위험방지분야와 관련하여 논의되고 있다. 우리나라의 경우에는 경찰행정을 중심으로 발전되었지만 행정의 전영역에 전용되며, 기속행위와 재량권의 0으로 수축된 재량행위에도 적용된다.

제3절 행정법관계의 발생과 소멸

제1항 일반론

1. 발생원인

행정법관계는 행정주체의 공법행위(예, 행정입법, 행정계획, 행정행위, 행정법상 계약 등) 및 공법상 사건, 사인의 공법행위 등에 의하여 발생한다.

2. 소멸사유

발생한 행정법관계는 급부의 이행(철거명령 – 철거), 권리의 포기와 소멸시효 완성, 실효, 기간의 경과(허가기간 만료), 대상의 소멸(건축허가 – 건축물 소실), 사망(사망 – 운전면허 소멸) 등에 의하여 소멸한다.

제2항 행정법상의 사건

I 의의

1. 개념

행정주체 등의 정신작용을 요소를 하지 않는 행정법상의 사건은 자연적 사실(기간, 시효, 제척기간)과 사실행위(물건의 소유, 점유, 행정강제, 행정지도, 부당이득, 목적물의 멸실 등) 등으로 구분된다.

2. 구별개념 – 용태

행정법상의 용태는 사람의 정신작용을 요소로 하는 사인의 공법행위로서 이는 외부적 용태(공법행위 – 부당행위, 위법행위, 적법행위 등, 사법행위 – 납세의무 등)와 내부적 용태(고의, 과실, 선의, 악의 등)로 구분된다.

Ⅱ 행정법상 사건의 종류

1. 기간

가령 영업허가 시 그 기간을 3년으로 정한 것과 같이 기간이란 한 시점에서 다른 시점까지의 시간적 간격을 말한다.

법령·재판상의 처분 등으로써 특히 기간의 계산방법이 정하여져 있지 않은 경우를 위하여 민법은 보충적으로 그 계산방법을 정하였다. 그 계산방법에는 두 가지 방법이 있다. 자연법적 계산방법으로서 시간을 시·분·초로 정한 때에는 그 시점부터 기산하여 정해진 시점까지 사실 그대로 계산하는 방법이다. 역법적 계산방법으로서 일 이상을 단위로 정한 경우에는 초일은 산입하지 않고 다음 날부터 계산하며 또 월 또는 년으로 단위를 정한 때는 일로 환산하지 않고 역에 따라 계산하는 방법이다. 그러므로 주·월·년의 처음부터 기산하지 않을 때는 최후의 주·월·년에서 기산일에 해당하는 날의 전일을 가지고 만기로 한다.

예컨대, 3월 20일 지급부터 2개월이라고 하면 3월 21일부터 기산하여 5월 20일에 만료된다. 기간의 말일이 공휴일에 해당하는 때에는 기간은 그 다음 날로 만료일이 된다. 위와 같은 기간계산의 원칙에는 예외가 있는데, 연령계산에 있어서는 초일을 산입하도록 되어 있으며, 호적법상 신고기간은 신고사건 발생일부터 기산하게 되어 있다. 재판의 확정일로부터 기간을 기산하여야 할 경우에 재판이 송달 또는 교부 전에 확정된 때에는 그 송달 또는 교부된 날로부터 기산한다.

2. 시효

시효는 권리자가 권리를 행사할 수 있었음에도 일정기간 권리를 행사하지 않음으로써 상대방에게 권리불행사에 관한 신뢰를 부여하고, 법적으로도 불안정한 법률상태를 장기간 방치하면 법적 안정성이 저해되기 때문에 만든 제도이다.

1) 공법상 특수성

민법을 준용하지 아니하는 공법상의 특별규정으로서 납입고지 및 독촉 납부최고서가 시효중단의 효력이 있다(국가재정법 제96조 제4항). 이러한 공법상의 최고의 시효중단효력은 민법상의 효력과 비교할 때 보다 강력한 효력으로서 행정법관계에서는 인정되는데, 이 때문에 평등의 원칙에 위배되는지에 대한 문제가 있지만 헌법재판소는 법령의 규정에 의하여 국가가 행하는 납입의 고지는 시효중단의 효력이 있다고 한 예산회계법 제98조가 사법상의 원인에 기한 납입의 고지에도 민법상의 최고와 달리 종국적인 시효중단을 인정하는 것이 평등권을 침해하지 않는다고 보았다.[21]

2) 공법상 금전채권의 소멸시효

국가재정법 제96조 및 지방재정법 제82조에서는 국가나 지방자치단체가 국민에 대하여 갖는 채권이나 국민이 국가나 지방자치단체에 대하여 갖는 채권에 대하여 다른 법률에 특별한 규정이 없는 한 5년간 행사하지 않으면 소멸한다고 규정하고 있다.

3) 공물의 취득시효

원칙상 국유재산인 공물을 공용폐지가 되지 않는 이상은 취득시효의 목적이 될 수 없다는 것이 판례의 태도이다.[22] 그러나 일반재산(구 잡종재산)은 시효취득의 대상이 된다.

일반재산(잡종재산)은 행정재산이나 보존재산과는 달리 그것이 가지는 경제적 가치에 따라 매매 임대 등 사경제질서의 일반원칙이 지배되는 사적 거래의 대상이 되기 때문에 국가도 일반권리의 주체인 법인으로서 사인과 대등한 권리관계가 형성되고 법률행위가 이루어지며 권리변동의 효과가 발생하는 것이므로 원칙적으로 사법의 적용을 받게 된다. 국가가 국유재산 중 잡종재산에 대하여 매각 또는 대부하는 행위 자체는 국가가 사경제적인 주체로서 하는 사법행위이고 그 권리관계 역시 사법상의 권리관계로서 일반 민사법의 적용을 받는 것이라면 국가도 개인과 대등하게 타인의 재산을 시효취득을 원인으로 권리를 취득할 수 있는 것과 같이 개인도 국유 잡종재산을 시효취득을 원인으로 그 권리를 취득할 수 있어야 한다.

---

21) 헌재 2004. 3. 25. 2003헌바22 전원합의부.
22) 대판 1994. 9. 13. 94다12579.

3. 제척기간

제척기간이란 일정한 권리에 대하여 법률이 정한 권리의 존속기간을 말한다. 가령 행정심판 청구기간은 안날로부터 90일, 있은 날로부터 180일이 제척기간이고, 행정소송의 제소기간인 안날로부터 90일, 있은 날로부터 1년이 그 예이며, 위 기간이 도과 시에는 권리가 소멸하며 소멸시효와 달리 그 기간의 중단이나 정지제도는 없다.

제3항 사인의 공법행위

공법행위 ─ 행정주체의 공법행위 ─ 권력행위(행정행위)
                            └ 비권력행위(공법상 계약, 공법상 합동행위)
          └ 사인의 공법행위

Ⅰ. 일반론

1. 의의

사인의 공법행위란 공법관계에서 사인이 공법적 효과의 발생을 목적으로 하는 행위를 말한다. 이는 공법적 효과의 발생을 목적으로 하지만 공권력의 행사가 아니므로 구속력, 공정력, 집행력 등 우월적 효력을 갖지 못하는 점에서 행정행위와 차이가 있고, 공익이라는 행정목적의 실현을 위한다는 점에서 사법행위와 다르다.

2. 법적근거

행정절차법 17조, 40조, 민원사무처리에관한법률에 일부 원칙적 규정을 두고 있을 뿐 일반법은 없고, 개별법에서 정한다.

3. 분류

자기완결적 공법행위	행위요건적 공법행위
사인의 공법행위만으로 법률효과를 완결시키는 행위	사인의 공법행위가 단순히 행정작용의 요건 등에 그치고 그 자체만으로 법률효과를 완성하지 못하는 행위 – 행정청의 행위가 있어야 법적효과 발생
출생신고(수리요×), 투표행위, 주민등록신고, 식품위생법상 영업신고	허가·특허 등의 신청, 공법상 계약의 승낙

(1) 자기완결적 공법행위

자기완결적 공법행위란 사인의 행위 자체만으로 일정한 법적효과를 가져오는 경우로, 투표행위, 이혼·출생 신고, 옥외집회 및 시위의 신고 등이 그 예이다. 이는 자체완성적 공법행위, 자족적 공법행위 등으로 부르기도 한다. 자체완성적 공법행위로서 신고가 있으면 형식적 요건에 하자가 없는 한 신고의 도달로서 신고의 효력이 발생한다. 자체완성적 공법행위인 신고의 수리행위는 항고소송의 대상이 되는 처분이 아니다.

> **【판시사항】**
> 건축법상 신고사항에 관한 건축을 하고자 하는 경우, 행정청의 신고수리처분 등 조처를 기다릴 필요가 없는지 여부(대법원 1995. 3. 14. 선고 94누9962 판결)
>
> **【판결요지】**
> 건축법상 신고사항에 관하여는 건축을 하고자 하는 자가 적법한 요건을 갖춘 신고만 하면 건축을 할 수 있고, 행정청의 수리처분 등 별단의 조처를 기다릴 필요가 없다.

(2) 행위요건적 공법행위

행위요건적 공법행위란 사인의 어떠한 행위가 특정행위의 전제요건을 구성하는 경우로, 특허·허가의 신청, 행정심판의 제기, 건축주명의 변경신고, 혼인신고, 주민등록법상 전입신고 등이 그 예이다. 수리를 요하는 신고에 있어서 수리는 그 자체가 독립적인 행정행위의 하나이므로 그 신고는 행정요건적 사인의 공법행위에 해당한다. 행정요건적 공법행위를 요건적행위, 행위요건적 공법행위 등으로 부르기도 한다.

【판시사항】

주택법상의 주민운동시설에 설치된 골프연습장이 영리를 목적으로 하는 경우, 체육시설의 설치·이용에 관한 법률에 정한 신고를 하여야 하는지 여부(대법원 2007. 5. 10. 선고 2007도376 판결)

【판결요지】

주택법은 주택의 건설·공급·관리와 이를 위한 자금의 조달·운용 등에 관한 사항을 정함으로써 국민의 주거안정과 주거수준의 향상에 이바지함을 목적으로, 주택단지안의 입주자 등의 생활복리를 위한 복리시설의 하나로 주민운동시설을 규정하고(주택법 제2조 제7호), 그 위임을 받은 주택건설기준 등에 관한 규정에서 거주자의 체육활동을 위하여 설치하는 옥외·옥내운동시설(체육시설의 설치·이용에 관한 법률에 의한 신고체육시설에 해당하는 시설을 포함한다)·생활체육시설 기타 이와 유사한 시설을 주민운동시설이라고 규정하고 있는 한편(제2조 제5호), 체육시설의 설치·이용에 관한 법률은 국민의 건강증진과 여가 선용에 이바지하게 함을 목적으로 하여 시설기준, 등록 및 신고 등 체육시설업의 요건과 절차 등을 규정함에 있어, 영리를 목적으로 체육시설을 설치·경영하는 업을 하고자 하는 자는 위 법 제21조 제1항·제2항 또는 제22조의 규정에 의하여 체육시설업을 등록 또는 신고하여야 한다고 규정하고(제2조, 제11조, 제22조), 신고체육시설업의 하나로서 골프연습장업을 들고 있는바(제10조 제1항 제2호), 위 양 법률은 그 입법목적, 규정사항, 적용범위 등을 서로 달리하고 있어서 주택법상의 주민운동시설이라 하여 주택법이 체육시설의 설치·이용에 관한 법률에 우선하여 배타적으로 적용되는 관계에 있다고는 해석되지 아니하므로 주택법상의 주민운동시설에 설치된 골프연습장이라 하더라도 영리를 목적으로 하는 경우에는 체육시설의 설치·이용에 관한 법률 소정의 신고를 하여야 한다고 할 것이다.

4. 사인의 공법행위의 적용법규

사인의 공법행위에 관하여는 일반적인 규정이 없으므로 특별규정이 있는 경우를 제외하고는 민법의 규정 또는 원칙이 유추적용 된다고 해석된다. 이에 따라 사인의 공법행위에는 공정력, 확정력, 강제력 등의 효력이 부인되며 행정행위에 관한 법원칙은 적용되지 않는다.

(1) 의사능력, 행위능력

특별한 배제규정이 없는 한 의사능력 및 행위능력은 민법의 규정이 적용된다. 따라서 의사능
력이 없는 자의 행위는 무효이다.

그러나 행위무능력자(미성년자)의 행위는 민법상 취소사유이지만 특별한 규정을 두어 행위
무능력자의 행위가 유효로 되는 경우가 있다(우편법 제10조[23], 도로교통법 제82조)[24].

(2) 대리

사인의 공법행위에 있어서도 선거, 귀화신청, 수험행위, 등의 일신전속적 사항이나 특별한
규정이 있는 경우(병역법 제77조 제1항 – 징병검사의 대리금지)를 제외하고는 민법의 대리
에 관한 규정이 유추적용된다.

---

23) 제10조(제한능력자의 행위에 관한 의제) 우편물의 발송 · 수취나 그 밖에 우편 이용에 관하여
    제한능력자가 우편관서에 대하여 행한 행위는 능력자가 행한 것으로 본다.
24) 제82조(운전면허의 결격사유) ① 다음 각 호의 어느 하나에 해당하는 사람은 운전면허를 받을 수
    없다. 1. 18세 미만(원동기장치자전거의 경우에는 16세 미만)인 사람

(3) 효력발생시기

특별한 규정이 없는 한 민법에서와 같이 도달주의를 취한다. 다만, 발신인의 이익을 위하여 예외적으로 발신주의를 규정한 경우도 있다(국세기본법 제5조의2)[25]

(4) 의사표시

의사표시의 불일치(비진의의사표시, 통정허위표시, 착오, 사기, 강박 등), 의사표시의 하자 등의 경우 민법규정이 유추적용된다. 다만 투표행위 등은 집단성으로 인한 착오 등이 존재하여도 취소가 제한된다.

(5) 부관 - 사공과 부관은 친하지 않다

사인의 공법행위에는 행정법관계의 명확성, 신속한 확정을 이유로 특별규정 없는 한 원칙적으로 부관[26](단 ~ 한다, 조건, 기한 ,부담 등)을 붙일 수 없다

5. 사인의 공법행위 효과

(1) 행정청의 처리의무

사인의 공법행위에 상응하는 법적 처리를 하여야 할 의무를 부담한다.

(2) 수정인가의 가부

신청의 내용을 수정하여 허가하는 것은 가능하지만, 인가는 사인 간의 법률행위의 효력을 완성시켜주는 보충행위이기 때문에 수정인가는 원칙적으로 허용되지 아니한다.

---

25) 제5조의2(우편신고 및 전자신고) ① 우편으로 과세표준신고서, 과세표준수정신고서, 경정청구서 또는 과세표준신고 · 과세표준수정신고 · 경정청구와 관련된 서류를 제출한 경우 「우편법」에 따른 우편날짜도장이 찍힌 날(우편날짜도장이 찍히지 아니하였거나 분명하지 아니한 경우에는 통상 걸리는 배송일수를 기준으로 발송한 날로 인정되는 날)에 신고되거나 청구된 것으로 본다.

26) 법률행위가 성립하면 보통 바로 효력이 생기지만 법률행위의 당사자가 법률행위 효력의 발생이나 소멸에 조건을 붙여 제한하기도 한다. 이처럼 법률행위 효력의 발생이나 소멸을 제한하려고 법률행위에 부가한 약관을 법률행위의 부관이라 한다.

(3) 재신청의 가부

신청을 하였다가 거부된 행정행위를 다시 신청할 수 있는 가가 문제될 수 있는데, 통상 행정행위는 일사부재리의 효력이 없기 때문에 사정이 변하면 거부처분을 받은 행정행위를 다시 신청할 수 있다고 본다.

(4) 부적법한 신청의 효과(처리)

행정청은 신청에 구비서류의 미비 등 흠이 있는 경우에도 접수를 거부해서는 아니 되며 상당기간을 정하여 보완을 요구해야 한다. 이 경우 보완행위는 처분이 아니고 보완하지 아니함을 이유로 한 신청서의 반려행위는 거부처분으로서 항고소송의 대상이 된다.

6. 사인의 공법행위의 하자 효과

(1) 사인의 공법행위가 행정행위의 전제요건인 경우 - 행정요건적 사인의 공법행위

1) 무효 등의 경우

가령 강박에 못 이겨 제출한 사직원의 수리 등과 같이 사인의 공법행위가 무효, 부존재이거나 적법하게 철회된 경우 그에 대한 행정청의 행정행위 또한 그 전제요건을 결하게 되어 무효이다.

> 【판시사항】
> 본인의 진정한 의사에 의하여 작성되지 아니한 사직원에 의한 면직처분의 적법여부(대법원 1968. 3. 19. 선고 67누164 판결)
>
> 【판결요지】
> 조사기관에 소환당하여 구타당하리라는 공포심에서 조사관의 요구를 거절치 못하고 작성교부한 사직서라면 이를 본인의 진정한 의사에 의하여 작성한 것이라 할 수 없으므로 그 사직원에 따른 면직처분은 위법이다.

2) 취소사유인 경우

공법행위가 취소할 수 있는 단순한 것에 불과한 경우에는 그에 대한 행정청의 행정행위는 원칙적으로 공정력 때문에 유효하다. 그러나 사인의 공법행위에 하자 있는 경우 그에 근거하여 행정처분이 내려지더라도 그 하자는 치유되는 것은 아니고 사인의 공법행위의 하자는 이를 이유로 행정행위를 취소할 수 있는 원인이 된다.

(2) 사인의 공법행위가 행정행위의 단순한 동기에 불과한 경우

사인의 공법행위가 행정행위의 전제요건이 아닌 단순한 동기에 불과한 경우 사인의 공법행위의 하자는 그 정도의 여하에 관계없이 행정행위의 효력에는 아무런 영향을 미치지 못한다.

Ⅱ. 사인의 공법행위로서의 신고

1. 신고의 개념

사인의 공법행위로서 신고란 사인이 공법적 효과의 발생을 목적으로 행정주체에 대하여 일정한 사실 또는 관념을 통지하는 행위를 말하며, 이는 경찰목적을 위한 자료획득수단의 성질을 가지고 있다.

2. 신고의 종류

(1) 종류

1) 수리를 요하지 않는 신고(자체완성적 사인의 공법행위로서 신고, 본래적 의미의 신고)[27]

---

27) 행정절차법 제40조(신고)
　① 법령등에서 행정청에 일정한 사항을 통지함으로써 의무가 끝나는 신고를 규정하고 있는 경우 신고를 관장하는 행정청은 신고에 필요한 구비서류, 접수기관, 그 밖에 법령등에 따른 신고에 필요한 사항을 게시(인터넷 등을 통한 게시를 포함한다)하거나 이에 대한 편람을 갖추어 두고 누구나 열람할 수 있도록 하여야 한다.
　② 제1항에 따른 신고가 다음 각 호의 요건을 갖춘 경우에는 신고서가 접수기관에 도달된 때에 신고 의무가 이행된 것으로 본다.
　1. 신고서의 기재사항에 흠이 없을 것
　2. 필요한 구비서류가 첨부되어 있을 것
　3. 그 밖에 법령등에 규정된 형식상의 요건에 적합할 것
　③ 행정청은 제2항 각 호의 요건을 갖추지 못한 신고서가 제출된 경우에는 지체 없이 상당한 기간을 정하여 신고인에게 보완을 요구하여야 한다.
　④ 행정청은 신고인이 제3항에 따른 기간 내에 보완을 하지 아니하였을 때에는 그 이유를 구체적으로 밝혀 해당 신고서를 되돌려 보내야 한다.

법령 등에서 행정청에 대하여 일정한 사항을 통지하고 도달함으로써 효과가 발생되는 신고로서 요건을 갖춘 신고만으로 법률효과가 완성되므로, 행정청의 수리를 요하지 아니한다. 이는 신고서가 접수기관에 도달된 때에 신고의무가 이행된 것으로 보며(신고된 것으로 봄), 그에 대한 수리행위가 있다고 하더라도 그것은 행정사무의 편의를 위한 것으로 본다.

자체완성적 신고의 경우, 부적법한 신고 후의 영업행위는 무신고영업행위에 해당하나(당구장 영업신고, 체육시설 영업신고), 적법한 신고에 대한 수리가 거부된 후의 영업행위는 무신고영업이 되지 않는다.

2) 수리를 요하는 신고(행정요건적 사인의 공법행위로서 신고)

행정요건적 사인의 공법행위로서 신고는 행정청의 수리를 요한다. 그 결과 수리를 거부하는 행위에 대하여는 거부처분취소소송을 제기할 수 있다.

이러한 경우 사인의 신고행위 자체로 어떠한 법적효과도 발생치 아니하며, 행정청의 수리행위에 의하여 비로소 법적효과가 발생한다. 또한 신고에 대한 수리로서 침익적 효과가 발생하는 경우에는 소정의 행정절차를 실시하여야 한다.

【판시사항】
체육시설의 회원을 모집하고자 하는 자의 회원모집계획서 제출 및 이에 대한 시·도지사 등의 검토결과 통보의 법적 성격(대법원 2009. 2. 26. 선고 2006두16243 판결)

【판결요지】
구 체육시설의 설치·이용에 관한 법률(2005. 3. 31. 법률 제7428호로 개정되기 전의 것) 제19조 제1항, 구 체육시설의 설치·이용에 관한 법률 시행령(2006. 9. 22. 대통령령 제19686호로 개정되기 전의 것) 제18조 제2항 제1호 (가)목, 제18조의2 제1항 등의 규정에 의하면, 위 법 제19조의 규정에 의하여 체육시설의 회원을 모집하고자 하는 자는 시·도지사 등으로부터 회원모집계획서에 대한 검토결과 통보를 받은 후에 회원을 모집할 수 있다고 보아야 하고, 따라서 체육시설의 회원을 모집하고자 하는 자의 시·도지사 등에 대한 회원모집계획서 제출은 수리를 요하는 신고에서의 신고에 해당하며, 시·도지사 등의 검토결과 통보는 수리행위로서 행정처분에 해당한다.

3) 신고사항이 아닌 신고와 비신고대상의 수리거부행위

신고사항이 아닌 신고를 수리하였다 하더라도 그 수리는 권리나 의무에 아무런 변동을 초래하지 아니하며, 이는 항고소송의 대상이 되는 처분이 아니다. 또한 비신고대상에 대한 수리거부의 처분성에 대하여 판례는 부정하는 입장이다. 즉, 항고소송의 대상이 되는 처분이 아니다.

(2) 구별기준 및 실익

1) 구별기준

ⅰ) 관련법령에 수리에 관한 규정을 두고 있거나 수리에 관한 일정한 법적효과를 부여하는 경우 → 수리를 요하는 신고

ⅱ) 신고와 등록을 법령이 구별하는 경우 이 신고는 수리를 요하지 않는 신고

ⅲ) 신고 요건이 형식적인 심사인 경우 수리를 요하지 않는 신고, 실질적 심사인 경우 수리를 요하는 신고

2) 실익

신고필증의 의미 즉, 수리를 요하지 않는 신고에서 신고필증은 일정한 사실을 행정기관에 알렸다는 사실을 사실로서 확인해주는 의미만을 가진다. 그 외 신고의 효력발생시기, 수리거부의 처분성 등과 관련해 구별실익이 있다.

3. 신고의 수리

(1) 의무적인 수리

수리를 요하는 신고에서만 문제가 되며, 법령이 정한 요건을 구비한 적법한 신고가 있으면 행정청은 의무적으로 수리해야 한다.

(2) 신고필증의 의미

1) 수리를 요하는 신고

이는 사인의 신고를 수리하였음을 공적으로 증명하는 의미(준법률행위적 행정행위)를 가지며, 법률관계를 발생시키는 법적인 행위이다.

2) 수리를 요하지 아니한 신고

이때 신고필증은 사인이 일정한 사실을 행정기관에 알렸다는 사실을 사실로서 확인해주는 의미만을 가질 뿐이다.

제4장 행정법의 개념

제1절 행정입법의 의의

행정입법은 행정청이 법조의 형식으로 정립한 일반적 추상적인 규정을 말한다. 이러한 행정입법은 국민과 법원을 구속하여 대외적 구속력이 있는 법규명령과 행정청의 내부에서 업무처리지침으로 정립되어 내부적 효력만 갖는 행정규칙으로 구분된다.

```
행정입법 ─┬─ 법규명령 ──────┬─ 위임명령 : 새로운 입법사항규정 가능 ─
          │                 │           법규성 0
          │                 │
          │                 └─ 집행명령 : 새로운 입법사항 규정 불가 ─
          │                             법규성 0
          │
          ├─ 행정명령(행정규칙) ─ 훈령, 지시, 예규, 일일명령 ─ 법규성 x
          │
          └─ 자치법규(자치입법) ─ 조례, 규칙, 교육규칙 ─ 법규성 0
```

제1항 법규명령

I. 법규명령의 개념

1. 법규명령

(1) 개념

법규명령은 행정기관이 상위법령(헌법→법률→명령→조례→규칙)의 수권에 따라 정립하는 일반적 추상적 명령으로서 법규의 성질(국민과의 관계에서의 구속력을 의미함)을 가지는 것을 말한다. 따라서 이에 위반한 행정청의 행위는 위법한 행정행위로서 무효 또는 취소의 등의 사유가 된다.

(2) 구별개념

법규명령은 일반적 추상적 규범이라는 점에서 개별적 구체적 규율인 행정행위와 구별되며, 대외적 구속력이 인정된다는 점에서 원칙적으로 행정청 내부만을 구속하는 행정규칙과도 구별된다.

	법규명령	행정규칙
성질	일반적 양면적 구속력 형식적 행정이지만 실질적 입법	대내적 편면적 구속력 형식적, 실질적 모두 행정
법원	행정법의 법원이 됨	법원성을 긍정하는 것이 다수설, 판례는 부정
근거	위임명령 집행명령	행정권의 당연한 권능
권력적 기초	일반공권력	공법상 특별권력
법규성	0	x
범위 및 한계	위임명령은 개별적 구체적 위임의 범위 내 집행명령은 상위명령의 시행에 필요한 세칙만 규정	특별 제한 x
구속력	일반국민과 제정자 집행기관도 구속	수명기관 수명자만 구속
공표형식	요함- 문서에 의한 조문형식	불요 - 어떠한 방법이든 하급기관에 도

		발하면 효력 발생
위반의 효과	위법 행정소송 가능	행위의 효력에는 영향없음(징계사유가 될 뿐, 행정소송 대상 x
사법적 통제	구체적 규범통제	x

2. 법규명령의 종류

법규명령은 ⅰ) 법적 효력의 위상을 기준으로 비상명령, 법률대위명령, 법률종속명령, ⅱ) 법적 근거를 기준으로 직권명령, 위임명령, ⅲ) 제정권자를 기준으로 대통령령, 총리령, 부령 등으로 구분된다.

(1) 위임명령, 집행명령

헌법대위 명령	헌법의 일부규정에 대한 효력을 정지시키는 등 헌법적 효력을 가짐 현행헌법에는 없음(예, 제4,5공화국 긴급조치권)
법률대위 명령	법률과는 독립하여 헌법에 직접 근거하여 발하는 명령 법률과 대등한 효력(긴급명령, 긴급재정,경제명령) 위 명령은 지체없이 국회의 승인을 얻어야 하며, 승인을 얻지 못하면 그 명령은 그 순간부터 효력소멸
법률종속 명령	일반적인 법규명령, 법률보다 하위의 효력을 가짐, 위임명령: 원칙적으로 법률 또는 상위명령에서 개별적 구체적 범위를 정하여 위임, 위임된 범위 내 새로이 국민의 권리의무에 관한 사항 규정 위임이 없거나 포괄적 위임은 위헌무효가 됨
	집행명령: 개별적, 구체적 법적 근거 불필요 새로운 법규사항의 규정 불가능

1) 위임명령(법률종속명령) - 상위법령에서 위임받은 사항을 정함

가) 개념

위임명령은 법령상의 수권에 근거하여 행정권이 정립하는 규범으로서 국민과의 관계에서 일반 구속적인 규범인 법규명령이며 상위명령에 의하여 개별 구체적인 범위를 정하여 위임받은 사항을 받은 명령을 말한다(위임범위 내에서 국민의 권리, 의무에 관한 사항을 정할 수 있음). 따라서 위임명령은 헌법 제75조와 헌법 제95조에 따라 법률이나 상위명령에 개별적인 수권규범이 있는 경우에만 가능하다.

【판시사항】
공공용지의취득및손실보상에관한특례법 제4조 제5항 소정의 항목이 예시적인 것인지 여부 (대법원 1994. 1. 28. 선고 93누17218 판결)

【판결요지】
토지수용법 제51조, 공공용지의취득및손실보상에관한특례법 제4조 제5항 등의 규정취지에 비추어 볼 때, 토지수용법 제57조의2에 의하여 준용되는 위 특례법 제4조 제5항에 열거하여, 건설부령으로 평가방법 보상액 산정방법 및 기준 등을 정할 수 있도록 위임한 항목들은 제한적 한정적인 것이 아니라 예시적인 것에 불과하여 거기에 열거되지 아니한 손실에 대하여도 보상액 산정방법과 기준 등을 상위법규에 위반되지 아니한 이상 건설부령으로 정할 수 있다.

나) 법개정으로 위임 근거 유무에 변동이 있는 법규명령의 유효 여부

일반적으로 법률의 위임에 의하여 효력을 갖는 법규명령의 경우, 구법에 위임의 근거가 없어 무효였더라도 사후에 법개정으로 위임의 근거가 부여되면 그 때부터는 유효한 법규명령이 된다. 반대로 구법의 위임에 의한 유효한 법규명령이 법개정으로 위임의 근거가 없어지게 되면 그 때부터 무효인 법규명령이 되므로, 어떤 법령의 위임 근거 유무에 따른 유효 여부를 심사하려면 법개정의 전·후에 걸쳐 모두 심사하여야만 그 법규명령의 시기에 따른 유효·무효를 판단할 수 있다.[28]

다) 위임 근거법령 명시여부

법령의 위임관계는 반드시 하위 법령의 개별조항에서 위임의 근거가 되는 상위 법령의 해당 조항을 구체적으로 명시하고 있어야만 하는 것은 아니다.[29]

---

28) 대법원 1995. 6. 30. 선고 93추83 판결.
29) 대법원 1999. 12. 24. 선고 99두5658 판결.

2) 집행명령

상위법령의 시행에 관한 형식, 절차 등 구체적 기술적 사항을 규율한다. 따라서 위임명령과 달리 국민의 권리의무에 관한 사항은 정할 수 없으며, 상위법령이 폐지되면 당연 폐지되고, 개정에 그치면 새로운 집행명령이 개정되기 전까지 유효하다.

구분	위임명령	집행명령
성질	법률에 종속하는 법규성 법률의 내용을 보충하는 보충명령	법률에 종하는 법규성 법률의 집행에 관한 시행세칙
범위	법률의 위임범위에서 새로운 입법사항, 즉 국민의 권리의무에 관한 사항도 정할 수 있음	모법에 없는 새로운 입법사항에 관하여는 규정이 불가능
효력	모법인 법률이 개정되거나 소멸할 때는 위임명령도 개정되거나 소멸	모법인 법률이 폐지되면 특별한 규정이 없는 효력이 상실함
공통점	법규명령, 쌍면적 구속력(국민, 국가기관), 공포를 요함, 재판규범, 문서법조형식을 요함,	

(2) 시행령, 시행세칙(법→시행령→시행규칙)

대통령이 제정하는 법규명령인 대통령령은 – 일반적으로 －－－－법 시행령으로 표기하며, 총리가 제정하는 법규명령은 총리령, 각부 장관 제정 법규명령은 부령 － －－－ 법 시행규칙으로 표기된다.

(3) 법률대위명령 – 긴급명령 및 긴급재경·경제명령

법률대위명령이란 헌법적 수권에 근거하여 법률적 효력을 갖는 명령으로서, 대통령이 국가 비상시에 직접 헌법 제76조에 근거하여 발령하는 명령, 법치주의와 관련하여 예외적으로 인정되는 것이며, 이는 헌법에서 직접 수권을 받아 발하는 독립명령의 하나이다.

(4) 법형식에 의한 분류

헌법명시 ○	대통령령	대통령이 제정하는 법규명령 총리령, 부령보다 우월한 효력
	총리령, 부령	국무총리, 행정각부의 장이 발하는 명령 대통령령 또는 법률로 정할 사항을 규정시 무효
	중앙선관위규칙	법령의 범위 안에서 선거관리, 국민투표관리에 관한 규칙제정
헌법명시 ×	감사원규칙	감사원법에 따른 규칙 제정 가능
	법령보충규칙	법규명령성: 행정규칙의 형식으로 규정되어 있으나 실질은 법률내용을 정함 행정규제기본법: 고시형식의 법규명령 가능성 인정

1) 대통령령(헌법 제75조)

대통령이 법률에서 구체적인 범위를 정하여 위임받은 사항(위임명령)이나 법률을 집행하기 위하여 필요한 사항(집행명령)에 관하여 정하는 법규명령이다(헌법 제75조). 일반적으로 이를 시행령이라 부르고, 법률이 대통령령으로 규정하도록 되어 있는 사항을 부령으로 정한다면 그 부령은 무효이다.[30]

2) 총리령, 부령

국무총리 또는 행정각부의 장이 소관사무에 관하여 법률이나 대통령의 위임 또는 직권으로 발하는 법규명령을 말한다.

3) 중앙선거관리위원회규칙

중앙선거관리위원회가 법령의 범위 안에서 선거관리, 국민투표 또는 정당사무에 관하여 제정하는 법규명령을 말한다.

---

30) 대법원 1962. 1. 25. 선고 4294민상9 판결.

4) 감사원규칙

가) 근거규정

감사원의 규칙제정권은 대통령령, 총리령, 부령, 중앙선거관리위원회규칙, 국회규칙, 대법원규칙, 헌법재판소규칙, 자치규칙 등과는 달리 헌법상의 근거가 없고 감사원법 제52조에 근거한다.

나) 법규성

학설은 부정설과 긍정설이 대립하나 긍정설이 다수설적 견해이다(다, 헌재). 다수설은 입법권자인 의회가 법률로서 스스로 정한 한계의 범위 내에서 행정권에게 입법권을 부여한 것은 헌법에 위반되지 않는다는 견해로서, 헌법규정을 예시규정으로 해석하여 감사원규칙을 법규명령으로 보는 입장이다.

Ⅱ. 법규명령의 근거와 한계

1. 위임명령의 근거와 한계

(1) 위임명령의 근거

위임명령은 헌법 제75조 및 헌법 제95조에 따라 법률이나 상위명령에 개별적 구체적인 범위를 정하여 위임(수권)받은 경우만 제정될 수 있다.

(2) 위임명령의 한계

1) 포괄적 위임금지

가) 헌법적 근거

헌법 제75조(대통령은 법률에 구체적으로 범위를 위임받은 사항과 법률을 집행하기 위하여 필요한 사항에 관하여 대통령령을 발할 수 있다)는 법률에서 구체적으로 범위를 정하여 위임하여야 한다고 규정하여 포괄적 위임을 금지하고 있다. 따라서 입법권자는 모든 입법권을 행정부에 전면적으로 위임할 수 없다. 이는 결국 국회입법권을 포기하는 결과를 초래하기 때문이다.

나) 구체성의 정도

구체적이란 일반적 추상적이어서는 아니 되고 범위를 정해서란 포괄적 전면적 이어서는 아니 된다는 말이다. 이를 헌재는 '법률에 이미 대통령령으로 규정될 내용 및 범위의 기본사항이 구체적으로 규정되어 있어서 누구라도 당해 법률로부터 대통령령에 규정될 내용의 대강을 예측할 수 있을 정도'여야 한다고 판시하였다.[31] 이 때 특히 '기본권 관련성이 강할수록 구체성, 명확성의 요구가 강화'된다

다) 구체성의 판단

위임의 구체적, 명확성 내지 예측가능성 유무는 당해 특정조항 하나만으로 판단할 것은 아니고 관련 법조항 전체를 유기적 체계적으로 종합하여 판단하여야 하고 위임된 사항의 성질에 따라 구체적 개별적으로 검토하여야 한다.[32]

【판시사항】

대통령령으로 정할 사항에 관한 법률의 위임의 범위 및 판단 기준(대법원 2000. 10. 19. 선고 98두6265 전원합의체 판결)

【판결요지】

헌법 제75조의 규정상 대통령령으로 정할 사항에 관한 법률의 위임은 구체적으로 범위를 정하여 이루어져야 하고, 이 때 구체적으로 범위를 정한다고 함은 위임의 목적·내용·범위와 그 위임에 따른 행정입법에서 준수하여야 할 목표·기준 등의 요소가 미리 규정되어 있는 것을 가리키고, 이러한 위임이 있는지 여부를 판단함에 있어서는 직접적인 위임 규정의 형식과 내용 외에 당해 법률의 전반적인 체계와 취지·목적 등도 아울러 고려하여야 하고, 규율 대상의 종류와 성격에 따라서는 요구되는 구체성의 정도 또한 달라질 수 있으나, 국민의 기본권을 제한하거나 침해할 소지가 있는 사항에 관한 위임에 있어서는 위와 같은 구체성 내지 명확성이 보다 엄격하게 요구된다.

---

31) 헌재 2012. 5. 31. 2011헌바78.
32) 헌재 2012. 5. 31. 2011헌바78.

라) 구체성의 예외

지방의회에서 제정하는 조례는 반드시 법률에 의하여 구체적인 범위를 정하여 위임할 필요가 없고, 법령에 위반되지 아니하는 범위 내에서 포괄적 위임도 가능하다(다수설, 판례).

> **【판시사항】**
> 법률의 포괄적 위임에 의한 지방자치단체의 조례제정권의 범위(대법원 1991. 8. 27. 선고 90누6613 판결)
>
> **【판결요지】**
> 법률이 주민의 권리의무에 관한 사항에 관하여 구체적으로 아무런 범위도 정하지 아니한 채 조례로 정하도록 포괄적으로 위임하였다고 하더라도, 행정관청의 명령과는 달라, 조례도 주민의 대표기관인 지방의회의 의결로 제정되는 지방자치단체의 자주법인 만큼, 지방자치단체가 법령에 위반되지 않는 범위 내에서 주민의 권리의무에 관한 사항을 조례로 제정할 수 있는 것이다.

2) 국회전속적인 사항

헌법이 어떠한 사항을 법률로써 정하도록 한 경우(죄형법정주의, 행정조직 법정주의, 국적 취득의 요건, 조세법률주의)에는 그 사항을 행정부에서 명령으로 정하도록 위임할 수 없다. 다만 이러한 입법사항을 전적으로 법률로 정하라는 것은 아니고, 일정 범위를 정하여 그 본질적 내용을 제외한 세부적인 사항에 관하여는 위임이 가능하다는 것이 일반적 견해이다.

> **【판시사항】**
> 위임사항을 총리령이나 부령에 위임할 수 있는지(헌재 1998. 2. 27. 97헌마64)
>
> **【판결요지】**
> 헌법 제75조는 대통령에 대한 입권한의 위임에 관한 규정이지만, 국무총리나 행정각부의 장으로 하여금 법률의 위임에 따라 총리령, 부령을 발할 수 있도록 하고 있는 헌법 제95조의 취지에 비추어 볼 때 입법자는 법률에 구체적으로 범위를 정하기만 한다면 대통령령뿐만 아니라 부령에 입법사항을 위임할 수 있다.

3) 처벌규정의 위임문제

헌법상 죄형법정주의 원칙상 벌칙을 명령으로 규정할 수 없다. 그러나 판례는 죄의 구성요건의 구체적 기준을 설정하고, 처벌의 종류와 한계를 정한 경우에는 그 범위 내에서 구체적 위임은 가능하다고 본다.

【판시사항】

형사처벌에 관한 위임위법의 가능성(헌재 1996. 2. 29. 94헌마213)

【판결요지】

형벌법규에 대하여도 특히 긴급한 필요가 있거나 미리 법률로서 자세히 정할 수 없는 부득이한 사정이 있는 경우에 한하여 수권법률(위임법률)이 구성요건의 점에서는 처벌대상인 행위가 어떠한 것일거라고 이를 예측할 수 있을 정도로 구체적으로 정하고, 형벌의 점에서는 형벌의 종류 및 그 상한과 폭을 명확히 규정하는 것을 조건으로 위임입법이 허용되며 이러한 위임입법은 죄형법정주의에 반하지 않는다.

【판시사항】

법령보충규칙(고시)에 처벌규정 위임가능성(대법원 2006. 4. 27. 선고 2004도1078 판결)

【판결요지】

행정규칙인 고시가 법령의 수권에 의하여 법령을 보충하는 사항을 정하는 경우에는 그 근거 법령규정과 결합하여 대외적으로 구속력이 있는 법규명령으로서의 성질과 효력을 가진다 할 것인데, 비상표제품을 판매하는 주유소임에도 그러한 표시 없이 이를 판매하는 행위는 구 석유사업법(2004. 10. 22. 법률 제7240호 석유 및 석유대체연료 사업법으로 전문 개정되기 전의 것) 제35조 제8호, 제29조 제1항 제7호, 구 석유사업법 시행령(2005. 4. 22. 대통령령 제18796호 석유 및 석유대체연료 사업법 시행령으로 전문 개정되기 전의 것) 제32조 제1항 제5호에 의하여 처벌하도록 하되 다만, 위 시행령 제32조 제3항에서 같은 조 제1항 제5호 소정의 표시의무의 세부 내용이 됨과 아울러 그 이행 여부의 판단 기준이 되는 구체적 표시기준과 표시방법을 산업자원부장관의 고시로 규정하도록 함으로써 위 시행령 제32조 제1항 제5호, 제3항 및 위 관련 고시가 결합하여 구 석유사업법 제35조 제8호, 제29조 제1항 제7호 위반죄의 실질적 구성요건을 이루는 보충규범으로서 작용한다고 해석하여야 할 것이다.

4) 전면적 재위임 금지

상위법령에 의하여 위임된 입법에 관한 권한을 전면적으로 다시 하위명령에 위임하는(백지위임)은 허용되지 않는다. 다만, 위임받은 사항에 관하여 규정하고 그 세부적 사항을 하위명령에 재위임하는 것은 가능하다.

【판시사항】

위임위법과 재위임의 한계(헌재 2002. 10. 31. 2001헌라1)

【판결요지】

법률에서 위임받은 사항을 전혀 규정하지 않고 모두 재위임하는 것은 '위임받은 권한을 그대로 다시 위임할 수 없다'는 복위임금지의 법리에 반할 뿐 아니라 수권법의 내용변경을 초래하는 것이 되고, 대통령령 이외의 법규명령의 제정·개정절차가 대통령령에 비하여 보다 용이한 점을 고려할 때 하위의 법규명령에 대한 재위임의 경우에도 대통령령에의 위임에 가하여지는 헌법상의 제한이 마땅히 적용되어야 할 것이다. 따라서 법률에서 위임받은 사항을 전혀 규정하지 아니하고 그대로 하위의 법규명령에 재위임하는 것은 허용되지 않으며 위임받은 사항에 관하여 대강(大綱)을 정하고 그 중의 특정사항을 범위를 정하여 하위의 법규명령에 다시 위임하는 경우에만 재위임이 허용된다.

5) 한계

위임명령은 헌법, 법률 등 상위법령의 내용을 위반할 수 없으며, 행정법의 일반원칙에도 반하지 않아야 한다. 한편, 위임명령의 근거법령은 법규명령의 제정시 유효한 것이어야 한다. 다만 판례에 의하면 위임의 근거가 없어 무효였던 법규명령이 사후적인 법개정으로 위임의 근거가 부여되면 그때부터 유효한 법규명령이 된다. 따라서 법령의 위임근거 유무에 따른 유효여부를 심사하려면 법개정 전후에 걸쳐 모두 심사하여야만 법규명령의 시기에 따른 유무효 여부를 판단할 수 있다.

6) 위반의 효과

수권의 한계를 넘는 법률은 위헌인 법률이 된다. 수권법률이 헌법재판소의 위헌법률심판에서 위헌으로 결정된 경우에 당해 수권법률에 의해 제정된 명령은 수권법률의 폐지로 인하여 당연히 실효된다. 그리고 그에 근거하여 내려진 처분은 원칙상 취소할 수 있는 처분이 된다.

2. 집행명령의 근거와 한계

(1) 집행명령의 근거

집행명령의 직접적인 근거는 헌법 제75조와 제95조이다. 따라서 위임명령과 달리 집행명령은 상위법령의 수권이 없이도 직권으로 발령할 수 있다.

(2) 한계

법령의 집행에 필요한 세칙 즉 세부사항을 정하는 범위 내에서만 가능하다. 따라서 상위법령을 집행하기 위하여 필요한 구체적인 절차나 형식 등을 규정할 수 있을 뿐 국민의 권리 의무에 관한 사항이나 새로운 입법사항을 정할 수 없다.

> **【판시사항】**
> 임용권자가 시·군·구의 5급 이상 공무원을 직권면직시킬 경우 시·도인사위원회의 의견을 듣도록 규정하고 있는 지방공무원 징계 및 소청규정 제14조, 제1조의3 제1항 제1호가 무효인지 여부(소극)(대법원 2006. 10. 27. 선고 2004두12261 판결)
>
> **【판결요지】**
> 지방공무원 징계 및 소청규정 제14조, 제1조의3 제1항 제1호는 지방공무원법 제62조 제2항 본문의 의견을 듣는 절차에 관하여 임용권자가 시·군·구의 5급 이상 공무원을 직권면직시킬 경우 시·도인사위원회의 의견을 듣도록 규정하고 있는바, 같은 법이 직권면직절차에 관하여 위임에 관한 아무런 규정을 두지 아니하였다고 하더라도 대통령령은 직권면직에 관한 같은 법의 규정을 집행하기 위하여 필요한 사항에 관하여 규정할 수 있고, 지방공무원 징계 및 소청규정이 위와 같이 시·군·구의 5급 이상의 공무원에 대한 직권면직에 관하여 시·도인사위원회의 의견을 듣도록 함으로써 그 대상자인 공무원에게 유리하게 엄격한 절차를 규정하고 있는 것은 직권면직처분의 객관성과 공정성을 확보함으로써 공무원의 정치적 중립성의 보장과 신분보장이라는 헌법상의 이념을 구현하려는 데 그 입법 취지가 있는 것이며, 시·도인사위원회의 의견이 임용권자인 기초자치단체장에 대하여 기속력이 있는 것이 아니라는 점에서 그 인사권을 침해하지도 않으므로 위 지방공무원 징계 및 소청규정을 무효라고 할 수 없다.

Ⅲ. 법규명령의 적법요건, 하자

(가) 적법요건

법규명령은 정당한 권한을 가진 기관이 권한 내의 사항에 관하여 법정절차에 따라 제정하여야 하고 이는 문서로 제정하되 법조문 형식을 취하여야 하며 공포되고 시행기일이 도래함으로써 효력이 발생한다.

(나) 하자

법규명령이 주체, 내용, 형식, 절차(총리령 부령 – 법제처심사 / 대령 – 법제처심사 + 국무회의 심의), 공포의 요건(국민다수의 일상생활과 관련되는 중요 분야의 법령안은 입법예고하여 함, 40일 이상 입법예고) 등 적법요건에 흠이 있으면 위법하고 이는 무효이다.

【판시사항】

시행령의 규정이 모법위반으로 무효인지 여부의 판단 기준(대법원 2001. 8. 24. 선고 2000두2716 판결)

【판결요지】

어느 시행령의 규정이 모법에 저촉되는지의 여부가 명백하지 아니하는 경우에는 모법과 시행령의 다른 규정들과 그 입법 취지, 연혁 등을 종합적으로 살펴 모법에 합치된다는 해석도 가능한 경우라면 그 규정을 모법위반으로 무효라고 선언하여서는 안 된다. 이러한 법리는, 국가의 법체계는 그 자체 통일체를 이루고 있는 것이므로 상·하규범 사이의 충돌은 최대한 배제되어야 한다는 원칙과 더불어, 민주법치국가에서의 규범은 일반적으로 상위규범에 합치할 것이라는 추정원칙에 근거하고 있을 뿐만 아니라, 실제적으로도 하위규범이 상위규범에 저촉되어 무효라고 선언되는 경우에는 그로 인한 법적 혼란과 법적 불안정은 물론, 그에 대체되는 새로운 규범이 제정될 때까지의 법적 공백과 법적 방황은 상당히 심각할 것이므로 이러한 폐해를 회피하기 위해서도 필요하다.

Ⅳ. 법규명령의 효과

법규로서 외부적 효력(공포일로부터 20일 경과)이 있어 국민을 구속하며, 침익적 행정작용의 근거된다. 나아가 법규명령은 대외적 구속력을 갖기 때문에 이에 위반한 행정작용은 위법하다.

【판시사항】
구 자원의 절약과 재활용촉진에 관한 법률 시행령 제11조 [별표 2] 제7호에서 플라스틱제품의 '수입업자'가 부담하는 폐기물부담금의 산출기준을 '제조업자'와 달리 그 수입가만을 기준으로 정한 것이 헌법상 평등원칙을 위반한 것인지 여부(대법원 2008. 11. 20. 선고 2007 두8287 전원합의체 판결)

【판결요지】
구 자원의 절약과 재활용촉진에 관한 법률 시행령(2007. 3. 27. 대통령령 제19971호로 개정되기 전의 것) 제11조 [별표 2] 제7호에서 플라스틱제품의 수입업자가 부담하는 폐기물부담금의 산출기준을 아무런 제한 없이 그 수입가만을 기준으로 한 것은, 합성수지 투입량을 기준으로 한 제조업자에 비하여 과도하게 차등을 둔 것으로서 합리적 이유 없는 차별에 해당하므로, 위 조항 중 '수입의 경우 수입가의 0.7%' 부분은 헌법상 평등원칙을 위반한 입법으로서 무효이다.

Ⅴ. 법규명령의 통제

행정기능의 확대에 따라 오늘날 법규명령의 양이 크게 증가하고 있는 현실이다. 그러나 이는 법률과 비교하여 행정부에 의해 간소한 절차로 제정되기 때문에 법치행정의 관점에서 무분별한 행정입법이 발생할 수 있기 때문에 그에 대한 통제의 필요성이 제기되었다.

1. 행정내부적인 통제

(1) 절차적인 통제

행정부에 의한 통제는 상급행정기관의 감독과 행정심판위원회의 행정심판제도가 있으며, 그 외에도 행정절차법상 법령 등의 제정, 개정, 폐지를 하고자 하는 경우 입법예고제가 도입되었고, 국무회의 심의, 법제처의 법안심사 등이 있다.

(2) 법규명령에 대한 취소심판 등

법규명령은 행정심판법 제2조 제1호의 구체적 사실에 대한 법집행행위인 처분이 아니므로 취소 또는 무효확인심판을 제기할 수는 없다.

(3) 중앙행정심판위원회의 시정조치요청권

중앙행정심판위원회는 심판청구를 심리, 재결할 때 처분 또는 부작위의 근거가 되는 명령 등이 법령에 근거가 없거나 상위법령에 위배되 국민에게 과도한 부담을 주는 등 크게 불합리한 경우에는 관계 행정기관에 그 명령 등의 개폐 등 적정한 시정조치를 요구할 수 있다(행정심판법 제59조 제1항).

2. 국회에 의한 통제

(1) 직접적 통제

법규명령에 대한 직접적 통제로는 법규명령을 제·개정할 경우 국회에 송부하는 절차 또는 국회가 법규명령의 성립과 효력발생에 동의, 승인을 행하거나 또는 일단 성립된 법규명령의 효력을 소멸시킬 권한을 의회에 유보함으로써 이루어지는 통제를 말한다.

(2) 간접적 통제

간접적인 통제로는 국정감사, 국정조사, 국무총리 및 국무위원에 대한 출석요구 등이 있는데 이에 관하여 국회법 제98조의2는 '중앙행정기관의 장은 법률에서 위임한 사항이나 법률을 집행하기 위하여 필요한 사항을 규정한 대통령령·총리령·부령·훈령·예규·고시 등이 제정·개정 또는 폐지되었을 때에는 10일 이내에 이를 국회 소관 상임위원회에 제출하여야 한다. 다만, 대통령령의 경우에는 입법예고를 할 때(입법예고를 생략하는 경우에는 법제처장에게 심사를 요청할 때를 말한다)에도 그 입법예고안을 10일 이내에 제출하여야 한다.'고 규정하고 있다.

```
┌ 직접적 통제 ┬ 동의(사전적통제) - ×
│            └ 승인(사후적) - 0 (긴급명령 등)
│
└ 간접적 통제 ┬ 국정감사, 조사, 탄핵소추
             └ 국회소관상임위원회 제출의무 - 행정입법 제정 개정 폐지시
                                       대통령은 입법예고 시부터
```

3. 법원에 의한 통제

(1) 법규명령에 대한 항고소송

항고소송의 대상은 구체적 사실에 대한 법집행위 즉 처분이다. 그러나 법규명령은 시간적 장소적 제한이 없이 적용되기 때문에 구체적 작용이 아니라 추상적 작용이며, 그 자체는 법이지 법의 집행행위가 아니기 때문에 항고소송의 대상이 되는 처분이 아니다. 그러나 처분적 조례에 대하여는 그것이 직접 국민의 구체적인 권리의무나 법적 이익에 영향을 미치는 등 법률효과를 가져오므로 이를 항고소송의 대상이 되는 처분으로 보고 있다.

【판시사항】
조례가 항고소송의 대상이 되는 행정처분에 해당되는 경우(대법원 1996. 9. 20. 선고 95누 8003 판결)

【판결요지】
[1] 조례가 집행행위의 개입 없이도 그 자체로서 직접 국민의 구체적인 권리의무나 법적 이익에 영향을 미치는 등의 법률상 효과를 발생하는 경우 그 조례는 항고소송의 대상이 되는 행정처분에 해당한다.

(2) 법규명령에 근거한 행정행위에 대한 항고소송

1) 구체적 규범통제[33]

구체적 규범통제란 구체적인 처분에 대한 다툼이 있는 경우 법규명령의 위헌·위법 여부를 다투는 것을 의미한다. 우리 헌법 제107조 제2항은 '명령·규칙 또는 처분이 헌법이나 법률에 위반되는 여부가 재판의 전제가 된 경우에는 대법원은 이를 최종적으로 심사할 권한을 가진다'고 규정하여 각급 법원이 위헌·위법한 법규명령 등을 심사할 권한이 있음을 규정하여 재판의 전제가 되는 선결문제 방식에 의해서 행정입법의 통제가 이루어지고 있음을 표현하고 있다.

【판시사항】

일반적, 추상적인 법령이나 규칙이 취소소송의 대상이 될 수 있는지 여부(소극)(대법원 1992. 3. 10. 선고 91누12639 판결)

【판결요지】

행정청의 위법한 처분 등의 취소 또는 변경을 구하는 취소소송의 대상이 될 수 있는 것은 구체적인 권리의무에 관한 분쟁이어야 하고 일반적, 추상적인 법령이나 규칙 등은 그 자체로서 국민의 구체적인 권리의무에 직접적 변동을 초래케 하는 것이 아니므로 그 대상이 될 수 없다.

2) 법원의 위헌, 위법판단의 효력

법규명령이 헌법이나 법률에 위반되는 경우 본안판결의 사건에 대한 적용만 거부될 뿐이고, 위헌이나 위법인 행정입법 그 자체는 여전히 유효하다. 또한 위헌이나 위법이 선결문제방식에 의하여 판단되었을 경우 대법원은 행정소송법 규정에 따라 지체 없이 그 사유를 행정안전부장관에게 통보하여야 하고 행정안전부장관은 이 사실을 지체 없이 관보에 기재하여야한다.

---

33) 규범통제란 특정 법규범이 상위 법규범에 위반되지를 심사하는 제도를 말함. 반면 특정 법규범이 구체적 사건에 적용되지 않더라도 그 법규범이 상위 법규범에 위반되지를 심사할 수 있는 제도를 추상적 규범통제라 함

3) 재판의 전제성

해당 법규명령의 위헌, 위법여부에 따라 다른 내용의 재판 즉, 재판의 결론이나 주문 또는 이유에 영향을 주는 경우를 말한다.

4) 대상

명령, 규칙이 그 대상이다. 대법원은 명령, 규칙이 헌법 법률에 위반될 때 무효라고 판시하고 있다. 그러나 이런 판단이 개별사건에서 명령, 규칙의 적용을 배제한다는 것인지 아니면 무효로서 일반적으로 효력을 상실시키는지는 분명하지 않다

5) 위헌 위법한 법규명령에 근거한 행정행위의 위법성 정도

원칙적으로 법원이 법규명령을 위헌 위법으로 판단하기 전이라면 위헌 위법한 법규명령에 근거한 행정행위의 하자는 중대명백하다고 보기 어려워 취소사유라고 보아야 한다.

【판시사항】
위법 · 무효인 시행령의 규정을 적용하여 한 행정처분이 당연무효가 되기 위한 요건(대법원 1997. 5. 28. 선고 95다15735 판결)

【판결요지】
위법 · 무효인 시행령이나 시행규칙의 규정을 적용한 하자 있는 행정처분이 당연무효로 되려면 그 규정이 행정처분의 중요한 부분에 관한 것이어서 결과적으로 그에 따른 행정처분의 중요한 부분에 하자가 있는 것으로 귀착되고 또한 그 규정의 위법성이 객관적으로 명백하여 그에 따른 행정처분의 하자가 객관적으로 명백한 것으로 귀착되어야 한다.

4. 헌법재판소에 의한 통제

(1) 문제의 소재

우리 헌법은 명령, 규칙에 대한 위법심사권을 법원에 부여하고 헌법재판소에 법률이 정하는 헌법소원에 대한 심판권을 부여하고 있다. 따라서 헌법재판소가 법규명령의 위헌성 여부에 대한 헌법소원이 제기된 경우 그에 대한 심판이 가능한지 여부에 논란이 있다. 이는 헌법 제107조2항은 명령, 규칙의 위헌 · 위법성 여부에 대한 최종심사권은 대법원에 부여하고 있고, 현행법상 행정입법에 대한 헌법소송을 인정하는 명문의 규정이 없기 때문이다.

(2) 학설

학설은 긍정설과 부정설이 대립하고 있다. 이중 긍정설의 논거(헌재의 태도)는 헌법에 규정된 명령, 규칙의 심사권은 구체적 규범통제로서 행정의 개입 없이 행정입법만으로 국민의

권익침해가 있다면 추상적 규범통제를 인정하지 않고 있는 현실에서는 국민의 권익침해의 흠결이 발생할 소지가 있으므로 헌법재판소가 이를 보완하여야 한다는 것이고, 부정설의 논거(대법원의 태도)는 헌법 제107조 규정상 위헌법률의 심사권과 명령, 규칙에 대한 심사권이 각기 달리 규정되어 있으므로 헌재가 개입할 수 없다는 것이다.

> **【판시사항】**
> 법규명령의 위헌 여부는 그 제청대상이 되지 아니한다(대법원 1991. 6. 11. 선고 90누5 판결)
>
> **【판결요지】**
> 헌법재판소법 제41조 제1항은 법률이 헌법에 위반되는지의 여부가 재판의 전제가 될 때만 법원이 헌법재판소의 위헌 여부의 심판을 제청할 수 있도록 규정하고 있으므로 대통통령인 지방세법 시행령의 위헌 여부는 그 제청대상이 되지 아니한다.

(3) 헌재의 입장

헌재는 법무사법 시행규칙의 위헌성에 대한 헌법소원심판에서 위헌무효라고 결정한 바 있으며, 후에도 구 체육시설의 설치 이용에 관한 법률 시행규칙 제5조, 구 교육법 시행규칙 제71조 등에 대해서도 헌법소원의 대상이 됨을 인정하였다.

> **【판시사항】**
> 법무사법 시행규칙(대법원 규칙)에 대한 헌법소원심판에서 위헌명령심사권 인정(헌재결 1990. 10. 15. 89헌마178)
>
> **【판결요지】**
> 헌법재판소는 대법원규칙의 형식을 취하나 법무사법 제4조 제2항에 의하여 위임된 위임명령으로서의 성질을 갖는 법무사법 시행규칙에 대하여 헌법소원의 대상이 됨을 인정하여 동 규칙 제3조 제1항이 위헌임을 결정한바 있다.

5. 국민에 의한 통제

국민에 의한 통제로는 여론, 자문, 청원, 압력단체의 활동 등을 그 예시로 살펴볼 수 있다.

제2항 행정규칙

Ⅰ. 행정규칙의 개념

1. 행정규칙의 의의

행정규칙은 국민의 권리 · 의무와 직접 관계되는 사항이 아니라 행정기관이 법률의 수권없이 행정조직내부 또는 특별한 공법관계내부에서 그 조직이나 업무처리절차 · 기준 등에 관해 제정한 일반적 추상적인 명령으로서 법규적 성질을 갖지 아니하는 것을 말한다. 그 결과 행정조직 내부에서는 구속력을 갖지만 국민이나 법원에 대해서는 구속력이 없는 것이 원칙이다(법규성이 없음). 대체로 행정규칙은 훈령, 예규, 고시, 지침 등으로 불린다.

┌─ 비법규성(다수설, 판례) ─┌─ 재판규법성 부인
│   ├─ 일반적, 대외적 효력 ×
│   └─ 법률의 수권 및 공포 불요
│
└─ 행정규칙 위반행위의 효력 ─ 수명자가 이를 위반하더라도 위법은 아니고 단
                              지 징계사유가 될 뿐, 취소를 구하는 행정소송
                              을 제기할 수도 없음

2. 행정규칙의 종류

(1) 내용에 따른 분류

1) 조직규칙, 근무규칙(행위통제규칙)

조직규칙이란 행정규칙 중 행정주체의 내부조직 및 권한배분에 관하여 정한 사무분장규정, 위임전결규정 등 행정조직 내부조직, 질서, 권한, 절차 등을 정하기 위하여 발하는 규칙을

말하며, 그 제정은 행정주체의 고유권한이다. 근무규칙은 상급기관이 하급기관 및 구성원의 근무에 관한 사항을 규율하는 행정규칙으로서 서류를 처리하는 방식에 관한 행정규칙이나 근무시간에 대한 행정규칙 등이 그 예이다.

2) 해석규칙

법규범을 해석적용함에 있어 그것이 다의적으로 해석될 경우 상급행정청이 해석의 기준을 정하여 법령해석 및 작용을 통일시키기 위하여 발하는 행정규칙이다.

3) 재량준칙

재량준칙이란 상급기관이 하급기관의 통일적이고도 동등한 재량행사를 확보하기 위한 일반적 기준으로 발하는 행정규칙을 말한다.

4) 법률보충규칙

법령의 내용이 너무 일반적이어서 보충, 구체화의 과정이 필요하기 때문에 이를 보충 구체화하는 행정규칙을 말한다.

(2) 형식에 따른 분류

1) 고시형식의 행정규칙

고시란 행정기관이 행정내부의 조직과 활동을 규율하기 위해 발령하는 것으로서 행정규칙의 한 형식을 뜻하지만, 일정한 경우 고시에 담겨지는 내용에 따라 일반적 추상적 성질을 갖는 법규명령의 성격을 갖거나 개별적 구체적인 성질을 가지는 처분일 수도 있다. 일반적 추상적 성격을 갖는다.

2) 훈령형식의 행정규칙 - 훈령, 지시, 예규, 일일명령으로 세분

가) 협의의 훈령 - 상급관청이 하급관청에 대하여 발하는 명령

훈령은 상급행정청이 장기간에 걸쳐 하급행정기관의 권한행사를 일반적으로 지휘, 감독하기 위하여 발하는 명령이다. 이는 상급기관이 하급기관에 대하여 개별적, 구체적으로 발하는 명령인 직무명령과 구별된다.

나) 지시 - 상급기관이 하급기관에 개별적 구체적으로 발하는 명령

지시는 상급기관이 직권 또는 하급기관의 문의나 신청에 대하여 개별적, 구체적으로 발하는 명령을 말한다. 다만 그 내용이 일반적 추상적 규율이 아니라는 점에서 행정규칙에 해당하지 아니한다는 견해도 있다.

다) 예규 - 행정사무의 통일을 기하기 위한 반복적 행정사무의 처리규칙

예규란 법규문서 이외의 문서로서 반복적 행정사무의 처리기준을 제시하는 명령을 말한다.

라) 일일명령 - 당직, 출장, 시간외근무, 휴가 등 일일업무에 관한 명령

일일명령이란 당직, 출장, 시간 외의 근무, 휴가 등의 일일업무에 관한 일반적 추상적 명령을 말한다. 그러나 그 내용상 일반성, 추상성을 가지지 않을 때에는 단순한 직무명령에 해당한다.

Ⅱ. 행정규칙의 근거와 한계

행정규칙발령 권한은 행정권에 내재된 것이며, 개별법상의 근거는 필요없다. 다만, 행정규칙은 법률, 행정법의 일반원칙, 상위행정규칙에 위반하면 아니되며, 법률유보의 원칙은 적용되지 아니한다.

Ⅲ. 행정규칙의 적법요건, 하자

행정규칙은 권한 있는 기관에 의하여 제정되어야 함은 물론 그 내용이 상위법령 등에 위배되어서는 아니 되고, 정해진 절차와 형식 등을 갖추어야 한다. 만일 적법요건을 갖추지 못하는 등의 하자가 있을 경우 이는 무효가 된다.

Ⅳ. 행정규칙의 효과

1. 효력

행정규칙은 법규성이 없다. 따라서 국민을 직접 구속하는 효력은 없기 때문에 행정기관이 행정규칙을 위반하여 행정처분을 하더라도 이는 위법은 아니다. 다만 행정규칙에 위반되는 행정처분을 한 공무원은 징계책임을 면하지 못하게 되지만 그 행위의 효력은 유효하다.

> **【판시사항】**
> 보건사회부장관 훈령의 성질과 행정청 및 법원에 대한 기속력 유무(대법원 1983. 9. 13. 선고 82누285 판결)
>
> **【판결요지】**
> 보건사회부장관 훈령 제241호는 법규의 성질을 가지는 것으로는 볼 수 없고 상급행정기관인 보건사회부장관이 관계 하급기관 및 직원에 대하여 직무권한의 행사를 지휘하고 직무에 관하여 명령하기 위하여 발한 것으로서 그 규정이 의료법 제51조에 보장된 행정청의 재량권을 기속하는 것이라고 할 수 없고 법원도 그 훈령의 기속을 받는 것이 아니다.

2. 간접적·외부적 구속효

행정규칙은 법규성이 없기 때문에 직접적 외부적 구속력은 없다. 하지만 행정청의 행위가 선례에 구속(자기구속)당하게 됨으로써 행정규칙이 외부적 구속력을 갖게 되는 경우도 있는데, 행정규칙이 자기구속원칙을 매개하여 법규명령의 성질을 가지는 것을 말한다.

3. 판례

판례는 원칙적으로 행정규칙의 대외적 구속력을 부정한다. 다만, 판례 중에는 객관적으로 합리적으로 볼 수 없거나 타당하지 않다고 볼 만한 특별한 사정이 없는 한 재량준칙을 따른 처분을 적법한 처분으로 보고, 그에 따르지 아니한 처분을 재량권을 남용한 위법한 처분으로 보는 사례가 다수 존재한다.

【판시사항】

보건사회부장관 훈령의 성질과 행정청 및 법원에 대한 기속력 유무(대법원 1983. 9. 13. 선고 82누285 판결)

【판결요지】

보건사회부장관 훈령 제241호는 법규의 성질을 가지는 것으로는 볼 수 없고 상급행정기관인 보건사회부장관이 관계 하급기관 및 직원에 대하여 직무권한의 행사를 지휘하고 직무에 관하여 명령하기 위하여 발한 것으로서 그 규정이 의료법 제51조에 보장된 행정청의 재량권을 기속하는 것이라고 할 수 없고 법원도 그 훈령의 기속을 받는 것이 아니다.

【판시사항】

식품위생법시행규칙 제53조 별표 15의 법규성 유무(대법원 1993. 6. 29. 선고 93누5635 판결)

【판결요지】

식품위생법시행규칙 제53조에 따른 별표 15의 행정처분기준은 행정기관 내부의 사무처리준칙을 규정한 것에 불과하기는 하지만, 위 규칙 제53조 단서의 식품 등의 수급정책 및 국민보건에 중대한 영향을 미치는 특별한 사유가 없는 한 행정청은 당해 위반사항에 대하여 위 처분기준에 따라 행정처분을 함이 보통이라 할 것이므로, 만일 행정청이 이러한 처분기준을 따르지 아니하고 특정한 개인에 대하여만 위 처분기준을 과도하게 초과하는 처분을 한 경우에는 일응 재량권의 한계를 일탈하였다고 볼 만한 여지가 충분하다

V. 행정규칙의 통제

1. 행정내부적인 통제

상급행정청은 하급행정기관에 대한 지휘, 감독권(감시권, 훈령권, 주관쟁의조정권 등)의 행사를 통해 행정규칙의 폐지 내지 개선을 명할 수 있다. 그 한 예로 행정심판법 제59조는 중앙행정심판위원회에 법령(훈령, 규칙 포함)개선에 대한 시정조치요청권을 인정하고 있다.

2. 국회에 의한 통제

국회는 국정감사권, 조사권, 법령제정, 국무위원의 해임건의, 대정부질문 등의 간접적인 방법으로 행정규칙을 통제할 수 있으며, 그에 더하여 행정규칙을 제정한 경우 국회 소관상임위원회에 제출하는 절차를 통하여도 그 통제가 가능하다.

3. 법원에 의한 통제

행정규칙은 항고소송의 대상이 되는 처분이 아니고 또한 직접적으로 국민의 권리, 의무의 변동을 가져오는 법규성도 없기 때문에 법원을 구속하는 재판기준이 되지 못한다.

4. 헌재에 의한 통제

행정규칙은 원칙적으로 행정조직 내부에서만 효력을 갖기 때문에 헌법소원의 대상이 되지 못한다. 그러나 그러한 행정규칙이라도 만일 국민의 기본권을 직접 침해하는 외부적 효력을 갖는 경우에는 헌법소원의 대상이 될 수 있다.

VI. 형식과 내용의 불일치 행정규칙

1. 행정규칙형식의 법규명령(법령보충규칙)

(1) 문제의 소재

형식적으로는 만일 고시, 훈령 등 행정규칙을 상위법령의 위임에 따라 제정하였지만 내용적으로는 법률의 보충적 성질을 갖는 경우 그러한 고시 훈령의 법적 성질이 문제될 수 있다.

(2) 학설 – 대립

행정규칙설, 법규명령설, 규범구체화 행정규칙설 등이 대립한다. 이중 행정규칙설은 행정규칙이 법규명령으로서 법형식으로 인정되어서는 아니 되며, 행정규칙을 법규명령의 효력을 갖는 것을 인정한다면, 이는 헌법이 허용하는 위임입법형식 이외의 새로운 법형식을 인정하는 것으로서 헌법상 권력분립의 원칙에 위배된다는 견해이고, 법규명령설은 헌법이 인정하는 법규명령의 형식은 예시적이며 행정규칙은 실질적으로 상위명령을 보충하는 것으로서 근거법령과 결합하여 국민에 대하여 외부적 효력을 갖기 때문에 법규명령으로 보아야 한다는 견해이며, 규범구체화 행정규칙설은 행정규칙의 대외적 법적 구속력은 인정하지만 행정규칙의 형식을 취하고 있으므로 통상의 행정규칙과는 달리 규범구체화 행정규칙으로 보자는 견해이다.

(3) 판례

(가) 대법원

소득세법시행령에 근거한 국세청훈령인 재산제세사무처리규정의 법규성을 인정한 이래 행정규칙형식의 법규명령에 대하여 그 성질을 법규명령으로 보며, 대외적 효력을 인정하고 있는 입장이다.

【판시사항】

재산제세사무처리규정 제72조 제3항이 양도소득세의 실지거래가액에 의한 과세의 법령상 근거가 될 수 있는지 여부(적극)(대법원 1987. 9. 29. 선고 86누484 판결)

【판결요지】

소득세법 (1982.12.21. 법률 제3576호로 개정된 것) 제23조 제4항, 제45조 제1항 제1호에서 양도소득세의 양도차익을 계산함에 있어 실지거래가액이 적용될 경우를 대통령령에 위임함으로써 동법시행령(1982.12.31. 대통령령 제10977호로 개정된 것) 제170조 제4항 제2호가 위 위임규정에 따라 양도소득세의 실지거래가액이 적용될 경우의 하나로서 국세청장으로 하여금 양도소득세의 실지거래가액이 적용될 부동산투기억제를 위하여 필요하다고 인정되는 거래를 지정하게 하면서 그 지정의 절차나 방법에 관하여 아무런 제한을 두고 있지 아니하고 있어 이에 따라 국세청장이 재산제세사무처리규정 제72조 제3항에서 양도소득세의 실지거래가액이 적용될 부동산투기억제를 위하여 필요하다고 인정되는 거래의 유형을 열거하고 있으므로, 이는 비록 위 재산제세사무처리규정이 국세청장의 훈령형식으로 되어 있다 하더라도 이에 의한 거래지정은 소득세법시행령의 위임에 따라 그 규정의 내용을 보충하는 기능을 가지면서 그와 결합하여 대외적 효력을 발생하게 된다 할 것이므로 그 보충규정의 내용이 위 법령의 위임한계를 벗어났다는 등 특별한 사정이 없는 한 양도소득세의 실지거래가액에 의한 과세의 법령상의 근거가 된다.

(나) 헌재

공무원임용령 제35조의2의 위임에 따라 제정된 대우공무원선발에 관한 총무처예규와 관련된 헌법소원사건에서 대법원과 동일한 입장 취하고 있다.

【판시사항】
행정규칙이 법규명령으로서 기능하게 되어 헌법소원심판청구의 대상이 되는 경우(헌재 1992. 6. 26. 선고 91헌마25 결정)

【판결요지】
법령의 직접적인 위임에 다라 위임행정기관이 그 법령을 시행하는데 필요한 구체적 사항을 정한 것이면, 그 제정형식은 비록 법규명령이 아닌 고시, 훈령, 예규 등과 같은 행정규칙이더라도 그것이 상위법령의 위임한계를 벗어나지 아니하는 한, 상위법령과 결합하여 대외적 구속력을 갖는 법규명령으로서 기능하게 된다고 보아야 한다.

2. 법규명령형식의 행정규칙

(1) 문제의 소제

내용적으로는 행정기관 내부의 일반적 기준에 불과한 처분기준을 시행령 또는 시행규칙 등 법규명령형식으로 제정되었으나 실질적으로 행정규칙의 성격을 갖는 경우(사무관리규정 - 대통령령) 그것이 법규로서의 성질을 갖느냐의 문제가 있다.

(2) 학설

구분	내용
법규명령설(형식설)	본질적으로 법규사항은 아니다. 다만 법규형식을 존중함
행정규칙설(실질설)	비법규가 법규형식으로 규정되었다 하여 그 성질이 변하는 것은 아니다.
수권여부기준설	위임근거가 없는 경우에는 행정규칙이고 위임이 근거가 있는 경우에는 법규명령이다.
독자적 법형식설	재량준칙은 법규명령이나 행정규칙과는 전혀 다른 제3의 법형식으로 독자적인 것이다.

학설은 법규명령형식의 행정규칙의 성격에 관하여 법규명령설(다수설)과 행정규칙설, 수권여부기준설 등이 대립한다. 이중 법규명령설은 규정형식을 중시하여 법규명령형식의 행정규칙은 법규의 형식으로 제정된 이상 법규명령으로 보는 견해이고, 행정규칙설은 법규명령형식의 행정규칙은 비록 그 형식면에서 법규명령으로 정립되었다고 하더라도 실질이 행정사무의 처리준칙에 불과하여 행정규칙으로서의 성질이 변하는 것은 아니므로 행정규칙에 불과하다는 견해이며, 수권여부기분설(절충설)은 법률의 위임이 없이 제정된 것은 부령형식을 취하였다 하더라도 그 성질은 행정규칙에 불과하고 법률의 위임에 의하여 제정된 경우에는 그 성질은 법규명령이라는 견해이다.

(3) 판례

판례는 부령의 형식으로 사무처리준칙을 정한 경우에는 행정규칙에 지나지 않는다는 소극설을 취하였으나 대통령령의 형식으로 사무처리준칙을 정한 경우에는 법규명령에 해당한다고 판시한바 있다.[34]

---

34) 대판 1997. 12. 26. 97누15418.

【판시사항】

행정처분의 기준은 행정규칙(대법원 1994. 10. 14. 선고 94누4370 판결)

【판결요지】

식품위생법시행규칙 제53조에서 별표 15로 식품위생법 제58조에 따른 행정처분의 기준을 정하였다고 하더라도, 형식은 부령으로 되어 있으나 성질은 행정기관 내부의 사무처리준칙을 정한 것에 불과한 것으로서, 보건사회부 장관이 관계 행정기관 및 직원에 대하여 직무권한 행사의 지침을 정하여 주기 위하여 발한 행정명령의 성질을 가지는 것이다.

【판시사항】

도로교통법시행규칙 소정의 운전면허행정처분기준의 대외적 기속력 유무(소극) 및 운전면허취소처분의 적법 여부에 대한 판단기준(대법원 1997. 5. 30. 선고 96누5773 판결)

【판결요지】

도로교통법시행규칙 제53조 제1항이 정한 [별표 16]의 운전면허행정처분기준은 부령의 형식으로 되어 있으나, 그 규정의 성질과 내용이 운전면허의 취소처분 등에 관한 사무처리기준과 처분절차 등 행정청 내부의 사무처리준칙을 규정한 것에 지나지 아니하므로 대외적으로 국민이나 법원을 기속하는 효력이 없으므로, 자동차운전면허취소처분의 적법 여부는 그 운전면허행정처분기준만에 의하여 판단할 것이 아니라 도로교통법의 규정 내용과 취지에 따라 판단되어야 한다.

【판시사항】

구 청소년보호법 제49조 제1항, 제2항의 위임에 따른 같은법시행령 제40조 [별표 6]의 위반행위의종별에따른과징금처분기준의 법적 성격(=법규명령) (대법원 2001. 3. 9. 선고 99두5207 판결)

【판결요지】

구 청소년보호법(1999. 2. 5. 법률 제5817호로 개정되기 전의 것) 제49조 제1항, 제2항에 따른 같은법 시행령(1999. 6. 30. 대통령령 제16461호로 개정되기 전의 것) 제40조 [별표 6]의 위반행위의종별에 따른 과징금처분기준은 법규명령이다.

판례는 부령(총리령–시행규칙)으로 사무처리준칙을 정한 경우 행정규칙 – 도로교통법시행규칙의 운전면허행정처분기준(대법원 1995. 10. 17. 선고 94누14148 판결)

대통령령의 형식(시행령)으로 사무처리준칙을 정한 경우 법규명령 – 주택건설촉진법시행령상의 영업정지처분기준(대법원 1997. 12. 26. 선고 97누15418 판결)

제2절 행정계획

제1항 행정계획의 개념

Ⅰ. 행정계획의 의의

행정계획이라 함은 가령 행정에 관한 전문적 기술적 판단을 기초로 하여 도시의 건설, 정비 개량 등과 같은 특정한 행정목적을 달성하기 위하여 필요한 수단을 선정하고 그러한 수단들을 조정하고 종합화한 것을 말한다. 이러한 행정계획은 목표설정기능, 행정수단의 종합화기능, 행정작용의 기준설정적 기능, 행정과 국민간이 매개적 기능을 한다.

Ⅱ. 행정계획의 종류

행정계획의 종류에는 구속적, 비구속적, 반구속적 계획이 있으며, 이중 구속적 계획은 법률, 법규명령, 행정행위 등 구속적 명령, 강제를 통해 목표달성을 확보하려는 계획을 말하고, 비구속적 계획이란 단지 자료나 정보제공 등을 하는 계획으로 법적효과가 발생치 아니하는 계획을 말하며, 반구속적계획은 신용보증, 세제상의 혜택 등 재정수단을 통해 그 실현을 확보하려는 계획을 말한다.

Ⅲ. 행정계획의 법적 성질

1. 논의의 전제

학설과 판례상 행정계획의 법적성질 논의는 행정계획 중 구속적 행정계획에 관한 것이고, 그 중 국토이용법상의 도시계획에 의한 도시계획결정이 항고소송의 대상으로 처분성이 있는지 여부이다.

2. 학설

구분	내용
입법정책설	일반적 추상적인 규율을 하는 입법행위라는 견해
행정행위설	개인의 권리 내지 법률상 이익에 개별적 구체적 직접적 영향을 미친다는 견해
독자성설	규범도 행정행위도 아닌 독자적 성질의 것이라는 견해
개별검토설	도시계획관리도 성질을 달리하는 여러 계획이 있으므로 각 계획마다 분리하여 개별적으로 검토하여야 한다는 견해

(1) 입법행위설(법규명령설)

행정계획은 국민의 권리 및 자유에 관계되는 일반적, 추상적 규율로서 법규명령이고 구체적 처분이 아니다는 견해이다. 이는 행정계획의 처분성을 인정하지 않아 권익구제에서 행정소송 대상이 될 수 없다는 문제가 있다.

한때 하급심에서 도시계획결정에 대해 처분성을 부인하기도 했지만(서울고등법원 1980. 1. 20. 선고 79누416판결), 이 사건에서 대법원은 '도시계획결정은 특정개인의 권리 내지 법률상 이익을 개별적이고 구체적으로 규제하는 효과를 가져오게 하는 행정청의 처분이고 이는 행정소송의 대상이 된다'(대법원 1982. 3. 9. 선고 80누105판결)고 하여 위 고등법원의 판결을 파기하여 환송한 이후 대법원 판결에서는 도시계획의 처분성을 인정하고 있다.

(2) 행정행위설 – 대법원의 입장

행정계획에 따라 특정인의 법률상 이익에 적접적 변동을 초래하므로 행정행위이며 행정처분이다는 견해로서 행정계획을 행정소송의 대상으로 여기는 견해이다.

(3) 복수성설(개별행위설)

행정계획에는 법령의 규정태도에 따라 행정행위의 성질을 갖는 것과 법규명령의 성질을 갖는 것이라는 견해이다.

(4) 독자성설

행정계획은 법규범도 아니고 행정행위도 아닌 특수한 성질의 것 또는 이물(異物)이지만 이에는 구속력이 인정된다고 보는 견해이다.

3. 판례 – 개별행위설

대법원은 (구)도시계획법 제12조에 따른 도시계획결정이 고시되면 형질변경제한 등 특정인의 법익을 구체적·직접적으로 침해하므로 이는 행정처분이라고 판시하였지만,[35] 택지개발촉진법상 택지개발사업 시행자의 택지공급방법 결정행위는 사실행위에 불과하여 항고소송의 대상이 되는 행정처분으로 볼 수 없다고 판시한 사례도 있다.[36] 결국 판례는 행정계획의 법적성질을 개별적으로 판단하였다.

---

35) 대판 1982. 3. 9. 선고 80누105 판결.
36) 대판 1993. 7. 13. 선고 93누36 판결.

> **【판시사항】**
> 고시된 도시계획결정이 행정소송이 대상이 되는가(대법원 1982. 3. 9. 선고 80누105 판결)
>
> **【판결요지】**
> 도시계획법 제12조 소정의 고시된 도시계획결정은 특정 개인의 권리 내지 법률상의 이익을
> 개별적이고 구체적으로 규제하는 효과를 가져오게 하는 행정청의 처분이라 할 것이고, 이는
> 행정소송의 대상이 된다.

제2항 행정계획의 효과

국민의 권리의무와 직접 관련된 행정계획은 국민들에게 직접 고시 또는 공람 등을 통하여
알려져야만 그 효력이 발생한다(국토의 개발 및 이용에 관한 법률 제15조). 다만 때로는
행정계획이 결정되면 다른 행위로 의제되어 다른 행위로서 법적 구속력을 갖는 경우도 있다
(택지개발촉진법 제11조)

제3항 행정계획과 권리구체 - 취소소송의 대상적격성 여부

Ⅰ. 취소소송

1. 행정계획의 법적 성질

(1) 학설

행정계획의 법적성질에 대하여(구체적으로는 취소소송의 대상적격성 여부에 대하여) 학설
은 입법행위설, 행정행위설, 혼합행위설, 독자성설, 개별검토설(통설적 견해) 등으로 대립
한다. 이 중 입법행위설은 행정계획도 국민을 구속하는 일반적 추상적 법규법이라는 견해이
고, 행정행위설은 행정계획의 경우에도 고시나 공고되면 각종의 권리제한 등의 효과를 발생
시키므로 행정행위라는 견해이며, 혼합행위설은 입법과 행정행위의 혼합된 성격의 것이라

는 견해이고, 개별검토설은 행정계획은 그 내용에 따라 법규명령의 성질의 것도 있고 행정행위의 성질의 것도 있기 때문에 개별적으로 검토해야 된다는 견해이다.

(2) 판례 - 개별적판단(검토설)

판례는 개별검토설의 입장을 취하며, 도시관리계획결정의 처분성은 긍정,[37] 도시 및 주거환경정비법에 따라 수립한 사업시행계획과 관리처분계획의 항소소송의 대상인 처분성 또한 긍정[38]한 반면, 도시기본계획은 도시계획입안의 지침에 불과하다는 이유로 처분성을 부정[39]한 사례가 있다.

2. 행정계획의 위법성 - 행정계획에서의 계획재량

(1) 계획재량의 의의

계획규범은 대개 목적, 수단 등을 이종 복수로 규정함으로써, 행정주체가 계획법률에 따라 계획을 수립함에 광범위한 형성의 자유(계획재량)를 갖는 것을 말한다. 그러나 일정한 한계(절차상, 수단의 비례성 등)는 준수하여야 하며, 무제한적인 것은 아니다.

(2) 계획재량의 한계

행정청이 행정계획을 수립함에 있어 위와 같은 광범위한 형성의 자유가 있다고 하여 법치주의로부터 항상 자유로운 것은 아니다. 행정계획에 있어서도 설정되는 목표는 ⅰ) 근거법에 합치되어야 하고, ⅱ) 채택되는 수단은 비례원칙에 따라 목표달성에 적합한 것이어야 하며, ⅲ) 관계법상 절차가 규정되어 있으면 그 절차를 준수하여야 한다. 그 외에 ⅳ) 관계 제이익을 정당하게 고려하여 형량해야 하는바 이를 형량명령이라고 한다.

---

37) 대판 1982. 3. 9. 선고 80누105 판결.
38) 대판 2009. 9. 17. 선고 2007다2428 판결.
39) 대판 2002. 10. 11. 선고 2009마596 판결.

(3) 형량명령이론

(가) 의의

행정계획을 수립함에 있어서 관련된 이익을 정당하게 형량하여야 한다는 원칙을 말한다. 형량명령은 계획재량의 통제를 위하여 형성된 이론이다.

(나) 형량의 하자

형량의 하자란, ⅰ) 형량을 전혀 행하지 않은 경우(형량의 해태), ⅱ) 형량을 함에 있어 반드시 고려해야 할 사항을 빠뜨리고 형량을 행한 경우(형량의 흠결), ⅲ) 형량을 하였으나 특정사실이나 이익 등에 대한 평가를 현저히 그르쳐 그것이 객관성과 정당성을 결한 경우(오형량) 등이다.

(4) 판례

행정주체는 구체적인 행정계획을 입안·결정함에 있어서 비교적 광범위한 형성의 자유를 가지는 것이지만, 행정주체가 가지는 이러한 형성의 자유는 무제한적인 것이 아니라 그 행정계획에 관련되는 자들의 이익을 공익과 사익 사이에서는 물론이고 공익 상호간과 사익 상호간에도 정당하게 비교교량하여야 한다는 제한이 있다. 그러므로 행정주체가 행정계획을 입안·결정함에 있어서 이익형량을 전혀 행하지 아니하거나 이익형량의 고려 대상에 마땅히 포함시켜야 할 사항을 누락한 경우 또는 이익형량을 하였으나 정당성과 객관성이 결여된 경우에는 그 행정계획결정은 형량에 하자가 있어 위법하게 된다.[40] 따라서 가령 대학시설을 유치하기 위한 광역시의 도시계획시설결정이 지역의 교육여건 개선 등의 공익과 지역 내의 토지나 건물 소유자들이 입게 되는 권리행사 제한 등의 사익의 이익형량에 정당성과 객관성을 결여하였다면 그 결정은 하자가 있어 위법하게 된다는 것이다.[41]

---

40) 대법원 2007. 4. 12. 선고 2005두1893 판결.
41) 대법원 2006. 9. 8. 선고 2003두5426 판결.

【판결요지】

행정계획이라 함은 행정에 관한 전문적·기술적 판단을 기초로 하여 도시의 건설·정비·개량 등과 같은 특정한 행정목표를 달성하기 위하여 서로 관련되는 행정수단을 종합·조정함으로써 장래의 일정한 시점에 있어서 일정한 질서를 실현하기 위한 활동기준으로 설정된 것으로서, 구 도시계획법(2000. 1. 28. 법률 제6243호로 전문 개정되기 전의 것) 등 관계 법령에는 추상적인 행정목표와 절차만이 규정되어 있을 뿐 행정계획의 내용에 관하여는 별다른 규정을 두고 있지 아니하므로 행정주체는 구체적인 행정계획을 입안·결정함에 있어서 비교적 광범위한 형성의 자유를 가지는 것이지만, 행정주체가 가지는 이와 같은 형성의 자유는 무제한적인 것이 아니라 그 행정계획에 관련되는 자들의 이익을 공익과 사익 사이에서는 물론이고 공익 상호간과 사익 상호간에도 정당하게 비교교량하여야 한다는 제한이 있으므로, 행정주체가 행정계획을 입안·결정함에 있어서 이익형량을 전혀 행하지 아니하거나 이익형량의 고려 대상에 마땅히 포함시켜야 할 사항을 누락한 경우 또는 이익형량을 하였으나 정당성과 객관성이 결여된 경우에는 위법하다.

Ⅱ. 손해전보

공무원의 고의과실, 위법한 행정계획수립 등에 대하여 사인은 국가 등을 상대로 손배청구가 가능하고 적법한 행정계획으로 인한 특별한 희생이 발생하였을 경우에는 국가 등을 상대 손실보상청구가 가능하다.

Ⅲ. 계획보장청구권의 문제

1. 의의

(1) 행정계획의 가변성과 신뢰보호의 요청

행정계획의 가변성이라는 공익적 요청과 행정계획에 대한 신뢰보호라는 사익의 요청을 어떻게 조화하느냐의 문제 즉, 행정계획의 변경으로 인해 발생한 권리침해에 대해 적절한 구제방법을 강구할 필요가 있다는 전제에서 계획보장청구권이 논의 된다(행정계획의 변경 가능성과 신뢰보호의 충돌).

(2) 계획보장청구권의 의의

계획보장청구권이란 행정계획의 폐지•변경에 대하여 당사자가 그 계획의 존속, 계획의 준수, 경과조치 및 손실보상 등을 요구할 수 있는 청구권을 의미한다.

2. 내용

(1) 계획존속청구권

행정계획의 변경이나 폐지에 대하여 그 유지와 계속적 존속을 요구할 수 있는 권리를 말한다. 통설과 판례는 행정계획이 유연성과 가변성을 전제하고 있으므로 이러한 청구권을 일반적인 형태로는 허용되지 않는다고 본다. 다만, 개별적인 경우에는 구체적인 사안을 고려하여 계획변경이나 폐지를 통해 달성하고자 하는 공익보다 당사자의 신뢰보호의 요청이 더 우월한 경우에는 이를 인정할 수도 있을 것이다(공사익 이익형량).

(2) 계획집행(이행, 준수)청구권

행정계획의 준수와 집행을 요구할 수 있는 권리를 말한다. 이 청구권도 일반적으로는 인정되지 않는다. 구속적 행정계획의 경우 행정청의 집행의무가 인정된다 하더라도 당사자가 공권으로 주장하기 위해서는 근거법률에 이러한 의무가 개인의 이익도 보호하기 위한 것이어야 한다. 그러나 개별법상 이러한 사익보호를 위한 것으로 해석되는 경우는 드물 것이다.

(3) 경과조치(적응지원)청구권

계획에 따라 일정한 조치를 취하였으나 이후 계획이 변경 - 폐지되는 경우, 이로 인해 계획에 따른 처분을 행한 자가 입게 되는 재산상의 손실을 전보할 경과규정이나 일정한 적응조치를 요구하는 권리를 말한다. 이러한 권리도 별도의 법적근거가 없는 이상 일반적 형태로는 인정되지 않는다 할 것이다. 즉 실정법상 권리가 있는 경우에만 인정된다.

(4) 계획변경청구권

(가) 개념

계획변경청구권이란 사정변경 등을 이유로 사인이 기존계획의 변경을 청구할 수 있는 권리를 말한다. 그러나 일반적으로 사인이 계획의 변경을 구할 수 있는 청구권을 갖는다는 것은 행정계획의 공익관련성 등에 비추어 인정되기 힘들다.

(나) 판례의 태도

판례도 원칙적으로 계획변경청구권을 인정하지 않으면서도, 예외적으로 '장래 일정한 기간 내에 관계법령이 규정하는 시설 등을 갖추어 일정한 행정처분을 구하는 신청을 할 수 있는 법률상 지위에 있는 자의 국토이용계획변경신청을 거부하는 것이 실질적으로 당해 행정처분 자체를 거부하는 결과가 되는 경우에는 예외적으로 그 신청인에게 국토이용계획변경을 신청할 권리가 인정된다'라고 판시하였다.

[부정한 판례]

【판시사항】

도시계획시설인 공원조성계획 취소신청의 거부가 항고소송의 대상인 행정처분인지 여부(대법원 1989. 10. 24. 선고 89누725 판결)

【판결요지】

국민의 신청에 대한 행정청의 거부가 행정처분이 되기 위하여는 국민이 그 신청에 따른 행정행위를 요구할 수 있는 법규상 또는 조리상의 권리가 있어야 할 것인 바, 도시계획법상 주민이 도시계획 및 그 변경에 대하여 어떤 신청을 할 수 있다는 규정이 없을 뿐만 아니라 도시계획과 같이 장기성, 종합성이 요구되는 행정계획에 있어서는 그 계획이 일단확정된 후에 어떤 사정의 변경이 있다 하여 지역주민에게 일일이 그 계획의 변경을 청구할 권리를 인정해 줄 수도 없는 이치이므로 도시계획시설인 공원조성계획 취소신청을 거부한 행위는 항고소송의 대상이 되는 행정처분이라고 볼 수 없다.

[예외적으로 긍정한 판례]

【판시사항】

구 국토이용관리법상의 국토이용계획변경신청에 대한 거부행위가 항고소송의 대상이 되는 행정처분에 해당하기 위한 요건(대법원 2003. 9. 23. 선고 2001두10936 판결)

【판결요지】

구 국토이용관리법(2002. 2. 4. 법률 제6655호 국토의계획및이용에관한법률 부칙 제2조로 폐지)상 주민이 국토이용계획의 변경에 대하여 신청을 할 수 있다는 규정이 없을 뿐만 아니라, 국토건설종합계획의 효율적인 추진과 국토이용질서를 확립하기 위한 국토이용계획은 장기성, 종합성이 요구되는 행정계획이어서 원칙적으로는 그 계획이 일단 확정된 후에 어떤 사정의 변동이 있다고 하여 그러한 사유만으로는 지역주민이나 일반 이해관계인에게 일일이 그 계획의 변경을 신청할 권리를 인정하여 줄 수는 없을 것이지만, 장래 일정한 기간 내에 관계 법령이 규정하는 시설 등을 갖추어 일정한 행정처분을 구하는 신청을 할 수 있는 법률상 지위에 있는 자의 국토이용계획변경신청을 거부하는 것이 실질적으로 당해 행정처분 자체를 거부하는 결과가 되는 경우에는 예외적으로 그 신청인에게 국토이용계획변경을 신청할 권리가 인정된다고 봄이 상당하므로, 이러한 신청에 대한 거부행위는 항고소송의 대상이 되는 행정처분에 해당한다.

제3절 행정행위의 개념

제1항 행정행위의 개념과 의의

Ⅰ. 행정행위(처분)의 의의

1. 개념

행정청이 행하는 구체적 사실에 대한 법집행으로서 행하는 권력적 단독행위로서 법적행위를 말한다. 이러한 행정행위는 실정법상의 개념이 아니며 실정법상 허가, 인가, 특허, 면제 등 다양한 용어로 표현된다. 즉, 학문상(강학상) 정립된 개념으로서 공법과 사법을 구별하는 독립한 행정재판제도를 가지는 대륙법계국가에서 행정법원이 관할하는 행정소송의 대상을 정할 필요성에서 학설과 판례에 의하여 정립된 개념이다. 강학상의 행정행위는 행정실무상으로는 행정처분 또는 처분으로 불리고 있다.

2. 학설

(1) 최광의설 – 행정청이 행하는 일체의 행위

최광의설은 행정청이 행하는 일체의 행위 즉, 사실행위, 사법행위, 공법행위, 통치행위, 입법행위 등을 포함한다.

(2) 광의설 – 행정청의 공법행위

광의설은 행정청의 공법행위만을 행정행위로 파악한다. 따라서 행정작용 중 사실행위, 사법행위, 통치행위 등은 제외되지만 비권력적 작용과 행정입법은 포함된다.

(3) 협의설 – 행정청이 구체적 사실에 관한 법집행으로 행하는 공법행위

협의설은 행정청이 구체적 사실에 관한 법집행으로서 행하는 공법행위를 행정행위로 보기 때문에 행정주체의 입법행위나 사법행위는 이에 제외되고, 행정처분과 공법상 계약 및 공법상 합동행위는 행정행위로 본다.

(4) 최협의설

최협의설은 행정청이 구체적 사실에 관한 법집행으로서 행하는 권력적, 단독적 공법행위를 행정행위로 파악하는 입장이다.

Ⅱ. 행정행위의 개념요소

구분	내용
행정청의 행위	· 국회 등의 기관 · 공무수탁 등의 경우: 공공단체뿐 아니라 일반사인도 공무를 위탁받은 경우 행정청이 됨
구체적 사실에 관한 행위	일반처분: 구체적 사실과 관련하여 불특정 다수인을 대상으로 하여 발하여지는 행정청의 권력적, 단독적 규율행위
법적행위	외부적행위 상대방에 대해 직접적인 법적 효과가 발생하는 행위
권력적단독행위로서 공법행위	사법행위, 공법상 계약, 공법상 합동행위 등도 행정행위가 아님
거부행위	단순한 사실행위, 사법상 계약체결요구에 대한 거부 등은 행정행위 아님 신청인에게 법규상, 조리상 신청권 필요

1. 행정주체(행정청)의 행위

행정행위는 행정청의 행위이다. 여기서 행정청이란 행정주체의 의사를 외부적으로 결정하고 표시할 수 있는 권한을 가진 기관을 말하며, 조직법적 관점이 아닌 기능적 관점에서 파악된다. 행정절차법은 제2조 제1항은 행정청을 행정에 관한 의사를 결정하여 표시하는 국가 또는 지방자치단체의 기관, 그 밖에 법령 또는 자치법규에 따라 행정권한을 가지고 있거나 위임 또는 위탁받은 공공단체 또는 그 기관이나 사인으로 정의하고 있다. 따라서 이에는 행정권한을 위임, 위탁받은 공공단체나 공무수탁사인도 행정청에 포함되며, 국회나 법원도 실질적 의미의 행정작용을 하는 경우(국회사무총장의 직원임명)는 여기의 행정청에 해당한다.

【판시사항】
항고소송을 제기할 수 있는 상대가 되는 행정청의 의의(대법원 1992. 11. 27. 선고 92누3618 판결)

【판결요지】
항고소송은 행정청의 처분 등이나 부작위에 대하여 처분 등을 행한 행정청을 상대로 이를 제기할 수 있고 행정청에는 처분 등을 할 수 있는 권한이 있는 국가 또는 지방자치단체와 같은 행정기관뿐만 아니라 법령에 의하여 행정권한의 위임 또는 위탁을 받은 행정기관, 공공단체 및 그 기관 또는 사인이 포함되는바 특별한 법률에 근거를 두고 행정주체로서의 국가 또는 지방자치단체로부터 독립하여 특수한 존립목적을 부여받은 특수한 행정주체로서 국가의 특별한 감독 하에 그 존립목적인 특정한 공공사무를 행하는 공법인인 특수행정조직 등이 이에 해당한다.

2. 구체적 사실에 대한 행위

행정행위는 구체적 사실에 대한 법집행작용이며, 여기서 구체적이란 특정사건을 규율하는 것을 의미한다. 따라서 일반적 추상적인 행정입법이나 조례, 규칙 등은 행정행위에 해당하지 아니한다.

(1) 개별적 구체적 규율

가령 조세부과처분 및 운전면허발급 등과 같이 특정인의 특정사건을 규율하는 가장 기본적인 형태의 행정행위이다.

(2) 일반적 구체적 규율

일반처분이란 그 인적 규율대상이 불특정다수인이지만 시간적 공간적으로는 특정된 사항만을 규율하는 경우, 즉 일반적 구체적 규율을 말하며(예 : 용도지역 변경행위, 기준시가 공시, 통행금지 등), 이는 행정행위의 일종이고 항고소송의 대상이 된다.

(3) 개별적 추상적 규율

개별적 추상적 규율은, 가령 공장장은 도로에 빙판이 생길 때마다 수시로 빙판을 제거하라는 것과 같이 특정인에게 특정사건의 규율을 대상으로 하며 이는 행정행위에 속한다.

(4) 일반적 추상적 규율

가령 중앙선을 침범하지 말라와 같은 일반적 추상적 규율은 입법행위에 속한다.

3. 법집행행위

행정행위는 가령 도로교통법에 근거하여 운전면허를 취소하는 경우 등과 같이 입법행위가 아니고, 성립된 공법을 집행하는 행위이다.

4. 권력적 단독행위

일방적으로 국민의 권리의무 기타 법적지위를 결정하는 권력적 단독행위를 말하며 행정주체의 우월성이 인정된다는 점에서 공법상 계약, 합동행위 등과 같은 비권력행위인 관리행위와 구별된다. 또한 행정청에 의해 의도된 것인 이상 자동기계에 의해 자동적으로 결정되는 경우도 일방적 행위이다.

5. 법적행위

법적행위 ⇔ 사실행위 ×(사실행위는 권리나 의무의 변동을 목적으로 하지 않는 행위)
법적행위란 외부적 관계(행정조직 내부가 아니라 국민과의 관계)에 대하여 직접적인 법적효과(권리의무와 직접 관련)를 가져오는 행위를 말한다. 따라서 국민이나 주민의 권리 의무에 직접적인 변화가 발생되는 행위를 말하며, 행정기관 내부에서의 각종 지시나 승인, 혹은 지침이나 추천 등은 국민이나 주민의 권리의무에 직접적인 변동이 일어나지 않으므로 행정행위는 아니며 법적효과를 발생시키지 아니하는 조사, 보고 등의 사실행위는 제외된다.

【판시사항】

상급행정기관의 하급행정기관에 대한 승인·동의·지시 등이 항고소송의 대상이 되는 행정처분에 해당하는지 여부(소극)(대법원 2008. 5. 15. 선고 2008두2583 판결)

【판결요지】

항고소송의 대상이 되는 행정처분은 행정청의 공법상의 행위로서 특정 사항에 대하여 법규에 의한 권리의 설정 또는 의무의 부담을 명하거나 기타 법률상의 효과를 직접 발생케 하는 등 국민의 구체적인 권리·의무에 직접 관계가 있는 행위를 말하는바, 상급행정기관의 하급행정기관에 대한 승인·동의·지시 등은 행정기관 상호간의 내부행위로서 국민의 권리·의무에 직접 영향을 미치는 것이 아니므로 항고소송의 대상이 되는 행정처분에 해당한다고 볼 수 없다(대법원 1997. 9. 26. 선고 97누8540 판결 등 참조).

Ⅲ. 일반처분(특수한 행정행위)

1. 의의

일반처분은 인적범위는 일반적, 규율하는 사건은 구체적 행정의 행위형식

일반처분이란 특정도로의 통행금지 표시와 같이 구체적 사안(사실)과 관련하여 불특정 다수인을 대상으로 발하여지는 처분을 말한다. 이는 행정행위의 징표인 개별성, 구체성과 관련해 그 중 구체성은 유지하였으나 개별성이 없다는 점에서 통상의 행정행위와는 다른 성질의 것이다.

2. 법적성질

(1) 문제점

일반처분을 행정행위로 보아서 쟁송법상의 처분에 해당하여 항고소송을 제기할 수 있을지가 문제 된다.

(2) 학설

1) 입법행위설

일반적인 불특정 다수인을 대상으로 하므로 이를 일종의 법규명령으로 보아 입법행위에 해당한다고 보는 견해이다.

2) 행정행위설

일반적 불특정 다수인이라 하여도 수명자들은 그에 의해 권리·의무에 영향을 받았으므로 이는 행정행위에 해당하고 따라서 처분성이 인정되어 항고소송의 대상이 된다고 보는 견해 이다.

3) 중간영역설

일반성과 구체성을 특징으로 하는 일반처분은 일반성과 추상성을 특징으로 하는 입법행위 와 개별성과 구체성을 특징으로 하는 행정행위의 중간적 영역에 해당한다고 보는 견해이다.

3. 종류

(1) 대인적 일반처분(일반적, 구체적 규율)

인적 일반처분이란 일반적인 징표를 근거로 하여 특정되어 질 수 있는 불특정다수인을 상대 로 일반처분을 발령하는 것을 말한다. 그 예로 어떤 시민단체의 구성원들이 특정지역에서 시위를 하는 것에 대해 시위해산명령을 내리는 경우, 특정지역에 예정된 집회의 금지명령, 일정시간 후 통행금지 등을 들 수 있다.

대인적 행정행위	대물적 행정행위
상대방의 주관적 사정을 고려: 운전면허, 의사 면허-이전불가(일신전속적)	대상인 물건이나 시설의 객관적 사정을 고려: 자동차검사, 건축물의 준공공사-이전가능

(2) 물적 일반처분

물건을 대상으로 물건의 공법적 상태를 직접적으로 규율하고 물건의 이용관계 등 개인의 권리·의무를 간접적으로 규율하는 처분을 말하며 물적 행정행위라고도 한다. 그 예로 도로의 공용개시행위, 도로에 설치된 일방통행표지판, 교통신호등, 속도제한, 개별공시지가결정 등을 들 수 있는데, 이는 소유자 등의 권리의무에 영향을 미치므로 항고소송 등으로 다툴 수 있다.

【판시사항】
토지초과이득세 등의 산정기준이 되는 개별토지가격결정이 항고소송 대상이 되는 행정처분인지 여부(대법원 1994. 2. 8. 선고 93누111 판결)

【판결요지】
시장·군수 또는 구청장의 개별토지가격결정은 관계법령에 의한 토지초과이득세, 택지초과소유부담금 또는 개발부담금 산정의 기준이 되어 국민의 권리나 의무 또는 법률상 이익에 직접적으로 관계되는 것으로서 행정소송법 제2조 제1항 제1호 소정의 행정청이 행하는 구체적 사실에 관한 법집행으로서의 공권력행사이므로 항고소송의 대상이 되는 행정처분에 해당한다.

(3) 수익적 행정행위와 침익적 행정행위

수익적 행정행위란 국민에게 권리·이익을 부여하거나 권리의 제한을 해소(허가, 면제, 인가, 특허, 부담적 행정행위 철회, 수익적 행정행위의 취소의 취소 등)하는 행위를 말하며, 부담적 행정행위란 국민에게 의무를 부과하거나 권리·이익을 거부·침해하는 등 불리한 효과를 발생시키는 행위(명령, 금지, 박탈행위, 수익적 행정행위 취소나 철회)를 말한다.

구분	수익적 행정행위	침익적 행정행위
법률의 유보	완화된다	엄격하다
신청	신청 전제로 함이 보통	신청과 무관
절차	절차 통제가 완화	절차 통제가 엄격

부관	친하다	거리가 멀다
취소, 철회	제한된다	원칙적으로 제한이 없다
강제집행	무관	있을 수 있다
구제수단	거부:의무이행심판 또는 거부처분취소소송 부작위: 의무이행심판 또는 부작위위법확인 소송	취소심판 또는 취소소송

4. 판례 – 행정행위의 한 유형으로 봄

'도로교통법 제10조 제1항은 지방경찰청장은 도로를 횡단하는 보행자의 안전을 위하여 행정자치부령이 정하는 기준에 의하여 횡단보도를 설치할 수 있다고 규정하고, 제10조 제2항은 보행자는 지하도·육교 그 밖의 횡단시설이나 횡단보도가 설치되어 있는 도로에서는 그곳으로 횡단하여야 한다고 규정하며, 제24조 제1항은 모든 차의 운전자는 보행자가 횡단보도를 통행하고 있는 때에는 그 횡단보도 앞에서 일시 정지하여 보행자의 횡단을 방해하거나 위험을 주어서는 아니 된다고… 규정하는 도로교통법의 취지에 비추어 볼 때, 지방경찰청장이 횡단보도를 설치하여 보행자의 통행방법 등을 규제하는 것은 행정청이 특정사항에 대하여 의무의 부담을 명하는 행위이고 이는 국민의 권리의무에 직접 관계가 있는 행위로서 행정처분이라고 보아야 할 것이다.'[42]

5. 일반처분에 대한 취소판결의 대세효

(1) 문제의 소재

일반처분의 수범자인 일부가 취소소송을 제기하여 인용판결을 받은 경우 당해 소송을 제기한 원고 이외에 소송을 제기하지 않은 제3자도 취소소송의 승소판결을 자신을 위해 원용할 수 있는지가 문제이다. 이른바 일반처분에 대한 취소판결의 대세효 인정 여부이다.

---

42) 대판 2000. 10. 27. 선고 98두8964 판결.

(2) 학설

1) 절대적 효력설

절대적 효력설은 일반처분이 불특정 다수인을 상대로 하는 처분이고, 공법관계의 통일적 · 획일적 적용이 강하게 요청된다는 점에서 절대적 효력을 갖는다는 견해이다.

2) 상대적 효력설

상대적 효력설은 취소소송이 주관적 권리구제를 위한 소송인 점 등을 이유로 당해 소송을 제기한 원고에게만 효력이 미친다고 보는 견해이다.

(3) 검토

일반처분 전체 수명자의 이익에 기여하고, 공법관계의 획일적 규율이 요청된다는 점을 생각할 때 절대적 효력설이 타당하다고 본다.

제2항 불확정개념과 판단여지, 기속행위와 재량행위

Ⅰ. 불확정개념과 판단여지 - 법률요건의 문제

1. 불확정개념

불확정개념이란 행정법규의 구성요건부분(법률요건)이 상당한 이유, 직무수행능력의 현저한 부족, 공공복리, 공공질서, 위험 등처럼 그 의미내용이 일의적인 것이 아니라 다의적, 불확정적 용어로 사용되어 진정한 의미내용의 확정이 구체적 상황에 따라 그때그때 판단되어지는 개념을 말한다.

이러한 불확정개념이 도입될 수밖에 없는 이유는 법이 모든 경우를 구체적으로 나열하는 것이 불가능하므로 추상적으로 규정될 수밖에 없고, 정치, 기술, 도덕 등의 변화에도 불구하고 법은 영속성을 지녀야 하며, 법률의 경우 국회를 통과시키기 위해 정치과정상 타협으로서 애매모호한 표현을 사용하기 있기 때문이다(예, A는 건축법상 요건을 구비하여 건축허가 신청, 그러나 B 시장은 주거환경이나 교육환경 등을 이유로 고려할 때 부적법하다는 이유로 거부).

2. 사법심사 여부

불확정개념의 해석은 그 개념의 법적 내용의 파악이기 때문에 법적문제이다. 따라서 입법자는 불확정개념을 사용하여 구성요건을 정하였을 때에는 구체적 상황 하에서 그 의미는 다의적인 것이 아니고 법률의 의미에서 하나의 정당한 의미만의 결론이 타당하기 때문에 원칙적으로 사법심사의 대상이 된다. 그러나 불확정개념을 해석, 적용함에 있어 예외적으로 사법심사가 불가능한 영역이 있다

3. 판단여지

(1) 판단여지의 의의

판단의 여지란 불확정개념과 관련하여 사법심사가 배제되는 행정청의 평가영역, 결정역영등 자유영역(시험출제, 공무원능력평가 등)을 말한다. 법원은 이에 대하여 행정청이 그 영역의 한계를 준수하였는가의 여부만을 심사할 뿐이다.

(2) 판단여지의 근거

일정한 경우 불확정개념에 대해서 하나의 정당한 결정만이 존재하는 것은 아니고 대체불가능한 결정이 존재(요건규정에 불확정개념이 규정 - 사람의 인격, 적성, 능력, 공무원의 근무평정 등)할 수 있다는 점이 판단여지의 근거이다.

(3) 인정여부 - 재량과 구별여부

1) 학설

구분	내용
구별 긍정설	작용영역이 요건과 효과라는 점에서 차이
구별 부정설	사법심사의 배제, 제한이라는 면에서 동일

(가) 긍정설

판단 여지는 외부사실이 법률요건(공공의 복리에 해당하는지)[43]에 해당하는가를 행정기관이 인식(포섭)하는 문제이고, 재량행위는 외부사실이 법률요건에 해당함을 전제로 행정기관이 어떤 법률효과를 선택(결정)할 것인지 내적으로 결정하는 문제로 양자는 구별된다(다수설).

(나) 부정설

판단여지와 재량은 사법심사의 배제라는 면에서 실질적 차이가 없으며 재량은 입법자에 의해 요건의 측면에서도 존재할 수 있음을 근거로 양자의 차이를 부정한다.

2) 판례

판례는 판단여지와 재량을 구별하지 않는다(공무원임용면접전형, 감정평가사시험의 합격기준, 사법시험출제, 교과서검정처분 등). 다만, 판단여지가 인정될 수 있는 경우에도 일관되게 행정청의 판단여지 대신 재량으로 인정해 왔다.

【판시사항】

공무원 임용을 위한 면접전형에서 임용신청자의 능력이나 적격성 등에 관한 판단이 면접위원의 자유재량에 속하는지 여부(대법원 2008. 12. 24. 선고 2008두8970 판결)

【판결요지】

공무원 임용을 위한 면접전형에서 임용신청자의 능력이나 적격성 등에 관한 판단은 면접위원의 고도의 교양과 학식, 경험에 기초한 자율적 판단에 의존하는 것으로서 오로지 면접위원의 자유재량에 속하고, 그와 같은 판단이 현저하게 재량권을 일탈·남용하지 않은 한 이를 위법하다고 할 수 없다.

---

43) 행정법관계의 발생, 변경, 소멸이라는 법률효과를 발생시키는 원인행위를 법률요건이라고 하고 법률요건에 해당하는 개개의 사실을 법률사실이라고 함 - 가령 과속을 한 경우 운전면허를 취소한다는 행정법규가 있다면 과속한 경우는 법률요건이고 운전면허를 취소한다는 법률효과, 과속을 한 사실은 법률사실이 됨

【판시사항】

감정평가사시험의 합격기준 선택이 행정청의 자유재량에 속하는 것인지 여부(대법원 1996. 9. 20. 선고 96누6882 판결)

【판결요지】

지가공시및토지등의평가에관한법률시행령 제18조 제1항, 제2항은 감정평가사시험의 합격기준으로 절대평가제 방식을 원칙으로 하되, 행정청이 감정평가사의 수급상 필요하다고 인정할 때에는 상대평가제 방식으로 할 수 있다고 규정하고 있으므로, 감정평가사시험을 실시함에 있어 어떠한 합격기준을 선택할 것인가는 시험실시기관인 행정청의 고유한 정책적인 판단에 맡겨진 것으로서 자유재량에 속한다.

【판시사항】

교과서검정의 위법성에 대한 판단기준(대법원 1992. 4. 24. 선고 91누6634 판결)

【판결요지】

교과서검정이 고도의 학술상, 교육상의 전문적인 판단을 요한다는 특성에 비추어 보면, 교과용 도서를 검정함에 있어서 법령과 심사기준에 따라서 심사위원회의 심사를 거치고, 또 검정상 판단이 사실적 기초가 없다거나 사회통념상 현저히 부당하다는 등 현저히 재량권의 범위를 일탈한 것이 아닌 이상 그 검정을 위법하다고 할 수 없다.

3) 판단여지의 적용영역

(가) 비대체적 결정영역

비대체적 결정이란 사람의 인격, 적성, 능력 등에 관한 판단으로 가령 학생의 성적 평가, 공무원의 근무평정, 국가시험 답안채점 등과 같이 주관적 판단개입이 불가피하거나 상황재현이 불가능한 경우 등이 그 예이다.

(나) 구속적 가치평가영역

객관적, 전문적인 중립적 가치판단이 중시된 분야에 관한 판단으로 전문가로 구성되고 직무상 독립성을 갖는 합의제 기관의 결정, 문화재 지정, 청소년 유해도서 선정 등이 그 예이다.

(다) 예측적 결정영역

법률상 장래의 예측적 사항의 성질에 관한 것에 대한 결정으로 가령 환경부의 허가에 있어서 위험발생 여부, 원자력작업장운영시의 위험에 대한 사전대비의 평가 등과 행정기관의 평가 특권을 인정하는 것이 그 예이다.

(라) 형성적 결정

가령 도시계획행정과 같이 사회형성적 행정의 영역에서 인정되는 결정으로, 이는 법률적 판단의 문제라기보다는 정치적, 정책적인 문제이다.

	재량행위	판단여지
취지	구체적인 행정의 타당성 실현	행정의 전문성, 책임성 등
근거	입법부로부터 부여된 자유	사법부로부터 부여된 자유(행정의 전문성과 책임성 존중)
기준	법규정, 행위의 성질, 국민의 권리나 의무 관련 등	고도의 전문적, 기술적, 정책적 영역에서의 판단
내용	행정의 선택의 자유	행정의 판단여지
범위	법효과의 선택	요건규정 중 불확정개념에 대한 판단

(4) 판단여지의 한계

판단의 여지가 있더라도 판단기관이 적법하게 구성, 절차규정 준수, 정당한 사실관계 판단 여부, 일반적으로 승인된 평가척도 등은 사법심사의 대상이 될 수 있다. 다만 이러한 한계를 준수하였다면 사법부는 행정청의 판단을 존중하여 사법심사를 할 수 없다.

Ⅱ. 기속행위와 재량행위

1. 기속행위(~ 하여야 한다)

기속행위란 행정청이 어떠한 행정행위를 할 수도 하지 아니할 수도 있는 선택의 자유가 인정되는 것이 아니라 법률상 구성요건에서 정한 요건의 충족시 반드시 어떠한 행위를 하거나 하지 말아야 하는 행정행위를 말한다.

【판시사항】

음주측정거부를 이유로 운전면허취소를 함에 있어서 행정청이 그 취소 여부를 선택할 수 있는 재량의 여지가 있는지 여부(대법원 2004. 11. 12. 선고 2003두12042 판결)

【판결요지】

도로교통법 제78조 제1항 단서 제8호의 규정에 의하면, 술에 취한 상태에 있다고 인정할 만한 상당한 이유가 있음에도 불구하고 경찰공무원의 측정에 응하지 아니한 때에는 필요적으로 운전면허를 취소하도록 되어 있어 처분청이 그 취소 여부를 선택할 수 있는 재량의 여지가 없음이 그 법문상 명백하므로, 위 법조의 요건에 해당하였음을 이유로 한 운전면허취소처분에 있어서 재량권의 일탈 또는 남용의 문제는 생길 수 없다.

2. 재량행위(~ 할 수 있다)

(1) 의의

재량행위란 복수행위 간 선택의 자유가 인정되는 경우를 말하며, 가령 도로점용허가 여부가 재량이고, 사인이 그 요건을 충족하여 허가신청을 하였더라도 행정청은 거부할 수 있는 경우와 같이 법령상 요건충족이 충족되더라도 행정기관이 그 효과 즉 가부를 선택할 수 있는 행정행위를 말한다.

(2) 유형

재량행위에는 행정청이 수권된 내용에 따라 어떠한 처분을 할 것인가 아니할 것인가에 관한 결정재량과 법상 허용된 많은 가능한 처분 중 어떠한 처분을 할 것인가에 관한 선택재량이 있다.

1) 결정재량

예를 들어 건축법 제11조 4항[44]은 다음 각 호의 어느 하나에 해당하는 경우 ~~~ 건축허가를 하지 아니할 수 있다는 규정과 같이 행정기관이 행정법규를 구체적으로 적용하고 집행할 때 어떠한 결정을 할 것인지 하지 아니할 것인지를 자유롭게 판단하여 처리할 수 있는 행위를 말한다.

2) 선택재량

예를 들어 국가공무원법 제79조는 공무원의 징계유형에 대하여 파면, 해임, 강등, 정직, 감봉, 견책 등으로 구분한다고 규정하고 있는데, 만일 공무원이 징계사유에 해당하여 그러한 징계처분을 할 경우에도 과실의 정도 등에 따라 어떠한 처분을 내릴 것인지에 대하여 선택하여 처리할 수 있는 행위를 말한다.

(2) 재량권의 영으로의 수축 → 기속행위

재량권이 영으로서의 수축이란, 재량행위임에도 어떠한 경우(사람의 신체, 생명, 재산 등에 중대하고 급박한 위험이 존재하는 경우) 행정청은 하나의 결정만 하여야 하는 경우를 말한다. 결국 이런 경우 재량행위임에도 기속행위와 같은 결과를 초래한다(예, 경직법상 경찰관의 보호조치는 재량 그러나 겨울철 취객이 도로에 쓰러져 있다면 재량은 영으로 수축되어 반드시 적절한 보호조치를 취하여야 한다).

---

44) ④ 허가권자는 제1항에 따른 건축허가를 하고자 하는 때에 「건축기본법」 제25조에 따른 한국건축규정의 준수 여부를 확인하여야 한다. 다만, 다음 각 호의 어느 하나에 해당하는 경우에는 이 법이나 다른 법률에도 불구하고 건축위원회의 심의를 거쳐 건축허가를 하지 아니할 수 있다.
  1. 위락시설이나 숙박시설에 해당하는 건축물의 건축을 허가하는 경우 해당 대지에 건축하려는 건축물의 용도·규모 또는 형태가 주거환경이나 교육환경 등 주변 환경을 고려할 때 부적합하다고 인정되는 경우
  2. 「국토의 계획 및 이용에 관한 법률」 제37조제1항제4호에 따른 방재지구(이하 '방재지구'라 한다) 및 「자연재해대책법」 제12조제1항에 따른 자연재해위험개선지구 등 상습적으로 침수되거나 침수가 우려되는 지역에 건축하려는 건축물에 대하여 지하층 등 일부 공간을 주거용으로 사용하거나 거실을 설치하는 것이 부적합하다고 인정되는 경우

【판시사항】

재량권 행사의 한계(대법원 1990. 8. 28. 선고 89누8255 판결)

【판결요지】

자유재량에 있어서도 그 범위의 넓고 좁은 차이는 있더라도 법령의 규정뿐만 아니라 관습법
또는 일반적 조리에 의한 일정한 한계가 있는 것으로서 위 한계를 벗어난 재량권의 행사는
위법하다고 하지 않을 수 없으므로, 대학교 총장인 피고가 해외근무자들의 자녀를 대상으로
한 교육법시행령 제71조의2 제4항 소정의 특별전형에서 외교관, 공무원의 자녀에 대하여만
획일적으로 과목별 실제 취득점수에 20%의 가산점을 부여하여 합격사정을 함으로써 실제
취득점수에 의하면 충분히 합격할 수 있는 원고들에 대하여 불합격처분을 하였다면 위법하
다.

3. 재량행위와 기속행위의 구별기준

(1) 학설 - 대립

기속행위와 재량행위는 이상과 같은 실제적인 구별필요성에 따라 그 양자의 구별기준이
문제가 되며, 학설도 요건재량설 · 효과재량설 · 판단여지설, 종합설 등이 대립하고 있다.

구분	내용
요건재량설	공백규정, 종국목적인 경우는 자유재량, 중간목적인 경우는 기속재량이라는 견해
효과재량설	침익적 행위는 기속행위, 수익적 행위는 재량행위라는 견해
판단여지설	확정개념의 일률적인 기속행위성을 배격하고, 불확정개념에 의해 행위의 요건이 정해져 있는 경우에도 재량행위가 있음을 인정하는 견해
종합설	법령의 규정방식, 취지, 목적, 행정행위의 성질 등을 모두 종합적으로 고려하여 판단하여야 한다는 견해

1) 요건재량설

요건재량설은 재량을 일정한 행정행위에 대한 법률요건인 사실의 인정에 대한 판단(요건결

정)에 있는 것으로 보는 견해로서, 법률요건 인정의 결과 법률효과가 실현되는 것이지 법률효과 자체에까지 재량이 인정되는 것은 아니라는 것이다. 그러므로 법률요건의 인정에 대해 행정관청의 판단의 여지가 있는 경우는 재량행위이고, 그렇지 않은 경우는 기속행위가 된다.

2) 효과재량설

효과재량설은 재량을 어떠한 법률효과를 발생시킬 것인가의 선택으로 보는 결과, 기속행위와 재량행위의 구별은 법률효과의 발생에 대한 선택의 유무에 따른다고 본다. 따라서 재량행위인지의 여부는 행정행위의 성질 및 효과에 따라 정해지는 것으로서, 대체로 부담적 행정행위의 경우는 기속행위에 속하는 데 반해, 수익적 행위는 재량행위에 속한다고 본다.

3) 판단여지설

판단여지설은 불확정개념을 전제로 한 것으로서, 불확정개념은 법개념이기 때문에 법률이 행정행위의 요건을 불확정개념으로 정할지라도 행정관청에 임의적 해석·판단의 여지는 없고, 불확정적이지만 경험칙에 입각한 해석에 의해 객관적으로 확정할 수 있는 것이라는 불확정개념의 일률적인 기속행위성을 배격하고, 불확정개념에 의해 행위의 요건이 정해져 있는 경우에도 재량행위가 있음을 인정하는 견해이다.

4) 종합설

재량은 법적인 요건이 아니라 효과와 관련된 문제라는 전제하에서 기속행위와 재량행위의 구분은 법령의 규정방식, 취지, 목적, 행정행위의 성질 등을 모두 종합적으로 고려하여 판단하여야 한다는 견해이다.

(2) 판례 - 종합적 고려

판례는 관련 법령에 대한 종합적인 판단을 전제로 하면서 거기에 효과재량설을 기준으로 활용하거나 공익성을 구별기준으로 활용한다.

【판시사항】

기속행위 내지 기속재량행위와 재량행위 내지 자유재량행위의 구분 기준 및 그 각각에 대한 사법심사 방식(대법원 2001. 2. 9. 선고 98두17593 판결)

【판결요지】

행정행위가 그 재량성의 유무 및 범위와 관련하여 이른바 기속행위 내지 기속재량행위와 재량행위 내지 자유재량행위로 구분된다고 할 때, 그 구분은 당해 행위의 근거가 된 법규의 체재·형식과 그 문언, 당해 행위가 속하는 행정 분야의 주된 목적과 특성, 당해 행위 자체의 개별적 성질과 유형 등을 모두 고려하여 판단하여야 하고, 이렇게 구분되는 양자에 대한 사법심사는, 전자의 경우 그 법규에 대한 원칙적인 기속성으로 인하여 법원이 사실인정과 관련 법규의 해석·적용을 통하여 일정한 결론을 도출한 후 그 결론에 비추어 행정청이 한 판단의 적법 여부를 독자의 입장에서 판정하는 방식에 의하게 되나, 후자의 경우 행정청의 재량에 기한 공익판단의 여지를 감안하여 법원은 독자의 결론을 도출함이 없이 당해 행위에 재량권의 일탈·남용이 있는지 여부만을 심사하게 되고, 이러한 재량권의 일탈·남용 여부에 대한 심사는 사실오인, 비례·평등의 원칙 위배, 당해 행위의 목적 위반이나 동기의 부정 유무 등을 그 판단 대상으로 한다.

【판시사항】

개인택시운송사업면허 및 그 면허기준 설정행위의 법적 성질(=재량행위)(대법원 2005. 4. 28. 선고 2004두8910 판결)

【판결요지】

개인택시운송사업면허는 특정인에게 권리나 이익을 부여하는 행정행위로서 법령에 특별한 규정이 없는 한 재량행위이고, 그 면허에 필요한 기준을 정하는 것 역시 행정청의 재량에 속하는 것이므로 그 기준이 객관적으로 보아 합리적이 아니라든가 타당하지 아니하여 재량권을 남용한 것이라고 인정되지 아니하는 이상 행정청의 의사는 가능한 한 존중되어야 한다.

4. 재량하자 – 일탈, 남용

재량하자란 재량권은 무한한 것이 아니기 때문에 행정기관이 재량의 목적과 한계를 벗어나게 재량권을 행사한 것을 말한다. 만일 행정청이 재량권을 행사함에 있어 그 목적과 한계를

벗어나 일탈 남용한 경우에는 재량하자의 문제로서 사법심사의 대상이 된다. 일반적으로
명확한 법규정의 위반, 사실오인, 평등의 원칙위반, 비례의 원칙위반, 재량권의 불행사
또는 해태, 목적위반 등의 경우 재량권의 법적한계를 넘어서 위법이 된다.

【판시사항】
파면처분이 징계의 재량을 벗어난 것이라고 인정한 사례(대법원 1969. 7. 22. 선고 69누38
판결)

【판결요지】
원고는 육지로부터 7시간 이상 걸리는 거리에 떨어진 낙도근무자로서 1967.7.21항 학교회
의에 참석하기 위하여 임지에서 군산으로 항해도중 풍랑을 만나 현기증, 전신쇠약등 병세와
뇌신경쇠약 등의 병발로 1968.1.23까지 입원 또는 병원치료하였고 이로 인하여 수로여행이
불가능하여 임지에 들어가지 못하고 관할교육청에 대하여 위와 같은 사정을 고하고 육지근
무를 청원하였다 한다. 이와 같은 사정이라면 구 교육공무원법(63.12.5. 법률 제1463호) 제
56조 제2호에 해당하는 징계사유가 있다고 할 수 없다.

(1) 일탈

가령 법령에 어떠한 위반행위에 대하여 500만원 이하의 과태료 규정하고 있음에도 불구하
고 행정청에서 그에 대한 과태료로 1000만원 부과하는 경우와 같이 법령상 주어진 재량의
한계를 도과하는 경우를 일탈이라고 한다.

(2) 남용

같은 사안에 대하여 행정청이 갑을병(甲乙丙)에게 부과한 과태료가 서로 다른 경우와 같이
재량권의 범위내 행사하기는 하였지만 비례원칙이나 자기구속의 원칙에 위반한 경우를
남용이라고 한다.
한편 대법원은 재량권의 일탈남용에 관한 판단을 함에 있어 행정청의 재량에 기한 공익판단
의 여지를 감안하여 당해 행위에 재량권의 일탈 남용이 있는지 여부만을 심사하는바, 사실오
인, 비례평등의 원칙 위반, 당해 행위의 목적 위반이나 동기의 부정 등이 없는 한 재량권을

일탈 남용하였다고 할 수 없다고 보았다.[45]

【판시사항】

소청심사위원회가 절차상 하자가 있다는 이유로 의원면직처분을 취소하는 결정을 한 후 징
계권자가 징계절차에 따라 당해 공무원에 대하여 징계처분을 하는 경우, 국가공무원법 제14
조 제6항에 정한 불이익변경금지의 원칙이 적용되는지 여부(재량권 일탈과 남용기준)
(대법원 2008. 10. 9. 선고 2008두11853,11860 판결)

【판결요지】

국가공무원법 제14조 제6항은 소청심사결정에서 당초의 원처분청의 징계처분보다 청구인
에게 불리한 결정을 할 수 없다는 의미인데, 의원면직처분에 대하여 소청심사청구를 한 결
과 소청심사위원회가 의원면직처분의 전제가 된 사의표시에 절차상 하자가 있다는 이유로
의원면직처분을 취소하는 결정을 하였다고 하더라도, 그 효력은 의원면직처분을 취소하여
당해 공무원으로 하여금 공무원으로서의 신분을 유지하게 하는 것에 그치고, 이때 당해 공
무원이 국가공무원법 제78조 제1항 각 호에 정한 징계사유에 해당하는 이상 같은 항에 따라
징계권자로서는 반드시 징계절차를 열어 징계처분을 하여야 하므로, 이러한 징계절차는 소
청심사위원회의 의원면직처분취소 결정과는 별개의 절차로서 여기에 국가공무원법 제14조
제6항에 정한 불이익변경금지의 원칙이 적용될 여지는 없다.

(3) 재량권의 불행사, 재량의 해태, 흠결

재량권의 불행사란 재량권을 행사함에 있어 행정청이 정당한 사유 없이 고려해야할 구체적
사정을 전혀 고려하지 아니하는 행위를 말하며, 재량권의 해태란 재량권을 행사함에 있어
고려하여야 하는 구체적 사정을 고려하기는 하였지만 충분히 행사하지 아니한 경우를 말하
고, 재량의 흠결이란 성실하게 행사하지 아니하였음을 의미하며 이러한 경우에도 위법이
되어 사법심사의 대상이 된다.

---

45) 대법원 2012. 7. 5. 선고 2011두19239 판결.

【판시사항】

'부동산 실권리자명의 등기에 관한 법률 시행령' 제3조의2 단서의 과징금 임의적 감경사유가 있음에도 이를 전혀 고려하지 않거나 감경사유에 해당하지 않는다고 오인하여 과징금을 감경하지 않은 경우, 그 과징금 부과처분이 재량권을 일탈·남용한 위법한 것인지 여부(적극)(대법원 2010. 7. 15. 선고 2010두7031 판결)

【판결요지】

실권리자명의 등기의무를 위반한 명의신탁자에 대하여 부과하는 과징금의 감경에 관한 '부동산 실권리자명의 등기에 관한 법률 시행령' 제3조의2 단서는 임의적 감경규정임이 명백하므로, 그 감경사유가 존재하더라도 과징금 부과관청이 감경사유까지 고려하고도 과징금을 감경하지 않은 채 과징금 전액을 부과하는 처분을 한 경우에는 이를 위법하다고 단정할 수는 없으나, 위 감경사유가 있음에도 이를 전혀 고려하지 않았거나 감경사유에 해당하지 않는다고 오인한 나머지 과징금을 감경하지 않았다면 그 과징금 부과처분은 재량권을 일탈·남용한 위법한 처분이라고 할 수밖에 없다.

제3항 행정행위의 분류

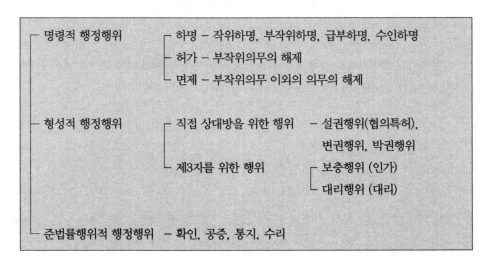

```
┌─ 명령적 행정행위        ┌─ 하명 – 작위하명, 부작위하명, 급부하명, 수인하명
│                       ├─ 허가 – 부작위의무의 해제
│                       └─ 면제 – 부작위의무 이외의 의무의 해제
│
├─ 형성적 행정행위        ┌─ 직접 상대방을 위한 행위  – 설권행위(협의특허),
│                       │                              변권행위, 박권행위
│                       └─ 제3자를 위한 행위        ┌─ 보충행위 (인가)
│                                                  └─ 대리행위 (대리)
│
└─ 준법률행위적 행정행위 – 확인, 공증, 통지, 수리
```

행정행위는 법률관계의 발생원인에 따라 법률행위적 행정행위와 준법률행위적 행정행위로
구분되며, 법률행위적 행정행위란 행정청의 의사표시로 법적효과가 발생하는 행위를 말하
고, 준법률행위적 행정행위는 행정청의 의사표시 외에 정신작용(판단, 인식)을 구성요소로
하며, 그 법적효과는 행정청의 의사표시에 의해서가 아니라 법률의 규정에 의하여 발생하는
행정행위를 말한다.

제4절 법률행위적 행정행위

법률행위적 행정행위는 법률관계의 내용에 따라 명령적 행위(하명, 허가, 면제)와 형성적 행위(특허, 인가, 대리)로 나뉜다.

제1항 명령적 행위

명령적 행위란 본래부터 가지고 있던 사인의 자유를 제한하거나 그 제한을 해제해 주는 행위를 말하며, 국민에게 작위, 부작위, 급부, 수인의 의무를 명하거나 이미 부과된 의무를 면제해주는 행위를 말한다. 이는 하명, 허가 면제로 구분된다.

Ⅰ. 하명

1. 개념

하명이란 작위(소방협력), 부작위(통행금지), 급부(조세부과), 수인의무(대집행실행의 수인의무)를 명하는 행정행위를 말한다. 이렇듯 하명은 개인의 자유를 제한하여 금지하거나 의무를 부과하는 내용의 행정행위이기 때문에 법률유보의 원칙에 따라 반드시 법적 근거가 필요하며, 원칙적으로 명문의 규정이 없는 한 기속행위가 원칙이다.

한편, 하명의 대상은 일반적으로 청소, 교통방해물의 제거, 불법건축물의 철거, 소독 등 사실행위인 것이 보통이나 영업양도, 농지처분명령, 회사의 분할 등 법률행위를 대상으로 하는 경우도 있으며, 이때 하명의 상대방은 특정인인 경우가 일반적이지만 불특정다수인을 상대로 하는 입산금지, 도로통행금지 등과 같은 일반처분도 있다.

2. 종류

하명은 목적, 대상, 상대방 등에 따라 분류될 수 있으나 의무의 내용에 따라 다음과 같은 구분한다.

(1) 작위하명

적극적으로 일정한 행위를 할 것을 명하는 내용의 하명을 말한다(위법시설의 철거명령, 시정명령, 징집영장, 시장지배적 사업자에 대한 회사분할명령 등).

(2) 부작위하명(금지)

소극적으로 일정한 행위를 하지 말 것을 내용으로 하는 하명을 말한다. 부작위하명을 특히 '금지'라고 한다(예, 영업정지처분, 통행제한처분, 분양권·주택 등의 전매금지 등).

(3) 수인하명

행정청이나 제3자의 실력행사에 대해 대항하지 말고 참아야 하는 의무를 부과하는 내용의 하명을 말한다(예, 법정전염병환자에 대한 강제접종, 물건의 소각, 강제격리수용, 강제집행·즉시강제 등).

(4) 급부하명

금전이나 기타 재화의 지급의무를 부과하는 것을 내용을 하는 하명을 말한다(예, 세금부과처분, 과징금·사회보험료 등의 납부명령 등).

3. 형식

(1) 법규하명

행정청에 의한 구체화·집행을 필요로 하지 않고 법에서 직접 작위, 부작위 등의 의무를 명하는 것을 말한다[예, 청소년보호법상 청소년유해매체물의 표시의무 및 판매금지(동법 14조·제17조), 영화진흥법상 한국영화의 의무적 상영(동법 제28조. 동법시행령 제13조) 등].

(2) 하명처분(처분형식)

법에 근거로 행정행위에 의하여 직접적, 구체적으로 의무를 명하는 것을 말한다.

4. 하명의 효과 및 위반의 효과 - 위반행위 유효 / 행정상 강제집행 등의 대상

하명의 내용에 따라 작위 · 부작위 · 수인 · 급부의무가 발생하며, 그러한 의무가 불이행되는 경우에는 행정상 강제집행이나 의무위반에 대한 행정벌이 부과된다. 다만 그러한 제재와는 무관하게 하명에 위반하여 행해진 사법상 법률행위의 효과에는 영향을 미치지 않는 것이 원칙이다(예, 영업정지기간 동안의 판매행위의 경우 처벌은 받으나 판매의 효력은 유효).[46]

> **【판시사항】**
> 외국환관리법의 제한규정에 위반한 행위가 민법상 불법행위나 무효행위가 되는지 여부(대법원 1987. 2. 10. 선고 86다카1288 판결)
>
> **【판결요지】**
> 외국환관리법은 외국환과 그 거래 기타 대외거래를 관리하여 국제수지의 균형, 통화가치의 안정과 외화자금의 효율적인 운용을 기하는 그 특유의 목적을 달성하기 위하여 그에 역행하는 몇가지 행위를 제한하거나 금지하고 그 제한과 금지를 확실히 하기 위하여 위반행위에 대한 벌칙규정을 두고 있는 바, 위 제한규정에 위반한 행위는 외국환관리법의 목적에 합치되지 않는 행위일 뿐 그것이 바로 민법상의 불법행위나 무효행위가 되는 것은 아니다.

5. 구제

적법한 하명의 경우 그 하명이 적법하더라도 만일 수인의 한도를 넘는 특별한 희생이 있는 경우에는 그 손실을 보상하여야 할 것이며, 위법 부당한 하명의 경우에는 직권에 의한 취소정지, 또는 행정심판이나 소송을 통한 취소청구 등의 방법으로 구제가 가능하다.

---

46) 이는 하명에 의한 명령이나 금지는 사실로서 어떠한 행위를 하거나 하지 말 것을 명하는 것에 그치고(명령적 행위) 이를 위반한 법률행위의 효력을 제한 또는 부정하는 것을 본래의 목적으로 하는 것은 아니기 때문이다.

Ⅱ. 허가

- 강학상 용어, 허가인지의 여부는 표현에 관계없이, 관계법령, 규정내용, 취지 등을 고려하여 판단해야 함

1. 허가의 의의

허가란 행정목적의 달성을 위하여 법령에 의해 제한되고 본래부터 가지고 있던 개인의 자연적 자유(자유권)임에도 이를 일반적으로 허용할 경우 공공의 안녕과 질서에 대한 위험이 야기될 수 있기 때문에 이의 방지를 위해(경찰목적 – 허가를 보통 경찰허가라고도 함) 법령이 일반적으로 당해 행위를 금지하고 일정한 요건을 충족하는 경우에 이를 해제하여 적법하게 행위[건축허가(건축법 제1조), 운전면허(도로교통법 제1조), 단란주점영업허가 등]할 수 있도록 회복해 주는 일반적, 상대적, 예방적 금지의 해제를 말한다.

2. 허가의 법적 근거

(1) 법령의 개정과 허가의 근거법

허가신청 후 행정처분 전에 법령이 개정되어 허가기준에 변경이 있는 경우 ⅰ) 경과규정이 없고, ⅱ) 행정청이 허가신청을 수리하고도 정당한 이유없이 그 처리를 지연하여 그 사이에 법령 및 허가기준이 변경된 것이 아닌 한 개정법령, 즉 처분 시 법령에 의한다. 다만, 신청접수 후 정당한 사유 없이 지체, 그 사이 기준이 변경되고 변경된 기준에 따라 거부처분 시 그 거부처분은 위법하다.

> 【판시사항】
> 허가신청 후 허가기준이 변경된 경우 변경된 허가기준에 따라 처분을 하여야 하는지 여부(대법원 2006. 8. 25. 선고 2004두2974 판결)
>
> 【판결요지】
> 허가 등의 행정처분은 원칙적으로 처분시의 법령과 허가기준에 의하여 처리되어야 하고 허가신청 당시의 기준에 따라야 하는 것은 아니며, 비록 허가신청 후 허가기준이 변경되었다

하더라도 그 허가관청이 허가신청을 수리하고도 정당한 이유 없이 그 처리를 늦추어 그 사이에 허가기준이 변경된 것이 아닌 이상 변경된 허가기준에 따라서 처분을 하여야 한다.

(2) 법령에 근거 없는 허가의 거부(공익상 필요에 따른 허가거부) 가능성

1) 기속행위(~ 하여야 한다)

법령에서 일정한 요건을 정하고 있음에도 요건 외의 사유로 처분을 거부하는 경우 그것이 공익상의 이유라도 법률적합성(법률유보)의 원칙에 반한다. 따라서 그러한 거부처분은 위법하며 판례도 같은 입장이다.

> **【판시사항】**
> 건축허가권자가 관계 법령에서 정하는 제한사유 이외의 사유를 들어 그 허가신청을 거부할 수 있는지 여부(대법원 2006. 11. 9. 선고 2006두1227 판결 [건축허가반려처분취소])
>
> **【판결요지】**
> 건축허가권자는 건축허가신청이 건축법 등 관계 법규에서 정하는 어떠한 제한에 배치되지 않는 이상 당연히 같은 법조에서 정하는 건축허가를 하여야 하고, 중대한 공익상의 필요가 없음에도 불구하고, 요건을 갖춘 자에 대한 허가를 관계 법령에서 정하는 제한사유 이외의 사유를 들어 거부할 수는 없다.

2) 재량행위(~ 할 수 있다)

법령상 요건이 충족되더라도 거부처분을 할 수 있는 재량행위에 있어서 공익상의 필요에 따른 거부처분을 하는 경우 이는 법률유보의 원칙에 반하지 아니한다. 다만 재량행위라고 하여 그 거부처분이 항상 적법한 것은 아니고 이는 행정의 일반원칙에 부합하여야 하며 이를 위반한 경우 위법한 거부처분이 된다. 판례는 산림형질변경허가,[47] 토질형질변경허가,[48] 입목의 벌채·굴채허가[49]를 재량행위로 해석한다.

---

47) 대법원 1997. 9. 12. 선고 97누1228 판결.
48) 대법원 1999. 2. 23. 선고 98두17845 판결.
49) 대법원 2001. 11. 30. 선고 2001두5866 판결.

【판시사항】

산림훼손 금지 또는 제한 지역에 해당하지 않더라도 법규상 명문의 근거 없이 산림훼손허가 또는 산림훼손기간연장허가를 거부할 수 있는지 여부(대법원 1997. 8. 29. 선고 96누15213 판결)

【판결요지】

산림훼손은 국토 및 자연의 유지와 수질 등 환경의 보전에 직접적으로 영향을 미치는 행위이므로 법령이 규정하는 산림훼손 금지 또는 제한 지역에 해당하는 경우는 물론 금지 또는 제한 지역에 해당하지 않더라도 허가관청은 산림훼손허가신청 대상 토지의 현상과 위치 및 주위의 상황 등을 고려하여 국토 및 자연의 유지와 환경의 보전 등 중대한 공익상 필요가 있다고 인정될 때에는 허가를 거부할 수 있고, 그 경우 법규에 명문의 근거가 없더라도 거부처분을 할 수 있는 것이며, 이는 산림훼손기간을 연장하는 경우에도 마찬가지이다.

2) 기속재량행위[50]

기속재량행위의 개념에 대하여 학설은 부정하는 입장이지만, 일부 판례는 기속재량행위의 개념을 긍정하며, 해당행위를 원칙상 기속행위로 보면서 예외적 중대한 공익상의 이유가 있는 경우 이를 재량행위(기속재량행위)로 보고 법령상 요건을 모두 구비한 신청에 대하여 공익상의 필요가 있는 경우 이를 거부할 수 있다는 견해를 취한다.

【판시사항】

주유소등록신청을 관계 법령 소정의 제한사유 이외의 사유를 들어 거부할 수 있는지 여부 (대법원 1998. 9. 25. 선고 98두7503 판결)

【판결요지】

주유소등록신청을 받은 행정청은 주유소설치등록신청이 석유사업법, 같은법시행령, 혹은 위 시행령의 위임을 받은 시·지사의 고시 등 관계 법규에 정하는 제한에 배치되지 않고, 그 신청이 법정등록 요건에 합치되는 경우에는 특별한 사정이 없는 한 이를 수리하여야 하고, 관계 법령에서 정하는 제한사유 이외의 사유를 들어 등록을 거부할 수는 없는 것이나, 심사결과 관계 법령상의 제한 이외의 중대한 공익상 필요가 있는 경우에는 그 수리를 거부할 수 있다.

---

50) 상위 계획에 부합하지 않거나 환경이나 경관 측면에서 문제가 있더라도 법규에 위반되지 않으면 행정 기관에서 허가해야 하는 행위

3. 허가의 종류 및 형식

(1) 허가의 종류

허가의 기준에 따라 대인적 허가 · 대물적 허가 · 혼합적 허가로 구분한다. 이러한 구분의 실익은 허가의 이전 내지 양도가능성 여부에 있으며 이는 원칙적으로 법률의 규정에 의한다.

1) 대인적 허가

허가요건이 특정인의 능력, 기술 같은 주관적 사항인 운전면허, 의사면허 등과 같은 경우를 말하며, 이는 양도성이 부정되며, 별도의 허가를 받아야 한다.

2) 대물적 허가

허가요건이 객관적인 물적사항인 건축허가, 숙박업허가, 공중목욕장업허가 등의 경우를 말하며 이는 대인적 허가와 달리 양도성이 인정된다.

> 【판시사항】
> 공중목욕장의 영업허가를 양도한 경우에 양도인을 상대로 하여 공중목욕탕 영업허가권에 관한 명의변경등록절차의 이행을 구할 수 있는지 여부(대법원 1981. 1. 13. 선고 80다1126 판결)
>
> 【판결요지】
> 공중목욕장의 영업허가를 받은 자가 그 허가를 타인에게 양도하는 경우에는 영업의 시설이나 영업상의 이익 등만이 이전될 뿐 허가권자체가 이전되는 것은 아니므로 양수인은 공중목욕장업법에 의한 영업허가를 새로이 받아야 하는 것이고 그 절차에는 양도인의 동의를 필요로 하는 것이 아님에도 불구하고 원심이 양도인에게 공중목욕탕 영업허가권에 관하여 양수인 명의로 명의변경등록절차의 이행을 명하였음은 위법이다.

3) 혼합적 허가

허가사항이 인적사항과 물적사항을 동시에 고려하는 유흥주점영업허가, 전당포영업허가, 석유사업허가 중개사업허가 등을 말하며, 이는 원칙적으로 양도성이 허용되지 아니하며 관계 법령이 정하는 바에 따라 승인, 신고 등을 받아야 한다. 만일 양도에 대한 승인 또는 신고 등을 받을 경우에는 새로운 허가가 된다.

4) 허가의 형식

하명은 처분하명 이외에 법규하명이 있을 수 있지만, 허가는 이와 달리 성질상 행정행위 형식의 허가처분 밖에 존재할 수 없고 법규허가는 존재할 수 없다. 법규에 의해 일반적 허가가 행해진다는 것은 허가의 전제가 되는 일반적·상대적 금지의 소멸로서 국민의 자유영역에 환원한다는 것을 의미할 뿐이다.

4. 허가의 성질

허가의 성질에 관한 전통적 견해는 허가는 단지 자연적 자유를 회복시키는 것에 불과하기 때문에 법령에 특별한 규정이 없는 한 기속행위의 성질을 갖는다고 본다. 다만 판례는 개별사례에 따라 이를 재량행위라고 본 판결도 있고 기속행위 판결도 있다.

> **【판시사항】**
> 식품위생법상 대중음식점영업허가의 법적 성질(대법원 1993. 5. 27. 선고 93누2216 판결)
>
> **【판결요지】**
> 식품위생법상 대중음식점영업허가는 성질상 일반적 금지에 대한 해제에 불과하므로 허가권자는 허가신청이 법에서 정한 요건을 구비한 때에는 허가하여야 하고 관계법규에서 정하는 제한사유 이외의 사유를 들어 허가신청을 거부할 수 없다.

> **【판시사항】**
> 산림훼손 금지 또는 제한 지역에 해당하지 않더라도 법규상 명문의 근거 없이 산림훼손허가 또는 산림훼손기간연장허가를 거부할 수 있는지 여부(대법원 1997. 8. 29. 선고 96누15213 판결)
>
> **【판결요지】**
> 산림훼손은 국토 및 자연의 유지와 수질 등 환경의 보전에 직접적으로 영향을 미치는 행위이므로 법령이 규정하는 산림훼손 금지 또는 제한 지역에 해당하는 경우는 물론 금지 또는 제한 지역에 해당하지 않더라도 허가관청은 산림훼손허가신청 대상 토지의 현상과 위치 및 주위의 상황 등을 고려하여 국토 및 자연의 유지와 환경의 보전 등 중대한 공익상 필요가 있다고 인정될 때에는 허가를 거부할 수 있고, 그 경우 법규에 명문의 근거가 없더라도 거부처분을 할 수 있는 것이며, 이는 산림훼손기간을 연장하는 경우에도 마찬가지이다.

5. 허가의 효과

허가는 개인이 종전에 갖고 있지 않는 새로운 권리·능력 기타 법률상의 힘을 새로이 설정하여 주는 것이 아니라 원래부터 갖고 있는 자유권을 회복시켜 준다는 점에서 배타적인 권리 등을 부여하는 특허와 같은 형성적 행위와는 구별된다.[51]

(1) 법률상 이익인지 여부

허가는 법률상 이익(허가취소, 허가신청거부는 항고소송의 대상이 됨)이다. 그러나 허가사업으로 인한 경제적 이익은 반사적 이익(가령 갑의 유흥주점영업장 인근에 동일한 유흥주점영업을 허가하였더라도 이는 갑의 법률상 이익의 침해가 아님)에 불과하다. 그러나 예외적으로 판례는 주세법상의 주류제조면허사건,[52] 약종상 사건,[53] 담배일반소매인 사건[54] 등에서 법률상의 이익을 인정한 사례가 있다.

【판시사항】

한의사 면허의 법적 성질 및 한의사가 약사에게 한약조제권을 인정해 주는 한약조제시험 합격처분의 효력에 대하여 다툴 원고적격이 있는지 여부(대법원 1998. 3. 10. 선고 97누4289 판결)

【판결요지】

한의사 면허는 경찰금지를 해제하는 명령적 행위(강학상 허가)에 해당하고, 한약조제시험을 통하여 약사에게 한약조제권을 인정함으로써 한의사들의 영업상 이익이 감소되었다고 하더라도 이러한 이익은 사실상의 이익에 불과하고 약사법이나 의료법 등의 법률에 의하여 보호되는 이익이라고는 볼 수 없으므로, 한의사들이 한약조제시험을 통하여 한약조제권을 인정받은 약사들에 대한 합격처분의 무효확인을 구하는 당해 소는 원고적격이 없는 자들이 제기한 소로서 부적법하다.

---

51) 대법원 2002. 4. 26. 선고 2000다16350 판결.
52) 대판 1989. 12. 22. 선고 89누46.
53) 대판 1988. 6. 14. 선고 87누873.
54) 대판 2008. 3. 27. 선고 2007두23811.

(2) 무허가 행위

다만, 무허가 행위에 대하여는 사법적 효력은 인정되지만, 행정청은 그에 대하여 강제집행(무허가건축물), 행정벌(벌금, 과태료 등) 등을 통하여 제재 등을 할 수 있기 때문에 처벌의 대상이 된다.

6. 허가의 변동

(1) 허가의 갱신

허가기간의 제한이 있는 경우 종전 허가의 효력을 지속시키기 위해 필요

허가기간의 제한이 있는 경우 기간의 경과로 효력이 상실하는 것이 원칙이다. 허가갱신제도는 사업의 성질상 허가기간이 부당하게 짧은 경우 허가 자체의 존속기간이 아니라 허가조건의 존속기간으로 보아 그 기한이 도래한 때 허가조건의 개정 여부를 고려한다는 취지이며, 허가조건의 판단이 장기적인 관점에서 이루어지기 곤란하고 반복적으로 판단될 필요가 있는 경우에 도입되는 것이다. 결국 허가의 갱신은 기존허가의 효력을 지속시키는 것이지 새로운 신규의 허가가 아니다.

> 【판시사항】
> 허가에 붙은 기한이 그 허가된 사업의 성질상 부당하게 짧아 그 기한을 허가조건의 존속기간으로 볼 수 있는 경우에 허가기간이 연장되기 위하여는 그 종기 도래 이전에 연장에 관한 신청이 있어야 하는지 여부(대법원 2007. 10. 11. 선고 2005두12404 판결)
>
> 【판결요지】
> 일반적으로 행정처분에 효력기간이 정하여져 있는 경우에는 그 기간의 경과로 그 행정처분의 효력은 상실되고, 다만 허가에 붙은 기한이 그 허가된 사업의 성질상 부당하게 짧은 경우에는 이를 그 허가 자체의 존속기간이 아니라 그 허가조건의 존속기간으로 보아 그 기한이 도래함으로써 그 조건의 개정을 고려한다는 뜻으로 해석할 수는 있지만, 그와 같은 경우라 하더라도 그 허가기간이 연장되기 위하여는 그 종기가 도래하기 전에 그 허가기간의 연장에 관한 신청이 있어야 하며, 만일 그러한 연장신청이 없는 상태에서 허가기간이 만료하였다면 그 허가의 효력은 상실된다.

(가) 허가기간에 제한이 있는 경우

허가기간에 제한이 있는 경우 허가효력유지를 위해 허가갱신이 필요하며, 갱신 받으면 종전 허가의 효력 지속 즉, 갱신전후의 허가는 하나의 허가이다. 따라서 갱신이 있는 후 갱신전의 법위반을 근거로 허가취소가 가능하다.

> **【판시사항】**
> 유료 직업소개사업의 허가갱신 후에 갱신 전의 법위반을 이유로 한 허가취소 가부(대법원 1982. 7. 27. 선고 81누174 판결)
>
> **【판결요지】**
> 유료직업 소개사업의 허가갱신은 허가취득자에게 종전의 지위를 계속 유지시키는 효과를 갖는 것에 불과하고 갱신 후에는 갱신 전의 법위반사항을 불문에 붙이는 효과를 발생하는 것이 아니므로 일단 갱신이 있은 후에도 갱신 전의 법위반사실을 근거로 허가를 취소할 수 있다.

(나) 기간 도래 전 갱신신청 그러나 도래 후 갱신

갱신신청은 기간 도래 전에 하였지만 그 기간이 도래한 후에 비로소 갱신이 된 경우에는 기간도래 전에 이루어진 것과 동일하다. 즉, 기존허가가 존속되는 것으로 본다.

(다) 기간 도래 전 갱신신청, 기간만료 후 갱신거부

갱신신청은 기간 도래 전에 정상적으로 이루어졌지만 기간만료 후에 그에 대한 거부처분이 있었던 경우에는 상대방의 이익을 보호하기 위해 기간만료 후 갱신거부 시까지 허가상태가 유지되는 것으로 본다. 즉 기존허가의 효력이 유지되는 것이 본다.

(라) 기간 도래 후 신청, 갱신이 이루어진 경우

갱신신청도 기간 도래 후에, 그에 대한 갱신도 기간 도래 후에 이루어진 경우 이때의 갱신허가는 신규의 새로운 허가로 본다.

(마) 허가기간이 허가된 사업의 성질상 부당하게 짧은 경우

그 기간을 허가의 존속기간이 아닌 허가조건의 존속기간으로 본다. 그 의미는 그 기간의 경과로도 허가의 효력이 소멸되지 않으며 행정청은 허가의 조건 개정만을 고려해야지 허가의 효력을 유지시킬 것인지 여부를 판단할 수 없다는 의미이며, 다만 이때도 그 기한을 허가조건의 존속기간으로 보려면 당사자의 연장신청이 있어야 한다.

(2) 허가영업의 양도와 제재사유의 승계

대인적 허가는 일신적속적이므로 양도가 불가능하다. 그러나 대물적 허가의 경우에는 양도가 가능하다. 따라서 영업허가의 양도문제는 대물적 허가에서 발생하는 문제이다.

1) 문제점

> 甲은 서울시장에게 적법하게 석유판매업등록을 하고 경영하여 오던 乙의 주유소시설 일체를 양수하고, 석유 및 석유대체연료사업법에 따라 지위승계신고를 한 후 석유판매업(주유소) 영업을 영위하여 왔다. 그런데 영업양수를 한 후 7개월이 경과한 시점에서 원주시장이 乙이 영업양도를 하기 전에 부정휘발유를 판매하였다는 사실을 적발하고 이를 이유로 甲에 대하여 석유판매업등록을 취소하였다. 원주시장의 석유판매업 등록취소는 적법한가?

위의 사례와 같이 영업양도 후 영업양도 전에 있었던 양도인의 위반행위를 이유로 그러한 정을 모르는 선의의 양수인에게 관련처분을 할 수 있는지 논란이 있다.

2) 학설 - 대립

학설은 양도된 영업허가가 대인적인지 대물적인지 구분하여 대물적 허가인 경우에는 제재사유가 승계되지만 대인적 허가인 경우에는 승계되지 않는다는 견해, 제재처분에 부과된 사유가 인적인지, 물적인지 구분하자는 견해, 양도인의 의무위반행위로 인해 양수인에게 발령된 제재처분의 성질이 대인적인지 대물적인지로 판단하다는 견해 등이 대립한다.

3) 판례 - 승계가 된다는 입장

법령행위를 한 자가 양도인임에도 석유판매업허가가 대물적 허가임을 근거로 양수인에게 대한 석유판매업허가취소처분을 정당하다고 보았고, 양수인에게 발령된 공중위생(이용원) 영업정지처분이 대물적 처분임을 근거로 양수인에 대한 영업정지처분을 정당하게 본 사례가 있다.

【판시사항】

석유판매업이 양도된 경우, 양도인의 귀책사유로 양수인에게 제재를 가할 수 있는지 여부(대법원 1986. 7. 22. 선고 86누203 판결)

【판결요지】

석유사업법 제12조 제3항, 제9조 제1항, 제12조 제4항 등을 종합하면 석유판매업(주유소)허가는 소위 대물적 허가의 성질을 갖는 것이어서 그 사업의 양도도 가능하고 이 경우 양수인은 양도인의 지위를 승계하게 됨에 따라 양도인의 위 허가에 따른 권리의무가 양수인에게 이전되는 것이므로 만약 양도인에게 그 허가를 취소할 위법사유가 있다면 허가관청은 이를 이유로 양수인에게 응분의 제재조치를 취할 수 있다 할 것이고, 양수인이 그 양수후 허가관청으로부터 석유판매업허가를 다시 받았다 하더라도 이는 석유판매업의 양수도를 전제로 한 것이어서 이로써 양도인의 지위승계가 부정되는 것은 아니므로 양도인의 귀책사유는 양수인에게 그 효력이 미친다.

【판시사항】

공중위생영업에 있어 그 영업을 정지할 위법사유가 있는 경우, 그 영업이 양도·양수되었다 하더라도 양수인에 대하여 영업정지처분을 할 수 있는지 여부(대법원 2001. 6. 29. 선고 2001두1611 판결)

【판결요지】

구 공중위생관리법(2000. 1. 12. 법률 제6155호로 개정되기 전의 것) 제11조 제5항에서, 영업소폐쇄명령을 받은 후 6월이 지나지 아니한 경우에는 동일한 장소에서는 그 폐쇄명령을 받은 영업과 같은 종류의 영업을 할 수 없다고 규정하고 있고, 같은법 시행규칙 제19조 [별표 7] 행정처분기준 Ⅱ. 개별기준 3. 이용업에서 업주의 위반사항에 대하여 3차 또는 4차 위반시(다만, 영업정지처분을 받고 그 영업정지기간 중 영업을 한 경우는 1차 위반시)에는 영업장폐쇄명령을 하고, 그보다 위반횟수가 적을 경우에는 영업정지, 개선명령 등을 하게 되며, 일정한 경우 하나의 위반행위에 대하여 영업소에 대한 영업정지 또는 영업장폐쇄명령을, 이용사(업주)에 대한 업무정지 또는 면허취소 처분을 동시에 할 수 있다고 규정하고 있는 점 등을 고려하여 볼 때 영업정지나 영업장폐쇄명령 모두 대물적 처분으로 보아야 할 이치이고, 아울러 구 공중위생관리법(2000. 1. 12. 법률 제6155호로 개정되기 전의 것) 제3조 제1항에서 보건복지부장관은 공중위생영업자로 하여금 일정한 시설 및 설비를 갖추고 이를 유지 · 관리하게 할 수 있으며, 제2항에서 공중위생영업자가 영업소를 개설한 후 시장 등에게 영업소개설사실을 통보하도록 규정하는 외에 공중위생영업에 대한 어떠한 제한규정도 두고 있지 아니한 것은 공중위생영업의 양도가 가능함을 전제로 한 것이라 할 것이므로, 양수인이 그 양수 후 행정청에 새로운 영업소개설통보를 하였다 하더라도, 그로 인하여 영업양도 · 양수로 영업소에 관한 권리의무가 양수인에게 이전하는 법률효과까지 부정되는 것은 아니라 할 것인바, 만일 어떠한 공중위생영업에 대하여 그 영업을 정지할 위법사유가 있다면, 관할 행정청은 그 영업이 양도 · 양수되었다 하더라도 그 업소의 양수인에 대하여 영업정지처분을 할 수 있다고 봄이 상당하다.

7. 예외적 허가 - 예외적 승인

(1) 개념

사회적으로 유해하거나 바람직하지 않은 행위를 예외적으로 허가하는 것, 즉, 예외적 허가는 일반적으로 금지이지만 예외적인 경우 이를 해제하는 경우를 말한다.

제12조(개발제한구역에서의 행위제한)
① 개발제한구역에서는 건축물의 건축 및 용도변경, 공작물의 설치, 토지의 형질변경, 죽목(竹木)의 벌채, 토지의 분할, 물건을 쌓아놓는 행위 또는 「국토의 계획 및 이용에 관한 법률」 제2조 제11호에 따른 도시 · 군계획사업(이하 '도시 · 군계획사업'이라 한다)의 시행을 할 수 없다. 다만, 다음 각 호의 어느 하나에 해당하는 행위를 하려는 자는 특별자치시장 · 특별자치도지사 · 시장 · 군수 또는 구청장(이하 '시장 · 군수 · 구청장'이라 한다)의 허가를 받아 그 행위를 할 수 있다.
　1. 다음 각 목의 어느 하나에 해당하는 건축물이나 공작물로서 대통령령으로 정하는 건축물의 건축 또는 공작물의 설치와 이에 따르는 토지의 형질변경

가. 공원, 녹지, 실외체육시설, 시장·군수·구청장이 설치하는 노인의 여가활용을 위한 소규모 실내 생활체육시설 등 개발제한구역의 존치 및 보전관리에 도움이 될 수 있는 시설

나. 도로, 철도 등 개발제한구역을 통과하는 선형(線形)시설과 이에 필수적으로 수반되는 시설

다. 개발제한구역이 아닌 지역에 입지가 곤란하여 개발제한구역 내에 입지하여야만 그 기능과 목적이 달성되는 시설

라. 국방·군사에 관한 시설 및 교정시설

마. 개발제한구역 주민과「공익사업을 위한 토지 등의 취득 및 보상에 관한 법률」제4조에 따른 공익사업의 추진으로 인하여 개발제한구역이 해제된 지역 주민의 주거·생활편익·생업을 위한 시설

1의2. 도시공원, 물류창고 등 정비사업을 위하여 필요한 시설로서 대통령령으로 정하는 시설을 정비사업 구역에 설치하는 행위와 이에 따르는 토지의 형질변경

2. 개발제한구역의 건축물로서 제15조에 따라 지정된 취락지구로의 이축(移築)

3.「공익사업을 위한 토지 등의 취득 및 보상에 관한 법률」제4조에 따른 공익사업(개발제한구역에서 시행하는 공익사업만 해당한다. 이하 이 항에서 같다)의 시행에 따라 철거된 건축물을 이축하기 위한 이주단지의 조성

3의2.「공익사업을 위한 토지 등의 취득 및 보상에 관한 법률」제4조에 따른 공익사업의 시행에 따라 철거되는 건축물 중 취락지구로 이축이 곤란한 건축물로서 개발제한구역 지정 당시부터 있던 주택, 공장 또는 종교시설을 취락지구가 아닌 지역으로 이축하는 행위

4. 건축물의 건축을 수반하지 아니하는 토지의 형질변경으로서 영농을 위한 경우 등 대통령령으로 정하는 토지의 형질변경

5. 벌채 면적 및 수량(樹量), 그 밖에 대통령령으로 정하는 규모 이상의 죽목(竹木) 벌채

6. 대통령령으로 정하는 범위의 토지 분할

7. 모래·자갈·토석 등 대통령령으로 정하는 물건을 대통령령으로 정하는 기간까지 쌓아 놓는 행위

8. 제1호 또는 제13조에 따른 건축물 중 대통령령으로 정하는 건축물을 근린생활시설 등 대통령령으로 정하는 용도로 용도변경하는 행위

9. 개발제한구역 지정 당시 지목(地目)이 대(垈)인 토지가 개발제한구역 지정 이후 지목이 변경된 경우로서 제1호마목의 시설 중 대통령령으로 정하는 건축물의 건축과 이에 따르는 토지의 형질변경

(2) 구별개념

이렇듯 예외적 승인은 유해한 행위라서 하여서는 안 될 행위를 일반적으로 금지하게 하였으나 예외적으로 특정한 경우에 적법하게 하는 행정행위라는 점에서 일반허가와 구별되며, 또한 허가는 자연적 자유의 금지로 요건이 충족될 시 원칙상 기속행위로서 거부할 수 없지만 예외적 승인의 경우 유해한 행위의 금지로서 행정청이 정책적으로 재량을 통하여 예외적 승인 여부를 결정한다는 점에서 구별된다.

(3) 성질

사인의 권리를 확대해 주는 것으로 수익적 행정행위에 해당한다. 또한 예외적 승인의 경우 제재적 금지에 대한 예외적 해제라는 본질상 일반적으로 그 승인 여부에 대하여 행정청에 독자적 판단권이 인정되므로 재량행위의 성질을 갖는다.

【판시사항】

구 도시계획법상의 개발제한구역 내의 건축물의 용도변경허가의 법적 성질(=재량행위 내지 자유재량행위) 및 그 위법 여부에 대한 사법심사 대상(=재량권 일탈·남용의 유무)(대법원 2001. 2. 9. 선고 98두17593 판결)

【판결요지】

구 도시계획법(2000. 1. 18. 법률 제6243호로 전문 개정되기 전의 것) 제21조와 같은법시행령(1998. 5. 19. 대통령령 제15799호로 개정되기 전의 것) 제20조 제1, 2항 및 같은법시행규칙(1998. 5. 19. 건설교통부령 제133호로 개정되기 전의 것) 제7조 제1항 제6호 (다)목 등의 규정을 살펴보면, 도시의 무질서한 확산을 방지하고 도시주변의 자연환경을 보전하여 도시민의 건전한 생활환경을 확보하기 위하여 지정되는 개발제한구역 내에서는 구역 지정의 목적상 건축물의 건축이나 그 용도변경은 원칙적으로 금지되고, 다만 구체적인 경우에 위와 같은 구역 지정의 목적에 위배되지 아니할 경우 예외적으로 허가에 의하여 그러한 행위를 할 수 있게 되어 있음이 위와 같은 관련 규정의 체재와 문언상 분명한 한편, 이러한 건축물의 용도변경에 대한 예외적인 허가는 그 상대방에게 수익적인 것에 틀림이 없으므로, 이는 그 법률적 성질이 재량행위 내지 자유재량행위에 속하는 것이라고 할 것이고, 따라서 그 위법 여부에 대한 심사는 재량권 일탈·남용의 유무를 그 대상으로 한다.

Ⅲ. 면제

1. 개념

면제란 조세면제, 징집면제 등과 같이 작위·부작위·급부·수인의무를 특정한 경우에 면제해 주는 행정행위를 말한다.

2. 성질

면제도 의무를 해제하는 행정행위라는 면에서 허가와 같다고 볼 수 있다. 그러나 해제되는 의무가 작위, 급부, 수인의무라는 점에서 부작위의무를 대상으로 하는 허가와 구별된다. 특히 면제에 관하여는 작위의무, 급부의무 등의 유예의 법적성질이 문제될 수 있는데 이는 의무 자체를 소멸시키는 것이 아니며 하명의 일부내용의 변경에 불과하므로 하명의 변경이라는 견해와 이 또한 면제의 일종으로 보는 견해가 대립하지만 결국 양자는 관심방향의 차이에 불과하다.

제2항 형성적 행위

Ⅰ. 특허

1. 의의

특정의 상대방에게 새로운 권리, 능력 또는 포괄적인 법률관계 기타 법률상의 힘을 설정하는 행위를 말한다. 이때 특허인지 여부는 법령상 표현과 무관하게 관계법령과 규정취지에 비추어 판단하여야 한다. 가령 허가라는 표현[도로점용허가(학문상 특허), 공유수면매립면허(특허), 개인택시운송사업면허(특허), 귀화허가(특허) 등]이 있지만 실제는 특허인 경우도 많기 때문이다

2. 성질

특허는 법률에 명문의 규정이 없는 한 재량행위이다. 특허여부는 상대방에게 수익적, 공익

적 사정 등을 종합적으로 고려하여 판단한다.

【판시사항】

자동차운송사업면허처분이 행정청의 자유재량에 속하는지 여부(대법원 1992. 4. 28. 선고 91누10220 판결)

【판결요지】

자동차운송사업면허는 특정인에게 권리를 설정하는 행위로서 법령에 특별히 규정된 바가 없으면 행정청의 재량에 속하는 것이고, 그 면허를 위한 기준 역시 법령에 특별히 규정된 바가 없으면 행정청의 자유재량에 속하는 것이다.

【판시사항】

설립인가를 신청한 주택조합의 사업내용이 법령의 규정에 위배되거나 사회질서를 해칠 우려가 있음이 명백한 경우, 법규에 명문의 근거가 없더라도 거부처분을 할 수 있는지 여부(대법원 1995. 12. 12. 선고 94누12302 판결)

【판결요지】

구 주택건설촉진법(1994. 1. 7. 법률 제4723호로 개정되기 전의 것) 제44조 및 같은법시행령(1994. 7. 30. 대통령령 제14349호로 개정되기 전의 것) 제42조의 규정에 따라 설립인가를 신청한 주택조합의 사업내용이 같은 법 등 관계 법령의 규정에 위배되거나 사회질서를 해칠 우려가 있음이 명백한 때에는 인가를 거부할 수 있다고 보아야 하고 그 경우에 법규에 명문의 근거가 없더라도 거부처분을 할 수 있다.

3. 특허와 허가의 비교

(1) 대상과 목적

허가는 사회공공의 안전을 확보하고 질서를 유지하기 위하여 일반적으로 자연적 자유를 제한하는 경찰목적이고, 특허는 가스사업·운수사업 등 국민의 일상생활에 중요하고 필수불가결한 역무·재화의 공급사업 등 적극적인 공공복리의 증진이 목적이라는 점에서 구별된다.

(2) 행위의 성질

허가는 부작위의무(금지)의 해제로서 명령적 행위이며 원칙상 기속행위이며, 특허는 권리를 설정하는 형성적 행정행위이며 원칙상 재량행위라는 점에서 구별된다.

(3) 행위의 상대방

허가는 일반처분으로서 불특정다수인에게 행해질 수 있지만, 특허는 일반처분이 존재할 수 없으며 항상 개별·구체적인 처분이라는 점에도 구별된다.

(4) 상대방의 신청(출원)

허가는 상대방의 신청이 없는 경우에 이루어질 수 있지만, 특허는 상대방의 신청이 필수적 요건이라는 점에서 구별된다.

(5) 행위의 효과

허가의 효과로 인한 상대방의 지위의 회복은 법률상 이익이지만 그 경영상 이익은 반사적 이익이다. 반면에 특허 지위의 회복, 경영상 이익 모두 법률상 이익이라는 점에서 구별된다.

(6) 국가의 감독

허가는 공공의 안녕질서 등 경찰목적이기 때문에 소극적인 법규 감독, 특전이 없지만, 특허는 공공복리의 증진이 목적이기 때문에 적극적 감독, 경영상 지원 등 특전이 부여된다는 점에서 구별된다.

(7) 행위의 요건

허가는 기속행위이기 때문에 요건에 있어 상대적으로 확정개념을 사용하지만 특허는 재량행위이기 때문에 요건에 있어 공익을 고려할 수 있는 불확정법개념을 사용한다는 점에서 구별된다.

구분	허가(자연적 자유)	특허(공공복리관련 사업)
성질	명령적 행정행위	형성적 행정행위
기속 재량	원칙 - 기속	재량
목적	주로 경찰목적	적극적 공공복리 증진
형식	. 법규형식 - 안됨 . 처분형식, 일반처분도 가능	. 법규형식 - 가능 . 처분형식 - 가능, 일반처분 - 안됨
효과	. 자연적 자유회복 : 법률적 의미 . 경영상의 이익 : 사실상 이익 . 공법적 효과	. 자유회복 : 법률상 이익 . 경영상 이익 : 법률상 이익 . 공법적, 사법적 효과
요건	비교적 확정적, 무허가신청도 가능	비교적 불확정적, 신청이 필수요건
국가 감독	소극적	적극적
사례	건축허가, 음식점영업허가, 주류제조면허, 운전면허, 양곡가공업허가, 약사면허, 한의사면허	도로점용허가, 하천점용허가, 공유수면매립허가, 귀화허가, 공무원임명, 개인택시면허 등

4. 효과

특허는 상대방에 대하여 일정한 권리나 능력 등의 법률상 힘을 발생시킨다. 따라서 특허를 득한 자는 제3자에게 대항할 수 있는 배타적 권리(성질상 양립할 수 없는 2중 특허의 경우 후행 특허는 무효)를 가지며, 특허로 인해 받는 영업상 이익은 법률상 이익이다.

【판시사항】

광업권의 존속중 그 광업권이 설정된 광물과 동일광상에 부존하는 다른 광물에 대한 광업권 설정 가부(대법원 1986. 2. 25. 선고 85누712 판결)

【판결요지】

광업법상 이미 광업권이 설정된 동일한 구역에 대하여 동일한 광물에 대한 광업권을 중복설정할 수 없고, 이종광물이라고 할지라도 광업권이 설정된 광물과 동일광상중에 부존하는 이종광물은 광업권설정에 있어서 동일광물로 보게 되므로 이러한 이종광물에 대하여는 기존 광업권이 적법히 취소되거나 그 존속기간이 만료되지 않는 한 별도로 광업권을 설정할 수 없다.

5. 변경, 탈권행위

가령 여객자동차운송사업구역의 변경과 같이 변경행위란 특허에 의해 발생된 효력을 일부 변경하는 행위를 말하고, 광업허가의 취소와 같이 특허에 의하여 발생된 효력을 소멸시키는 행위를 탈권행위라 한다.

Ⅱ 인가 : 기본행위 + 보충행위

1. 개념 및 인가와 신청

(1) 개념

인가는 사인의(제3자) 기본행위(법률행위)를 동의로 보충하여 기본행위의 효력을 완성시키는 행정행위를 말한다.[55] 이러한 인가제도는 공익과 관련이 있는 사인간의 법률행위에 공익의 실현자로써 행정청의 관여를 허용하여 그 법률행위의 효력발생을 행정청의 의사에 종속시키는 제도로 보면 된다(예, 공익관련 기업의 운임·요금의 인가, 학교법인의 임원에 대한 감독청의 취임승인, 재단법인의 정관변경허가, 토지거래계약허가, 군사보호시설구역·문화재보호구역 등에 있어 외국인토지취득허가 등).

> **【판시사항】**
> 재단법인의 정관변경 허가의 법적 성질(대법원 1996. 5. 16. 선고 95누4810 전원합의체 판결)
>
> **【판결요지】**
> 민법 제45조와 제46조에서 말하는 재단법인의 정관변경 '허가'는 법률상의 표현이 허가로 되어 있기는 하나, 그 성질에 있어 법률행위의 효력을 보충해 주는 것이지 일반적 금지를 해제하는 것이 아니므로, 그 법적 성격은 인가라고 보아야 한다.

---

55) 이러한 성격 때문에 사인 상호간의 법률행위는 법률행위자유의 원칙에 따라 행정청의 동의없이 효력이 발생하는 것이 원칙인 반면 인가의 경우 행정청의 인가를 받기 전에는 효력이 발생하지 않는다[사립대학 설립인가, 토지거래계약허가(사인의 매매계약 + 관할 행정청의 토지거래허가) 등].

(2) 인가와 신청

1) 문제의 소재

인가는 항상 사인의 출원 즉, 신청을 전제로 한다. 따라서 행정청이 사인의 신청한 내용을 변경하여 하는 수정인가가 가능한지가 문제될 수 있다.

2) 수정인가 불가

일반적으로 허가의 경우에는 수정허가가 가능하다는 입장이지만 이와 달리 수정인가는 불가하다는 견해가 다수설이며, 그 논거는 행정청은 신청의 내용에 따라 인가의 여부만을 소극적으로 결정하여야 하고, 법률의 규정이 없는 한 신청의 내용을 변경하여 수정인가를 하는 것은 불가하다는 등의 이유이다.

2. 성질, 대상

(1) 성질

인가는 사인의 법률행위를 전제로 당해 법률행위의 효력을 완성시켜 주는 보충행위이다. 따라서 요인가행위에 대한 인가가 없는 한 법률행위는 무효가 되지만 강제집행이나 처벌은 되지 않는다. 또한 인가는 당해 법률행위에 대서만 효력이 발생하고, 타인에게 이전되지 않는 것이 원칙이며, 법률에 특별한 규정이 없는 한 인가는 재량행위로 본다.

> **【판시사항】**
> 재단법인의 임원취임에 대한 주무관청의 승인(인가)행위의 성질(대법원 2000. 1. 28. 선고 98두16996 판결)
>
> **【판결요지】**
> 재단법인의 임원취임이 사법인인 재단법인의 정관에 근거한다 할지라도 이에 대한 행정청의 승인(인가)행위는 법인에 대한 주무관청의 감독권에 연유하는 이상 그 인가행위 또는 인가거부행위는 공법상의 행정처분으로서, 그 임원취임을 인가 또는 거부할 것인지 여부는 주무관청의 권한에 속하는 사항이라고 할 것이고, 재단법인의 임원취임승인 신청에 대하여 주무관청이 이에 기속되어 이를 당연히 승인(인가)하여야 하는 것은 아니다.

(2) 대상

인가는 항상 법률행위만을 대상으로 하며 사실행위는 아니다. 다만, 그 대상이 되는 법률행위는 공법상의 행위일 때도 있고(공공단체의 정관변경인가) 사법상 행위일 때(비영리법인의 설립인가) 도 있는 반면에, 허가는 사실행위와 법률행위 모두를 그 대상으로 하는 점에서 차이가 있다.

> **【판시사항】**
> 재단법인의 임원취임에 대한 주무관청의 승인(인가)행위의 성질(법원 2000. 1. 28. 선고 98두16996 판결)
>
> **【판결요지】**
> 재단법인의 임원취임이 사법인인 재단법인의 정관에 근거한다 할지라도 이에 대한 행정청의 승인(인가)행위는 법인에 대한 주무관청의 감독권에 연유하는 이상 그 인가행위 또는 인가거부행위는 공법상의 행정처분으로서, 그 임원취임을 인가 또는 거부할 것인지 여부는 주무관청의 권한에 속하는 사항이라고 할 것이고, 재단법인의 임원취임승인 신청에 대하여 주무관청이 이에 기속되어 이를 당연히 승인(인가)하여야 하는 것은 아니다.

3. 기본행위와 인가행위와의 관계

인가는 제3자의 법률행위의 효력을 완성시켜 주는 보충행위일 뿐이며(부종성), 기본행위인 법률행위의 하자를 치유하지는 아니한다. 따라서 원칙적으로 기본행위가 적법하고 인가행위도 적법하면 전체적으로 당해 행위는 유효하다. 그러나 만일 기본행위가 무효이면 인가가 있더라도 기본행위가 유효로 전환되는 것은 아니고, 인가도 효력을 발생하지 않으며, 기본행위가 적법하나 인가행위가 무효인 경우에는 무인가행위가 되며 기본행위의 효력도 발생하지 아니한다.

【판시사항】

학교법인의 임원에 대한 감독청의 취임승인의 법적 성질(=보충적 행정행위)(대법원 2001.
5. 29. 선고 99두7432 판결)

【판결요지】

사립학교법 제20조 제2항에 의한 학교법인의 임원에 대한 감독청의 취임승인은 학교법인의
임원선임행위를 보충하여 그 법률상의 효력을 완성하게 하는 보충적 행정행위로서 성질상
기본행위를 떠나 승인처분 그 자체만으로는 법률상 아무런 효과도 발생할 수 없다.

【판시사항】

재단법인의 정관변경 결의의 하자를 이유로 정관변경 인가처분의 취소·무효 확인을 소구
할 수 있는지 여부(대법원 1996. 5. 16. 선고 95누4810 전원합의체 판결)

【판결요지】

인가는 기본행위인 재단법인의 정관변경에 대한 법률상의 효력을 완성시키는 보충행위로
서, 그 기본이 되는 정관변경 결의에 하자가 있을 때에는 그에 대한 인가가 있었다 하여도 기
본행위인 정관변경 결의가 유효한 것으로 될 수 없으므로 기본행위인 정관변경 결의가 적법
유효하고 보충행위인 인가처분 자체에만 하자가 있다면 그 인가처분의 무효나 취소를 주장
할 수 있지만, 인가처분에 하자가 없다면 기본행위에 하자가 있다 하더라도 따로 그 기본행
위의 하자를 다투는 것은 별론으로 하고 기본행위의 무효를 내세워 바로 그에 대한 행정청의
인가처분의 취소 또는 무효확인을 소구할 법률상의 이익이 없다.

다만, 기본행위는 적법하지만 인가행위가 취소할 수 있는 행위인 경우에는 그 인가가 취소될
때까지 유인가행위로서 효력 발생한다는 특징이 있다.

기본행위	인가	효력문제
무효	인가	• 기본행위 : 무효 • 인가 : 무효
취소	인가	• 기본행위 : 취소 • 인가 : 유효(취소할 수 있다)
유효	무인가	• 무인가로서 무효

4. 인가의 하자의 종류와 쟁송방법

기본행위	인가	쟁송문제
하자 있음	인가	기본행위의 하자를 이유로 인가에 대해 쟁송을 제기할 수 없다(기본행위에 하자가 있고 인가행위에 하자가 없는 경우 소송의 대상은 기본행위이지 인가행위가 아니다 – 대판 1996. 5. 16. 95누4810)
하자 없음	하자 있음	인가에 하자가 있으므로 인가에 대한 쟁송제기가 가능하다

인가처분의 하자에는 기본행위는 적법하지만 인가처분 자체에만 하자가 있는 경우와 기본행위의 하자로 인하여 인가처분이 적법하지 않게 되는 경우가 있다. 전자의 경우 당사자는 그 인가처분에 대하여는 항소소송으로 효력을 다툴 수 있다. 그러나 후자의 경우에는 기본행위의 하자를 이유로 하자가 없는 인가처분의 무효, 취소를 구할 수 있는지가 문제될 수 있다. 이에 대하여는 인가처분에 하자가 없다면 기본행위에 하자가 있다 하더라도 따로 그 기본행위의 하자를 다투는 것은 별론으로 하고 기본행위의 무효를 내세워 바로 그에 대한 행정청의 인가처분의 취소 또는 무효확인을 소구할 법률상의 이익이 없다고 보는 것이 다수설 및 판례의 태도이다.

【판시사항】
재단법인의 정관변경 결의의 하자를 이유로 정관변경 인가처분의 취소 · 무효 확인을 소구할 수 있는지 여부(대법원 1996. 5. 16. 선고 95누4810 전원합의체 판결)

【판결요지】
인가는 기본행위인 재단법인의 정관변경에 대한 법률상의 효력을 완성시키는 보충행위로서, 그 기본이 되는 정관변경 결의에 하자가 있을 때에는 그에 대한 인가가 있었다 하여도 기본행위인 정관변경 결의가 유효한 것으로 될 수 없으므로 기본행위인 정관변경 결의가 적법 유효하고 보충행위인 인가처분 자체에만 하자가 있다면 그 인가처분의 무효나 취소를 주장할 수 있지만, 인가처분에 하자가 없다면 기본행위에 하자가 있다 하더라도 따로 그 기본행위의 하자를 다투는 것은 별론으로 하고 기본행위의 무효를 내세워 바로 그에 대한 행정청의 인가처분의 취소 또는 무효확인을 소구할 법률상의 이익이 없다.

구분	허가	인가
성질	명령적 행정행위	형성적 행정행위
무허가,무인가	적법요건(유효)	효력요건(무효)
대상	사실행위 법률행위	법률행위
효과	자연적 자유회복 공법적 효과	법률행위의 효과 완성 공법적, 사법적 효과
형식	법규형식 – 안됨 처분형식 – 일반처분도 가능	법규형식 – 안됨 처분형식 – 가능, 일반처분– 안됨
출원과 다른 내용	수정허가 가능	수정인가 불가

Ⅲ. 공법상 대리

(대리의 삼면관계 – 본인, 대리인, 상대방 – 대리의 효과는 본인에게 귀속 됨)

1. 개념

가령 조세체납의 경우 행정주체(대리인)가 체납자(본인)를 대신하여 동인의 물건을 공매처리(제3자에게 처분) 하는 것과 같이 공법상 행정주체가 제3자가 할 행위를 대신하고 그 효과는 제3자에게 귀속되는 제도이다. 이러한 공법상 대리도 그 관념은 사법의 경우와 동일하다. 다만, 공법상 대리는 그 원인이 공법에 근거한 법정대리라는 점에서 차이가 있을 뿐이다.

2. 구별

공법상 대리는 외부적 효력을 갖는 행정행위로서의 대리를 의미하기 때문에 행정조직법상 권한대리(권한대행 · 직무대행 등)나 권한위임과는 구별된다.

3. 공법상 대리의 종류

(1) 국가작용의 실효성 확보

체납처분에 의한 압류재산의 공매처분 등 국가작용의 실효성 확보를 위한 수단으로 활용된다.

(2) 당사자 사이의 합의불성립시 조정

사업인정고시후 보상계획·보상액의 산정 등과 관련하여 사업시행자와 토지소유자간에 합의가 성립되지 않는 경우에 토지수용위원회의 조정적 재결(토지보상법 제28조·제34조) 또한 공법상 대리의 한 유형이다. 다만, 행정심판위원회의 재결은 대리가 아니라 확인행위임에 유의하여야 한다.

(3) 타인의 보호목적

행려병자·사자의 유류품처분 등 타인의 보호목적으로 행하여지는 행위도 공법상 대리의 한 유형이다.

제5절 준법률행위적 행정행위

준법률행위적 행정행위란 행정청의 의사표시 이외의 정신작용, 즉 판단, 인식, 관념 등을 구성요소로 하고 그 법률적 효과는 법률의 규정에 의하여 발생하는 행정행위(확인, 공증, 통지, 수리 등)를 말한다. 즉, 준법률행위적 행정행위에서 주어지는 법적 효과는 행정청의 의사표시에 다른 것이 아니고 법률의 규정에 의한 것이다.

Ⅰ. 확인

1. 의의

확인행위란 특정의 사실 또는 법률관계의 존재여부에 관해 의문이 있거나 다툼이 있는 경우 이를 행정청이 공권적(유권적)으로 확인하여 판단, 확정, 선언하는 행정행위를 말한다(판단의 표시). 실정법으로는 재결, 결정, 특허, 인정, 검증 등의 용어로 혼용되고 있다.

확인의 유형	· 행정심판의 재결 · 도로구역의 결정 · 국가시험합격자결정, · 각종 계획법상 용도지역 · 지구 · 구역의 결정 · 교과서검정, 발명특허 · 토지보상법상사업인정(사업인정은 특허의 성질도 있음(대판 987.9.8., 87누395)) · 건축물의 준공검사 · 소득금액(과세표준)의 확정 · 당선인결정

2. 성질

– 판단의 표시행위, 준사법적 행위, 기속행위

특정한 사실 또는 법률관계의 존부 또는 정부에 관하여 의문이나 다툼이 있는 경우에 행정청이 이를 판단 · 확정 · 선언하는 판단작용이라는 점에서 법원의 판결과 성질이 유사하다(준사법적 행위). 또한 확인은 일정한 사실 또는 법률관계가 존재하거나 정당하다고 판단되는 경우에는 반드시 확인하여야 하는 기속행위의 성질을 갖는다.

【판시사항】
친일반민족행위자재산조사위원회의 국가귀속결정의 법적 성격(=준법률행위적 행정행위) (대법원 2008. 11. 13. 선고 2008두13491 판결)

【판결요지】
친일반민족행위자 재산의 국가귀속에 관한 특별법 제3조 제1항 본문, 제9조 규정들의 취지와 내용에 비추어 보면, 같은 법 제2조 제2호에 정한 친일재산은 친일반민족행위자재산조사위원회가 국가귀속결정을 하여야 비로소 국가의 소유로 되는 것이 아니라 특별법의 시행에 따라 그 취득·증여 등 원인행위시에 소급하여 당연히 국가의 소유로 되고, 위 위원회의 국가귀속결정은 당해 재산이 친일재산에 해당한다는 사실을 확인하는 이른바 준법률행위적 행정행위의 성격을 가진다.

3. 효과

(1) 불가변력, 소급효

확인행위는 준사법적 행위이기 때문에 확인행위를 통해 공적으로 확정된 사실 또는 법률관계는 권한 있는 기관에 의해 부인되지 않는 한 행정청도 그것을 임의로 취소·변경·철회할 수 없는 실질적 존속력의 발생(불가변력)이 발생한다. 또한 확인의 효과는 확인대상의 존재시기까지 소급한다.

(2) 법률의 규정에 의한 효력발생

발명의 특허, 사업인정 등에서 보는 것과 같이 구체적인 권리가 발생하는 형성적 효과를 수반하는 경우도 있는데 그것은 법률이 부여하는 효과일 뿐 확인행위 자체의 효과는 아니다.

【판시사항】

준공검사처분의 법적 성질(대법원 1992. 4. 10. 선고 91누5358 판결)

【판결요지】

준공검사처분은 건축허가를 받아 건축한 건물이 건축허가사항대로 건축행정목적에 적합한 가의 여부를 확인하고, 준공검사필증을 교부하여 줌으로써 허가받은 자로 하여금 건축한 건물을 사용, 수익할 수 있게 하는 법률효과를 발생시키는 것이다.

Ⅱ. 공증

1. 의의

공증행위란 의문이나 다툼이 없는 사항 또는 이미 확인된 사항, 법률관계에 대하여 이를 공적 권위로써 이를 증명하여 공적 증거력을 부여하는 행정행위를 말한다. 즉 이는 어떠한 사실 또는 법관계가 진실이라고 인식하여 그것에 공적인 증명력(추정력)만을 줄 뿐이므로 실제 그것이 진실이 아닐 수도 있고 이럴 경우 반증에 의하여 공증행위는 번복(복멸)될 수 있다.

2. 성질 - 기속행위, 공적증명력

공증은 법률의 규정이 없는 한 특정한 사실 또는 법률관계가 객관적으로 존재·정당한 것으로 인식한 이상 공증을 하여야 하는 기속행위이며, 공적 증명력이 발생한다. 다만, 공증행위에 부관의 부가는 불가하며, 만일 공증행위에 종기와 같은 부관이 기재되어 있다고 하더라도 이는 부관이 아니라 법정기한일 뿐이다.

3. 효력

공증에 의한 증명력은 일응 추정력에 불과하여 반증이 있을 때까지만 진실한 것으로 추정되는 공적증거력을 발생할 뿐이다. 따라서 반증이 있는 때에는 행정기관이나 법원을 포함한 누구든지 공증의 취소 없이 증명력을 부정할 수 있기 때문에 공증에는 공정력·구성요건적 효력이 인정되지 않는다는 특징이 있다.

4. 공증의 처분성 인정여부

(1) 학설

학설은 공증의 처분성에 대하여 긍정설과 부정설이 대립한다. 이중 다수설적 견해인 긍정설은 공적 증거력의 발생만으로 행정행위성이 인정될 수 있다고 보는 반면, 부정설은 단순히 공적 증거력만 발생하는 공증은 행정행위가 아니며 또한 공증에는 공정력·구성요건적 효력이 인정되지 않는다는 점을 그 논거로 삼고 있다.

(2) 판례

판례는 개별사안별로 처분성을 인정한 판례도 있고 처분성을 부정한 판례도 있다. 종래 판례는 건축물대장·토지대장 등 공적 증거력만 인정되는 각종 공부에의 등재행위의 처분성을 일관되게 부인해 왔지만,[56] 최근 판례는 헌법재판소의 구 지적법상 지목등록변경신청

거부행위를 항고소송의 대상이 되는 행정처분으로 판결,[57] 이후 구 지적법상 지목변경신청 반려행위,[58] 건축법상 건축물대장 용도변경신청을 거부하는 행위,[59] 건축법상 건축물대장작성신청 반려행위[60] 등에 대하여 처분성을 인정하고 있다.

【판시사항】
자동차운전면허대장상의 등재행위가 행정처분인지 여부 및 운전경력증명서에 한 등재의 말소를 구하는 소의 적부(대법원 1991. 9. 24. 선고 91누1400 판결)

【판결요지】
자동차운전면허대장상 일정한 사항의 등재행위는 운전면허행정사무집행의 편의와 사실증명의 자료로 삼기 위한 것일 뿐 그 등재행위로 인하여 당해 운전면허 취득자에게 새로이 어떠한 권리가 부여되거나 변동 또는 상실되는 효력이 발생하는 것은 아니므로 이는 행정소송의 대상이 되는 독립한 행정처분으로 볼 수 없고, 운전경력증명서상의 기재행위 역시 당해 운전면허 취득자에 대한 자동차운전면허대장상의 기재사항을 옮겨 적는 것에 불과할 뿐이므로 운전경력증명서에 한 등재의 말소를 구하는 소는 부적법하다 할 것이다.

처분성을 인정하는 경우	· 여권발급 · 토지분할신청거부행위 · 지적공부상 지목변경행위 · 토지대장에의 등재 · 건축물대장 작성신청에 대한 거부행위 · 건축물대장상 용도변경신청에 대한 거부행위 · 행정청이 건축물에 관한 건축물대장을 직권말소하는 행위
처분성을 부인하는 경우	· 가옥대장에의 등재 · 자동차운전면허대장상의 등재행위 · 지적공부, 하천대장에의 기재 · 무허가건물을 무허가건축물대장에서 삭제하는 행위 · 인감증명행위

---

56) 토지대장에의 등재나 등재사항의 변경행위(대법원 1991. 8. 27) / 지적공부에의 등재나 변경(대법원 1991. 12. 24. 91누837) / 하천대장에의 기재(대법원 1991. 10. 22. 90누9896) / 자동차운전면허대장에의 등재(대법원 1991. 9. 24. 91누1400) / 온천관리대장에의 등재(대법원 2000. 9. 8. 98두13072) 등
57) 헌재 1999. 6. 24. 97헌마315.
58) 대판 2004. 4. 22. 2003두9015.
59) 대판 2009. 1. 30. 2007두7277.
60) 대판 2009. 2. 12. 2007두17359.

Ⅲ. 통지

1. 의의

통지행위란 행정청이 특정인 또는 불특정 다수인에게 법적효과를 가져오는 특정사실을 알리는 행정행위를 말한다. 이러한 통지행위는 의사의 표시가 아니라 어떠한 사실에 대한 관련, 희망, 의견을 표명하는 행위일 뿐이다.

2. 구별

단순한 사실행위로서 통지는 그 자체로 독립된 행정행위이기 때문에 이미 성립된 행정행위의 효력발생요건으로서 통지(송달 −교부에 의한 송달 포함) · 고지와는 구별된다. 특히 당사자의 권리의무에 영향을 미치지는 않는 단순한 사실의 통지 가령, 당연퇴직, 정년퇴직사유에 해당함을 알리는 인사발령 통지(국가공무원법 제69조 − 독립한 행정처분이 아님)와도 구별된다.

【판시사항】
후행처분인 대집행영장발부통보처분의 취소청구 소송에서 선행처분인 계고처분이 위법하다는 이유로 대집행영장발부통보처분도 위법한 것이라는 주장을 할 수 있는지 여부(대법원 1996. 2. 9. 선고 95누12507 판결)

【판결요지】
대집행의 계고, 대집행영장에 의한 통지, 대집행의 실행, 대집행에 요한 비용의 납부명령 등은 타인이 대신하여 행할 수 있는 행정의무의 이행을 의무자의 비용부담하에 확보하고자 하는, 동일한 행정목적을 달성하기 위하여 단계적인 일련의 절차로 연속하여 행하여지는 것으로서, 서로 결합하여 하나의 법률효과를 발생시키는 것이므로, 선행처분인 계고처분이 하자가 있는 위법한 처분이라면, 비록 그 하자가 중대하고도 명백한 것이 아니어서 당연무효의 처분이라고 볼 수 없고 행정소송으로 효력이 다투어지지도 아니하여 이미 불가쟁력이 생겼으며, 후행처분인 대집행영장발부통보처분 자체에는 아무런 하자가 없다고 하더라도, 후행처분인 대집행영장발부통보처분의 취소를 청구하는 소송에서 청구원인으로 선행처분인 계고처분이 위법한 것이기 때문에 그 계고처분을 전제로 행하여진 대집행영장발부통보처분도 위법한 것이라는 주장을 할 수 있다.

> **【판시사항】**
>
> 대학교원의 임용권자가 임용기간이 만료된 조교수에 대하여 재임용을 거부하는 취지로 한 임용기간만료의 통지가 행정소송의 대상이 되는 처분에 해당하는지 여부(대법원 2004. 4. 22. 선고 2000두7735 전원합의체 판결)

> **【판결요지】**
>
> 기간제로 임용되어 임용기간이 만료된 국·공립대학의 조교수는 교원으로서의 능력과 자질에 관하여 합리적인 기준에 의한 공정한 심사를 받아 위 기준에 부합되면 특별한 사정이 없는 한 재임용되리라는 기대를 가지고 재임용 여부에 관하여 합리적인 기준에 의한 공정한 심사를 요구할 법규상 또는 조리상 신청권을 가진다고 할 것이니, 임용권자가 임용기간이 만료된 조교수에 대하여 재임용을 거부하는 취지로 한 임용기간만료의 통지는 위와 같은 대학교원의 법률관계에 영향을 주는 것으로서 행정소송의 대상이 되는 처분에 해당한다.

그러나 임기만료 통지는 처분임에(재임용 거부취지) 주의하여야 한다. 한편, 기간제 국공립교원의 임용기간만료의 통지의 경우 종래 사실행위의 통지[61]로 보았지만 행정처분으로 변경[62]되었다는 점도 주의 깊게 살펴보아야 할 부분이다.

> **【판시사항】**
>
> 정년퇴직 발령이 행정소송의 대상인지 여부(대법원 1983. 2. 8. 선고 81누263 판결)

> **【판결요지】**
>
> 국가공무원법 제74조에 의하면 공무원이 소정의 정년에 달하면 그 사실에 대한 효과로서 공무담임권이 소멸되어 당연히 퇴직되고 따로 그에 대한 행정처분이 행하여져야 비로소 퇴직되는 것은 아니라 할 것이며 피고(영주지방철도청장)의 원고에 대한 정년퇴직 발령은 정년퇴직 사실을 알리는 이른바 관념의 통지에 불과하므로 행정소송의 대상이 되지 아니한다.

---

61) 대법원 1997. 6. 27. 96누4305.
62) 대법원 2004. 4. 22. 2000두7735.

【판시사항】

당연퇴직처분이 행정소송의 대상인 행정처분인지 여부(대법원 1995. 11. 14. 선고 95누2036 판결)

【판결요지】

국가공무원법 제69조에 의하면 공무원이 제33조 각 호의 1에 해당할 때에는 당연히 퇴직한다고 규정하고 있으므로, 국가공무원법상 당연퇴직은 결격사유가 있을 때 법률상 당연히 퇴직하는 것이지 공무원관계를 소멸시키기 위한 별도의 행정처분을 요하는 것이 아니며, 당연퇴직의 인사발령은 법률상 당연히 발생하는 퇴직사유를 공적으로 확인하여 알려주는 이른바 관념의 통지에 불과하고 공무원의 신분을 상실시키는 새로운 형성적 행위가 아니므로 행정소송의 대상이 되는 독립한 행정처분이라고 할 수 없다.

3. 효과

통지행위에 어떠한 법적 효과가 주어지는지 구체적인 효과의 내용은 개별법규에 규정에 따른다. 예컨대 납세독촉에도 불구하고 납세자가 이를 기한까지 체납하게 되면 체납처분이 가능하게 되는 것과 같다.

Ⅳ. 수리

1. 의의

수리는 행정청이 타인의 신청이나 신고 등의 행위를 유효한 행위로서 수령(이의신청·행정심판청구의 수리, 혼인신고의 수리, 공무원 사직원의 수리 등)하는 행정행위이다(행정청의 인식표시행위). 이때 수리는 독립적인 행정행위로서 어떠한 법적 효과를 발생시키는 수리만이 행정행위로서 수리이며 단순한 '사실행위의 접수나 단순한 사실의 도달'과는 구별된다.

2. 성질

수리 시 행정청은 형식적인 요건을 심사할 수 있을 뿐이고, 실질적 심사권은 원칙적으로 인정되지 않기 때문에 수리에 필요한 형식적 요건을 갖추어진 경우 수리를 하여야 하는 기속행위의 성질을 갖는다.

3. 효과

(1) 공법적, 사법적 효과

수리의 효과는 각 단행법의 규정에 따라 혼인신고 수리와 같이 사법상의 효과가 발생하는 경우도 있고, 행정심판의 수리와 같이 공법상의 효과가 발행하여 행정청의 처리의무가 발생 하는 경우도 있다.

(2) 수리거부

수리의 거부는 불수리 의사표시로서 소극적 행정행위가 되기 때문에 행정쟁송에 의한 구제 가 가능하다.

제6절 행정행위의 성립, 효력요건, 적법요건

행정행위는 일단 성립하고 효력발생에 필요한 요건들을 충족하는 경우 효력이 발생한다. 행정행위가 성립하기 위해서는 성립요건과 효력발생요건을 모두 갖추어야 한다.

Ⅰ. 성립요건

1. 성립요건

- 미비시 행정행위는 불성립 : 부존재확인 소 가능

행정행위는 행정기관의 권한 내의 정당한 행위, 내부적인 의사결정, 외부로 표시되어야 발생한다.

2. 효력발생요건

– 성립한 행정행위가 어떤 요건 하에서 효력을 발생 하는가

행정행위가 유효한 것으로 효력이 발생하기 위해서는 행정행위의 하자가 중대 · 명백하지 않아 무효가 아닐 것 및 상대방에 대한 통지(송달)의 도달의 요건을 갖추어야 한다.

(1) 도달주의 원칙

행정행위의 효력발생요건으로 도달주의를 취하고 있다. 따라서 행정행위는 상대방에게 도달함으로써 효력이 발생한다. 우편에 의할 경우 보통우편의 경우 통지서가 반송되지 아니하였다는 사실만으로 도달이 추정되지 않지만, 등기우편 및 내용증명 우편은 발송된 무렵에 수취인에게 배달되었다고 추정된다. 다만, 예외적으로 수취인이나 가족이 실제로 거주하지 않는 등의 특별한 사정이 있는 경우에는 도달이 추정되지 않는다.

(2) 교부송달 원칙

행정기관의 소속공무원이 송달해야 할 장소에서 송달(교부, 조우, 보충, 유치, 간이, 발송송달)을 받아야 할 자에게 직접 서류를 전달하는 교부송달이 원칙이다. 다만, 송달받을 자를 만나지 못하는 경우에는 사무원, 피용자 또는 동거인으로서 사리를 분별한 지능이 있는 사람에게 문서를 교부할 수 있는데(행정절차법 제14조 제2항), 이를 보충송달이라 한다.

(3) 전자송달 – 전자통신망 등 전자적 방식의 송달

전자송달은 송달받을 자가 동의한 경우에만 가능하며, 이 경우에는 송달받을 자가 지정한 컴퓨터에 전자문서가 입력된 때에 도달한 것으로 본다.

(4) 고시 또는 공고

송달받을 자의 주소 등을 통상적인 방법으로 확인할 수 없거나 송달이 불가능한 경우에는 송달받을 자가 알기 쉽도록 관보, 공보, 게시판, 일간신문 중 하나 이상에 공고하고 인터넷에도 공고하여야 한다.

【판시사항】

인터넷 웹사이트에 대하여 구 청소년보호법에 따른 청소년유해매체물 결정 · 고시처분을 한 사안에서, 위 결정은 이해관계인이 고시가 있었음을 알았는지 여부에 관계없이 관보에 고시됨으로써 효력이 발생하고, 그가 위 결정을 통지받지 못하였다는 것이 제소기간을 준수하지 못한 것에 대한 정당한 사유가 될 수 없다고 한 사례(대법원 2007. 6. 14. 선고 2004두619 판결)

【판결요지】

인터넷 웹사이트에 대하여 구 청소년보호법에 따른 청소년유해매체물 결정 및 고시처분을 한 사안에서, 위 결정은 이해관계인이 고시가 있었음을 알았는지 여부에 관계없이 관보에 고시됨으로써 효력이 발생하고, 그가 위 결정을 통지받지 못하였다는 것이 제소기간을 준수하지 못한 것에 대한 정당한 사유가 될 수 없다.

한편, 청소년유해매체물 결정 및 고시처분과 같이 일반 불특정 다수인을 상대방으로 하여 일률적으로 표시의무, 포장의무, 청소년에 대한 판매 · 대여 등의 금지의무 등 각종 의무를 발생시키는 행정처분은 청소년유해매체물로 결정하고 청소년보호위원회가 효력발생시기를 명시하여 고시함으로써 그 명시된 시점에 효력이 발생한다.

Ⅱ. 적법요건

행정행위가 적법하게 성립하기 위한 요건으로는 주체, 절차, 형식, 내용 등 아래의 요건을 충족하여 하며, 그 요건에 흠결 시 위법한 행정행위로서 취소 또는 무효사유가 된다.

1. 주체

행정행위는 정당한 권한을 가진 행정청이 자신에게 부여된 권한 내에서 정상적인 의사에 따라 행해야 한다. 만일 권한이 위임된 경우에는 수임자가 권한을 행사하여야 하지만 내부위임의 경우에는 위임자가 권한을 가진 기관이다.

【판시사항】

행정처분의 권한을 내부적으로 위임받은 수임기관의 권한 행사방법(대법원 1984. 12. 11. 선고 80누344 판결)

【판결요지】

행정처분의 권한을 내부적으로 위임받은 수임기관이 그 권한을 행사함에 있어서는 행정처분의 내부적 성립과정은 스스로 결정하여 행하고 그 외부적 성립요건인 상대방에의 표시만 위임기관의 명의로 하면 된다.

【판시사항】

의결기관이 위법하게 구성된 경우 그 기관의 의결의 위법여부(대법원 2007. 4. 12. 선고 2006두20150 판결)

【판결요지】

구 폐기물처리시설 설치촉진 및 주변지역 지원 등에 관한 법률에 정한 입지선정위원회가 그 구성방법 및 절차에 관한 같은 법 시행령의 규정에 위배하여 군수와 주민대표가 선정·추천한 전문가를 포함시키지 않은 채 임의로 구성되어 의결을 한 경우, 그에 터잡아 이루어진 폐기물처리시설 입지결정처분의 하자는 중대한 것이고 객관적으로도 명백하므로 무효사유에 해당한다.

2. 절차

행정행위에 관하여 일정한 절차가 요구되는 경우에는 그에 관한 절차를 거쳐야 하며, 행정절차에 관한 일반법으로는 '행정절차법'이 있다. 통상 행정청은 처분을 할 때 당사자에게 그 근거와 이유를 제기하여야 한다. 다만. i) 신청 내용을 모두 그대로 인정하는 처분인 경우, ii) 단순·반복적인 처분 또는 경미한 처분으로서 당사자가 그 이유를 명백히 알 수 있는 경우, iii) 긴급히 처분을 할 필요가 있는 경우에는 이를 생략할 수 있다. 다만, ii), iii)의 경우에 처분 후 당사자가 요청하는 경우에는 그 근거와 이유를 제시하여야 한다(행정절차법 제23조).

【판시사항】

이유제시의 방법 및 정도(대법원 2002. 5. 17. 선고 2000두8912 판결).

【판결요지】

행정절차법 제23조 제1항은 '행정청은 처분을 하는 때에는 당사자에게 그 근거와 이유를 제시하여야 한다.'고 규정하고 있는바, 일반적으로 당사자가 근거규정 등을 명시하여 신청하는 인·허가 등을 거부하는 처분을 함에 있어 당사자가 그 근거를 알 수 있을 정도로 상당한 이유를 제시한 경우에는 당해 처분의 근거 및 이유를 구체적 조항 및 내용까지 명시하지 않았더라도 그로 말미암아 그 처분이 위법한 것이 된다고 할 수 없다.

---

3. 형식

행정행위는 그 내용과 존재를 객관적으로 명확히 하기 위하여 다른 법령에 특별한 규정이 있는 경우를 제외하고는 문서로 하여야 한다. 행정절차법은 처분을 하는 경우에 문서로 하여한다는 서면주의를 채택하고 있고(행정절차법 제24조 제1항), 서면주의에 위반한 행정처분은 원칙적으로 무효이다.

【판시사항】

행정청의 처분의 방식을 규정한 행정절차법 제24조를 위반하여 행해진 행정청의 처분이 무효인지 여부(대법원 2011. 11. 10. 선고 2011도11109 판결)

【판결요지】

행정절차법 제24조는, 행정청이 처분을 하는 때에는 다른 법령 등에 특별한 규정이 있는 경우를 제외하고는 문서로 하여야 하고 전자문서로 하는 경우에는 당사자 등의 동의가 있어야 하며, 다만 신속을 요하거나 사안이 경미한 경우에는 구술 기타 방법으로 할 수 있다고 규정하고 있는데, 이는 행정의 공정성·투명성 및 신뢰성을 확보하고 국민의 권익을 보호하기 위한 것이므로 위 규정을 위반하여 행하여진 행정청의 처분은 하자가 중대하고 명백하여 원칙적으로 무효이다.

4. 내용

행정행위는 법률상·사실상 실현 가능해야 하고, 그 내용이 법률에 적합하며 명확해야 한다. 따라서 성문법, 법률유보의 원칙, 법률우위의 원칙, 행정의 일반원칙에 반하지 않아야 한다. 또한 재량행위인 경우에는 재량하자가 없어야 한다.

제7절 행정행위의 효력

행정행위는 효력발생요건을 충족하게 되면 관계자에 대해 구속력 있는 효력이 발생하게 된다. 여기서 효력이란 직접 상대방에 대하여는 내용적 구속력, 불가쟁력(형식적 존속력), 공정력, 집행력 등의 효력이, 제3자에 대하여는 내용적 구속력, 불가쟁력, 공정력 등의 효력이, 처분청에 대하여는 내용적 구속력, 불가변력(실질적 존속력) 등의 효력이, 다른 국가기관에 대하여는 구성요건적 효력이 발생한다.

Ⅰ. 내용적 구속력

행정행위는 적법요건을 갖추면 행정청이 표시한 의사에 따라(법률행위적 행정행위 - 하명, 허가, 인가 등) 또는 법령이 정하는 바에 따라(준법률행위적 행정행위) 일정한 법적 효과를 발생시키고 당사자인 처분청 및 상대방, 관계인을 구속한다. 그 결과 처분청도 그 행정행위를 취소 또는 철회하지 않는 한 행정행위의 내용에 구속된다. 즉, 행정행위의 발령은 일방적이지만, 내용상 구속력은 쌍방적인 것이다.

Ⅱ. 공정력

1. 의의

행정행위는 비록 그 성립이 위법 부당하여 하자가 있을지라도 그 하자가 중대명백하여 당연무효가 아닌 한(당연무효설) 유효한 행위로 추정되어 권한있는 기관(처분청, 수소법원 등)이 취소하기 전까지 유효하다는 추정을 받아 상대방, 제3자 및 타행정청, 법원까지 구속하는 힘을 갖는다. 이러한 구속력을 공정력이라고 한다.

2. 이론적 근거

자기확인설(적법성추정이론), 국가권위설(유효성추정이론 / 예선적효력이론), 법적안정설(행정정책설) 등이 대립한다. 다수설은 법적안정설(행정정책설)을 취한다. 이에 따르면 행정행위 자체의 내재적 특수성에서 인정되는 것이 아니라 행정목적의 신속한 달성, 상대방이나 제3자의 신뢰보호 내지 법적안정성 등 외재적 특수성인 정책적, 기술적 이유에서 인정된다는 견해이다. 만일, 행정행위에 하자가 있다고 하여 시간상 방법상 아무런 제한 없이 누구나 하자를 이유로 그 효력을 부인할 수 있다고 한다면 당해 분쟁이 종국적으로 해결될 때까지는 행정은 중단·마비 등의 부작용을 초래할 뿐만 아니라 행정행위에 의한 공익실현이 지연되고 행정법관계의 안정성유지는 매우 곤란하다는 등의 부작용을 초래할 수 있기 때문이다.

3. 실정법적 근거

이론적 근거만으로는 위법을 무효로 만든다는 원칙의 예외를 의미하는 행정행위의 공정력을 인정할 수 없다. 그런데 문제는 직접적인 실정법적 근거는 없다는 것이다. 다만, 공정력의 승인을 전제로 하는 간접적인 규정은 다수 있는데, 그 예로는 행정행위의 취소쟁송에 관한 배타적 관할에 관한 규정(행정심판법 제4조, 행정소송법 제12조 등), 그 밖에 취소 쟁송기간을 제한하고 있는 규정, 직권취소제도 등에서 그 근거를 찾을 수 있다.

4. 한계

공정력은 부당한 행위 또는 단순위법의 행정행위에 인정된다. 따라서 그 하자가 중대명백한 무효인 행정행위에는 공정력이 인정되지 않는다. 다만 공정력은 행정행위에서 발생하는 특수한 효력이기 때문에 사실행위, 사법행위, 비권력적 공법작용에는 적용되지 않는다.

Ⅲ. 구성요건적 효력

1. 의의 및 공정력과의 관계

(1) 의의

가령 법무부장관이 甲에 대해 귀화허가를 한 경우 당해 귀화허가가 무효가 아닌 한 시장은 甲이 한국인이 아니라는 이유로 군사시설보호구역에서 토지거래계약허가를 거부할 수 없는 경우와 같이 유효한 행정행위가 존재하면 처분청 이외의 모든 행정기관과 취소법원 이외의 법원 등 국가기관은 그의 존재를 존중하여 자신들의 판단의 기초 내지 구성요건으로 삼아야 하는 행정행위의 구속력을 말하며, 이는 권한존중이나 권력분립 때문에 인정되는 효력이다.

(2) 공정력과의 관계

행정행위의 상대방 또는 이해관계인에 대한 구속력인 공정력과 제3의 국가기관에 대한 구속력인 구성요건적 효력은 그 내용과 근거를 달리 하기 때문에 구분하는 것이 타당하다. 하지만 공정력을 넓게 이해하는 입장은 구성요건적 효력을 공정력의 내용의 하나로 보고 양자의 구분의 필요성을 부인하기도 한다.

2. 구성요건적 효력과 선결문제

선결문제란 특정사건에 대한 재판절차에서 본안을 판단하기 위해서는 본안판단에 앞서서 특정한 행정행위의 유무, 존재여부, 위법 여부를 먼저 해결해야 하는 경우가 있는데 여기서 본안에 앞서 먼저 해결되어야 하는 특정한 행정처분의 유무, 존재여부, 위법 여부의 문제를 말한다.

(1) 문제의 의의

민사법원이나 형사법원에 관할사건이 제기되었는데 해당 사건의 해결을 위하여 먼저 행정행위의 효력이나 위법여부를 심사하여야 할 문제가 발생하였을 경우 민사법원이나 형사법원이 취소에 관한 권한 있는 기관(행정청, 행정법원 등)이 아님에도 불구하고 행정행위의 효력 등에 관하여 심사가 가능할 것인가의 문제가 발생한다.

(2) 형태

민사사건, 형사사건의 경우로 나눌 수 있고, 각각 행정행위의 유무(판단할 수 없다), 행정행위의 위법여부(판단할 수 있다)가 선결문제로 되는 경우가 있다.

[선결문제의 유형]

구 분	본안심사	선결문제	선결문제의 내용
민사사건	부당이득반환청구	처분의 무효 · 유효	과세처분의 효력여부
	국가배상청구	처분의 위법 · 적법	허가취소처분의 위법여부
형사사건	무면허운전자 처벌	처분의 무효 · 유효	운전면허증의 효력여부
	시정명령위반 처벌	처분의 위법 · 적법	시정명령의 위법여부

(3) 해결

1) 민사사건의 경우

민사소송사건의 심리에 있어 행정행위의 위법여부 또는 효력 유무가 선결문제로 된 경우에 민사법원이 스스로 행정행위의 위법여부 또는 효력유무를 심리 · 판단할 수 있는지의 문제이다.

- 행정행위의 위법성 여부가 선결문제인 경우 : 가능
- 행정행위의 유효성 여부가 선결문제인 경우 : 불가능

(가) 민사소송에서 행정행위의 효력 유무가 쟁점인 경우

과세처분의 무효를 이유로 납부한 세금에 대한 부당이득반환청구소송을 제기한 경우, 관할 민사법원은 부당이득반환청구의 인용요건인 행정행위의 효력유무를 스스로 심사할 수 있는 가 하는 문제로 행정행위의 효력 유무가 이 사건의 선결문제이다.

행정행위의 효력이 민사사건의 선결문제로서 문제되는 경우 그것이 당연무효가 아닌 취소 사유인 경우 법원은 행정행위에 인정된 구성요건적 효력 때문에 선결적으로 판단할 수 없다. 즉 취소 전인 경우 부당이득이 발생하지 않는다. 즉, 위법성을 심사하여 이를 취소함으로써 효력을 부인할 수 있는 기관은 취소소송의 수소법원일 뿐이다.

> **【판시사항】**
>
> 민사법원이 스스로 행정행위의 위법여부 또는 효력유무를 심리·판단할 수 있는지(대판 1973. 7. 10. 70다1439)
>
> **【판결요지】**
>
> 국세 등의 부과 및 징수처분과 같은 행정처분이 당연무효임을 전제로 하여 민사소송을 제기한 때에는 그 행정처분이 당연무효인지의 여부가 선결문제이므로 민사법원은 이를 심사하여 그 행정처분의 하자가 중대하고도 명백하여 당연무효라고 인정될 경우에는 이를 전제로 하여 판단할 수 있으나, 그 하자가 단순한 취소사유에 그칠 때에는 법원은 그 효력을 부인할 수 없다.

> **【판시사항】**
>
> 민사소송에서 어느 행정처분의 당연무효 여부가 선결문제로 된 경우 반드시 행정소송 등의 절차에 의해 그 취소나 무효 확인을 받아야 하는지 여부(대법원 2010. 4. 8. 선고 2009다 90092 판결)
>
> **【판결요지】**
>
> 민사소송에 있어서 어느 행정처분의 당연무효 여부가 선결문제로 되는 때에는 이를 판단하여 당연무효임을 전제로 판결할 수 있고 반드시 행정소송 등의 절차에 의하여 그 취소나 무효확인을 받아야 하는 것은 아니다.

(나) 민사소송에서 행정행위의 위법 여부가 쟁점인 경우

– 국가배상사건과 선결문제

사인이 공무원의 철거명령 및 영업허가 취소처분으로 인하여 영업상 손해가 발생(국가배상은 공무원이 직무를 집행함에 당하여 고의 또는 과실로 법령에 위반하여 타인에게 손해를 가할 것을 요건)한 경우에 그 처분의 위법성을 이유로 손해배상을 청구하는 경우에 민사법원이 당해 처분의 위법여부를 스스로 판단하여 손해배상판결을 할 수 있는가 하는 문제이다. 행정행위의 유효성이 아니라 위법성 여부가 민사사건의 선결문제로서 문제되는 경우 민사법원이 그 위법성 여부에 대한 심사 내지 판단을 할 수 있는지에 대하여 부당이득반환사건과 달리 위법성에 대한 심사 내지 판단을 할 수 있다는 것이 다수설, 판례의 태도이다. 이는 구성요건적 효력은 당해 행정행위의 적법성의 추정력이 아니기 때문에 당해 행정행위의 적법성 여부와는 관계가 없으며, 행정소송법 제11조는 선결문제심판권에 대한 예시적 규정에 불과하고, 현행 행정소송법상 행정행위의 효력을 상실시키는 취소소송의 경우에만 행정소송의 배타적 관할권이 인정되므로 행정행위의 효력을 부인하지 않는 손해배상청구소송에서는 민사법원도 행정행위의 위법성여부를 판단할 수 있다는 이유 등에서이다.

> **【판시사항】**
> 위법한 행정대집행이 완료 시 그 행정처분의 취소판결이 있어야만, 그 행정처분의 위법임을 이유로 한 손해배상 청구가 가능한지(대법원 1972. 4. 28. 선고 72다337 판결)
>
> **【판결요지】**
> 위법한 행정대집행이 완료되면 그 처분의 무효확인 또는 취소를 구할 소의 이익은 없다 하더라도, 미리 그 행정처분의 취소판결이 있어야만, 그 행정처분의 위법임을 이유로 한 손해배상 청구를 할 수 있는 것은 아니다.

2) 형사사건의 경우

행정행위의 위법성 내지 유효성이 범죄구성요건의 해당 여부의 선결문제가 되는 경우 형사법원이 당해 행정행위의 적법성 또는 유효성을 심리·판단하여 본안판결을 할 수 있는지의 문제이다. 이에 대한 판단의 기준은 민사사건의 경우와 동일하다.

- 행정행위의 위법성 여부가 선결문제인 경우 : 가능
- 행정행위의 유효성 여부가 선결문제인 경우 : 불가능

(가) 행정행위의 효력유무가 쟁점인 경우

형사법원이 위법사유 있는 운전면허를 가진 자의 운전을 이유로 무면허운전의 죄로 처벌할 수 있는지와 같이 행정행위의 효력유무가 선결문제인 경우 이를 판단할 수 있느냐의 문제이다. 행정행위의 효력유무가 선결문제인 경우에 행정행위가 무효인 경우에는 형사법원이 심리·판단할 수 있지만, 단순위법(취소사유)에 그치는 경우에는 구성요건적효력 때문에 형사법원은 이를 심리판단할 수 없다.

【판시사항】

도로교통법 제57조 제1호에 위반하여 교부된 운전면허의 효력(대법원 1982. 6. 8. 선고 80 도2646 판결)

【판결요지】

연령미달의 결격자인 피고인이 소외인의 이름으로 운전면허시험에 응시, 합격하여 교부받은 운전면허는 당연무효가 아니고 도로교통법 제65조 제3호의 사유에 해당함에 불과하여 취소되지 않는 한 유효하므로 피고인의 운전행위는 무면허운전에 해당하지 아니한다.

(나) 행정행위의 위법성 문제

예컨대 국토의 계획 및 이용에 관한 법률의 위반자에 대한 공사중지명령(동법 제133조)의 위반을 이유로 기소된 경우(동법 제142조), 형사법원은 문제된 행정행위(공사중지명령)의 위법성 여부를 스스로 판단할 수 있는가의 문제이다.

민사소송에서와 동일하게 행정행위의 위법성을 확인하는 것은 행정처분의 효력자체를 부인 (취소)하지 않고 위법성 여부만을 심사, 판단하는 것이므로 행정처분의 구성요건적효력에 저촉되는 것이 아니라는 입장이다.

Ⅳ. 존속력 - 불가쟁력, 불가변력

구분	불가쟁력	불가변력
상대방	상대방 및 이행관계인 구속	처분청 등 행정기관 구속
성질	절차법적 효력	실체법적 효력
효력발생범위	모든 행정행위	일정한 행정행위
독립성	불가쟁력 발생:불가변력이 발생하는 것은 아님	불가변력발생:불가쟁력이 발생하는 것은 아님

행정행위를 발령하면 이에 근거하여 새로운 법률관계가 형성되므로 법적안정성과 관계인의 신뢰보호 차원에서 이의 자유로운 취소, 변경은 제한되어야 하는바, 일단 발하여진 행정행위의 효력을 장래에 향하여 계속 유지·존속(취소·철회 및 변경의 제한)시키기 위하여 인정된 행정행위의 효력을 말한다.

1. 형식적 존속력(불가쟁력)

(1) 의의

행정행위에 대한 쟁송제기기간이 경과[63]하거나, 쟁송수단을 다 거친 후에는 더 이상 당해 행정행위의 효력을 다툴 수 없게 되는데, 이러한 효력을 행정행위의 형식적 존속력 또는 불가쟁력이라고 한다. 이는 행정법관계의 안전과 능률적인 행정목적의 수행을 위하여 그 효력에 관한 다툼을 제한된 시간 안에서만 허용함으로서 인정되는 절차법적 효력이다.

(2) 불가쟁력 발생 후 행정쟁송 제기

불가쟁력이 발생한 행정행위에 대한 행정심판 및 행정소송을 제기할 경우 그것은 부적법한 것으로 각하된다. 다만, 무효인 행정행위는 불가쟁력이 발생하지 않으므로 쟁송제기기간에 제한이 없다.

2. 실질적 존속력(불가변력)

(1) 의의

행정행위에 원시적인 흠, 후발적 사유가 있을 경우 처분청은 이를 취소, 철회가 가능하다. 이는 행정의 법률적합성의 원칙(특히 행정행위의 취소 · 변경)과 행정의 공익적합성의 요청 (특히 행정행위의 철회)에 따른 필요한 조치라고 할 것이다. 그러나 일부 행정행위는 그 행정행위를 발령한 처분청도 이를 직권으로 취소, 변경, 철회할 수 없는 구속력이 있는데 이를 실질적 존속력이라 한다. 이는 모든 행정행위에 발생하는 것은 아니고, 행정심판의 재결처럼 판결과 유사한 행위에 발생한다고 본다.

> **【판시사항】**
> 대상을 달리하는 동종의 행정행위의 불가변력이 인정되는가 여부(대법원 1974. 12. 10. 선고 73누129 판결)
>
> **【판결요지】**
> 국민의 권리와 이익을 옹호하고 법적안정을 도모하기 위하여 특정한 행위에 대하여는 행정

---

63) 행정심판은 처분이 있음을 안 날로부터 90일, 처분이 있은 날로부터 180 이내에 제기(행정심판법 제27조), 행정소송은 처분이 있음을 안 날(행정심판의 재결서정본이 송달받은 날)로부터 90일, 처분이 있은 날(재결이 있은 날)로부터 1년 이내 (행정소송법 제20조)이다.

청이라 하여도 이것을 자유로이 취소, 변경 및 철회할 수 없다는 행정행위의 불가변력은 당해 행정행위에 대하여서만 인정되는 것이고, 동종의 행정행위라 하더라도 그 대상을 달리할 때에는 이를 인정할 수 없다.

(2) 불가변력 위반의 효력

실질적 존속력이 있는 행정행위를 행정청이 직권으로 취소·변경하거나 철회하면 위법하게 되고, 그 하자가 중대하고 명백하면 취소·철회는 무효이다.

3. 불가쟁력과 불가변력의 관계

형식적 존속력이 생긴 행위라도 실질적 존속력이 없는 한 권한 행정청은 그 행위를 취소·변경할 수 있고, 실질적 존속력이 있는 행위라도 쟁송수단이 허용되는 한 상대방 등은 다툴 수 있다.

V. 집행력

1. 자력집행력

행정법관계에서는 의무불이행의 경우 행정청이 법원이나 그 밖의 제3의 기관의 힘을 빌리지 않고 자력으로 그 이행을 강제(행정대집행, 강제징수, 직접강제, 이행강제금)하여 의무내용을 실현할 수 있는 힘이 있는데 이를 자력집행력이라 한다. 이는 의무가 부과되는 명령적 행위에서 문제되며 의무부과가 없는 형성적 행위에서는 문제되지 않는다.

2. 제재력

행정행위에 의하여 부과된 의무를 상대방이 위반한 경우에 그에 대한 제재로서 행정형벌 또는 행정질서벌(과태료)을 부과할 수 있는 효력을 말한다. 이를 부과하기 위해서는 법률유보의 원칙상 법률의 근거를 요한다.

VI. 인 · 허가의제 제도(집중효)

1. 인 · 허가의제 제도(집중효)의 개념

(1) 의의

인허가의제는 복수의 인 · 허가들 상호간을 연계시켜 어떤 하나의 인허가를 받으면 다른 인허가를 부여받은 것으로 간주함으로써 복수의 인허가의 효력을 취득하는 것을 말한다. 인허가의제 제도는 동일한 사업에 필요한 복수의 관련 인허가들의 심사에 대한 관할권들을 주된 인 · 허가의 심사기관으로 통합하여 절차를 간소화한 것이다. 그 주된 목적은 복수의 관할행정청들을 거치며 소요되는 비용과 시간을 절약하기 위한 것이지만, 행정청간 갈등과 중복심사를 피하기 위한 목적도 갖는다고 보아야 할 것이다.

> **택지개발촉진법 제11조**
> ① 시행자가 실시계획을 작성하거나 승인을 받았을 때에는 / 다음 각 호의 결정 · 인가 · 허가 · 협의 · 동의 · 면허 · 승인 · 처분 · 해제 · 명령 또는 지정(이하 '인 · 허가 등'이라 한다)을 받은 것으로 보며, 지정권자가 실시계획을 작성하거나 승인한 것을 고시하였을 때에는 관계 법률에 따른 인 · 허가 등의 고시 또는 공고가 있은 것으로 본다.
> 1. 「국토의 계획 및 이용에 관한 법률」 제30조에 따른 도시 · 군관리계획의 결정, 같은 법 제56조에 따른 개발행위의 허가, 같은 법 제86조에 따른 도시 · 군계획시설사업 시행자의 지정, 같은 법 제88조에 따른 실시계획의 인가
> 2. 「도시개발법」 제17조에 따른 실시계획의 인가
> 3. 「주택법」 제15조에 따른 사업계획의 승인
> 4. 「수도법」 제17조 및 제49조에 따른 일반수도사업과 공업용수도사업의 인가, 같은 법 제52조 및 제54조에 따른 전용수도설치의 인가
> 5. 「하수도법」 제16조에 따른 공공하수도공사 시행의 허가
> 6. 「공유수면 관리 및 매립에 관한 법률」 제8조에 따른 공유수면의 점용 · 사용허가, 같은 법 제28조에 따른 공유수면의 매립면허, 같은 법 제35조에 따른 국가 등이 시행하는 매립의 협의 또는 승인 및 같은 법 제38조에 따른 공유수면매립실시계획의 승인
> 7. 「하천법」 제30조에 따른 하천공사 시행의 허가 및 하천공사실시계획의 인가, 같은 법 제33조에 따른 하천의 점용허가 및 같은 법 제50조에 따른 하천수의 사용허가
> 8. 「도로법」 제36조에 따른 도로공사 시행의 허가, 같은 법 제61조에 따른 도로점용의 허

가

9. 「농지법」 제34조에 따른 농지전용(農地轉用)의 허가·협의, 같은 법 제35조에 따른 농지의 전용신고, 같은 법 제36조에 따른 농지의 타용도 일시 사용 허가·협의, 같은 법 제40조에 따른 용도변경의 승인

10. 「산지관리법」 제14조·제15조에 따른 산지전용허가 및 산지전용신고, 같은 법 제15조의2에 따른 산지일시사용허가·신고, 「산림자원의 조성 및 관리에 관한 법률」 제36조제1항·제4항에 따른 입목벌채등의 허가·신고 및 「산림보호법」 제9조제1항 및 제2항제1호·제2호에 따른 산림보호구역(산림유전자원보호구역은 제외한다)에서의 행위의 허가·신고

11. 「초지법」 제23조에 따른 초지전용의 허가

12. 「사방사업법」 제14조에 따른 벌채 등의 허가, 같은 법 제20조에 따른 사방지(砂防地) 지정의 해제

13. 「산업입지 및 개발에 관한 법률」 제16조에 따른 산업단지개발사업 시행자의 지정, 같은 법 제17조 및 제18조에 따른 산업단지개발실시계획의 승인

14. 「광업법」 제24조에 따른 불허가처분, 같은 법 제34조에 따른 광구감소처분 또는 광업권취소처분

15. 「건축법」 제20조에 따른 가설건축물의 허가·신고

16. 「국유재산법」 제30조에 따른 행정재산의 사용허가

17. 「공유재산 및 물품 관리법」 제20조제1항에 따른 행정재산의 사용·수익허가

18. 「장사 등에 관한 법률」 제27조에 따른 무연분묘의 개장허가

19. 「소하천정비법」 제10조에 따른 비관리청의 공사 시행허가, 같은 법 제14조에 따른 소하천의 점용허가

20. 「공간정보의 구축 및 관리 등에 관한 법률」 제86조제1항에 따른 사업의 착수·변경 또는 완료의 신고

(2) 구별

두제도(인허가의제, 집중효)의 본질이 절차간소화와 사업의 신속한 진행을 위한 것이고, 법령에 근거하여 행정관청의 권한이 통합된다는 점에서 양자는 본질적 차이가 없다.

3. 인허가의제의 효력

(1) 인허가의제

주무관청이 주된 행정행위를 확정(인허가)하면 타법에 규정되어 있는 승인 또는 허가 등을 받은 것으로 본다.

(2) 주된 인허가에 의제되는 타법에 규정된 다른 법규정이 적용되는지 여부

주된 인허가가 있으면 다른 법률에 의한 인허가가 있는 것으로 보는데 그치고, 다른 법률에 의하여 인허가를 받았을 전제로 하는 그 다른 법률의 모든 규정들까지 적용되는 것은 아니다.

(3) 인허가 등이 의제되는 항고소송의 경우

행정청이 주된 인허가를 불허하는 처분을 하면서, 주된 인허가 사유와 의제되는 인허가의 사유를 함께 제시한 경우 주된 인허가를 거부한 처분을 대상으로 쟁송을 제기하여야 한다.

는 것일 뿐, 건축불허가처분을 하면서 그 처분사유로 건축불허가 사유뿐만 아니라 형질변경불허가 사유나 농지전용불허가 사유를 들고 있다고 하여 그 건축불허가처분 외에 별개로 형질변경불허가처분이나 농지전용불허가처분이 존재하는 것이 아니므로, 그 건축불허가처분을 받은 사람은 그 건축불허가처분에 관한 쟁송에서 건축법상의 건축불허가 사유뿐만 아니라 같은 도시계획법상의 형질변경불허가 사유나 농지법상의 농지전용불허가 사유에 관하여도 다툴 수 있는 것이지, 그 건축불허가처분에 관한 쟁송과는 별개로 형질변경불허가처분이나 농지전용불허가처분에 관한 쟁송을 제기하여 이를 다투어야 하는 것은 아니며, 그러한 쟁송을 제기하지 아니하였어도 형질변경불허가 사유나 농지전용불허가 사유에 관하여 불가쟁력이 생기지 아니한다.

제8절 행정행위의 하자

Ⅰ. 의의

행정행위가 유효하게 성립하기 위한 요건들을 완전하게 갖추지 못하여 행정행위의 효력발
생을 저해하는 사유를 일컬어 하자라고 부른다. 이러한 해정행위의 하자 중 적법요건을
흠결한 행위를 하자있는 행정행위라 하고, 이는 성립요건을 흠결한 행위인 행정행위의 부존
재와는 구별된다.

【판시사항】

행정처분의 위법 여부 판단의 기준시점(대법원 2008. 7. 24. 선고 2007두3930 판결)

【판결요지】

행정소송에서 행정처분의 위법 여부는 행정처분이 행하여졌을 때의 법령과 사실 상태를 기
준으로 하여 판단하여야 하고, 처분 후 법령의 개폐나 사실상태의 변동에 의하여 영향을 받
지는 않으므로, 난민 인정 거부처분의 취소를 구하는 취소소송에서도 그 거부처분을 한 후
국적국의 정치적 상황이 변화하였다고 하여 처분의 적법 여부가 달라지는 것은 아니다.

Ⅱ. 하자의 효과

행정소송에서 행정처분의 위법 여부는 행정처분이 행하여졌을 때의 법령과 사실상태를
기준으로 하여 판단하여야 하며, 그 정도에 따라 무효(위법, 무효) 또는 취소사유(위법,
유효)가 될 뿐이다.

Ⅲ. 행정행위 무효와 취소의 구별

무효인 행정행위는 중대·명백한 하자로 처음부터 행정행위로서의 실체적 법률효과가 전혀
발생되지 않는 행위이며, 이는 공정력 확정력 등의 힘이 부여되지 않기 때문에 누구든지,
언제든지 독자적인 판단과 책임 하에 행정행위를 부인할 수 있다. 반면, 취소할 수 있는

행정행위는 그 성립에 하자가 있음에도 불구하고 공정력으로 인해 권한 있는 기관인 행정청 또는 법원의 취소가 있을 때까지 유효한 행정행위로서 그 효력이 지속하는 행정행위를 의미한다.

내용	무효	취소
선결문제	가능	효력은 않되나 위법은 가능
소송의 형식	무효확인소송	취소소송
제기요건	기간제한 없음	기간제한 있음(행정심판 – 안날 90일, 있는날 180일)
사정재결	부정	인정
하자의 승계	승계	선후행정행위 결합하여 하나의 법효과 – 승계 각각 별개의 법적효과 – 부정
치유의 전환	전환	치유
신뢰보호 공무집행방해죄	부적용	적용
공정력 존속력 강제력	부정됨	인정됨
불가쟁력	부정됨	인정됨

1. 구별실익(필요성)

(1) 형식적 존속력(불가쟁력)

취소할 수 있는 행위는 기관경과시 형식적 존속력 즉 불가쟁력 등의 효력이 발생하지만 무효인 행정행위의 경우 행정행위의 모든 효력이 발생하지 않는다.

(2) 하자의 승계

행정행위의 하자의 승계는 동일한 행정목적 달성을 위한 둘 이상의 행정행위가 상호 관련하여 연속적으로 일련의 과정 속에서 행해지는 경우 선행행위에 하자가 있으면 후행행위 자체에 하자가 없더라도 불가쟁력이 발생한 선행행위의 하자를 이유로 후행행위의 하자를 부정할 수 있느냐의 문제이다.

이에 대하여 취소할 수 있는 행정행위는 선후행위가 하나의 법률효과를 목적으로 하는 경우에만 선행행위의 하자가 후행행위에 승계된다. 다만, 선행행위가 무효인 경우에는 상대방은 제소기간의 제한을 받지 않으므로 언제든지 선행행위 자체에 대하여 다툴 수 있다. 그러므로 선행행위의 하자가 후행 행위에 승계된다고 보는 법리적 조작자체가 필요없다. 즉, 하자승계를 논의할 실익이 없다.

(3) 하자의 치유

하자의 치유는 원칙적으로 취소할 수 있는 행정행위에 대하여, 하자의 전환은 무효인 행정행위에 대하여만 인정된다.

(4) 하자의 전환

취소할 수 있는 행정행위는 하자의 전환이 인정되지 않으며, 무효인 행위에는 하자의 전환이 인정된다.

(5) 소송형태

취소할 수 있는 행정행위는 취소소송의 대상이 되고, 무효인 행정행위는 무효확인소송의 대상이 된다. 단 무효선언을 구하는 취소소송에는 적용된다.

(6) 선결문제

무효인 경우에는 공정력이 발생하지 않으므로 누구든지 당해 처분이 무효임을 판단할 수 있다. 따라서 민사법원이나 형사법원은 당연히 선결문제로서 무효임을 판단할 수 있다. 그러나 취소인 경우에는 공정력(또는 구성요건적 효력)이 발생하므로, 권한 있는 기관 이외의 타 국가기관은 당해 처분의 효력을 부인할 수 없다. 단 당해 효력을 부인하지 않는 범위 내에서 처분의 위법성 여부의 심사는 가능하다.

(7) 사정판결[64]

취소할 수 있는 행정행위에 대하여는 사정판결이 가능하다. 그러나 무효인 행위에 대하여는 무효확인소송에 사정판결에 대한 준용규정이 없어 이를 할 수 없다.

> **행정소송법 제28조 (사정판결)** ①원고의 청구가 이유있다고 인정하는 경우에도 처분등을 취소하는 것이 현저히 공공복리에 적합하지 아니하다고 인정하는 때에는 법원은 원고의 청구를 기각할 수 있다. 이 경우 법원은 그 판결의 주문에서 그 처분등이 위법함을 명시하여야 한다.
> ②법원이 제1항의 규정에 의한 판결을 함에 있어서는 미리 원고가 그로 인하여 입게 될 손해의 정도와 배상방법 그 밖의 사정을 조사하여야 한다.
> ③원고는 피고인 행정청이 속하는 국가 또는 공공단체를 상대로 손해배상, 제해시설의 설치 그 밖에 적당한 구제방법의 청구를 당해 취소소송등이 계속된 법원에 병합하여 제기할 수 있다.

2. 구별기준

행정행위의 하자에 대한 무효와 취소의 구별실익 중 현실적 소송과정에서는 제소기간의 제한을 받는지 여부가 가장 중요하다. 따라서 하자있는 행정행위를 무효로 볼 것인지 취소사유로 볼 것인지는 행정목적의 실현 내지 행정법관계의 안정성의 요청과 당사자의 권리구제의 요청을 어떻게 합리적으로 조정하느냐의 문제이다.

---

64) 사정판결(事情判決)이란 취소소송의 특수한 판결 중 하나로, 해당 처분이 위법성이 있다고 인정되는 경우에도 당해 위법한 처분 등을 취소하는 것이 현저히 공공복리에 적합하지 않다고 판단되는 경우에 그 원고의 청구를 기각하여 위법한 처분을 유지하는 판결을 말한다. 사정판결은 취소소송에만 인정되고 무효등확인소송에는 인정되지 않는다. 또한 처분등을 취소하는 것이 현저히 공공복리에 적합하지 않은 경우에 인정되는 것이므로 사정판결을 하기 위해서는 공익과 사익을 비교형량하여 중대한 공익을 보호·유지하기 위한 경우이어야 한다. 이 경우 법원은 원고의 구제방안을 강구하여야 한다.
행정소송법 제28조 제1항 후단은 '이 경우 법원은 그 판결의 주문에서 그 처분등이 위법함을 명시하여야 한다.'라고 명시함으로써 차후에 손해배상 등 구제를 위한 이행소송등에 유리한 판결을 받을 수 있도록 주문기재를 통해 기판력을 나타내도록 하고 있다.

(1) 학설

중대설, 중대명백설, 명백성보충설, 구체적 가치형량설 등이 대립한다.

구분	내용
중대설	하자의 중대성을 기준으로 판단하자는 견해
중대명백설	하자가 중대하고 명백한 경우만 무효라는 견해
명백설보충설	명백성은 법적 안정성이나 이해관계를 가지는 제3자의 신뢰보호의 요청이 있는 경우에만 가중적으로 요구된다는 견해
조사의무설	명백성은 공무원의 직무수행상 당연히 요구되는 정도의 조사에 의하여 판명될 수 있는 정도로 완화된다는 견해
구체적 가치형량설	구체적 사안마다 권리구제의 요청과 법적안정성의 요청 및 제3자의 이익 사이의 구체적 개별적인 비교형량에 의하여 결정된다는 견해

1) 중대설

중대설은 하자의 중대성을 기준으로 행정행위에 중대한 하자만 있으면 무효로 보는 견해이다. 즉, 행정행위의 요건을 정한 법규들 간의 가치의 차이를 인정하여 능력규정이나 강행규정을 위반하면 하자가 중대하다고 보아 무효이고, 명령규정이나 비강행규정을 위반할 시는 취소사유가 된다는 견해이다.

2) 중대명백설

행정행위가 당연무효이기 위해서는 그 하자가 중대한 하자임과 동시에 명백한 것이어야 하고, 중대성이나 명백성 중 어느 하나를 결여하면 단지 취소사유로 된다는 견해이다(다수설).

3) 명백성보충설

행정행위가 당연무효이기 위해서는 하자의 중대성은 필수적 요건이나 하자의 명백성은 구체적 이익상황 및 그에 대한 구체적 형량에 따라 그 부가여부가 판단되어야 하는 보충적 가중요건이라는 견해이다.

4) 구체적 가치형량설 (유형설)

행정행위의 성질과 법적 안정성 및 제3자의 이해관계 등을 고려하여 침익적 행정행위와 수익적 행정행위, 제3자 관련성이 있는 경우와 없는 경우를 유형화하여 하자의 사유를 달리 보아야 한다는 견해이다.

(2) 판례 - 중대명백설

하자 있는 행정처분이 당연무효가 되기 위하여는 그 하자가 법규의 중요한 부분을 위반한 중대한 것으로서 객관적으로 명백한 것이어야 하며 하자가 중대하고 명백한 것인지 여부를 판별함에 있어서는 그 법규의 목적, 의미, 기능 등을 목적론적으로 고찰함과 동시에 구체적 사안 자체의 특수성에 관하여도 합리적으로 고찰함을 요한다. 따라서 그러하지 아니한 경우 즉, 중대하지만 명백하지 않거나 명백하지만 중대하지 않은 경우에는 취소사유에 불과하다.[65]

(3) 헌재

헌재는 원칙으로 중대명백설에 따르면서도 법적안정성의 요구에 비하여 권리구제의 필요성이 큰 경우에는 중대명백설의 예외를 인정한다.[66]

Ⅳ. 행정행위의 하자의 개념 및 승계

1. 하자의 구체적 사유

(1) 주체에 관한 사유

주체에 관한 사유 중 정당한 권한을 갖지 아니한 행정기관의 행위, 권한 없는 행위, 행정기관의 정상적 의사에 결함이 있는 행위 등은 무효사유이며, 권한초과 행위, 사기 강박에 의한 의사결정에 하자 있는 행위, 착오의 결과 위법부당하게 된 행위, 필요한 자문을 결한 행위 등은 취소사유이다.

---

65) 대법원 1995. 7. 11. 선고 94누4615 전원합의체판결.
66) 헌재 1994. 6. 30. 선고 92헌바 23 결정.

(2) 내용에 관한 하자

내용에 관한 하자 중 내용이 실현 불가능한 행위, 불명확한 행위, 위법행위 중 중요법규나 효력규정 등에 위반하여 중대한 것 등은 무효사유이며, 단순한 위법행위, 공익에 반하는 행위, 선량한 풍속 기타 사회질서에 위반하는 행위 및 공서양속에 반하는 행위는 취소사유이다.

(3) 절차에 관한 사유

절차에 관한 사유 중 법률상 필요한 상대방의 신청이나 동의를 결한 행위, 필요한 공고 등을 결여한 행위, 필요한 이해관계인들의 참여 및 협의 결여 행위, 필요한 청문 등의 절차를 거치지 아니한 행위, 필요한 증표를 제시하지 않은 행위 등은 무효사유이며, 부수적 절차의 하자, 절차가 행정의 능률, 원활, 참고 등을 위한 편의적 절차일 때는 취소사유이다.

(4) 형식에 관한 하자

형식에 관한 하자 중 법령상 필요한 문서에 의하지 않은 행위, 이유 기타 필요적 기재사항을 기재하지 않은 행위, 법령상의 서명 날인이 없는 행위는 무효사유이고, 경미한 형식위반행위는 취소사유에 해당한다.

2. 하자승계의 개념

행정행위의 하자 승계문제는 일정한 행정목적을 위하여 두 개 이상의 행정행위가 단계적으로 연속하여 행하여진 경우 후행행위를 다투며 선행행위의 위법을 주장할 수 있느냐의 문제이다. 가령 국세징수법에 국세를 체납할 경우 체납자의 재산을 압류(위법)→매각(적법)→청산 등의 절차를 거치는데 이때 압류처분은 위법하나 후속절차인 매각처분은 적법하다면, 압류처분의 위법성이 매각처분에 승계되어 매각처분이 위법하다고 주장할 수 있는지의 문제이다

3. 하자승계 논의의 전제

선후행위 모두 항고소송의 대상이 되는 행정처분이어야 하고, 당연무효가 아닌 취소사유이어야 한다. 선행행위가 무효인 경우에는 그에 기초한 후행정행위에 무조건 하자가 승계되기 때문에 승계의 문제를 논의할 필요가 없기 때문이다. 그 외 선행행위의 하자가 제소기간 도과 등으로 불가쟁력이 발생해야 하며, 후행행위에는 하자가 없어야 한다.

4. 인정범위

(1) 통설, 판례(하자승계론)

선후의 행정행위가 서로 결합하여 하나의 법률효과를 발생하는 경우 하자는 승계(예, 조세체납 처분에서 독촉 → 재산압류 → 매각 → 충당 간의 각 행위, 행정대집행에 있어서 계고 → 통지 → 실행 → 비용징수 간의 각 행위 등)를 인정한다. 그러나 각각의 별개의 처분인 경우에는 하자가 승계되지 않는다고 본다(과세처분과 체납처분, 도시계획결정과 재결처분 등).

하자 승계를 인정한 판례 사례	. 대집행절차상 계고처분과 대집행영장발부통보처분(대판 1996. 2. 9. 95누12507) . 독촉과 가산금, 중가산금징수처분(대판 1986. 10. 28. 80누147) . 개별공시지가결정과 과세처분(대판 1994. 1. 25. 93누8542) . 표준지공시지가결정과 수용재결(대판 2008. 8. 21. 2007두 13845)
하자 승계를 부인한 판례 사례	. 소득금액변동통지와 납세고지(대판 2012. 1. 26. 2009두14439) . 보충역편입처분과 공익근무요원소집처분(대판 2010. 12. 10. 2001 두5422) . 사업인정과 수용재결처분(대판 2000. 10. 13. 2000두5142) . 건물철거명령과 대집행계고처분(대판 1998. 9. 8. 97누20502) . 수강거부처분과 수료처분(대판 1994. 12. 23. 94누477) . 택지개발계획의 승인과 수용재결처분(대판 2000. 10. 13. 99두 653) . 과세처분과 체납처분(대판1977. 7. 12. 76누51) . 도시계획결정과 수용재결(대판 1990. 1. 23. 87누947) . 도시계획사업의 실시계획인가고시와 수용재결처분(대판 1991. 11. 26. 90누9971) . 경찰관직위해제처분과 면직처분(대판 1984. 4. 23. 90누8756)

(2) 예외 : 수인한도 넘고 + 예측 불가능한 경우

다만, 판례는 선행처분과 후행처분이 서로 독립하여 별개의 효과를 목적으로 하는 경우에도 선행처분의 불가쟁력이나 구속력이 그로 인하여 입게 되는 자에게 수인한도를 넘는 가혹함을 가져오고 그 결과가 당사자에게 예측 가능한 것이 아닌 경우에는 하자가 승계된다는 예외를 인정한다.

【판시사항】
가. 선행처분과 후행처분이 서로 독립하여 별개의 효과를 목적으로 하는 경우에도 선행처분의 하자를 이유로 후행처분의 효력을 다툴 수 있는 경우(출처 : 대법원 1994. 1. 25. 선고 93누8542 판결 [양도소득세등부과처분취소])

【판결요지】
두 개 이상의 행정처분이 연속적으로 행하여지는 경우 선행처분과 후행처분이 서로 결합하여 1개의 법률효과를 완성하는 때에는 선행처분에 하자가 있으면 그 하자는 후행처분에 승계되므로 선행처분에 불가력이 생겨 그 효력을 다툴 수 없게 된 경우에도 선행처분의 하자를 이유로 후행처분의 효력을 다툴 수 있는 반면

선행처분과 후행처분이 서로 독립하여 별개의 법률효과를 목적으로 하는 때에는 선행처분에 불가쟁력이 생겨 그 효력을 다툴 수 없게 된 경우에는 선행처분의 하자가 중대하고 명백하여 당연무효인 경우를 제외하고는 선행처분의 하자를 이유로 후행처분의 효력을 다툴 수 없는 것이 원칙이나 선행처분과 후행처분이 서로 독립하여 별개의 효과를 목적으로 하는 경우에도 선행처분의 불가쟁력이나 구속력이 그로 인하여 불이익을 입게 되는 자에게 수인한도를 넘는 가혹함을 가져오며, 그 결과가 당사자에게 예측가능한 것이 아닌 경우에는 국민의 재판받을 권리를 보장하고 있는 헌법의 이념에 비추어 선행처분의 후행처분에 대한 구속력은 인정될 수 없다

Ⅴ. 하자 있는 행정행위의 치유

1. 하자치유의 의의 및 전환과의 이동

(1) 의의

침익적 행정행위의 경우 행정절차법상 사전절차를 거치게 되어 있는데, 가령 청문을 실시하

지 않고 영업허가를 취소하여 영업허가취소에 절차상 위법이 있었지만 사후에 청문을 실시하여 그 절차상 위법을 치유함으로써 적법한 영업허가취소로 취급되는 경우와 같이 행정행위 발령 당시는 위법이었지만 사후에 그 흠결을 보완하게 되면 적법한 행위로 취급되는 경우를 말한다. 이에 대한 명문규정은 없고, 행정법관계의 안정성, 상대방의 신뢰보호 및 행정경제실현 등에 따라 인정되는 것이다.

> **【판시사항】**
> 납세고지서의 기재사항 일부 등이 누락된 경우라도 앞서 보낸 과세예고통지서 등에 필요적 기재사항이 제대로 기재된 경우, 그 하자의 치유 가부(대법원 2001. 3. 27. 선고 99두8039 판결)
>
> **【판결요지】**
> 국세징수법 제9조, 구 상속세법(1990. 12. 31. 법률 제4283호로 개정된 것) 제34조의7, 제25조, 제25조의2, 구 상속세법시행령(1990. 12. 31. 대통령령 제13196호로 개정된 것) 제42조 제1항, 제19조 제1항의 각 규정에 의하여 증여세의 납세고지서에 과세표준과 세액의 계산명세가 기재되어 있지 아니하거나 그 계산명세서를 첨부하지 아니하였다면 그 납세고지는 위법하다고 할 것이나, 한편 과세관청이 과세처분에 앞서 납세의무자에게 보낸 과세예고통지서 등에 납세고지서의 필요적 기재사항이 제대로 기재되어 있어 납세의무자가 그 처분에 대한 불복 여부의 결정 및 불복신청에 전혀 지장을 받지 않았음이 명백하다면, 이로써 납세고지서의 하자가 보완되거나 치유될 수 있다.

(2) 전환과의 이동

치유는 하자를 치유함으로서 본래 행위로서 효력 발생함에 비해, 전환은 새로운 행정행위로서 효력을 발휘한다는 점에서 차이가 있다. 반면에, 양자 모두 법치행정원리에 대한 예외를 인정하여 본래 부인되어야 할 행정행위의 효력을 인정하는 것으로서, 법적 안정성, 상대방의 신뢰보호, 행정경제실현을 도모할 수 있다는 공통점이 있다.

2. 인정여부

(1) 학설

긍정설과 제한적 긍정설(일정한 시간적 한계 내에 행정기관의 보완행위가 있고, 당사자에게 불이익 없는 경우에 한해 인정한다는 견해), 부정설(행정청의 신중하고 공정한 판단을 기하기 위해 부정한다는 견해)이 대립, 이 중 국민의 권익침해가 없는 한 행정법관계의 안정성, 상대방의 신뢰보호 및 행정경제실현을 위해 인정되어야 한다는 제한적 긍정설이 통설의 입장이다.

(2) 판례 - 제한적 긍정설

하자 있는 행정행위의 치유는 행정행위의 성질이나 법치주의의 관점에서 볼 때 원칙적으로 허용될 수 없는 것이고, 예외적으로 행정행위의 무용한 반복을 피하고 당사자의 법적 안정성을 위해 이를 허용하는 때에도 국민의 권리나 이익을 침해하지 않는 범위에서 구체적 사정에 따라 합목적적으로 인정하여야 한다.

> **【판시사항】**
>
> 하자 있는 행정행위에 있어서 하자의 치유의 허용 여부(대법원 2001. 6. 26. 선고 99두11592 판결)
>
> **【판결요지】**
>
> 하자 있는 행정행위에 있어서 하자의 치유는 행정행위의 성질이나 법치주의의 관점에서 원칙적으로 허용될 수 없고, 행정행위의 무용한 반복을 피하고 당사자의 법적 안정성을 보호하기 위하여 국민의 권익을 침해하지 아니하는 범위 내에서 예외적으로만 허용된다.

3. 하자 치유의 적용범위

(1) 무효인 행정행위의 치유여부

하자의 치유는 취소할 수 있는 행정행위만 인정, 무효인 행정행위는 언제나 무효이어서 종국적 성질을 가지므로 인정되지 않는다.

(2) 내용상 하자의 치유 여부

절차나 형식상 하자의 경우에는 하자의 치유를 인정하지만, 주체상 하자는 부정하며, 내용상 하자의 경우 법률적합성과 조화를 깨뜨린다는 이유로 원칙상 치유를 인정하지 아니한다(판례 및 다수설).

4. 하자치유의 요건

흠결된 요건의 사후보완 즉, 필요한 신청이나 동의의 사후보완, 허가요건 · 등록요건의 사후충족이 필요하고 이는 보완행위를 할 수 있는 적법한 권한 있는 자에 의한 행위여야 하며,

정당한 권한을 가진 행정청의 추인이 필요하다. 그 외 장기간 방치로 인하여 실효되는 경우도 하자가 치유되는 사유 중 하나이다.

【판시사항】

행정청이 식품위생법상의 청문절차를 이행함에 있어 청문서 도달기간을 다소 어겼지만 영업자가 이의하지 아니한 채 청문일에 출석하여 의견을 진술하고 변명하는 등 방어의 기회를 충분히 가진 경우 하자의 치유 여부(적극)(대법원 1992. 10. 23. 선고 92누2844 판결)

【판결요지】

행정청이 식품위생법상의 청문절차를 이행함에 있어 소정의 청문서 도달기간을 지키지 아니하였다면 이는 청문의 절차적 요건을 준수하지 아니한 것이므로 이를 바탕으로 한 행정처분은 일단 위법하다고 보아야 할 것이지만 이러한 청문제도의 취지는 처분으로 말미암아 받게 될 영업자에게 미리 변명과 유리한 자료를 제출할 기회를 부여함으로써 부당한 권리침해를 예방하려는 데에 있는 것임을 고려하여 볼 때, 가령 행정청이 청문서 도달기간을 다소 어겼다하더라도 영업자가 이에 대하여 이의하지 아니한 채 스스로 청문일에 출석하여 그 의견을 진술하고 변명하는 등 방어의 기회를 충분히 가졌다면 청문서 도달기간을 준수하지 아니한 하자는 치유되었다고 봄이 상당하다.

다만, 아래 판례와 같이 치유요건을 다소 완화하는 경우도 있다.

【판시사항】

납세고지서의 기재사항 일부 등이 누락된 경우라도 앞서 보낸 과세예고통지서 등에 필요적 기재사항이 제대로 기재된 경우, 그 하자의 치유 가부(대법원 1996. 10. 15. 선고 96누7878 판결)

【판결요지】

납세고지서에 그 기재사항의 일부가 누락되었다고 하더라도 지방세부과처분에 앞서 보낸 과세예고통지서(또는 납세안내서)에 납세고지서의 필요적 기재사항이 제대로 기재되어 있었다면, 납세의무자로서는 과세처분에 대한 불복 여부의 결정 및 불복신청에 전혀 지장을 받지 않을 것이어서 이로써 납세고지서의 흠결이 보완되거나 하자가 치유될 수 있다.

5. 하자치유의 한계

(1) 실체적 한계

법치주의 관점 및 행정행위의 성질상 하자 있는 행정행위의 치유는 원칙적으로 허용되지 않는다. 다만 허용되는 경우라도 국민의 권리와 이익을 침해하지 않는 범위에서 구체적 상황에 따라 합목적적으로 이루어져야 한다.

(2) 시간적 한계

1) 학설

쟁송제기 이전까지 치유가 가능하다는 쟁송제기이전시설과 치유인정시 상대방의 권리구제 장애를 초래하지 않는 경우 소송경제를 고려하여 쟁송제기 이후에도 치유가 가능하다는 쟁송종결시설이 대립한다.

2) 판례 - 쟁송제기이전시설

과세처분에 과세표준과 세액의 계산명세서 등을 첨부하여 고지하도록 한 것은 납세의무자 에게 부과처분의 내용을 상세히 알려서 불복여부의 결정 및 그 불복신청에 편의를 주려는 데에도 그 취지가 있으므로 이 치유를 허용하려면 늦어도 과세처분에 대한 불복여부의 결정 및 불복신청에 편의를 줄 수 있는 상당한 기간 내에 하여야 한다. 즉, 행정쟁송제기 이전까지 만 가능하다.

> **【판시사항】**
> 하자있는 과세처분의 치유요건(대법원 1983. 7. 26. 선고 82누420 판결)
>
> **【판결요지】**
> 과세처분시 납세고지서에 과세표준, 세율, 세액의 산출근거 등이 누락된 경우에는 늦어도 과세처분에 대한 불복여부의 결정 및 불복신청에 편의를 줄 수 있는 상당한 기간내에 보정행 위를 하여야 그 하자가 치유된다 할 것이므로, 과세처분이 있은지 4년이 지나서 그 취소소송 이 제기된 때에 보정된 납세고지서를 송달하였다는 사실이나 오랜 기간(4년)의 경과로써 과 세처분의 하자가 치유되었다고 볼 수는 없다.

6. 하자치유의 효과

하자의 치유가 인정되면 처음부터 적법한 행정행위가 발령된 것처럼 그 효과는 소급한다.

Ⅵ. 하자 있는 행정행위의 전환

1. 의의

가령 사망자에 대한 과세처분은 무효이지만 이를 상속인에 대한 과세처분으로 인정하는 경우와 같이 하자 있는 행정행위가 다른 행정행위의 적법요건을 갖춘 경우 다른 행정행위로서의 효력발생을 인정하는 것을 말한다. 통설과 판례는 무효인 행정행위에 대하여는 전환을 인정하고 있다.

2. 법적성질

이는 그 자체로 하나의 행정행위로서의 성질을 가진다. 따라서 행정행위의 전환에 하자가 존재할 시 상대방은 항고소송을 제기할 수 있다.

3. 전환의 요건

무효인 행정행위의 전환 요건은, 우선. 무효인 행정행위가 존재하여야 하며, 원래의 행위와 전환되는 행위 간에 요건, 효과, 목적에 있어 실질적 공통성이 있어야 하고, 무효인 행정행위가 형식적, 실질적으로 다른 행위의 요건을 갖추어야 하며, 본래의 행위의 무효를 알았더라면 전환되는 행위를 의욕하였을 것이어야 하고, 흠 있는 행위를 한 행정청의 의사에 반하지 않아야 하며, 제3자의 권익을 침해하지 않아야 하고, 행위의 중복을 피하는 의미가 있어야 함을 전제로 한다.

【판시사항】

사망한 귀속재산 수불하자에 대하여 한 그 불하처분의 취소처분을 그 상속인에게 송달한 효력(대법원 1969. 1. 21. 선고 68누190 판결)

【판결요지】

귀속재산을 불하받은 자가 사망한 후에 그 수불하자 대하여 한 그 불하처분은 사망자에 대한 행정처분이므로 무효이지만 그 취소처분을 수불하자의 상속인에게 송달한 때에는 그 송달시에 그 상속인에 대하여 다시 그 불하처분을 취소한다는 새로운 행정처분을 한 것이라고 할 것이다.

4. 전환의 효과

전환은 새로운 행정행위로서의 효력이 발생하며, 그 새로운 행정행위의 효력은 당초 하자있는 행정행위의 발령시점으로 소급하여 발생한다.

제9절 행정행위의 폐지 - 직권취소와 철회

Ⅰ. 행정행위 직권취소

1. 의의 및 구별개념

가. 의의

가령 연령결격자에게 발령된 운전면허처분을 행정청이 취소하는 것과 같이 행정행위의 직권취소란 일단 유효하게 성립된 행정행위를 그 성립에 하자가 있음을 이유로 발령한 처분청이나 감독청이 직권으로 소멸(소급효)시키는 행위를 말한다.

구분	직권취소	쟁소취소
의의	행정청의 직권에 의한 취소	쟁송제기에 의한 법원 또는 행정청의 취소
목적	주로 구체적 행정목적 실현–공익실현	추상적 위법(권익침해)
대상	주로 수익적 행정행위+부담적 행정행위+복효적행정행위	주로 부담적 행정행위+복효적 행정행위
사유	위법 부당	행정심판 – 위법 부당 행정소송 – 위법
취소권자	처분청과 감독청	처분청(이의신청) 행정심판위원회 수소법원(행정법원, 고등법원 대법원
절차규정	일반법적 규정 없음 단 행정절차법상 처분절차 따름	행정심판법 행정소송법
기간의 제한	없음	90일(180일, 1년)
이익형량 및 취소제한	• 취소가 요구되는 법률적합성과 행정행위의 유지를 요구하는 신뢰보호 간의 이익형량 필요 • 취소제한 없음	• 필요 없음 단, 사정재결, 사정판결은 필요 • 취소제한 없음
소급효	소급효 원칙 단 상대방에게 귀책사유가 없으면 장래효	소급효
적극적 변경 여부	소극적, 적극적 변경 가능	• 소극적 변경 • 적극적 변경 × (단 행정심판은 적극적 변경도 가능
형식	불요식	서면에 의한 재결 또는 판결
불가변력	×	○

【판시사항】

행정행위의 취소사유와 철회사유의 구별기준(대법원 2003. 5. 30. 선고 2003다6422 판결)

【판결요지】

행정행위의 취소는 일단 유효하게 성립한 행정행위를 그 행위에 위법 또는 부당한 하자가 있음을 이유로 소급하여 그 효력을 소멸시키는 별도의 행정처분이고, 행정행위의 철회는 적법요건을 구비하여 완전히 효력을 발하고 있는 행정행위를 사후적으로 그 행위의 효력의 전부 또는 일부를 장래에 향해 소멸시키는 행정처분이므로, 행정행위의 취소사유는 행정행위의 성립 당시에 존재하였던 하자를 말하고, 철회사유는 행정행위가 성립된 이후에 새로이 발생한 것으로서 행정행위의 효력을 존속시킬 수 없는 사유를 말한다.

나. 구별개념

직권취소는 유효하게 성립한 행위의 효과를 사후에 소멸시킨다는 점에서 처음부터 효력이 없는 무효행위를 확인하는 행위와 구별되고 행정행위의 성립과정에 흠이 있는 행위의 효과를 소멸시킨다는 점에서 사후의 새로운 사정을 이유로 효력을 소멸시키는 철회와 구별된다.

※ 구별개념

부존재	외관상 존재 자체가 없는 것
무효	외관은 존재하나 처음부터 아무런 효력이 없는 것
취소	행정행위시부터 존재한 하자를 이유로 효력을 소멸시킴, 취소되기 전까지는 유효하게 효력을 소멸시키기 위해 행정청의 별도의 의사표시가 필요함
철회	일단 발생한 효력이 후발적 사정에 의해 소멸되며 효력소멸을 위한 행정청의 의사표시가 필요함
실효	일정한 사정상의 발생으로 당연히 효력이 소멸되며 행정청이 별도의 의사표시를 할 필요가 없음

2. 법적근거(사유)

직권취소에 관한 통칙적인 규정은 없다. 그에 따라 법률유보의 관점에서 법적근거가 필요하다는 견해도 있으나 법령의 근거없이 처분청은 스스로 위법·부당한 행위를 직권으로 취소할 수 있다는 것이 일반적인 견해이다. 이는 하자 있는 행정행위를 취소하는 것은 법치행정의 원리를 구체적으로 실현하는 것이라는 논리적 전제에 따른 것이다.

【판시사항】
직권취소시 법적근거의 필요성(대법원 1995. 9. 15. 선고 95누6311 판결)

【판결요지】
개별토지에 대한 가격결정도 행정처분에 해당하며, 원래 행정처분을 한 처분청은 그 행위에 하자가 있는 경우에는 원칙적으로 별도의 법적 근거가 없더라도 스스로 이를 직권으로 취소할 수 있는 것이다.

3. 직권취소의 한계

(1) 침익적 행정행위

침익적 행정행위 취소는 상대방에게 수익적인 효과를 가져오는 행위이므로 직권취소 가능하며, 오히려 위법한 침익적 행위의 직권취소는 행정청의 의무라 할 수 있다.

(2) 수익적 행정행위

수익적 행정처분을 취소할 때에는 이를 취소하여야 할 공익상의 필요와 그 취소로 인하여 당사자가 입게 될 기득권과 신뢰보호 및 법률생활 안정의 침해 등 불이익을 비교·교량한 후 공익상의 필요가 당사자가 입을 불이익을 정당화할 만큼 강한 경우에 한하여 취소할 수 있다.

【판시사항】

수익적 행정행위를 취소할 수 있는 경우 및 수익적 행정처분의 하자가 당사자의 사실은폐나 기타 사위의 방법에 의한 신청행위에 기인한 경우, 당사자의 신뢰이익을 고려하여야 하는지 여부(대법원 2006. 5. 25. 선고 2003두4669 판결)

【판결요지】

행정행위를 한 처분청은 그 행위에 하자가 있는 경우에는 별도의 법적 근거가 없더라도 스스로 이를 취소할 수 있고, 다만 수익적 행정처분을 취소할 때에는 이를 취소하여야 할 공익상의 필요와 그 취소로 인하여 당사자가 입게 될 기득권과 신뢰보호 및 법률생활 안정의 침해 등 불이익을 비교·교량한 후 공익상의 필요가 당사자가 입을 불이익을 정당화할 만큼 강한 경우에 한하여 취소할 수 있으며, 나아가 수익적 행정처분의 하자가 당사자의 사실은폐나 기타 사위의 방법에 의한 신청행위에 기인한 것이라면 당사자는 처분에 의한 이익이 위법하게 취득되었음을 알아 취소가능성도 예상하고 있었다 할 것이므로, 그 자신이 처분에 관한 신뢰이익을 원용할 수 없음은 물론 행정청이 이를 고려하지 아니하였다고 하여도 재량권의 남용이 되지 않는다.

4. 절차

직권취소도 행정행위이다. 따라서 행정절차법이 정하는 일반적인 규정을 따르면 되고 개별법에 구체적인 절차를 규정하고 있으면 그에 따르면 된다.

5. 효과

취소의 효과는 소급적인 것이 원칙이다. 그러나 모든 행위에 소급적으로 영향을 미치는 것은 문제가 있을 수 있으므로, 행정행위 취소시 침익적 행정행위인 경우는 소급효가 있지만 수익적 행정행위 취소의 경우에는 장래효가 있다.

6. 하자있는 직권취소의 재취소 가능성(취소의 취소 가능성)

(1) 문제의 소재

가령 운전면허취소처분이 단순 위법한 경우 이를 재취소함으로써 원처분인 운전면허처분의 효력을 회복시킬 수 있느냐의 문제와 같이 직권취소의 하자가 단순위법인 경우 직권취소로 소멸되었던 원처분을 행정청이 직권취소로 다시 취소함으로써 소생될 수 있느냐의 문제이다.

(2) 학설

학설은 취소의 인정여부에 관하여 적극설(취소처분도 행정처분의 한 종류이고 취소처분을 법원 판결에 의해서도 취소되고 있다는 논거), 소극설(취소처분으로 원처분의 효력을 상실, 따라서 취소처분의 취소를 통해 원처분의 회복은 불가능하다는 논거), 절충설(당해 행정처분의 성질, 새로운 이해관계인의 등장여부, 신뢰보호, 법적안정성, 행정의 능률 등을 종합적으로 고려하여 판단하여야 한다는 논거)이 대립한다.

(3) 판례

판례는 원행정행위가 침익적인지 수익적인지의 여부에 따라 달리 판단하고 있다. 만일 원처분이 침익적 처분(과세처분)인 경우 그 직권취소의 취소는 행정행위의 상대방에게 불이익한 결과를 초래하므로 소극적이다. 이 경우에는 원행정행위가 자동적으로 소생하지 않고, 동일한 내용의 행정행위를 다시 행해야 한다.

【판시사항】
과세관청이 부과의 취소를 다시 취소함으로써 원부과처분을 소생시킬 수 있는지 여부(대법원 1995. 3. 10. 선고 94누7027 판결)

【판결요지】
국세기본법 제26조 제1호는 부과의 취소를 국세납부의무 소멸사유의 하나로 들고 있으나, 그 부과의 취소에 하자가 있는 경우의 부과의 취소의 취소에 대하여는 법률이 명문으로 그 취소요건이나 그에 대한 불복절차에 대하여 따로 규정을 둔 바도 없으므로, 설사 부과의 취소에 위법사유가 있다고 하더라도 당연무효가 아닌 한 일단 유효하게 성립하여 부과처분을 확정적으로 상실시키는 것이므로, 과세관청은 부과의 취소를 다시 취소함으로써 원부과처분을 소생시킬 수는 없고 납세의무자에게 종전의 과세대상에 대한 납부의무를 지우려면 다시 법률에서 정한 부과절차에 좇아 동일한 내용의 새로운 처분을 하는 수밖에 없다.

반면, 원처분이 수익적 처분(의료법인의 이사에 대한 이사취임승인)인 경우 그 직권취소의 취소는 행정행위의 상대방에게 이익이 되므로 적극적이다. 따라서 이 경우에는 원행정행위가 자동으로 소생하고, 동일한 행정행위를 다시 할 필요가 없다

【판시사항】
행정청이 의료법인의 이사에 대한 이사취임승인취소처분을 직권으로 취소한 경우, 법원에 의하여 선임된 임시이사는 법원의 해임결정이 없더라도 당연히 그 지위가 소멸되는지 여부 (대법원 1997. 1. 21. 선고 96누3401 판결)

【판결요지】
행정처분이 취소되면 그 소급효에 의하여 처음부터 그 처분이 없었던 것과 같은 효과를 발생하게 되는바, 행정청이 의료법인의 이사에 대한 이사취임승인취소처분(제1처분)을 직권으로 취소(제2처분)한 경우에는 그로 인하여 이사가 소급하여 이사로서의 지위를 회복하게 되고, 그 결과 위 제1처분과 제2처분 사이에 법원에 의하여 선임결정된 임시이사들의 지위는 법원의 해임결정이 없더라도 당연히 소멸된다.

다만, 직권취소를 취소하여 회복되는 원처분이 수익적이라 할지라도 그 원처분이 동시에 제3자에게는 침익적 효과를 가져 온다면(복효적인 경우) 원처분의 회복을 부정한다.

【판시사항】
광업권 취소처분후 광업권 설정의 선출원이 있는 경우의 위 취소처분 취소의 효력(대법원 1967. 10. 23. 선고 67누126 판결)

【판결요지】
유휴 광업권을 취소하기 전에 유휴 광업권 정리요강에 의한 사전 통지를 하지 아니하였다 하더라도 그 취소처분이 위법한 것은 아니다.

Ⅱ. 행정행위의 철회

1. 의의

행정행위의 철회란 적법요건을 구비하여 아무런 하자없이 성립한 행정행위의 효력을 더 이상 존속시킬 수 없는 후발적인 사유를 이유로 행정청이 장래를 향하여 직권으로 그 효력을 상실시키는 독립된 행정행위를 말한다.

철회와 취소는 모두 행정행위를 행한 행정청이 그 효력을 소멸시키는 행위라는 점에서 공통점을 갖는다. 그러나 전통적으로 양자는 대상이 하자있는 행정행위인지의 여부, 취소 철회권자에 감독청도 포함되는 지의 여부, 소급효 또는 장래효를 가지는지 여부에 따라 구별된다.

> **【판시사항】**
> 행정행위의 취소사유와 철회사유의 구별 기준(대법원 2006. 5. 11. 선고 2003다37969 판결)
>
> **【판결요지】**
> 행정행위의 취소는 일단 유효하게 성립한 행정행위를 그 행위에 위법 또는 부당한 하자가 있음을 이유로 소급하여 그 효력을 소멸시키는 별도의 행정처분이고, 행정행위의 철회는 적법요건을 구비하여 완전히 효력을 발하고 있는 행정행위를 사후적으로 그 행위의 효력의 전부 또는 일부를 장래에 향해 소멸시키는 행정처분이므로, 행정행위의 취소사유는 행정행위의 성립 당시에 존재하였던 하자를 말하고, 철회사유는 행정행위가 성립된 이후에 새로이 발생한 것으로서 행정행위의 효력을 존속시킬 수 없는 사유를 말한다.

[취소와 철회의 이동]

구분	취소	철회
원인	성립 당시 위법 부당(원시적하자)	성립당시 적법, 새로운 사정발생(후발적 사유)
효과	소급효(직권취소는 상대방의 귀책사유가 없는한 장래효)	장래효
기관	직권취소-처분청, 감독청 쟁송취소-처분청, 행심위, 수소법원	처분청

절차	직권취소-특별절차 없음 쟁송취소-행정심판법, 행정소송법	특별절차 없음
손배전보	손해배상(하자O)	손실보상(하자×)
목적	원시적 하자 시정	변화하는 사정에 적합
공통점	행정청에 의해 소멸되는 행정행위와 별개의 독립된 행정행위 수익적 행위의 경우 제한이 있음 취소, 철회 모두 취소가 인정 실정법상 혼용되고 있음	

2. 법적근거(법률유보)

철회는 법령에 그 사유가 명시되지 않음이 일반적이다. 즉 통칙적인 규정은 없다. 따라서 행정행위 철회 시 명시적인 법적근거가 필요한지가 문제될 수 있다.

(1) 학설

구분	내용
근거 불요설	원행정행위의 수권규정은 철회권의 근거규정으로 볼 수 있다는 견해
근거 필요설	수익적 행정행위의 철회는 침익적이므로 헌법 제37조 제2항에 비추어 근거가 필요하다는 견해
제한적 긍정설	귀책사유나 철회권이 유보된 경우 법적근거는 불요하나 공익상 필요로 인한 경우에는 법적근거를 요한다는 견해

근거필요설, 근거불요설, 제한적 긍정설이 대립한다. 이중 근거불요설의 논거는 행정법규가 완벽하지 않은 상태에서 철회에 일일이 법률적 근거를 요할 경우 중대한 공익상 필요가 있는 경우에도 철회할 수 없다는 결과에 도달하고, 이것은 합리적이지 못하기 때문에 근거 없이도 철회가 가능하다는 견해이다.

(2) 판례 – 근거불요설

행정행위를 한 처분청은 처분 당시에 행정처분에 별다른 하자가 없었고 처분 후 취소할 별도의 법적 근거가 없더라도 원래의 처분을 존속시킬 필요가 없게 된 사정변경이 생겼거나 또는 중대한 공익상의 필요가 발생한 경우에는 그 효력을 상실케 하는 별개의 행정행위로 이를 취소할 수 있다.

> **【판시사항】**
> 행정처분 당시에 별다른 하자가 없었고 또 그 처분 후에 이를 취소할 별도의 법적 근거가 없다 하더라도 별개의 행정행위로 이를 철회하거나 변경할 수 있는지 여부(대법원 1992. 1. 17. 선고 91누3130 판결)

> **【판결요지】**
> 행정행위를 한 처분청은 그 처분 당시에 그 행정처분에 별다른 하자가 없었고 또 그 처분 후에 이를 취소할 별도의 법적 근거가 없다 하더라도 원래의 처분을 그대로 존속시킬 필요가 없게 된 사정변경이 생겼거나 또는 중대한 공익상의 필요가 발생한 경우에는 별개의 행정행위로 이를 철회하거나 변경할 수 있다.

3. 철회원인(사유)

(1) 사실관계변경

국민기초생활급여 대상자가 급여를 받을 사유가 더 이상 구비되지 않을 경우의 국민기초생활급여의 결정 및 정지 등의 그 예이다.

(2) 의무의 위반이나 부담의 불이행의 경우

가령 음주운전으로 인한 운전면허 효력상실, 징용료를 납부하지 않은 자에 대한 영업허가 취소 등과 같이 행정행위에 수단되는 법정의무 또는 부관에 의한 의무를 위반하거나 이행하지 않은 경우 행정행위의 철회가 가능하다.

> **【판시사항】**
> 부담부 행정처분의 상대방이 그 부담을 이행하지 않음을 이유로 한 처분의 취소가부(대법원 1989. 10. 24. 선고 89누2431 판결)

부담부 행정처분에 있어서 처분의 상대방이 부담(의무)을 이행하지 아니한 경우에 처분행정
청으로서는 이를 들어 당해 처분을 취소(철회)할 수 있는 것이다.

(3) 근거법령 개폐

원칙상 근거법령의 개폐가 행정행위의 성립 발효 이후에 이루어져도 법률불소급의 원칙상
행정행위의 효력에는 영향이 없다. 다만, 법령개폐의 행정목적상 불가피한 경우에는 구법령
에 의한 행정행위의 효력을 소멸시켜야 할 때도 있기 때문에 이럴 경우에는 손실보상의
문제가 발생한다.

(4) 우월한 공익상 필요

가령 하천에 댐을 건설하게 되어 부득이 기존의 하천점용허가를 철회하는 경우와 같이 상대
방의 신뢰보호, 법적 안정성, 기득권 보호 등의 요구보다 철회를 요구하는 공익이 더 우월한
경우 철회가 가능하다.

【판시사항】
행정처분 당시에 별다른 하자가 없었고 그 처분 후에 이를 취소할 별도의 법적 근거가 없다
하더라도, 처분청은 별개의 행정행위로 이를 취소할 수 있는지 여부(대법원 1995. 2. 28. 선
고 94누7713 판결)

【판결요지】
행정행위를 한 처분청은 비록 그 처분 당시에 별다른 하자가 없었고, 또 그 처분 후에 이를 취
소할 별도의 법적 근거가 없다 하더라도 원래의 처분을 존속시킬 필요가 없게 된 사정변경이
생겼거나 또는 중대한 공익상의 필요가 발생한 경우에는 그 효력을 상실케 하는 별개의 행정
행위로 이를 취소할 수 있다.

(5) 그 밖의 사유

그 밖에 부관으로 철회권이 유보되어있고 그 사유가 발생한 경우, 법령에 규정된 철회사유가

발생한 경우, 일정한 기간까지 권리를 불행사하거나 사업에 착수하지 않은 경우, 사업의 성공 또는 목표 달성의 불가능함이 판명된 경우, 철회에 대한 당사자의 신청 또는 동의가 있는 경우 등이 철회의 사유이다.

4. 철회권행사의 제한

침익적 행정행위의 경우 그 철회는 상대방에게 수익적이므로 원칙적으로 자유롭게 해사할 수 있다. 다만 복효적 행정행위의 경우 제3자의 이익을 위해 제한될 수 있다. 반면 수익적 행정행위인 경우에 그 철회는 침익적이 되므로 그 철회는 제한되며, 성문법과 행정법의 일반원칙 특히 신뢰보호원이나 비례의 원칙 등에 위반되어서는 안 된다. 즉, 철회해야할 공익상의 필요가 상대방의 신뢰보호의 필요성 보다 더 클 때 가능하다.

5. 일부철회의 가부

외형상 하나의 행정처분이라 하더라도 가분성이 있거나 그 처분대상의 일부가 특정될 수 있다면 그 일부만의 취소(철회)도 가능하고 그 일부의 취소(철회)는 당해 취소(철회)부분에 관하여 효력이 생긴다.[67]

> 【판시사항】
> 가. 한 사람이 여러 종류의 자동차 운전면허를 취득한 경우, 이를 취소·정지함에 있어서 서로 별개의 것으로 취급하여야 하는지 여부
> 나. 외형상 하나의 행정처분이라 하더라도 가분성이 있거나 그 처분대상의 일부가 특정될 수 있는 경우, 일부 취소의 가능성
> 다. 제1종 보통, 대형 및 특수면허를 가지고 있는 자가 레이카크레인을 음주운전한 행위는 위 특수면허의 취소사유에 해당될 뿐 위 보통 및 대형 면허의 취소사유는 아니라고 하여 3종의 면허를 모두 취소한 처분 전체를 취소한 원심판결 중 특수면허에 대한 부분은 위법하다는 이유로 파기환송한 사례(대법원 1995. 11. 16. 선고 95누8850 전원합의체 판결)

---

67) 대법원 1995. 11. 16. 선고 95누8850 전원합의체 판결.

【판결요지】

가. 한 사람이 여러 종류의 자동차 운전면허를 취득하는 경우뿐 아니라 이를 취소 또는 정지함에 있어서도 서로 별개의 것으로 취급하는 것이 원칙이고, 한 사람이 여러 종류의 자동차 운전면허를 취득하는 경우 1개의 운전면허증을 발급하고 그 운전면허증의 면허번호는 최초로 부여한 면허번호로 하여 이를 통합관리하고 있다고 하더라도, 이는 자동차 운전면허증 및 그 면허번호 관리상의 편의를 위한 것에 불과할 뿐 그렇다고 하여 여러 종류의 면허를 서로 별개의 것으로 취급할 수 없다거나 각 면허의 개별적인 취소 또는 정지를 분리하여 집행할 수 없는 것은 아니다.

나. 외형상 하나의 행정처분이라 하더라도 가분성이 있거나 그 처분대상의 일부가 특정될 수 있다면 그 일부만의 취소도 가능하고 그 일부의 취소는 당해 취소부분에 관하여 효력이 생긴다고 할 것인바, 이는 한 사람이 여러 종류의 자동차 운전면허를 취득한 경우 그 각 운전면허를 취소하거나 그 운전면허의 효력을 정지함에 있어서도 마찬가지이다.

다. 제1종 보통, 대형 및 특수 면허를 가지고 있는 자가 레이카크레인을 음주운전한 행위는 제1종 특수면허의 취소사유에 해당될 뿐 제1종 보통 및 대형 면허의 취소사유는 아니므로, 3종의 면허를 모두 취소한 처분 중 제1종 보통 및 대형 면허에 대한 부분은 이를 이유로 취소하면 될 것이나, 제1종 특수면허에 대한 부분은 원고가 재량권의 일탈·남용하여 위법하다는 주장을 하고 있음에도, 원심이 그 점에 대하여 심리·판단하지 아니한 채 처분 전체를 취소한 조치는 위법하다고 하여 원심판결 중 제1종 특수면허에 대한 부분을 파기환송한 사례.

6. 철회절차

철회도 독립한 행정행위이다. 따라서 개별법상의 절차와 행정절차법상의 처분절차를 준수하여야 한다. 이에 따라 철회의 경우에도 원칙적으로 당사자에게 그 근거와 이유를 제기하여야 한다.

【판시사항】

주류도매업면허의 취소처분에 그 대상이 된 위반사실을 특정하지 아니하여 위법하다고 본 사례(대법원 1990. 9. 11. 선고 90누1786 판결)

【판결요지】

면허의 취소처분에는 그 근거가 되는 법령이나 취소권 유보의 부관 등을 명시하여야 함은 물론 처분을 받은 자가 어떠한 위반사실에 대하여 당해 처분이 있었는지를 알 수 있을 정도로 사실을 적시할 것을 요하며, 이와 같은 취소처분의 근거와 위반사실의 적시를 빠뜨린 하자는 피처분자가 처분 당시 그 취지를 알고 있었다거나 그후 알게 되었다 하여도 치유될 수 없다고 할 것인바, 세무서장인 피고가 주류도매업자인 원고에 대하여 한 이 사건 일반주류도매업면허취소통지에 '상기 주류도매장은 무면허 주류판매업자에게 주류를 판매하여 주세법 제11조 및 국세법사무처리규정 제26조에 의거 지정조건위반으로 주류판매면허를 취소합니다'라고만 되어 있어서 원고의 영업기간과 거래상대방 등에 비추어 원고가 어떠한 거래행위로 인하여 이 사건 처분을 받았는지 알 수 없게 되어 있다면 이 사건 면허취소처분은 위법하다.

7. 철회의 효과

철회를 하는 경우 소급효를 인정하지 않을 경우에는 철회목적으로 달성할 수 없는 예외적인 사유가 없는 한 철회의 효과는 장래효가 원칙이다. 이 경우 상대방이 철회에 대해 귀책사유 없이 손해를 입게되는 경우에는 행정청이 그 손실을 보상해 주어야 한다.

제10절 행정행위의 부관

Ⅰ. 부관의 개념

1. 부관의 의의

행정행위의 부관이란 행정행위의 효과를 제한하거나 특별한 의무를 부과하거나 요건을 보충하기 위하여 주된 행정행위에 부가된 종된 규율을 말한다. 따라서 법령에서 직접 조건, 기한 등을 정하고 있는 법정부관(자동차검사증의 유효기간, 수렵면허의 법정기간, 광업권의 존속기간 등)과는 구별되며, 부관은 학문상 개념이며 실정법에서는 오히려 '조건'으로 표시하고 있다.

【판시사항】
부관으로 부담을 붙이는 방법(대법원 2009. 2. 12. 선고 2005다65500 판결)

【판결요지】
수익적 행정처분에 있어서는 법령에 특별한 근거규정이 없다고 하더라도 그 부관으로서 부담을 붙일 수 있고, 그와 같은 부담은 행정청이 행정처분을 하면서 일방적으로 부가할 수도 있지만 부담을 부가하기 이전에 상대방과 협의하여 부담의 내용을 협약의 형식으로 미리 정한 다음 행정처분을 하면서 이를 부가할 수도 있다.

【판시사항】
헌법위반의 법정부관을 위반한 행위의 식품위생법 위반 여부(대법원 1995. 11. 14. 선고 92도496 판결)

【판결요지】
위 고시가 보존음료수 제조업의 허가를 받은 제조업자들이 보존음료수를 내국인에게 판매하지 못하도록 금지하고 있는 것은 헌법상 보장된 직업의 자유와 국민의 행복추구권을 침해하는 것으로서 헌법에 위반되어 무효라고 할 것이므로, 이 고시를 내용으로 하는 위 허가조건(법정부관) 역시 무효라고 할 것이니 이를 위반하여 보존음료수를 내국인에게 판매하였다고 하더라도 식품위생법 제77조 제3호에 해당한다고 할 수 없다.

2. 부관의 부종성68)

부관은 부종성을 갖는다. 즉 부관은 형식적인 측면에서 행위의 존재 여부와 효력 여부에 의존하며, 내용적으로는 주된 행정행위와의 실질적 관련성이 있어야 한다.

II. 부관의 종류 - 조건, 기한, 부담, 철회권 유보 등

1. 판단기준

부관의 종류는 그 표현과 무관하게 행정청의 객관적 의사를 기준으로 판단한다. 다만 의사가 불분명할 시 최소침해의 원칙상 상대방에게 유리하게 판단한다.

2. 조건

(1) 개념

조건이란 행정행의 효력의 발생 또는 소멸을 장래의 불확실한 사실의 성부에 의존케 하는 부관을 말한다. 조건에는 효력발생에 관한 조건인 정지조건과 효력소멸에 관한 조건인 해제 조건이 있다.

(2) 종류

1) 정지조건

행정행위의 효과를 장래의 불확실한 사실에 의존시키는 부관으로서, 가령 장해시설 완비를 조건으로 한 도로점용허가, 시설완성을 조건으로 한 학교설립인가와 같이 조건의 성취에 의하여 비로소 행정행위의 효력이 발생하는 부관을 말한다.

---

68) 주된 권리·의무에 부수적인 권리·의무가 의존하는 것을 말한다. 채권을 담보하기 위하여 저당권·질권을 설정하거나(물적담보) 보증인을 세울 경우(인적담보), 근본이 되는 주된 권리·의무 외에 저당권·질권과 관련된 권리·의무, 그리고 보증채무와 이에 대한 권리라는 형식으로 종속된 권리·의무가 발생한다. 이런 경우에 종속된 권리·의무는 주된 권리·의무가 성립하지 않으면 성립할 수 없고, 주된 권리·의무가 소멸하면 함께 소멸한다. 예를 들어 주채무자가 채무를 이행하여 이에 따라 채무가 소멸하면 주채무에 의존하는 저당권·질권·보증채무도 소멸한다. 이처럼 주된 권리·의무의 존재에 따르는 종속된 권리·의무의 성질을 '부종성'이라고 한다.

2) 해제조건

조건의 성취로 인하여 행정행위의 법적 효과를 소멸시키는 부관으로서, 가령 6개월 내 착공을 조건으로 한 공유수면매립면허, 특정기업의 취업을 조건으로 하는 체류허가의 발급과 같이 조건의 성취에 의하여 행정행위의 효력이 소멸하는 부관을 말한다.

3) 특징

조건부 행정행위의 효력은 조건인 사실의 성취여부가 미정인 동안에는 불확정한 상태로 있지만 조건이 성취됨과 동시에 당연히 행정행위의 효력이 발생 또는 소멸하며 별도의 행정청의 행위는 필요로 하지 않으며, 조건에 대해서만 강제집행을 하거나 행정쟁송을 제기할 수 없다.

3. 기한

(1) 개념

기한이란 가령 도로점용허가의 효력발생을 특정일자로 정하는 경우와 같이 행정행위의 효력의 발생과 소멸을 장래 확실한 사실의 발생에 의존하게 하는 부관을 말한다. 기한은 장래 발생이 확실한 사실에 의존하게 한다는 점에서 장래 발생 불확실한 사실에 의존하게 하는 조건과 성질이 다르다.

(2) 종류

1) 시기와 종기

시기는 행정행위의 효력발생에 관한 기한이며(0월0일부터 도로사용허가), 종기는 효력소멸에 관한 기한(0월0일까지 도로사용허가, 하천점용허가)을 말한다.

2) 확정기한, 불확정기한

확정기한은 도래할 것이 확실함은 물론 도래하는 시기까지도 확실한 기한(~부터 ~까지)을 말하며, 불확정기한은 도래는 확실하나 도래하는 시기가 언제인지 확실하지 않은 기한(사망시까지 연금지급)을 말한다.

3) 부당하게 짧은 기한문제

허가의 존속기간을 정한 것이며 그 기간이 도래함으로써 그 조건의 개정을 고려하여야 한다
는 뜻으로 해석한다.[69]

【판시사항】

가. 행정행위인 허가 또는 특허에 붙인 조항으로서 종료의 기한을 정한 경우 기한의 도래로
그 행정행위의 효력이 당연히 상실되는지 여부

나. 종전 허가의 유효기간이 지난 후에 한 기간연장 신청의 성격(대법원 1995. 11. 10. 선고
94누11866 판결)

【판결요지】

가. 행정행위인 허가 또는 특허에 붙인 조항으로서 종료의 기한을 정한 경우 종기인 기한에
관하여는 일률적으로 기한이 왔다고 하여 당연히 그 행정행위의 효력이 상실된다고 할
것이 아니고 그 기한이 그 허가 또는 특허된 사업의 성질상 부당하게 짧은 기한을 정한
경우에 있어서는 그 기한은 그 허가 또는 특허의 조건의 존속기간을 정한 것이며 그 기한
이 도래함으로써 그 조건의 개정을 고려한다는 뜻으로 해석하여야 할 것이다.

나. 종전의 허가가 기한의 도래로 실효한 이상 원고가 종전 허가의 유효기간이 지나서 신청
한 이 사건 기간연장신청은 그에 대한 종전의 허가처분을 전제로 하여 단순히 그 유효기
간을 연장하여 주는 행정처분을 구하는 것이라기 보다는 종전의 허가처분과는 별도의
새로운 허가를 내용으로 하는 행정처분을 구하는 것이라고 보아야 할 것이어서, 이러한
경우 허가권자는 이를 새로운 허가신청으로 보아 법의 관계 규정에 의하여 허가요건의
적합 여부를 새로이 판단하여 그 허가 여부를 결정하여야 할 것이다.

---

69) 대법원 2004. 3. 25. 선고 2003두12837 판결.

4. 부담

(1) 의의

가령, 도로 · 하천의 사용을 허가할 때에 그 부관으로서 점용료 · 사용료의 납부를 명하고 또는 그 사용방법에 관하여 특별한 제한을 가하는 경우와 같이 부담이란 주된 행정행위에 부가하여 그 행정행위의 상대방에게 작위, 부작위, 급부, 수인 등의 특정의무를 부과하는 부관의 일종이다. 이는 보통 허가, 특허 등 수익적 행정행위에 붙여진다.

또한 부담은 다른 부관과는 달리 주된 행정행위의 효력발생이나 소멸과 관련되는 것이 아니기 때문에 부담이 부과되어도 주된 행정행위의 효력은 처음부터 유효하게 발생하고, 부담의 불이행이 있어도 당연히 주된 행정행위의 효력이 상실되지 아니하는 특성을 가지고 있다.

【판시사항】

부관의 효력(대법원 2008. 11. 27. 선고 2007두24289 판결)

【판결요지】

행정청이 도시환경정비사업 시행자에게 '무상양도되지 않는 구역 내 국유지를 착공신고 전까지 매입'하도록 한 부관을 붙여 사업시행인가를 하였으나 시행자가 국유지를 매수하지 않고 점용한 사안에서, 그 부관은 국유지에 관해 사업시행인가의 효력을 저지하는 조건이 아니라 작위의무를 부과하는 부담이므로, 사업시행인가를 받은 때에 국유지에 대해 국유재산법 제24조의 규정에 의한 사용 · 수익 허가를 받은 것이어서 같은 법 제51조에 따른 변상금 부과처분은 위법하다.

(2) 부담과 정지조건

부담부 행정행위는 부담의 이행 여부를 불문하고 일단 주된 행정행위의 효력이 발생한다는 점에서 조건성취로 인하여 비로소 효력이 발생하게 되는 정지조건과 다르다. 다만 그 의사 불분명하면 최소침해의 원칙상 상대방에게 유리한 부담으로 볼 것이다.

(3) 법적성질

1) 부담의 독립성

다른 부관과 달리 부담은 주된 행정행위의 일부로서의 의미를 갖는다. 즉, 그 자체로 독립된 행정행위(작위, 부작위, 급부, 수인의무 명함 - 명령적 행정행위)이다. 따라서 부담자체로 독립하여 항고소송의 대상이 된다.

2) 부담의 종속성

부담도 부관의 성질을 갖고 있기 때문에 당연히 부종성이 있다. 따라서 주된 행정행위가 실효되면 부담도 실효된다.

5. 부담유보(철회권의 유보)

(1) 의의

가령 사업인정을 하면서 환경이 심각하게 훼손된 경우에는 사업인정을 취소하겠다는 내용과 같이 부담유보란 행정청이 행정행위를 발함에 있어 일정한 사실이 발생할 경우 행정행위를 철회하여 그 효력을 소멸시킬 수 있는 권한을 행정청에 유보한 부관을 말하며, 실무상으로는 취소권의 유보라고도 한다.

(2) 철회권 행사

행정청이 철회사유를 구체적으로 정하여 철회권을 유보하였고 그 유보된 사실이 발생하더라도 철회권의 행사가 언제나 자유로운 것은 아니며, 위와 같은 경우에도 철회권을 행사하려면 일정한 조리상의 한계(비례의 원칙) 즉 이익형량의 원칙이 충족되어야 한다. 다만 상대방이 유보사유가 발생하여 당해 행정행위가 철회될 수 있음을 예측하고 있었기에 신뢰보호원칙을 이유로 철회제한 및 손실보상을 주장할 수 없다.

6. 법률효과의 일부배제

(1) 의의

가령 도로점용허가를 하면서 야간만, 택시영업허가를 하면서 격일제로 하는 것과 같이 법률
효과의 일부배제란 행정행위의 주된 내용에 부가하여 그 법적 효과발생의 일부를 배제하는
행정청의 의사표시를 말한다.

(2) 법적성질

법률효과의 일부배제를 행정행위 자체의 내용상 제한으로 보면서 부관과 구별하는 견해도
있지만, 다수설과 판례는 법률효과의 일부배제를 부관의 하나로 보고 있다.

바, 지방국토관리청장이 일부 공유수면매립지에 대하여 한 국가 또는 직할시 귀속처분은 매립준공인가를 함에 있어서 매립의 면허를 받은 자의 매립지에 대한 소유권취득을 규정한 공유수면매립법 제14조의 효과 일부를 배제하는 부관을 붙인 것이고, 이러한 행정행위의 부관은 위 법리와 같이 독립하여 행정소송 대상이 될 수 없다.

(3) 법률의 명시적 근거요

법률이 부여한 효과를 행정청이 일부 배제하는 것이기 때문에 법에 근거가 있어야 한다.

7. 수정부담

가령 기와지붕 건축허가를 신청하였으나 콘크리트지붕 건축허가가 발령된 경우와 같이 수정부담이란 행정행위에 부과하여 새로운 의무부과를 하는 것이 아니라 사인이 신청한 처분을 거부하고 다른 내용의 처분을 발령하는 것으로, 이는 부관이 아니라 하나의 새로운 행정행위로 보아야 한다는 것이 다수설적 견해이며, 이 경우 수정부담은 상대방이 받아들임으로써 효력이 발생한다.

Ⅲ. 부관의 가능성

1. 부관의 법적 근거의 문제

(1) 문제의 소재

명문의 규정이 있는 경우 행정행위의 성질여하를 따라 부관을 붙일 수 있다. 다만 명시적인 법적 근거(법률유보의 원칙)가 없더라도 부관을 부가할 수 있는지가 문제될 수 있다.

(2) 학설

부관의 가능성에 대한 전통적 견해는 법률행위이고 재량행위인 경우에는 법적근거 없이도 침익적 부관의 부가가 가능하지만, 준법률행위적 행정행위나 기속행위의 경우에는 부관의 부가가 불가능하다는 입장이다. 다만, 최근의 새로운 견해는 행정행위의 목적, 성질, 부관의 형태 등을 개별적으로 검토하여 부관의 부가가능성을 결정하자는 입장이다.

(3) 판례 : 전통적 견해

판례는 부관의 가능성에 대한 요건으로 법률행위적 행정행위이고, 재량행위인 경우에만 부관의 부가가 가능하다는 입장이며, 기속행위에 법령상 근거없이 부관을 붙일 경우 이를 무효로 본다.

> **【판시사항】**
> 기속행위에 법령상 근거 없이 부관을 붙인 경우 그 효력(대법원 1993. 7. 27. 선고 92누 13998 판결)
>
> **【판결요지】**
> 기속행위에 대하여는 법령상 특별한 근거가 없는 한 부관을 붙일 수 없고 가사 부관을 붙였다 하더라도 이는 무효이다.

2. 부관의 한계

부관은 그 내용이 적법해야 하고 형식도 법령에 위배되지 않아야 하며, 목적상 필요한 범위를 넘지 않아야 하고, 가능한 명확하고 실현가능해야 하며, 부당결부금지의 원칙이나 비례의 원칙 등 행정법의 일반원칙 준수 필요가 있다.

3. 사후부관의 가능성

(1) 문제의 소재

부관은 주된 행정행위에 부수된 종된 것이기 때문에 주된 행정행위와 동시에 부과되는 것이 원칙이다. 따라서 행정행위를 발한 후에도 새로이 부관을 가하거나 변경하는 것이 가능한지가 부관의 부종성과 관련하여 문제된다.

(2) 학설

학설은 부정설, 긍정설, 제한적 긍정설이 대립한다. 이 중 부정설은 부관의 부종성에 반하여 허용될 수 없다는 견해이고, 긍정설은 독립된 처분인 부담의 경우에만 가능하다는 견해이고, 제한적 긍정설은 법령에 근거, 상대방의 동의, 사후부관의 유보가 있으면 가능하다는 견해이다.

(3) 판례

판례는 제한적 긍정설의 사유 외에'사정변경으로 인하여 당초 부관의 목적을 달성할 수 없는 경우에도 예외적으로 인정'하여 폭넓은 제한적 긍정설의 입장이다.

> **【판시사항】**
> 부관의 사후변경이 허용되는 범위(대법원 1997. 5. 30. 선고 97누2627 판결)
>
> **【판결요지】**
> 행정처분에 이미 부담이 부가되어 있는 상태에서 그 의무의 범위 또는 내용 등을 변경하는 부관의 사후변경은, 법률에 명문의 규정이 있거나 그 변경이 미리 유보되어 있는 경우 또는 상대방의 동의가 있는 경우에 한하여 허용되는 것이 원칙이지만, 사정변경으로 인하여 당초에 부담을 부가한 목적을 달성할 수 없게 된 경우에도 그 목적달성에 필요한 범위 내에서 예외적으로 허용된다.

Ⅳ. 부관의 위법성 정도

위법한 부관은 중대명백설에 따라 중대하고 명백한 하자를 가진 부관은 무효가 되고, 그에 이르지 아니한 하자를 가진 부관은 단순위법사유가 된다. 이때 부관의 위법 여부는 부관의 발령 당시의 법령을 기준으로 한다.

V. 위법한 부관에 대한 쟁송

1. 부관의 독립쟁송가능성

(1) 문제점

사인이 수익적 행정행위를 발급받을 때 그 효과를 제한하는 기한, 조건 등이 부가되거나 의무를 과하는 부담이 부가되는 경우 상대방은 침익적인 부관이 부가되지 아니한 수익적인 주된 행정행위의 발급만을 원한다. 이 경우 부관의 위법성을 다투려는 자가 침익적인 부분만 취소쟁송으로 다툴 수 있는지가 문제된다.

(2) 학설

모든 부관이 독립쟁송이 가능하다는 견해(부담은 그 자체가 독립된 행정행위이므로 주된 행정행위와 분리하여 독립적으로 취소쟁송의 제기가 가능한다는 논거), 분리가능성을 기준으로 하자는 등의 견해(기타 부관은 그 자체가 독립된 행정행위가 아니기 때문에 부관부 행정행위 전체를 대상으로 취소쟁송을 제기하면서 부관만의 취소를 제기하여야 한다는 논거) 등이 대립한다.

(3) 판례

판례는 부담은 처분성이 인정되므로 부담 그 자체가 행정소송의 대상이 되지만 기타 부관은 주된 행정행위의 불가분적 요소에 불과하므로 취소소송의 대상이 될 수 없고 전체 행정행위를 소송의 대상으로 하고 부관부 행정행위 전체의 취소를 구하여야 한다는 입장이다.

【판시사항】

행정행위의 부관 중 행정행위에 부수하여 그 상대방에게 일정한 의무를 부과하는 행정청의 의사표시인 부담이 그 자체만으로 행정쟁송의 대상이 될 수 있는지 여부(대법원 1992. 1. 21. 선고 91누1264 판결)

【판결요지】

행정행위의 부관은 행정행위의 일반적인 효력이나 효과를 제한하기 위하여 의사표시의 주된 내용에 부가되는 종된 의사표시이지 그 자체로서 직접 법적 효과를 발생하는 독립된 처분이 아니므로 현행 행정쟁송제도 아래서는 부관 그 자체만을 독립된 쟁송의 대상으로 할 수 없는 것이 원칙이나 행정행위의 부관 중에서도 행정행위에 부수하여 그 행정행위의 상대방에게 일정한 의무를 부과하는 행정청의 의사표시인 부담의 경우에는 다른 부관과는 달리 행정행위의 불가분적인 요소가 아니고 그 존속이 본체인 행정행위의 존재를 전제로 하는 것일 뿐이므로 부담 그 자체로서 행정쟁송의 대상이 될 수 있다.

2. 부관의 독립취소가능성

(1) 문제의 소재

만일 원고가 부관만의 위법을 그 취소를 구하는 소를 제기하고 법원이 부관이 위법하다고 판단한 경우 부관만을 독립하여 취소할 수 있는지의 문제이다.

(2) 학설

긍정설(다수설), 본질성성, 기속행위설 등이 대립한다. 이중 긍정설의 논거는 부관의 위법성이 인정되면 제한없이 부관만의 취소를 인정할 수 있다는 것이고, 본질성설은 부관이 주된 행정행위의 본질적 요소가 아닌 경우에만 부관만의 취소를 인정할 수 있다는 것이며, 기속성설은 주된 행정행위가 기속행위의 경우에만 부관만의 취소를 인정할 수 있다는 견해이다.

(3) 통설, 판례

위법한 부담이면 독립취소가 가능하지만 그 외 부관에 대해 판례는 독립쟁송가능성(부진정일부취소소송)을 부정하고 있다. 따라서 부담 이외의 부관은 그것이 행정행위의 중요부분이면 부관부행정행위 전부의 취소판결을 구하는 소송이어야 하고 부관만의 취소를 구할 수는 없다고 보면서 만일 부관만의 취소를 구할 경우 그 취소신청은 기각되어야 한다고 본다.

VI. 부관에 대한 쟁송취소와 집행정지

1. 문제의 소재

가령 부담부 건축허가처분을 받고 부담에 대해 취소소송을 제기하면서 집행정지를 하는 경우와 같이 부관에 대한 취소소송을 제기하면서 집행정지신청을 할 경우 그 효력은 부관에만 미치는지 아니면 주된 행정행위에도 미치는지가 문제이다.

2. 견해의 대립

집행정지의 효력은 당해 부관의 내용에만 미친다는 견해와 부관과 주된 행정행위의 관련성을 이유로 주된 수익적 행정행위에도 미친다는 견해가 대립하나, 법률관계의 안정 등을 고려할 때 집행정지의 효력은 수익적인 주된 행정행위에도 미친다고 보는 것이 타당하다.

제11절 확약

1. 의의

가령 건축허가권자가(행정청) 장래 건축허가처분의 발령을 약속하는 것과 같이 확약이란 행정청이 자기를 구속할 의사로써 국민에 대하여 장래에 일정한 행정행위를 하거나 하지 아니할 것을 내용으로 하는 행정청의 자기구속적 의사표시이다. 예컨대, 실무상, 본 인·허가의 발령 전에 미리 인·허가 발급을 약속하는 경우(내인가, 내허가) 및 공무원임용예정이 그 예에 해당한다. 이와 같은 확약에 대해 특정 행정작용의 발령 또는 불발령을 약속하는 경우를 확언이라고 한다. 즉, 확약은 확언의 한 종류이다. 이렇듯 확약은 행정청의 자기구속의 의사를 요소로 한다는 점이 특징이다.

2. 확약의 법적성질

(1) 학설

확약에 대하여 행정행위성을 인정할 수 있는지가 문제될 수 있는데, 이에 대하여 학설은 부정설과 긍정설이 대립한다. 이 중 부정설은 확약단계에서는 아직까지는 종국적 규율성이 결여되어 있다고 보아 행정행위성을 부인하고 독자적인 행위형식으로 보는 견해이이고, 긍정설은 확약은 행정청에 대해 장래에 이행·불이행을 의무지우는 효과가 있어 구속성이 있으므로 행정처분으로 보아야 한다는 견해이다.

(2) 판례 – 부정설

대법원의 학설 중 부정설의 견해를 취하며, 행정청의 장래 어떠한 처분을 해주겠다는 약속은 강학상 확약에 불과하고 우선순위결정에 공정력이나 불가쟁력과 같은 효력은 인정되지 아니하며, 따라서 우선순위결정이 잘못되었다는 이유로 종전의 어업권면허처분이 취소되면 행정청은 종전의 우선순위결정을 무시하고 다시 우선순위를 결정한 다음 새로운 우선순위결정에 기하여 새로운 어업권면허를 할 수 있다고 보았다.

3. 구별

(1) 내부적 결정

확약은 국민에 대하여 표시된 행위, 단순한 내부적 결정과 구별된다.

(2) 공법상 계약

행정청의 일방적 조치인 점에서 청약과 승낙이라는 의사의 합치를 요하는 공법상 계약과 구별된다.

(3) 행정지도

법적 효과를 발생시키는 점에서 희망, 권고 등의 사실행위인 행정지도와는 구별된다.

(4) 가행정행위

확약은 하나의 약속에 불과하여 집행할 수 없다는 점에서 잠정적이기는 하지만 구속력 있는 행정행위를 외부에 발하는 가행정행위와 구별된다.

1) 의의

가령, 징계의결요구 중인공무원에 대하여 행하는 직위해제처분과 같이 가행정행위는 최종적인 행정행위가 있기 전에 잠정적 외부적으로 효력을 갖는 행정행위를 발하여 일정한 법률관계를 형성하는 것을 말한다. 이러한 가행정행위는 행정법관계가 확정적으로 정해지기 전이라도 당사자의 이익 또는 행정목적의 달성을 위해서 필요한 경우에 행해지는 것으로 그 정당성이 인정된다.

2) 구별개념

가행정행위는 잠정적인 판단에 불과하다는 점에서 그 자체가 종국적인 판단에 해당하는 예비결정, 부분허가와 구별되고, 가행정행위는 본행정행위와 동일한 효력이 발생한다는 점에서 특정 행정행위의 발령·불발령에 대한 약속에 불과하고 행정행위의 효력이 발생하지 않는 확약과도 구분된다.

3) 인정 영역

가행정행위는 일반적으로 급부행정의 영역에서 보조금 지급과 관련해 수령자의 이익을 위해 가급적 빠른 시일 내에 제공하기 위해 인정되고, 한편으로 침해행정 영역에서도 조세행정과 관련해 최종적인 세액을 확정하기 전에 잠정세액(중간예납세액)을 정해 이를 과세하여 국가의 재정을 확보하고 사후의 확정적인 세액결정을 통해 추가징수 또는 환급 등을 해주는 경우에도 인정된다 할 것이다.(소득세법 제65조 등)

4) 법적 근거

가행정행위의 경우 법률유보의 원칙이 적용되는지에 대해서 긍정설과 부정설이 대립한다. 부정설은 행정청의 본행정행위 발령권에 가행정행위의 발령권도 포함되어 있다고 보아 법적 근거가 필요 없다고 보는 견해이고, 긍정설은 침익적 행정분야에서는 가행정행위라도 상대방에게 실제상의 영향을 미치므로 이 경우에는 법적 근거가 있어야 한다고 보는 견해이다. 이중 경우의 수를 나누어서 국민에게 유리하게 보는 긍정설이 타당하다.

5) 법적 성질

가행정행위의 경우 행정행위성을 인정할 수 있는지에 대해 학설이 대립하는데, 긍정설은 가행정행위는 행정행위의 개념적 징표를 모두 갖고 있는 전형적인 행정행위라고 보는 견해이고, 부정설 가행정행위를 특수한 행정의 행위형식으로 보아 행정행위성을 부정하는 견해이다. 그런데 가행정행위는 잠정적이기는 하지만 직접 법적 효력을 가져 국민의 권리·의무에 영향을 미치므로 긍정설이 타당하다.

6) 가행정행위의 특성

가행정행위는 개념에 있어서 다음 세 가지 특징을 징표로 한다. 첫째, 종국적인 결정이 있을 때까지 단지 잠정적으로 규율하는 효과를 내용으로 하는 것이며, 둘째, 그 내용은 종국적인 결정을 위한 주된 절차에 종속된다는 점으로서, 종국적인 결정이 내려지면 이에 의해 종전의 결정이 대체되게 된다. 따라서 가행정행위에서는 행정행위의 존속력 중 행정기관이 자신의 결정에 구속되는 이른바 불가변력이 발생하지 못하게 되며, 이때에 당사자는 이러한 종국적인 결정으로서의 대체에 의해 신뢰보호원칙을 주장하여 대응하지 못하게 된다. 셋째, 사실관계와 법률관계에 대한 개략적인 심사에 기초한다는 점이다.

7) 가행정행위의 효력

(가) 직접적 효력

가행정행위는 잠정적이기는 하나 그 자체로 국민의 권리·의무에 영향을 미치는 직접적인 대외적 효력을 가진다.

(나) 구속력 인정 여부

가행정행위는 잠정적 결정에 불과하기 때문에 본행정행위를 구속하지 않는다. 따라서 사인이 가행정행위를 신뢰한다 하여도 이는 잠정적 효과만을 가질 뿐이므로 신뢰보호의 원칙을 주장하기가 어렵다.

8) 권리구제

(가) 가행정행위 발령 단계

가) 내용

가행정행위의 발령단계에서 사인이 발령 신청을 하였으나 행정청이 정당한 이유 없이 신청을 불허 또는 부작위하는 경우 거부처분취소소송 또는 부작위위법확인소송을 제기할 수 있다. 한편, 가행정행위로 인해 피해를 입게 된 경우에는 가행정행위 자체에 처분성이 인정되므로 그에 대해 취소소송을 제기할 수도 있다.

나) 가행정행위에 대한 취소소송 계속 중 본행정행위가 나온 경우의 협의의 소의 이익

학설은 가행정행위는 본행정행위가 있게 되면 본행정행위에 의해 대체되기 때문에 이 경우 협의의 소의 이익이 없게 된다고 보는 견해도 있다..

(나) 최종 행정행위의 발령단계

가행정행위 후 본행정행위의 발령단계에서 최종결정을 발령하지 않고 있는 경우에는 그에 대한 발령신청을 한 후 그에 대해 부작위하면 부작위위법확인소송을, 거부하면 거부처분취소소송을 제기할 수 있다. 다만, 구속력이 인정되지 않으므로 가행정행위와 다른 본행정행위를 하더라도 이에 대해 취소소송을 제기하면 다른 사정이 없는 한 패소할 것이다.

(5) 부분허가[70], 사전결정[71]

확약은 행정행위의 발령을 목적으로 하는 점에서 그 자체가 완결적 행정행위인 부분허가나 사전결정과 구별된다.

---

70) 부분인허는 그 단계를 분절하여 그 부분별로 종국적인 규율을 행하는 것인데 반해 종국적 결정의 약속에 지나지 않은 확약과 구별됨

71) 예비결정은 한정된 사항에 대하여 종국적인 규율을 행하는 것인데 비하여 확약은 추후에 행해질 결정내용 전반에 관한 행정청의 사전적 약속이라는 점에서 구별

4. 법적근거

확약의 경우에도 법률유보의 원칙이 적용될지가 문제될 수 있다. 이에 대하여 학설은 긍정설과 부정설이 대립하는데, 그 중 부정설은 법령이 행정청에 대하여 본처분을 할 수 있는 권한을 부여한 경우 특별한 반대의 규정이 없는 경우 즉, 별도의 법적 근거 없이도 본 처분의 권한자는 확약할 수 있는 권한까지 가지고 있는 것으로 보는 견해이고(다수설), 긍정설은 확약의 권한과 본행정 권한의 발령권한은 별개라는 전제에서 명문 규정이 없으면 확약의 발령권한도 인정할 수 없다는 견해이다.

5. 요건 및 한계

(1) 적법 요건

확약도 주체·내용·형식·절차상의 적법 요건을 구비해야 한다. 즉, 확약은 ⅰ) 주체상 요건으로 본처분에 대해 정당한 권한을 가진 행정청만이 그 권한의 범위 내에서만 가능하고, ⅱ) 내용상으로 적법하고 가능하여야 하고 명확하여야 하며, ⅲ) 형식상 요건으로 확약을 문서로 해야 하는지에 대해서는 견해가 대립하나 문서로 하는 것이 증명적 효력이 있어 바람직하고, ⅳ) 절차상 요건으로 개별규정에 일정한 절차가 규정되어 있는 경우에는 그러한 절차를 거쳐야만 적법하게 된다.

(2) 내용상 요건의 특수문제

1) 기속행위상의 확약의 가능성

내용상 요건의 특수문제로 기속행위의 경우에도 확약이 가능한지가 문제된다. 다만, 재량행위의 경우에는 이설 없이 가능하다고 본다. 부정설은 기속행위는 본처분이 반드시 발해져야 되므로 확약이 의미 없다는 이유로 부정하는 견해이고, 긍정설은 기속행위라 하여도 기속행위와 재량행위와의 구별이 애매한 경우가 많고, 오늘날 처분의 선택에 관한 재량의 문제와 확약의 기능 여부는 별개의 문제이고 또한 기속행위의 경우에도 상대방에게 예지이익 및 대처이익이 주어질 수 있다는 이유로 이를 긍정하는 견해인데, 기속행위의 경우에도 요건충족 여부가 불분명해 확약이 선행된다면 상대방에게는 예지이익 및 대처이익이 생길 수 있으므로 긍정설이 타당하다.

2) 요건사실 완성 후의 확약의 가능성

가령, 과세에 관한 요건사실이 완성된 후 확약과 같이 본행정행위의 요건사실이 완성된 경우에도 확약을 할 수 있는지가 문제될 수 있다. 이에 관하여 학설은 부정설과 긍정설이 대립한다. 부정설은 본처분의 요건사실이 완성되면 확약이 아니라 본 처분을 해야 한다는 이유로 부정하는 견해이고, 긍정설은 본처분의 요건사실이 완성되어도 아직 발령이 안 된 상태에서 확약이 주어지면 상대방에게 예지이익 및 대처이익이 생기므로 이를 긍정하는 견해이다(통설).

6. 확약의 효과

(1) 자기구속적 의무

확약이 있는 행정청은 확약대로 본행정행위를 해야할 구속력이 발생하고, 상대방은 그에 대한 이행청구권이 생긴다. 그 결과 확약의 내용에 반하는 처분은 신뢰보호의 원칙에 반한다.

【판시사항】

국세청장이 원고와 동종의 훈련교육용역의 제공이 부가가치세 면세사업인 사업경영상담업에 해당한다는 견해를 명시적으로 표명하였다가 원고가 폐업한 후에 비로소 위 용역의 제공이 상담업에 해당하지 않는다고 하면서 부가가치세 부과처분을 한 것이 신의칙에 위배된다고 한 사례(대법원 1994. 3. 22. 선고 93누22517 판결)

【판결요지】

국세청장이 훈련교육용역의 제공이 사업경영상담업에 해당하는 것으로 본다는 회신을 동종의 인근사업자에게 하였고, 원고는 사업양수시에 이를 상담업으로 본다고 하는 위의 견해를 신뢰하여서 면세사업자로 등록을 마치고 부가가치세를 거래징수하거나 신고 납부하지 아니하였다면 국세청장의 위와 같은 회시는 위 용역의 제공이 상담업에 해당한다고 보는 공적인 견해를 명시적으로 표명한 것이고, 이후 이와 같은 사업장의 사업자들이 과세관청의 견해에 따라 이후의 거래시에 거래상대방으로부터 부가가치세를 징수하거나 신고 납부하지 아니하였다면 거기에 귀책사유가 있다고 하기도 어려울 것이므로, 위와 같은 경위로 사업을 하다가 폐업한 후에야 비로소 종전의 견해와는 반대로 위 용역의 제공이 상담업에 해당하지 않는다고 하면서 과세처분에 이른 것은 신의성실의 원칙에 위배된다.

(2) 실효, 철회(확약의 취소, 철회, 실효의 문제)

(가) 학설

확약의 구속력은 예외를 허용하지 않는 절대적인 것은 아니다. 더구나 확약 그 자체에 위법성이 인정된다든지 또는 확약 후 본행정행위 발령 사이에 법적 상황 또는 사실관계의 변경이 생긴 경우에는 확약의 구속력이 제한 또는 배제되기도 한다. 이는 확약의 취소 또는 철회의 문제이다. 이 경우 행정행위의 취소 · 철회의 일반원리에 따라 수익적 행정행위의 취소 · 철회의 경우 협의의 비례 원칙에 따라 법률적합성의 원칙이라는 공익 또는 사정변경이라는 공익과 상대방의 확약대로 이루어질 것으로 믿은 신뢰라는 사익을 비교형량하여 구속력의 제한 또는 배제를 결정해야 한다고 보는 것이 학설의 일반적인 견해이다.

(나) 판례의 태도

그러나 판례는 위법한 확약 또는 사정변경의 경우 공 · 사익 간의 이익형량을 하지 않고 확약은 별다른 의사표시 없이 바로 실효된다고 본다. 그러나 확약도 행정행위성이 인정된다고 보면 확약의 직권취소 · 철회의 경우에도 행정행위의 직권 · 취소의 제한원리가 적용되어야 할 것이므로 학설과 같이 공 · 사익 간 비교형량하여 결정하는 견해가 타당하다고 본다.

> **【판시사항】**
> 주택건설사업계획승인신청을 수리한 행정청이 그 처리기간을 넘겨 나중에 결정 · 고시된 도시계획(최고고도지구)을 이유로 승인을 거부하였더라도, 정당한 이유 없이 처리를 지연한 것이 아니어서 적법하다고 한 사례(대법원 1996. 8. 20. 선고 95누10877 판결)
>
> **【판결요지】**

행정청이 상대방에게 장차 어떤 처분을 하겠다고 확약 또는 공적인 의사표명을 하였다고 하더라도, 그 자체에서 상대방으로 하여금 언제까지 처분의 발령을 신청 하도록 유효기간을 두었는데도 그 기간 내에 상대방의 신청이 없었다거나 확약 또는 공적인 의사표명이 있은 후에 사실적·법률적 상태가 변경되었다면, 그와 같은 확약 또는 공적인 의사표명은 행정청의 별다른 의사표시를 기다리지 않고 실효된다.

(다) 기간

철회할 확약이 있음을 안날부터 1년을 경과할 경우 실권의 법리에 따라 철회권을 행사할 수 없다.

7. 권리구제

(1) 행정쟁송

확약은 처분이므로 위법한 확약에 대해서는 취소소송도 가능하다 할 것이다. 그러나 판례에 따르면 확약의 처분성이 부정되어 취소소송이 불가능하게 된다. 한편, 확약을 한 후 행정청이 본행정행위를 하지 않는 경우 이에 대한 발령을 신청하여 행정청이 이에 대해 부작위하는 경우 부작위위법확인소송, 거부한 경우에는 거부처분취소소송의 제기도 가능할 것이다. 또한 확약한 내용과 다른 내용의 행정행위를 하는 경우 그에 대한 취소소송도 가능하다. 취소소송과 관련해서는 일차적으로 확약의 구속력의 법리를 주장하고, 부차적으로 신뢰보호의 원칙을 주장할 수 있을 것이다.

【판시사항】
확약 후 거부처분을 위법하다고 본 사례(대법원 2008. 10. 9. 선고 2008두6127 판결)

【판결요지】
시의 도시계획과장과 도시계획국장이 도시계획사업의 준공과 동시에 사업부지에 편입한 토지에 대한 완충녹지 지정을 해제함과 아울러 당초의 토지소유자들에게 환매하겠다는 약속을 했음에도, 이를 믿고 토지를 협의매매한 토지소유자의 완충녹지지정해제신청을 거부한 것은, 행정상 신뢰보호의 원칙을 위반하거나 재량권을 일탈·남용한 위법한 처분이다.

(2) 손해전보제도

위법한 확약의 취소나 적법한 확약의 철회인 경우 당사자 등의 확약의 존속을 신뢰함으로 이하여 받은 재산상 불이익은 전보되어야 된다. 또한, 행정청의 확약이 적법하나 공익상의 이유로 변경된 경우에 그로 인해 특별한 희생이 발생한 경우에는 손실보상 청구도 가능할 것이다.

제12절 공법상 계약

Ⅰ. 개념

1. 의의

가령 사유지를 도로나 공원으로 제공하는 계약처럼 공법상 계약이란 공법적 효과의 발생을 목적으로 복수당사자 사이의 서로 반대방향의 의사표시의 합치에 의하여 성립하는 행위를 말한다. 이는 대등한 당사자 사이에 의사합치에 의하여 성립한다는 점에서 비권력적 행정행위에 속한다.

2. 구별개념

(1) 사법상 계약

복수당사자간 의사표시의 합치라는 점에서 상호 공통점을 가지나 당사자 쌍방의 의사는 대등가치가 아니며 공법적 효과의 발생을 목적으로 한다는 점 즉, 공법상 계약은 공법적 효과의 발생을 사법적 계약은 사법적 효과의 발생을 목적으로 한다는 점에서 차이가 있다.

(2) 행정행위와의 구별

공법상 계약은 반대방향의 의사의 합치, 그 효과는 쌍방에 대하여 반대적 의미를 가지나, 공법상 합동행위는 같은 방향의 의사 합치, 그 효과는 당사자에 대하여 같은 의미라는 점 및 공법상 계약은 비권력적 행위라는 점에서 권력적 행위인 행정행위와 구별된다.

공법상 계약	행정행위
대등한 당사자 사이의 의사합치	행정청의 일방적 행위
행정주체와 국민 사이의 합의	행정주체에 의한 일방적 행위

(3) 공법상 합동행위[72]

공법상 합동행위는 서로 같은 방향의 의사표시의 합치라는 점에서, 반대 방향의 의사표시의 합치인 계약과 구별된다.

Ⅱ. 법적근거와 한계

1. 법률유보의 적용여부

(1) 문제의 소재

행정주체는 법률에 명시적인 근거가 없는 경우에도 사인과 공법상 계약을 체결할 수 있는지가 문제된다.

(2) 학설

법률유보적용 긍정설, 부정설, 절충설이 대립한다. 이중 다수설적 견해인 법률유보적용부정설의 논거는 공법상 계약은 권력적 행정행위인 행정행위와는 달리 당사자의 자유로운 의사의 합치에 의해 성립하므로 법적 근거가 없어도 자유롭게 체결할 수 있다는 견해이다. 그런데 행정작용의 형식은 행정행위에 한정되지 않고, 공법상 계약은 비권력적 작용이며, 그 법적 효력은 의사의 합치 그 자체에 기인하는 것이라는 점에서 볼 때 공법상 계약의 자유성을 인정해야 하는 것이 타당하다.

2. 한계

공법상 계약도 행정작용이므로 법률우위의 원칙을 준수하여 한다. 따라서 성문의 법령이나 행정법의 일반원칙에 위반되어서는 아니된다.

---

72) 합동행위(合同行爲)란 방향을 같이 하는 2개 이상의 의사표시의 합치에 의하여 성립하는 법률행위를 말한다. 대표적인 예로는 사단법인 설립행위, 결의행위(결의행위는 단체에 대한 것이고, 구성원에 대한 것이 아니다)가 있다.

Ⅲ. 종류

1. 행정주체 상호간

행정주체 상호간의 공법상 계약은 국가와 지방자치단체 간의 공공시설의 관리에 대한 합의가 공법상 계약, 공공단체 상호간의 행정계약 등이 그 예이다.

2. 행정주체와 사인간

행정주체와 사인간의 공법상 계약은 정부계약, 공유재산에 관한 계약, 영조물 이용관계 계약, 행정사무위탁, 사유지를 공원이나 도로로 제공하는 계약 등이 그 예이다.

3. 사인 상호간

사인 상호간의 공법상 계약은 토지수용에 있어 사인인 사업시행자와 토지소유자 및 관계인의 토지수용에의 합의(판례는 이를 사법상의 계약으로 봄)가 그 예인데, 이는 합의시 공권적 강제력이 그 배경이 되고 있는 점이 그 논거이다.

Ⅳ. 공법상 계약의 특수성

1. 실체법적 특수성

(1) 법적합성

공법상 계약은 법률의 근거가 없는 경우에도 자유로이 체결할 수 있으나(법률유보의 원칙) 공법상 계약도 행정작용이므로 법률에 위배될 수 없다(법률우위의 원칙).

(2) 사적자치의 제한

공법상 계약에는 특별한 규정이 없으면 원칙적으로 민법의 계약에 관한 규정이 준용되나, 헌법상의 평등의 원칙이나 과잉금지원칙 등에 의해 사적자치가 제한된다. 또한 평등의 원칙상 공법상 계약은 부합계약의 형식을 취하는 경우가 많다. 따라서 공법상 계약에서는 대등당사자가 자유롭게 의사형성을 하기 보다는 법규에 근거하여 행정청만이 보다 많은 자유를 가질 수 있다.

(3) 계약의 하자

공법상 계약의 하자가 있는 경우 그 효과는 무효 또는 유효의 문제일 뿐이며, 공법상 계약에는
공정력이 없다. 따라서 취소소송이 인정되지 않는다.

> **【판시사항】**
> 지방자치단체가 사인과 사법상의 계약을 체결할 때 따라야 할 요건과 절차를 규정한 법령의
> 법적 성격(강행규정) 및 강행규정에 위반된 계약의 성립을 부정하거나 무효를 주장하는 것
> 이 신의칙에 반하는지 여부(소극)(대법원 2004. 1. 27. 선고 2003다14812 판결)
>
> **【판결요지】**
> 지방자치단체가 사경제의 주체로서 사인과 사법상의 계약을 체결함에 있어 따라야 할 요건
> 과 절차를 규정한 관련 법령은 그 계약의 내용을 명확히 하고, 지방자치단체가 사인과 사법
> 상 계약을 체결함에 있어 적법한 절차에 따를 것을 담보하기 위한 것으로서 강행규정이라 할
> 것이고, 강행규정에 위반된 계약의 성립을 부정하거나 무효를 주장하는 것이 신의칙에 위배
> 되는 권리의 행사라는 이유로 이를 배척한다면 위와 같은 입법취지를 몰각시키는 것이 될 것
> 이어서 특별한 사정이 없는 한 그러한 주장이 신의칙에 위반된다고 볼 수는 없다.

(4) 이행상 문제 - 사정변경

사정변경이 있는 경우 행정주체 측에서는 공익목적상 일방적인 계약내용의 변경 및 해제 ·
해지를 할 수 있으며, 이 경우 상대방에게 손실보상청구권이 인정되지만 상대방은 그 해제의
효과가 공익에 영향이 없는 경우 외에는 해제, 해지가 제한된다. 따라서 민법상의 계약해제
에 관한 규정은 원칙적으로 적용되지 않는다.

> **【판시사항】**
> 계속적 계약의 해지사유(대법원 2002. 11. 26. 선고 2002두5948 판결)
>
> **【판결요지】**

> 계속적 계약은 당사자 상호간의 신뢰관계를 그 기초로 하는 것이므로, 당해 계약의 존속 중에 당사자의 일방이 그 계약상의 의무를 위반함으로써 그로 인하여 계약의 기초가 되는 신뢰관계가 파괴되어 계약관계를 그대로 유지하기 어려운 정도에 이르게 된 경우에는 상대방은 그 계약관계를 막바로 해지함으로써 그 효력을 장래에 향하여 소멸시킬 수 있다고 봄이 타당하다.

(5) 비권력성

공법상 계약은 관리작용으로 비권력적 행위이다. 따라서 행정주체의 우월성을 기초로 하는 공정력, 확정력, 자력집행력 등은 인정될 수 없다.

(6) 이전이나 대행의 제한

가령 자원입대의 경우에 대리입대의 경우처럼 공법상 계약으로 발생된 권리나 의무는 이전이나 대행이 제한되는 경우가 대부분이다.

2. 절차법적 특수성

(1) 자력집행 가능성

공법상 계약은 비권력적 작용에 불과하기 때문에 원칙적으로 자력강제권이 인정되지 않는다. 다만, 보조금관리에관한법률 제33조의 규정처럼 개별법에 공법상 계약의 불이행에 대한 강제규정을 정하는 경우도 있다.

(2) 쟁송형태

1) 당사자 소송

공법상 계약에 관한 쟁송은 행정처분이 아닌 공법상의 관리관계에 관한 다툼이기 때문에 공법상 당사자소송에 의하며, 행정소송법의 적용을 받는다.

서울특별시립무용단원의 해촉에 대하여 공법상 당사자소송으로 무효확인을 청구할 수 있는지 여부(대법원 1995. 12. 22. 선고 95누4636 판결)

지방자치법 제9조 제2항 제5호 (라)목 및 (마)목 등의 규정에 의하면, 서울특별시립무용단원의 공연 등 활동은 지방문화 및 예술을 진흥시키고자 하는 서울특별시의 공공적 업무수행의 일환으로 이루어진다고 해석될 뿐 아니라, 단원으로 위촉되기 위하여는 일정한 능력요건과 자격요건을 요하고, 계속적인 재위촉이 사실상 보장되며, 공무원연금법에 따른 연금을 지급받고, 단원의 복무규율이 정해져 있으며, 정년제가 인정되고, 일정한 해촉사유가 있는 경우에만 해촉되는 등 서울특별시립무용단원이 가지는 지위가 공무원과 유사한 것이라면, 서울특별시립무용단 단원의 위촉은 공법상의 계약이라고 할 것이고, 따라서 그 단원의 해촉에 대하여는 공법상의 당사자소송으로 그 무효확인을 청구할 수 있다.

지방자치단체와 채용계약에 의하여 채용된 계약직공무원이 그 계약기간 만료 이전에 채용계약 해지 등의 불이익을 받은 후 그 계약기간이 만료된 경우, 채용계약 해지의사표시의 무효확인을 구할 소의 이익이 있는지 여부(대법원 2002. 11. 26. 선고 2002두1496 판결)

지방자치단체와 채용계약에 의하여 채용된 계약직공무원이 그 계약기간 만료 이전에 채용계약 해지 등의 불이익을 받은 후 그 계약기간이 만료된 때에는 그 채용계약 해지의 의사표시가 무효라고 하더라도, 지방공무원법이나 지방계약직공무원규정 등에서 계약기간이 만료되는 계약직공무원에 대한 재계약의무를 부여하는 근거규정이 없으므로 계약기간의 만료로 당연히 계약직공무원의 신분을 상실하고 계약직공무원의 신분을 회복할 수 없는 것이므로, 그 해지의사표시의 무효확인청구는 과거의 법률관계의 확인청구에 지나지 않는다 할 것이고, 한편 과거의 법률관계라 할지라도 현재의 권리 또는 법률상 지위에 영향을 미치고 있고 현재의 권리 또는 법률상 지위에 대한 위험이나 불안을 제거하기 위하여 그 법률관계에 관한 확인판결을 받는 것이 유효 적절한 수단이라고 인정될 때에는 그 법률관계의 확인소송은 즉시확정의 이익이 있다고 보아야 할 것이나, 계약직공무원에 대한 채용계약이 해지된 경우에는 공무원 등으로 임용되는 데에 있어서 법령상의 아무런 제약사유가 되지 않을 뿐만 아니라, 계약기간 만료 전에 채용계약이 해지된 전력이 있는 사람이 공무원 등으로 임용되는 데에 있어서 그 러한 전력이 없는 사람보다 사실상 불이익한 장애사유로 작용한다고 하더라도 그것만으로는 법률상의 이익이 침해되었다고 볼 수는 없으므로 그 무효확인을 구할 이익이 없다.

2) 항고소송

행정청에 의한 공법상 계약의 체결여부 또는 계약상대방의 결정은 행정처분에 해당하는 경우가 많고 이럴 경우 그에 관한 분쟁은 항고소송에 의하여야 한다.

【판시사항】

산업단지관리공단이 구 산업집적활성화 및 공장설립에 관한 법률 제38조 제2항에 따른 변 경계약의 취소가 항고소송의 대상이 되는 행정처분에 해당하는지 여부(대법원 2017. 6. 15. 선고 2014두46843 판결)

【판결요지】

[1] 구 산업집적활성화 및 공장설립에 관한 법률(2013. 3. 23. 법률 제11690호로 개정되기 전의 것) 제13조 제1항, 제2항 제2호, 제30조 제1항 제2호, 제2항 제3호, 제38조 제1항, 제2 항, 제40조, 제40조의2, 제42조 제1항 제4호, 제5호, 제2항, 제5항, 제43조, 제43조의3, 제52조 제2항 제5호, 제6호, 제53조 제4호, 제55조 제1항 제4호, 제2항 제9호 규정들에서 알 수 있는 산업단지관리공단의 지위, 입주계약 및 변경계약의 효과, 입주계약 및 변경계약 체결 의무와 그 의무를 불이행한 경우의 형사적 내지 행정적 제재, 입주계약해지의 절차, 해 지통보에 수반되는 법적 의무 및 그 의무를 불이행한 경우의 형사적 내지 행정적 제재 등을 종합적으로 고려하면, 입주변경계약 취소는 행정청인 관리권자로부터 관리업무를 위탁받은 산업단지관리공단이 우월적 지위에서 입주기업체들에게 일정한 법률상 효과를 발생하게 하 는 것으로서 항고소송의 대상이 되는 행정처분에 해당한다.

3) 국가배상청구

공법상 계약의 체결, 집행상의 불법행위로 인한 손해배상책임은 공법상의 권리관계에 관한 소송인 당사자소송으로 행정소송법의 적용을 받는 것이 타당하다. 하지만 실무상으로 민사 소송으로 보고 있다.

제13절 공법상 사실행위

1. 의의

가령 행정기관이 교량을 건설한다거나 도로를 청소하는 행위처럼 공법상 사실행위란 법률관계의 발생(권리 의무의 발생 변경 소멸)을 목적으로 하는 것이 아닌 사실상의 효과·결과의 실현을 목적으로 하는 행정행위를 말한다. 이에 공권력 행사의 실체를 갖는지에 따라 권력적 사실행위(전염병환자의 강제격리조치), 비권력적 사실행위(건설공사행위, 행정지도 등) 등으로 나뉜다.

2. 행정상 사실행위의 법적근거 및 한계

(1) 행정상 사실행위의 법적근거

(가) 조직법적 근거

사실행위도 행정주체의 행정작용으로서 당연히 조직법상의 근거가 필요하다. 즉, 사실행위가 적법하기 위해서는 당해 행정청의 조직상의 정당한 권한의 범위내의 것이어야 한다.

(나) 적용법적 근거

사실행위 중 비권력적 사실행위는 법적근거가 없어도 가능하지만, 권력적 사실행위는 법적근거를 요한다.

(2) 한계

(가) 법규상 한계

행정상 사실행위도 행정작용 중 하나이다. 따라서 법령에 저촉되어서는 아니 되며, 법이 정한 절차적, 실체적 요건을 충족하여야 한다.

(나) 조리상 한계

행정의 일반원칙인 평등의 원칙, 비례의 원칙, 신뢰보호의 원칙 등을 준수하여야 한다.

3. 행정상 사실행위와 권리구제

(1) 행정쟁송

(가) 권력적 사실행위

권력적 사실행위는 공권력의 행사로 행정처분에 해당(행정심판법 제2조 제1호 및 행정소송법 제2조 제1항 제1호)하기 때문에 행정소송의 대상이 될 수 있으나(취소소송의 대상이됨), 그것이 단기간에 종료되는 특징으로 인해 협의의 소익이 인정되기 힘들다. 다만 계속적 성질을 가지는 경우(전염병환자의 강제격리)에는 예외적으로 인정된다.

> 【판시사항】
> 권력적 사실행위의 행정소송 대상성 여부(대법원 2008. 4. 24. 선고 2008두3500 판결)
>
> 【판결요지】
> 구청장이 사회복지법인에 특별감사 결과 지적사항에 대한 시정지시와 그 결과를 관계서류와 함께 보고하도록 지시한 경우, 그 시정지시는 비권력적 사실행위가 아니라 항고소송의 대상이 되는 행정처분에 해당한다.

(나) 비권력적 사실행위

행정지도 등 비권력적 사실행위는 그 처분성이 부인된다. 따라서 취소소송의 대상이 되지 아니하지만, 사실상 강제력의 계속 및 장래의 위험방지의 필요가 인정되는 경우, 예외적으로 인정된다.

(2) 손해전보

(가) 손해배상

사실행위도 국가배상법 제2조 제1항의 성립요건(공무원의 고의, 과실, 위법성 등 – 공무원의 직무집행에는 사실행위 및 행정행위 포함)의 충족시 국가상대 손배청구가 가능하다.

(나) 손실보상

공공의 필요에 의한 적법한 사실행위가 있고 그것이 사인에게 특별한 희생을 발생하게 한 경우 손실보상이 인정된다.

(다) 결과제거청구권

공법상 사실행위로 인해 위법한 사실상태가 야기된 경우 법률상 이익을 침해받은 사인은 원상회복을 위한 결과제거청구를 할 수 있다.

(라) 헌법소원

권력적 사실행위에 의해 기본권의 침해를 받은 국민은 행정쟁송 제기가 불가능한 경우에 한하여(보충성), 헌법소원심판을 청구할 수 있다. 따라서 비권력적 사실행위도 헌법소원심판의 대상이 될 수 있다.

【판시사항】

권력적 사실행위의 처분성 여부(헌재 2006. 7. 27. 2005헌마277)

【판결요지】

교도소 수형자에게 소변을 받아 제출하게 한 것은 .... 권력적 사실행위로서 헌법재소법 제68조 제1항의 공권력 행사에 해당한다.

제14절 행정지도

Ⅰ. 개념

1. 의의

행정지도란 행정주체가 그 소관사무의 범위 안에서 일정한 행정목적의 실현을 위하여 상대방의 임의적 협력 또는 동의하에 일정한 행위를 하거나 하지 않도록 권고, 조언, 장려, 지도 등을 하는 행정작용을 말한다(행정절차법 제2조 제3호). 이는 상대방의 임의적 협력을 전제로 하는 비권력적 사실행위에 속하는데, 현대행정의 영역이 확대되면서 그 필요성이 커지는 새로운 행위형식이다. 행정지도는 급변하는 경제·사회적 상황과 과학기술의 발전에 유연하고도 신속하게 대응할 수 있고, 상대방의 동의나 협력을 전제로 하므로 상대방의 저항이 적다는 점에서 유용한 행정 수단이 되고 있다

2. 법적성질

행정지도는 그 자체로 직접 법적 효과의 발생을 목적으로 하지 않는다. 단지 상대방의 임의적인 협력을 통해 사실상의 효과를 기대할 뿐이라 이를 비권력적 사실행위로 본다.

Ⅱ. 종류

1. 법령의 근거에 의한 분류

행정지도에 관하여 개별 법률에서 규정할 때에는 해당 법률의 목적에 부합하게 하고 행정지도를 하는 주체, 행정지도의 상대방과 행정지도의 내용을 명확히 규정해야 한다. 상대방의 협력을 직·간접적으로 강요하거나 행정지도에 따르지 않는 것을 이유로 불리한 조치를 규정해서도 안 된다.

(1) 법령의 직접적인 근거에 의한 행정지도

구 농촌진흥법에 의한 농촌지도사업과 우량 종자 및 종축의 보급, 직업안정법에 의한 직업지

도, 대중소기업 상생협력 촉진에 관한 법률에 의한 대기업에 대한 생산품목, 생산시설 등의 축소 권고 등이 그 예이다.

(2) 법령의 간접적 근거에 의한 행정지도

건축물의 철거 등의 처분을 할 수 있는 법적 근거가 있는 경우 처분을 대신하여 행정지도가 가능하다.

(3) 전혀 법령에 근거하지 않은 행정지도

조직규범이 정한 업무의 범위 내에서만 가능하다.

2. 기능에 의한 분류

(1) 규제적 행정지도

물가억제를 위한 권고, 공해방지를 위한 규제, 자연보호를 위한 오물투기제한, 위험방지를 위한 행정지도 등이 그 예이다.

(2) 조정적 행정지도

노사간 협의의 알선조정, 기계공업시설의 계열화 권고, 과당경쟁방지, 수출입 품목조정 등이 그 예이다.

(3) 촉진조성적 행정지도

생활개선지도, 중소기업의 합리화 지도, 기술정보지식의 제공 또는 조언, 영농지도, 장학지도 등이 그 예이다.

Ⅲ. 행정지도의 법적근거 및 한계

1. 행정지도의 법적근거

(1) 조직법적 근거

행정지도도 행정주체의 행정작용이기 때문에 조직법적 근거는 필요하다. 즉, 조직법상의 권한범위 내에서만 가능하며 이를 초과하여서는 아니된다.

(2) 작용법적 근거

행정지도는 성질상 비권력적 임의적 작용(행정쟁송, 손해배상 손실보상의 대상이 되지 아니한다)이므로 작용법적 근거는 필요한 것이 아니지만, 최근 입법에서 행정지도의 작용법적 근거를 두는 경우가 점차 증대되고 있다.

> **행정절차법 제48조(행정지도의 원칙)**
> ① 행정지도는 그 목적 달성에 필요한 최소한도에 그쳐야 하며, 행정지도의 상대방의 의사에 반하여 부당하게 강요하여서는 아니 된다.
> ② 행정기관은 행정지도의 상대방이 행정지도에 따르지 아니하였다는 것을 이유로 불이익한 조치를 하여서는 아니 된다.]

2. 행정지도의 한계

행정지도에도 법률우위의 원칙이 적용되며, 비권력적 사실행위이지만 행정주체의 행정작용이기 때문에 평등원칙, 비례의 원칙, 신뢰보호의 원칙 등 행정법의 일반원칙에 구속을 받는다.

> **【판시사항】**
> 행정관청의 행정지도에 따라 매매가격을 허위신고한 것이 구 국토이용관리법 제33조 제4호에 해당하는지 여부(대법원 1994. 6. 14. 선고 93도3247 판결)
>
> **【판결요지】**

토지의 매매대금을 허위로 신고하고 계약을 체결하였다면 이는 계약예정금액에 대하여 허위의 신고를 하고 토지 등의 거래계약을 체결한 것으로서 구 국토이용관리법(1993.8.5. 법률 제4572호로 개정되기 전의 것) 제33조 제4호에 해당한다고 할 것이고, 행정관청이 국토이용관리법 소정의 토지거래계약신고에 관하여 공시된 기준시가를 기준으로 매매가격을 신고하도록 행정지도를 하여 그에 따라 허위신고를 한 것이라 하더라도 이와 같은 행정지도는 법에 어긋나는 것으로서 그와 같은 행정지도나 관행에 따라 허위신고행위에 이르렀다고 하여도 이것만 가지고서는 그 범법행위가 정당화될 수 없다.

Ⅳ. 권리구제

1. 행정쟁송

행정지도는 비권력적 사실행위이므로 처분성이 결여되기 때문에 항소소송의 대상이 될 수 없다. 다수설과 판례도 같은 입장이다. 그러나 행정지도에 불응한 것을 이유로 어떤 불이익처분이 발해진 경우 그에 대한 쟁송은 가능하다.

【판시사항】

세무당국이 소외 회사에 대하여 원고와의 주류 거래를 일정기간 중지하여 줄 것을 요청한 행위가 항고소송의 대상이 될 수 있는지 여부(대법원 1980. 10. 27. 선고 80누395 판결)

【판결요지】

항고소송의 대상이 되는 행정처분은 행정청의 공법상의 행위로서 상대방 또는 기타 관계자들의 법률상 지위에 직접적으로 법률적인 변동을 일으키는 행위를 말하는 것이므로 세무당국이 소외 회사에 대하여 원고와의 주류거래를 일정기간 중지하여 줄 것을 요청한 행위는 권고 내지 협조를 요청하는 권고적 성격의 행위로서 소외 회사나 원고의 법률상의 지위에 직접적인 법률상의 변동을 가져오는 행정처분이라고 볼 수 없는 것이므로 항고소송의 대상이 될 수 없다.

2. 손해전보

(1) 손해배상

행정지도의 임의성에 의하여 행정지도에 따를지 여부에 대하여 상대방에게 완전한 자유가 보장되어 있으므로 행정지도와 손해 사이에 인과관계가 형성될 수 없어 피해자의 손배청구권은 인정되지 않는다(다수설).

> **【판시사항】**
> 한계를 일탈하지 않은 행정지도로 인하여 상대방에게 손해가 발생한 경우, 행정기관이 손해배상책임을 지는지 여부(대법원 2008. 9. 25. 선고 2006다18228 판결)
>
> **【판결요지】**
> 행정지도가 강제성을 띠지 않은 비권력적 작용으로서 행정지도의 한계를 일탈하지 아니하였다면, 그로 인하여 상대방에게 어떤 손해가 발생하였다 하더라도 행정기관은 그에 대한 손해배상책임이 없다.

그러나 사실상 강제에 의한 경우 즉 제반사정을 고려할 때 국민이 행정지도를 따를 수밖에 없는 불가피한 경우에는 인과관계를 인정하여 국가배상이 인정될 수 있다.

> **【판시사항】**
> 행정지도의 한계를 일탈한 경우 행정주체의 손해배상책임(대법원 2008. 9. 25. 선고 2006다18228 판결)
>
> **【판결요지】**
> 1995. 1. 3. 행한 행정지도는 그에 따를 의사가 없는 원고에게 이를 부당하게 강요하는 것으로서 행정지도의 한계를 일탈한 위법한 행정지도에 해당하여 불법행위를 구성하므로, 피고는 1995. 1. 3.부터 원고가 피고로부터 '원고의 어업권은 유효하고 향후 어장시설공사를 재개할 수 있으나 어업권 및 시설에 대한 보상은 할 수 없다'는 취지의 통보를 받은 1998. 4. 30.까지 원고가 실질적으로 어업권을 행사할 수 없게 됨에 따라 입은 손해를 배상할 책임이 있다.

(2) 손실보상

행정지도의 경우 원칙적으로 피해자가 자유의사에 의한 응락, 협력에 의하여 그 불이익을 수인한 것으로 되어 그에 따른 손실보상청구권은 부인된다(다수설). 그러나 가령 행정기관이 특정 농산물을 재배할 것을 권고한 후 소비자의 수요 감퇴로 그 농산품의 가격이 폭락하여 막대한 손해를 본 경우와 같이 적법한 사실상의 강제행위로 인하여 특별한 희생이 있고 그 희생이 행정지도와 인과관계를 갖는 경우 예외적으로 수용적 침해보상[73]의 법리를 활용하여 보상청구가 가능하다고 본다.

(3) 결과제거청구권

행정지도로 인해 위법한 사실상태가 야기된 경우 사인은 적법한 상태로의 원상회복을 위한 결과제거를 청구할 수 있다.

3. 헌법소원

헌법재판소법 제68조[74] 헌법소원의 요건을 충족시에는 행정지도라도 헌법소원이 가능하다.

---

73) 수용적침해이론이란 공공의 필요에 의하여 이루어진 적법한 공권력행사가 의도하지 못한결과를 초래하여 국민에게 특별한 희생이 발생한 경우 그 재산상 손실을 전보해주어야 한다는 이론. 행정상 손실보상은 적법한 침해라는 점에서, 희생보상이론은 비재산적 법익침해라는 점에서, 수용유사침해는 위법하기는 하나 무과실하다는 점에서 구별된다.

74) 헌법재판소법 제68조(청구 사유)
① 공권력의 행사 또는 불행사(不行使)로 인하여 헌법상 보장된 기본권을 침해받은 자는 법원의 재판을 제외하고는 헌법재판소에 헌법소원심판을 청구할 수 있다. 다만, 다른 법률에 구제절차가 있는 경우에는 그 절차를 모두 거친 후에 청구할 수 있다.
② 제41조제1항에 따른 법률의 위헌 여부 심판의 제청신청이 기각된 때에는 그 신청을 한 당사자는 헌법재판소에 헌법소원심판을 청구할 수 있다. 이 경우 그 당사자는 당해 사건의 소송절차에서 동일한 사유를 이유로 다시 위헌 여부 심판의 제청을 신청할 수 없다.

행정지도의 헌법소원 가능성[헌재 2003. 6. 23. 2002헌마337, 2003헌마7,8(병합)]

【판결요지】

교육인적자원부장관의 대학총장들에 대한 이 사건 학칙시정요구는 고등교육법 제6조 제2항, 동법 시행령 제4조 제3항에 따른 것으로서 그 법적 성격은 대학총장의 임의적인 협력을 통하여 사실상의 효과를 발생시키는 행정지도의 일정이지만, 그에 따르지 아니할 경우 일정한 불이익조치를 예정하고 있어 사실상 상대방에게 그에 따를 의무를 부과하는 것과 다를 바 없으므로 단순한 행정지도로서의 한계를 넘어 규제적, 구속적 성격을 강하게 갖는 헌법소원의 대상이 되는 공권력의 행사라고 볼 수 있다

제15절 사법형식의 행정작용

I. 행정사법

1. 행정사법의 의의

가령 행정주체가 주택이나 위생시설의 건설, 국공영극장 운영, 국영스포츠시설 등의 운영 등과 같이 복리행정분야(추곡매수, 국민임대주택 등)에서 공적 임무를 사법형식으로 수행하는 행정작용을 말한다. 협의의 국고작용과는 구별되는 개념으로서 형식적으로 국고적 활동이지만 내용적으로 국고활동이 아니어서 일정한 공법적 규율을 받는 경우를 말한다.

2. 특징

행정사법은 주로 복리행정분야에서 사법형식으로 공적 임무를 수행하기 때문에 사법상의 대원칙인 사적자치가 그대로 적용되지 아니하고 공법적 제한(헌법상의 자유권이나 재산권 규정, 평등원칙, 비례원칙, 신뢰보호원칙 등 제한)이 가해짐이 특징이다.

3. 인정의 전제

행정주체는 행정을 사법형식으로 할 수 있고, 공법형식으로 할 것인지 사법형식으로 할 것인지에 대한 선택의 자유(복리행정 분야)가 인정됨을 전제로 한다. 따라서 선택가능성이 부인되는 경찰행정, 조세행정 등의 영역에서는 적용되지 않으며, 급부행정이나 경제지도 행정 등의 영역에 적용된다.

4. 권리구제

행정사법작용으로 인한 분쟁의 권리구제방법에 관하여 다수설, 판례는 민사소송으로 구제를 도모하여야 한다는 입장이다. 따라서 행정사법작용에 관한 분쟁은 민사법원의 관할사항이다.

Ⅱ. 협의의 국고작용

1. 조달행정

조달행정이란 행정청이 물건의 구입, 청사건물 건설계약 등과 같이 공적임무의 수행에 필요한 것을 확보하기 위한 행정작용을 말한다.

2. 영리활동

국가가 공행정목적의 직접적인 수행과 관계없이 수익의 확보를 위해 행하는 우체국예금, 보험 등과 같은 행정작용을 말한다.

제5장 행정절차법, 행정정보

제1절 행정절차 일반론

제1항 행정절차 일반론

Ⅰ. 의의

행정절차란 행정기관이 행정결정을 함에 있어 거치는 사전적, 사후적 절차를 의미한다. 이는 행정을 사전에 통제할 수 있고, 행정의 민주화에 기여한다는 점 그리고 행정청의 자의를 막고 공정하고 신중한 행정을 실현한다는 점 그 외 국민의 협력을 통하여 행정의 능률화를 도모하고 국민의 권익이 침해되기 이전에 권익침해를 예방할 수 있다는 점 등의 기능을 한다.

Ⅱ. 근거

헌법 제12조 제1항[75] 등 적법절차의 원리[76], 행정절차법, 민원사무처리에 관한 일반법인 민원사무처리에 관한 법률, 개별법상의 절차 등이다.

---

75) 헌법 제12조 ① 모든 국민은 신체의 자유를 가진다. 누구든지 법률에 의하지 아니하고는 체포·구속·압수·수색 또는 심문을 받지 아니하며, 법률과 적법한 절차에 의하지 아니하고는 처벌·보안처분 또는 강제노역을 받지 아니한다.
76) 적법절차의 원칙이란 모든 국가작용은 적법절차에 따라 행해져야 한다는 원칙

Ⅲ. 행정절차법

1. 행정절차법의 성격

행정절차법은 행정절차에 관한 일반법이다. 따라서 개별법에 특별한 규정이 없더라도 행정절차에 관하여는 행정절차법 적용된다.

2. 적용범위

행정절차법 제3조(적용 범위)

① 처분, 신고, 행정상 입법예고, 행정예고 및 행정지도의 절차(이하 '행정절차'라 한다)에 관하여 다른 법률에 특별한 규정이 있는 경우를 제외하고는 이 법에서 정하는 바에 따른다.

② 이 법은 다음 각 호의 어느 하나에 해당하는 사항에 대하여는 적용하지 아니한다.

1. 국회 또는 지방의회의 의결을 거치거나 동의 또는 승인을 받아 행하는 사항
2. 법원 또는 군사법원의 재판에 의하거나 그 집행으로 행하는 사항
3. 헌법재판소의 심판을 거쳐 행하는 사항
4. 각급 선거관리위원회의 의결을 거쳐 행하는 사항
5. 감사원이 감사위원회의의 결정을 거쳐 행하는 사항
6. 형사(刑事), 행형(行刑) 및 보안처분 관계 법령에 따라 행하는 사항
7. 국가안전보장·국방·외교 또는 통일에 관한 사항 중 행정절차를 거칠 경우 국가의 중대한 이익을 현저히 해칠 우려가 있는 사항
8. 심사청구, 해양안전심판, 조세심판, 특허심판, 행정심판, 그 밖의 불복절차에 따른 사항
9. 「병역법」에 따른 징집·소집, 외국인의 출입국·난민인정·귀화, 공무원 인사 관계 법령에 따른 징계와 그 밖의 처분, 이해 조정을 목적으로 하는 법령에 따른 알선·조정·중재(仲裁)·재정(裁定) 또는 그 밖의 처분 등 해당 행정작용의 성질상 행정절차를 거치기 곤란하거나 거칠 필요가 없다고 인정되는 사항과 행정절차에 준하는 절차를 거친 사항으로서 대통령령으로 정하는 사항

(1) 적용영역

행정절차법이 모든 행위형식에 적용되는 것은 아니며, 처분, 신고, 행정상 입법예고, 행정예

고, 행정지도의 절차에 관하여 다른 법률에 특별규정 없을 때 적용된다. 따라서 공법상 계약, 행정계획에는 적용되지 않는다.

(2) 적용배제

처분, 신고, 행정상 입법예고, 행정예고 및 행정지도 등의 절차에 관한 사항도 국회 또는 지방의회의 의결을 거치거나 동의 또는 승인을 얻어 행하는 사항 등 일정한 사항의 경우에는 그 적용이 배제된다.

3. 행정절차의 일반원칙

행정절차법 제4조 (신의성실 및 신뢰보호)
① 행정청은 직무를 수행할 때 신의(信義)에 따라 성실히 하여야 한다.
② 행정청은 법령 등의 해석 또는 행정청의 관행이 일반적으로 국민들에게 받아들여졌을 때에는 공익 또는 제3자의 정당한 이익을 현저히 해칠 우려가 있는 경우를 제외하고는 새로운 해석 또는 관행에 따라 소급하여 불리하게 처리하여서는 아니 된다.

행정절차법 제5조(투명성)
① 행정청이 행하는 행정작용은 그 내용이 구체적이고 명확하여야 한다.
② 행정작용의 근거가 되는 법령 등의 내용이 명확하지 아니한 경우 상대방은 해당 행정청에 그 해석을 요청할 수 있으며, 해당 행정청은 특별한 사유가 없으면 그 요청에 따라야 한다.
③ 행정청은 상대방에게 행정작용과 관련된 정보를 충분히 제공하여야 한다.

(1) 신의성실의 원칙

행정절차법 제4조 제1항은 '행정청은 직무를 수행함에 있어 신의(信義)에 따라 성실히 하여야 한다.'라고 하여 신의성실의 원칙을 규정하고 있다.

(2) 신뢰보호의 원칙

행정절차법 제4조 제2항은 '행정청은 법령 등의 해석 또는 행정청의 관행이 일반적으로 국민들에게 받아들여졌을 때에는 공익 또는 제3자의 정당한 이익을 현저히 해칠 우려가 있는 경우를 제외하고는 새로운 해석 또는 관행에 따라 소급하여 불리하게 처리하여서는 아니 된다.'라고 하여 신뢰성의 원칙을 규정하고 있다.

(3) 투명성의 원칙

행정절차법 제5조는 '행정청이 행하는 행정작용은 그 내용이 구체적이고 명확하여야 하며, 행정작용의 근거가 되는 법령 등의 내용이 명확하지 아니한 경우 상대방은 해당 행정청에 그 해석을 요청할 수 있으며, 해당 행정청은 특별한 사유가 없으면 그 요청에 따라야 한다.'라고 하여 투명성의 원칙을 천명하고 있다.

4. 비용부담

행정절차에 드는 비용은 행정청이 부담한다. 다만, 당사자 등이 자기를 위하여 스스로 지출한 비용은 그러하지 아니하다.

제2항 행정절차의 기본요소

Ⅰ. 행정절차의 주체

1. 행정청(행정절차법 제2조 제1호)

행정청은 행정에 관한 의사를 결정하여 표시하는 국가 또는 지방자치단체의 기관, 그 밖에 법령 또는 자치법규에 의하여 행정권한을 가지고 있거나 위임 또는 위탁받은 공공단체나 그 기관이나 사인을 말한다고 규정하고 있다.

2. 당사자 등(행정절차법 제2조 제4호)

당사자 등은 행정청의 처분에 대하여 직접 그 상대가 되는 당사자와 행정청이 직권 또는 신청에 의하여 행정절차에 참여하게 한 이해관계인을 말한다.

3. 당사자 등의 지위 승계(행정절차법 제10조 제1항)

당사자 등이 사망하였을 때의 상속인과 다른 법령 등에 따라 당사자 등의 권리 또는 이익을 승계한 자는 당사자 등의 지위를 승계한다.

4. 대표자(행정절차법 제13조 제1항)

다수의 당사자 등이 공동으로 행정절차에 관한 행위를 할 때에는 대표자를 선정할 수 있으며, 대표자를 선정, 변경, 해임하였을 때에는 지체 없이 그 사실을 행정청에 통지하여야 하여야 한다.

5. 대리인(행정절차법 제12조 제1항)

당사자 등은 당사자 등의 배우자, 직계존속, 비속 또는 형제자매, 당사자 등이 법인등인 경우 그 임원 또는 직원, 변호사, 행정청 또는 청문주재자(청문의 경우에 한함)의 허가를 받은 자, 법령 등에 따라 해당 사안에 대하여 대리인이 될 수 있는 자 중에서 대리인으로 선임하는 것이 가능하다.

Ⅱ. 절차의 경과

1. 절차의 개시

행정절차는 행정청의 직권이나 사인의 신청에 의해 개시된다.

2. 절차의 진행

(1) 직권주의(↔ 변론주의)

행정절차법은 직권주의가 원칙이며, 직권주의 원칙에 따라 행정청이 절차의 진행을 주도하고 필요한 사실을 스스로 조사, 수집할 수 있다.

(2) 행정응원(행정절차법 제8조 제1항)

법령 등의 이유로 독자적인 직무수행이 어려운 경우, 인원·장비의 부족 등 사실상의 이유로 독자적인 직무수행이 어려운 경우, 다른 행정청에 소속되어 있는 전문기관의 협조가 필요한 경우, 다른 행정청이 관리하고 있는 문서, 통계 등 행정자료가 직무수행을 위하여 필요한 경우, 다른 행정청의 응원을 받아 처리하는 것이 보다 능률적이고 경제적인 경우 등의 5개 사항에 해당될 경우 행정청이 다른 행정청에 행정응원을 요청할 수 있는 경우를 말하고, 이때 요청받은 행정청이 거부할 수도 있는데, 거부하는 경우에는 그 사유를 응원요청한 행정청에 통지하여야 한다.

Ⅲ. 송달(교부, 조우, 보충, 유치, 간이, 발송)

송달은 우편, 교부 또는 정보통신망 이용 등의 방법으로 하되 송달받을 자의 주소, 거소, 영업소, 또는 전자우편주소로 한다. 다만 송달받을 자가 동의한 경우에서는 그를 만나는 장소에서 송달할 수 있다(조우송달).

1. 송달방법

(1) 교부송달 원칙

송달은 원칙적으로 당사자에게 직접교부하는 교부송달이 원칙이다. 교부에 의한 송달은 수령확인서를 받고 문서를 교부함으로써 하며, 송달하는 장소에서 송달받을 자를 만나지 못한 경우에는 그 사무원, 피용자 또는 동거인으로서 사리를 분별할 지능이 있는 사람에게 교부할 수 있다(보충송달). 다만, 문서를 송달받을 자 또는 그 사무원 등이 정당한 사유없이 송달받기를 거부하는 때에는 그 사실을 수령확인서에 적고, 문서를 송달받을 장소에 놓아둘 수 있다(유치송달).

(2) 정보통신망을 이용한 송달

정보통신망을 이용한 송달은 송달받을 자가 동의하는 경우에만 가능하며, 송달받을 자는 송달받을 전자우편주소 등을 지정하여야 한다. 이 경우 정보통신망을 이용하여 전자문서로 송달하는 경우 송달받을 자가 지정한 컴퓨터 등에 입력된 때에 도달된 것으로 본다.

(3) 공시송달 - 주소 등을 알 수 없을 때

송달받을 자의 주소 등을 통상적인 방법으로 확인할 수 없을 경우 또는 송달이 불가능한 경우에는 송달받을 자가 알기 쉽도록 관보, 공보, 게시판, 일간신문 중 하나 이상에 공고하고 인터넷에도 공고하여야 한다. 이 경우 공고한 날로부터 14일이 지난 때에 그 효력이 발생한다.

2. 송달의 효과

송달은 다른 법령 등에 특별한 규정이 있는 경우를 제외하고는 해당 문서가 송달받을 자에게 도달됨으로써 그 효력이 발생한다.

제3항 행정절차의 종류

I. 처분절차

공통적인 절차 →	신청에 의한 처분절차(수익적) →	침익적 처분절차
처분기준의 설정과 공표	처분의 신청	처분의 사전통지
처분의 이유제시	신청의 접수와 보완	의견진술의 기회부여
오기나 오산에 의한 처분의 정정	처리기간 설정 및 공표	의견제출(약식청문)
행정심판이나 소송에 관한 고지		청문(정식청문)
		공청회

1. 처분의 신청(행정절차법 제17조)

행정청에 처분을 구하는 신청을 문서로 하여야 한다. 행정청은 신청을 받았을 때에는 다른 법령 등에 특별한 규정이 있는 경우를 제외하고는 그 접수를 보류 또는 거부하거나 부당하게 되돌려 보내서는 아니 되며, 신청을 접수한 경우에는 신청인에게 접수증을 주어야 한다. 다만, 신청에 구비서류의 미비 등 흠이 있는 경우에는 보완에 필요한 상당한 기간을 정하여 지체 없이 신청인에게 보완을 요구하여야 하며, 기간 내에 보완을 하지 아니하였을 때에는 그 이유를 구체적으로 밝혀 접수된 신청을 되돌려 보낼 수 있다.

2. 처리기간의 설정, 공표(행정절차법 제19조)

(1) 처리기간의 설정과 연장

행정청은 신청인의 편의를 위하여 처분의 처리기간을 종류별로 미리 정하여 공표하여야 하며, 만일 부득이한 사유로 위의 처리기간 내에 처분을 처리하기 곤란한 경우에는 해당 처분의 처리기간의 범위에서 한 번만 그 기간을 연장할 수 있다. 처리기간을 연장할 때에는 처리기간의 연장 사유와 처리 예정 기한을 지체 없이 신청인에게 통지하여야 한다.

(2) 신속한 처리요청

행정청이 정당한 처리기간 내에 처리하지 아니하였을 때에는 신청인은 해당 행정청 또는 그 감독 행정청에 신속한 처리를 요청할 수 있다.

3. 처리기준의 설정 및 공표(행정절차법 제20조)

(1) 공표원칙

행정청은 필요한 처분기준을 해당 처분의 성질에 비추어 되도록 구체적으로 정하여 공표하여야 하며, 이에 따른 처분기준을 공표하는 것이 해당 처분의 성질상 현저히 곤란하거나 공공의 안전 또는 복리를 현저히 해치는 것으로 인정될 만한 상당한 이유가 있는 경우에는 처분기준을 공표하지 아니할 수 있다.

(2) 해석, 설명요청

당사자 등은 공표된 처분기준이 명확하지 아니한 경우 해당 행정청에 그 해석 또는 설명을 요청할 수 있다. 이 경우 해당 행정청은 특별한 사정이 없으면 그 요청에 따라야 한다. 행정청이 위의 요청에 응한 경우 행정청의 해석, 설명은 행정청의 선행조치로 기능할 수 있고 그 후 행정청이 행한 답변과 다르게 처분한 경우 사인은 신뢰보호원칙에 위반됨을 주장할 수 있다.

4. 처분의 사전통지(행정절차법 제21조)

(1) 통지의 내용

행정청은 당사자에게 의무를 부과하거나 권익을 제한하는 처분을 하는 경우에는 미리 ⅰ) 처분의 제목, ⅱ) 당사자의 성명 또는 명칭과 주소, ⅲ) 처분하려는 원인이 되는 사실과 처분의 내용 및 법적 근거, ⅳ) 처분에 대하여 의견을 제출할 수 있다는 뜻과 의견을 제출하지 아니하는 경우의 처리방법, ⅴ) 의견제출기관의 명칭과 주소, ⅵ) 의견제출기한, ⅶ) 그 밖에 필요한 사항을 당사자 등에게 통지하여야 한다. 여기서의 처분은 항고소송의 대상인 처분의 내용과 같다.

(2) 예외사유(행정절차법 제24조 제4항)

1) ⅰ) 공공의 안전 또는 복리를 위하여 긴급히 처분을 할 필요가 있는 경우, ⅱ) 법령 등에서 요구된 자격이 없거나 없어지게 되면 반드시 일정한 처분을 하여야 하는 경우에 그 자격이 없거나 없어지게 된 사실이 법원의 재판 등에 의하여 객관적으로 증명된 경우, ⅲ) 해당 처분의 성질상 의견청취가 현저히 곤란하거나 명백히 불필요하다고 인정될 만한 상당한 이유가 있는 경우의 어느 하나에 해당하는 경우에는 사전통지를 하지 아니할 수 있다. 이 경우 행정청은 처분을 할 때 당사자 등에게 통지를 하지 아니한 사유를 알려야 한다. 다만, 신속한 처분이 필요한 경우에는 처분 후 그 사유를 알릴 수 있다.

2) 처분의 전제가 되는 사실이 법원의 재판 등에 의하여 객관적으로 증명된 경우 등 사전통지를 하지 아니할 수 있는 구체적인 사항은 대통령령으로 정한다.

> **행정절차법 시행령 제13조 (처분의 사전 통지 생략사유)**
>
> 법 제21조제4항 및 제5항에 따라 사전 통지를 하지 아니할 수 있는 경우는 다음 각 호의 어느 하나에 해당하는 경우로 한다.
>
> 1. 급박한 위해의 방지 및 제거 등 공공의 안전 또는 복리를 위하여 긴급한 처분이 필요한 경우
> 2. 법원의 재판 또는 준사법적 절차를 거치는 행정기관의 결정 등에 따라 처분의 전제가 되는 사실이 객관적으로 증명되어 처분에 따른 의견청취가 불필요하다고 인정되는 경우
> 3. 의견청취의 기회를 줌으로써 처분의 내용이 미리 알려져 현저히 공익을 해치는 행위를 유발할 우려가 예상되는 등 해당 처분의 성질상 의견청취가 현저하게 곤란한 경우
> 4. 법령 또는 자치법규(이하 '법령 등'이라 한다)에서 준수하여야 할 기술적 기준이 명확하게 규정되고, 그 기준에 현저히 미치지 못하는 사실을 이유로 처분을 하려는 경우로서 그 사실이 실험, 계측, 그 밖에 객관적인 방법에 의하여 명확히 입증된 경우
> 5. 법령 등에서 일정한 요건에 해당하는 자에 대하여 점용료·사용료 등 금전급부를 명하는 경우 법령 등에서 규정하는 요건에 해당함이 명백하고, 행정청의 금액산정에 재량의 여지가 없거나 요율이 명확하게 정하여져 있는 경우 등 해당 처분의 성질상 의견청취가 명백히 불필요하다고 인정될 만한 상당한 이유가 있는 경우

(3) 사전통지 결여의 효과

사전통지를 하여야 함에도 이를 결여한 처분은 절차상 하자가 있는 처분이 된다.

5. 의견청취

의견청취에 관하여 행정절차법 제22조는 청문, 공청회, 의견제출을 규정하고 있다.

구분	청문	공청회	의견제출
성격	불이익처분의 당사자 등이 자신의 의견이나 증거를 제출	사전적인 의견수렴	불이익처분의 당사자 등이 자신의 의견제시
주체	당사자 등	당사자뿐만 아니라 일반인과 전문인	당사자 등

방법	구술과 서면	구술과 전자공청회(반드시 공청회에 병행해야 함)	구술, 서면, 정보통신망
시기	법령이 정한 경우와 행정청이 필요하다고 판단되는 경우 및 인허가 등의 취소, 신분자격의 박탈, 법인이나 조합 등의 설립허가의 취소시 의견제출기간 내에 당사자 등의 신청이 있는 경우	법령이 정한 경우와 행정청이 필요하다고 판단되는 경우	당사자에 대한 침익적 처분에 대해 청문이나 공청회를 실시하지 아니한 경우
주재자	소속공무원, 대통령령으로 정한 자격을 가진 자	분야의 전문가, 유경험자 중 행정청이 지명 또는 위촉	없음
사전 통지	10일 전 청문주재자에게 7일전	14일전	처분전
특징	• 문서열람과 복사청구 가능(청문사전통지~완료시까지) • 원칙 비공개/ 예외 공개	• 직접 관련 사항만 발표 • 발언내용제안, 발언중단, 퇴장도 가능 • 발표자간 상호질의 응답 • 방청객 발언기회	청문이나 공청회와 같은 진행형식은 없음 (의견청취의 일반절차)

(1) 청문

1) 의의

청문이란 행정청이 국민의 자유, 권리를 제한 침해하는 행정처분을 하기 전에 앞서 행정청이나 관계인의 주장이나 증거에 대하여 처분의 상대방이나 대립하는 이해관계인(당사자 등)으로 하여금 자기에게 유리한 주장이나 증거를 제출하여 반박할 수 있는 기회를 부여함을 목적으로 하는 절차로서(행정절차법 제2조 제5호) 의견청취의 핵심적인 절차이다.

2) 요건

가) 원칙

행정청이 처분을 할 때 i) 다른 법령 등에서 청문을 하도록 규정하고 있는 경우, ii) 행정청이 필요하다고 인정하는 경우, iii) 인허가 등의 취소, 신분·자격의 박탈, 법인이나 조합 등의 설립허가의 취소 처분 시 제21조제1항제6호에 따른 의견제출기한 내에 당사자 등의 신청이 있는 경우에는 청문을 한다.

나) 예외

다만, 처분의 사전통지의 예외사유 세가지(행정절차법 제21조 제4항)[77]에 해당하는 경우와 당사자가 청문을 포기한다는 뜻을 명백히 표시한 경우에는 청문의 기회를 주지 않을 수 있다.

【판시사항】

침해적 행정처분을 할 경우 청문을 실시하지 않을 수 있는 사유인 행정절차법 제21조 제4항 제3호 소정의 '의견청취가 현저히 곤란하거나 명백히 불필요하다고 인정될 만한 상당한 이유가 있는지 여부'의 판단 기준 및 행정처분의 상대방에 대한 청문통지서가 반송되었다거나, 행정처분의 상대방이 청문일시에 불출석하였다는 이유로 청문을 실시하지 아니하고 한 침해적 행정처분의 적법 여부(대법원 2001. 4. 13. 선고 2000두3337 판결)

【판결요지】

행정절차법 제21조 제4항 제3호는 침해적 행정처분을 할 경우 청문을 실시하지 않을 수 있는 사유로서 '당해 처분의 성질상 의견청취가 현저히 곤란하거나 명백히 불필요하다고 인정될 만한 상당한 이유가 있는 경우'를 규정하고 있으나, 여기에서 말하는 '의견청취가 현저히 곤란하거나 명백히 불필요하다고 인정될 만한 상당한 이유가 있는지 여부'는 당해 행정처분의 성질에 비추어 판단하여야 하는 것이지, 청문통지서의 반송 여부, 청문통지의 방법 등에 의하여 판단할 것은 아니며, 또한 행정처분의 상대방이 통지된 청문일시에 불출석하였다는 이유만으로 행정청이 관계 법령상 그 실시가 요구되는 청문을 실시하지 아니한 채 침해적 행정처분을 할 수는 없을 것이므로, 행정처분의 상대방에 대한 청문통지서가 반송되었다거나, 행정처분의 상대방이 청문일시에 불출석하였다는 이유로 청문을 실시하지 아니하고 한 침해적 행정처분은 위법하다.

---

77) ④ 다음 각 호의 어느 하나에 해당하는 경우에는 제1항에 따른 통지를 하지 아니할 수 있다.
   1. 공공의 안전 또는 복리를 위하여 긴급히 처분을 할 필요가 있는 경우
   2. 법령 등에서 요구된 자격이 없거나 없어지게 되면 반드시 일정한 처분을 하여야 하는 경우에 그 자격이 없거나 없어지게 된 사실이 법원의 재판 등에 의하여 객관적으로 증명된 경우
   3. 해당 처분의 성질상 의견청취가 현저히 곤란하거나 명백히 불필요하다고 인정될 만한 상당한 이유가 있는 경우

3) 청문의 주재자와 참가자(행정절차법 제28조)

가) 주재자

행정청은 소속 직원 또는 대통령령으로 정하는 자격을 가진 사람 중에서 청문 주재자를 공정하게 선정하여야 하며, 청문이 시작되는 날부터 7일 전까지 청문 주재자에게 청문과 관련한 필요한 자료를 미리 통지하여야 한다. 청문 주재자는 독립하여 공정하게 직무를 수행하며, 그 직무 수행을 이유로 본인의 의사에 반하여 신분상 어떠한 불이익도 받지 아니한다.

나) 참가자

청문에 주체적으로 참가하는 자는 당사자 등이다. 여기서 당사자 등이란 행정청의 처분에 대하여 직접 그 상대가 되는 당사자와 행정이 직권 또는 신청에 의하여 행정절차에 참여한 이해관계인을 말한다.

4) 청문의 진행절차

가) 사전통지

행정청은 청문을 하려면 청문이 시작되는 날부터 10일 전까지 ⅰ) 처분의 제목, ⅱ) 당사자의 성명 또는 명칭과 주소, ⅲ) 처분하려는 원인이 되는 사실과 처분의 내용 및 법적 근거, ⅳ) 제3호에 대하여 의견을 제출할 수 있다는 뜻과 의견을 제출하지 아니하는 경우의 처리방법, ⅴ) 의견제출기관의 명칭과 주소, ⅵ) 의견제출기한, ⅶ) 그 밖에 필요한 사항을 당사자 등에게 통지하여야 한다.

나) 청문의 진행

청문은 설명, 의견진술(행정절차법 제31조), 직권증거조사(행정절차법 제33조), 청문조서 작성(행정절차법 제34조), 청문종결(행정절차법 제35조)로 이루어진다. 다만, 청문주재자는 당사자 등의 전부 또는 일부가 정당한 사유없이 청문기일에 출석하지 아니하거나 의견서를 제출하지 아니한 경우 이들에게 다시 의견진술 및 증거제출의 기회를 주지 아니하고 청문을 마칠 수 있다.

5) 청문결여의 효과

행정절차법 제22조 제1항 제1호에 정한 청문제도는 행정처분의 사유에 대하여 당사자에게 변명과 유리한 자료를 제출할 기회를 부여함으로써 위법사유의 시정가능성을 고려하고 처분의 신중과 적정을 기하려는 데 그 취지가 있으므로 그러한 절차를 결여한 처분은 위법한 처분으로서 취소사유에 해당한다.

【판시사항】
청문절차를 결여한 처분의 위법 여부(대법원 2007. 11. 16. 선고 2005두15700 판결)

【판결요지】
행정절차법 제22조 제1항 제1호에 정한 청문제도는 행정처분의 사유에 대하여 당사자에게 변명과 유리한 자료를 제출할 기회를 부여함으로써 위법사유의 시정가능성을 고려하고 처분의 신중과 적정을 기하려는 데 그 취지가 있으므로, 행정청이 특히 침해적 행정처분을 할 때 그 처분의 근거 법령 등에서 청문을 실시하도록 규정하고 있다면, 행정절차법 등 관련 법령상 청문을 실시하지 않아도 되는 예외적인 경우에 해당하지 않는 한 반드시 청문을 실시하여야 하며, 그러한 절차를 결여한 처분은 위법한 처분으로서 취소사유에 해당한다.

(2) 공청회

1) 의의

공청회란 행정청이 공개적인 토론을 통하여 어떠한 행정작용에 대하여 당사자 등, 전문지식과 경험을 가진 사람, 그 밖의 일반인으로부터 의견을 널리 수렴하는 절차를 말한다. 이는 청문과 달리 공청사항에 관한 이해관계 없는 사람도 참가가 가능하며, 어떠한 행정작용에 대하여 사전에 다수의 의견으로 수렴하여 이해관계를 조정하려는데 그 목적이 있다.

2) 공청회의 개최요건

가) 원칙

행정청은 처분을 할 때 다른 법령 등에서 공청회를 개최하도록 규정하고 있는 경우 해당 처분의 영향이 광범위하여 널리 의견 수렴의 필요가 있다고 인정하는 경우에는 예외사유에 해당하지 않는 한 공청회를 개최해야 한다.

【판시사항】

행정청이 의무를 부과하거나 권익을 제한하는 처분을 할 때 구 행정절차법 제22조 제3항에 따라 의견제출의 기회를 주어야 하는 '당사자'의 의미 및 '고시'의 방법으로 불특정 다수인을 상대로 의무를 부과하거나 권익을 제한하는 처분에서도 위 조항에 따라 상대방에게 의견제출의 기회를 주어야 하는지 여부(대법원 2014. 10. 27. 선고 2012두7745 판결)

【판결요지】

구 행정절차법(2011. 12. 2. 법률 제11109호로 개정되기 전의 것, 이하 같다) 제22조 제3항에 따라 행정청이 의무를 부과하거나 권익을 제한하는 처분을 할 때 의견제출의 기회를 주어야 하는 '당사자'는 '행정청의 처분에 대하여 직접 그 상대가 되는 당사자'(구 행정절차법 제2조 제4호)를 의미한다. 그런데 '고시'의 방법으로 불특정 다수인을 상대로 의무를 부과하거나 권익을 제한하는 처분은 성질상 의견제출의 기회를 주어야 하는 상대방을 특정할 수 없으므로, 이와 같은 처분에 있어서까지 구 행정절차법 제22조 제3항에 의하여 그 상대방에게 의견제출의 기회를 주어야 한다고 해석할 것은 아니다.

나) 예외

처분의 사전통지의 예외사유 세 가지에 해당하는 경우와 당사자가 의견진술의 기회를 포기한다는 뜻을 명백히 표시한 경우에는 공청회의 기회를 주지 않을 수 있다(행정절차법 제22조 제4항).

3) 대상(행정절차법 제22조 제2항)

행정청이 처분을 할 때 ⅰ) 다른 법령 등에서 공청회를 개최하도록 규정하고 있는 경우, ⅱ) 해당 처분의 영향이 광범위하여 널리 의견을 수렴할 필요가 있다고 행정청이 인정하는 경우, ⅲ) 국민생활에 큰 영향을 미치는 처분으로서 대통령령으로 정하는 처분에 대하여 대통령령으로 정하는 수 이상의 당사자 등이 공청회 개최를 요구하는 경우의 어느 하나에 해당하는 경우에는 공청회를 개최한다.

4) 개최

행정청은 공청회를 개최하려는 경우에는 공청회 개최 14일 전까지 ⅰ) 제목, ⅱ) 일시 및 장소, ⅲ) 주요 내용, ⅳ) 발표자에 관한 사항, ⅴ) 발표신청 방법 및 신청기한, ⅵ) 정보통신망을 통한 의견제출, ⅶ) 그 밖에 공청회 개최에 필요한 사항을 당사자 등에게 통지하고 관보, 공보, 인터넷 홈페이지 또는 일간신문 등에 공고하는 등의 방법으로 널리 알려야 한다. 다만, 공청회 개최를 알린 후 예정대로 개최하지 못하여 새로 일시 및 장소 등을 정한 경우에는 공청회 개최 7일 전까지 알려야 한다.

5) 진행 - 공청회의 주재자 및 발표자 선정

가) 주재자 선정

행정청은 해당 공청회의 사안과 관련된 분야에 전문적 지식이 있거나 그 분야에 종사한 경험이 있는 사람으로서 대통령령으로 정하는 자격을 가진 사람 중에서 공청회의 주재자를 선정한다.

나) 발표자 선정

공청회의 발표자는 발표를 신청한 사람 중에서 행정청이 선정한다. 다만, 발표를 신청한 사람이 없거나 공청회의 공정성을 확보하기 위하여 필요하다고 인정하는 경우에는 ⅰ) 해당 공청회의 사안과 관련된 당사자 등, ⅱ) 해당 공청회의 사안과 관련된 분야에 전문적 지식이 있는 사람, ⅲ) 해당 공청회의 사안과 관련된 분야에 종사한 경험이 있는 사람의 사람 중에서 지명하거나 위촉할 수 있다.

다) 경비의 지급

공청회의 주재자, 발표자, 그 밖에 자료를 제출한 전문가 등에게는 예산의 범위에서 수당 및 여비와 그 밖에 필요한 경비를 지급할 수 있다.

6) 결과의 반영

행정청은 처분을 할 때에 공청회, 전자공청회 및 정보통신망 등을 통하여 제시된 사실 및 의견이 상당한 이유가 있다고 인정하는 경우에는 이를 반영하여야 한다.

(3) 의견제출

1) 의의

행정청이 당사자에게 의무를 부과하거나 권익을 제한하는 처분을 함에 있어서 청문 및 공청회 개최 외에 당사자 등에게 의견제출의 기회를 부여하여야 한다.

2) 의견제출의 요건

행정청이 당사자에게 의무를 부과하거나 권익을 제한하는 처분을 할 때 청문 또는 공청회의 경우 외에는 당사자 등에게 의견제출의 기회를 주어야 한다. 이렇듯 의견제출은 사전통지와 마찬가지로 의무의 부과 또는 권익을 제한하는 경우에만 적용된다. 다만 처분의 사전통지 예외사유 세 가지에 해당[78]하는 경우와 당사자가 의견진술의 기회를 포기한다는 뜻을 명백히 표시한 경우에는 의견청취를 하지 아니할 수 있다. 또한 당사자 등이 정당한 사유 없이 의견제출기한까지 의견제출을 하지 아니한 경우에는 의견이 없는 것으로 본다.

【판시사항】
퇴직연금의 환수결정시 당사자에게 의견진술의 기회를 주지 아니한 경우, 행정절차법 제22조 제3항이나 신의칙에 위반되는지 여부(대법원 2000. 11. 28. 선고 99두5443 판결)

【판결요지】
퇴직연금의 환수결정은 당사자에게 의무를 과하는 처분이기는 하나, 관련 법령에 따라 당연

---

[78] 행정절차법 제21조 ④ 다음 각 호의 어느 하나에 해당하는 경우에는 제1항에 따른 통지를 하지 아니할 수 있다.
　1. 공공의 안전 또는 복리를 위하여 긴급히 처분을 할 필요가 있는 경우
　2. 법령 등에서 요구된 자격이 없거나 없어지게 되면 반드시 일정한 처분을 하여야 하는 경우에 그 자격이 없거나 없어지게 된 사실이 법원의 재판 등에 의하여 객관적으로 증명된 경우
　3. 해당 처분의 성질상 의견청취가 현저히 곤란하거나 명백히 불필요하다고 인정될 만한 상당한 이유가 있는 경우

> 히 환수금액이 정하여지는 것이므로, 퇴직연금의 환수결정에 앞서 당사자에게 의견진술의
> 기회를 주지 아니하여도 행정절차법 제22조 제3항이나 신의칙에 어긋나지 아니한다.

3) 의견제출의 효과

행정청은 처분을 할 때에 당사자 등이 제출한 의견이 상당한 이유가 있다고 인정하는 경우에
는 이를 반영하여야 하며, 당사자 등이 제출한 의견을 반영하지 아니하고 처분을 한 경우
당사자 등이 처분이 있음을 안 날부터 90일 이내에 그 이유의 설명을 요청하면 서면으로
그 이유를 알려야 한다. 다만, 당사자 등이 동의하면 말, 정보통신망 또는 그 밖의 방법으로
알릴 수 있다.

4) 의견청취절차 위반

의견청취절차는 의무적인 절차이다. 따라서 이를 실시하지 아니하고 발령한 처분은 절차상
위법한 것이 된다. 이때 하자의 정도는 중대명백설에 따른다.

(4) 이유부기(이유제시)

1) 의의

행정청이 행정처분 등을 함에 있어서 그 행위의 근거가 된 법령상 사실상의 이유를 명시하는
것을 말한다. 그러나 이유부기는 판례를 통하여 불문법원리로 이미 인정되고 있었던바,
행정절차법 제23조의 규정은 그 원리를 구체화하였다는 데 그 의미가 있다.

> **【판시사항】**
> 행정처분의 근거 및 이유제시의 정도(대법원 2002. 5. 17. 선고 2000두8912 판결)
>
> **【판결요지】**
> 행정절차법 제23조 제1항은 행정청은 처분을 하는 때에는 당사자에게 그 근거와 이유를 제
> 시하여야 한다고 규정하고 있는바, 일반적으로 당사자가 근거규정 등을 명시하여 신청하는
> 인·허가 등을 거부하는 처분을 함에 있어 당사자가 그 근거를 알 수 있을 정도로 상당한 이

유를 제시한 경우에는 당해 처분의 근거 및 이유를 구체적 조항 및 내용까지 명시하지 않았더라도 그로 말미암아 그 처분이 위법한 것이 된다고 할 수 없다.

2) 목적

상대방에 대한 쟁송편의제공과 설득기능, 행정청의 신중한 행정확보와 자의방지, 결정과정의 공개기능의 목적을 가진다.

3) 대상과 예외

가) 대상

> **행정절차법 제23조(처분의 이유 제시)**
> ① 행정청은 처분을 할 때에는 다음 각 호의 어느 하나에 해당하는 경우를 제외하고는 당사자에게 그 근거와 이유를 제시하여야 한다.
> 1. 신청 내용을 모두 그대로 인정하는 처분인 경우
> 2. 단순·반복적인 처분 또는 경미한 처분으로서 당사자가 그 이유를 명백히 알 수 있는 경우
> 3. 긴급히 처분을 할 필요가 있는 경우
> ② 행정청은 제1항 제2호 및 제3호의 경우에 처분 후 당사자가 요청하는 경우에는 그 근거와 이유를 제시하여야 한다.

행정절차법 제23조는 이유부기 의무를 원칙적으로 인정하여 일정한 사항을 제외하고는 당사자에게 그 근거와 이유를 제기하여야 한다. 이러한 이유부기는 주로 침익적 행정처분에 적용된다.

나) 예외

ⅰ) 신청내용을 모두 그대로 인정하는 처분인 경우, ⅱ) 단순반복적인 처분 또는 경미한 처분으로서 당사자가 그 이유를 명백히 알 수 있는 경우, ⅲ) 긴급한 처분을 할 필요가 있는 경우에는 이유부기를 하지 않아도 된다. 다만, 행정청이 신청내용을 모두 인정하는 경우를 제외하고는 처분 후 당사자가 이유제시를 요청하는 경우에는 그 근거와 이유를 제시해 주어야 한다.

4) 하자와 행정행위의 효력

이유부기의 하자는 행정행위 자체에 위법성을 발생시킨다. 따라서 이유부기가 전혀 없는 행정행위의 효력은 무효이지만 이유부기의 내용적 하자 즉 불충분의 경우에는 취소사유로 보는 것이 일반적 견해이다.

> **【판시사항】**
>
> 행정절차법 제23조 제1항의 규정 취지 및 처분서에 처분의 근거와 이유가 구체적으로 명시되어 있지 않은 처분이라도 절차상 위법하지 않은 경우(대법원 2013. 11. 14. 선고 2011두18571 판결)
>
> **【판결요지】**
>
> 행정절차법 제23조 제1항은 행정청이 처분을 하는 때에는 당사자에게 그 근거와 이유를 제시하도록 규정하고 있고, 이는 행정청의 자의적 결정을 배제하고 당사자로 하여금 행정구제절차에서 적절히 대처할 수 있도록 하는 데 그 취지가 있다. 따라서 처분서에 기재된 내용과 관계 법령 및 당해 처분에 이르기까지 전체적인 과정 등을 종합적으로 고려하여, 처분 당시 당사자가 어떠한 근거와 이유로 처분이 이루어진 것인지를 충분히 알 수 있어서 그에 불복하여 행정구제절차로 나아가는 데에 별다른 지장이 없었던 것으로 인정되는 경우에는 처분서에 처분의 근거와 이유가 구체적으로 명시되어 있지 않았다고 하더라도 그로 말미암아 그 처분이 위법한 것으로 된다고 할 수는 없다.

5) 하자의 치유

이유부기의 목적이 쟁송제기의 편의를 제공하는데 있다면 즉 단순 취소사유인 경우 그 하자의 치유를 인정하지만, 이유부기의 의의가 행정청의 판단을 신중하고 합리적으로 행하게 하는데 있다고 보아 그에(무효사유) 대한 하자의 치유는 부정된다.

한편, 판례는 원칙상 이유부기를 취소사유로 인정하나, 치유에 대해서는 원칙상 인정하지 않는 입장이다.

납세고지서에 세액산출근거 등의 기재사항이 누락되었거나 과세표준과 세액의 계산명세서가 첨부되지 않은 납세 고지의 적부 및 위와 같은 납세고지의 하자는 납세의무자가 그 나름대로 산출근거를 알고 있다거나 사실상 이를 알고서 쟁송에 이른 경우 치유되는지 여부(대법원 2002. 11. 13. 선고 2001두1543 판결)

【판결요지】
납세고지서에 과세연도, 세목, 세액 및 그 산출근거, 납부기한과 납부장소 등의 명시를 요구한 국세징수법 제9조나 과세표준과 세액계산명세서의 첨부를 명한 구 법인세법(1993. 12. 31. 법률 제4664호로 개정되기 전의 것) 제37조, 제59조의5, 구 법인세법시행령(1993. 12. 31. 대통령령 제14080호로 개정되기 전의 것) 제99조 등의 규정이 단순한 세무행정상의 편의를 위한 훈시규정이 아니라, 헌법과 국세기본법에 규정된 조세법률주의의 원칙에 따라 과세관청의 자의를 배제하고 신중하고도 합리적인 과세처분을 하게 함으로써 조세행정의 공정을 기함과 아울러 납세의무자에게 부과처분의 내용을 자세히 알려주어 이에 대한 불복 여부의 결정과 불복신청의 편의를 주려는데 그 근본취지가 있으므로, 이 규정들은 강행규정으로 보아야 하고, 따라서 납세고지서에 세액산출근거 등의 기재사항이 누락되었거나 과세표준과 세액의 계산명세서가 첨부되지 않았다면 적법한 납세의 고지라고 볼 수 없으며, 위와 같은 납세고지의 하자는 납세의무자가 그 나름대로 산출근거를 알고 있다거나 사실상 이를 알고서 쟁송에 이르렀다 하더라도 치유되지 않는다.

다만, 국민의 권익을 침해하지 않는 범위 내에서 구체적 사정에 따라 합리적으로 불복여부 결정 및 불복신청에 편의를 줄 수 있는 상당한 기간 내 그리고 기본적 사실관계가 동일한 경우에 하자의 치유를 허용하여야 한다는 입장이기도 하다.

항고소송에 있어서 처분청이 당초 처분의 근거로 삼은 사유와 기본적 사실관계에 있어서 동일성이 인정되지 아니한 별개의 사실을 들어 처분사유로 주장할 수 있는지 여부(대법원 1999. 11. 26. 선고 97누13474 판결)

【판결요지】
일반적으로 행정처분의 취소를 구하는 항고소송에 있어서는 실질적 법치주의와 행정처분의 상대방인 국민에 대한 신뢰보호라는 견지에서 처분청은 당초 처분의 근거로 삼은 사유와 기본적 사실관계에 있어서 동일성이 인정되는 한도 내에서만 새로운 처분사유를 추가하거나 변경할 수 있을 뿐, 기본적 사실관계와 동일성이 인정되지 아니한 별개의 사실을 들어 처분사유로 주장하는 것은 허용되지 않는다.

【판시사항】

행정행위의 하자의 치유 및 전환범위(대법원 1983. 7. 26. 선고 82누420 판결)

【판결요지】

하자있는 행정행위의 치유나 전환은 행정행위의 성질이나 법치주의의 관점에서 볼 때 원칙적으로 허용될 수 없는 것이지만, 행정행위의 무용한 반복을 피하고 당사자의 법적 안정성을 위해 이를 허용하는 때에도 국민의 권리와 이익을 침해하지 않는 범위에서 구체적 사정에 따라 합목적적으로 인정해야 할 것이다.

【판시사항】

부과처분 전 부담금예정통지서에 필요적 기재사항이 기재되어 있는 경우, 납부고지서에 기재사항의 일부가 누락되었더라도 그 하자가 치유되는지 여부(대법원 1997. 12. 26. 선고 97누9390 판결)

【판결요지】

택지초과소유부담금의 납부고지서에 납부금액 및 산출근거, 납부기한과 납부장소 등의 필요적 기재사항의 일부가 누락되었다면 그 부과처분은 위법하다고 할 것이나, 부과관청이 부과처분에 앞서 택지소유상한에관한법률시행령 제31조 제1항에 따라 납부의무자에게 교부한 부담금예정통지서에 납부고지서의 필요적 기재사항이 제대로 기재되어 있었다면 납부의무자로서는 부과처분에 대한 불복 여부의 결정 및 불복신청에 전혀 지장을 받지 않았음이 명백하므로, 이로써 납부고지서의 흠결이 보완되거나 하자가 치유될 수 있는 것이다.

6) 이유제시의 정도

이유제시는 처분사유를 이해할 수 있을 정도로 구체적으로 이유를 제시하여야 할 것이고 그러한 이유제시에 있어서는 행정청의 자기의 결정에 고려하였던 사실상 그리고 법률상의 근거를 알려야 한다.

【판시사항】

주류도매업면허의 취소처분에 그 대상이 된 위반사실을 특정하지 아니하여 위법하다고 본 사례(대법원 1990. 9. 11. 선고 90누1786 판결)

【판결요지】

면허의 취소처분에는 그 근거가 되는 법령이나 취소권 유보의 부관 등을 명시하여야 함은 물론 처분을 받은 자가 어떠한 위반사실에 대하여 당해 처분이 있었는지를 알 수 있을 정도로 사실을 적시할 것을 요하며, 이와 같은 취소처분의 근거와 위반사실의 적시를 빠뜨린 하자는 피처분자가 처분 당시 그 취지를 알고 있었다거나 그후 알게 되었다 하여도 치유될 수 없다고 할 것인바, 세무서장인 피고가 주류도매업자인 원고에 대하여 한 이 사건 일반주류도매업면허취소통지에 '상기 주류도매장은 무면허 주류판매업자에게 주류를 판매하여 주세법 제11조 및 국세법사무처리규정 제26조에 의거 지정조건위반으로 주류판매면허를 취소합니다'라고만 되어 있어서 원고의 영업기간과 거래상대방 등에 비추어 원고가 어떠한 거래행위로 인하여 이 사건 처분을 받았는지 알 수 없게 되어 있다면 이 사건 면허취소처분은 위법하다.

6. 처분의 방식 - 서면주의(행정절차법 제24조)

(1) 처분의 방식

행정청이 처분을 할 때에는 다른 법령 등에 특별한 규정이 있는 경우를 제외하고는 문서로 하여야 하며, 전자문서로 하는 경우에는 당사자 등의 동의가 있어야 한다. 다만, 신속히 처리할 필요가 있거나 사안이 경미한 경우에는 말 또는 그 밖의 방법으로 할 수 있다. 이 경우 당사자가 요청하면 지체 없이 처분에 관한 문서를 주어야 한다.

(2) 처분의 정정(같은 법 제25조)

행정청은 처분에 오기(誤記), 오산(誤算) 또는 그 밖에 이에 준하는 명백한 잘못이 있을 때에는 직권으로 또는 신청에 따라 지체 없이 정정하고 그 사실을 당사자에게 통지하여야 한다.

(3) 불복방법 고지(같은 법 제26조)

행정청이 처분을 할 때에는 당사자에게 그 처분에 관하여 행정심판 및 행정소송을 제기할 수 있는지 여부, 그 밖에 불복을 할 수 있는지 여부, 청구절차 및 청구기간, 그 밖에 필요한 사항을 알려야 한다.

Ⅱ. 신고절차 - 자체완성적 신고

1. 행정청의 의무

법령 등에서 행정청에 일정한 사항을 통지함으로써 의무가 끝나는 신고를 규정하고 있는 때에는 신고를 관장하는 행정청은 신고에 필요한 구비서류, 접수기관, 그 밖에 법령 등에 따른 신고에 필요한 사항을 게시하거나 이에 대한 편람을 두고 누구나 열람할 수 있도록 해야 한다.

2. 신고의무의 완성시기

신고가 ⅰ) 신고서의 기재상에 흠이 없을 것, ⅱ) 필요한 구비서류가 첨부되어 있을 것, ⅲ) 그 밖에 법령 등에 규정된 형식상의 요건에 적합할 것의 요건을 갖춘 경우 신고서가 접수기관에 도달된 때에 신고의무가 이행된 것으로 본다.

3. 요건미비 신고접수시 처리방법

행정청은 요건이 미비된 신고서가 제출된 경우 지체없이 상당한 기간을 정하여 신고인에게 보완을 요구하여야 하며, 위 기간내에 보완을 하지 아니하였을 때에는 그 이유를 구체적으로 밝혀 해당 신고서를 되돌려 보내야 한다.

Ⅲ. 행정상 입법예고절차

(행정절차법 제41조, 제42조, 제43조, 제44조 제45조)

1. 대상

법령 등을 제정·개정 또는 폐지하려는 경우에는 해당 입법안을 마련한 행정청은 이를 예고하여야 한다. 다만, ⅰ) 신속한 국민의 권리 보호 또는 예측 곤란한 특별한 사정의 발생 등으로 입법이 긴급을 요하는 경우, ⅱ) 상위 법령 등의 단순한 집행을 위한 경우, ⅲ) 입법내용이 국민의 권리·의무 또는 일상생활과 관련이 없는 경우, ⅳ) 단순한 표현·자구를 변경하는 경우 등 입법내용의 성질상 예고의 필요가 없거나 곤란하다고 판단되는 경우, ⅴ) 예고함이 공공의 안전 또는 복리를 현저히 해칠 우려가 있는 경우의 어느 하나에 해당하는 경우에는 예고를 하지 아니할 수 있다.

2. 예고방법

(1) 방법

행정청은 입법안의 취지, 주요 내용 또는 전문(全文)을 ⅰ) 법령의 입법안을 입법예고하는 경우 : 관보 및 법제처장이 구축·제공하는 정보시스템을 통한 공고, ⅱ) 자치법규의 입법안을 입법예고하는 경우 : 공보를 통한 공고의 구분에 따른 방법으로 공고하여야 하며, 추가로 인터넷, 신문 또는 방송 등을 통하여 공고할 수 있다.

(2) 절차

행정청은 대통령령을 입법예고하는 경우 국회 소관 상임위원회에 이를 제출하여야 하며, 행정청은 입법예고를 할 때에 입법안과 관련이 있다고 인정되는 중앙행정기관, 지방자치단체, 그 밖의 단체 등이 예고사항을 알 수 있도록 예고사항을 통지하거나 그 밖의 방법으로 알려야 한다.

(3) 열람, 복사

행정청은 예고된 입법안의 전문에 대한 열람 또는 복사를 요청받았을 때에는 특별한 사유가 없으면 그 요청에 따라야 한다.

3. 예고기간

입법예고기간은 예고할 때 정하되, 특별한 사정이 없으면 40일(자치법규는 20일) 이상으로 한다.

4. 의견제출 및 처리

누구든지 예고된 입법안에 대하여 의견을 제출할 수 있다. 따라서 행정청은 의견접수기관, 의견제출기간, 그 밖에 필요한 사항을 해당 입법안을 예고할 때 함께 공고하여야 한다. 또한 행정청은 의견을 제출한 자에게 그 제출된 의견의 처리결과를 통지하여야 하며 나아가 입법안을 마련한 행정청은 입법예고 후 예고내용에 국민생활과 직접 관련된 내용이 추가되는 등 대통령령으로 정하는 중요한 변경이 발생하는 경우에는 해당 부분에 대한 입법예고를 다시 하여야 한다.

Ⅳ. 행정예고절차

(행정절차법 제46조, 제47조)

1. 행정예고

행정청은 정책, 제도 및 계획을 수립 · 시행하거나 변경하려는 경우에는 이를 예고하여야 한다. 그러나 법령 등의 입법을 포함하는 행정예고는 입법예고로 갈음할 수 있다.

다만, ⅰ) 신속하게 국민의 권리를 보호하여야 하거나 예측이 어려운 특별한 사정이 발생하는 등 긴급한 사유로 예고가 현저히 곤란한 경우, ⅱ) 법령 등의 단순한 집행을 위한 경우, ⅲ) 정책 등의 내용이 국민의 권리 · 의무 또는 일상생활과 관련이 없는 경우, ⅳ) 정책 등의 예고가 공공의 안전 또는 복리를 현저히 해칠 우려가 상당한 경우의 어느 하나에 해당하는 경우에는 예고를 하지 아니할 수 있다.

2. 예고 기간 및 방법 등

(1) 기간

행정예고기간은 예고 내용의 성격 등을 고려하여 정하되, 특별한 사정이 없으면 20일 이상으로 한다.

(2) 방법

행정청은 정책 등 안(案)의 취지, 주요 내용 등을 관보·공보나 인터넷·신문·방송 등을 통하여 공고하여야 한다.

V. 행정지도

(행정절차법 제48조, 제49조, 제50조, 제51조)

1. 행정지도의 원칙

행정지도는 그 목적 달성에 필요한 최소한도에 그쳐야 하며, 행정지도의 상대방의 의사에 반하여 부당하게 강요하여서는 아니 되며, 행정기관은 행정지도의 상대방이 행정지도에 따르지 아니하였다는 것을 이유로 불이익한 조치를 하여서는 아니 된다.

2. 행정지도의 방식

행정지도를 하는 자는 그 상대방에게 그 행정지도의 취지 및 내용과 신분을 밝혀야 하며, 행정지도가 말로 이루어지는 경우에 상대방이 위의 사항을 적은 서면의 교부를 요구하면 그 행정지도를 하는 자는 직무 수행에 특별한 지장이 없으면 이를 교부하여야 한다.

3. 의견제출

행정지도의 상대방은 해당 행정지도의 방식·내용 등에 관하여 행정기관에 의견제출을 할 수 있다.

4. 다수인을 대상으로 하는 행정지도

행정기관이 같은 행정목적을 실현하기 위하여 많은 상대방에게 행정지도를 하려는 경우에는 특별한 사정이 없으면 행정지도에 공통적인 내용이 되는 사항을 공표하여야 한다.

제4항 행정절차의 하자

1. 절차상 하자 있는 행정행위의 효력

절차상 하자의 효과에 관한 명문규정이 있을 경우 그 규정에 따르면 될 것이다. 다만, 문제는 그러한 명문의 규정이 없을 경우 특히 그 행정행위가 기속행위라면 절차상 하자로 취소판결이 확정된 후에도 행정청은 해당 절차만 거친다면 다시 동일한 내용의 행정행위를 발령할 수도 있기 때문에 절차상 하자가 독자적인 위법사유가 되는지가 문제될 수 있다

> **국가공무원법 제13조(소청인의 진술권)**
> ① 소청심사위원회가 소청 사건을 심사할 때에는 대통령령 등으로 정하는 바에 따라 소청인 또는 제76조제1항 후단에 따른 대리인에게 진술 기회를 주어야 한다.
> ② 제1항에 따른 진술 기회를 주지 아니한 결정은 무효로 한다.

2. 하자의 효과

(1) 명문의 규정이 있는 경우

가령 소청사건을 심사할 때 '소청인 또는 대리인 등에게 진술의 기회를 주어야 하며 이를 주지 아니한 결정은 무효로 한다.'와 같이 개별적 규정이 존재할 경우 그에 따르면 되지만,

그러한 일반적 규정은 없다. 다만, 판례는 청문절차를 규정한 실정법규를 위반하였을 경우 이를 하자있는 행정행위로 보아 원칙적으로 취소할 수 있다는 입장을 취하고 있다.

【판시사항】

식품위생법 소정의 청문절차를 전혀 거치지 아니하거나 거쳤다고 하여도 그 절차적 요건을 제대로 준수하지 아니하고 한 영업정지 등의 처분의 적부(대법원 1991. 7. 9. 선고 91누971 판결)

【판결요지】

식품위생법 제64조, 같은법 시행령 제37조 제1항 소정의 청문절차를 전혀 거치지 아니하거나 거쳤다고 하여도 그 절차적 요건을 제대로 준수하지 아니한 경우에는 가사 영업정지사유 등 위 법 제58조 등 소정 사유가 인정된다고 하더라도 그 처분은 위법하여 취소를 면할 수 없다.

【판시사항】

행정청이 당사자에게 의무를 과하거나 권익을 제한하는 처분을 함에 있어서 당사자에게 행정절차법상의 사전통지를 하거나 의견제출의 기회를 주지 아니한 경우, 그 처분이 위법한 것인지 여부(대법원 2004. 5. 28. 선고 2004두1254 판결)

【판결요지】

행정절차법 제21조 제1항, 제4항, 제22조 제1항 내지 제4항에 의하면, 행정청이 당사자에게 의무를 과하거나 권익을 제한하는 처분을 하는 경우에는 미리 처분하고자 하는 원인이 되는 사실과 처분의 내용 및 법적 근거, 이에 대하여 의견을 제출할 수 있다는 뜻과 의견을 제출하지 아니하는 경우의 처리방법 등의 사항을 당사자 등에게 통지하여야 하고, 다른 법령 등에서 필요적으로 청문을 실시하거나 공청회를 개최하도록 규정하고 있지 아니한 경우에도 당사자 등에게 의견제출의 기회를 주어야 하되, '당해 처분의 성질상 의견청취가 현저히 곤란하거나 명백히 불필요하다고 인정될 만한 상당한 이유가 있는 경우' 등에는 처분의 사전통지나 의견청취를 하지 아니할 수 있도록 규정하고 있으므로, 행정청이 침해적 행정처분을 함에 있어서 당사자에게 위와 같은 사전통지를 하거나 의견제출의 기회를 주지 아니하였다면 사전통지를 하지 않거나 의견제출의 기회를 주지 아니하여도 되는 예외적인 경우에 해당하지 아니하는 한 그 처분은 위법하여 취소를 면할 수 없다.

(2) 명문의 규정이 없는 경우

1) 학설

학설은 소극설과 적극설이 대립한다. 이 중 판례의 견해와 동일한 적극설의 논거를 살펴보면 절차상의 하자 있는 행정행위는 위법이며 그 결과 무효 또는 취소할 수 있다는 견해이고, 소극설은 절차무용론화 방지를 위하여 절차상 하자는 사후보완하면 해결된다는 입장이다.

2) 판례 - 적극설의 입장

판례는 적극설의 입장이다. 다만 법령에 근거 없는 훈령상의 청문절차의 위반은 위법사유로 보지 않는다.

【판시사항】

【판시사항】

훈령에 따른 행정절차운영지침 소정의 청문절차를 거치지 않고 한 행정처분의 효력(대법원 1994. 8. 9. 선고 94누3414 판결)

【판결요지】

청문을 포함한 당사자의 의견청취절차 없이 어떤 행정처분을 한 경우에도 관계법령에서 당사자의 의견청취절차를 시행하도록 규정하지 않고 있는 경우에는 그 행정처분이 위법하게 되는 것은 아니라 할 것인바, 문화재보호법과 대구직할시문화재보호조례에 의하면 시지정 문화재는 시장이 문화재위원회의 자문을 받아 지정한다고만 규정되어 있을 뿐 그 지정에 있어서 문화재의 소유자나 기타 이해관계인의 신청이 필요하다는 규정이나 소유자 기타 이해관계인의 의견을 들어야 한다는 행정절차의 규정은 없고, 비록 국민의권익보호를위한행정절차에관한훈령에 따라 1990.3.1.부터 시행된 행정절차운영지침에 의하면 행정청이 공권력을 행사하여 국민의 구체적인 권리 또는 의무에 직접적인 변동을 초래하게 하는 행정처분을 하고자 할 때에는 미리 당사자에게 행정처분을 하고자 하는 원인이 되는 사실을 통지하여 그에 대한 의견을 청취한 다음 이유를 명시하여 행정처분을 하여야 한다고 규정되어 있으나 이는 대외적 구속력을 가지는 것이 아니므로, 시장이 건조물 소유자의 신청이 없는 상태에서 소유자의 의견을 듣지 아니하고 건조물을 문화재로 지정하였다고 하여 위법한 것이라고 할 수 없다.

【판시사항】

재외국민의 주민등록신고요건 및 거주용여권 무효확인서를 첨부하지 아니하였음을 이유로 최고, 공고의 절차를 거치지 않고 한 주민등록말소처분의 당연무효 여부(대법원 1994. 8. 26. 선고 94누3223 판결)

【판결요지】

재외국민이 관할행정청에게 여행증명서의 무효확인서를 제출, 주민등록신고를 하여 주민등록이 되었는데, 관할행정청이 주민등록신고시 거주용여권의 무효확인서를 첨부하지 아니하고 여행용여권의 무효확인서를 첨부하는 위법이 있었다고 하여 주민등록을 말소하는 처분을 한 경우 이 처분이 주민등록법 제17조의2에 규정한 최고, 공고의 절차를 거치지 아니하였다 하더라도 그러한 하자는 중대하고 명백한 것이라고 할 수 없어 처분의 당연무효사유에 해당하는 것이라고는 할 수 없고, 한편 위 재외국민의 주민등록신고가 위법한 것이었고 관할행정청의 처분이 적법한 것이었는지 여부는 재외국민에게 국내거주의 목적이 있었는지 여부에 따라 판가름 나는 것이고 거주용여권의 무효확인서를 제출하지 아니한 사정은 단지 국내거주의 목적이 있었는지의 여부를 판단함에 있어 하나의 자료가 되는 데에 불과한 것이어서 거주용여권의 무효확인서를 제출하지 아니하였다 하더라도 국내거주의 목적이 있었다면 그의 주민등록신고는 적법하고 관할행정청의 처분은 위법한 것이 될 것이나, 그러한 하자는 중대하고 명백한 것으로는 보여지지 아니하므로 관할행정청의 처분을 당연무효케 하는 것이라고는 할 수 없다.

3) 행정소송법

행정소송법 제30조(취소판결 등의 기속력)

① 처분 등을 취소하는 확정판결은 그 사건에 관하여 당사자인 행정청과 그 밖의 관계행정청을 기속한다.

② 판결에 의하여 취소되는 처분이 당사자의 신청을 거부하는 것을 내용으로 하는 경우에는 그 처분을 행한 행정청은 판결의 취지에 따라 다시 이전의 신청에 대한 처분을 하여야 한다.

③ 제2항의 규정은 신청에 따른 처분이 절차의 위법을 이유로 취소되는 경우에 준용한다.

행정소송법 제30조 제3항은 '신청에 따른 처분이 절차의 위법을 이유로 취소되는 경우'라고 규정함으로써 적극설의 입장을 취하고 있다.

3. 절차상 하자의 치유

(1) 학설

하자의 치유란 행정행위 발령당시 적법요건의 하나인 절차상 요건에 흠결이 있어 위법한 것이라도 이를 사후에 보완함으로써 적법한 행위로 취급하는 것을 말한다. 하자의 치유부분에 관하여 학설은 긍정설, 부정설, 제한적 긍정설이 대립한다.

이 중 부정설은 행정의 독자성을 강조하여 하자의 치유를 부정하는 견해이며, 긍정설은 치유는 그 하자가 취소사유인 경우에만 인정되고 무효사유인 경우에는 인정되지 않는다는 점에서 절차상 하자도 동일하다는 견해이고, 제한적 긍정설은 하자의 치유를 인정하되 당사자의 권리보호에 문제를 야기하지 않고 오히려 행정의 능률적 수행을 가능하게 할 수 있는 상황이 있을 때 치유를 긍정한다는 견해이다.

(2) 판례

판례는 원칙적으로 하자의 치유를 인정하지 않지만, 국민의 권익을 침해하지 않는 범위 내에서 구체적 사정에 따라 합목적일 경우에 처분의 불복 여부를 결정하는 데 편의를 줄 수 있는 상당기간 내에서 예외적으로 치유를 긍정하고 있다.

> 【판시사항】
> 가. 행정행위의 하자의 치유 및 전환범위, 치유요건(대법원 1983. 7. 26. 선고 82누420 판결)
>
> 【판결요지】
> 하자있는 행정행위의 치유나 전환은 행정행위의 성질이나 법치주의의 관점에서 볼 때 원칙적으로 허용될 수 없는 것이지만, 행정행위의 무용한 반복을 피하고 당사자의 법적 안정성을 위해 이를 허용하는 때에도 국민의 권리와 이익을 침해하지 않는 범위에서 구체적 사정에 따라 합목적적으로 인정해야 할 것이다. 따라서 과세처분시 납세고지서에 과세표준, 세율, 세액의 산출근거 등이 누락된 경우에는 늦어도 과세처분에 대한 불복여부의 결정 및 불복신청에 편의를 줄 수 있는 상당한 기간내에 보정행위를 하여야 그 하자가 치유된다 할 것이므로, 과세처분이 있은지 4년이 지나서 그 취소소송이 제기된 때에 보정된 납세고지서를 송달하였다는 사실이나 오랜 기간(4년)의 경과로써 과세처분의 하자가 치유되었다고 볼 수는 없다.

【판시사항】

행정청이 식품위생법상의 청문절차를 이행함에 있어 청문서 도달기간을 다소 어겼지만 영업자가 이의하지 아니한 채 청문일에 출석하여 의견을 진술하고 변명하는 등 방어의 기회를 충분히 가진 경우 하자의 치유 여부(대법원 1992. 10. 23. 선고 92누2844 판결)

【판결요지】

행정청이 식품위생법상의 청문절차를 이행함에 있어 소정의 청문서 도달기간을 지키지 아니하였다면 이는 청문의 절차적 요건을 준수하지 아니한 것이므로 이를 바탕으로 한 행정처분은 일단 위법하다고 보아야 할 것이지만 이러한 청문제도의 취지는 처분으로 말미암아 받게 될 영업자에게 미리 변명과 유리한 자료를 제출할 기회를 부여함으로써 부당한 권리침해를 예방하려는 데에 있는 것임을 고려하여 볼 때, 가령 행정청이 청문서 도달기간을 다소 어겼다하더라도 영업자가 이에 대하여 이의하지 아니한 채 스스로 청문일에 출석하여 그 의견을 진술하고 변명하는 등 방어의 기회를 충분히 가졌다면 청문서 도달기간을 준수하지 아니한 하자는 치유되었다고 봄이 상당하다.

제2절 행정정보공개와 개인정보보호

제1항 자기정보결정권

Ⅰ. 의의

개인은 누구나 자신에 관한 정보를 관리하고 통제하며 외부로 표현함에 있어 스스로 결정할
수 있는 권리가 있다. 헌법재판소는 구 주민등록법 제17조의8 등 위헌확인사건에서 개인정
보자기결정권은 자신에 관한 정보가 언제 누구에게 어느 범위까지 알려지고 또 이용되도록
할 것인지를 그 정보주체가 스스로 결정할 수 있는 권리이다. 즉 정보주체가 개인정보의
공개와 이용에 관하여 스스로 결정할 권리를 말한다고 정의하였다.[79]

【판시사항】
정보공개 청구권자의 권리구제 가능성 등이 정보의 공개 여부 결정에 영향을 미치는지 여부
(대법원 2017. 9. 7. 선고 2017두44558 판결)

【판결요지】
공공기관의 정보공개에 관한 법률은 국민의 알권리를 보장하고 국정에 대한 국민의 참여와
국정 운영의 투명성을 확보함을 목적으로 하고(제1조), 공공기관이 보유 · 관리하는 정보는
국민의 알권리 보장 등을 위하여 적극적으로 공개하여야 한다는 정보공개의 원칙을 선언하
고 있으며(제3조), 모든 국민은 정보의 공개를 청구할 권리를 가진다고 하면서(제5조 제1항)
비공개대상정보에 해당하지 않는 한 공공기관이 보유 · 관리하는 정보는 공개 대상이 된다
고 규정하고 있을 뿐(제9조 제1항) 정보공개 청구권자가 공개를 청구하는 정보와 어떤 관련
성을 가질 것을 요구하거나 정보공개청구의 목적에 특별한 제한을 두고 있지 아니하므로 정
보공개 청구권자의 권리구제 가능성 등은 정보의 공개 여부 결정에 아무런 영향을 미치지 못
한다.

---

79) 헌재 2005. 5. 26. 99헌마 513, 2004헌마190(병합).

1. 법적근거

헌법 제17조는 사생활의 비밀과 자유를 보장하고 있고, 개인정보호법, 전자정부법, 정보통신이용촉진및정보보호 등에 관한 법률, 교육기본법, 행정절차법 등이 자기정보결정에 관한 규정을 두고 있다.

2. 개인정보보호법상의 원칙

개인정보보호법 제3조(개인정보 보호 원칙)
① 개인정보처리자는 개인정보의 처리 목적을 명확하게 하여야 하고 그 목적에 필요한 범위에서 최소한의 개인정보만을 적법하고 정당하게 수집하여야 한다.
② 개인정보처리자는 개인정보의 처리 목적에 필요한 범위에서 적합하게 개인정보를 처리하여야 하며, 그 목적 외의 용도로 활용하여서는 아니 된다.
③ 개인정보처리자는 개인정보의 처리 목적에 필요한 범위에서 개인정보의 정확성, 완전성 및 최신성이 보장되도록 하여야 한다.
④ 개인정보처리자는 개인정보의 처리 방법 및 종류 등에 따라 정보주체의 권리가 침해받을 가능성과 그 위험 정도를 고려하여 개인정보를 안전하게 관리하여야 한다.
⑤ 개인정보처리자는 개인정보 처리방침 등 개인정보의 처리에 관한 사항을 공개하여야 하며, 열람청구권 등 정보주체의 권리를 보장하여야 한다.
⑥ 개인정보처리자는 정보주체의 사생활 침해를 최소화하는 방법으로 개인정보를 처리하여야 한다.
⑦ 개인정보처리자는 개인정보를 익명 또는 가명으로 처리하여도 개인정보 수집목적을 달성할 수 있는 경우 익명처리가 가능한 경우에는 익명에 의하여, 익명처리로 목적을 달성할 수 없는 경우에는 가명에 의하여 처리될 수 있도록 하여야 한다.
⑧ 개인정보처리자는 이 법 및 관계 법령에서 규정하고 있는 책임과 의무를 준수하고 실천함으로써 정보주체의 신뢰를 얻기 위하여 노력하여야 한다.

(1) 개인정보수집의 방법

개인정보처리자는 개인정보의 처리 목적을 명확하게 하여야 하고 그 목적에 필요한 범위에서 최소한의 개인정보만을 적법하고 정당하게 수집하여야 한다.

(2) 개인정보처리원칙

개인정보처리자는 개인정보의 처리 목적에 필요한 범위에서 적합하게 개인정보를 처리하여야 하며, 그 목적 외의 용도로 활용하여서는 아니 된다.

(3) 개인정보관리상 원칙

개인정보처리자는 개인정보의 처리 목적에 필요한 범위에서 개인정보의 정확성, 완전성 및 최신성이 보장되도록 하여야 하며, 개인정보의 처리 방법 및 종류 등에 따라 정보주체의 권리가 침해받을 가능성과 그 위험 정도를 고려하여 개인정보를 안전하게 관리하여야 한다.

(4) 정보주체권리의 보장원칙

개인정보처리자는 개인정보 처리방침 등 개인정보의 처리에 관한 사항을 공개하여야 하며, 열람청구권 등 정보주체의 권리를 보장하여야 한다.

Ⅱ. 보호대상인 개인정보

1. 보호대상자

'개인정보'란 살아 있는 개인에 관한 정보로서 ⅰ) 성명, 주민등록번호 및 영상 등을 통하여 개인을 알아볼 수 있는 정보, ⅱ) 해당 정보만으로는 특정 개인을 알아볼 수 없더라도 다른 정보와 쉽게 결합하여 알아볼 수 있는 정보(이 경우 쉽게 결합할 수 있는지 여부는 다른 정보의 입수 가능성 등 개인을 알아보는 데 소요되는 시간, 비용, 기술 등을 합리적으로 고려하여야 한다.), ⅲ) 가명처리함으로써 원래의 상태로 복원하기 위한 추가 정보의 사용·결합 없이는 특정 개인을 알아볼 수 없는 정보의 어느 하나에 해당하는 정보를 말한다. 따라서 사자나 법인은 보호대상정보의 주체가 아니다.

2. 개인정보처리자

'개인정보처리자'란 업무를 목적으로 개인정보파일을 운용하기 위하여 스스로 또는 다른 사람을 통하여 개인정보를 처리하는 공공기관, 법인, 단체 및 개인 등을 말한다. 이렇듯 현행 개인정보보호법은 공공기관에 의해 처리되는 정보뿐만 아니라 사인에 의해 처리되는 정보까지 정보호대상으로 하고 있는 것이 특징이다.

Ⅲ. 개인정보의 처리

1. 개인정보의 수집 및 이용, 제공 등

개인정보보호법은 개인정보의 수집, 이용, 제공 등과 관련하여 제15조 개인정보의 수집, 이용, 제16조 개인정보의 수집제한, 제17조 개인정보의 제공, 제18조 개인정보의 이용 및 제공의 제한, 제19조 개인정보를 제공받은 자의 이용, 제공 제한, 제20조 정보주체 이외로부터 수집한 개인정보의 수집 출처 등 고지, 제21조 개인정보의 파기 등을 규정하고 있다.

2. 개인정보의 처리 제한

개인정보보호법은 개인정보의 처리 제한과 관련하여 제23조 민감정보의 처리제한, 제24조 고유식별정보의 처리제한, 제24조의2 주민등록번호처리의 제한, 제25조 영상정보처리기기의 설치운영제한, 제26조 업무위탁에 따른 개인정보의 처리제한, 제27조 영업양도 등에 따른 개인정보의 이전제한 등에 관한 규정을 두고 있다.

3. 정보주체로부터 동의 받는 방법

개인정보처리자는 이 법에 따른 개인정보의 처리에 대하여 정보주체의 동의를 받을 때에는 각각의 동의 사항을 구분하여 정보주체가 이를 명확하게 인지할 수 있도록 알리고 각각 동의를 받아야 한다. 위의 동의를 서면(「전자문서 및 전자거래 기본법」 제2조제1호에 따른 전자문서를 포함한다)으로 받을 때에는 개인정보의 수집 · 이용 목적, 수집 · 이용하려는 개인정보의 항목 등 대통령령으로 정하는 중요한 내용을 보호위원회가 고시로 정하는 방법에 따라 명확히 표시하여 알아보기 쉽게 하여야 한다. 한편, 만 14세 미만 아동의 개인정보를 처리하기 위하여 이 법에 따른 동의를 받아야 할 때에는 그 법정대리인의 동의를 받아야 한다.

Ⅳ. 정보주체의 권리

1. 적극적 행위청구권

(1) 열람청구권

정보주체는 개인정보처리자가 처리하는 자신의 개인정보에 대한 열람을 해당 개인정보처리자에게 요구할 수 있다. 이에도 불구하고 정보주체가 자신의 개인정보에 대한 열람을 공공기관에 요구하고자 할 때에는 공공기관에 직접 열람을 요구하거나 대통령령으로 정하는 바에 따라 보호위원회를 통하여 열람을 요구할 수 있다.

(2) 정정, 삭제요청권

자신의 개인정보를 열람한 정보주체는 개인정보처리자에게 그 개인정보의 정정 또는 삭제를 요구할 수 있다. 다만, 다른 법령에서 그 개인정보가 수집 대상으로 명시되어 있는 경우에는 그 삭제를 요구할 수 없다.[80]

(3) 정보처리정지요구권

정보주체는 개인정보처리자에 대하여 자신의 개인정보 처리의 정지를 요구할 수 있다. 이 경우 공공기관에 대하여는 등록 대상이 되는 개인정보파일 중 자신의 개인정보에 대한 처리의 정지를 요구할 수 있다.

2. 소극적 행위청구권 - 개인정보 유출 통지

개인정보처리자는 개인정보가 유출되었음을 알게 되었을 때에는 지체 없이 해당 정보주체에게 ⅰ) 유출된 개인정보의 항목, ⅱ) 유출된 시점과 그 경위, ⅲ) 유출로 인하여 발생할 수 있는 피해를 최소화하기 위하여 정보주체가 할 수 있는 방법 등에 관한 정보, ⅳ) 개인정보

---

80) 개인정보보호법 제36조 제2항 개인정보처리자는 제1항에 따른 정보주체의 요구를 받았을 때에는 개인정보의 정정 또는 삭제에 관하여 다른 법령에 특별한 절차가 규정되어 있는 경우를 제외하고는 지체 없이 그 개인정보를 조사하여 정보주체의 요구에 따라 정정·삭제 등 필요한 조치를 한 후 그 결과를 정보주체에게 알려야 한다.

처리자의 대응조치 및 피해 구제절차, v) 정보주체에게 피해가 발생한 경우 신고 등을 접수할 수 있는 담당부서 및 연락처 등의 사실을 알려야 한다.

V. 권리보호 방법

1. 손해배상

정보주체는 개인정보처리자가 이 법을 위반한 행위로 손해를 입으면 개인정보처리자에게 손해배상을 청구할 수 있다. 이 경우 그 개인정보처리자는 고의 또는 과실이 없음을 입증하지 아니하면 책임을 면할 수 없다. 한편, 국가배상법상 배상책임의 경우 불법행위자의 고의과실에 대한 입증책임이 원고에게 있으나, 개인정보보호법의 경우 입증책임이 정보주체가 아닌 개인정보처리자에게 있고, 아울러 개인정보처리자의 손해배상책임의 경감에 관한 사항도 규정하고 있음이 특징이다

2. 분쟁조정

분쟁조정절차는 임의적 절차로서, 소송절차에 앞서 개인정보와 관련한 분쟁을 조정하는 절차이다.

3. 행정소송

개인정보처리자가 국가, 지방자치단체인 경우 정보주체는 행정소송법이 정하는 바에 따라 국가 지방자치단체의 처분을 다투는 행정소송을 제기할 수 있다.

4. 단체소송

단체소송의 피고인 개인정보처리자에는 국가 지방자치단체와 기타 공공단체 사인이 포함되고, 단체소송에 관하여 이 법에 특별한 규정이 없는 경우에는 민사소송법이 적용되며, 민사법원의 관할로 한다.

제2항 정보공개청구권

I. 개념

1. 의의

정보공개제도란 국민이 국가가 보유한 정보에 접근하여 그것을 이용할 수 있게 하기 위하여 국민에게 공공기관[81] 등의 기관이 보유하고 있는 정보나 정책결정과정을 공개하도록 청구할 수 있는 권리를 보장하고 국가에 대하여 정보공개의 의무를 지게 하는 제도이다.

[행정정보공개와 행정절차법상의 정보공개]

구분	행정정보공개	행정절차법상의 정보공개
근거	국민주권과 헌법상의 알권리	적법절차의 원리에 근거
정보의 범위	국가 등이 보유하고 있는 모든 문서(문서, 도면, 사진, 필름. 테이프, 슬라이드 및 컴퓨터에 의하여 처리되는 매체 등에 기록된 사항)	당해 처분 관련 문서
청구권자	모든 국민, 외국인은 대통령령으로 규정	처분의 상대방과 행정청이 신청과 직권에 의하여 행정절차에 참여하게 한 이해관계자
시기	규정없음	청문의 사전통지부터 완료시까지
대상	공문서	특정처분에 관한 문서

---

81) '공공기관'이란 다음 각 목의 기관을 말한다.
　가. 국가기관
　　1) 국회, 법원, 헌법재판소, 중앙선거관리위원회
　　2) 중앙행정기관(대통령 소속 기관과 국무총리 소속 기관을 포함한다) 및 그 소속 기관
　　3) 「행정기관 소속 위원회의 설치·운영에 관한 법률」에 따른 위원회
　나. 지방자치단체
　다. 「공공기관의 운영에 관한 법률」 제2조에 따른 공공기관
　라. 그 밖에 대통령령으로 정하는 기관

2. 법적근거 - 헌법, 법률

정보공개청구권의 법적 근거로는 헌법 제21조 제1항 표현의 자유, 제10조 행복추구권 및 공공기관의 정보공개에 관한 법률(일반법) 등이다. 다만 국가안전보장에 관련되는 정보 및 보안 업무를 관장하는 기관에서 국가안전보장과 관련된 정보의 분석을 목적으로 수집하거나 작성한 정보에 대해서는 이 법을 적용하지 아니하며, 또한 지방자치단체는 그 소관 사무에 관하여 법령의 범위에서 정보공개에 관한 조례를 정할 수 있다.

한편, 판례는 정보공개청구권 내지 알권리는 법률에 의한 구체화 없이도 헌법에 의하여 직접 인정되는 헌법적 권리인가에 대하여 이를 헌법적인 권리로 긍정하는 추세이며, 알권리의 근거를 헌법상 표현의 자유에서 도출하고 있다.

(1997. 10. 21. 대통령령 제15498호로 개정되기 전의 것) 제33조 제2항과 행정정보공개운영지침(1994. 3. 2. 국무총리 훈령 제288호)에서 구체화되어 있었다.

【판시사항】

국가기관이 보관하는 문서에 대한 국민의 열람 및 복사신청권 유무(대법원 1989. 10. 24. 선고 88누9312 판결)

【판결요지】

일반적으로 국민은 국가기관에 대하여 기밀에 관한 사항 등 특별한 경우 이외에는 보관하고 있는 문서의 열람 및 복사를 청구할 수 있고, 정부공문서규정 제36조 제2항의 규정도 행정기관으로 하여금 일반국민의 문서열람 및 복사신청에 대하여 기밀 등의 특별한 사유가 없는 한 이에 응하도록 하고 있으므로 그 신청을 거부한 것은 위법하다.

Ⅱ. 정보공개청구권자와 공개대상정보

1. 청구권자

모든 국민은 정보의 공개를 청구할 권리를 가지며, 다만 외국인의 정보공개 청구에 관하여는 대통령령으로 정한다. 여기에서 말하는 국민에는 자연인은 물론 법인, 권리능력없는 사단, 재단도 포함되고, 법인, 권리능력 없는 사단, 재단 등의 경우에는 설립목적을 불문한다. 외국인의 정보공개청구에 대해서는 대통령령[82]으로 정한다.

【판시사항】

공공기관의정보공개에관한법률 제6조 제1항 소정의 국민의 범위 및 정보공개거부처분을 받은 청구인이 그 거부처분의 취소를 구할 법률상의 이익이 있는지 여부(대법원 2003. 12. 12. 선고 2003두8050 판결)

---

82) 정보공개법시행령 제3조(외국인의 정보공개 청구) 법 제5조제2항에 따라 정보공개를 청구할 수 있는 외국인은 다음 각 호의 어느 하나에 해당하는 자로 한다.
   1. 국내에 일정한 주소를 두고 거주하거나 학술·연구를 위하여 일시적으로 체류하는 사람
   2. 국내에 사무소를 두고 있는 법인 또는 단체

【판결요지】

공공기관의정보공개에관한법률 제6조 제1항은 '모든 국민은 정보의 공개를 청구할 권리를 가진다.'고 규정하고 있는데, 여기에서 말하는 국민에는 자연인은 물론 법인, 권리능력 없는 사단·재단도 포함되고, 법인, 권리능력 없는 사단·재단 등의 경우에는 설립목적을 불문하며, 한편 정보공개청구권은 법률상 보호되는 구체적인 권리이므로 청구인이 공공기관에 대하여 정보공개를 청구하였다가 거부처분을 받은 것 자체가 법률상 이익의 침해에 해당한다.

2. 정보공개대상

(1) 공개대상

공공기관이 보유·관리하는 정보는 공개 대상이 되며, 정보공개청구의 목적에 특별한 제한이 없다. 따라서 오로지 상대방을 괴롭힐 목적으로 정보공개를 구하고 있다는 등의 특별한 사정이 없는 한 정보공개의 청구가 신의칙에 반하거나 권리남용에 해당한다고 볼 수 없다.[83]

> **– 공공기관의 정보공개에 관한 법률 제2조**
>
> 3. '공공기관'이란 다음 각 목의 기관을 말한다.
>
> 가. 국가기관
>
> 1) 국회, 법원, 헌법재판소, 중앙선거관리위원회
>
> 2) 중앙행정기관(대통령 소속 기관과 국무총리 소속 기관을 포함한다) 및 그 소속 기관
>
> 3)「행정기관 소속 위원회의 설치·운영에 관한 법률」에 따른 위원회
>
> 나. 지방자치단체
>
> 다.「공공기관의 운영에 관한 법률」제2조에 따른 공공기관
>
> 라. 그 밖에 대통령령으로 정하는 기관
>
> **– 공공기관의 정보공개에 관한 법률 시행령 제2조 (공공기관의 범위)**「공공기관의 정보공개에 관한 법률」(이하 '법'이라 한다) 제2조제3호 라목에서 '대통령령으로 정하는 기관'이란 다음 각 호의 기관 또는 단체를 말한다.
>
> 1.「유아교육법」,「초·중등교육법」,「고등교육법」에 따른 각급 학교 또는 그 밖의 다른 법률에 따라 설치된 학교

---

83) 대법원 2006. 8. 24. 선고 2004두2783 판결.

> 2. 「지방공기업법」에 따른 지방공사 및 지방공단
> 3. 「지방자치단체 출자·출연 기관의 운영에 관한 법률」 제2조제1항에 따른 출자기관 및 출연기관
> 4. 특별법에 따라 설립된 특수법인
> 5. 「사회복지사업법」 제42조제1항에 따라 국가나 지방자치단체로부터 보조금을 받는 사회복지법인과 사회복지사업을 하는 비영리법인
> 6. 제5호 외에 「보조금 관리에 관한 법률」 제9조 또는 「지방재정법」 제17조제1항 각 호 외의 부분 단서에 따라 국가나 지방자치단체로부터 연간 5천만원 이상의 보조금을 받는 기관 또는 단체. 다만, 정보공개 대상 정보는 해당 연도에 보조를 받은 사업으로 한정한다.

(2) 공개대상정보의 원본성 여부

공공기관의 정보공개에 관한 법률상 공개청구의 대상이 되는 정보란 공공기관이 직무상 작성 또는 취득하여 현재 보유·관리하고 있는 문서에 한정되는 것이기는 하나, 그 문서가 반드시 원본일 필요는 없다.[84]

Ⅲ. 비공개대상정보

1. 정보공개 원칙

공공기관의 정보공개에 관한 법률 제3조는 공공기관이 보유 관리하고 있는 정보에 대하여 공개를 원칙으로 하고 있으며, 같은 법 제9조 제1항 단서에서는 아래 2와 같이 비공개대상정보를 규정하고 있다.

2. 비공개대상정보

다음의 어느 하나에 해당하는 정보는 공개하지 아니할 수 있다.

1) 다른 법률 또는 법률에서 위임한 명령(국회규칙·대법원규칙·헌법재판소규칙·중앙선거관리위원회규칙·대통령령 및 조례로 한정한다)에 따라 비밀이나 비공개 사항으로 규정된 정보

---

84) 대법원 2006. 5. 25. 선고 2006두3049 판결.

2) 국가안전보장·국방·통일·외교관계 등에 관한 사항으로서 공개될 경우 국가의 중대한 이익을 현저히 해칠 우려가 있다고 인정되는 정보

3) 공개될 경우 국민의 생명·신체 및 재산의 보호에 현저한 지장을 초래할 우려가 있다고 인정되는 정보

4) 진행 중인 재판에 관련된 정보와 범죄의 예방, 수사, 공소의 제기 및 유지, 형의 집행, 교정(矯正), 보안처분에 관한 사항으로서 공개될 경우 그 직무수행을 현저히 곤란하게 하거나 형사피고인의 공정한 재판을 받을 권리를 침해한다고 인정할 만한 상당한 이유가 있는 정보

법 제9조 제1항 제4호에서 정한 '진행 중인 재판에 관련된 정보'에 해당한다는 사유로 정보 공개를 거부하기 위하여는 반드시 그 정보가 진행 중인 재판의 소송기록 자체에 포함된 내용일 필요는 없다. 그러나 재판에 관련된 일체의 정보가 그에 해당하는 것은 아니고 진행 중인 재판의 심리 또는 재판결과에 구체적으로 영향을 미칠 위험이 있는 정보에 한정된다고 보는 것이 타당하다.

5) 감사 · 감독 · 검사 · 시험 · 규제 · 입찰계약 · 기술개발 · 인사관리에 관한 사항이나 의사결정 과정 또는 내부검토 과정에 있는 사항 등으로서 공개될 경우 업무의 공정한 수행이나 연구 · 개발에 현저한 지장을 초래한다고 인정할 만한 상당한 이유가 있는 정보. 다만, 의사결정 과정 또는 내부검토 과정을 이유로 비공개할 경우에는 의사결정 과정 및 내부검토 과정이 종료되면 제10조에 따른 청구인에게 이를 통지하여야 한다.

【판시사항】

의사결정과정에 제공된 회의관련자료나 의사결정과정이 기록된 회의록 등이 공공기관의정보공개에관한법률 제7조 제1항 제5호 소정의 '의사결정과정에 있는 사항'에 준하는 사항으로서 비공개대상정보에 해당되는지 여부(대법원 2003. 8. 22. 선고 2002두12946 판결)

【판결요지】

공공기관의정보공개에관한법률상 비공개대상정보의 입법 취지에 비추어 살펴보면, 같은 법 제7조 제1항 제5호에서의 '감사 · 감독 · 검사 · 시험 · 규제 · 입찰계약 · 기술개발 · 인사관리 · 의사결정과정 또는 내부검토과정에 있는 사항'은 비공개대상정보를 예시적으로 열거한 것이라고 할 것이므로 의사결정과정에 제공된 회의관련자료나 의사결정과정이 기록된 회의록 등은 의사가 결정되거나 의사가 집행된 경우에는 더 이상 의사결정과정에 있는 사항 그 자체라고는 할 수 없으나, 의사결정과정에 있는 사항에 준하는 사항으로서 비공개대상정보에 포함될 수 있다.

또한 '공개될 경우 업무의 공정한 수행에 현저한 지장을 초래한다고 인정할 만한 상당한 이유가 있는 경우'라 함은 같은 법 제1조의 정보공개제도의 목적 및 같은 법 제7조 제1항 제5호의 규정에 의한 비공개대상정보의 입법 취지에 비추어 볼 때 공개될 경우 업무의 공정한 수행이 객관적으로 현저하게 지장을 받을 것이라는 고도의 개연성이 존재하는 경우를 의미한다고 할 것이고, 여기에 해당하는지 여부는 비공개에 의하여 보호되는 업무수행의 공정성 등의 이익과 공개에 의하여 보호되는 국민의 알권리의 보장과 국정에 대한 국민의 참여 및 국정운영의 투명성 확보 등의 이익을 비교 · 교량하여 구체적인 사안에 따라 신중하게 판단되어야 한다

6) 해당 정보에 포함되어 있는 성명 · 주민등록번호 등 개인에 관한 사항으로서 공개될 경우 사생활의 비밀 또는 자유를 침해할 우려가 있다고 인정되는 정보. 다만, 법령에서 정하는 바에 따라 열람할 수 있는 정보, 공공기관이 공표를 목적으로 작성하거나 취득한 정보로서 사생활의 비밀 또는 자유를 부당하게 침해하지 아니하는 정보, 공공기관이 작성하거나 취득한 정보로서 공개하는 것이 공익이나 개인의 권리 구제를 위하여 필요하다고 인정되는 정보는 제외한다.

【판시사항】

구 공공기관의 정보공개에 관한 법률 제7조 제1항 제6호 단서 (다)목에 정한 '공개하는 것이 공익을 위하여 필요하다고 인정되는 정보'에 해당하는지 여부의 판단 방법(대법원 2007. 12. 13. 선고 2005두13117 판결)

【판결요지】

구 공공기관의 정보공개에 관한 법률(2004. 1. 29. 법률 제7127호로 전문 개정되기 전의 것) 제7조 제1항 제6호는 비공개대상정보의 하나로 '당해 정보에 포함되어 있는 이름 · 주민등록번호 등에 의하여 특정인을 식별할 수 있는 개인에 관한 정보'를 규정하면서, 같은 호 단서 (다)목으로 '공공기관이 작성하거나 취득한 정보로서 공개하는 것이 공익 또는 개인의 권리구제를 위하여 필요하다고 인정되는 정보'는 제외된다고 규정하고 있는데, 여기에서 '공개하는 것이 공익을 위하여 필요하다고 인정되는 정보'에 해당하는지 여부는 비공개에 의하여 보호되는 개인의 사생활 보호 등의 이익과 공개에 의하여 보호되는 국정운영의 투명성 확보 등의 공익을 비교 · 교량하여 구체적 사안에 따라 신중히 판단하여야 한다.

7) 법인 · 단체 또는 개인의 경영상 · 영업상 비밀에 관한 사항으로서 공개될 경우 법인등의 정당한 이익을 현저히 해칠 우려가 있다고 인정되는 정보, 다만, 사업활동에 의하여 발생하는 위해(危害)로부터 사람의 생명 · 신체 또는 건강을 보호하기 위하여 공개할 필요가 있는

정보, 위법·부당한 사업활동으로부터 국민의 재산 또는 생활을 보호하기 위하여 공개할 필요가 있는 정보는 제외한다.

> **【판시사항】**
> 공공기관의 정보공개에 관한 법률 제9조 제1항 제7호에서 비공개대상정보로 정하고 있는 '법인 등의 경영·영업상 비밀'의 의미 및 그에 해당하는 정보인지 판단하는 방법(대법원 2011. 11. 24. 선고 2009두19021 판결)
>
> **【판결요지】**
> 공공기관의 정보공개에 관한 법률(이하 '정보공개법'이라 한다) 제9조 제1항 제7호에서 정한 '법인 등의 경영·영업상 비밀'은 '타인에게 알려지지 아니함이 유리한 사업활동에 관한 일체의 정보' 또는 '사업활동에 관한 일체의 비밀사항'을 의미하는 것이고 공개 여부는 공개를 거부할 만한 정당한 이익이 있는지에 따라 결정되어야 하는데, 그러한 정당한 이익이 있는지는 정보공개법의 입법 취지에 비추어 엄격하게 판단해야 한다.

8) 공개될 경우 부동산 투기, 매점매석 등으로 특정인에게 이익 또는 불이익을 줄 우려가 있다고 인정되는 정보

3. 부분공개

공개 청구한 정보가 위 1.항(제9조제1항)의 어느 하나에 해당하는 부분과 공개 가능한 부분이 혼합되어 있는 경우로서 공개 청구의 취지에 어긋나지 아니하는 범위에서 두 부분을 분리할 수 있는 경우에는 위 1.항의 어느 하나에 해당하는 부분을 제외하고 공개하여야 한다.

4. 입증책임

정보공개제도는 공공기관이 보유·관리하는 정보를 그 상태대로 공개하는 제도로서 공개를 구하는 정보를 공공기관이 보유·관리하고 있을 상당한 개연성이 있다는 점에 대하여는 원칙적으로 공개청구자에게 입증책임이 있다. 다만, 공개를 구하는 정보를 공공기관이 한때 보유·관리하였으나 후에 그 정보가 담긴 문서 등이 폐기되어 존재하지 않게 된 것이라면 그 정보를

더 이상 보유 · 관리하고 있지 아니하다는 점에 대한 입증책임은 공공기관에게 있다.[85]

Ⅳ. 정보공개청구의 절차

1. 정보공개청구

(1) 청구방법

정보의 공개를 청구하는 자는 해당 정보를 보유하거나 관리하고 있는 공공기관에 청구인의 성명 · 주민등록번호 · 주소 및 연락처(전화번호 · 전자우편주소 등을 말한다), 공개를 청구하는 정보의 내용 및 공개방법을 적은 정보공개 청구서를 제출하거나 말로써 정보의 공개를 청구할 수 있다.

(2) 공개대상 특정성 정도

공공기관의 정보공개에 관한 법률 제10조 제1항 제2호는 정보의 공개를 청구하는 자는 정보공개청구서에 '공개를 청구하는 정보의 내용' 등을 기재할 것을 규정하고 있는바, 청구대상정보를 기재함에 있어서는 사회일반인의 관점에서 청구대상정보의 내용과 범위를 확정할 수 있을 정도로 특정함을 요한다. 따라서 정보비공개결정의 취소를 구하는 사건에 있어서, 만일 공개를 청구한 정보의 내용 중 너무 포괄적이거나 막연하여서 사회일반인의 관점에서 그 내용과 범위를 확정할 수 있을 정도로 특정되었다고 볼 수 없는 부분이 포함되어 있다면, 이를 심리하는 법원으로서는 마땅히 공공기관의 정보공개에 관한 법률 제20조 제2항의 규정에 따라 공공기관에게 그가 보유 · 관리하고 있는 공개청구정보를 제출하도록 하여 이를 비공개로 열람 · 심사하는 등의 방법으로 공개청구정보의 내용과 범위를 특정시켜야 하고, 나아가 위와 같은 방법으로도 특정이 불가능한 경우에는 특정되지 않은 부분과 나머지 부분을 분리할 수 있고 나머지 부분에 대한 비공개결정이 위법한 경우라고 하여도 정보공개의 청구 중 특정되지 않은 부분에 대한 비공개결정의 취소를 구하는 부분은 나머지 부분과 분리하여 이를 기각하여야 한다.

---

85) 대법원 2004. 12. 9. 선고 2003두12707 판결.

2. 정보공개 여부의 결정

(1) 공개여부 결정기간

공공기관은 정보공개의 청구를 받으면 그 청구를 받은 날부터 10일 이내에 공개 여부를 결정하여야 한다. 만일 부득이한 사유로 위의 기간 이내에 공개 여부를 결정할 수 없을 때에는 그 기간이 끝나는 날의 다음 날부터 기산(起算)하여 10일의 범위에서 공개 여부 결정기간을 연장할 수 있다. 이 경우 공공기관은 연장된 사실과 연장 사유를 청구인에게 지체 없이 문서로 통지하여야 한다.

개청구자가 선택한 공개방법에 따라 정보를 공개하여야 하므로 그 공개방법을 선택할 재량권이 없다고 해석함이 상당하다.

(2) 제3자 통지

공공기관은 공개 청구된 공개 대상 정보의 전부 또는 일부가 제3자와 관련이 있다고 인정할 때에는 그 사실을 제3자에게 지체 없이 통지하여야 하며, 필요한 경우에는 그의 의견을 들을 수 있다.

3. 공개여부 결정의 통지

공공기관은 정보의 공개를 결정한 경우에는 공개의 일시 및 장소 등을 분명히 밝혀 청구인에게 통지하여야 한다. 만일 정보의 비공개 결정을 한 경우에는 그 사실을 청구인에게 지체 없이 문서로 통지하여야 한다. 이 경우 비공개 이유와 불복(不服)의 방법 및 절차를 구체적으로 밝혀야 한다.

4. 정보공개의 방법

공공기관은 정보의 공개를 결정한 경우에는 공개의 일시 및 장소 등을 분명히 밝혀 청구인에게 통지하여야 하며, 청구인이 사본 또는 복제물의 교부를 원하는 경우에는 이를 교부하여야 한다.

다만, 공개 대상 정보의 양이 너무 많아 정상적인 업무수행에 현저한 지장을 초래할 우려가 있는 경우에는 정보의 사본·복제물을 일정 기간별로 나누어 제공하거나 열람과 병행하여 제공할 수 있다. 만일 정보의 비공개 결정을 한 경우에는 그 사실을 청구인에게 지체 없이 문서로 통지하여야 한다. 이 경우 비공개 이유와 불복(不服)의 방법 및 절차를 구체적으로 밝혀야 한다. 또한 공공기관은 정보를 공개하는 경우에 그 정보의 원본이 더럽혀지거나 파손될 우려가 있거나 그 밖에 상당한 이유가 있다고 인정할 때에는 그 정보의 사본·복제물을 공개할 수 있다.

정보공개 청구인에게 특정한 정보공개방법을 지정하여 청구할 수 있는 법령상 신청권이 있는지 여부 / 공공기관이 공개청구의 대상이 된 정보를 청구인이 신청한 공개방법 이외의 방법으로 공개하기로 하는 결정을 한 경우, 정보공개방법에 관한 부분에 대하여 일부 거부처분을 한 것인지 여부(적극) 및 이에 대하여 항고소송으로 다툴 수 있는지 여부(대법원 2016. 11. 10. 선고 2016두44674 판결)

【판결요지】
구 공공기관의 정보공개에 관한 법률(2013. 8. 6. 법률 제11991호로 개정되기 전의 것, 이하 '구 정보공개법'이라고 한다)은, 정보의 공개를 청구하는 이(이하 '청구인'이라고 한다)가 정보공개방법도 아울러 지정하여 정보공개를 청구할 수 있도록 하고 있고, 전자적 형태의 정보를 전자적으로 공개하여 줄 것을 요청한 경우에는 공공기관은 원칙적으로 요청에 응할 의무가 있고, 나아가 비전자적 형태의 정보에 관해서도 전자적 형태로 공개하여 줄 것을 요청하면 재량판단에 따라 전자적 형태로 변환하여 공개할 수 있도록 하고 있다. 이는 정보의 효율적 활용을 도모하고 청구인의 편의를 제고함으로써 구 정보공개법의 목적인 국민의 알 권리를 충실하게 보장하려는 것이므로, 청구인에게는 특정한 공개방법을 지정하여 정보공개를 청구할 수 있는 법령상 신청권이 있다.

따라서 공공기관이 공개청구의 대상이 된 정보를 공개는 하되, 청구인이 신청한 공개방법 이외의 방법으로 공개하기로 하는 결정을 하였다면, 이는 정보공개청구 중 정보공개방법에 관한 부분에 대하여 일부 거부처분을 한 것이고, 청구인은 그에 대하여 항고소송으로 다툴 수 있다.

Ⅴ. 권리구제

1. 정보공개청구권자의 권리구제

(1) 이의신청

(가) 이의신청 및 심의회 개최요건

청구인이 정보공개와 관련한 공공기관의 비공개 결정 또는 부분 공개 결정에 대하여 불복이 있거나 정보공개 청구 후 20일이 경과하도록 정보공개 결정이 없는 때에는 공공기관으로부터 정보공개 여부의 결정 통지를 받은 날 또는 정보공개 청구 후 20일이 경과한 날부터 30일 이내에 해당 공공기관에 문서로 이의신청을 할 수 있다. 다만, 이의신청절차는 필수적인 절차는 아니므로 이를 거치지 아니하고 행정심판을 청구할 수 있다.

이의신청이 있는 경우에는 국가기관 등의 심의회를 개최하여야 한다. 다만, 심의회의 심의를 이미 거친 사항, 단순·반복적인 청구, 법령에 따라 비밀로 규정된 정보에 대한 청구의 어느 하나에 해당하는 경우에는 개최하지 아니할 수 있다.

(나) 처리기간

공공기관은 이의신청을 받은 날부터 7일 이내에 그 이의신청에 대하여 결정하고 그 결과를 청구인에게 지체 없이 문서로 통지하여야 한다. 다만, 부득이한 사유로 정하여진 기간 이내에 결정할 수 없을 때에는 그 기간이 끝나는 날의 다음 날부터 기산하여 7일의 범위에서 연장할 수 있으며, 연장 사유를 청구인에게 통지하여야 한다.

(2) 행정심판

청구인이 정보공개와 관련한 공공기관의 결정에 대하여 불복이 있거나 정보공개 청구 후 20일이 경과하도록 정보공개 결정이 없는 때에는 「행정심판법」에서 정하는 바에 따라 행정심판을 청구할 수 있다. 이 경우 국가기관 및 지방자치단체 외의 공공기관의 결정에 대한 감독행정기관은 관계 중앙행정기관의 장 또는 지방자치단체의 장으로 한다.

(3) 항고소송

(가) 소송요건

항고소송의 대상이 되는 행정처분은 행정청의 공법상 행위로서 특정사항에 대하여 법규에 의한 권리의 설정 또는 의무의 부담을 명하며 기타 법률상 효과를 발생케 하는 등 국민의 구체적 권리의무에 직접적 변동을 초래하는 행위를 말한다. 이를 기초로 살펴보면 정보공개 청구에 대한 거부도 공권력행사의 거부이고 이는 국민의 권리 및 법적 이익에 직접적인 영향을 미치는 행위이므로 항고소송의 대상이 되는 거부처분에 해당한다.

ⅰ) 원고적격

공공기관의정보공개에관한법률 제6조 제1항은 '모든 국민은 정보의 공개를 청구할 권리를 가진다.'고 규정하고 있고 이러한 정보공개청구권은 법률상 보호되는 구체적인 권리이므로 청구인이 공공기관에 대하여 정보공개를 청구하였다가 거부처분을 받은 것 자체가 법률상 이익의 침해에 해당한다.[86]

ⅱ) 권리보호의 필요성

정보공개제도는 공공기관이 보유·관리하는 정보를 그 상태대로 공개하는 제도라는 점 등에 비추어 보면, 정보공개를 구하는 자가 공개를 구하는 정보를 행정기관이 보유·관리하고 있을 상당한 개연성이 있다는 점을 입증함으로써 족하다 할 것이지만, 공공기관이 그 정보를 보유·관리하고 있지 아니한 경우에는 특별한 사정이 없는 한 정보공개거부처분의 취소를 구할 법률상의 이익이 없다.[87]

(나) 집행정지

집행정지를 인정할 것인지에 관하여 학설은 긍정설과 부정설이 대립한다. 판례는 신청에 대한 거부처분의 효력을 정지하더라도 거부처분이 없었던 것과 같은 상태 즉 거부처분이 있기 전의 신청시의 상태로 되돌아가는 데에 불과하고 행정청에게 신청에 따른 처분을 하여야 할 의무가 생기는 것이 아니므로, 거부처분의 효력정지는 그 거부처분으로 인하여 신청인에게 생길 손해를 방지하는 데에 아무런 소용이 없어 그 효력정지를 구할 이익이 없다[88]고 판시하면서 부정설의 입장을 취하고 있다.

2. 제3자의 비공개요청 등

(1) 절차상 구제절차

1) 공개사실 통지 및 제3자의 비공개요청

---

86) 대법원 2003. 12. 12. 선고 2003두8050 판결.
87) 대법원 2006. 1. 13. 선고 2003두9459 판결.
88) 대법원 1992. 2. 13. 자 91두47 결정.

공개 청구된 사실을 통지받은 제3자는 그 통지를 받은 날부터 3일 이내에 해당 공공기관에 대하여 자신과 관련된 정보를 공개하지 아니할 것을 요청할 수 있다.

2) 제3자의 이의신청

제3자의 비공개 요청에도 불구하고 공공기관이 공개 결정을 할 때에는 공개 결정 이유와 공개 실시일을 분명히 밝혀 지체 없이 문서로 통지하여야 하며, 제3자는 해당 공공기관에 문서로 이의신청을 하거나 행정심판 또는 행정소송을 제기할 수 있다. 이 경우 이의신청은 통지를 받은 날부터 7일 이내에 하여야 한다. 이에 따른 공개 결정일과 공개 실시일 사이에 최소한 30일의 간격을 두어야 한다.

(2) 쟁송상 권리구제

제3자는 공공기관의 위법, 부당한 정보공개결정에 대하여 취소심판을 제기할 수 있다. 만일 정보공개처분으로 발생한 법률관계가 있다면 행정소송법 제3조 제2호에 따라 그 권리나 법률관계를 다투는 이행소송, 확인소송 등을 권리주체를 상대로 제기할 수 있다.

(3) 손해전보

1) 손해배상

공공기관이 공공기관의 정보공개에 관한 법률에 위반하여 제3자에 대한 비공개정보임에도 이를 공개할 경우 그 정보와 관련된 제3자는 국가배상을 청구할 수 있다.

2) 손실보상

공공의 필요에 따른 정보공개가 있고 그러한 정보공개가 적법하지만 제3자에게 특별한 손해를 발생케 한 경우 손실보상을 청구할 수 있다.

3) 결과제거청구권

정보공개로 인하여 위법한 사실상태가 발생한 경우 그로 인해 법률상 이익을 침해받은 제3자는 원상회복을 위한 결과제거를 청구할 수 있다.

(4) 정보공개결정전 예방적 부작위소송, 가처분의 가능성

1) 학설

행정청의 처분으로 인하여 개인의 권익을 침해할 우려가 있는 경우에, 당해 처분을 하지 않을 것을 청구하거나 그러한 처분 권한이 없음을 확인하는 판결을 구하는 소송이 예방적 부작위소송인데, 정보공개결정전 이를 인정할 것인지의 여부에 관하여 학설은 긍정설과 부정설이 대립한다.

2) 판례

행정처분의 위법여부는 그 처분 당시의 사정을 기준으로 하여 판단하여야 하므로 처분을 하여서는 아니 된다는 내용의 부작위를 구하는 청구는 행정소송에서 허용되지 않는다.[89]

> **【판시사항】**
> 건설업면허 취소처분의 위법여부의 판단기준 시점(대법원 1983. 6. 28. 선고 82누182 판결)
>
> **【판결요지】**
> 행정처분의 위법여부는 그 처분 당시의 사정을 기준으로 하여 판단하여야 하므로 실질자본금의 미달로 건설업면허 취소처분을 받은 회사가 그 처분 후에 실질자본금을 구비보완한 사실은 위 처분에 아무런 영향이 없다.

---

89) 대법원 1983. 6. 28. 선고 82누182 판결.

제6장 행정의 실효성 확보

```
행정의 실효성    ┌ 행정강제    ┌ 행정상 강제집행 : 대집행, 집행벌, 직접강제, 강제징수
    확보수단   │           ├ 행정상 즉시강제
               │           └ 행정조사
               └ 행정상 제재  ┌ 행정벌 : 행정행벌, 행정질서벌
                            └ 그 밖의 수단 : 과징금, 공포, 관허사업제한
```

제1절 행정벌

제1항 행정벌의 개념

Ⅰ. 의의

행정벌이란 행정법상의 과거의 의무위반에 대하여 일반통치권에 기하여 과하는 행정법상의
제재를 말한다.

Ⅱ. 구분

행정벌은 간접적으로 행정상 의무자에게 심리적 압박을 가하여 행정상 의무이행을 확보하
려는 제도로서 행정형벌과 행정질서벌(과태료)로 나누어진다. 여기서 행정형벌이란 형법
에 규정되어 있는 형벌인 사형, 징역, 금고, 벌금, 구료, 과료 등이 가해지는 제재로서 형법

및 형사소송법이 적용되고, 반면 행정질서벌은 행정상 질서위반자에게 과태료가 부과되는 제재를 말한다.

Ⅲ. 구별 – 행정강제

행정강제는 행정목적을 직접 실현하는 작용이나 행정벌은 과거 의무위반에 대한 제제로서 장래의 의무이행을 간접적으로 실현하는 작용인 점에서 구별되지만, 양자는 행정의 실효성을 확보하기 위한 수단인 점에서 같다.

제2항 행정형벌

Ⅰ. 의의 및 법적근거

행정형벌이란 행정법상의 의무위반자에 대하여 형법에 규정된 형벌이 가해지는 제재를 말한다. 현행 실정법상 행정형벌에 관한 총칙규정은 없다. 다만 각 단행법에서 개별적으로 규정하고 있으며 이에 관한 규정이 결여되어 있는 경우에는 형법총칙이 적용된다(형법 제8조[90])

Ⅱ. 특징

1. 고의, 과실

형사범에서 범죄의 성립은 고의가 있음을 요건으로 하고 과실범의 경우에는 법률에 그 처벌규정이 있는 경우에 한하여 처벌한다. 그러나 행정형벌에서는 고의의 경우 위법성 인식가능성을 요하고, 과실의 경우에는 처벌한다는 명문의 규정이 있는 경우 및 이를 처벌할 것으로 해석되는 경우에도 처벌이 가능하다는 점에서 차이가 있다.

---

90) 형법 제8조(총칙의 적용)
본법 총칙은 타법령에 정한 죄에 적용한다. 단 그 법령에 특별한 규정이 있는 때에는 예외로 한다.

2. 법인의 범죄능력, 행위능력

(1) 범죄능력

형법, 행정법 모두 법인의 범죄능력은 없다고 본다.

(2) 행위능력

(가) 형법

형법은 법인의 범죄능력이 없다는 전제하에 책임능력 또한 없다고 본다.

(나) 행정법

형벌과 달리 법인의 책임능력은 인정한다. 다만 법인의 처벌은 재산형에 한하며, 이때 법인의 책임은 자기책임, 과실책임이고 양벌규정을 두는 경우가 많다.

【판시사항】

지방자치단체가 양벌규정에 의한 처벌대상이 되는 법인에 해당하는지 여부 및 법령상 지방자치단체의 장이 처리하도록 규정하고 있는 사무가 자치사무인지 기관위임사무인지 여부의 판단 방법(대법원 2009. 6. 11. 선고 2008도6530 판결)

【판결요지】

국가가 본래 그의 사무의 일부를 지방자치단체의 장에게 위임하여 처리하게 하는 기관위임사무의 경우 지방자치단체는 국가기관의 일부로 볼 수 있고, 지방자치단체가 그 고유의 자치사무를 처리하는 경우 지방자치단체는 국가기관의 일부가 아니라 국가기관과는 별도의 독립한 공법인으로서 양벌규정에 의한 처벌대상이 되는 법인에 해당한다. 또한, 법령상 지방자치단체의 장이 처리하도록 하고 있는 사무가 자치사무인지, 기관위임사무에 해당하는지 여부를 판단하는 때에는 그에 관한 법령의 규정 형식과 취지를 우선 고려하여야 하며, 그 외에도 그 사무의 성질이 전국적으로 통일적인 처리가 요구되는 사무인지 여부나 그에 관한 경비부담과 최종적인 책임귀속의 주체 등도 아울러 고려하여 판단하여야 한다.

(3) 타인의 위법행위에 대한 책임

(가) 형법

형벌개별화의 원칙에 따라 형법에서는 타인의 범법행위에 대하여 행위자 이외의 제3자가 책임을 지는 경우는 없다.

(나) 행정법 - 양벌규정

'양벌규정'은 어떤 범죄가 이루어진 경우에 행위자를 벌할 뿐만 아니라 그 행위자와 일정한 관계가 있는 타인(자연인 또는 법인)에 대해서도 형을 과하도록 정한 규정을 말한다. 양벌규정은 벌칙규정에 행위자만을 처벌하는 것만으로는 형벌의 목적을 달성하기 어렵다는 전제에서 비롯한다.

어떤 법인의 대표자나 법인 또는 개인의 대리인·사용인·종업원이 위법행위를 한 경우 벌칙규정을 적용받아 처벌되는 것은 실제 행위를 한 자이다. 이 경우 실제로 그 위반행위에 따라 이익 등을 얻고 있는 자는 그 법인 또는 사용주이므로 법인 또는 사용주가 이와 같은 위반행위를 방지하고 장래에 대한 예방조치를 강구할 책임이 있다고 할 것이다. 이러한 이유에서 이러한 책임을 다하지 못한 법인 또는 사용주에 대해 형을 과하는 양벌규정을 두게 된다.

그런데 형법과 달리 행정형법 법규에서는 사업주 기타 자기의 지배범위 내에 있는 종업원 등에 대하여 비행자와 사업주 등을 같이 처벌하는 양벌규정을 두는 경우가 많다.

하지만 이러한 양벌규정은 2009. 7. 30. 헌법재판소에서 책임주의 위반이라는 위헌결정이 내려졌는데,[91] 당시 헌법재판소는 의료법, 사행행위 등 규제 및 처벌특례법, 구 도로법, 의료기사 등에 관한 법률, 구 건설산업기본법, 청소년보호법과 같은 6개 법률의 양벌규정 조항에 대하여 위헌결정을 내렸다.

---

91) 헌재 2009. 7. 30. 2008헌가10.

3. 공동정범, 종범, 교사범 – 공범

형법과 달리 행정법의 경우에는 아래의 규정과 같이 공범의 규정이 적용되지 않는 경우가 많다.

> **선박법 제39조(「형법」 공범례의 적용 배제)**
> 제32조 및 제33조에서 정한 죄에 대하여는 「형법」 제30조부터 제32조까지의 규정을 적용하지 아니한다.

4. 누범, 경합범, 작량 감경

누범 등의 규정에 관하여 행정법에 특별한 규정이 있는 경우 형법이 그대로 적용되지는 아니한다.

Ⅲ. 행정형벌의 과형절차

1. 원칙

형벌과 마찬가지로 형사소송법이 규정한 절차에 의하여 일반법원에서 과함이 원칙이다

2. 특별절차

행정형벌의 경우 법률 중에 예외적으로 통고처분, 즉결심판절차, 보안처분과 같은 특별한 절차에 의하여 처벌할 수 있는 규정을 두고 있는 경우가 많다.

(1) 통고처분

1) 의의

통고처분은 정식재판의 전단계로서 범칙자에게 15일(관세범은 10일) 이내에 벌금, 과료에 상당하는 금전납부를 통지하는 준사법적 행정행위이다. 이러한 통고처분은 조세범, 관세범, 출입국사범, 교통사범의 경우에 적용되고 있다.

2) 성질

통고처분은 일종의 행정처분에 해당한다. 그러나 당사자가 통고처분을 이행하면 그 효력이 상실되고 이행하지 않으면 형사소송절차로 넘어가기 때문에 행정소송의 대상이 되는 행정처분은 아니다.

> **【판시사항】**
> 도로교통법상 통고처분의 취소를 구하는 행정소송이 가능한지 여부(대법원 1995. 6. 29. 선고 95누4674 판결)
>
> **【판결요지】**
> 도로교통법 제118조에서 규정하는 경찰서장의 통고처분은 행정소송의 대상이되는 행정처분이 아니므로 그 처분의 취소를 구하는 소송은 부적법하고, 도로교통법상의 통고처분을 받은 자가 그 처분에 대하여 이의가 있는 경우에는 통고처분에 따른 범칙금의 납부를 이행하지 아니함으로써 경찰서장의 즉결심판청구에 의하여 법원의 심판을 받을 수 있게 될 뿐이다.

3) 효과

범칙자가 범칙금을 납부하면 과형절차는 종료되고 다시 형사소추되지 아니한다(일사부재리의 원칙). 그러나 만약 범칙자가 통고처분의 내용을 이행치 아니할 경우 통고권자는 일정 기간 내에 검찰에 고발할 수 있으며 이러한 경우 일반적인 형사소송절차에 따르게 된다. 한편, 검찰은 통고처분권자의 고발 없이는 기소할 수 없음이 원칙이다.

(2) 즉결심판

20만원 이하의 벌금, 구류, 과료의 행정형벌은 즉결심판에 관한 절차법이 정하는 바에 따라 경찰서장의 즉결심판청구에 의하며, 시군법원판사의 즉결심판에 의하여 과하여진다. 그리고 그 형은 경찰서장이 집행하며, 이에 대한 불복은 피고인이 고지를 받은 날부터 7일 이내에 정식재판을 청구할 수 있다.

제3항 행정질서벌

Ⅰ. 개념

1 의의

행정질서벌은 행정법상의 과거 의무위반행위 중 행정상 가벼운 질서위반행위에 대하여 과태료를 가하는 금전적 제재를 가하는 것을 말한다.

구분	행정형벌	행정질서벌
개념	형법에 정해져 있는 벌을 과하는 것	형법상의 벌이 아닌 과태료를 과하는 것
형법총칙적용 여부	원칙 형법총칙 적용	적용되지 않음
과벌절차	형사소송절차	질서위반행위규제법
대상행위	직접적으로 행정목적을 침해하는 행위	간접적으로 행정목적의 달성에 장해를 미칠 위험성이 있는 행위

2. 법적근거

> **질서위반행위규제법 제5조(다른 법률과의 관계)**
> 과태료의 부과·징수, 재판 및 집행 등의 절차에 관한 다른 법률의 규정 중 이 법의 규정에 저촉되는 것은 이 법으로 정하는 바에 따른다.

질서위반행위의 성립 및 과태료의 부과, 징수절차, 과태료에 대한 권리구제 등에 대한 일반법으로 질서위반행위규제법이 있다. 따라서 다른 법률의 규정 중 위 법에 저촉되는 것은 일반법인 질서위반행위규제법에 따른다. 그 외 지방자치단체는 조례로서 조례위반행위에 대하여 1천만원의 과태료를 부과할 수 있으며, 조례로 공공시설부정사용자등에 대하여 과태료를 부과할 수 있다.

다만, 질서위반행위규제법이 정하지 아니한 사항에 대해서는 각 개별법의 규정이 적용된다.

Ⅱ. 질서위반행위 성립

1. 질서위반행위 법정주의(제6조)

법률에 따르지 아니하고는 어떤 행위도 질서위반행위로 과태료를 부과하지 아니한다.

2. 고의 과실(제7조)

고의 또는 과실이 없는 질서위반행위는 과태료를 부과하지 아니한다.

3. 위법성의 착오(제8조)

자신의 행위가 위법하지 아니한 것으로 오인하고 행한 질서위반행위는 그 오인에 정당한 이유가 있는 때에 한하여 과태료를 부과하지 아니한다.

4. 책임능력, 심신장애(제9조, 제10조)

14세가 되지 아니한 자의 질서위반행위는 과태료를 부과하지 아니한다. 다만, 다른 법률에 특별한 규정이 있는 경우에는 그러하지 아니하다. 또한, 심신(心神)장애로 인하여 행위의 옳고 그름을 판단할 능력이 없거나 그 판단에 따른 행위를 할 능력이 없는 자의 질서위반행위는 과태료를 부과하지 아니하며, 이에 따른 능력이 미약한 자의 질서위반행위는 과태료를 감경한다. 다만, 스스로 심신장애 상태를 일으켜 질서위반행위를 한 자에 대하여는 이를 적용하지 아니한다.

5. 법인의 처리(제11조)

법인의 대표자, 법인 또는 개인의 대리인·사용인 및 그 밖의 종업원이 업무에 관하여 법인 또는 그 개인에게 부과된 법률상의 의무를 위반한 때에는 법인 또는 그 개인에게 과태료를 부과한다.

6. 다수인의 질서위반행위 가담

2인 이상이 질서위반행위에 가담한 때에는 각자가 질서위반행위를 한 것으로 보며, 신분에 의하여 성립하는 질서위반행위에 신분이 없는 자가 가담한 때에는 신분이 없는 자에 대하여도 질서위반행위가 성립한다.

다만, 신분에 의하여 과태료를 감경 또는 가중하거나 과태료를 부과하지 아니하는 때에는 그 신분의 효과는 신분이 없는 자에게는 미치지 아니한다.

7. 수개의 질서위반행위의 처리

하나의 행위가 2 이상의 질서위반행위에 해당하는 경우에는 각 질서위반행위에 대하여 정한 과태료 중 가장 중한 과태료를 부과하며, 위의 경우를 제외하고 2 이상의 질서위반행위가 경합하는 경우에는 각 질서위반행위에 대하여 정한 과태료를 각각 부과한다. 다만, 다른 법령(지방자치단체의 조례를 포함한다. 이하 같다)에 특별한 규정이 있는 경우에는 그 법령으로 정하는 바에 따른다.

8. 과태료의 산정 및 시효

(1) 산정방법

행정청 및 법원은 과태료를 정함에 있어서 질서위반행위의 동기·목적·방법·결과, 질서위반행위 이후의 당사자의 태도와 정황, 질서위반행위자의 연령·재산상태·환경, 그 밖에 과태료의 산정에 필요하다고 인정되는 사유 등을 고려하여야 한다.

(2) 시효

과태료는 행정청의 과태료 부과처분이나 법원의 과태료 재판이 확정된 후 5년간 징수하지 아니하거나 집행하지 아니하면 시효로 인하여 소멸한다.

Ⅲ. 행정청의 과태료 부과 징수절차

1. 사전통지, 의견제출(제16조)

행정청이 질서위반행위에 대하여 과태료를 부과하고자 하는 때에는 미리 당사자에게 대통령령으로 정하는 사항을 통지하고, 10일 이상의 기간을 정하여 의견을 제출할 기회를 주어야 한다. 이 경우 지정된 기일까지 의견 제출이 없는 경우에는 의견이 없는 것으로 본다. 따라서 당사자는 의견 제출 기한 이내에 대통령령으로 정하는 방법에 따라 행정청에 의견을 진술하거나 필요한 자료를 제출할 수 있으며, 이에 따라 당사자가 제출한 의견에 상당한 이유가 있는 경우에는 과태료를 부과하지 아니하거나 통지한 내용을 변경할 수 있다.

2. 과태료부과 (제17조)

행정청은 의견 제출 절차를 마친 후에 서면(당사자가 동의하는 경우에는 전자문서를 포함한다.)으로 과태료를 부과하여야 한다.

3. 과태료부과의 제척기간(제19조)

행정청은 질서위반행위가 종료된 날(다수인이 질서위반행위에 가담한 경우에는 최종행위가 종료된 날을 말한다)부터 5년이 경과한 경우에는 해당 질서위반행위에 대하여 과태료를 부과할 수 없다.

Ⅳ. 과태료부과에 대한 권리구제수단

1. 이의제기

행정청의 과태료 부과에 불복하는 당사자는 과태료 부과 통지를 받은 날부터 60일 이내에 해당 행정청에 서면으로 이의제기를 할 수 있으며, 이에 따른 이의제기가 있는 경우에는 행정청의 과태료 부과처분은 그 효력을 상실한다.

2. 법원통보

이의제기를 받은 행정청은 이의제기를 받은 날부터 14일 이내에 이에 대한 의견 및 증빙서류를 첨부하여 관할 법원에 통보하여야 한다.

3. 과태료 재판 및 집행

(1) 관할법원(제25조)

과태료 사건은 다른 법령에 특별한 규정이 있는 경우를 제외하고는 당사자의 주소지의 지방법원 또는 그 지원의 관할로 한다.

(2) 심리(제31조)

법원은 심문기일을 열어 당사자의 진술을 들어야 하며, 검사의 의견을 구하여야 하고, 검사는 심문에 참여하여 의견을 진술하거나 서면으로 의견을 제출하여야 한다. 이를 위해 법원은 당사자 및 검사에게 심문기일을 통지하여야 한다.

(3) 재판 및 즉시항고(제36조 제37조 제38조)

1) 재판

과태료 재판은 이유를 붙인 결정으로써 한다. 이때 결정은 당사자와 검사에게 고지함으로써 효력이 생기며, 결정의 고지는 법원이 적당하다고 인정하는 방법으로 한다. 다만, 공시송달을 하는 경우에는 「민사소송법」에 따라야 한다.

2) 항고

당사자와 검사는 과태료 재판에 대하여 즉시항고를 할 수 있으며, 이 경우 항고는 집행정지의 효력이 있다. 이때 검사는 즉시항고 여부에 대한 행정청의 의견을 청취할 수 있다.

(4) 과태료재판의 집행 및 집행위탁

1) 집행

과태료 재판은 검사의 명령으로써 집행한다. 이 경우 그 명령은 집행력 있는 집행권원과 동일한 효력이 있다. 이때 그 집행절차는 「민사집행법」에 따르거나 국세 또는 지방세 체납처분의 예에 따르며 다만, 「민사집행법」에 따를 경우에는 집행을 하기 전에 과태료 재판의 송달은 하지 아니한다. 검사는 과태료 재판을 집행한 경우 그 결과를 해당 행정청에 통보하여야 한다.

2) 집행위탁

검사는 과태료를 최초 부과한 행정청에 대하여 과태료 재판의 집행을 위탁할 수 있고, 위탁을 받은 행정청은 국세 또는 지방세 체납처분의 예에 따라 집행한다. 한편, 지방자치단체의 장이 집행을 위탁받은 경우에는 그 집행한 금원(金員)은 당해 지방자치단체의 수입으로 한다.

V. 관련문제

1. 실효성 제고수단

(1) 관허사업제한(제52조)

행정청은 허가 · 인가 · 면허 · 등록 및 갱신을 요하는 사업을 경영하는 자로서 i) 해당 사업과 관련된 질서위반행위로 부과받은 과태료를 3회 이상 체납하고 있고, 체납발생일부터 각 1년이 경과하였으며, 체납금액의 합계가 500만원 이상인 체납자 중 대통령령으로 정하는 횟수와 금액 이상을 체납한 자, ii) 천재지변이나 그 밖의 중대한 재난 등 대통령령으로 정하는 특별한 사유 없이 과태료를 체납한 자 등의 사유에 모두 해당하는 체납자에 대하여는 사업의 정지 또는 허가 등의 취소를 할 수 있다.

이때 허가 등을 요하는 사업의 주무관청이 따로 있는 경우에는 행정청은 당해 주무관청에 대하여 사업의 정지 또는 허가 등의 취소를 요구할 수 있으며, 이에 따라서 사업의 정지 또는 허가 등을 취소하거나 주무관청에 대하여 그 요구를 한 후 당해 과태료를 징수한 때에는 지체 없이 사업의 정지 또는 허가 등의 취소나 그 요구를 철회하여야 한다.

(2) 신용정보의 제공(제53조)

행정청은 과태료 징수 또는 공익목적을 위하여 필요한 경우 「국세징수법」 제7조의2를 준용하여 「신용정보의 이용 및 보호에 관한 법률」 제25조제2항제1호에 따른 종합신용정보집중기관의 요청에 따라 체납 또는 결손처분자료를 제공할 수 있다.

(3) 고액, 상습체납자에 대한 제재(제54조)

법원은 검사의 청구에 따라 결정으로 30일의 범위 이내에서 과태료의 납부가 있을 때까지 ⅰ) 과태료를 3회 이상 체납하고 있고, 체납발생일부터 각 1년이 경과하였으며, 체납금액의 합계가 1천만원 이상인 체납자 중 대통령령으로 정하는 횟수와 금액 이상을 체납한 경우, ⅱ) 과태료 납부능력이 있음에도 불구하고 정당한 사유 없이 체납한 경우의 사유에 모두 해당하는 경우 체납자(법인인 경우에는 대표자를 말한다.)를 감치(監置)에 처할 수 있다.

(4) 자동차 관련 과태료 체납자에 대한 자동차 등록번호판의 영치(제55조)

행정청은 「자동차관리법」 제2조 제1호에 따른 자동차의 운행·관리 등에 관한 질서위반행위 중 대통령령으로 정하는 질서위반행위로 부과받은 과태료를 납부하지 아니한 자에 대하여 체납된 자동차 관련 과태료와 관계된 그 소유의 자동차의 등록번호판을 영치할 수 있다.

2. 이중처벌의 가능성

(1) 문제의 제기

이중처벌금지의 원칙상 행정형벌과 과태료부과처분을 병과하는 것이 가능한 것인지에 대한 문제가 있다

1) 학설

학설은 병과가 가능하다는 긍정설과 불가하다는 부정설이 대립한다. 이 중 긍정설의 견해는 양자는 규범의 성질이나 목적이 다르므로 행정질서벌인 과태료부과처분 후 행정형벌을 부과한다고 하여도 이중처벌은 아니라는 견해이다.

2) 판례 – 긍정설

피고인이 거주지를 이전한 후 퇴거신고와 전입신고를 하지 아니하였다는 이유로 과태료처분을 받고 이를 납부한 일이 있다 하더라도 그 후에 형사처벌을 한다고 해서 일사부재리의 원칙에 어긋나는 것이라고 할 수 없다. 일사부재리의 효력은 확정재판이 있을 때에 발생하는 것이고 위의 과태료는 행정법상의 질서벌에 지나지 아니하기 때문이다.[92]

(2) 징계와 행정질서벌의 병과문제

가령 교통법규를 준수하지 않은 공무원에게 징계를 한 후에도 과태료부과를 할 수 있느냐의 문제인데, 징계와 행정질서벌은 그 목적이나 성질이 다르기 때문에 징계를 한 후 행정질서벌을 부과할 수 있다.

---

92) 대법원 1989. 6. 13. 선고 88도1983 판결.

제2절 행정상 강제집행

제1항 행정상 강제집행의 개념

Ⅰ. 의의

행정상 강제집행이란 법령 또는 이에 의거한 행정처분에 의하여 과하여진 의무의 불이행에 대하여 행정주체가 의무위반자의 신체, 재산에 실력을 가하여 그 의무를 이행시키거나 이행된 것과 같은 상태를 실현하는 작용을 말한다. 이에는 의무의 불이행을 전제로 하는 행정상 강제집행과 의무의 불이행이 전제되지 않는 상태에서 이루어지는 실력행사인 즉시강제가 있다.

Ⅱ. 종류

행정상 여러 의무의 종류에 따라 대체적 작위의무의 불이행에 대해서는 행정대집행법상의 대집행이, 비대체적 작위의무 또는 부작위의무의 불이행에 대해서는 집행벌이, 모든 의무불이행에 대하여는 직접강제가, 금전급부의 불이행에 대해서는 국세징수법에 의한 강제징수가 있다.

종류	불이행된 의무	일반법	사례
대집행	대체적 작위의무	행정대집행법	불법건축물의 강제철거
집행벌	대체적 작위의무 + 비대체적 작위의무 + 부작위의무 + 수인의무	없음	건축법상 불법용도변경 시정
직접강제	모든 의무	없음	불법영업소 강제폐쇄
강제징수	급전급부의무	국세징수법	세금체납에 따른 징수

Ⅲ. 법적근거

일반법으로는 대집행에 대한 행정대집행법과 행정상 강제징수에 대한 국세징수법이 있으며, 단행 법률로서는 출입국관리법(제46조), 군사시설보호법(제6조) 등에서 직접강제 규정이, 건축법(제83조)에서 집행벌인 이행강제금 등의 규정이 있으나, 직접강제와 이행강제금에 관한 일반법은 없다.

제2항 대집행

Ⅰ. 개념

1. 의의

대집행은 가령 무허가광고간판을 행정청이 철거하거나 제3자에게 철거하도록 한 후 철거에 소요되는 비용을 무허가광고간판 소유자 등에게 징수하는 것과 같이 대체적 작위의무(타인이 대신하여 행할 수 있는 의무)의 불이행의 경우 행정청이 의무자가 할 작위를 스스로 행하거나 또는 제3자에게 이를 이행케 하고 그 비용을 의무자로부터 징수하는 강제집행방법이다.

2. 법적근거

일반법으로 행정대집행법이 있으며, 단행법으로 공익사업을 위한 토지 등의 취득 및 보상에 관한 법률(제89조), 건축법(제85조) 등이 있다

> **행정대집행법 제2조(대집행과 그 비용징수)**
> 법률(법률의 위임에 의한 명령, 지방자치단체의 조례를 포함한다. 이하 같다)에 의하여 직접 명령되었거나 또는 법률에 의거한 행정청의 명령에 의한 행위로서 타인이 대신하여 행할 수 있는 행위를 의무자가 이행하지 아니하는 경우 다른 수단으로써 그 이행을 확보하기 곤란하고 또한 그 불이행을 방치함이 심히 공익을 해할 것으로 인정될 때에는 당해 행정청은 스스로 의무자가 하여야 할 행위를 하거나 또는 제삼자로 하여금 이를 하게 하여 그 비용을 의무자로부터 징수할 수 있다.

> **공익사업을 위한 토지 등의 취득 및 보상에 관한 법률 제89조(대집행)**
> ① 이 법 또는 이 법에 따른 처분으로 인한 의무를 이행하여야 할 자가 그 정하여진 기간 이내에 의무를 이행하지 아니하거나 완료하기 어려운 경우 또는 그로 하여금 그 의무를 이행하게 하는 것이 현저히 공익을 해친다고 인정되는 사유가 있는 경우에는 사업시행자는 시·도지사나 시장·군수 또는 구청장에게「행정대집행법」에서 정하는 바에 따라 대집행을 신청할 수 있다. 이 경우 신청을 받은 시·도지사나 시장·군수 또는 구청장은 정당한 사유가 없으면 이에 따라야 한다.

Ⅱ. 요건

> **행정대집행법 제2조(대집행과 그 비용징수)**
> 법률(법률의 위임에 의한 명령, 지방자치단체의 조례를 포함한다. 이하 같다)에 의하여 직접 명령되었거나 또는 법률에 의거한 행정청의 명령에 의한 행위로서 타인이 대신하여 행할 수 있는 행위를 의무자가 이행하지 아니하는 경우 다른 수단으로써 그 이행을 확보하기 곤란하고 또한 그 불이행을 방치함이 심히 공익을 해할 것으로 인정될 때에는 당해 행정청은 스스로 의무자가 하여야 할 행위를 하거나 또는 제삼자로 하여금 이를 하게 하여 그 비용을 의무자로부터 징수할 수 있다.

1. 행정처분에 의하여 명해진 공법상 의무의 불이행

공법상 의무는 법률에 의하여 직접 명령되는 경우(공익사업을 토지 등의 취득 및 보상에 관한 법률 제43조 토지 또는 물건의 인도 등)도 있지만 대부분 법률에 의한 행정청의 명령 가령 철거명령, 이전명령 등에 의하여 발생한다. 따라서 사법상의 의무는 대집행의 대상이 되지 아니한다.

> **【판시사항】**
> 구 공공용지의 취득 및 손실보상에 관한 특례법에 의한 협의취득시 건물소유자가 매매대상 건물에 대한 철거의무를 부담하겠다는 취지의 약정을 한 경우, 그 철거의무가 행정대집행법

【판결요지】

[1] 행정대집행법상 대집행의 대상이 되는 대체적 작위의무는 공법상 의무이어야 할 것인데, 구 공공용지의 취득 및 손실보상에 관한 특례법(2002. 2. 4. 법률 제6656호 공익사업을 위한 토지 등의 취득 및 보상에 관한 법률 부칙 제2조로 폐지)에 따른 토지 등의 협의취득은 공공사업에 필요한 토지 등을 그 소유자와의 협의에 의하여 취득하는 것으로서 공공기관이 사경제주체로서 행하는 사법상 매매 내지 사법상 계약의 실질을 가지는 것이므로, 그 협의취득시 건물소유자가 매매대상 건물에 대한 철거의무를 부담하겠다는 취지의 약정을 하였다고 하더라도 이러한 철거의무는 공법상의 의무가 될 수 없고, 이 경우에도 행정대집행법을 준용하여 대집행을 허용하는 별도의 규정이 없는 한 위와 같은 철거의무는 행정대집행법에 의한 대집행의 대상이 되지 않는다.

2. 대체적 작위의무의 불이행

(1) 대체적 작위의무에 해당할 것

대집행의 대상 요건으로 대체적 작위의무임을 요하므로 부작위의무, 수인의무, 일신전속적 성질이나 전문·기술적 성질의 것이어서 타인이 대체할 수 없는 비대체적 작위의무에는 적용될 수 없다.

(2) 부작위의무의 불이행의 경우 작위의무로의 전환

– 금지규정에서 작위의무 명령권이 당연히 도출되는지 여부

가령 도로, 공원부지에 불법 공작물 설치금지 의무와 같은 부작위의무는 대집행의 대상이 되지 아니하지만 불법공작물을 철거하라는 작위의무를 부과하여 대체적 작위의무로 전환 후에는 대집행이 가능하다. 그러나 작위의무로 전환시킬 수 있는 명령 등에 대한 법적근거가 없다면 법률유보의 원칙상 금지규정만으로는 의무를 과하는 명령을 발령할 수 없고 그에 따른 대집행은 불가능하다는 것이 판례의 견해이다.

【판결요지】

행정대집행법 제2조는 대집행의 대상이 되는 의무를 '법률(법률의 위임에 의한 명령, 지방자치단체의 조례를 포함한다. 이하 같다)에 의하여 직접 명령되었거나 또는 법률에 의거한 행정청의 명령에 의한 행위로서 타인이 대신하여 행할 수 있는 행위'라고 규정하고 있으므로, 대집행계고처분을 하기 위하여는 법령에 의하여 직접 명령되거나 법령에 근거한 행정청의 명령에 의한 의무자의 대체적 작위의무 위반행위가 있어야 한다. 따라서 단순한 부작위의무의 위반, 즉 관계 법령에 정하고 있는 절대적 금지나 허가를 유보한 상대적 금지를 위반한 경우에는 당해 법령에서 그 위반자에 대하여 위반에 의하여 생긴 유형적 결과의 시정을 명하는 행정처분의 권한을 인정하는 규정(예컨대, 건축법 제69조, 도로법 제74조, 하천법 제67조, 도시공원법 제20조, 옥외광고물등관리법 제10조 등)을 두고 있지 아니한 이상, 법치주의의 원리에 비추어 볼 때 위와 같은 부작위의무로부터 그 의무를 위반함으로써 생긴 결과를 시정하기 위한 작위의무를 당연히 끌어낼 수는 없으며, 또 위 금지규정(특히 허가를 유보한 상대적 금지규정)으로부터 작위의무, 즉 위반결과의 시정을 명하는 권한이 당연히 추론(추론)되는 것도 아니다.

(3) 토지건물 등의 인도의무의 대집행여부

일반적으로 대체성 있는 물건의 인도와는 달리 사람이 점유하고 있는 토지 건물 등의 인도는 실력으로 점유를 풀어 점유를 이전하지 않으면 목적 달성이 불가능하므로 대집행의 대상이 될 수 없다(통설, 판례)

【판결요지】

도시공원시설인 매점의 관리청이 그 공동점유자 중의 1인에 대하여 소정의 기간 내에 위 매점으로부터 퇴거하고 이에 부수하여 그 판매 시설물 및 상품을 반출하지 아니할 때에는 이를 대집행하겠다는 내용의 계고처분은 그 주된 목적이 매점의 원형을 보존하기 위하여 점유자가 설치한 불법 시설물을 철거하고자 하는 것이 아니라, 매점에 대한 점유자의 점유를 배제하고 그 점유이전을 받는 데 있다고 할 것인데, 이러한 의무는 그것을 강제적으로 실현함에 있어 직접적인 실력행사가 필요한 것이지 대체적 작위의무에 해당하는 것은 아니어서 직접 강제의 방법에 의하는 것은 별론으로 하고 행정대집행법에 의한 대집행의 대상이 되는 것은 아니다.

3. 다른 수단에 의하여 그 이행확보가 곤란할 것(보충성의 원칙)

대집행이 인정되기 위해서는 불이행된 의무를 다른 수단으로 이행을 확보하기가 곤란하여야 한다. 따라서 침익성이 경미하고 다른 수단인 행정지도나 시정명령 등으로 의무이행을 확보할 수 있는 경우 대집행은 불가능하다. 이는 과잉금지원칙의 요소로서 최소침해의 원칙을 명문화한 것이라 할 수 있다.

4. 불이행을 방치할 경우 심히 공익을 해할 것

가령 초대형 건물의 일부에 무허가부분이 있다면 이를 방치하는 것이 공익을 해할 수는 있지만 이를 철거함으로써 사익에 대한 침해가 중대하다면 대집행의 요건을 구비하지 못하기 때문에 철거는 허용되지 아니한다(비례의 원칙). 이처럼 영세건축물이나 초대형건축물의 철거의무불이행의 경우처럼 공익침해보다 사익에 대한 보호필요성이 더 우월한 경우에는 대집행이 허용되지 아니한다.

한편, 판례는 어떠한 사실이 심히 공익을 해하는 것인지(판단의 여지) 즉 그러한 요건충족 여부의 성질에 관하여 과거 재량으로 보던 것을 사법적 판단의 대상으로 하고 있는 추세이다.

【판시사항】
공익성의 요건이 사법심사의 대상인지 여부(대법원 1976. 3. 9. 선고 73누180 판결)

【판결요지】

이건 상고이유는 건축허가취소처분 또는 계고처분의 적법여부를 가리기 위해서는 건축법 42조 소정의 위법사유만 심구할 것이 아니라 의당 건축허가처분을 취소하여야 할 공익상의 필요와 취소에 따르는 원고의 불이익을 또 계고처분에 관해서는 위법상태의 방치가 공익에 현저한 위해를 주는 것인지의 여부를 구체적으로 심리판단을 하여야 할 것임에도 불구하고(당원 67.1.31. 선고 66누27호 67.11.18. 선고 67누139호 70.8.18. 선고 70누80호 판결)원 심이 이 점을 심리판단하지 않고 원고의 청구를 배척한 것은 건축허가취소 또는 계고처분의 요건 및 재량권의 범위에 관한 법리를 오해하고 심리미진 또는 판단유탈의 위법을 범하였다 는데 있다.

【판시사항】

건축법위반의 정도가 공익을 크게 해친다고 볼 수 없어 건축법위반건물에 대한 철거대집행 계고처분이 위법한지 여부(대법원 1991. 3. 12. 선고 90누10070 판결)

【판결요지】

건축법위반 건물이 주위의 미관을 해칠 우려가 없을 뿐 아니라 이를 대집행으로 철거할 경우 많은 비용이 드는 반면에 공익에는 별도움이 되지 아니하고, 도로교통 · 방화 · 보안 · 위 생 · 도시미관 및 공해예방 등의 공익을 크게 해친다고도 볼 수 없어 이에 대한 철거대집행계 고 처분이 그 요건을 갖추지 못한 것으로서 위법하다.

【판시사항】

불법건축물이 도시미관, 거주환경, 교통소통에 지장이 없다는 사정과 그 철거불이행의 방치 가 해할 것으로 우려되는 공익(대법원 1989. 3. 28. 선고 87누930 판결)

【판결요지】

무허가로 불법 건축되어 철거할 의무가 있는 건축물을 도시미관, 주거환경, 교통소통에 지 장이 없다는 등의 사유만을 들어 그대로 방치한다면 불법 건축물을 단속하는 당국의 권능을 무력화하여 건축행정의 원활한 수행을 위태롭게 하고 건축허가 및 준공검사시에 소방시설, 주차시설 기타 건축법 소정의 제한규정을 회피하는 것을 사전 예방한다는 더 큰 공익을 해칠 우려가 있다

Ⅲ. 대집행주체와 대집행행위자

1. 대집행권자

가령 구청장이 철거명령을 발령하였다면 철거대집행의 주체는 구청장이듯 대집행은 당해 행정청만이 주체가 된다. 여기서 당해 행정청이란 당사자에게 의해 불이행되고 있는 의무를 부과한 행정기관을 말한다.

2. 대집행행위자

대집행의 경우 가령 구청장을 대신하여 제3자인 철거전문회사가 철거를 대집행하는 경우도 있다. 이때 당해행정청과 제3자 사이의 법률관계가 문제될 수 있는데, 학설은 이를 공법상계약 또는 공무수탁사인의 관계에 있는 공법관계로 보는 견해와 일의 완성을 목적으로 보수지급을 약정하는 사법상 도급계약으로 보는 견해가 있다(다수설).

【판시사항】
군수가 사무위임조례에 의하여 무허가 건축물에 대한 철거대집행사무를 읍·면에게 위임한 경우, 읍·면장이 대집행 계고처분권을 가지는지 여부(대법원 1997. 2. 14. 선고 96누15428 판결)

【판결요지】
군수가 군사무위임조례의 규정에 따라 무허가 건축물에 대한 철거대집행사무를 하부 행정기관인 읍·면에 위임하였다면, 읍·면장에게는 관할구역 내의 무허가 건축물에 대하여 그 철거대집행을 위한 계고처분을 할 권한이 있다.

Ⅳ. 대집행절차

> **행정대집행법 제3조(대집행의 절차)**
> ① 전조의 규정에 의한 처분(이하 대집행이라 한다)을 하려함에 있어서는 상당한 이행기한을 정하여 그 기한까지 이행되지 아니할 때에는 대집행을 한다는 뜻을 미리 문서로써 계고하여야 한다. 이 경우 행정청은 상당한 이행 기한을 정함에 있어 의무의 성질·내용 등을 고려하여 사회통념상 해당 의무를 이행하는 데 필요한 기간이 확보되도록 하여야 한다.
> ② 의무자가 전항의 계고를 받고 지정기한까지 그 의무를 이행하지 아니할 때에는 당해 행정청은 대집행영장으로써 대집행을 할 시기, 대집행을 시키기 위하여 파견하는 집행책임자의 성명과 대집행에 요하는 비용의 개산에 의한 견적액을 의무자에게 통지하여야 한다.
> ③ 비상시 또는 위험이 절박한 경우에 있어서 당해 행위의 급속한 실시를 요하여 전2항에 규정한 수속을 취할 여유가 없을 때에는 그 수속을 거치지 아니하고 대집행을 할 수 있다.
>
> **제5조(비용납부명령서)**
> 대집행에 요한 비용의 징수에 있어서는 실제에 요한 비용액과 그 납기일을 정하여 의무자에게 문서로써 그 납부를 명하여야 한다.

1. 계고(통지행위 - 의사통지)

(1) 의의

계고는 의무자의 계속된 의무불이행이 있는 경우 상당한 이행기한을 정하여 그 기한까지 이행되지 아니할 때에는 대집행한다는 사실을 알리는 것을 말한다.

(2) 법적성질

계고의 법적성질은 준법률행위적 행위인 통지에 속한다. 따라서 항고소송의 대상이 된다. 한편 계고처분 후 제2차, 제3차 계고가 있다고 하더라고 이렇듯 반복된 계고는 독립된 처분이 아닌 대집행기한의 연기통지에 불과하다.

> **【판시사항】**
>
> 대집행계고를 함에 있어 대집행할 행위의 내용 및 범위가 대집행계고서에 의하여서만 특정
> 되어야 하는지 여부 / 위법건축물에 대한 철거명령 및 계고처분에 불응하자 제2차, 제3차로
> 행한 계고처분이 행정처분인지 여부(대법원 1994. 10. 28. 선고 94누5144 판결)
>
> **【판결요지】**
>
> 행정청이 행정대집행법 제3조 제1항에 의한 대집행계고를 함에 있어서는 의무자가 스스로
> 이행하지 아니하는 경우에 대집행할 행위의 내용 및 범위가 구체적으로 특정되어야 하나,
> 그 행위의 내용 및 범위는 반드시 대집행계고서에 의하여서만 특정되어야 하는 것이 아니고
> 계고처분 전후에 송달된 문서나 기타 사정을 종합하여 행위의 내용이 특정되면 족하다.
> 또한 건물의 소유자에게 위법건축물을 일정기간까지 철거할 것을 명함과 아울러 불이행할
> 때에는 대집행한다는 내용의 철거대집행 계고처분을 고지한 후 이에 불응하자 다시 제2차,
> 제3차 계고서를 발송하여 일정기간까지의 자진철거를 촉구하고 불이행하면 대집행을 한다
> 는 뜻을 고지하였다면 행정대집행법상의 건물철거의무는 제1차 철거명령 및 계고처분으로
> 서 발생하였고 제2차, 제3차의 계고처분은 새로운 철거의무를 부과한 것이 아니고 다만 대
> 집행기한의 연기통지에 불과하므로 행정처분이 아니다.

(3) 계고의 생략

계고는 비상시 또는 위험이 절박한 경우에 있어서 당해 행위의 급속한 실시를 요하여 계고할
여유가 없을 때에는 그 수속을 거치지 아니하고 대집행을 할 수 있다.

2. 계고의 요건

(1) 문서에 의한 통지

계고는 상당한 이행기간을 정하여 문서로 하여야 한다. 따라서 만일 이를 생략하거나 문서로
하지 아니한 계고는 무효가 된다. 또한 계고는 준법률행위적 행정행위로서 그에 하자가
있을 경우 항고소송의 대상이 될 수 있다.

(2) 계고의 요건충족

계고를 할 당시 이미 대집행의 요건은 충족되어 있어야 한다. 따라서 장차 의무를 위반할 때 대집행을 하겠다는 사전계고(정지조건부 계고)는 할 수 없다.

> **【판시사항】**
> 대집행계고를 함에 있어 대집행할 행위의 내용 및 범위가 대집행계고서에 의하여서만 특정되어야 하는지 여부(대법원 1994. 10. 28. 선고 94누5144 판결)
>
> **【판결요지】**
> 가. 행정청이 행정대집행법 제3조 제1항에 의한 대집행계고를 함에 있어서는 의무자가 스스로 이행하지 아니하는 경우에 대집행할 행위의 내용 및 범위가 구체적으로 특정되어야 하나, 그 행위의 내용 및 범위는 반드시 대집행계고서에 의하여서만 특정되어야 하는 것이 아니고 계고처분 전후에 송달된 문서나 기타 사정을 종합하여 행위의 내용이 특정되면 족하다.

(3) 계고의 내용 및 범위의 특정 여부

행정청이 대집행계고를 함에 있어서는 의무자가 스스로 이행하지 아니하는 경우에 대집행할 행위의 내용 및 범위가 구체적으로 특정되어야 한다. 다만 의무불이행시 대집행할 내용과 범위는 반드시 철거명령서나 대집행계고서에 의하여서만 특정해야 하는 것은 아니고, 그 처분 전후의 송달된 문서나 기타 사정을 종합하여 이를 특정할 수 있으면 족하다.

> **【판시사항】**
> 대집행계고를 함에 있어 대집행할 행위의 내용·범위가 반드시 대집행계고서에 의하여만 특정되어야 하는지 여부(대법원 1996. 10. 11. 선고 96누8086 판결)
>
> **【판결요지】**
> 행정청이 행정대집행법 제3조 제1항에 의한 대집행계고를 함에 있어서는 의무자가 스스로 이행하지 아니하는 경우에 대집행할 행위의 내용 및 범위가 구체적으로 특정되어야 하나, 그 행위의 내용 및 범위는 반드시 대집행계고서에 의하여서만 특정되어야 하는 것이 아니고, 계고처분 전후에 송달된 문서나 기타 사정을 종합하여 행위의 내용이 특정되거나 실제 건물의 위치, 구조, 평수 등을 계고서의 표시와 대조·검토하여 대집행의무자가 그 이행의무의 범위를 알 수 있을 정도로 하면 족하다.

(4) 대체적 작위하명과 계고의 결합문제

의무를 명함과 동시에 이를 불이행할 경우 대집행을 하겠다는 계고는 원칙적으로 결합할 수 없다. 하지만 의무부과시 이미 대집행의 요건이 충족될 것이 확실하고 긴급한 필요가 있는 경우 예외적으로 양자의 결합이 허용된다. 또한, 한 장의 계고로서 건축법에 의한 철거 명령과 행정대집행법에 의해 미리 한 계고처분은 가능하다.[93]

【판시사항】
계고서라는 명칭의 1장의 문서로서 일정기간 내에 위법건축물의 자진철거를 명함과 동시에 그 소정기한 내에 자진철거를 하지 아니할 때에는 대집행할 뜻을 미리 계고한 경우, 철거명령 및 계고처분의 적부(명령과 그 의무불이행시 대집행할 행위의 내용 및 범위의 특정방법(대법원 1992. 6. 12. 선고 91누13564 판결)

【판결요지】
계고서라는 명칭의 1장의 문서로서 일정기간 내에 위법건축물의 자진철거를 명함과 동시에 그 소정기한 내에 자진철거를 하지 아니할 때에는 대집행할 뜻을 미리 계고한 경우라도 건축법에 의한 철거명령과 행정대집행법에 의한 계고처분은 독립하여 있는 것으로서 각 그 요건이 충족되었다고 볼 것이다.

3. 대집행영장에 의한 통지

(1) 영장의 내용

의무자가 계고를 받고 지정기한까지 그 의무를 이행하지 아니할 때에는 당해 행정청은 대집행영장으로써 대집행을 할 시기, 대집행을 시키기 위하여 파견하는 집행책임자의 성명과 대집행에 요하는 비용의 계산에 의한 견적액을 의무자에게 통지하여야 한다.

(2) 영장의 생략

법률에 규정이 있거나(건축법 제85조), 비상시 또는 위험이 절박한 경우에 있어서 당해 행위의 급속한 실시를 요하여 통지를 취할 여유가 없을 때에는 그 수속을 거치지 아니하고 대집행을 할 수 있다.

---

93) 대판 1992. 6. 12. 91누3564.

4. 대집행의 실행 - 권력적 사실행위

(1) 법적성질

대집행의 실행은 권력적 사실행위로서의 성질을 갖는다. 따라서 그 실행은 처분성이 인정되어 항고소송의 대상이 된다(다수설).

> **【판시사항】**
> 행정대집행이 실행완료된 경우 대집행계고처분의 취소를 구할 법률상 이익이 있는지 여부(대법원 1993. 6. 8. 선고 93누6164 판결)
>
> **【판결요지】**
> 대집행계고처분 취소소송의 변론종결 전에 대집행영장에 의한 통지절차를 거쳐 사실행위로서 대집행의 실행이 완료된 경우에는 행위가 위법한 것이라는 이유로 손해배상이나 원상회복 등을 청구하는 것은 별론으로 하고 처분의 취소를 구할 법률상 이익은 없다.

(2) 대집행의 실행

1) 실행시기

행정청(대집행을 실행하는 제3자를 포함한다.)은 해가 뜨기 전이나 해가 진 후에는 대집행을 하여서는 아니 된다. 다만, 의무자가 동의한 경우, 해가 지기 전에 대집행을 착수한 경우, 해가 뜬 후부터 해가 지기 전까지 대집행을 하는 경우에는 대집행의 목적 달성이 불가능한 경우, 그 밖에 비상시 또는 위험이 절박한 경우에는 그러하지 아니하다.

2) 안전조치

행정청은 대집행을 할 때 대집행 과정에서의 안전 확보를 위하여 필요하다고 인정하는 경우 현장에 긴급 의료장비나 시설을 갖추는 등 필요한 조치를 하여야 한다.

3) 집행책임자의 증표소지

대집행을 하기 위하여 현장에 파견되는 집행책임자는 그가 집행책임자라는 것을 표시한 증표를 휴대하여 대집행시에 이해관계인에게 제시하여야 한다.

【판시사항】

도심광장인 '서울광장'에서, 행정대집행법이 정한 계고 및 대집행영장에 의한 통지절차를 거치지 아니한 채 위 광장에 무단설치된 천막의 철거대집행을 행하는 공무원들에 대항하여 피고인들이 폭행 · 협박을 가하였더라도, 특수공무집행방해죄는 성립하지 않는다고 본 원심판단을 수긍한 사례(대법원 2010. 11. 11. 선고 2009도11523 판결)

【판결요지】

도심광장으로서 '서울특별시 서울광장의 사용 및 관리에 관한 조례'에 의하여 관리되고 있는 '서울광장'에서, 서울시청 및 중구청 공무원들이 행정대집행법이 정한 계고 및 대집행영장에 의한 통지절차를 거치지 아니한 채 위 광장에 무단설치된 천막의 철거대집행에 착수하였고, 이에 피고인들을 비롯한 '광우병위험 미국산 쇠고기 전면 수입을 반대하는 국민대책회의' 소속 단체 회원들이 몸싸움을 하거나 천막을 붙잡고 이를 방해한 사안에서, 위 서울광장은 비록 공부상 지목이 도로로 되어 있으나 도로법 제65조 제1항 소정의 행정대집행의 특례규정이 적용되는 도로법상 도로라고 할 수 없으므로 위 철거대집행은 구체적 직무집행에 관한 법률상 요건과 방식을 갖추지 못한 것으로서 적법성이 결여되었고 따라서 피고인들이 위 공무원들에 대항하여 폭행 · 협박을 가하였더라도 특수공무집행방해죄는 성립되지 않는다는 이유로, 같은 취지에서 피고인들에 대해 무죄를 선고한 원심판단을 수긍한 사례.

4) 대집행실행에 대한 저항가부

의무자는 대집행 실행에 대한 수인의무가 있다. 따라서 그에 대항할 수 없으며 만일 그에 대항할 경우 형법상 공무집행방해죄가 성립한다.

5. 비용징수 – 급부하명(행정행위)

대집행에 요한 비용의 징수에 있어서는 실제에 요한 비용액과 그 납기일을 정하여 의무자에게 문서로써 그 납부를 명하여야 한다. 그 비용은 국세징수법의 예에 의하여 강제징수 할 수 있으며, 그 비용을 징수하였을 때에는 그 징수금은 사무비의 소속에 따라 국고 또는 지방자치단체의 수입으로 한다.

V. 대집행 실행에 대한 권리구제수단

1. 대집행실행 전 - 행정쟁송

대집행의 실행행위는 하명과 사실행위가 결합된 권력적 사실행위이므로 위법 부당한 대집행에 대하여 불복하고자 하는 자는 당해 행정청 내지 직근 상급행정청에 행정심판을 제기할 수 있으며 법원에 행정소송을 제기하여 다툴 수 있다. 그리고 이에 더하여 집행정지신청 또한 할 수 있다.

2. 대집행실행 후 - 손해배상청구 및 결과제거청구 등

대집행의 실행이 종료된 후에(건물철거)는 권리보호이익이 존재하지 아니하므로 행정쟁송제기가 인정되지 아니한다. 다만 대집행의 종료 후에도 그 취소로 인해 회복되는 법률상의 이익이 있는 경우에는 취소소송제기가 인정되고 있다.

따라서 대집행실행 후에는 손해배상청구 또는 원상회복청구가 적절한 구제의 수단이며 나아가 가령 행정청이 무허가광고판을 철거하면서 허가받은 광고판도 같이 철거하여 광고판의 소유자가 적법한 광고간판의 반환을 청구하는 경우와 같이 종료 후에도 위법상태가 계속된다면 그 결과제거의 청구를 주장할 수 있다.

3. 하자의 승계여부(하명처분 → 계고)

대집행의 전제가 되는 하명처분(철거처분)과 계고사이에는 하자가 승계되지 않음이 원칙이다. 다만 대집행의 모든 단계(계고, 통지, 실행, 납부명령)는 선행행위와 후행행위 간 하나의 법률효과 발생을 위한 일련의 절차의 일부이므로 하자승계가 인정된다.

후행처분인 대집행영장발부통보처분의 취소청구 소송에서 선행처분인 계고처분이 위법하다는 이유로 대집행영장발부통보처분도 위법한 것이라는 주장을 할 수 있는지 여부(대법원 1996. 2. 9. 선고 95누12507 판결)

【판결요지】

대집행의 계고, 대집행영장에 의한 통지, 대집행의 실행, 대집행에 요한 비용의 납부명령 등은 타인이 대신하여 행할 수 있는 행정의무의 이행을 의무자의 비용부담하에 확보하고자 하는, 동일한 행정목적을 달성하기 위하여 단계적인 일련의 절차로 연속하여 행하여지는 것으로서, 서로 결합하여 하나의 법률효과를 발생시키는 것이므로, 선행처분인 계고처분이 하자가 있는 위법한 처분이라면, 비록 그 하자가 중대하고도 명백한 것이 아니어서 당연무효의 처분이라고 볼 수 없고 행정소송으로 효력이 다투어지지도 아니하여 이미 불가쟁력이 생겼으며, 후행처분인 대집행영장발부통보처분 자체에는 아무런 하자가 없다고 하더라도, 후행처분인 대집행영장발부통보처분의 취소를 청구하는 소송에서 청구원인으로 선행처분인 계고처분이 위법한 것이기 때문에 그 계고처분을 전제로 행하여진 대집행영장발부통보처분도 위법한 것이라는 주장을 할 수 있다.

제3항 직접강제 - 권력적 사실행위(사실행위 + 하명)

Ⅰ. 의의

직접강제란 의무자가 의무를 이행하지 아니하는 경우 행정상 최후의 수단으로서 행정기관이 의무자의 신체, 재산에 직접 실력을 가하여 의무내용이 이행된 것과 동일한 상태를 실현하는 것을 말한다. 이는 의무불이행을 전제로 하지 않는 즉시강제와 구별된다.

Ⅱ. 법적근거

직접강제는 권력적 사실행위로서 침익적이기 때문에 법적근거가 필요하지만 이에 대한 일반법은 존재치 아니하고 개별법상에 근거가 있을 뿐이다. 예를 들어, 공중위생관리법 제11조의 위법 또는 명령을 위반한 영업의 정지 또는 영업소 폐쇄, 식품위생법 제75조의 무허가 영업소의 강제폐쇄, 군사시설보호법 제9조의 퇴거의 강제, 출입국관리법 제46조, 제69조의 외국인 강제퇴거 및 선박수색 등에서 법적근거를 찾을 수 있다.

> 【판시사항】
> 학원의설립 · 운영에관한법률상 무등록 학원의 설립 · 운영자에 대하여 관할 행정청이 그 폐쇄를 명할 수 있는지 여부(대법원 2001. 2. 23. 선고 99두6002 판결)
>
> 【판결요지】
> 학원의설립 · 운영에관한법률 제2조 제1호와 제6조 및 제19조 등의 관련 규정에 의하면, 같은 법상의 학원을 설립 · 운영하고자 하는 자는 소정의 시설과 설비를 갖추어 등록을 하여야 하고, 그와 같은 등록절차를 거치지 아니한 경우에는 관할 행정청이 직접 그 무등록 학원의 폐쇄를 위하여 출입제한 시설물의 설치와 같은 조치를 취할 수 있게 되어 있으나, 달리 무등록 학원의 설립 · 운영자에 대하여 그 폐쇄를 명할 수 있는 것으로는 규정하고 있지 아니하고, 위와 같은 폐쇄조치에 관한 규정이 그와 같은 폐쇄명령의 근거 규정이 된다고 할 수도 없다.

Ⅲ. 대상

직접강제의 대상의무는 제한이 없다. 따라서 행정상 작위의무, 부작위의무, 급부, 수인의무 등 일체의 의무가 그 대상이 된다.

Ⅳ. 한계

직접강제는 행정상 강제집행수단 중 가장 강한 수단이다. 따라서 반드시 법적근거를 요하며 행정법의 일반원칙인 보충성의 원칙, 최소침해의 원칙 등이 준수되어야 한다. 한편, 위법한 직접강제에 대한 상대방의 저항의 경우 정당방위에 해당하며 공무집행방해죄를 구성하지는 아니한다.

Ⅴ. 권리구제수단

1. 행정쟁송

직접강제는 권력적 사실행위이므로 그에 대한 대표적인 구제수단은 행정쟁송일 것이다. 그러나 직접강제 가령 불법영업소 폐쇄의 경우와 같이 단시간 내에 그 집행이 종료되는 경우가 많기 때문에 실제 행정심판이나 행정소송을 통한 구제는 쉽지 아니하다.

2. 기타 구제수단

위법한 즉시강제로 인해 손해가 발생하였을 경우 국가배상청구를, 또 직접강제로 인하여 위법한 상태가 계속되고 있을 경우에는 결과제거청구권 등을 생각해 볼 수 있다.

제4항 이행강제금 - 집행벌

Ⅰ. 개념

1. 의의

이행강제금이란 가령 무허가건물에 대해 의무자가 자진철거를 할 때까지 매달 30만원씩을 부과하는 경우와 같이 비대체적 작위의무 또는 부작위의무나 수인의무의 불이행시에 일정 액수의 금전이 부과될 것임을 의무자에게 미리 통지함으로써 심리적 압박을 주어 행정상 의무이행의 확보를 도모하는 간접적 강제수단을 말한다.

	이행강제금	행정벌
시간적 측면	장래에 대한 의무이행 확보수단	과거의 의무위반에 대한 제재
반복부과	반복부과 가능 처벌이 아니므로 일사부재리의 원칙이 적용되지 않음	일사부재리의 원칙이 적용되어 반복부과는 불가
고의, 과실	불요	필요

2. 법적성질

이행강제금부과는 행정행위 중 급부하명에 속한다. 따라서 항고소송의 대상이 된다. 또한 이행강제금은 표현 그대로 행정청의 의무위반에 대하여 그것이 시정될 때까지 계속 반복적으로 부과하는 것이기 때문에 과거 의무위반에 대한 제재적 성격뿐만 아니라 장래를 향해 의무이행을 확보하기 위하여 반복적으로 부과 및 징수될 수 있다. 따라서 일사부재리의 원칙이 적용되지 않는다.

3. 대체적 작위의무 불이행에 대한 이행강제금 부과가능성 - 대집행과의 관계

(1) 학설

대체적 작위의무에 대하여 이행강제금 부과가능성에 대하여 학설은 긍정설과 부정설이 대립하고 있다. 이중 다수설인 긍정설의 견해에 따르면 이행강제금 부과가 대집행보다 의무이행에 더욱 실효성 있는 수단이 될 수 있기 때문에 대체적 작위의무에 대하여도 이행강제금을 부과하는 것이 타당하다는 논거이다.

(2) 판례 – 긍정적

헌재는 전통적으로 행정대집행은 대체적 작위의무에 대한 강제집행수단이므로 이행강제금은 부작위의무나 비대체적 작위의무에 대한 강제집행수단으로 이행되어 왔으나, 이는 이행강제금제도의 본질에서 오는 계약은 아니며, 이행강제금은 대체적 작위의무의 위반에 대하여도 부과될 수 있다. 현행 건축법상 위법건축물에 대한 이행강제수단으로 대집행과 이행강제금(제83조 제1항)이 인정되고 있는데, 양 제도는 각각의 장단점이 있으므로 행정청은 개별사건에 있어서 위반내용, 위반자의 시정의지 등을 감안하여 대집행과 이행강제금을 선택적으로 활용할 수 있으며, 이처럼 그 합리적인 재량에 의해 선택하여 활용하는 이상 중첩적인 제재에 해당한다고 볼 수 없다.[94]

4. 형사처벌과의 관계

건축법 제78조에 의한 무허가 건축행위에 대한 형사처벌과 건축법 제83조 제1항에 의한 시정명령 위반에 대한 이행강제금의 부과는 그 처벌 내지 제재대상이 되는 기본적 사실관계로서의 행위를 달리하며, 또한 그 보호법익과 목적에서도 차이가 있으므로 헌법 제13조 제1항이 금지하는 이중처벌에 해당한다고 할 수 없다.[95]

5. 이행강제금 부과와 계고

이행강제금은 행정법상의 부작위의무 또는 비대체적 작위의무를 이행하지 않은 경우에 '일정한 기한까지 의무를 이행하지 않을 때에는 일정한 금전적 부담을 과할 뜻'을 미리 '계고' 함으로써 의무자에게 심리적 압박을 주어 장래를 향하여 의무의 이행을 확보하려는 간접적인 행정상 강제집행 수단이고, 이러한 계고는 사전에 문서로서 한다. 따라서 이행강제금부

---

94) 헌재결 2004. 2. 26. 2001헌바80.
95) 헌법재판소 2004. 2. 26. 선고 2001헌바80,84,102,103,2002헌바26(병합) 전원재판부.

과 예고(계고)가 위법하다면 그와 일련의 절차에 있는 이행강제금부과처분도 위법하다. 예를 들어, 노동위원회가 근로기준법 제33조에 따라 이행강제금을 부과하는 경우 그 30일 전까지 하여야 하는 이행강제금 부과 예고는 이러한 '계고'에 해당한다. 따라서 사용자가 이행하여야 할 행정법상 의무의 내용을 초과하는 것을 '불이행 내용'으로 기재한 이행강제금 부과 예고서에 의하여 이행강제금 부과 예고를 한 다음 이를 이행하지 않았다는 이유로 이행강제금을 부과하였다면, 초과한 정도가 근소하다는 등의 특별한 사정이 없는 한 이행강 제금 부과 예고는 이행강제금 제도의 취지에 반하는 것으로서 위법하고, 이에 터 잡은 이행강 제금 부과처분 역시 위법하다.[96]

Ⅱ. 법적근거

이행강제금에 관한 일반법은 없다. 다만 건축법(제80조 이행강제금), 농지법(제62조 이행 강제금), 장사등에관한법률(제43조 이행강제금) 등에 근거가 있을 뿐이다.

Ⅲ. 부과절차 등

1. 부과절차

시장, 군수, 자치구청장 등 허가권자는 건축법에 따라 시정명령을 받은 후 시정기간 내에 시정명령을 이행하지 아니한 건축주 등에 대하여는 그 시정명령의 이행에 필요한 상당한 이행기한을 정하여 그 기한까지 시정명령을 이행하지 아니하면 이행강제금을 부과한다(건축법 제80조). 허가권자가 이에 따른 이행강제금을 부과하기 전에 이행강제금을 부과 · 징수한다는 뜻을 미리 문서로써 계고(戒告)하여야 한다(건축법 제80조).

2. 형식

이행강제금을 부과하는 경우 금액, 부과 사유, 납부기한, 수납기관, 이의제기 방법 및 이의제 기 기관 등을 구체적으로 밝힌 문서로 하여야 한다.

---

96) 대법원 2015. 6. 24. 선고 2011두2170 판결.

3. 효과

이행강제금부과 명령을 받은 후 이를 납부하지 아니할 경우 그 이행 시까지 이행강제금은 계속 반복적으로 부과된다(일사부재리의 원칙의 적용되지 아니한다). 만일 의무위반자가 이행강제금은 납부를 하였지만 계속된 의무불이행시에도 의무부과가 반복적으로 이루어지며, 또한 이행강제금을 납부하지 아니하였지만 의무를 이행한 경우에도 지방세외수입금의 징수 등에 관한 법률에 따라 징수한다.

> **【판시사항】**
> 건축법 위반행위를 사후에 시정한 경우 건축법 제69조의2에 의한 이행강제금 부과대상에서 벗어나는지 여부(대법원 2007. 7. 13. 자 2007마637 결정)
>
> **【판결요지】**
> 건축법 제69조의2에 따른 이행강제금은 행정관청의 시정명령 위반행위에 대하여 과하는 제재이므로 일단 그 위반행위가 이루어지면 이행강제금 부과대상이 되는 것이고, 그 후에 이를 시정하였다 하여 이행강제금 부과대상에서 당연히 벗어나는 것은 아니며 (대법원 1990. 10. 20.자 90마699 결정 등 참조), 사후에 시정하였다는 사정은 이행강제금을 정함에 있어 참작사유에 해당할 뿐이다.

Ⅳ. 권리구제수단

이행강제금부과는 항고소송의 대상이 되는 처분이다. 따라서 특별한 규정이 없는 그에 불복하는 절차로는 행정심판과 행정소송이 있다. 다만, 개별법에서 이와는 별도로 '이의제기', '이의신청'이라는 구제절차를 두고 있는 경우가 있다.

> **【판시사항】**
> 건축법상 이행강제금 납부의 최초 독촉이 항고소송의 대상이 되는 행정처분에 해당하는지 여부(대법원 2009. 12. 24. 선고 2009두14507 판결)
>
> **【판결요지】**
> 구 건축법(2008. 3. 21. 법률 제8974호로 전부 개정되기 전의 것) 제69조의2 제6항, 지방

세법 제28조, 제82조, 국세징수법 제23조의 각 규정에 의하면, 이행강제금 부과처분을 받은 자가 이행강제금을 기한 내에 납부하지 아니한 때에는 그 납부를 독촉할 수 있으며, 납부독촉에도 불구하고 이행강제금을 납부하지 않으면 체납절차에 의하여 이행강제금을 징수할 수 있고, 이때 이행강제금 납부의 최초 독촉은 징수처분으로서 항고소송의 대상이 되는 행정처분이 될 수 있다.

제5항 행정상 강제징수

Ⅰ. 의의

행정상 강제징수란 의무자가 행정주체에 대한 공법상 금전납부의무를 불이행한 경우 행정기관이 의무자의 재산에 실력을 가하여 그 의무이행을 실현하는 행정작용을 말한다.

Ⅱ. 법적근거

다른 여러 법률에서 강제징수에 대하여 국세징수법을 준용하고 있다. 이러한 이유로 국세징수법은 행정상 강제징수에 관한 일반법으로 기능을 하고 있다.

Ⅲ. 절차

1. 독촉 - 납세의 고지나 독촉 없이 행한 압류의 효력(무효)

국세를 그 납부기한까지 완납하지 아니하였을 때에는 세무서장은 납부기한이 지난 후 10일 내에 독촉장을 발급하여야 한다. 여기서 독촉은 준법률행위적 행정행위인 통지행위로서 의무자에게 일정한 기간 내에 이행을 최고하고 그 불이행시에 체납처분을 하겠다는 뜻을 예고하는 체납처분의 전제가 되는 행위이다.

2. 체납처분

(1) 압류 - 권력적 사실행위

1) 재산압류

압류는 의무자의 재산처분을 금지하고 그 재산을 강제적으로 확보하려는 행위로서, 만일 납세자가 독촉장이나 납부고지서를 통지받고도 그 기한까지 금전급부 의무를 불이행하는 경우 세무공무원은 체납자의 재산을 압류한다. 이때 체납자의 재산 중 어느 재산을 압류할 것인가는 세무공무원의 재량이지만 행정의 일반원칙상 비례의 원칙(최소침해)을 준수하여야 하며, 생업에 필요한 재산 그밖에 국세징수를 위해 필요한 재산 외의 재산은 압류할 수 없다.

또한 압류 시 독촉절차 없이 행하여진 압류처분의 효력이 문제될 수 있는데, 판례는 독촉절차 없이 압류처분을 하였다고 하더라도 이러한 사유만으로는 압류처분을 무효로 되게 하는 중대하고도 명백한 하자가 되지 아니한다고 보고 있다.[97]

2) 압류의 효력

(가) 압류의 효력

압류의 효력은 압류재산으로부터 생기는 천연과실(天然果實) 또는 법정과실(法定果實)에 미치며, 만일 체납자의 재산에 대하여 체납처분을 집행한 후 체납자가 사망하였거나 체납자인 법인이 합병에 의하여 소멸되었을 때에도 그 재산에 대한 체납처분은 계속 진행하여야

---

97) 대법원 1988. 6. 28. 선고 87누1009 판결.

한다. 즉 체납자의 사망이나 법인합병 등에 영향을 받지 아니한다.

(나) 참가압류

세무서장은 압류하려는 재산을 이미 다른 기관에서 압류하고 있을 때에는 교부청구를 갈음하여 참가압류 통지서를 그 재산을 이미 압류한 기관에 송달함으로써 그 압류에 참가할 수 있으며, 이 경우 소급하여 압류의 효력이 생긴다.[98]

(다) 압류의 해제

세무서장은 ⅰ) 압류통지를 받은 자가 납세담보를 제공하고 압류 해제를 요구한 경우, ⅱ) 압류를 한 날부터 3개월이 지날 때까지 압류에 의하여 징수하려는 국세를 확정하지 아니한 경우의 어느 하나에 해당할 때에는 재산의 압류를 즉시 해제하여야 한다.

(2) 매각

1) 매각 방법 - 공매

압류된 재산은 이를 금전으로 환가하는 절차가 진행되어야 하는데 일반적으로는 통화를 재외하고는 공매에 의하여 매각하되, 공매의 원칙은 경쟁입찰 방식에 의하며 예외적으로 수의계약에 의하기도 하다.

2) 공매의 법적성격

한국자산공사가 당해 부동산을 인터넷을 통하여 재공매(입찰)하기로 한 결정 자체는 내부적인 의사결정에 불과하여 항고소송의 대상이 되는 행정처분이라고 볼 수 없고, 또한 한국자산

---

98) 국세징수법 제58조(참가압류의 효력 등)
　　① 제57조에 따라 참가압류를 한 후에 기압류기관이 그 재산에 대한 압류를 해제하였을 때에는 그 참가압류(제57조제3항에 해당하는 재산에 대하여 둘 이상의 참가압류가 있는 경우에는 그 중 가장 먼저 등기 또는 등록된 것으로 하고 그 밖의 재산에 대하여 둘 이상의 참가압류가 있는 경우에는 그 중 가장 먼저 참가압류 통지서가 송달된 것으로 한다)는 다음 각 호의 구분에 따른 시기로 소급하여 압류의 효력이 생긴다.
　　1. 제57조제3항에 해당하는 재산 외의 재산: 참가압류 통지서가 기압류기관에 송달된 때
　　2. 제57조제3항에 해당하는 재산: 참가압류의 등기 또는 등록이 완료된 때

공사의 공매통지는 공매의 요건이 아니라 공매사실 자체를 체납자에게 알려주는 데 불과한 것으로서, 통지의 상대방의 법적 지위나 권리·의무에 직접 영향을 주는 것이 아니라고 할 것이므로 이것 역시 행정처분에 해당한다고 할 수 없다.[99]

3) 공매통지의 성격

공매통지[100]는 국가의 강제력에 의하여 진행되는 공매에서 체납자 등의 권리 내지 재산상의 이익을 보호하기 위하여 법률로 규정한 절차적 요건이라고 보아야 하며, 공매처분을 하면서 체납자 등에게 공매통지를 하지 않았거나 공매통지를 하였더라도 그것이 적법하지 아니한 경우에는 절차상의 흠이 있어 그 공매처분이 위법하게 되는 것이지만, 공매통지 자체가 그 상대방인 체납자 등의 법적 지위나 권리·의무에 직접적인 영향을 주는 행정처분에 해당한다고 할 것은 아니므로 다른 특별한 사정이 없는 한 체납자 등은 공매통지의 결여나 위법을 들어 공매처분의 취소 등을 구할 수 있는 것이지 공매통지 자체를 항고소송의 대상으로 삼아 그 취소 등을 구할 수는 없다.[101]

(3) 청산

1) 개념

청산이란 체납처분의 집행으로 수령한 금전을 각각 그 압류 또는 교부청구와 관계있는 체납액(조세 —체납국세, 지방세, 공과금 등) 등에 배분하거나 충당하고 남은 금액이 있을 때 체납자에게 지급하는 절차를 말한다.

---

99) 대법원 2007. 7. 27. 선고 2006두8464 판결.
100) 국세징수법이 압류재산을 공매할 때에 공고와 별도로 체납자 등에게 공매통지를 하도록 한 이유는, 체납자 등으로 하여금 공매절차가 유효한 조세부과처분 및 압류처분에 근거하여 적법하게 이루어지는지 여부를 확인하고 이를 다툴 수 있는 기회를 주는 한편, 국세징수법이 정한 바에 따라 체납세액을 납부하고 공매절차를 중지 또는 취소시켜 소유권 또는 기타의 권리를 보존할 수 있는 기회를 갖도록 함으로써 체납자 등이 감수하여야 하는 강제적인 재산권 상실에 대응한 절차적인 적법성을 확보하기 위한 것이다.
101) 대법원 2011. 3. 24. 선고 2010두25527 판결.

2) 배분기일 지정 및 통지

가) 기일지정

세무서장은 금전을 배분하려면 체납자, 제3채무자 또는 매수인으로부터 해당 금전을 받은 날부터 30일 이내에서 배분기일을 정하여 배분하여야 한다. 다만, 30일 이내에 배분계산서를 작성하기 곤란한 경우에는 배분기일을 30일 이내에서 연기할 수 있다.

나) 통지

세무서장은 배분기일을 정하였을 때에는 체납자, 채권신고대상채권자 및 배분요구를 한 채권자에게 통지하여야 한다.

3) 배분방법

금전은 ⅰ) 압류재산과 관계되는 체납액, ⅱ) 교부청구를 받은 체납액·지방세 또는 공과금, ⅲ) 압류재산과 관계되는 전세권·질권 또는 저당권에 의하여 담보된 채권, ⅳ)「주택임대차보호법」또는「상가건물 임대차보호법」에 따라 우선변제권이 있는 임차보증금 반환채권, ⅴ)「근로기준법」또는「근로자퇴직급여 보장법」에 따라 우선변제권이 있는 임금, 퇴직금, 재해보상금 및 그 밖에 근로관계로 인한 채권 ⅵ) 압류재산과 관계되는 가압류채권, ⅶ) 집행력 있는 정본에 의한 채권, 다음 각 호의 1. 체납체분비, 2. 국세, 3. 가산세 체납액과 채권에 배분한다. 다만, 배분요구의 종기까지 배분요구를 하여야 하는 채권의 경우에는 배분요구를 한 채권에 대하여만 배분한다.

4) 체납처분의 중지

체납처분의 목적물인 총재산의 추산가액이 체납처분비에 충당하고 남을 여지가 없을 때에는 체납처분을 중지하여야 한다.

Ⅳ. 권리구제수단

1. 금전납부의 의무불이행

강제징수절차에서 항고쟁송의 대상이 되는 처분에 대해서는 항고쟁송을 제기할 수 있다. 따라서 강제징수절차에 불복이 있는 자는 개별법령에 특별한 규정이 없는 한 국세기본법, 행정심판법, 행정소송법이 정한 바에 따라 행정쟁송을 제기할 수 있다.

2. 국세나 세법상 처분

국세 및 세법상의 처분에 대하여는 「행정심판법」의 규정을 적용하지 아니하며, 국세기본법 (제55조 ~ 81조)에 특별한 규정(세무서장 – 이의신청, 국세청장 – 심사청구, 조세심판원 – 심판청구)을 두고 있다. 다만, 위법한 처분에 대한 행정소송은 「행정소송법」 제18조제1항 본문, 제2항 및 제3항에도 불구하고 이 법에 따른 심사청구 또는 심판청구와 그에 대한 결정을 거치지 아니하면 제기할 수 없다.

Ⅴ. 하자의 승계

강제징수의 전제로서 조세부과처분과 독촉, 체납처분 사이에는 하자의 승계가 인정되지 않지만, 독촉과 체납처분, 체납처분 내의 압류 매각 청산 간에는 하자의 승계가 인정된다.

제3절 행정상 즉시강제

Ⅰ. 의의

1. 행정상 즉시강제의 의의

행정상 즉시강제라 함은 가령 등급분류를 받지 않고 유통되는 게임물을 발견한 경우 행정청이 이를 수거하여 곧바로 폐기하는 경우와 같이 목전의 급박한 행정상의 장애를 제거할 필요가 있으나 미리 의무를 부과할 시간적 여유가 없을 때(광견의 가로배회) 또는 그 성질상 미리 의무를 명하여서는 그 목적을 달성하기 곤란한 경우(전염병환자의 즉시 입원) 직접 국민의 신체 또는 재산에 실력을 가하여 행정상 필요한 상태를 실현하는 작용을 말한다.

2. 행정상 강제집행과 구별

양자는 의무의 존재유무에 따라 구별된다. 다시 말해 행정상 강제집행은 선행되는 의무의 존재와 불이행을 이어야 가능하지만 행정상 즉시강제는 선행되는 의무의 불이행이 전제되지 않고 이루어지는 실력행사라는 점에서 구별된다.

Ⅱ. 법적성질 - 권력적 사실행위

1. 법적성질

행정상 즉시강제는 행정목적 달성을 위하여 직접 국민의 신체 등에 실력을 가하여 그 의무내용을 실현시키는 것을 내용으로 하는 전형적인 권력적 사실행위이다. 따라서 행정상 즉시강제는 법치국가의 요청인 예측가능성과 법적 안정성에 반하고 기본권 침해의 소지가 큰 권력 작용이다. 그러므로 행정강제는 행정상 강제집행을 원칙으로 하고 행정상 즉시강제는 예외적으로 인정되어야 하는 것이다.[102]

---

102) 헌재결 2002. 10. 31. 2000헌가12.

2. 법적근거

즉시강제는 직접 국민의 신체 및 재산에 실력행사를 가하는 침익적 행정작용이므로 반드시 실정법적 근거가 필요하다. 그러나 이에 대한 일반법은 없으며 개별법상 근거(소방기본법 제25조 제27조, 식품위생법 제72조, 마약류관리에 관한 법률 제41조)가 있을 뿐이다. 다만 경찰관이 즉시강제행위를 하는 경우 경찰관직무집행법이 근거조항이 될 수 있다.

3. 수단

(1) 경찰관직무집행법상 수단

ⅰ) 대인적 강제수단으로는 보호조치, 위험발생의 방지, 범죄의 예방과 제지, 장비의 사용, 무기의 사용, ⅱ) 대물적 강제수단으로는 무기 등 물건의 임시영치, ⅲ) 대가택강제수단으로는 위험방지를 위한 출입이 있다.

(2) 개별법상 수단

식품위생법상 폐기처분, 전염병예방법상 강제격리 등을 들 수 있다.

구분	대인적강제	대물적강제	대가택 강제
경찰관직무집행법	보호조치, 장구 및 무기의 사용	무기, 흉기 등의 물건의 임시영치, 위해방지조치	위험방지를 위한 가택출입, 수색
개별법	강제격리, 소방기본법상의 화재현장에 있는 자에 대한 원조강제 등	소방대상물의 파괴, 불법 게임물의 수거, 폐기 등	조세범처벌절차법상 수색

Ⅲ. 행정상 즉시강제와 영장주의

1. 문제의 소재

> **헌법 제12조**
> ③ 체포·구속·압수 또는 수색을 할 때에는 적법한 절차에 따라 검사의 신청에 의하여 법관이 발부한 영장을 제시하여야 한다. 다만, 현행범인인 경우와 장기 3년 이상의 형에 해당하는 죄를 범하고 도피 또는 증거인멸의 염려가 있을 때에는 사후에 영장을 청구할 수 있다.
>
> **헌법 제16조**
> 모든 국민은 주거의 자유를 침해받지 아니한다. 주거에 대한 압수나 수색을 할 때에는 검사의 신청에 의하여 법관이 발부한 영장을 제시하여야 한다.

헌법의 영장주의에 관한 규정(헌법 제12조 제3항, 제16조)은 형사사법권의 남용방지를 목적으로 하는 규정이다. 따라서 신체를 압수수색하거나 주거의 수색 등에는 영장이 필요한데, 급박한 행정상의 장애를 제거하기 위해 행해지는 즉시강제에도 이러한 헌법상의 영장주의가 적용되는지가 문제될 수 있다.

2. 학설

(1) 영장불요설

헌법상 영장주의는 형사사법권의 남용방지를 목적으로 발전한 것이므로 행정절차에서는 적용되지 않으며 특히 영장주의를 엄격히 적용할 경우 행정상 즉시강제의 개념을 부정하는 결과를 초래하기 때문에 행정상 즉시강제를 행할 경우 영장은 필요없다는 견해이다.

(2) 영장필요성

영장제도가 형사작용에만 적용된다는 명문규정은 없으며 나아가 형사작용과 행정상 즉시강제는 직접목적은 다를지라도 국민의 신체 재산에 대한 실력행사로서 결국 국민의 기본권을 침해하는 실력행사라는 점에서 행정상 즉시강제에도 헌법상의 영장주의가 적용되어야 한다는 견해이다.

(3) 절충설 – 다수설

헌법상 영장제도는 원칙적으로 사법권뿐만 아니라 행정상 즉시강제에도 적용되어야 하는 이념이지만 행정목적 달성을 위해 불가피하다고 인정될 만한 합리적인 이유가 있는 경우에는 예외적으로 영장주의가 배제될 수 있다는 견해이다.

3. 판례 – 절충설

사전영장주의는 인신보호를 위한 헌법상의 기속원리이기 때문에 인신의 자유를 제한하는 모든 국가작용의 영역에서 존중되어야 하지만, 헌법 제12조 제3항 단서도 사전영장주의의 예외를 인정하고 있는 것처럼 사전영장주의를 고수하다가는 도저히 행정목적을 달성할 수 없는 지극히 예외적인 경우에는 형사절차에서와 같은 예외가 인정되므로, 구 사회안전법(1989. 6. 16. 법률 제4132호에 의해 '보안관찰법'이란 명칭으로 전문 개정되기 전의 것) 제11조 소정의 동행보호규정은 재범의 위험성이 현저한 자를 상대로 긴급히 보호할 필요가 있는 경우에 한하여 단기간의 동행보호를 허용한 것으로서 그 요건을 엄격히 해석하는 한, 동 규정 자체가 사전영장주의를 규정한 헌법규정에 반한다고 볼 수는 없다.[103]

---

103) 대법원 1997. 6. 13. 선고 96다56115 판결.

Ⅳ. 행정상 즉시강제의 한계

행정상 즉시강제는 법적 안정성과 예측가능성이라는 법치국가적 요청에 반하는 전형적인 권력작용이므로 그 발동 시에는 성문법과 행정법의 일반원칙을 준수하여야 한다. 따라서 발동시 그 법적근거가 필요하며, 급박성, 소극적으로 공공의 안녕질서를 유지하기 위한 것, 보충성, 비례성 등의 원칙이 적용되어야 한다.

실체법적 한계	급박성 비례성의 원칙: 강제집행을 원칙으로 하고 즉시강제는 예외적 인정 보충성의 원칙 소극성의 원칙: 적극적 행정목적 달성을 위해 발동해서는 아니된다.
절차법적 한계	통설 및 판례: 원칙적으로 영장 필요하고 예외적으로 불필요

Ⅴ. 행정상 즉시강제에 대한 구제수단

1. 적법한 즉시강제

행정상 즉시강제가 적법한 발동이라도 그로 인하여 타인이 귀책사유 없이 수인의 한도를 넘는 특별한 손실(희생)이 발생한 경우 법률이 정하는 바에 따라 행정상 손실보상청구권이 인정된다.

> **소방기본법 제49조의2(손실보상)**
> ① 소방청장 또는 시·도지사는 다음 각 호의 어느 하나에 해당하는 자에게 제3항의 손실보상심의위원회의 심사·의결에 따라 정당한 보상을 하여야 한다.
> 1. 제16조의3제1항에 따른 조치로 인하여 손실을 입은 자
> 2. 제24조제1항 전단에 따른 소방활동 종사로 인하여 사망하거나 부상을 입은 자
> 3. 제25조제2항 또는 제3항에 따른 처분으로 인하여 손실을 입은 자. 다만, 같은 조 제3항에 해당하는 경우로서 법령을 위반하여 소방자동차의 통행과 소방활동에 방해가 된 경우는 제외한다.
> 4. 제27조제1항 또는 제2항에 따른 조치로 인하여 손실을 입은 자
> 5. 그 밖에 소방기관 또는 소방대의 적법한 소방업무 또는 소방활동으로 인하여 손실을 입은 자

2. 위법한 즉시강제

즉시강제의 법적성질은 권력적 사실행위이다. 따라서 행정쟁송의 대상이 되는 처분에 해당하므로 그 절차상 위법을 다투는 경우 행정쟁송이 가능하다. 그러나 그 집행은 단시간 내에 종료되는 경우가 많아 소의 이익이 부정되는 경우가 대부분이다. 하지만 전염병환자의 강제격리 등과 같이 그 침해행위가 비교적 장기적인 경우 등과 같이 취소로 인해 회복될 수 있는 법률상 이익이 있는 경우에는 취소소송을 통해 구제받을 수 있다.

3. 위법상 즉시강제에 대한 정당방위 성부

공무집행방해죄는 공무원의 직무집행이 적법한 경우에 한하여 성립하는 것으로서 적법한 공무집행이라고 함은 그 행위가 공무원의 추상적 권한에 속할 뿐 아니라 구체적 직무집행에 관한 법률상 요건과 방식을 갖춘 것을 말하는 것이므로, 이러한 적법성이 결여된 직무행위를 하는 공무원에게 항거하였다고 하여도 그 항거행위가 폭력을 수반한 경우에 폭행죄 등의 죄책을 묻는 것은 별론으로 하고 공무집행방해죄로 다스릴 수는 없다.[104]

4. 결과제거 청구권

행정상 즉시강제로 위법한 결과가 지속되는 경우 그러한 위법한 상태의 제거를 목적으로 하는 결과제거청구가 가능하다.

---

104) 대법원 1992. 2. 11. 선고 91도2797 판결.

제4절 새로운 의무이행확보수단

제1항 금전적인 수단에 의한 제재

Ⅰ. 과징금

1. 의의

과징금이란 행정법상 의무위반 또는 의무불이행자에 대하여 당해 위반행위로 얻은 경제적 이익을 박탈하기 위하여 가해지는 금전적인 부담이다(독점규제 및 공정거래에 관한 법률 제6조).

	과 태 료	과징금(또는 부과금)
성 질	행정상 질서에 장애를 줄 위험이 있는 행정법규의무위반행위에 대하여 형벌이 아닌 처벌인 제재(행정질서벌)	행정법규의무위반 또는 의무불이행에 대한 행정제재수단 또는 의무이행확보수단(불법적경제적이익박탈)
부 과 주 체	①행정청이 부과·징수 ②행정청이 부과한 후 이의신청이 있으면 「질서위반행위규제법」 또는 「비송사건절차법」에 따라 법원이 부과·징수	별도의 절차 없이 소관행정청이 부과·징수
금액책정기준	가벌성 정도	의무위반 또는 의무불이행시의 예상수익
불 복	「질서위반행위규제법」 또는 「비송사건절차법」에 따른 관할 법원의 재판절차	행정쟁송법상 쟁송절차

2. 종류

(1) 본래적 의미의 과징금

과징금은 본래적 의무의 과징금과 변형된 과징금으로 나누어 볼 수 있는데, 본래적 의무의 과징금은 경제법상의 의무위반행위로 인하여 얻은 불법적 이익을 박탈하여 그 부당의 이익을 환수하는 성격 또는 부당이득을 환수하는 성격과 행정제재적인 성격을 동시에 갖는 과징금이 있다(독점규제 및 공정거래에 관한 법률 제6조상의 과징금).

(2) 변형된 과징금

변경된 과징금이란 인허가 사업에 있어서 그 사업의 정지를 명할 위법행위가 있음에도 불구하고 당해 영업의 정지로 인해 초래될 공익 또는 사익에 대한 침해 등을 고려하여 그 사업은 계속하게 하면서 그에 따른 이익을 박탈하는 내용의 행정제재금 즉 영업정지 등에 갈음하여 과징금을 부과하는 제재적 성격의 과징금을 말한다.

3. 법적근거

과징금부과는 부담적 행정행위이다. 따라서 법치행정의 원칙상 반드시 법적근거가 필요하다. 그러나 이에 대한 일반법은 없고 개별법(독점규제 및 공정거래에 관한 법률 제6조, 제17조상의 과징금, 여객자동차운수사업법 제88조상의 과징금, 대기환경보전법 제35조상의 배출부과금, 수질 및 수생태계 보전에 관한 법률 제41조 상의 배출부과금)으로 규율되고 있다.

Ⅱ. 부과, 징수, 구제

1. 부과 및 징수

과징금은 권한 있는 행정기관의 부과에 의해 이루어지고, 불이행시에는 국세 및 지방세 체납절차에 따라 징수한다. 권력분립의 원칙상 과징금을 행정청인 공정거래위원회가 부과하는 것이 문제될 수 있는데, 헌재는 과징금을 행정청이 직접부과 하더라도 권력분립의 원칙에 위배되지 않는다고 본다.[105]

---

105) 헌재결 2003. 7. 24. 2001헌가25.

2. 구제

과징금의 부과는 행정행위인 급부하명에 속한다. 따라서 그것이 위법한 경우 행정쟁송 등의 절차를 통하여 구제가 가능하다.

Ⅲ. 세제상의 수단

1. 가산세

'가산세'(加算稅)란 이 법 및 세법에서 규정하는 의무의 성실한 이행을 확보하기 위하여 세법에 따라 산출한 세액에 가산하여 징수하는 금액을 말한다.

> **【판시사항】**
> 행정재산의 사용·수익 허가에 따른 사용료를 납부기한까지 납부하지 않은 경우에 부과되는 가산금과 중가산금의 법적 성질(대법원 2006. 3. 9. 선고 2004다31074 판결)
>
> **【판결요지】**
> 국유재산 등의 관리청이 하는 행정재산의 사용·수익 허가에 따른 사용료에 대하여는 국유재산법 제25조 제3항의 규정에 의하여 국세징수법 제21조, 제22조가 규정한 가산금과 중가산금을 징수할 수 있다 할 것이고, 위 가산금과 중가산금은 위 사용료가 납부기한까지 납부되지 않은 경우 미납분에 관한 지연이자의 의미로 부과되는 부대세의 일종이다.

2. 가산금

가산금이란 조세법상의 의무위반에 대해 과해지는 금전적 제재로서 본래의 납세의무와 달리 부과되는 조세의 일종이다.

> **소득세법 제81조(영수증 수취명세서 제출·작성 불성실 가산세)**
> ① 사업자(대통령령으로 정하는 소규모사업자 및 대통령령으로 정하는 바에 따라 소득금액이 추계되는 자는 제외한다)가 다음 각 호의 어느 하나에 해당하는 경우에는 그 제출하지 아니한 분의 지급금액 또는 불분명한 분의 지급금액의 100분의 1을 가산세로 해당 과세기간의 종합소득 결정세액에 더하여 납부하여야 한다.

> 1. 영수증 수취명세서를 과세표준확정신고기한까지 제출하지 아니한 경우
> 2. 제출한 영수증 수취명세서가 불분명하다고 인정되는 경우로서 대통령령으로 정하는 경우

제2항 그 외 수단에 의한 제재

Ⅰ. 관허사업의 제한

1. 의의

관허사업의 제한이란 가령 국세징수법 제7조의 '세무서장은 납세자가 허가 · 인가 · 면허 및 등록을 받은 사업과 관련된 소득세, 법인세 및 부가가치세를 대통령령으로 정하는 사유 없이 체납하였을 때에는 해당 사업의 주무관서에 그 납세자에 대하여 허가 등의 갱신과 그 허가 등의 근거 법률에 따른 신규 허가 등을 하지 아니할 것을 요구할 수 있다.'는 규정과 같이 행정청이 상대방이 사업상 필요로 하는 인허가의 발급을 거부함으로써 행정법상의 의무이행을 확보하기 위한 수단을 말한다.

2. 부당결부금지의 원칙과의 관계

(1) 문제의 소재

관허사업제한은 행정청이 행정활동을 행함에 있어 그것과 실절적인 관련이 없는 반대급부와 결부시켜서는 아니된다는 행정상 부당결부금지의 원칙에 위반되어 위헌인 법률조항이 아닌가 하는 문제가 있다.

(2) 학설

위헌성 여부에 대한 학설은 이러한 규정은 부당결부금지원칙보다 국가존립을 위하여 국가 재정확보를 위한 입법정책상 불가피한 최소한의 규정이라고 보아야 할 것이기 때문에 위헌이 아니라고 보는 견해가 일반적이다.

3. 세무서장의 관허사업제한 요청행위의 법적성격

(1) 문제의 소재

국세징수법 제7조 제1항, 제2항에 규정된 세무서장의 요구행위는 국민이 정당한 사유가 없는 한 반드시 따르게 되어 있어 그 법적 성격이 문제될 수 있다.

(2) 학설

주무관서는 세무서장의 요구에 정당한 사유가 없는 한 반드시 따르도록 규정(국세징수법 제7조 제4항)되어 있어 처분성을 인정하자는 견해도 있지만, 다수설은 행정청이 우월한 지위에서 행하는 행위도 아니고 주무관서가 따르는 것은 법률규정에서 나오는 내부적인 효과이지 국민의 권리의무에 직접적인 영향을 미치는 행위는 아니므로 처분성이 없다고 본다.

Ⅱ. 공급거부

1. 의의

공급거부란 행정상 의무를 위반한 자에게 일정한 행정상의 역무나 수도, 전기, 전화, 가스 등 재화의 공급을 거부하는 행정조치를 말한다.

2. 법적근거

공급거부는 국민의 일상생활에 불가결한 재화의 공급거부행위로서 매우 강력한 의무이행 확보수단으로 기능하므로, 법률상 명확한 근거가 있어야 한다. 부당결부금지의 원칙상 위반 또는 불이행과 공급거부 사이에는 실질적인 관련성이 있어야 한다.

3. 권리구제수단

(1) 공급거부금지 요청행위

행정청이 위법 건축물에 대한 시정명령을 하고 나서 위반자가 이를 이행하지 아니하여 전기 · 전화의 공급자에게 그 위법 건축물에 대한 전기 · 전화공급을 하지 말아 줄 것을 요청한 행위는 권고적 성격의 행위에 불과한 것으로서 전기 · 전화공급자나 특정인의 법률상 지위에 직접적인 변동을 가져오는 것은 아니므로 이를 항고소송의 대상이 되는 행정처분이라고 볼 수 없다.[106]

(2) 공급거부행위

공급거부된 내용의 재화나 서비스의 성질에 따라 혹은 급부형식이 공법 형식인지 사법형식인지에 따라 민사소송, 행정소송의 구제방식이 달라질 수 있다. 판례는 건축법 제69조 제2항, 제3항의 규정에 비추어 보면, 행정청이 위법 건축물에 대한 시정명령을 하고 나서 위반자가 이를 이행하지 아니하여 전기 · 전화의 공급자에게 그 위법 건축물에 대한 전기 · 전화공급을 하지 말아 줄 것을 요청한 행위는 권고적 성격의 행위에 불과한 것으로서 전기 · 전화공급자나 특정인의 법률상 지위에 직접적인 변동을 가져오는 것은 아니므로 이를 항고소송의 대상이 되는 행정처분이라고 볼 수 없다.[107]

Ⅲ. 명단공표

1. 의의

가령 고액체납자의 명단공개를 함으로써 세금납부를 간접적으로 강제하는 것과 같이 공표란 행정법상의 의무위반 또는 의무불이행이 있는 경우 그 의무위반자의 성명이나 위반사실 등을 불특정다수인에게 공개하는 방법으로 의무이행을 간접적으로 강제하는 수단을 말한다.

2. 법적성질 – 비권력적 사실행위

공표는 일정한 사실을 국민에게 알려 간접적 심리적 강제로 의무이행을 확보하려는 비권력적 사실행위로 아무런 법률관계를 발생시키지 아니한다.

---

106) 대법원 1996. 3. 22. 선고 96누433 판결.
107) 대법원 1996. 3. 22. 선고 96누433 판결.

3. 법적근거

(1) 이론적 근거

가) 법적근거 불요설

공표는 심리강제에 의하여 간접적으로 의무이행을 확보하려는 비권력적 사실행위로써 아무런 법률관계 즉 침익적 결과를 발생치 아니하므로 특별한 법적근거가 필요 없다는 견해이다.

> **【판시사항】**
> 구 독점규제및공정거래에관한법률 제24조 소정의 '법위반사실의 공표'부분이 위헌결정으로 효력을 상실하였다 하더라도 공정거래위원회가 '기타 시정을 위하여 필요한 조치'로서 '법위반을 이유로 공정거래위원회로부터 시정명령을 받은 사실의 공표'명령을 할 수 있는지 여부 (대법원 2003. 2. 28. 선고 2002두6170 판결)
>
> **【판결요지】**
> 공정거래위원회는 구 독점규제및공정거래에관한법률(1996. 12. 30. 법률 제5235호로 개정되기 전의 것) 제24조 소정의 '법위반사실의 공표'부분이 위헌결정으로 효력을 상실하였다 하더라도 '기타 시정을 위하여 필요한 조치'로서 '법위반을 이유로 공정거래위원회로부터 시정명령을 받은 사실의 공표'명령을 할 수 있다.

나) 법적근거 필요설

명단공표 행위는 실제 행정상 제재나 의무이행의 확보수단으로 기능을 함은 물론 헌법상 보장된 프라이버시권을 비롯하여 인격권 등의 기본권 침해는 물론 경제적 신용손실 등을 초래할 우려가 있기 때문에 법적근가가 필요하다는 견해이다.

(2) 실정법적 근거

명단공표에 대한 일반규정은 없고, 현행법상으로 개별법으로 독점규제 및 공정거래에 관한 법률 제5조, 식품위생법 제73조 등에서 직접 규정하고 있으며, 그 외 고액체납자의 명단의 공개는 국세기본법에 근거하고 있다.

(3) 판례

판례는 명단공표 행위에 대한 명시적인 태도는 없다. 그러나 우리 헌법 제37조 제2항에 규정된 '국민의 모든 자유와 권리는 국가안전보장·질서유지 또는 공공복리를 위하여 필요한 경우에 한하여 법률로써 제한할 수 있으며, 제한하는 경우에도 자유와 권리의 본질적인 내용을 침해할 수 없다.'는 내용에 비추어 보면 법적근거가 필요하다는 필요설이 타당해 보인다.

4. 권리구제수단

(1) 항고소송의 가부

공표의 법적성질에 관하여는 처분성을 인정하는 견해와 부정하는 견해에 따라 취소소송의 가부에 대한 견해도 대립한다. 그러나 공표는 비권력적 사실행위이고 그로 인하여 어떠한 침익적 결과를 초래하지 아니하므로 항고소송의 대상이 되지 아니한다는 견해가 다수설이다.

(2) 손해전보

위법한 공표행위가 있고 그로 인하여 손해가 발생하였다면 피해자는 국가를 상대로 손해배상청구를 할 수 있다. 그러나 판례는 공표가 진실이 아니라도 상당한 이유가 있는 한 위법성이 없어 그에 대한 배상책임이 없다고 판시한 바가 있다.

【판시사항】

행정상 공표에 의한 명예훼손과 위법성(대법원 1993. 11. 26. 선고 93다18389 판결)

【판결요지】

가. 국가기관이 행정목적달성을 위하여 언론에 보도자료를 제공하는 등 이른바 행정상 공표의 방법으로 실명을 공개함으로써 타인의 명예를 훼손한 경우, 그 공표된 사람에 관하여 적시된 사실의 내용이 진실이라는 증명이 없더라도 국가기관이 공표 당시 이를 진실이라고 믿었고 또 그렇게 믿을 만한 상당한 이유가 있다면 위법성이 없는 것이고, 이 점은 언론을 포함한 사인에 의한 명예훼손의 경우에서와 마찬가지이다.

---

(3) 결과제거청구권(시정공고)

민법 제764조는 '타인의 명예를 훼손한 자에 대하여는 법원은 피해자의 청구에 의하여 손해배상에 갈음하거나 손해배상과 함께 명예회복에 적당한 처분을 명할 수 있다.'고 규정하고 있기 때문에 피해자는 이를 준용하여 정정공고를 청구할 수 있다.

(4) 헌법소원

공표행위는 원칙적으로 처분성이 없어 항고소송의 대상이 되지 아니하지만, 헌법재판소법 제68조 제1항의 다른 요건을 만족한다면 공표행위에 대한 헌법소원도 제기할 수 있다.

제5절 행정조사

제1항 개념

I. 의의

행정조사란 행정기관이 정책을 결정하거나 직무를 수행하는 데 필요한 정보나 자료를 수집하기 위하여 현장조사 · 문서열람 · 시료채취 등을 하거나 조사대상자에게 보고요구 · 자료제출요구 및 출석 · 진술요구를 행하는 활동을 말한다.

[행정상 즉시강제와 구별]

	행정조사	행정상 즉시강제
목적	준비작용으로서 조사 및 자료수집	행정상 필요한 상태의 실현
성질	권력적작용 + 비권력적작용	권력적 작용

II. 법적성질

행정조사는 불심검문, 세무조사와 같은 권력적 조사와 인구조사, 여론조사 등과 같은 비권력적 조사로 구분되는데, 이중 권력적 조사는 권력적 사실행위이며, 비권력적 조사는 비권력적 사실행위로서 성질을 갖는다. 다만 최근의 판례는 권력적 조사 자체가 아닌 그 조사를 개시하겠다는 결정의 성격에 대하여 항고소송의 대상이 되는 처분이라고 판시한 사례[108]가 있다.

---

108) 대법원은 세무조사결정이 항고소송의 대상이 되는 행정처분에 해당하는지 여부에 대하여 '부과처분을 위한 과세관청의 질문조사권이 행해지는 세무조사결정이 있는 경우 납세의무자는 세무공무원의 과세자료 수집을 위한 질문에 대답하고 검사를 수인하여야 할 법적 의무를 부담하게 되는 점, 세무조사는 기본적으로 적정하고 공평한 과세의 실현을 위하여 필요한 최소한의 범위 안에서 행하여져야 하고, 더욱이 동일한 세목 및 과세기간에 대한 재조사는 납세자의 영업의 자유 등 권익을 심각하게 침해할 뿐만 아니라 과세관청에 의한 자의적인 세무조사의 위험마저 있으므로 조세공평의 원칙에 현저히 반하는 예외적인 경우를 제외하고는 금지될 필요가 있는 점, 납세의무자로 하여금 개개의 과태료 처분에 대하여 불복하거나 조사 종료 후의 과세처분에 대하여만 다툴 수 있도록 하는 것보다는 그에 앞서 세무조사결정에 대하여 다툼으로써 분쟁을 조기에 근본적으로 해결할 수 있는 점 등을 종합하면, 세무조사결정은 납세의무자의 권리 · 의무에 직접 영향을 미치는 공권력의 행사에 따른 행정작용으로서 항고소송의 대상이 된다.'고 보았다(출처 : 대법원 2011. 3. 10. 선고 2009두23617,23624 판결)

【판시사항】

행정청의 행위가 항고소송 대상이 되는지를 판단하는 기준(대법원 2011. 6. 10. 선고 2010두7321 판결)

【판결요지】

행정청의 어떤 행위가 항고소송의 대상이 될 수 있는지의 문제는 추상적·일반적으로 결정할 수 없고, 구체적인 경우 행정처분은 행정청이 공권력의 주체로서 행하는 구체적 사실에 관한 법집행으로서 국민의 권리의무에 직접적으로 영향을 미치는 행위라는 점을 염두에 두고, 관련 법령 내용과 취지, 행위 주체·내용·형식·절차, 행위와 상대방 등 이해관계인이 입는 불이익의 실질적 견련성, 그리고 법치행정의 원리와 당해 행위에 관련된 행정청 및 이해관계인의 태도 등을 참작하여 개별적으로 결정하여야 한다.

제2항 법적근거

Ⅰ. 이론적 근거

행정조사의 법적성질에 따라 비권력적 조사인 경우 침익적 결과를 초래하지 아니하기 때문에 법적근거가 불요하지만 권력적 조사인 경우에는 침익적 결과를 초래하기 때문에 법치행정(법률유보)의 원칙상 법적근가 필요하다.

Ⅱ. 실정법적 근거

행정기관은 법령 등에서 행정조사를 규정하고 있는 경우에 한하여 행정조사를 실시할 수 있다. 다만, 조사대상자의 자발적인 협조를 얻어 실시하는 행정조사의 경우에는 그러하지 아니하다. 조사가 이루어지더라도 그 목적범위 내에서 비례성, 보충성, 부당결부금지 등의 한계 내에서 이루어져야 한다.

Ⅲ. 행정조사의 기본원칙(행정조사기본법 제4조)

> **제4조(행정조사의 기본원칙)** ① 행정조사는 조사목적을 달성하는데 필요한 최소한의 범위 안에서 실시하여야 하며, 다른 목적 등을 위하여 조사권을 남용하여서는 아니 된다.
> ② 행정기관은 조사목적에 적합하도록 조사대상자를 선정하여 행정조사를 실시하여야 한다.
> ③ 행정기관은 유사하거나 동일한 사안에 대하여는 공동조사 등을 실시함으로써 행정조사가 중복되지 아니하도록 하여야 한다.
> ④ 행정조사는 법령 등의 위반에 대한 처벌보다는 법령 등을 준수하도록 유도하는 데 중점을 두어야 한다.
> ⑤ 다른 법률에 따르지 아니하고는 행정조사의 대상자 또는 행정조사의 내용을 공표하거나 직무상 알게 된 비밀을 누설하여서는 아니 된다.
> ⑥ 행정기관은 행정조사를 통하여 알게 된 정보를 다른 법률에 따라 내부에서 이용하거나 다른 기관에 제공하는 경우를 제외하고는 원래의 조사목적 이외의 용도로 이용하거나 타인에게 제공하여서는 아니 된다.

1. 조사권남용금지 - 최소범위실시

행정조사는 조사목적을 달성하는데 필요한 최소한의 범위 안에서 실시하여야 하며, 다른 목적 등을 위하여 조사권을 남용하여서는 아니 된다.

2. 대상선정의 적합성

행정기관은 조사목적에 적합하도록 조사대상자를 선정하여 행정조사를 실시하여야 한다.

3. 공동조사

행정기관은 유사하거나 동일한 사안에 대하여는 공동조사 등을 실시함으로써 행정조사가 중복되지 아니하도록 하여야 한다.

4. 법령준수 유도

행정조사는 법령 등의 위반에 대한 처벌보다는 법령 등을 준수하도록 유도하는 데 중점을 두어야 한다.

5. 비밀누설금지 등

다른 법률에 따르지 아니하고는 행정조사의 대상자 또는 행정조사의 내용을 공표하거나 직무상 알게 된 비밀을 누설하여서는 아니 된다.

6. 정보사용 제한

행정기관은 행정조사를 통하여 알게 된 정보를 다른 법률에 따라 내부에서 이용하거나 다른 기관에 제공하는 경우를 제외하고는 원래의 조사목적 이외의 용도로 이용하거나 타인에게 제공하여서는 아니 된다.

Ⅳ. 조사절차

1. 조사대상의 선정(제8조)

행정기관의 장은 행정조사의 목적, 법령준수의 실적, 자율적인 준수를 위한 노력, 규모와 업종 등을 고려하여 명백하고 객관적인 기준에 따라 행정조사의 대상을 선정하여야 하며, 조사대상자는 조사대상 선정기준에 대한 열람을 행정기관의 장에게 신청할 수 있다.

2. 조사방법

1회 출석의 원칙	원칙적으로 조사원은 1회 출석으로 당해조사를 종결하여야 함
시료채취	행정기관의 장은 시료채취로 조사대상에게 손실을 입힐 때에는 대통령령으로 정하는 절차와 방법에 따라 손실을 보상
공동조사의 대상	행정기관내에 둘이상의 부서, 서로 다른 행정기관이 동일한 조사대상자에게 조사를 실시하는 경우 공동 조사하여야 함
중복조사의 제한	정기조사 또는 수사조사를 실시한 행정기관의 장은 동일한 사안에 대하여 동일한 대상자를 재조사하여서는 아니된다.

(1) 출석 진술요구

행정기관의 장이 조사대상자의 출석·진술을 요구하는 때에는 일시와 장소, 출석요구의 취지, 출석하여 진술하여야 하는 내용, 제출자료, 출석거부에 대한 제재(근거 법령 및 조항 포함), 그 밖에 당해 행정조사와 관련하여 필요한 사항이 기재된 출석요구서를 발송하여야 한다.

(2) 출석요구 변경신청

조사대상자는 지정된 출석일시에 출석하는 경우 업무 또는 생활에 지장이 있는 때에는 행정기관의 장에게 출석일시를 변경하여 줄 것을 신청할 수 있으며, 변경신청을 받은 행정기관의 장은 행정조사의 목적을 달성할 수 있는 범위 안에서 출석일시를 변경할 수 있다.

(3) 보고요구와 자료제출 요구

행정기관의 장은 조사대상자에게 조사사항에 대하여 보고를 요구하는 때에는 일시와 장소, 출석요구의 취지, 출석하여 진술하여야 하는 내용, 제출자료, 출석거부에 대한 제재(근거 법령 및 조항 포함), 그 밖에 당해 행정조사와 관련하여 필요한 사항이 포함된 보고요구서를 발송하여야 한다.

(4) 현장조사
가) 현장출입조사서 등 발송

조사원이 가택·사무실 또는 사업장 등에 출입하여 현장조사를 실시하는 경우에는 행정기관의 장은 현장출입조사서 또는 법령 등에서 현장조사시 제시하도록 규정하고 있는 문서를 조사대상자에게 발송하여야 한다.

나) 현장조사의 제한

현장조사는 해가 뜨기 전이나 해가 진 뒤에는 할 수 없다. 다만, ⅰ) 조사대상자(대리인 및 관리책임이 있는 자를 포함한다)가 동의한 경우, ⅱ) 사무실 또는 사업장 등의 업무시간에 행정조사를 실시하는 경우, iii) 해가 뜬 후부터 해가 지기 전까지 행정조사를 실시하는 경우에는 조사목적의 달성이 불가능하거나 증거인멸로 인하여 조사대상자의 법령 등의 위반 여부를 확인할 수 없는 경우의 어느 하나에 해당하는 경우에는 그러하지 아니하다.

다) 증표의 제시

현장조사를 하는 조사원은 그 권한을 나타내는 증표를 지니고 이를 조사대상자에게 내보여야 한다.

(5) 시료채취

조사원이 조사목적의 달성을 위하여 시료채취를 하는 경우에는 그 시료의 소유자 및 관리자의 정상적인 경제활동을 방해하지 아니하는 범위 안에서 최소한도로 하여야 하며, 행정기관의 장은 이에 따른 시료채취로 조사대상자에게 손실을 입힌 때에는 대통령령으로 정하는 절차와 방법에 따라 그 손실을 보상하여야 한다.

(6) 자료 등의 영치 및 영치에 갈음

조사원이 현장조사 중에 자료·서류·물건 등을 영치하는 때에는 조사대상자 또는 그 대리인을 입회시켜야 하고, 이에 따라 자료 등을 영치하는 경우에 조사대상자의 생활이나 영업이 사실상 불가능하게 될 우려가 있는 때에는 조사원은 자료 등을 사진으로 촬영하거나 사본을 작성하는 등의 방법으로 영치에 갈음할 수 있다.

(7) 중복조사 제한

정기조사 또는 수시조사를 실시한 행정기관의 장은 동일한 사안에 대하여 동일한 조사대상자를 재조사 하여서는 아니 된다. 다만, 당해 행정기관이 이미 조사를 받은 조사대상자에 대하여 위법행위가 의심되는 새로운 증거를 확보한 경우에는 그러하지 아니하다.

3. 사전통지

행정조사를 실시하고자 하는 행정기관의 장은 행정조사에 따른 출석요구서, 보고요구서 · 자료제출요구서 및 현장출입조사서를 조사개시 7일 전까지 조사대상자에게 서면으로 통지하여야 한다.

4. 제3자에 대한 보충조사

행정기관의 장은 조사대상자에 대한 조사만으로는 당해 행정조사의 목적을 달성할 수 없거나 조사대상이 되는 행위에 대한 사실 여부 등을 입증하는 데 과도한 비용 등이 소요되는 경우로서 ⅰ) 다른 법률에서 제3자에 대한 조사를 허용하고 있는 경우, ⅱ) 제3자의 동의가 있는 경우의 어느 하나에 해당하는 경우에는 제3자에 대하여 보충조사를 할 수 있다.

5. 자발적인 협조에 따라 실시하는 행정조사

행정기관의 장이 조사대상자의 자발적인 협조를 얻어 행정조사를 실시하고자 하는 경우 조사대상자는 문서 · 전화 · 구두 등의 방법으로 당해 행정조사를 거부할 수 있으며, 이에 따른 행정조사에 대하여 조사대상자가 조사에 응할 것인지에 대한 응답을 하지 아니하는 경우에는 법령 등에 특별한 규정이 없는 한 그 조사를 거부한 것으로 본다.

6. 의견제출

조사대상자는 사전통지의 내용에 대하여 행정기관의 장에게 의견을 제출할 수 있으며, 행정기관의 장은 조사대상자가 제출한 의견이 상당한 이유가 있다고 인정하는 경우에는 이를 행정조사에 반영하여야 한다.

7. 조사원 교체신청

조사대상자는 조사원에게 공정한 행정조사를 기대하기 어려운 사정이 있다고 판단되는 경우에는 행정기관의 장에게 당해 조사원의 교체를 신청할 수 있으며, 이에 따른 교체신청은 그 이유를 명시한 서면으로 행정기관의 장에게 하여야 한다.

8. 조사결과의 통지

행정기관의 장은 법령 등에 특별한 규정이 있는 경우를 제외하고는 행정조사의 결과를 확정한 날부터 7일 이내에 그 결과를 조사대상자에게 통지하여야 한다.

9. 자율신고제도

행정기관의 장은 법령 등에서 규정하고 있는 조사사항을 조사대상자로 하여금 스스로 신고하도록 하는 제도를 운영할 수 있으며, 조사대상자가 이에 따라 신고한 내용이 거짓의 신고라고 인정할 만한 근거가 있거나 신고내용을 신뢰할 수 없는 경우를 제외하고는 그 신고내용을 행정조사에 갈음할 수 있다.

V. 현장조사시 실력행사의 가부

1. 문제의 소재

행정목적 달성을 위한 현장조사시 행정조사를 행하는 공무원은 피조사자의 방해 및 거부 등의 행위로 조사목적을 달성하기 어렵다고 판단할 시 그 저항을 실력으로 억압하고 강제조사를 실시할 수 있는지가 문제될 수 있다.

2. 학설

학설은 이를 인정하자는 긍정설과 부정하는 부정설이 대립한다. 이 중 다수설인 부정설의 견해에 따르면 행정조사에서 권력적 조사란 실력을 행사할 수 있는 조사가 아니라 상대방의 거부 방해가 있을 경우 제재가 가해지는 조사로 정의하고 실정법이 직접적 강제수단을 규정하고 있지 않고 영업허가의 철회나 벌칙 등의 규정[109]을 마련하고 있음으로 그 논거로 하고 있다.

---

109) 식품위생법 제97조(벌칙)
다음 각 호의 어느 하나에 해당하는 자는 3년 이하의 징역 또는 3천만원 이하의 벌금에 처한다.
1. 제12조의2제2항, 제17조제4항, 제31조제1항·제3항, 제37조제3항·제4항, 제39조제3항, 제48조제2항·제10항, 제49조제1항 단서 또는 제55조를 위반한 자
2. 제22조제1항(제88조에서 준용하는 경우를 포함한다) 또는 제72조제1항·제2항(제88조에서 준용하는 경우를 포함한다)에 따른 검사·출입·수거·압류·폐기를 거부·방해 또는 기피한 자
3. 삭제 [2015.2.3 제13201호(수입식품안전관리 특별법)] [[시행일 2016.2.4]]

Ⅵ. 한계

행정기관은 법령 등에서 행정조사를 규정하고 있는 경우에 한하여 행정조사를 실시할 수 있다. 또는 조사 시에도 목적범위 내에서 비례성, 보충성, 부당결부금지 등의 한계 내에서 이루어져야 할 것이다.

실체법적 한계	절차법적 한계
근거법에 규정된 한계를 준수	영장주의 : 원칙적으로 영장 필요 예외적 불필요 증표의 제시, 실력행사 부정설이 다수설

Ⅶ. 행정조사에 대한 구제

1. 적법한 행정조사

적법한 절차에 따른 행정조사가 있고 그로 인하여 피해자의 어떠한 귀책사유도 없이 특별한 희생이 있을 경우 법률이 정하는 바에 따라 손실보상을 청구할 수 있다.

2. 위법한 행정조사와 그에 근거한 행정처분 간의 하자승계 문제

(1) 문제의 소재

행정조사가 행정목적을 달성하기 위한 수단이라고 하더라도 그 조사는 절차법적 한계는 물론 행정법의 일반원칙인 비례의 원칙 등이 준수되어야 함에도 이를 위반한 행정조사가 있고 그에 근거하여 행정결정이 이루어진 경우 그 행정결정의 위법성이 문제될 수 있다.

(2) 하자승계 가능성

---

4. 제36조에 따른 시설기준을 갖추지 못한 영업자
5. 제37조제2항에 따른 조건을 갖추지 못한 영업자
6. 제44조제1항에 따라 영업자가 지켜야 할 사항을 지키지 아니한 자. 다만, 총리령으로 정하는 경미한 사항을 위반한 자는 제외한다.
7. 제75조제1항에 따른 영업정지 명령을 위반하여 계속 영업한 자(제37조제4항 또는 제5항에 따라 영업신고 또는 등록을 한 자만 해당한다) 또는 같은 조 제1항 및 제2항에 따른 영업소 폐쇄명령을 위반하여 영업을 계속한 자
8. 제76조제1항에 따른 제조정지 명령을 위반한 자
9. 제79조제1항에 따라 관계 공무원이 부착한 봉인 또는 게시문 등을 함부로 제거하거나 손상시킨 자

행정조사는 행정행위를 하기 위한 준비적 보조적 수단에 불과하기 때문에 행정조사의 위법성은 후행행정처분에 승계되지 않는다. 다만 예외적으로 행정조사에 의해 수집된 정보 자체가 사실에 반하고 그에 근거한 행정처분이 있다면 이는 사실의 기초에 흠이 있는 경우로서 위법한 처분이 된다.

(3) 판례의 태도

판례는 이에 대한 명시적 입장은 없지만, 대법원 2004두12074 사건에서 납세자에 대한 부가가치세부과처분이 종전의 부가가치세 경정조사와 같은 세목 및 같은 과세기간에 대하여 중복하여 실시된 위법한 세무조사에 기초하여 이루어진 것이어서 위법하다고 판시한 사례가 있다.[110]

【판시사항】
과세관청 내지 그 상급관청이나 수사기관의 강요로 합리적이고 타당한 근거도 없이 작성된 과세자료에 터잡은 과세처분의 하자가 중대하고 명백한 것인지 여부(대법원 1992. 3. 31. 선고 91다32053 전원합의체 판결)

【판결요지】
과세처분의 근거가 된 확인서, 명세서, 자술서, 각서 등이 과세관청 내지 그 상급관청이나 수사기관의 일방적이고 억압적인 강요로 작성자의 자유로운 의사에 반하여 별다른 합리적이고 타당한 근거도 없이 작성된 것이라면 이러한 자료들은 그 작성경위에 비추어 내용이 진정한 과세자료라고 볼 수 없으므로, 이러한 과세자료에 터잡은 과세처분의 하자는 중대한 하자임은 물론 위와 같은 과세자료의 성립과정에 직접 관여하여 그 경위를 잘 아는 과세관청에 대한 관계에 있어서 객관적으로 명백한 하자라고 할 것이다.

3. 위법한 행정조사

위법한 권력적 행정조사가 있고 그로 인하여 권익을 침해당한 경우라면 그에 따른 행정쟁송은 물론 국가배상청구나 원상회복청구, 결과제거청구권 행사가 가능하며 나아가 정당방위도 가능하다.

---

110) 대법원 2006. 6. 2. 선고 2004두12070 판결.

※ 행정구제제도

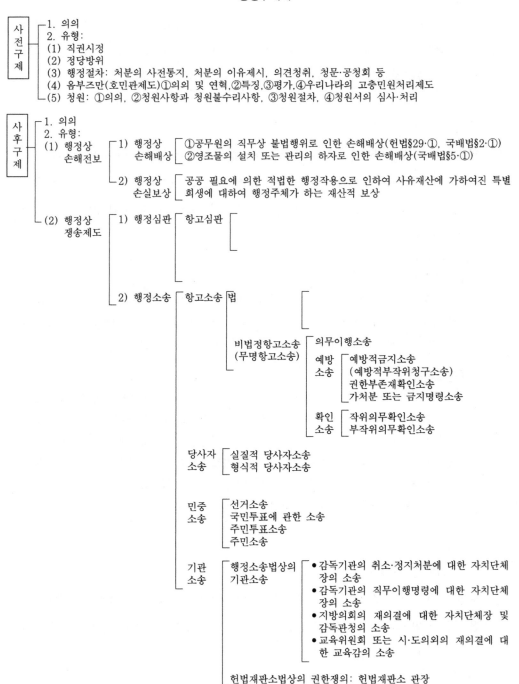

사전구제

┌ 1. 의의
2. 유형:
(1) 직권시정
(2) 정당방위
(3) 행정절차: 처분의 사전통지, 처분의 이유제시, 의견청취, 청문·공청회 등
(4) 옴부즈만(호민관제도)①의의 및 연혁,②특징,③평가,④우리나라의 고충민원처리제도
└ (5) 청원: ①의의, ②청원사항과 청원불수리사항, ③청원절차, ④청원서의 심사·처리

사후구제

┌ 1. 의의
2. 유형:
(1) 행정상
　손해전보 ─ 1) 행정상 ─ ┌ ①공무원의 직무상 불법행위로 인한 손해배상(헌법§29·①, 국배법§2·①)
　　　　　　　손해배상　　└ ②영조물의 설치 또는 관리의 하자로 인한 손해배상(국배법§5·①)

　　　　　　└ 2) 행정상 ─ 공공 필요에 의한 적법한 행정작용으로 인하여 사유재산에 가하여진 특별
　　　　　　　　손실보상　 희생에 대하여 행정주체가 하는 재산적 보상

(2) 행정상 ─ ┌ 1) 행정심판 ─ 항고심판 ─ ┐
　　쟁송제도　　　　　　　　　　　　　　└

　　　　　　　└ 2) 행정소송 ─ 항고소송 ┌ 법 ─ ┐
　　　　　　　　　　　　　　　　　　　　└

　　　　　　　　　　　　　　　　비법정항고소송 ┬ 의무이행소송
　　　　　　　　　　　　　　　　(무명항고소송)　├ 예방 ┬ 예방적금지소송
　　　　　　　　　　　　　　　　　　　　　　　│ 소송 │ (예방적부작위청구소송)
　　　　　　　　　　　　　　　　　　　　　　　│　　　├ 권한부존재확인소송
　　　　　　　　　　　　　　　　　　　　　　　│　　　└ 가처분 또는 금지명령소송
　　　　　　　　　　　　　　　　　　　　　　　└ 확인 ┬ 작위의무확인소송
　　　　　　　　　　　　　　　　　　　　　　　　 소송 └ 부작위의무확인소송

　　　　　　　　　　　　　　　당사자 ┬ 실질적 당사자소송
　　　　　　　　　　　　　　　소송　 └ 형식적 당사자소송

　　　　　　　　　　　　　　　민중 ┬ 선거소송
　　　　　　　　　　　　　　　소송 ├ 국민투표에 관한 소송
　　　　　　　　　　　　　　　　　├ 주민투표소송
　　　　　　　　　　　　　　　　　└ 주민소송

　　　　　　　　　　　　　　　기관 ┬ 행정소송법상의 ┬ ●감독기관의 취소·정지처분에 대한 자치단체
　　　　　　　　　　　　　　　소송 │ 기관소송　　　 │ 　장의 소송
　　　　　　　　　　　　　　　　　│　　　　　　　 ├ ●감독기관의 직무이행명령에 대한 자치단체
　　　　　　　　　　　　　　　　　│　　　　　　　 │ 　장의 소송
　　　　　　　　　　　　　　　　　│　　　　　　　 ├ ●지방의회의 재의결에 대한 자치단체장 및
　　　　　　　　　　　　　　　　　│　　　　　　　 │ 　감독관청의 소송
　　　　　　　　　　　　　　　　　│　　　　　　　 └ ●교육위원회 또는 시·도의외의 재의결에 대
　　　　　　　　　　　　　　　　　│　　　　　　　 　 한 교육감의 소송
　　　　　　　　　　　　　　　　　└ 헌법재판소법상의 권한쟁의: 헌법재판소 관장

제7장 행정상 손해배상

제1절 의 의

제1항 일반론

Ⅰ. 국가배상의 의의

국가배상은 국가나 지방자치단체가 직무수행에 다하여 고의 또는 과실로 인한 위법행위로 특정인에게 가한 손해를 구제하여 주는 제도를 말한다. 즉, 국가 또는 지방자치단체가 부담하는 공법상의 손해배상을 말한다. 우리나라 헌법 제29조에 근거하여 제정된「국가배상법」(1967년 3월 3일 법률 제1899호)이 근거법이다.

이러한 국가책임은 전통적으로 위 특정인의 손해가 적법한 공무수행에 의한 것인지 아니면 그것이 위법한 공무수행에 의한 것인지에 따라 손실보상과 손해배상으로 나누어지지만 손해배상과 손실보상만으로는 해결할 수 없는 손해가 특정인에게 발생하는 경우가 있고, 그러한 손해를 전보하는 제도가 독일에서 발전한 수용유사침해보상과 수용적 침해보상 및 희생보상청구권결과제거청구권 등이다.

Ⅱ. 헌법규정

1. 헌법 제29조 제1항

공무원의 직무상 불법행위로 손해를 받은 국민은 법률이 정하는 바에 의하여 국가 또는 공공단체에 정당한 배상을 청구할 수 있다. 이 경우 공무원 자신의 책임은 면제되지 아니한다고 규정하면서 이를 기본권의 하나로 규정짓고 있다. 이 규정의 성격에 대하여 입법자에 대한 구속규정으로 해석하는 견해도 있지만 이는 법률로서 배상의 구체적인 기준과 방법을 규정한다는 의미로만 해석하고 이를 국가배상에 대한 직접적인 근거로 보는 견해가 일반적이다.

2. 헌법 제29조 제2항 - 이중배상금지규정

군인·군무원·경찰공무원 기타 법률이 정하는 자가 전투·훈련 등 직무집행과 관련하여 받은 손해에 대하여는 법률이 정하는 보상 외에 국가 또는 공공단체에 공무원의 직무상 불법행위로 인한 배상은 청구할 수 없다는 이중배상금지 규정은 군인, 군무원, 경찰공무원 등에게 국가배상청구를 제한하는 내용으로 위헌론이 문제되기도 하였지만 헌법재판소는 이에 대한 합헌결정을 내린 바가 있다.

구분	헌법(제29조 제1항)	국가배상법
배상원인	공무원의 직무상 불법행위	공무원의 직무상 불법행위(제2조) 영조물 설치관리상의 하자(제5조)
배상주체	국가 공공단체(지방자치단체, 영조물법인, 공공조합, 공법상 재단 등)	국가, 지방자치단체 그 외 영조물법인, 공공조합, 공법상 재단 - 민사소송
공무원책임	공무원 자신의 책임은 면제되지 않는다.	고의, 중대한 과실의 경우에 공무원에 구상권 행사

3. 행정상 손실보상과의 이동

양자 모두 공권력 행사로 인한 국민의 권익침해시 구제제도라는 점 및 사후적 구제제도라는 점 그리고 실체적 권리구제제도라는 점에서 공통점을 같지만 아래의 표와 같은 차이가 있다.

구분	손해배상	손실보상
원인	위법한 공권력 행사	적법한 공권력 행사, 특별한 희생
헌법적 근거	헌법 제29조 제1항	헌법 제23조 제3항
일반법	국가배상법(제2조, 제5조)	없음

배상내용	비재산적(생명, 신체), 재산적 손해	재산적 손해
양도가능성	생명, 신체의 침해로 인한 손배청구의 경우 양도, 압류 금지 재산권 침해로 인한 손배청구 양도, 압류 가능	양도나 압류 가능
배상책임자	국가, 지방자치단체	사업시행자, 국가, 공공단체, 공무수탁사인
소멸시효	3년	5년
책임의 본질	과실책임	무과실 책임
성질	판례 – 사권설 다수설 – 공권설	판례 – 사권설 다수설 – 공권설

Ⅲ. 국가배상법

1. 국가배상법의 지위

국가배상은 헌법 제29조에 근거하여 제정된 국가배상법이 일반법이다. 다만 국가배상에 관한 특별법이 있으면 그에 따르고, 국가배상법상에 규정이 없으면 국가배상 등의 배상책임은 민법의 규정이 적용된다(국가배상에 관한 특별법 → 국가배상법 → 민법).

2. 국가배상청구권의 법적성격

(1) 학설

가) 공법설

국가배상청구권은 공무원의 직무상 위법행위 또는 영조물의 설치관리 하자 등 공법적 원인에 의하여 발생하고, 현행 법체계가 공법과 사법의 이원적 체계를 인정하고 있으며, 생명 신체의 침해로 인한 국가배상청구권은 압류나 양도를 금지하는 규정 등 일반적인 사권과 달리 규율하고 있다는 점을 논거로 한다. 이에 의하면 국가배상소송의 형태는 당사자소송이며, 행정법원의 관할사항이 된다.

나) 사법설

국가배상책임은 민법상 일반불법행위의 한 유형에 불과하고 국가배상법 제8조가 민법의 보충적 적용을 규정하고 있는 것은 민법의 특별법적 지위임을 나타내는 것이라는 점 등을 논거를 들고 있다. 이에 의하면 국가배상소송의 형태는 민사소송이며, 민사법원의 관할사항이 된다.

(2) 판례 – 사법설

판례는 대법원 70다2955 판결에서 구청이 관내청소를 목적으로 운전직원을 두고 차량을 운행한 것은 공권력의 행사로 보아야 하고 이로 인한 손해배상은 특별한 사정이 없는 한 민법의 특별법인 본법을 적용하여야 한다고 판시함으로서 사권설을 취하고 있다(대법원 1971. 4. 6. 선고 70다2955 판결).

제2항 국가배상법 제2조 공무원의 위법한 직무행위로 인한 손해배상

> **국가배상법 제2조(배상책임)**
> ① 국가나 지방자치단체는 공무원 또는 공무를 위탁받은 사인(이하 '공무원'이라 한다)이 직무를 집행하면서 고의 또는 과실로 법령을 위반하여 타인에게 손해를 입히거나, 「자동차손해배상 보장법」에 따라 손해배상의 책임이 있을 때에는 이 법에 따라 그 손해를 배상하여야 한다.
> 다만, 군인·군무원·경찰공무원 또는 예비군대원이 전투·훈련 등 직무 집행과 관련하여 전사(戰死)·순직(殉職)하거나 공상(公傷)을 입은 경우에 본인이나 그 유족이 다른 법령에 따라 재해보상금·유족연금·상이연금 등의 보상을 지급받을 수 있을 때에는 이 법 및 「민법」에 따른 손해배상을 청구할 수 없다(이중배상금지의 원칙).

국가나 지방자치단체는 공무원 또는 공무를 위탁받은 사인이 직무를 집행하면서 고의 또는 과실로 법령을 위반하여 타인에게 손해를 입힌 경우 그 손해를 배상하는 것을 말한다.

Ⅰ. 배상의 요건

국가배상법 제2조에 따른 손해배상이 성립하기 위해서는 공무원의 직무상 행위여야 하고 직무를 집행하면서 고의 또는 과실로 인하여 타인에게 손해를 발생하여야 하며, 그 행위와 손해사이에 인과관계가 있을 것을 요한다. 다만, 이러한 요건의 해당성 여부는 모두 피해자가 입증하여야 한다.

1. 공무원

(1) 공무원의 범위

국가배상법 제2조에서 말하는 공무원은 최광의의 개념이다. 따라서 여기서 공무원은 행정조직법상의 공무원만을 의미하는 것이 아니라 행정부, 입법부, 사법부, 헌법재판소 소속의 공무원, 지방공무원법상의 공무원이 모두 포함된다(시영버스운전사, 의용소방대원은 제외). 문제된 직무를 집행한 공무원이 1인일 수도, 다수일 수도 있는데, 다수인 경우 이를 특정할 필요도 없다. 따라서 공무원의 집단에 의하여 폭행을 당한 경우와 같이 불법행위자를 특정할 수 없는 경우에도 국가배상은 성립한다.[111]

> **【판시사항】**
> 국가배상법 제2조 소정의 '공무원'의 의미(대법원 2001. 1. 5. 선고 98다39060 판결)
>
> **【판결요지】**
> 국가배상법 제2조 소정의 '공무원'이라 함은 국가공무원법이나 지방공무원법에 의하여 공무원으로서의 신분을 가진 자에 국한하지 않고, 널리 공무를 위탁받아 실질적으로 공무에 종사하고 있는 일체의 자를 가리키는 것으로서, 공무의 위탁이 일시적이고 한정적인 사항에 관한 활동을 위한 것이어도 달리 볼 것은 아니다.

(2) 공무수탁사인

공무수탁사인이란 공무원의 신분이 아니더라도 널리 공무를 위탁받아 실질적으로 공적인

---

111) 대법원 1995. 11. 10. 선고 95다23897 판결.

임무를 수행하도록 권한이 주어진 사인이다. 즉 공무수탁사인이 이 법이 정하는 공무원에 포함되느냐에 관하여 논란이 있기는 하였지만, 최근 국가배상법 개정으로 공무수탁사인이 국가배상법상의 공무원에 명시적으로 포함되었다.

> **【판시사항】**
> '교통할아버지'로 선정된 노인이 위탁받은 업무 범위를 넘어 교차로 중앙에서 교통정리를 하다가 교통사고를 발생시킨 경우, 지방자치단체가 국가배상책임을 부담하는지의 여부(대법원 2001. 1. 5. 선고 98다39060 판결)
>
> **【판결요지】**
> 지방자치단체가 '교통할아버지 봉사활동 계획'을 수립한 후 관할 동장으로 하여금 '교통할아버지'를 선정하게 하여 어린이 보호, 교통안내, 거리질서 확립 등의 공무를 위탁하여 집행하게 하던 중 '교통할아버지'로 선정된 노인이 위탁받은 업무 범위를 넘어 교차로 중앙에서 교통정리를 하다가 교통사고를 발생시킨 경우, 지방자치단체가 국가배상법 제2조 소정의 배상책임을 부담한다고 인정한 원심의 판단을 수긍한 사례.

(3) 사인

가령 국가나 지방자치단체와의 사법상 계약으로 불법주차차량을 견인하는 일을 하는 경우와 같이 사인이 사법상의 계약에 따라 공무를 수행하는 경우에도 그것이 일시적 사무라 할지라도 그 공무가 공법작용에 해당하면 공무원에 속한다.

판례에서 공무원으로 인정한 사례	- 시의 청소차 운전사 - 소집 중인 향토예비군 - 철도건널목 간수 - 전입신고서에 확인인을 찍는 통장 - 파출소에 근무하는 방법대원 - 미군부대카투사 - 조세원천징수 의무자 - 집행권 - 교통봉사할아버지
판례에서 공무원으로 불인정한 사례	- 시영버스운전자 - 의용소방대원 - 공무집행에 자진하여 협력한 사인

	– 우체국에서 아르바이트를 하는 자 – 단순 노무자

2. 직무행위

(1) '공무원의 직무'의 범위

국가배상청구의 요건인 '공무원의 직무'에는 권력적 작용만이 아니라 비권력적 작용도 포함되며 단지 행정주체가 사경제주체로서 하는 활동만 제외된다.

(2) 학설 및 판례의 태도

1) 학설

학설은 협의설, 광의설, 최광의설이 대립한다. 이 중 협의설은 직무범위를 권력작용만, 광의설은 권력작용과 비권력작용이 포함된다는 견해이고(다수설), 것으로, 최광의설은 권력작용, 비권력작용(관리작용)[112], 사경제작용 모두 포함되는 것으로 보는 견해이다.

2) 판례

판례는 행정주체가 사경제주체로서 하는 행동만 제외될 뿐 권력적 작용 비권력적 작용 모두 포함된다는 견해이다(대법원 2001. 1. 5. 선고 98다39060 판결).

> **【판시사항】**
> 국가배상법이 정한 손해배상청구의 요건인 '공무원의 직무'에 국가나 지방자치단체가 단순한 사경제의 주체로서 하는 작용도 포함되는지 여부(대법원 2004. 4. 9. 선고 2002다10691 판결)
>
> **【판결요지】**
> 국가배상법이 정한 손해배상청구의 요건인 '공무원의 직무'에는 국가나 지방자치단체의 권력적 작용뿐만 아니라 비권력적 작용도 포함되지만 단순한 사경제의 주체로서 하는 작용은 포함되지 않는다.

---

112) 관리작용 중 영조물 설치, 관리작용은 국가배상법 제5조에 별도로 규정되어 있으므로 여기서는 제외된다고 본다.

(3) 사익보호성 필요 여부

1) 문제의 소재

국가배상책임이 인정되려면 공무원이 사회구성원 개인의 안전과 이익을 위해 부과된 직무를 집행하는 과정에서 타인에게 손해를 가해야 하는지, 아니면 그러한 의무가 공공일반의 이익을 위한 과정에서 손해를 가해야 하는지가 문제된다.

> **【판시사항】**
> 공무원의 직무상 의무 위반으로 국가배상책임이 인정되기 위한 요건(대법원 2010. 9. 9. 선고 2008다77795 판결)
>
> **【판결요지】**
> 공무원이 고의 또는 과실로 그에게 부과된 직무상 의무를 위반하였을 경우라고 하더라도 국가는 그러한 직무상의 의무 위반과 피해자가 입은 손해 사이에 상당인과관계가 인정되는 범위 내에서만 배상책임을 지는 것이고, 이 경우 상당인과관계가 인정되기 위하여는 공무원에게 부과된 직무상 의무의 내용이 단순히 공공 일반의 이익을 위한 것이거나 행정기관 내부의 질서를 규율하기 위한 것이 아니고 전적으로 또는 부수적으로 사회구성원 개인의 안전과 이익을 보호하기 위하여 설정된 것이어야 한다.

2) 학설

학설은 불요설과 필요설이 대립한다. 이중 불요설의 견해는 직무의 사익보호성은 결국 항고소송의 원고적격의 문제이기 때문에 국가배상책임에는 적용되지 아니한다는 견해이며, 필요설은 국가배상법의 입법목적은 위법한 행정작용으로 인한 국민개인의 손해를 전보하려는 제도라는 점을 근거로 배상책임의 전제는 공무원이 개개 국민의 이익을 위한 직무를 집행하는 과정에서 손해를 입게 한 경우라야 배상책임 인정된다는 견해이다.

3) 판례

공무원에게 부과된 직무상 의무의 내용이 단순히 공공 일반의 이익을 위한 것이거나 행정기관 내부의 질서를 규율하기 위한 것이 아니고 전적으로 또는 부수적으로 사회구성원 개인의 안전과 이익을 보호하기 위하여 설정된 것이라면, 공무원이 그와 같은 직무상 의무를 위반함으로 인하여 피해자가 입은 손해에 대하여는 상당인과관계가 인정되는 범위 내에서 국가가 배상책임을 지는 것이고, 이때 상당인과관계의 유무를 판단함에 있어서는 일반적인 결과발생의 개연성은 물론 직무상 의무를 부과하는 법령 기타 행동규범의 목적이나 가해행위의 태양 및 피해의 정도 등을 종합적으로 고려하여 판단하여야 하는 것으로 본다.113)

【판시사항】

공무원의 직무상 의무 위반행위에 대해 국가 또는 지방자치단체가 손해배상책임을 지기 위한 요건(대법원 2006. 4. 14. 선고 2003다41746 판결)

【판결요지】

[1] 일반적으로 국가 또는 지방자치단체가 권한을 행사할 때에는 국민에 대한 손해를 방지하여야 하고, 국민의 안전을 배려하여야 하며, 소속 공무원이 전적으로 또는 부수적으로라도 국민 개개인의 안전과 이익을 보호하기 위하여 법령에서 정한 직무상의 의무에 위반하여 국민에게 손해를 가하면 상당인과관계가 인정되는 범위 안에서 국가 또는 지방자치단체가 배상책임을 부담하는 것이지만, 공무원이 직무를 수행하면서 그 근거되는 법령의 규정에 따라 구체적으로 의무를 부여받았어도 그것이 국민의 이익과는 관계없이 순전히 행정기관 내부의 질서를 유지하기 위한 것이거나, 또는 국민의 이익과 관련된 것이라도 직접 국민 개개인의 이익을 위한 것이 아니라 전체적으로 공공 일반의 이익을 도모하기 위한 것이라면 그 의무에 위반하여 국민에게 손해를 가하여도 국가 또는 지방자치단체는 배상책임을 부담하지 아니한다.

(4) 국회의 입법행위와 입법부작위

1) 국회의원의 입법행위가 국가배상법 제2조 제1항의 위법행위에 해당되는지 여부

우리 헌법이 채택하고 있는 의회민주주의 하에서 국회는 다원적 의견이나 각가지 이익을 반영시킨 토론과정을 거쳐 다수결의 원리에 따라 통일적인 국가의사를 형성하는 역할을 담당하는 국가기관으로서 그 과정에 참여한 국회의원은 입법에 관하여 원칙적으로 국민 전체에 대한 관계에서 정치적 책임을 질 뿐 국민 개개인의 권리에 대응하여 법적 의무를

---

113) 대법원 1993. 2. 12. 선고 91다43466 판결.

지는 것은 아니다. 그러므로 국회의원의 입법행위는 그 입법 내용이 헌법의 문언에 명백히 위반됨에도 불구하고 국회가 굳이 당해 입법을 한 것과 같은 특수한 경우가 아닌 한 국가배상법 제2조 제1항 소정의 위법행위에 해당된다고 볼 수 없다.[114]

2) 입법부작위 – 군법무관보수규정사건

입법부가 법률로써 행정부에게 특정한 사항을 위임했음에도 불구하고 행정부가 정당한 이유 없이 이를 이행하지 않는다면 권력분립의 원칙과 법치국가 내지 법치행정의 원칙에 위배되는 것으로서 위법함과 동시에 위헌적인 것이 되는바, 구 군법무관임용법 제5조 제3항과 제6조가 군법무관의 보수를 법관 및 검사의 예에 준하도록 규정하면서 그 구체적 내용을 시행령에 위임하고 있는 이상, 위 법률의 규정들은 군법무관의 보수의 내용을 법률로써 일차적으로 형성한 것이고, 위 법률들에 의해 상당한 수준의 보수청구권이 인정되는 것이므로, 위 보수청구권은 단순한 기대이익을 넘어서는 것으로서 법률의 규정에 의해 인정된 재산권의 한 내용이 되는 것으로 봄이 상당하고, 따라서 행정부가 정당한 이유 없이 시행령을 제정하지 않은 것은 위 보수청구권을 침해하는 불법행위에 해당한다.[115]

(4) 사법작용으로 인한 국가배상청구

1) 문제의 소재

국가배상법상의 공무원의 범주에 사법부 공무원도 포함되고 따라서 그 재판작용도 직무에 해당함이 원칙이다. 그러나 법관의 재판에 법령에 따르지 아니한 잘못이 있다고 하여 당연히 국가배상을 인정할 수 있는지가 문제되는데, 이는 만일 그러한 배상청구권을 인정한다면 실질적으로 확정판결의 기판력을 부정하는 결과가 초래되기 때문이다.

2) 학설

학설은 사법작용으로 인한 국가배상청구권을 긍정하는 견해와 부정하는 견해 그리고 제한

---

114) 대법원 1997. 6. 13. 선고 96다56115 판결.
115) 대법원 2007. 11. 29. 선고 2006다3561 판결.

적으로 긍정하는 견해가 대립한다.

3) 판례 - 제한적 긍정설

법관의 재판에 법령의 규정을 따르지 아니한 잘못이 있다 하더라도 이로써 바로 그 재판상 직무행위가 국가배상법 제2조 제1항에서 말하는 위법한 행위로 되어 국가의 손해배상책임이 발생하는 것은 아니고, 당해 법관이 위법 또는 부당한 목적을 가지고 재판을 하는 등 법관이 그에게 부여된 권한의 취지에 명백히 어긋나게 이를 행사하였다고 인정할 만한 특별한 사정이 있어야 위법한 행위가 되어 국가배상책임이 인정된다고 할 것인바, 압수수색할 물건의 기재가 누락된 압수수색영장을 발부한 법관이 위법·부당한 목적을 가지고 있었다거나 법이 직무수행상 준수할 것을 요구하고 있는 기준을 현저히 위반하였다는 등의 자료를 찾아볼 수 없다면 그와 같은 압수수색영장의 발부행위는 불법행위를 구성하지 않는다고 보면서, 다만 압수수색 대상물의 기재가 누락된 압수수색영장에 기하여 물건을 압수하고, 일부 압수물에 대하여는 압수조서·압수목록을 작성하지 아니하고 보관한 일련의 조치가 불법행위를 구성한다고 설시하면서 국가배상책임을 상당히 제한적으로 인정하고 있다.[116]

(5) 검사의 공소제기 · 불기소처분의 경우

1) 문제의 소재

검사의 공소권행사도 국가배상법상 공무원에 의한 직무집행행위에 포함되므로 검사가 공소권행사와 관련하여 고의 또는 과실로 법령에 위반하여 타인에게 손해를 가했다면 마땅히 국가배상책임이 인정되어야 할 것이다. 그러나 문제는 기소편의주의가 인정되는 형사소송법 구조하에서 검사의 공소권행사에 대한 위법성인정범위를 제한적으로 판단해야 할지의 여부이다. 이는 주로 검사가 공소를 제기하였으나 법원에서 무죄판결이 확정된 경우 또는 검사의 불기소처분을 하였으나 후에 헌법재판소에 의해 그에 대한 헌법소원청구가 인용된 경우가 문제된다.

---

116) 대법원 2001. 10. 12. 선고 2001다47290 판결.

2) 판례의 태도

판례는 검사의 공소권행사가 '당시의 정황에 비추어 경험칙이나 논리상 도저히 합리성을 긍정할 수 없는 정도에 이른 경우에만 그 위법성을 인정할 수 있다'고 한다.

【판시사항】

강도강간의 피해자가 제출한 팬티에 대한 국립과학수사연구소의 유전자검사결과 그 팬티에서 범인으로 지목되어 기소된 원고나 피해자의 남편과 다른 남자의 유전자형이 검출되었다는 감정결과를 검사가 공판과정에서 입수한 경우 그 감정서는 원고의 무죄를 입증할 수 있는 결정적인 증거에 해당하는데도 검사가 그 감정서를 법원에 제출하지 아니하고 은폐하였다면 검사의 그와 같은 행위는 위법하다고 보아 국가배상책임을 인정한 사례(대법원 2002. 2. 22. 선고 2001다23447 판결)

【판결요지】

강도강간의 피해자가 제출한 팬티에 대한 국립과학수사연구소의 유전자검사결과 그 팬티에서 범인으로 지목되어 기소된 원고나 피해자의 남편과 다른 남자의 유전자형이 검출되었다는 감정결과를 검사가 공판과정에서 입수한 경우 그 감정서는 원고의 무죄를 입증할 수 있는 결정적인 증거에 해당하는데도 검사가 그 감정서를 법원에 제출하지 아니하고 은폐하였다면 검사의 그와 같은 행위는 위법하다고 보아 국가배상책임을 인정한 사례.

3. 직무를 집행함에 당하여 - 직무행위 판단기준

(1) 의의

국가배상법 제2조 제1항에서의 '직무를 집행하면서'라고 하는 것은 순수한 직무행위는 물론이고, 객관적으로 직무의 범위 내에 속하는 행위라고 인정되거나 직무행위자체와 밀접하게 관련된 행위, 외형상 이와 관련 있는 행위, 직무수행의 수단으로 실시된 행위 및 객관적으로 직무범위에 속하는 행위를 포함한다. 즉, 직무상행위뿐만 아니라 널리 외형상으로 직무집행과 관련 있는 행위를 포함하는 의미이다.

(2) 학 설

직무행위의 판단기준에 관하여 학설은 객관적 외형주의, 실질적 관련성, 외형과 실질적 관련성을 동시에 고려해야 한다는 절충설 등이 대립하지만, 통설인 외형설의 견해는 직무행위인지의 여부는 주관적인 의사와 관련없이 객관적으로 직무행위의 외관을 갖추고 있는지의 여부에 따라 판단해야 한다는 견해이다.

(3) 판례- 외형설 + 절충설

판례는 통설과 마찬가지로 공무원의 직무행위는 당해 직무행위의 외형에 따라 객관적으로 판단해야 하지만, 이러한 외형적 직무관련성이 없더라도 당해 직무와 실질적 관련성이 있다면 그 직무관련성을 인정할 수도 있다는 절충설을 취하며 직무관련성의 범위를 넓게 보고 있다.

으로 관찰하여 공무원의 직무행위로 보여질 때에는 비록 그것이 실질적으로 직무행위이거
나 아니거나 또는 행위자의 주관적 의사에 관계없이 그 행위는 공무원의 직무집행행위로 볼
것이요 이러한 행위가 실질적으로 공무집행행위가 아니라는 사정을 피해자가 알았다 하더
라도 그것을 '직무를 행함에 당하여'라고 단정하는데 아무런 영향을 미치는 것이 아니다.

4. 고의 · 과실

(1) 과실책임원칙

국가배상법 제2조 제1항은 공무원의 직무집행시 고의나 과실[117]을 요하는 점에서 과실책임
주의를 취하고 있으며, 공무원의 직무집행상의 과실이란 공무원이 그 직무를 수행함에 있어
당해 직무를 담당하는 평균인이 사회통념상 갖추어야 할 주의의 의무를 게을리 한 것을
말한다.[118] 또한 공무원의 과실을 입증함에 있어 가해공무원의 특정은 필수적인 것은 아니
며, 누구인지 특정되지 아니하더라도 손해의 발생상황으로 보아 공무원의 행위에 의한 것이
인정되면 국가배상책임이 인정된다.

【판시사항】

관계 법령에 대한 해석이 확립되기 전 어느 한 설을 취하여 업무를 처리한 행정처분이 후에
항고소송으로 취소된 경우, 공무원의 직무상 과실의 인정 여부(대법원 1997. 7. 11. 선고 97
다7608 판결)

【판결요지】

행정청이 관계 법령의 해석이 확립되기 전에 어느 한 설을 취하여 업무를 처리한 것이 결과
적으로 위법하게 되어 그 법령의 부당집행이라는 결과를 빚었다고 하더라도 처분 당시 그와
같은 처리 방법 이상의 것을 성실한 평균적 공무원에게 기대하기 어려웠던 경우라면 특별한
사정이 없는 한 이를 두고 공무원의 과실로 인한 것이라고는 할 수 없기 때문에, 그 행정처분
이 후에 항고소송에서 취소되었다고 할지라도 당해 행정처분이 곧바로 공무원의 고의 또는

---

117) 고의란 위법한 결과의 발생을 인식하면서 그 범죄사실을 실현하는 행위를 말하며, 과실이란 일정한
결과가 발생한다는 것을 알고 있어야 함에도 불구하고 부주의로 말미암아 그러한 사실이 발생하는
것을 인식하지 못한 것을 말한다.
118) 대판 1987.9.22, 87다카1164

과실로 인한 불법행위를 구성한다고 단정할 수는 없다(자동차정비업에 대한 허가신청을 받은 행정관청이 주민들의 민원이 해소되지 않았다는 이유로 내린 허가거부처분이 후에 항고소송으로 취소된 경우, 그 거부처분을 행한 경위에 비추어 담당 공무원에게 직무상 과실이 없다고 한 사례).

(2) 판단기준

고의 · 과실 판단 기준은 국가가 아니라 당해 공무원을 기준으로 판단해야 하며, 공무원에 고의 · 과실이 있으면 국가가 당해 공무원의 선임 · 감독에 대하여 고의 · 과실이 없더라도 국가는 배상책임을 진다.

【판시사항】

법원이 형사소송법 등 관련 법령에 근거하여 검사에게 어떠한 조치를 이행할 것을 명하였고, 관련 법령의 해석상 법원의 결정에 따르는 것이 당연하고 그와 달리 해석될 여지가 없는데도 검사가 관련 법령의 해석에 관하여 대법원판례 등의 선례가 없다는 이유 등으로 법원의 결정에 어긋나는 행위를 한 경우, 당해 검사에게 직무상 의무를 위반한 과실이 있다고 볼 것인지 여부(대법원 2012. 11. 15. 선고 2011다48452 판결)

【판결요지】

검사는 공익의 대표자로서 실체적 진실에 입각한 국가 형벌권의 실현을 위하여 공소제기와 유지를 할 의무뿐만 아니라 그 과정에서 피고인의 정당한 이익을 옹호하여야 할 의무가 있다. 그리고 법원이 형사소송절차에서 피고인의 권리를 실질적으로 보장하기 위하여 마련되어 있는 형사소송법 등 관련 법령에 근거하여 검사에게 어떠한 조치를 이행할 것을 명하였고, 관련 법령의 해석상 그러한 법원의 결정에 따르는 것이 당연하고 그와 달리 해석될 여지가 없는 경우라면, 법에 기속되는 검사로서는 법원의 결정에 따라야 할 직무상 의무도 있다. 그런데도 그와 같은 상황에서 검사가 관련 법령의 해석에 관하여 대법원판례 등의 선례가 없다는 이유 등으로 법원의 결정에 어긋나는 행위를 하였다면 특별한 사정이 없는 한 당해 검사에게 직무상 의무를 위반한 과실이 있다고 보아야 한다.

(3) 과실의 객관화

국가배상법이 과실책임주의를 취하는 이상 과실개념을 객관화하여 국가배상책임의 성립을 용이하게 하고 피해자의 구제의 범위를 확대하려는 의도로서 과실의 관념을 민법의 추상적 과실이론을 도입하여 이를 객관화하고 있다.

판례는 이때의 과실은 직무상 요구되는 주의의무위반이며, 공무원이 그 직무를 수행함에 있어 당해 직무를 담당하는 평균인이 통상 갖추어야 할 주의의무를 게을리한 것이라고 판시하면서 과실의 수준을 당해 공무원이 아니라 해당 직무를 담당하는 평균적 공무원을 기준으로 한다고 보았다.

> **【판시사항】**
> 관계 법령에 대한 해석이 확립되기 전 어느 한 설을 취하여 업무를 처리한 행정처분이 후에 항고소송으로 취소된 경우, 공무원의 직무상 과실의 인정 여부(대법원 1997. 7. 11. 선고 97다7608 판결)
>
> **【판결요지】**
> 행정청이 관계 법령의 해석이 확립되기 전에 어느 한 설을 취하여 업무를 처리한 것이 결과적으로 위법하게 되어 그 법령의 부당집행이라는 결과를 빚었다고 하더라도 처분 당시 그와 같은 처리 방법 이상의 것을 성실한 평균적 공무원에게 기대하기 어려웠던 경우라면 특별한 사정이 없는 한 이를 두고 공무원의 과실로 인한 것이라고는 할 수 없기 때문에, 그 행정처분이 후에 항고소송에서 취소되었다고 할지라도 당해 행정처분이 곧바로 공무원의 고의 또는 과실로 인한 불법행위를 구성한다고 단정할 수는 없다(자동차정비업에 대한 허가신청을 받은 행정관청이 주민들의 민원이 해소되지 않았다는 이유로 내린 허가거부처분이 후에 항고소송으로 취소된 경우, 그 거부처분을 행한 경위에 비추어 담당 공무원에게 직무상 과실이 없다고 한 사례).

(4) 구체적 검토

1) 공무원의 법령해석과 과실

가) 원칙

공무원에게 자신의 직무관련 법령의 해석, 적용과 관련하여 과실을 인정할 수 있는지가 문제될 수 있다. 일반적으로 공무원은 자신의 사무영역에 있어서 표준적인 법령에 대한 지식과 학설, 판례의 내용을 숙지할 의무가 있다고 할 것인바, 직무를 집행함에 있어서 관계 법규를 알지 못하거나 필요한 지식을 갖추지 못하여 법규의 해석을 그르쳐 잘못된 행정처분을 하였다면 그가 법률전문가가 아닌 행정직 공무원이라고 하여 무과실이라고 할 수 없다.

> **【판시사항】**
> 학설, 판례에 귀일된 견해가 없어 설이 갈릴 수 있는 복잡미묘한 법률해석에 관하여 공무원이 취한 견해가 대법원판례가 취한 그것과 달라진 경우와 공무원의 국가배상법상의 과실(대법원 1973. 10. 10. 선고 72다2583 판결)
>
> **【판결요지】**
> 법령의 해석이 복잡 미묘하여 어렵고 학설, 판례가 통일되지 않을 때에 공무원이 신중을 기해 그 중 어느 한 설을 취하여 처리한 경우에는 그 해석이 결과적으로 위법한 것이었다 하더라도 국가배상법상 공무원의 과실을 인정할 수 없다.

나) 예외

그러나 법령에 대한 해석이 그 문언 자체만으로는 명백하지 아니하여 여러 견해가 있을 수 있고 이에 대한 선례나 학설, 판례 등도 귀일된 바 없어 이의가 없을 수 없는 경우에 관계 공무원이 그 나름대로 신중을 다하여 합리적인 근거를 찾아 그 중 어느 한 견해를 따라 내린 해석이 후에 대법원이 내린 입장과 같지 않아 결과적으로 잘못된 해석에 돌아가고, 이에 따른 처리가 역시 결과적으로 위법하게 되어 그 법령의 부당집행이라는 결과를 가져오게 되었다고 하더라도 그와 같은 처리방법 이상의 것을 성실한 평균적 공무원에게 기대하기는 어려운 일이고, 따라서 이러한 경우에까지 공무원의 과실을 인정할 수는 없다.[119]

2) 항고소송에서 행정청의 패소

어떤 행정처분이 뒤에 항고소송에서 취소된 경우, 그 자체만으로 그 행정처분이 공무원의

---

[119] 대법원 1995. 10. 13. 선고 95다32747 판결, 대법원 2004. 6. 11. 선고 2002다31018 판결 등 참조.

고의나 과실로 인한 것으로서 불법행위를 구성한다고 단정할 수 없다는 이유로 국가배상책임을 부인하고 있다.

> **【판시사항】**
> 어떠한 행정처분이 후에 항고소송에서 위법한 것으로서 취소된 경우 국가배상책임의 성립 요건과 그 판단 기준(대법원 2011. 1. 27. 선고 2008다30703 판결)
>
> **【판결요지】**
> 어떠한 행정처분이 후에 항고소송에서 위법한 것으로서 취소되었다고 하더라도 그로써 곧 당해 행정처분이 공무원의 고의 또는 과실에 의한 불법행위를 구성한다고 단정할 수는 없지만, 그 행정처분의 담당공무원이 보통 일반의 공무원을 표준으로 하여 볼 때 객관적 주의의무를 결하여 그 행정처분이 객관적 정당성을 상실하였다고 인정될 정도에 이른 경우에는 국가배상법 제2조 소정의 국가배상책임의 요건을 충족하였다고 보아야 한다. 이때 객관적 정당성을 상실하였는지 여부는 침해행위가 되는 행정처분의 태양과 그 목적, 피해자의 관여 여부 및 관여의 정도, 침해된 이익의 종류와 손해의 정도 등 여러 사정을 종합하여 결정하되 손해의 전보책임을 국가 또는 지방자치단체에게 부담시킬 만한 실질적인 이유가 있는지도 살펴서 판단하여야 하며, 이는 행정청이 재결의 형식으로 처분을 한 경우에도 마찬가지이다.

3) 법률의 위헌선언과 국가배상청구

국가배상청구소송에서 재판의 전제로 행하여진 위헌법률심사에서 처분의 근거가 된 법률이 처분 뒤에 위헌으로 결정·선고 된 경우 공무원에게 과실이 있다고 보기 어렵다. 이는 공무원에게는 법령심사권이 없으며 명백히 무효인 경우가 아닌한 공무원으로서는 법령을 적용할 수밖에 없기 때문이다.

5. 위법성 - 법령에 위반한 행위

(1) 법령위반의 의의

법령의 위반이란 위법성을 의미하여 여기서 법령의 위반은 성문법 및 불문법을 포함한 모든 법을 의미하며, 법령의 범위에 대하여는 협의설과 광의설로 나뉘어 있다. 대법원은 국가배상법상의 '법령위반'이라 함은 엄격한 의미의 법령위반뿐만 아니라 인권존중, 권력남용금지, 신의성실, 공서양속 등의 위반도 포함하여 널리 행위가 사회적 타당성이 없다거나 객관적 정당성을 결여하고 있음을 의미한다고 하여 광의설을 채택하고 있다.[120]

> **【판시사항】**
>
> 국가배상법 제2조 법령의 의미(대법원 2012. 7. 26. 선고 2010다95666 판결)
>
> **【판결요지】**
>
> 공무원의 부작위로 인한 국가배상책임을 인정하기 위하여는 공무원의 작위로 인한 국가배상책임을 인정하는 경우와 마찬가지로 '공무원이 그 직무를 집행함에 당하여 고의 또는 과실로 법령에 위반하여 타인에게 손해를 가한 때'라고 하는 국가배상법 제2조 제1항의 요건이 충족되어야 할 것이다. 여기서 '법령에 위반하여'라고 함은 엄격하게 형식적 의미의 법령에 명시적으로 공무원의 작위의무가 정하여져 있음에도 이를 위반하는 경우만을 의미하는 것은 아니고, 인권존중·권력남용금지·신의성실과 같이 공무원으로서 마땅히 지켜야 할 준칙이나 규범을 지키지 아니하고 위반한 경우를 포함하여 널리 그 행위가 객관적인 정당성을 결여하고 있는 경우도 포함한다.

> **【판시사항】**
>
> 국가배상책임의 성립요건으로서의 법령 위반의 의미(대법원 1997. 7. 25. 선고 94다2480 판결)
>
> **【판결요지】**
>
> 국가배상책임은 공무원의 직무집행이 법령에 위반한 것임을 요건으로 하는 것으로서, 공무원의 직무집행이 법령이 정한 요건과 절차에 따라 이루어진 것이라면 특별한 사정이 없는 한 이는 법령에 적합한 것이고 그 과정에서 개인의 권리가 침해되는 일이 생긴다고 하여 그 법령 적합성이 곧바로 부정되는 것은 아니라고 할 것인바, 불법시위를 진압하는 경찰관들의 직무집행이 법령에 위반한 것이라고 하기 위하여는 그 시위진압이 불필요하거나 또는 불법시위의 태양 및 시위 장소의 상황 등에서 예측되는 피해 발생의 구체적 위험성의 내용에 비추어 시위진압의 계속 수행 내지 그 방법 등이 현저히 합리성을 결여하여 이를 위법하다고 평가할 수 있는 경우이어야 한다.

---

120) 대판 2002.5.17., 2000다22607, 대판 2009.12.24, 2009다70180

(2) 구체적 검토

1) 행정규칙위반

훈령 등 행정규칙에 위반한 행정조치로 인해 타인에게 손해를 가한 경우 그 위법성이 인정될 수 있을 것인지가 문제된다. 이에 대하여는 부정설과 긍정설이 대립된다. 그러나 행정규칙은 법규가 아니기 때문에 원칙적으로 법령위반에 포함되지 아니한다. 그러나 행정의 자기구속원리가 적용되는 경우에는 위법문제가 발생한다. 대법원도 공무원에게 부과된 직무상의무의 내용이 단순히 공공일반의 이익을 위한 것이거나 행정기관 내부의 질서를 규율하기 위한 것이 아니고, 전적으로 또는 부수적으로 '사회구성원 개인의 안전과 이익을 보호하기 위하여 설정된 내용' 또는 '인권보호에 직접적 영향을 미치는 내용'인 경우는 직무상의무위반 또는 직무기준위반 한 행위로 위법으로 본다.

> 【판시사항】
> 공무원에게 부과된 직무상 의무를 위반함으로 인해 발생한 손해에 대하여 국가 또는 지방자치단체가 배상책임을 지기 위한 요건 / 오동도 관리사무소 근무자가 태풍경보시 위 사무소의 '95재해대책업무세부추진실천계획'에 위배하여 차량과 사람의 통제를 제대로 하지 아니함으로 인해 발생한 손해에 대하여 지방자치단체의 배상책임을 인정한 사례(대법원 1997. 9. 9. 선고 97다12907 판결)
>
> 【판결요지】
> [1] 공무원에게 부과된 직무상 의무의 내용이 단순히 공공일반의 이익을 위한 것이거나 행정기관 내부의 질서를 규율하기 위한 것이 아니고, 전적으로 또는 부수적으로 사회구성원 개인의 안전과 이익을 보호하기 위하여 설정된 것이라면 공무원이 그와 같은 직무상 의무를 위반함으로 인하여 피해자가 입은 손해에 대하여는 상당인과관계가 인정되는 범위 내에서 국가 또는 지방자치단체가 배상책임을 지는 것이고, 이 때 상당인과관계의 유무를 판단함에 있어서는 일반적인 결과 발생의 개연성은 물론 직무상의 의무를 부과하는 법령 기타 행동규범의 목적이나 가해행위의 태양 및 피해의 정도 등을 종합적으로 고려하여야 한다.
> [2] 태풍경보가 발령되는 등으로 기상 상태가 악화되었으나 시 산하기관인 오동도 관리사무소 당직근무자가 재해시를 대비하여 마련되어 있는 지침에 따른 조치를 취하지 아니하고 방치하다가 상급기관의 지적을 받고서야 비로소 오동도 내로 들어오는 사람 및 차량

의 통행은 금지시켰으나, 오동도 안에서 밖으로 나가려는 사람 및 차량의 통행을 금지시키지 아니한 채 만연히 철수하라는 방송만을 함으로써, 피해자들이 차량을 타고 진행하다가 파도가 차량을 덮치는 바람에 바닷물로 추락하여 사망한 사안에서, 오동도 관리사무소의 '95재해대책업무세부추진실천계획'은 국민의 신체 및 재산의 안전을 위하여 공무원에게 직무의무를 부과하는 행동규범임이 명백하고, 그 계획이 단순히 훈시규정에 불과하다거나 시 재해대책본부의 '95재해대책업무지침'에 규정한 내용보다 강화된 내용을 담고 있다고 하여 이를 무효라고 볼 수 없으며, 당직근무자가 위 계획에 위배하여 차량의 통제를 하지 아니한 과실과 사고 사이에는 상당인과관계가 있다고 하여 시의 손해배상책임을 인정한 사례.

2) 부당한 재량처분

재량행위의 경우에는 그것이 단순히 재량을 그르친 부당한 재량권 행사인 경우에는 법령위반에 포함되지 않지만, 재량권이 일탈·남용된 때에는 위법이 된다. 또한 행정청에게 부작위의 재량권이 부여된 경우에도 구체적 사안에서 재량권이 0으로 수축되어 그 권한의 행사만이 의무에 합당한 것으로 판단되면 그 부작위의 위법성이 인정된다.

3) 수익적 행정처분의 위법

수익적 행정처분은 그 성질상 특별한 사정이 없는 한 그 처분이 이루어지는 것이 신청인의 이익에 부합하고, 이에 대한 법규상의 제한은 공공의 이익을 위한 것이어서 그러한 법규상의 제한사유가 없는 한 원칙적으로 이를 허용할 것이 요청된다 할 것이다.

【판시사항】
수익적 행정처분이 신청인에 대한 관계에서 국가배상법 제2조 제1항의 위법성이 있는 것으로 평가되기 위한 요건(대법원 2001. 5. 29. 선고 99다37047 판결)

【판결요지】
수익적 행정처분은 그 성질상 특별한 사정이 없는 한 그 처분이 이루어지는 것이 신청인의 이익에 부합하고, 이에 대한 법규상의 제한은 공공의 이익을 위한 것이어서 그러한 법규상의 제한 사유가 없는 한 원칙적으로 이를 허용할 것이 요청된다고 할 것이므로, 수익적 행정처분이 신청인에 대한 관계에서 국가배상법 제2조 제1항의 위법성이 있는 것으로 평가되기 위하여는 당해 행정처분에 관한 법령의 내용, 그 성질과 법률적 효과, 그로 인하여 신청인이 무익한 비용을 지출할 개연성에 관한 구체적 사정 등을 종합적으로 고려하여 객관적으로 보아 그 행위로 인하여 신청인이 손해를 입게 될 것임이 분명하다고 할 수 있어 신청인을 위하여도 당해 행정처분을 거부할 것이 요구되는 경우이어야 할 것이다.

4) 국가배상청구에 의해 위법한 처분에 대한 취소가 필요한지 여부

단순위법한 행정행위의 경우 그 처분의 취소전 즉 공정력의 객관적 범위 내에 있는 경우라도 국가배상이 가능한지가 문제되는데, 처분이 취소되기 전이라도 손해배상은 가능하다는 것이 학설과 판례의 일치된 태도이다.[121]

(3) 위법성 판단시점 및 입증책임

위법성의 판단시점은 공무원의 가해행위가 이루어지는 시점이며, 이때 피해행위에 대한 입증책임은 피해자(원고)가 진다.

6. 타인에게 손해발생

(1) 타인의 범위

타인이란 가해자인 공무원 및 그의 직무상 위법행위에 가담한 자 이외의 모든 자(자연인과 법인)를 말한다. 가해자가 국가인 경우는 지방자치단체, 가해자가 지방자치단체인 경우는 국가도 타인에 해당된다. 다만 피해자가 군인, 군무원 등인 경우에는 특례가 인정되고 있다.

(2) 손해의 발생

손해란 가해행위로부터 발생한 일체의 손해를 말한다. 이러한 손해에는 재산적 손해, 위자료 등 정신적 손해[122], 적극적 손해, 장차 얻을 수 있는 이익을 얻지 못하는 소극적 손해[123]를

---

121) 대판 1981. 8. 25. 선고 80다1598.

불문한다. 다만, 반사적 이익의 침해는 여기의 손해에 해당하지 아니한다.

> **【판시사항】**
> 재산상의 손해로 인하여 받는 정신적 고통의 배상(대법원 1998. 7. 10. 선고 96다38971 판결)
>
> **【판결요지】**
> 재산상의 손해로 인하여 받는 정신적 고통은 그로 인하여 재산상 손해의 배상만으로는 전보될 수 없을 정도의 심대한 것이라고 볼 만한 특별한 사정이 없는 한 재산상 손해배상으로써 위자된다.

(3) 인과관계

공무원의 직무행위와 손해의 발생 사이에는 상당인과관계가 있어야 한다. 인과관계의 판단 유무는 결과발생의 개연성은 물론 직무상의무를 부과한 법령의 내용 기타 행동규범의 목적이나 예견 가능한 행위 후의 사정, 가해행위의 태양 및 피해의 정도 등을 종합적으로 고려하여 판단하여야 한다.

> **【판시사항】**
> 공무원의 직무상 의무 위반으로 국가가 배상책임을 지는 경우의 직무상 의무의 내용 및 상당 인과관계 유무의 판단기준(대법원 2007. 12. 27. 선고 2005다62747 판결)
>
> **【판결요지】**
> 공무원에게 부과된 직무상 의무의 내용이 단순히 공공 일반의 이익을 위한 것이거나 행정기관 내부의 질서를 규율하기 위한 것이 아니고 전적으로 또는 부수적으로 사회구성원 개인의 안전과 이익을 보호하기 위하여 설정된 것이라면, 공무원이 그와 같은 직무상 의무를 위반함으로 인하여 피해자가 입은 손해에 대하여는 상당인과관계가 인정되는 범위 내에서 국가가 배상책임을 지는 것이고, 이때 상당인과관계의 유무를 판단함에 있어서는 일반적인 결과 발생의 개연성은 물론 직무상 의무를 부과하는 법령 기타 행동규범의 목적, 그 수행하는 직무의 목적 내지 기능으로부터 예견 가능한 행위 후의 사정, 가해행위의 태양 및 피해의 정도 등을 종합적으로 고려하여야 한다.

---

122) 대판 2004.9.23, 2003다49009
123) 대판 1998.7.10, 96다38971

따라서 공무원에게 직무상 의무를 부과한 법령의 보호목적이 사회구성원 개인의 이익과 안전을 보호하기 위한 것이 아니고 단순히 공공일반의 이익이나 행정기관 내부의 질서를 규율하기 위한 것이라면, 가사 공무원이 그 직무상의무를 위반한 것을 계기로 하여 제3자가 손해를 입었다 하더라도 공무원이 직무상의무를 위반한 행위와 제3자가 입은 손해 사이에는 법리상 상당인과관계가 있다고 할 수 없다.[124]

Ⅱ. 배상책임의 성질

1. 배상책임자

(1) 국가 또는 지방자치단체

배상책임자는 가해공무원이 소속하는 국가 또는 지방자치단체이다. 당해 사무의 귀속주체에 따라서 국가사무의 경우는 국가가 배상책임을 지고, 자치사무의 경우는 당해 지방자치단체가 배상책임을 진다. 헌법은 배상책임자를 '국가 또는 공공단체'로 하고 있는데 반하여, 국가배상법은 '국가 또는 지방자치단체'로 한정하고 있어 지방자치단체이외의 공공단체의 배상책임은 민법의 규정에 맡기고 있다.

(2) 공무원 선임 · 감독자와 비용부담자가 다른 경우

공무원의 선임 감독자와 비용부담자가 서로 다른 경우 비용부담자도 손해배상의 책임을 부담한다. 구체적으로 살펴보면 국가배상법 제2조 제3조 및 제5조에 따라 국가나 지방자치단체가 손해를 배상할 책임이 있는 경우에 공무원의 선임 · 감독 또는 영조물의 설치 · 관리를 맡은 자와 공무원의 봉급 · 급여, 그 밖의 비용 또는 영조물의 설치 · 관리비용을 부담하는 자가 동일하지 아니하면 그 비용을 부담하는 자도 손해를 배상하여야 한다는 의미이다. 그러므로 피해자는 양자 중 선택적으로 손해배상을 청구할 수 있다. 이 경우 손해를 배상한자는 내부관계에서 그 손해를 배상할 책임이 있는 자에게 구상할 수 있다.

---

124) 대판 2001.4.13. 선고 2000다34891.

2. 배상책임의 성질 - 학설

(1) 자기책임설

공무원이 행한 행위의 법적 효과는 그것이 위적법 여하를 떠나 모두 국가에 귀속되기 때문에 배상책임은 국가가 공무원 책임을 대신해서 지는 것이 아니라 국가기관인 공무원의 행위형식으로 직접 국가 등이 책임을 부담하는 것이라는 견해이다.

여기서 국가 및 직접 불법행위를 자행한 공무원에 대한 선택적 청구의 가부가 문제될 수 있는데, 헌법 제29조 제1항의 단서에 '이 경우 공무원 자신의 책임은 면제되지 아니한다'규정하고 있는바 피해자는 어느 한쪽에라도 선택적 청구는 가능한다.

(2) 대위책임설

국가는 불법을 행할 수 없다는 전제하에 배상책임은 위법한 행위를 행한 공무원의 책임이며 공무원이 배상책임을 부담하여야 하는 것이 원칙이지만, 피해자 보호 등을 위해 만일 공무원이 무자력일 경우 국가가 대신하여 배상부담을 하는 것이라는 견해이다. 이 견해에 따르면 피해자는 공무원 또는 국가를 상대로 하여 선택적 청구는 불가하다. 배상책임은 원래 공무원의 책임이나 국가가 대신 부담하는 것이고 공무원이 무자력일 경우 피해자를 보호하기 위한 것이고 공무원의 사기저하를 방지하고자 하는 취지이기 때문이다.

(3) 중간설

공무원의 행위가 고의 중과실에 기인한 경우 국가기관의 행위로 볼 수 없고 공무원에게 구상권을 행사할 수 있으며(대위책임), 그것이 경과실에 기인한 경우 국가기관의 행위로 보아야 하고 구상권이 부정되어 국가의 자기책임이 된다.

(4) 절충설

공무원의 행위가 경과실에 기인한 경우 국가기관의 행위로 볼 수 있어 국가의 자기책임으로 보지만, 그 행위가 고의 중과실에 기인한 경우 국가기관의 행위로 볼 수 없고 공무원만이 배상책임을 지고 국가는 책임이 없지만 그 행위가 직무로서 외형을 갖춘 경우라면 피해자와

의 관계에서 일종의 자기책임으로서 배상책임을 진다는 견해이다

3. 판례 - 절충설

공무원의 고의 중과실이 있는 경우에는 선택적 청구권이 인정되지만, 경과실의 경우에는 선택적 청구권이 부인된다고 보았다.

【판시사항】

공무원의 직무상 불법행위로 인한 피해자가 공무원 개인을 상대로 손해배상을 청구할 수 있는지 여부(대법원 1994. 4. 12. 선고 93다11807 판결)

【판결요지】

공무원의 직무상 불법행위로 인하여 손해를 받은 사람은 국가 또는 공공단체를 상대로 손해배상을 청구할 수 있고, 이 경우에 공무원에게 고의 또는 중대한 과실이 있는 때에는 국가 또는 공공단체는 그 공무원에게 구상할 수 있을 뿐, 피해자가 공무원 개인을 상대로 손해배상을 청구할 수 없다.

III. 구상권

1. 헌법규정

헌법 제29조 제1항 단서는 국가 또는 공공단체가 배상책임을 지는 경우 '공무원 자신의 책임은 면제되지 아니한다'라고 규정하여 위법행위를 자행한 공무원에 대한 구상권을 인정하고 있다.

2. 국가배상법 규정

공무원의 고의 또는 중과실이 있는 때에는 국가 또는 지방자치단체는 그 공무원에 대하여 구성권을 행사할 수 있다고 규정하고 있다. 따라서 경과실의 경우에는 구상권을 행사할 수 없지만 중과실의 경우에는 구상권을 행사할 수 있다고 보면 된다.

> **국가배상법 제2조(배상책임)**
> ② 제1항 본문의 경우에 공무원에게 고의 또는 중대한 과실이 있으면 국가나 지방자치단체는 그 공무원에게 구상할 수 있다.

3. 공무원의 선임, 감독자와 비용부담자가 다른 경우 구상

(1) 국가에 대한 가해공무원의 내부적 구상책임

국가배상법 제2조 제1항의 규정에 따라 국가 등이 피해자에게 배상을 할 경우 위법행위를 자행한 공무원에게 고의 또는 중과실이 있을 경우 그 공무원에게 구상권을 행사할 수 있다.

(2) 가해공무원의 국가에 대한 구상권

공무원이 직무수행 중 불법행위로 타인에게 손해를 입힌 경우에 국가 등이 국가배상책임을 부담하는 외에 공무원 개인도 고의 또는 중과실이 있는 경우에는 불법행위로 인한 손해배상 책임을 지고, 공무원에게 경과실이 있을 뿐인 경우에는 공무원 개인은 손해배상책임을 부담하지 아니한다. 이처럼 경과실이 있는 공무원이 피해자에 대하여 손해배상책임을 부담하지 아니함에도 피해자에게 손해를 배상하였다면 그것은 채무자 아닌 사람이 타인의 채무를 변제한 경우에 해당하고, 이는 민법 제469조의 '제3자의 변제' 또는 민법 제744조의 '도의관념에 적합한 비채변제'에 해당하여 피해자는 공무원에 대하여 이를 반환할 의무가 없고, 그에 따라 피해자의 국가에 대한 손해배상청구권이 소멸하여 국가는 자신의 출연 없이 채무를 면하게 되므로, 피해자에게 손해를 직접 배상한 경과실이 있는 공무원은 특별한 사정이 없는 한 국가에 대하여 국가의 피해자에 대한 손해배상책임의 범위 내에서 공무원이 변제한 금액에 관하여 구상권을 취득한다고 봄이 타당하다.[125]

---

125) 대법원 2014. 8. 20. 선고 2012다54478 판결.

Ⅳ. 배상의 범위

배상은 원칙적으로 정당한 배상을 하여야 하며, 가해행위와 상당인과관계 있는 손해 즉, 재산적, 정신적 손해를 배상하여야 한다.

1. 배상청구권자

국가배상법 제2조의 규정에 의거 공무원의 위법한 직무집행행위로 손해를 입은 자는 누구라도 배상금 지급을 청구할 수 있다.

2. 손해배상액 – 배상기준

(1) 배상기준의 성질

헌법 제29조 제1항은 '정당한 배상'을 지급하도록 규정하고 있다. 민법의 경우와 마찬가지로 가해행위와 상당인과관계에 있는 모든 손해액이다. 국가배상법은 생명 · 신체에 대한 침해와 물건의 멸실 · 훼손으로 인한 손해에 관해서는 배상금의 기준을 정해 놓고 있으며, 그 밖의 배상의 범위는 가해행위와 상당인과 관계에 있는 모든 손해를 기준으로 하고 있다. 여기서 국가배상법상 제3조 배상기준의 성질은 단순한 기준규정에 불과하다고 보는 것이 다수설 · 판례이다.

【판시사항】

국가배상법 제3조 제1항 제3항은 헌법 제26조에 위배되지 아니한다(대법원 1970. 1. 29. 선고 69다1203 전원합의체 판결)

【판결요지】

구 국가배상법(67.3.3. 법률 베1899호) 제3조 제1항과 제3항의 손해배상의 기준은 배상심의회의 배상금지급기준을 정함에 있어서의 하나의 기준을 정한 것에 지나지 아니하는 것이고 이로써 배상액의 상한을 제한한 것으로 볼 수 없다 할 것이며 따라서 법원이 국가배상법에 의한 손해배상액을 산정함에 있어서 그 기준에 구애되는 것이 아니라 할 것이니 이 규정은 국가 또는 공공단체에 대한 손해배상청구권을 규정한 구 헌법(62.12.26. 개정헌법) 제26조에 위반된다고 볼 수 없다.

(2) 이익의 공제

국가배상법 제2조 제1항을 적용할 때 피해자가 손해를 입은 동시에 이익도 얻은 경우에는 손해배상액에서 그 이익에 상당하는 금액을 빼야 한다(손익공제). 유족배상 · 장해배상 및 장래에 필요한 요양비 등을 한꺼번에 신청하는 경우에는 중간이자를 빼야 한다. 중간이자를 빼는 방식은 대통령령으로 정한다. 국가배상법 시행령은 호프만방식에 의한다(국가배상법 시행령 제6조 제3항).

3. 군인 등에 대한 특례(이중배상금지 – 군인 등에 대한 국가배상청구권의 제한)

(1) 군인 등에 대한 특례(이중배상금지) 및 문제점

1) 특례

헌법 제29조 제2항은 군인 · 군무원 · 경찰공무원 기타 법률이 정하는 자가 전투 · 훈령 등 직무집행과 관련하여 받은 손해에 대하여는 법률이 정하는 보상 외에 국가 또는 공공단체에 공무원의 직무상 불법행위로 인한 배상은 청구할 수 없다.

국가배상법 제2조 제1항 단서는 군인 · 군무원 · 경찰공무원 또는 향토예비군대원이 전투 · 훈령 등 직무집행과 관련하여 전사 · 순직하거나 공상을 입은 경우에 본인이나 그 유족이 다른 법령에 따라 재해보상금 · 유족연금 · 상이연금 등의 보상을 지급받을 수 있을 때에는 국가배상법 및 민법에 따른 손해배상을 청구할 수 없다고 규정하고 있다. 이를 이중배상금지 규정이라 부르기도 한다.

2) 문제점

과거 이중배상금지제도는 헌법상 근거 없이 국가배상법에서 규정(국가배상법 제2조 제1항 단서규정)되었으나 1971년 6월 22일 대법원은 이를 위헌이라고 판결하였고,[126] 그 후 소위 유신헌법에서 이중배상금지를 헌법에 명문화한 것이 현행 헌법까지 그대로 유지되고 있다. 헌법재판소는 국가배상법 제2조 제1항 단서가 헌법상 보장되는 국가배상청구권을 헌법 내재적으로 제한하는 헌법 제29조 제2항에 직접근거하고 실질적으로 내용을 같이 한다는

---

126) 대법원 1971.6.22. 선고 70다1010 판결.

이유로 합헌을 선언하였다.[127]

3) 대상

가) 군인 · 군무원 · 경찰공무원 등

헌법 제29조 제2항, 국가배상법 제2조 제1항 단서에 규정된 군인 · 군무원 · 경찰공무원 또는 향토예비군대원은 여기서 말하는 타인에서 제외 된다. 그러나 전투경찰은 포함되고 공익근무요원, 경비교도대는 제외된다.

【판시사항】

공익근무요원이 국가배상법 제2조 제1항 단서의 군인에 해당하는지 여부(대법원 1997. 3. 28. 선고 97다4036 판결)

【판결요지】

공익근무요원은 병역법 제2조 제1항 제9호, 제5조 제1항의 규정에 의하면 국가기관 또는 지방자치단체의 공익목적수행에 필요한 경비 · 감시 · 보호 또는 행정업무 등의 지원과 국제협력 또는 예술 · 체육의 육성을 위하여 소집되어 공익분야에 종사하는 사람으로서 보충역에 편입되어 있는 자이기 때문에, 소집되어 군에 복무하지 않는 한 군인이라고 말할 수 없으므로, 비록 병역법 제75조 제2항이 공익근무요원으로 복무 중 순직한 사람의 유족에 대하여 국가유공자등예우및지원에관한법률에 따른 보상을 하도록 규정하고 있다고 하여도, 공익근무요원이 국가배상법 제2조 제1항 단서의 규정에 의하여 국가배상법상 손해배상청구가 제한되는 군인 · 군무원 · 경찰공무원 또는 향토예비군대원에 해당한다고 할 수 없다.

나) 전투, 훈련 등 직무 집행과 관련하여 전사 순직하거나 공상을 입은 경우

군인 · 군무원 · 경찰공무원 등이 받은 모든 손해에 대하여 손해배상이 배제되는 것은 아니며, 군인 등이 전투, 훈련 등 직무집행과 관련하여 전사, 순직 또는 공상을 입은 손해만이 배제되는 것이다.

---

127) 헌재 1996. 6. 13. 선고 94헌바20 판결.

다) 본인이나 유족이 다른 법령에 따라 재해보상금 등의 보상을 지급받을 수 있을 것

본인 또는 그 유족이 다른 법령규정에 의하여 재해보상금, 유족연금, 상이연금 등을 수령할 수 있을 때에는 국가배상법과 민법에 의한 손해배상청구를 할 수 없다. 따라서 이들이 다른 법령의 규정에 의하여 재해보상금 등을 지급받을 수 없을 때에는 국가배상법에 따라 배상을 청구할 수 있다.

4) 배상청구권의 양도·압류금지

공무원의 직무상 불법행위로 인한 손해배상 청구권 중 생명·신체의 침해로 인한 국가배상을 받을 권리는 양도하거나 압류하지 못한다. 이는 피해자나 유족을 보호하기 위한 것이다.

4. 배상청구권의 소멸시효

국가배상법 제8조의 규정에 의하여 국가배상청구권은 민법 제766조의 단기소멸시에 따른다. 따라서 불법행위로 인한 손해배상청구권은 피해자나 그 법정대리인이 '그 손해 및 가해자를 안 날로부터 3년간', '불법행위를 한 날로부터 10년간' 행사하지 아니하면 시효로 인하여 소멸한다. 배상금지급신청은 시효의 중단사유이므로, 배상심의회의에의 손해배상지급신청은 시효중단사유가 된다.

V. 자동차손해배상책임

1. 관련법 규정

(1) 법적근거

국가배상법은 국가나 지방자치단체는 자동자손해배상보장법에 따라 손해배상의 책임이 있을 때에는 국가배상법에 따라 그 손해를 배상하여야 한다고 규정하고 있고(국가배상법 제2조 제1항), 자동차손해배상보장법은 자기를 위하여 자동차를 운행하는 자는 그 운행으로 인하여 다른 사람을 사망하게 하거나 부상하게 한 때에는 그 손해를 배상할 책임을 진다(자동차손해배상보장법 제3조)고 규정하고 있다. 이 두 규정을 종합해 보면 공무원의 차량사고로

손해가 발생할 경우 국가배상과 관련하여 국가 등이 자동차손해배상보장법상의 책임요건을 갖추면 손해배상책의 범위와 절차는 국가배상법이 정하는 바에 따라 배상책임을 지게 되는 것이다.

(2) 국가배상법과 관계

국가배상법과 다른 법률과의 관계를 규정하고 있는 국가배상법 제8조는 국가배상에 관한 특별법이 있는 경우에는 특별법이 우선 적용되고, 국가배상법 및 특별법에 규정된 사항 외에는 민법에 따르도록 규정하고 있다. 따라서 공무원이 직무수행을 위하여 차량운행 중 사고로 타인에게 손해를 발생시킨 경우 특별법인 자동차손해배상보장법이 적용되는 경우에는 동법이 우선 적용되고, 자동차손해배상보장법이 적용되는 경우가 아닌 경우에는 그 성립요건 및 국가배상청구 등에 있어서 국가배상법이 적용된다.

2. 자동차손해배상보장법상 국가배상책임의 성립요건

자동차손해배상보장법 제3조는 '자기를 위하여 자동차를 운행하는 자는 그 운행으로 다른 사람을 사망하게 하거나 부상하게 한 경우에는 그 손해를 배상할 책임이 있다'고 규정하여 자동차 운행으로 인한 인신손해에 대해 '무과실책임'을 채택하고 있다. 국가의 자동차손해배상보장법 손해배상책임이 인정되기 위해서는 i) '자기를 위하여' 자동차를 운행하는 자일 것, ii) 자동차운행으로 다른 사람의 인신에 대해 손해를 발생시킬 것, iii) 자동차손해배상보장법 상 면책사유에 해당하지 않을 것이 요구된다.

여기서 '자기를 위하여 자동차를 운행한 자'란 사회통념상 당해 자동차에 대한 '운행을 지배'하여 '운행이익'을 향수하는 책임주체로서의 지위에 있는 자를 말한다. 이 경우 운행의 지배는 현실적인 지배에 한하지 않고 사회통념상 간접지배 내지는 지배가능성이 있다고 볼 수 있는 경우도 포함된다.[128] 자동차운행의 이익을 향수하여 운행의 지배를 하는 자를 말하므로, 자동차의 소유자나 운전자와는 구별된다. 따라서 국가나 지방자치단체의 자동차손해배상보장법상 책임에는 자동차에 대한 '운행지배'와 '운행이익'을 요건으로 한다.

---

128) 대판 2009.10.15, 2009다42703, 42710.

(1) 국가 또는 지방자치단체의 운행자성

1) 운행자성 요소

국가 또는 지방자치단체가 자동차손해배상보장법상의 운행자성을 갖추어야 한다. 이때 운행자는 보유자와는 구별되며, 무단운전자, 절도운전자도 운행자에 포함되므로 자동차의 보유자보다는 넓은 개념이다. 운행자성은 운행이익과 운행지배를 요건으로 한다. 따라서 타인을 위하여 자동차를 운전하거나 보조하는 일에 종사하는 자는 여기서 말하는 운행자가 아니다.

【판시사항】

자동차손해배상 보장법 제3조에서 자동차사고에 대한 손해배상책임을 지는 사람으로 정하고 있는 '자기를 위하여 자동차를 운행하는 자'의 의미(대법원 2011. 11. 10. 선고 2009다80309 판결)

【판결요지】

여관이나 음식점 등의 공중접객업소에서 주차 대행 및 관리를 위한 주차요원을 일상적으로 배치하여 이용객으로 하여금 주차요원에게 자동차와 시동열쇠를 맡기도록 한 경우에 자동차는 공중접객업자가 보관하는 것으로 보아야 하고 위 자동차에 대한 자동차 보유자의 운행지배는 떠난 것으로 볼 수 있다. 그러나 자동차 보유자가 공중접객업소의 일반적 이용객이 아니라 공중접객업자와의 사업·친교 등 다른 목적으로 공중접객업소를 방문하였음에도 호의적으로 주차의 대행 및 관리가 이루어진 경우, 일상적으로는 주차대행이 행하여지지 않는 공중접객업소에서 자동차 보유자의 요구에 의하여 우발적으로 주차의 대행 및 관리가 이루어진 경우 등 자동차 보유자가 자동차의 운행에 대한 운행지배와 운행이익을 완전히 상실하지 아니하였다고 볼 만한 특별한 사정이 있는 경우에는 달리 보아야 한다

2) 구체적 기준

공무원이 관용차로 사적목적을 행한 경우 및 개인차로 공무수행을 한 경우에도 사회통념에 따라 국가 등이 객관적·외형적인 운행지배와 운행이익을 가지고 있다는 사정이 인정되면, 자동차 손해배상보장법에 따른 국가배상법상의 배상책임이 성립된다.

또한, 관용차를 무단으로 사용한 경우라 할지라도 국가 등에게 운행지배나 운행이익을 인정할 사정이 있는 경우에는 국가 등이 운행자의 손해배상 책임을 지게 된다.

(2) 인적손해가 발생할 것

자동차 손해배상보장법상의 배상책임은 사람이 사망하거나 부상한 경우이어야 하는 인적피해에 대한 배상이다(자동차손해배상보장법 제3조), 만일 물적 손해가 발생한 경우라면 국가배상법 제2조 제1항 본문 국가배상책임의 성립여부를 검토하여야 하며, 이 법의 적용이 없다.

(3) 면책사유가 없을 것

자동차의 운행으로, 다른 사람의 인신에 대해 손해를 발생시켰으면 원칙적으로 자동차손해배상보장법상의 책임을 지는 것은 당연하다. 그러나 ⅰ) 승객이 아닌자가 사망하거나 부상한 경우에 자기와 운전자가 자동차의 운행에 주의를 게을리 아니하였고, 피해자 또는 자기 및 운전자외의 제3자에게 고의 또는 과실이 있으며, 자동차의 구조상의 결함이나 기능상의 장애가 없었다는 것을 증명한 경우, ⅱ) 승객이 고의나 자살행위로 사망하거나 부상한 경우에 해당하면 배상책임을 면한다(자동차손해배상보장법 제3조 단서).

3. 공무원의 책임

(1) 국가나 지방자치단체의 자배법상의 책임이 인정되는 경우

국가나 지방자치단체가 '자기를 위하여 자동차를 운행하는 자'에 해당되는 경우 즉 운행자성이 인정되는 경우에는, 공무원에게 자배법상의 책임은 발생할 여지가 없게 된다. 그러나 그 배상책임의 내용은 국가배상법에 따름으로 공무원의 대외적 책임 즉, 민사상책임은 국가배상법의 이론이 그대로 적용된다. 판례에 의하면 고의 또는 중과실이 있는 경우에 민사상책임을 지게 된다.

(2) 국가나 지방자치단체의 자배법상의 책임이 부정되는 경우

국가나 지방자치단체가 '자기를 위하여 자동차를 운행하는 자'에 해당되지 않는 경우에는, 국가나 지방자치단체는 자배법상 배상책임이 없다. 이 경우에는 자동차손해배상에 관하여 국가배상법의 배상책임이 성립하기 위해서는 국가배상법 제2조 제1항의 '공무원의 직무행

위로 인한 손해배상의 책임요건'이나 제5조 제1항의 영조물의 설치·관리의 하자로 인한
배상책임요건을 갖추어야 한다.

> **【판시사항】**
>
> 육군중사가 훈련에 대비하여 개인 소유의 오토바이를 운전하여 사전정찰차 훈련지역 일대
> 를 돌아보고 귀대하다가 교통사고를 일으킨 경우, 오토바이의 운전행위가 국가배상법 제2
> 조 소정의 직무집행행위에 해당하는지 여부(대법원 1994. 5. 27. 선고 94다6741 판결)
>
> **【판결요지】**
>
> 가. 국가배상법 제2조 소정의 '공무원이 그 직무를 집행함에 당하여'라고 함은 직무의 범위
> 내에 속한 행위이거나 직무수행의 수단으로써 또는 직무행위에 부수하여 행하여지는 행위
> 로서 직무와 밀접한 관련이 있는 것도 포함되는바, 육군중사가 자신의 개인소유 오토바이
> 뒷좌석에 같은 부대 소속 군인을 태우고 다음날부터 실시예정인 훈련에 대비하여 사전정찰
> 차 훈련지역 일대를 살피고 귀대하던 중 교통사고가 일어났다면, 그가 비록 개인소유의 오
> 토바이를 운전한 경우라 하더라도 실질적, 객관적으로 위 운전행위는 그에게 부여된 훈련지
> 역의 사전정찰임무를 수행하기 위한 직무와 밀접한 관련이 있다고 보아야 한다.

제3항 영조물의 설치나 관리의 하자로 인한 국가배상

> **국가배상법 제5조(공공시설 등의 하자로 인한 책임)** ① 도로·하천, 그 밖의 공공의 영조물(營造物)의 설치나 관리에 하자(瑕疵)가 있기 때문에 타인에게 손해를 발생하게 하였을 때에는 국가나 지방자치단체는 그 손해를 배상하여야 한다. 이 경우 제2조제1항 단서, 제3조 및 제3조의2를 준용한다.
> ② 제1항을 적용할 때 손해의 원인에 대하여 책임을 질 자가 따로 있으면 국가나 지방자치단체는 그 자에게 구상할 수 있다.

Ⅰ. 의의

1. 개념

국가배상법 제5조는 '도로·하천 그 밖의 공공의 영조물의 설치나 관리에 하자가 있기 때문에 타인에게 손해를 발생하게 하였을 때에는 국가나 지방자치단체는 그 손해를 배상하여야 한다. 이 경우 제2조 제1항 단서, 제3조 및 제3조의2를 준용한다'고 규정하고 있다.

또한 이 경우 '손해의 원인에 대하여 책임을 질자가 따로 있으면 국가나 지방자치단체는 그 자에게 구상할 수 있다'고 규정하여 국가배상법 제2조와는 달리 과실을 배상책임의 요건으로 하고 있지 않다는 점에서 통설은 무과실책임으로 보고 있다.

2. 민법 제758조의 공작물책임과의 관계

국가배상법 제5조의 배상책임은 민법 제758조의 공작물책임과 같은 무과실책임이나, 대상이 공작물 등에 한정되지 않고 그 범위를 확대한 점과 책임이, 민법은 소유자에게는 절대적 책임을 과하지만 점유자에게는 면책규정이 있으나, 국가배상법은 점유자인 경우에도 면책사유를 인정하지 않고 있는 점에서 차이가 있다.

구분	민법 758조	국가배상법 5조
책임대상	공작물 책임에 한정	영조물로 책임대상이 넓음
면책규정	점유자의 면책규정 존재	점유자의 면책규정 없음

3. 무과실책임

국가배상법 제5조의 배상책임은 공공의 영조물의 설치 또는 관리에 흠이 있다고 하는 객관적 사실에 의하여 발생하는 것으로, 설치 또는 관리를 담당한 공무원의 고의 과실의 유무를 불문하므로 무과실책임의 성질을 가진다.

Ⅱ. 배상책임의 성립요건

배상책임의 요건으로는 도로, 하천 기타 공공의 영조물일 것, 설치 또는 관리에 흠이 있을 것, 타인에게 손해가 발생하였을 것 등이다.

1. 도로 · 하천 그 밖의 공공의 영조물

(1) 영조물의 개념

영조물이란 행정주체에 의해 직접 공적목적을 달성하기 위하여 제공된 유체물 및 관리할 수 있는 자연력인 공물을 의미하며, 여기에는 민법 제758조의 경우처럼 공작물에 한하지 않고, 공작물보다 더 넓은 개념이며, 학문상의 공물을 뜻하는 것으로 보아야 한다.

【판시사항】

국가배상법 제5조 제1항 소정의 '공공의 영조물'의 의미(대법원 1995. 1. 24. 선고 94다45302 판결)

【판결요지】

국가배상법 제5조 제1항 소정의 '공공의 영조물'이라 함은 국가 또는지방자치단체에 의하여 특정 공공의 목적에 공여된 유체물 내지 물적 설비를 지칭하며, 특정 공공의 목적에 공여된 물이라 함은 일반공중의 자유로운 사용에 직접적으로 제공되는 공공용물에 한하지 아니하고, 행정주체 자신의 사용에 제공되는 공용물도 포함하며 국가 또는 지방자치단체가 소유권, 임차권 그밖의 권한에 기하여 관리하고 있는 경우뿐만 아니라 사실상의 관리를 하고 있는 경우도 포함한다.

---

(2) 공물의 종류

공공용물·공용물·공적보존물이든, 또 자연공물(하천, 해변)이든 인공공물(도로, 공원, 청사)이든 불문하며, 동산(소방차, 경찰차)과 동물(경찰마, 경찰견)을 포함하는 개념이다. 그러나 국가나 공공단체의 소유물이라도 공물이 아닌 것, 가령 국유림, 폐차처분한 관용차, 일반재산 등은 여기에 해당하지 않고 민법 제758조가 적용된다.

2. 설치나 관리에 하자

(1) 설치나 관리의 의의

설치란 영조물의 설계에서 건조까지를 말하고, 관리란 영조물의 건조후의 유지·수선·보관작용을 의미한다. 국가배상법 제5조 제1항의 영조물의 설치나 관리는 민법 제758조의 공작물의 '설치 또는 보존'과 동일한 것이다. 그러나 피해자로서는 양 하자 중에 어느 한 하자만 주장하면 되므로 현실적인 구별의 실익이 없다는 견해도 있다.

(2) 설치나 관리에 하자

1) 하자의 의의

일반적으로 '설치에 하자'란 설계부터 건조까지의 하자로서 설계의 불비, 불량재료의 사용 등 설계나 건조에 완전하지 못한 점이 있는 것을 말하고, '관리에 하자'란 건조후의 영조물의 유지·수선·보관에 불완전한 점이 있는 것을 말한다.

설치나 관리에 하자가 무엇을 뜻하는 지에 관여하는 국가배상법 제5조 제1항의 표현이 '영조물에 하자가 있기 때문에'라는 규정이 아닌 '영조물의 설치나 관리에 하자가 있기 때문에' 손해가 발생한 경우라고 규정되어 있어 그 해석을 두고 학설대립이 있다.

【판시사항】

국가배상법 제5조 제1항에 정한 '영조물의 설치 또는 관리의 하자'의 의미 및 그 판단 기준 (대법원 2007. 9. 21. 선고 2005다65678 판결)

【판결요지】

국가배상법 제5조 제1항 소정의 영조물의 설치 또는 관리의 하자라 함은 영조물이 그 용도에 따라 통상 갖추어야 할 안전성을 갖추지 못한 상태에 있음을 말하는 것으로서, 영조물이 완전무결한 상태에 있지 아니하고 그 기능상 어떠한 결함이 있다는 것만으로 영조물의 설치 또는 관리에 하자가 있다고 할 수 없는 것이고, 위와 같은 안전성의 구비 여부를 판단함에 있어서는 당해 영조물의 용도, 그 설치장소의 현황 및 이용 상황 등 제반 사정을 종합적으로 고려하여 설치 관리자가 그 영조물의 위험성에 비례하여 사회통념상 일반적으로 요구되는 정도의 방호조치의무를 다하였는지 여부를 그 기준으로 삼아야 할 것이며, 객관적으로 보아 시간적·장소적으로 영조물의 기능상 결함으로 인한 손해발생의 예견가능성과 회피가능성이 없는 경우, 즉 그 영조물의 결함이 영조물의 설치관리자의 관리행위가 미칠 수 없는 상황 아래에 있는 경우에는 영조물의 설치·관리상의 하자를 인정할 수 없다.

2) 하자의 판단기준 – 학설

가) 객관설

국가배상법 제5조에서는 설치 또는 관리의 하자라고만 표현되어 있고, 고의 또는 과실이라는 표현이 없다. 따라서 설치·관리의 하자를 객관적으로 영조물의 설치와 그 후의 유지·수선·보관이 불완전하여 통상적으로 갖추어야 할 안전성을 결함으로써 타인에게 위해를 미칠 위험성이 있는 상태를 말한다(물적상태 유지 – 다수설).

나) 주관설

주관설은 설치나 관리의 하자를 '영조물을 안전하고 양호한 상태로 보전해야 할 작위 또는 부작위의무를 지고 있는 관리자가 그 관리의무를 위반함'을 의미한다고 본다.

다) 위법·무과실 책임설

국가배상법 제5조에 의한 책임을 영조물의 물리적 상태에 초점을 두는 객관설과는 달리 '관리자의 행위'에 초점을 두고, 가령 교통안전의무를 위반함으로써 발생한 손해에 대한 행위책임으로 보고 행위주체의 위법·무과실 책임으로 보는 입장이다.

라) 절충설

절충설은 설치나 관리에 하자의 유무를 판단함에 있어 영조물자체의 객관적인 물적하자 뿐만 아니라, 관리자의 안전관리 의무위반이라는 주관적 요소도 함께 고려해야 한다는 견해 이다.

3) 판 례 - 객관설, 변형된 객관설

판례는 국가배상법 제5조의 영조물의 설치 관리상의 하자를 영조물 자체가 통상 갖추어야 할 안정성을 갖추지 못한 상태라고 하여 무과실책임으로 보고 있어 전통적으로 객관설을 취하고 있다. 최근의 판례는 수정·변형된 객관설을 취하고 있다.

【판시사항】
국가배상법 제5조 제1항 소정의 '영조물 설치 관리상의 하자'의 의미 및 그 설치자 또는 관리 자에게 부과되는 방호조치의무의 정도(대법원 2000. 4. 25. 선고 99다54998 판결)

【판결요지】
국가배상법 제5조 제1항 소정의 '영조물 설치 관리상의 하자'라 함은 공공의 목적에 공여된 영조물이 그 용도에 따라 통상 갖추어야 할 안전성을 갖추지 못한 상태에 있음을 말하고, 영 조물의 설치 및 관리에 있어서 항상 완전무결한 상태를 유지할 정도의 고도의 안전성을 갖추 지 아니하였다고 하여 영조물의 설치 또는 관리에 하자가 있는 것으로는 할 수 없는 것으로 서, 영조물의 설치자 또는 관리자에게 부과되는 방호조치의무의 정도는 영조물의 위험성에 비례하여 사회통념상 일반적으로 요구되는 정도의 것을 말하므로, 영조물인 도로의 경우도 다른 생활필수시설과의 관계나 그것을 설치하고 관리하는 주체의 재정적, 인적, 물적 제약 등을 고려하여 그것을 이용하는 자의 상식적이고 질서 있는 이용 방법을 기대한 상대적인 안 전성을 갖추는 것으로 족하다.

【판시사항】
영조물 설치에 하자가 있었다고 인정할 수 있는 예(대법원 1967. 2. 21. 선고 66다1723 판결)

【판결요지】
영조물 설치의 「하자」라 함은 영조물의 축조에 불완전한 점이 있어 이 때문에 영조물 자체가 통상 갖추어야 할 완전성을 갖추지 못한 상태에 있음을 말한다고 할 것인바 그『하자』 유무는 객관적 견지에서 본 안전성의 문제이고 그 설치자의 재정사정이나 영조물의 사용목적에 의한 사정은 안전성을 요구하는데 대한 정도 문제로서 참작사유에는 해당할지언정 안전성을 결정지을 절대적 요건에는 해당하지 아니한다 할 것이다.

3. 하자의 입증책임

하자의 입증책임은 원칙적으로 원고(피해자)에게 있다. 그러나 이 경우에도 국가배상책임을 확대시키기 위하여 하자의 일응의 추정이론을 원용하여 피해자는 개연성만 입증하도록 하고 설치관리자가 만일 면책을 받기 위해서는 예견가능성과 회피가능성이 없었다는 점은 설치·관리자인 국가 또는 지방자치단체가 입증하도록 하는 것이 타당하다는 것이 다수의 견해이다.

【판시사항】
도로의 설치·관리상의 하자 유무에 관한 판단 기준 / 고속도로의 점유관리자가 도로의 관리상 하자로 인한 손해배상책임을 면하기 위한 요건(대법원 2008. 3. 13. 선고 2007다 29287,29294 판결)

【판결요지】
공작물인 도로의 설치·관리상의 하자는 도로의 위치 등 장소적인 조건, 도로의 구조, 교통량, 사고시에 있어서의 교통 사정 등 도로의 이용 상황과 그 본래의 이용 목적 등 여러 사정과 물적 결함의 위치, 형상 등을 종합적으로 고려하여 사회통념에 따라 구체적으로 판단하여야 한다.
따라서 고속도로의 관리상 하자가 인정되는 이상 고속도로의 점유관리자는 그 하자가 불가항력에 의한 것이거나 손해의 방지에 필요한 주의를 해태하지 아니하였다는 점을 주장·입증하여야 비로소 그 책임을 면할 수 있다.

4. 타인에게 손해가 발생할 것

영조물의 설치 관리의 하자로 인하여 타인에게 손해가 발생하여야 한다. 여기에서 타인에는 공무원도 피해자의 범위에 포함될 수 있고 군인 등 일정한 공무원에 대하여는 국가배상법 제2조의 경우와 마찬가지로 특례가 인정된다.

그리고 이때 하자와 손해사이에는 상당인과관계가 있어야 하고 불가항력의 경우에는 상당인과 관계를 인정할 수 없다.[129] 이로 인한 손해는 재산상·정신상·적극적·소극적 모든 손해를 포함한다.

5. 영조물책임의 감면사유

(1) 불가항력(예견가능·회피가능성)

사회통념상 일반적으로 갖추어야 할 안전성을 갖추어 설치 관리상의 흠이 없음에도 불구하고 천재지변과 같이 인력으로 막을 수 없는 즉, 예상할 수 없는 재난이 원인이 되어 영조물에 의한 가해가 발생한 경우에는 불가항력으로서 면책사유가 된다.

【판시사항】

국가배상법 제5조 제1항에 정해진 영조물의 설치 또는 관리의 하자의 의미 및 그 판단 기준 (대법원 2001. 7. 27. 선고 2000다56822 판결)

【판결요지】

국가배상법 제5조 제1항에 정해진 영조물의 설치 또는 관리의 하자라 함은 영조물이 그 용도에 따라 통상 갖추어야 할 안전성을 갖추지 못한 상태에 있음을 말하는 것이며, 다만 영조물이 완전무결한 상태에 있지 아니하고 그 기능상 어떠한 결함이 있다는 것만으로 영조물의 설치 또는 관리에 하자가 있다고 할 수 없는 것이고, 위와 같은 안전성의 구비 여부를 판단함에 있어서는 당해 영조물의 용도, 그 설치장소의 현황 및 이용 상황 등 제반 사정을 종합적으로 고려하여 설치·관리자가 그 영조물의 위험성에 비례하여 사회통념상 일반적으로 요구되는 정도의 방호조치의무를 다하였는지 여부를 그 기준으로 삼아야 하며, 만일 객관적으로 보아 시간적·장소적으로 영조물의 기능상 결함으로 인한 손해발생의 예견가능성과 회피가능성이 없는 경우 즉 그 영조물의 결함이 영조물의 설치·관리자의 관리행위가 미칠 수 없는 상황 아래에 있는 경우임이 입증되는 경우라면 영조물의 설치·관리상의 하자를 인정할 수 없다.

---

129) 대판 1964.7.14, 63다1093

(2) 장마, 태풍, 집중호우 등

판례는 장마철에 가로수가 쓰러져 발생한 사고에서 매년 집중호우와 태풍이 동반되는 장마철을 겪고 있는 우리나라와 같은 기후 여건 하에서 이러한 사건은 예측불가능한 천재지변으로 볼 수 없으므로 영조물(가로수)의 설치 관리의 하자가 인정된다고 보았다.130)

> **【판시사항】**
> 예측가능성 및 회피가능성이 없는 불가항력적인 재해에 대한 배상책임인정 여부(대법원 2003. 10. 23. 선고 2001다48057 판결)
>
> **【판결요지】**
> 100년 발생빈도의 강우량을 기준으로 책정된 계획홍수위를 초과하여 600년 또는 1,000년 발생빈도의 강우량에 의한 하천의 범람은 예측가능성 및 회피가능성이 없는 불가항력적인 재해로서 그 영조물의 관리청에게 책임을 물을 수 없다.

(3) 재정적 제약(예산부족)

일반적으로 재정적 제약 즉 예산부족이 배상책임면책사유가 되는 지가 문제된다. 국가의 재정적 제약을 이유로 국가의 배상책임을 면책시킨다면, 이는 현실적인 국가의 열악한 재정 여건을 이유로 현재 불충분하게 되어 있는 영조물개수 예산을 법적으로 추인하게 되면 국가가 언제든지 법적책임을 회피할 수 있는 탈출구를 승인하는 결과를 가져오므로 부정해야 한다고 본다. 다만, 배상책임의 범위에 있어서 고려되어야 할 사유에 해당한다고 보아야 한다.

> **【판시사항】**
> 영조물 설치에 하자가 있었다고 인정할 수 있는 예(대법원 1967. 2. 21. 선고 66다1723 판결)
>
> **【판결요지】**
> 영조물 설치의『하자』라 함은 영조물의 축조에 불완전한 점이 있어 이 때문에 영조물 자체가 통상 갖추어야 할 완전성을 갖추지 못한 상태에 있음을 말한다고 할 것인바 그『하자』유무는

---

130) 대판 1993. 6. 8. 선고 93다11678, 99다53247.

객관적 견지에서 본 안전성의 문제이고 그 설치자의 재정사정이나 영조물의 사용목적에 의한 사정은 안전성을 요구하는데 대한 정도 문제로서 참작사유에는 해당할지언정 안전성을 결정지을 절대적 요건에는 해당하지 아니한다 할 것이다.

Ⅲ. 국가배상법 제2와 제5조의 경합

예컨대 교통신호기 관리상의 과실과 교통신호기고장이 결합하여 사고가 발생한 경우처럼, 공무원의 위법한 직무집행행위와 영조물의 설치나 관리상의 하자가 경합하는 경우, 즉 2개의 배상요건이 모두 충족되면 양 책임이 중복적으로 성립되므로, 선택적 청구가 동시 또는 이시 모두 가능하다.[131] 그러나 입증책임과 관련하여서는 제2조 책임은 과실책임이고, 제5조 책임은 일종의 무과실책임이므로 일반적으로 제5조의 책임이 피해자에게 유리하다.

【판시사항】

지방자치단체장이 설치하여 관할 지방경찰청장에게 관리권한이 위임된 교통신호기의 고장으로 인하여 교통사고가 발생한 경우, 지방자치단체뿐만 아니라 국가도 손해배상책임을 지는지 여부(대법원 1999. 6. 25. 선고 99다11120 판결)

【판결요지】

도로교통법 제3조 제1항은 특별시장·광역시장 또는 시장·군수(광역시의 군수를 제외)는 도로에서의 위험을 방지하고 교통의 안전과 원활한 소통을 확보하기 위하여 필요하다고 인정하는 때에는 신호기 및 안전표지를 설치하고 이를 관리하여야 하도록 규정하고, 도로교통법시행령 제71조의2 제1항 제1호는 특별시장·광역시장이 위 법률규정에 의한 신호기 및 안전표지의 설치·관리에 관한 권한을 지방경찰청장에게 위임하는 것으로 규정하고 있는바, 이와 같이 행정권한이 기관위임된 경우 권한을 위임받은 기관은 권한을 위임한 기관이 속하는 지방자치단체의 산하 행정기관의 지위에서 그 사무를 처리하는 것이므로 사무귀속의 주체가 달라진다고 할 수 없고, 따라서 권한을 위임받은 기관 소속의 공무원이 위임사무처리에 있어 고의 또는 과실로 타인에게 손해를 가하였거나 위임사무로 설치·관리하는 영조물

---

131) 대판 1999.6.25. 99다11120

의 하자로 타인에게 손해를 발생하게 한 경우에는 권한을 위임한 관청이 소속된 지방자치단체가 국가배상법 제2조 또는 제5조에 의한 배상책임을 부담하고, 권한을 위임받은 관청이 속하는 지방자치단체 또는 국가가 국가배상법 제2조 또는 제5조에 의한 배상책임을 부담하는 것이 아니므로, 지방자치단체장이 교통신호기를 설치하여 그 관리권한이 도로교통법 제71조의2 제1항의 규정에 의하여 관할 지방경찰청장에게 위임되어 지방자치단체 소속 공무원과 지방경찰청 소속 공무원이 합동근무하는 교통종합관제센터에서 그 관리업무를 담당하던 중 위 신호기가 고장난 채 방치되어 교통사고가 발생한 경우, 국가배상법 제2조 또는 제5조에 의한 배상책임을 부담하는 것은 지방경찰청장이 소속된 국가가 아니라, 그 권한을 위임한 지방자치단체장이 소속된 지방자치단체라고 할 것이나, 한편 국가배상법 제6조 제1항은 같은 법 제2조, 제3조 및 제5조의 규정에 의하여 국가 또는 지방자치단체가 손해를 배상할 책임이 있는 경우에 공무원의 선임·감독 또는 영조물의 설치·관리를 맡은 자와 공무원의 봉급·급여 기타의 비용 또는 영조물의 설치·관리의 비용을 부담하는 자가 동일하지 아니한 경우에는 그 비용을 부담하는 자도 손해를 배상하여야 한다고 규정하고 있으므로 교통신호기를 관리하는 지방경찰청장 산하 경찰관들에 대한 봉급을 부담하는 국가도 국가배상법 제6조 제1항에 의한 배상책임을 부담한다.

Ⅳ. 영조물의 하자와 제3자의 행위와의 경합

영조물의 설치나 관리상의 하자로 인한 사고라 함은 영조물의 설치나 관리상의 하자만이 손해발생의 원인이 되는 경우만을 말하는 것이 아니고, 다른 자연적 사실이나 제3자 또는 피해자의 행위와 경합하여 발생한 손해도 영조물의 설치나 관리상의 하자가 공동원인의 하나가 되는 이상 그 손해는 영조물의 설치나 관리상의 하자에 의하여 발생한 것이라고 보아야 한다.[132]

영조물의 하자가 제3자의 행위와 경합하여 손해를 발생한 경우에는 영조물관리자와 제3자는 상호간에 연대책임의 의사가 없으므로 부진정연대책임을 진다. 또한 영조물의 하자가 피해자의 행위와 경합한 경우에는 그로인하여 확대된 손해의 한도 내에서 영조물 관리주체의 책임이 감면된다고 할 것이다.

---

132) 대판 1994.11.22.,94다32924; 대판 2000.5.26,99다53247

제4항 배상책임자

Ⅰ. 손해배상책임자

1. 국가나 지방자치단체

공공영조물의 하자로 인한 손해배상책임자는 원칙적으로 국가 또는 지방자치단체가 된다. 따라서 공공영조물의 설치·관리사무의 귀속주체에 따라 국가사무인 경우는 국가가, 지방자치단체의 사무인 경우는 당해 지방자치단체가 배상책임을 지는 것이 원칙이다. 따라서 피해자는 그 어느 쪽에 대하여도 선택적으로 청구가 가능하다.

2. 설치나 관리자와 비용부담자가 다른 경우

국가배상법 제6조 제1항은 국가나 지방자치단체가 손해를 배상할 책임이 있는 경우에 공무원의 선임·감독 또는 영조물의 설치·관리를 맡은 자와 공무원의 급여, 그 밖의 비용 또는 영조물의 설치·관리비용을 부담하는 자가 동일하지 아니하면 그 비용을 부담하는 자도 손해를 배상해야 한다고 하여 영조물의 설치·관리자와 비용부담자가 다른 경우에는 비용부담자도 대외적 책임을 진다고 규정하고 있다. 따라서 피해자는 설치·관리자와 비용부담자에 대하여 선택적으로 배상을 청구할 수 있다.

이는 공무원의 선임·감독권 내지 영조물의 설치·관리를 맡은 자와 비용을 부담하는 자가 다른 경우의 배상책임자를 분명히 하고, 피해자가 피고를 잘못 선정함으로써 불이익을 받은 일이 없도록 하기 위함이다.

Ⅱ. 구상권

1. 손해원인의 책임자에 대한 구상

영조물의 설치·관리의 하자로 인한 손해배상에 있어서 국가나 지방자치단체가 배상한 경우에 손해의 원인에 대하여 책임을 져야하는 자가 따로 있으면 국가 등은 그 자에게 구상할 수 있다. 즉, 고의 또는 과실로 영조물의 설치 또는 관리상 하자를 발생케 한 자에 대하여 변상책임이 인정된다.

2. 설치나 관리자와 비용부담자가 다른 경우의 구상(최종적배상책임자)

(1) 문제의 소재

영조물의 설치·관리를 맡은 자와 영조물의 설치·관리비용을 부담하는 자가 동일하지 않을 경우에는 양자 모두 피해자에게 배상책임이 있다. 이 경우 손해를 배상한자는 내부관계에서 그 손해를 배상할 책임이 있는 자에게 구상할 수 있다(국가배상법 제6조 제2항)고 규정하고 있다. 이렇듯 제2항은 내부적으로 최종적배상책임자가 누구인지에 대해 명시적으로 규정하고 있지 않기 때문에 최종적 배상책임자가 누구인지가 문제된다.

(2) 학설

내부관계에서 손해배상의 책임이 있는 자가 누구를 의미하는지에 대하여 ⅰ) 관리주체가 최종적인 책임자라는 사무귀속자설, ⅱ) 실질적인 비용부담자가 최종적인 책임자라는 비용부담자설, ⅲ) 손해발생에 기여한 정도에 따라 최종적 부담자를 정해야 한다는 기여도설, ⅳ) 어느 한 유형으로 한정할 필요는 없고 손해발생의 기여도·비용부담의 비용 등 개별·구체적인 모든 사정을 반영하여 해결해야 한다는 종합설이 대립하고 있다.

(3) 판례

판례는 사무귀속자설을 취하고 있다. 행정권한이 기관위임된 경우 권한을 위임받은 기관은 권한을 위임한 기관이 속하는 지방자치단체의 산하 행정기관의 지위에서 그 사무를 처리하는 것이므로 사무귀속의 주체가 달라진다고 할 수 없고, 따라서 권한을 위임받은 기관 소속의 공무원이 위임사무처리에 있어 고의 또는 과실로 타인에게 손해를 가하였거나 위임사무로 설치·관리하는 영조물의 하자로 타인에게 손해를 발생하게 한 경우에는 권한을 위임한 관청이 소속된 지방자치단체가 국가배상법 제2조 또는 제5조에 의한 배상책임을 부담하고, 권한을 위임받은 관청이 속하는 지방자치단체 또는 국가가 국가배상법 제2조 또는 제5조에 의한 배상책임을 부담하는 것이 아니므로, 이 사건의 경우 국가배상법 제2조 또는 제5조에 의한 배상책임을 부담하는 것은 충남지방경찰청장이 소속된 피고가 아니라, 그 권한을 위임한 대전광역시장이 소속된 대전광역시라고 할 것이다.[133]

【판시사항】

국가가 육교의 관리사무의 귀속주체로서, 서울특별시가 육교의 비용부담자로서 각 손해배상책임을 지는 경우, 이들이 국가배상법 제6조 제2항을 들어 구상권자인 다른 공동불법행위자에게 대항할 수 있는지 여부 및 이러한 경우 구상권자에 대한 국가와 서울특별시의 채무의 성질(=부진정연대채무)(대법원 1998. 9. 22. 선고 97다42502, 42519 판결)

【판결요지】

트랙터가 서울특별시 내의 일반국도를 주행중 육교에 충돌하여 그 육교상판이 붕괴되면서 이로 인하여 때마침 육교 밑을 통과해 오던 버스운전사가 사망함으로써 위 트랙터에 관하여 공제계약을 체결한 전국화물자동차운송사업조합연합회가 그 유족에게 손해배상금을 지급하여 공동면책된 경우, 피고 대한민국은 위 육교의 관리사무의 귀속주체로서, 피고 서울특별시는 위 육교의 비용부담자로서 각 손해배상책임을 지는 것이고, 국가배상법 제6조 제2항의 규정은 도로의 관리주체인 국가와 그 비용부담자인 시, 구 상호간에 내부적으로 구상의 범위를 정하는 데 적용될 뿐 이를 들어 구상권자인 공동불법행위자에게 대항할 수 없는 것이므로, 피고들은 부진정연대채무자로서 각자 피고들 전체의 부담 부분(전체 손해액 중 구상권자인 전국화물자동차운송사업조합연합회가 부담할 부분을 제외한 전액)에 관하여 구상권자의 구상에 응하여야 하는 것이지 피고별로 분할채무를 지는 것이 아니다.

---

133) 대판 1999.6.25., 99다11120.

제5항 배상금청구절차

Ⅰ. 행정절차에 의한 배상청구

1. 임의적 전치 주의

국가배상법은 국가배상법에 따른 손해배상의 소송은 배상심의회에 배상신청을 하지 아니하고도 제기할 수 있다고 규정하여 국가배상청구소송을 제기하기 전에 법무부와 국방부에 설치된 배상심의회에 배상신청을 거치지 않아도 되는 임의적 전치주의를 취하고 있다.

2. 배상심의회(종류와 권한 및 성격)

국가나 지방자치단체에 대한 배상신청사건을 심의하기 위하여 법무부에 본부심의회를 둔다. 다만, 군인이나 군무원이 타인에게 입힌 손해에 대한 배상신청사건을 심의하기 위하여 국방부에 특별 심의회를 둔다. 본부심의회와 특별심의회 밑에는 지구심의회를 둔다. 본부심의회 · 특별심의회 · 지구심의회는 법무부장관의 지휘를 받는다. 배상심의회는 합의제 행정관청으로서 배상금을 심의 · 처리하고 그 결과를 신청인에게 송달하여야 한다.

Ⅱ. 배상금 지급신청절차

1. 배상금지급신청

배상금의 지급을 받고자 하는 자는 그 주소지 · 소재지 또는 발생원인 발생지를 관할하는 지구심의회에 배상신청을 하여야 한다.

2. 배상심의회의 심의, 결정, 결정서 송달

배상심의회는 지급신청을 받은 때부터 4주 이내에 배상금의 지급결정, 기각결정 또는 각하결정하고, 결정한 날부터 1주일 이내에 그 결정 정본을 신청인에게 송달해야 한다.

3. 배상금지급신청

배상결정을 받은 신청인은 지체없이 그 결정에 대한 동의서를 첨부하여 국가나 지방자치단체에 배상금 지급을 청구하여야 한다. 지방자치단체가 대통령령으로 정하는 기간내에 배상금을 지급하지 아니하면 그 결정에 동의하지 아니한 것으로 본다.

4. 재심신청

지구심의회에서 배상신청이 기각 또는 각하된 신청인은 결정정본이 송달된 날부터 2주일 이내에 그 심의회를 거쳐 본부심의회나 특별심의회에 재심을 신청할 수 있다. 재심신청을 받은 지구심의회는 1주일 이내에 배상신청기록일체를 본부심의회나 특별심의회에 송부하여야 한다. 본부심의회나 특별심의회는 4주일 이내에 다시 배상결정을 해야 한다.

5. 배상금지급 결정의 효력

심의회의 배상결정은 법적구속력을 갖지 아니한다. 따라서 신청인은 배상결정에 동의하여 배상금을 수령한 후에도 손해배상 소송을 제기하여 배상금청구 및 증액청구를 할 수 있게 되었으며, 불가변력이나 일사부재리는 적용되지 않는다.

헌법재판소는 동의된 배상결정에 확정판결과 같은 최종적인 효력을 지니는 재판상 화해가 성립된 것으로 간주하는 것은 헌법과 법률이 정한 법관에 의한 재판을 받을 권리의 과도한 제한으로서, 위헌이라도 결정하였다.[134]

Ⅲ. 사법절차에 의한 배상청구

1. 손해배상청구소송의 제기

국가배상법을 공법으로 본다면 손해배상청구소송은 행정소송 중 당사자소송에 의하며, 국가배상법을 사법으로 보는 견해에 의하면 손해배상청구는 민사소송에 의하고 그 관할은 해당 지방법원이 된다.

---

134) 헌재결 1995. 5. 25. 91헌가7.

2. 관련청구소송

처분의 취소를 구하는 소송을 제기하면서 손해배상의 청구를 병합하여 제기하는 것도 가능하다. 이 경우 관련청구소송이 계속된 법원이 상당하다고 인정하는 때에는 당사자의 신청 또는 직권에 의하여 이를 취소소송이 계속된 법원으로 이송할 수 있다.

3. 가집행선고문제

종전 국가배상청구소송은 국가에 대한 재산권청구소송에 해당하므로 소송촉진 등에 관한 특례법 제6조 제1항 중 '국가를 상대로 하는 재산권의 청구에 관하여 가집행선고를 할 수 없다'고 규정하여 가집행선고를 붙일 수 없게 되어 있었다.

그런데, 헌법재판소는 동 조항이 헌법상의 평등원칙에 위배 된다는 것을 이유로 위헌결정을 내렸다. 이에 따라 동조항은 법률개정을 통해 삭제되었으며, 그로 인해 현재는 국가를 상대로 하는 손해배상청구소송에서도 가집행선고를 할 수 있다.

【판시사항】
공법상 당사자소송에서 재산권의 청구를 인용하는 판결을 하는 경우, 가집행선고를 할 수 있는지 여부(대법원 2000. 11. 28. 선고 99두3416 판결)

【판결요지】
행정소송법 제8조 제2항에 의하면 행정소송에도 민사소송법의 규정이 일반적으로 준용되므로 법원으로서는 공법상 당사자소송에서 재산권의 청구를 인용하는 판결을 하는 경우 가집행선고를 할 수 있다.

제2절 행정상 손실보상

제1항 일반론

I. 행정상 손실보상의 의의

행정상 손실보상이라 함은 공공의 필요에 의한 적법한 공권력행사로 인하여 사인의 재산권에 가하여진 특별희생에 대하여 사유재산권 보장과 공평부담의 견지에서 행정주체가 행하는 조절적인 재산적 보상을 말한다(적법한 행위+공권력행사+재산적침해+특별한 희생).

II. 손실보상청구권의 법적성질

1. 학 설

학설은 공권설과 사권설로 나뉜다. 이 중 공권설(통설)은 손실보상의 원인행위가 공행정작용이고 그 효과로 보아야 하기 때문에 원인행위와 일체성이라는 점에서 공권으로 보는 견해이며, 그에 관한 소송은 행정소송으로서 당사자소송에 의하게 된다. 사권설은 손실보상의 원인 행위는 공법적이지만 그 효과로서의 손실보상은 사법적이므로 사권이며, 그에 따라서 손실보상에 관한 소송 또한 민사소송에 의하게 된다는 견해이다.

2. 판 례

판례는 종래에는 손실보상의 원인이 공행정작용일지라도 손실보상청구권은 사권으로 보고 그에 관한 소송은 민사소송으로 취급하였다.[135] 그러다가 2006년 5월 대법원 전원합의체 판결에서 하천법상 손실보상청구를 공법상 권리로 보아 행정소송법상 당사자소송의 대상이 된다고 판시하여 종전의 하천법상 부칙과 이에 따른 특별조치법에 의한 손실보상청구를 민사소송으로 취급했던 판례를 변경하였다.[136] 본 판결로 인해 변경의 대상이 된 판례는

---

135) 대판 1998.1.20.95다20161; 1996.7.26,94누13848; 대판 1998.2.27,97다46450; 2000.5.26,99다37382
136) 대판 2006.5.13, 2004다6207

모두 하천법상 권리에 관한 것이다.

【판시사항】

하천법 부칙(1984. 12. 31.) 제2조 제1항 및 '법률 제3782호 하천법 중 개정법률 부칙 제2조의 규정에 의한 보상청구권의 소멸시효가 만료된 하천구역 편입토지 보상에 관한 특별조치법' 제2조 제1항의 규정에 의한 손실보상금의 지급을 구하거나 손실보상청구권의 확인을 구하는 소송의 형태(=행정소송법 제3조 제2호의 당사자소송)(대법원 2006. 5. 18. 선고 2004다6207 전원합의체 판결)

【판결요지】

하천법 부칙(1984. 12. 31.) 제2조와 '법률 제3782호 하천법 중 개정법률 부칙 제2조의 규정에 의한 보상청구권의 소멸시효가 만료된 하천구역 편입토지 보상에 관한 특별조치법' 제2조, 제6조의 각 규정들을 종합하면, 위 규정들에 의한 손실보상청구권은 1984. 12. 31. 전에 토지가 하천구역으로 된 경우에는 당연히 발생되는 것이지, 관리청의 보상금지급결정에 의하여 비로소 발생하는 것은 아니므로, 위 규정들에 의한 손실보상금의 지급을 구하거나 손실보상청구권의 확인을 구하는 소송은 행정소송법 제3조 제2호 소정의 당사자소송에 의하여야 한다.

제2항 손실보상의 근거

Ⅰ. 이론적 근거

행정상 손실보상에 대한 이론적 근거는 자연권으로서 기득권의 불가침을 전제로 공적목적을 위한 침해에 보상이 주어져야 한다는 기득권설, 국가권력의 절대성을 전제로 보상은 국가의 개인에 대한 은혜라고 하는 은혜설, 헌법상 공용징수와 그 보상제도가 있으므로 손실보상이 인정된다는 공용징수설 등이 대립하고 있으나 통설 및 판례의 견해는 특별희생설이다. 이 견해는 공공의 이익을 위해 개인에게 부과된 특별한 희생은 정의, 평등의 원칙상 부담을 전체에 전가하여 이를 보상케 한다는 견해이다.

II. 실정법적 근거

1. 헌법적근거 - 헌법 제23조 제3항

(1) 헌법상보상규정

헌법 제23조 제3항에서는 국민의 재산권보장을 규정함과 동시에 공공필요에 의한 재산권의 수용·사용 또는 제한 및 그에 대한 보상은 법률로써 하되, 정당한 보상을 지급하여야 한다고 규정하여 사인의 재산권을 공공의 필요에 의하여 수용·사용·제한하는 경우에는 정당한 보상을 지급하여야 한다고 명시하고 있다. 이에 따라 국민의 재산권을 침해하는 행위 그 자체는 형식적 법률에 반드시 근거를 두어야 하고 보상의 기준, 방법 등에 관하여도 법적근거를 두고 있다.

(2) 헌법 제23조 제3항과 불가분조항 여부

1) 문제의 소재

수용에 관한 법적근거는 있으나 보상에 대한 법적근거가 없는 경우와 관련해 헌법 제23조 제3항(공공필요에 의한 재산권의 수용·사용 또는 제한 및 그에 대한 보상은 법률로써 하되, 정당한 보상을 지급하여야 한다)의 법적성격을 불가분조항[37]으로 볼 수 있는 지가 문제된다.

2) 학 설

학설은 이에 대하여 긍정설과 부정설이 대립한다. 이 중 부정설의 논거는 헌법 제23조 제3항을 불가분조항 규정으로 보면 보상규정이 없는 수용 법률은 모두 위헌이 선언될 것이어서 법적 안정성이 문제된다고 보는 견해이고, 긍정설의 논거는 헌법 제23조 제3항은 국가 등의 자의적인 재산권 침해로부터 개인의 권리를 보호하기 위한 합헌적인 고려라는 점을 중시한다.

---

137) 헌법 제23조 제3항은 수용규율과 보상규율이 하나의 동일한 법률에서 규정되어야 하고 양자는 분리할 수 없는 불가분으로 해석해야 한다는 것을 불가분조항이라 한다. 불가분조항으로 보면 보상규정을 두지 아니하거나 불충분한 보상규정을 두는 수용법률은 헌법위반이 된다.

(3) 헌법 제23조 제3항의 법적성질

1) 문제의 소재

헌법 제23조 제3항은 국가가 국민의 재산권을 수용·사용·제한하는 경우 그에 대한 보상은 법률로써 하되 정당한 보상을 지급하여야 한다고 규정하고 있는데, 실제로 법률이 공용침해 규정을 두면서 그 보상규정을 두지 않는 경우 재산권을 침해당한 개인은 헌법 제23조 제3항의 규정만을 근거로 해서 보상금을 청구할 수 있는지의 문제이다.

2) 학 설

방침규정설	입법에 관한 방침규정에 불과하므로 보상여부는 입법자가 자유로이 결정
위헌무효설	재산권침해규정시 보상규정이 없으면 위헌, 무효의 법률이며 이에 근거한 재산권침해행위는 위법한 행위가 되므로 국민은 손해배상청구권을 갖게 됨
직접효력설	직접 헌법상 보상규정에 근거하여 보상을 청구할 수 있음
유추적용설	헌법 제23조 제1항 및 제11조를 근거로 제23조 제3항을 유추적용하여 손실보상 청구
보상입법부작위위헌설	공용제한을 규정하는 법률이 보상규정을 정하지 않은 경우 손실보상을 규정하지 않은 입법부작위가 위헌이라는 견해

(가) 방침규정설(입법지침설)

방침규정설은 헌법 제23조 제3항의 규정은 입법자에게 공용침해와 손실보상에 대한 입법의 지침을 정한 것에 불과한 프로그램규정에 불과하다. 따라서 손실보상에 관하여 법률에 규정이 없으면 사인은 보상을 청구할 수 없다는 견해이다.

(나) 직접효력설(국민에 대한 직접효력설)

직접효력설은 헌법 제23조 제3항은 재산권 침해를 당한 국민에게 손실보상청구권을 직접 부여한 규정이라고 보아, 법률에 보상규정이 없어도 특별희생에 해당하는 재산권침해가 있으면 위 규정을 근거로 보상청구권이 발생한다는 견해이다.

(다) 위헌무효설

이 견해는 손실보상여부는 법률에 근거하여야 하므로, 법률이 재산권침해를 규정하면서 보상에 관한 규정이 없으면 그 법률은 위헌무효이며, 위헌 무효인 법률에 근거한 재산권 침해는 불법행위가 되므로 당사자는 위법한 재산권 침해 행위에 대한 행정소송을 제기할 수 있고, 재산상 손해가 발생한 경우에는 국가배상법에 의한 손해배상청구권을 갖게 된다는 견해다.

(라) 유추적용설(간접효력규정설)

유추적용설은 국민의 재산권침해에 대하여 보상규정이 없는 경우에도 헌법 제23조 제1항 (재산권보장) 및 제11조(평등원칙)에 직접 근거하고, 헌법 제23조 제3항 및 관계규정을 유추적용하여 보상을 청구할 수 있다는 견해다. 이 설은 보상규정이 없는 침해시의 '수용유사 침해의 법리'에 의하여 문제를 해결하려는 견해이다.

3) 판 례

대 법 원	일관되어 있지 않음(유추적용설, 위헌무효설 등)
헌법재판소	일정한 경우 법률에 보상규정을 두지 않은 것은 위헌이라고 판시

판례의 입장은 일관된 입장을 취하는 것은 아니다. 상황에 따라서는 ⅰ) 위헌무효설[138] ⅱ) 유추적용설[139] ⅲ) 관련규정이 없는 경우에도 손실보상을 인정한 경우도 있지만[140] 방침규정설을 취하지는 아니한다.

---

138) 헌재결 1994.12. 29, 89헌마2; 대판 1966.11.18, 66다1715
139) 대판 1978.7.21, 84누126
140) 대판 1972.11.28, 72다1597

2. 법률적 근거

행정상 손실보상에 관한 일반법은 없다. 개별법으로 '공용수용'에 관한 공익사업을 위한 토지 등의 취득 및 보상에 관한 법률 및 도시개발법, 도로법, 하천법, 도시 및 주거환경정비법, 징발법 등에서 규정하고 있을 뿐이다.

제3항 손실보상의 성립요건

I. 공공의 필요

손실보상의 원인이 되는 공권력행사는 공익목적 실현이라는 공공필요가 있는 경우에 한하여 인정된다. 여기서 공공의 필요란 일정한 공익사업을 시행하거나 공공복리를 달성하기 위해 재산권의 제한이 불가피한 경우를 말한다. 헌법 제23조 제3항의 공공필요를 최광의로 해석하여 널리 공익목적을 위한 필요로 해석하며 공공복리는 물론 국방목적, 질서유지 목적까지 포함한다. 그러나 순수한 국고 목적 내지 영리 목적은 여기의 공공필요에 해당하지 않는다. 따라서 국·공유 재산의 증대를 위한 수용은 인정되지 않는다.

Ⅱ. 재산권

재산권이란 민법상 소유권뿐만 아니라 사법상 권리이건 공법상 권리이건 물권이건 채권이건 불문하고 법에 의해 보호되고 있는 일체의 재산적 가치 있는 권리를 말한다. 그러나 생명, 신체적인 비재권적 침해(현행 토지보상법상 보상대상에 '정신적손실'은 포함되지 않는다.) 나 현존하는 구체적인 재산가치이어야 하므로 지가상승의 기대와 같은 기대이익, 영업기회 또는 이득가능성, 자연, 문화적인 학술가치는 포함되지 않는다.[141]

---

141) 토지보상법이 예시한 손실보상의 대상이 되는 재산권으로는 「토지·물건 및 권리를 취득 또는 사용하는 경우에 적용」하는바, ① 토지 및 이에 관한 소유권외의 권리, ② 토지와 함께 공익사업을 위하여 필요로 하는 입목, 건물 기타 토지에 정착한 물건 및 이에 관한 소유권외의 권리, ③ 광업권·어업권 또는 물의 사용에 관한 권리, ④ 토지에 속한 흙·돌·모래 또는 자갈에 관한 권리(토지보상법 제8조), ⑤ 그리고 영업의 손실 등도 보상(간접손실보상 또는 사업손실보상)의 대상이 된다(토지보상법 제77조).

Ⅲ. 침해의 적법성, 의도성 등

1. 공권적 침해

손실보상이 성립하기 위해서는 공권력적 작용으로 인한 침해를 전제로 한다. 따라서 비권력 작용이나 임의적인 공공용지 매수는 성립요건이 될 수 없다. 여기서 침해는 일체의 재산적 가치의 감소를 의미한다.

2. 적법한 침해

손실보상의 요건으로서 재산에 대한 침해는 적법한 침해여야 한다. 여기서 적법한 것이라 함은 법률에 근거한 것임을 의미하며, 적법행위로 인한 손실보상인 점에서 불법행위로 인한 손해배상제도와 구별된다. 만일 법률에 근거하지 않은 공용침해행위는 위법한 행위로서 손실보상이 아니라 손해배상 또는 취소소송의 대상이 된다. 또한 침해는 의도된 침해여야 한다. 의도되지 아니한 침해의 보상은 손실보상청구권의 또 다른 확장의 문제가 된다.

3. 공공의 필요

손실보상은 공공필요에 의한 국민의 재산권에 대한 공용침해, 즉 재산권의 수용·사용 및 제한에 대한 것이어야 한다. 여기서 수용은 재산권의 박탈을, 사용은 재산권의 박탈에 이르지 않는 일시사용을, 제한은 개인의 사용·수익을 제한하는 것을 말하나 공용침해는 재산권의 수용·사용·제한뿐만 아니라 재산 가치를 감소시키는 일체의 공행정작용을 포함한다.

Ⅳ. 손실보상 규정의 존재

1. 보상규정이 있는 공용침해

헌법 제23조 제3항은 공공필요에 의한 재산권의 수용·사용 또는 제한 및 그에 대한 보상은 법률로써 하되, 정당한 보상을 지급하여야 한다고 규정하고 있다. 따라서 적법한 침해에 따른 보상규정이 있어야 한다. 그러므로 재산권의 침해를 규정하면서 보상에 관해 규정하지 않음은 위법이 됨이 원칙이다. 오늘날 대부분 개별 법률에서 보상규정을 두고 있다.

2. 보상규정이 없는 공용침해

(1) 문제의 소재

헌법 23조 3항에서는 손실보상의 요건으로 보상규정의 존재를 요구하여 법률유보 원칙을 밝히고 있는바 개별법이 보상규정을 두는 경우 손실보상이 가능하다. 그러나 입법자가 사회적 제약이라고 판단하여 보상규정을 결한 재산권의 침해가 특별한 희생에 해당할 경우 손실보상여부가 문제된다.

(2) 학설

위헌무효설에 따르면 헌법23조 3항을 불가분조항으로 이해한 견해로서 보상규정을 결한 침해법률은 위헌이므로 무효이고 그것에 근거한 침해행위는 불법행위인바 피침해자는 손해배상 청구가 가능하다는 입장이고, 유추적용설 내지 간접효력 규정설에 의하면 헌법 11조의 평등원칙과 23조 1항의 재산권의 존속보장을 직접근거로 하고 23조 3항과 관련법의 보상규정을 유추적용하여 손실보상청구가 가능하다고 보는 견해이다. 그러나 직접효력설과 경계이론에 따르면 헌법 23조 3항은 국민에게 직접 효력을 가지므로 보상규정이 없는 경우 이를 직접 근거로 하여 손실보상을 청구할 수 있다고 본다.

(3) 판례

대법원은 이에 대해 명확한 입장을 취하지 아니한다. 다만 시대상황과 여건에 따라 태도를 달리하는 것으로 보인다. 3공화국 시기에는 직접효력설을 취하였지만 그 후 사유지가 보상 없이 경찰서 부지로 된 사건에 있어서는 국가배상청구를 인정하여 위헌무효설을 취한 경우도 있고, 또한 국유화된 제외지 소유자에 대해 하천법을 유추적용하여 손실보상을 하도록 하여 유추적용설의 입장을 취한 경우도 있다.

(4) 헌재

헌법재판소는 최근 개발제한구역관련 판례에서 개발제한구역지정으로 인한 제한은 원칙적으로 토지 재산권에 내재하는 사회적 제약이나 예외적으로 가혹한 부담이 발생하는 경우에 보상규정을 두지 않은 것은 위헌성이 있는 것이며 보상의 구체적인 방법과 기준은 입법자가 결정할 사항이라 하여 입법자에게는 보상입법 촉구, 행정청에게는 새로운 개발제한구역 지정 금지, 토지소유자는 보상입법을 기다려 권리행사를 하도록 결정하였다.

【판시사항】

보상규정 없는 개발제한구역지정 – 헌법불합치[헌재 1998. 12. 24. 선고 89헌마 214, 90헌바16, 97헌바78(병합)]

【판결요지】

도시계획법 제21조에 의한 재산권의 제한은 개발제한구역으로 지정된 토지를 원칙적으로 지정 당시의 지목과 토지현황에 의한 이용방법에 따라 사용할 수 있는 한, 재산권에 내재하는 사회적 제약을 비례의 원칙에 합치하게 합헌적으로 구체화한 것이라고 할 것이나, 종래의 지목과 토지현황에 의한 이용방법에 따른 토지의 사용도 할 수 없거나 실질적으로 사용·수익을 전혀 할 수 없는 예외적인 경우에도 아무런 보상없이 이를 감수하도록 하고 있는 한, 비례의 원칙에 위반되어 당해 토지소유자의 재산권을 과도하게 침해하는 것으로서 헌법에 위반된다.

V. 특별한 희생

1. 특별희생의 의의

손실보상의 성립요건으로서 특별희생이란 공권적침해로 인하여 개인에게 수인한도를 넘는 특별한 희생이 발생하여야 한다. 여기서 특별희생이란 재산권에 내재하는 사회적제약[142]을 넘어서는 손실을 의미한다. 따라서 재산권 자체에 내재하는 사회적 제약은 손실보상이 될 수 없기 때문에 사회적 제약과 특별한 희생을 구별하는 기준이 필요하다. 경계이론[143]에 따를 때 특별희생과 사회적 제약을 구별하는 표준에 관해서 형식적기준설, 실질적기준설 등 학설이 대립된다.

2. 구별기준 - 특별희생의 판단기준

(1) 형식적 표준설

이 기준은 침해행위로 인한 재산권의 제약을 받는 자가 특정되어 있는지 소수인지, 범국민적인지의 여부라는 형식적 기준에 따라 범국민적일 경우 사회적 제약으로 보상이 필요 없으나 침해행위가 특정인에 한정되는 경우 특별한 희생이 되므로 손실보상이 필요하다는 견해이다.

(2) 실질적 표준설

실질적 표준설에는 수인한도설, 보호가치설, 사적효용설, 목적위배설, 상황구속성설 등이 대립한다. 이중 수인한도설은 재산권의 본질과 강도에 비추어 재산권의 본질인 배타성을 침해하는 경우 재산권 보장을 규정한 헌법적 한계를 일탈한 것으로 특별한 희생에 해당한다는 견해이고, 보호가치설은 역사적 일반적 가치관 등에 비추어 보호할 만한 가치가 있는 재산권에 대한 침해만을 손실보상을 요하는 특별한 희생에 해당한다는 견해이며, 사적효용

---

142) 사회적제약이란 피해자에게 손해를 감수해야 할 원인이 있는 벌금 등의 부담이든 조세 등과 같은 일반적 부담이라든지 특히 권리의 의무화에 따르는 재산권자체에 내재하는 사회적 제약에 대해서는 손실보상이 문제되지 않는다.
143) 경계이론이란 재산권에 대한 제약이 재산권에 내재된 사회적 제약의 영역이라는 일정한 경계를 넘어서는 순간 공용 수용이 되어 입법자의 의사와는 무관하게 손실 보상이 주어지는 재산권 제약이 된다는 이론이며, 재산권의 사회적 제약과 공용 수용이 별개의 법 제도가 아니라 재산권 제한의 정도 차이에 불과하다는 의미이다

설은 당사자가 갖는 재산권의 주관적인 이용목적을 불가능하게 하는 것인가의 여부를 기준으로 특별희생을 판단하자는 견해이고, 목적위배설은 당해 재산권에 과거부터 인정되어 온 이용목적에 따라 그 효용을 높이기 위한 것이 아니라 과거의 이용목적에 위배되는 공익목적을 위하여 가해진 침해행위는 특별한 희생에 해당한다는 견해이며, 상황구속성설은 주로 토지의 이용제한과 관련하여 성립된 것으로 토지는 당해 토지에 놓여 있는 위치나 상황에 가장 상응하여 이용되어야 사회적, 상황적 구속을 받는 다는 견해이다.

(3) 절충설(형식적 표준설 + 실질적 표준설)

전설한 학설들은 특별희생인지의 판단을 함에 있어 그 자체로서는 완전한 기준이 되지 못하고 일면적 타당성만 가지고 있기 때문에 구체적인 사정을 고려하여 실질적 표준을 주로 하고 형식적 표준을 참작하여 결정하는 방식을 통해 전설한 학설들을 종합하여 판단하자는 견해이다.

제4항 손실보상의 기준과 내용

I. 손실보상의 기준

1. 헌법의 규정

헌법 제23조 제3항은 재산권의 수용·사용·제한 및 그에 대한 보상은 법률로써 하되 정당한 보상을 지급하여야 한다고 규정하고 있다. 여기서 정당한 보상이란 어느 정도를 말하는가 즉, 정당한 보상의 의미를 어떻게 해석할 것인가에 관하여 완전보상설과 상당보상설이 대립한다.

2. 학설

(1) 완전보상설 - 다수설, 판례

손실보상의 기준은 제약받은 재산권에 대한 완전한 보상이어야 한다고 보는 설이다. 완전보상설이 통설·판례[144)의 견해이며 헌법재판소[145)의 입장이기도 하다. 이와 같은 관념은 미국 수정헌법 제5조의 '정당한 보상'의 해석을 중심으로 미국에서 발전되어 왔다.

【판시사항】

지장물인 건물의 일부가 수용된 경우 잔여건물부분의 교환가치하락으로 인한 감가보상을 잔여지의 감가보상을 규정한 공공용지의취득및손실보상에관한특례법시행규칙 제26조 제2항을 유추적용하여 인정할 수 있는지 여부(대법원 2001. 9. 25. 선고 2000두2426 판결)

【판결요지】

토지수용법 제49조, 제50조, 제57조의2, 공공용지의취득및손실보상에관한특례법 제4조 제2항 제3호, 제4항, 같은법시행령 제2조의10 제4항, 같은법시행규칙 제2조 제2·3호, 제10조, 제23조의7의 각 규정을 종합하면, 수용대상토지 지상에 건물이 건립되어 있는 경우 그 건물에 대한 보상은 취득가액을 초과하지 아니하는 한도 내에서 건물의 구조·이용상태·면적·내구연한·유용성·이전 가능성 및 난이도 등의 여러 요인을 종합적으로 고려하여 원가법으로 산정한 이전비용으로 보상하고, 건물의 일부가 공공사업지구에 편입되어 그 건물의 잔여부분을 종래의 목적대로 사용할 수 없거나 사용이 현저히 곤란한 경우에는 그 잔여부분에 대하여는 위와 같이 평가하여 보상하되, 그 건물의 잔여부분을 보수하여 사용할 수 있는 경우에는 보수비로 평가하여 보상하도록 하고 있을 뿐, 보수를 하여도 제거 또는 보전될 수 없는 잔여건물의 가치하락이 있을 경우 이에 대하여 어떻게 보상하여야 할 것인지에 관하여는 명문의 규정을 두고 있지 아니하나, 한 동의 건물은 각 부분이 서로 기능을 달리하면서 유기적으로 관련을 맺고 전체적으로 그 효용을 발휘하는 것이므로, 건물의 일부가 수용되면 토지의 일부가 수용되는 경우와 마찬가지로 또는 그 이상으로 건물의 효용을 일부 잃게 되는 것이 일반적이고, 수용에 따른 손실보상액 산정의 경우 헌법 제23조 제3항에 따른 정당한 보상이란 원칙적으로 피수용재산의 객관적인 재산가치를 완전하게 보상하여야 한다는 완전보상을 뜻하는 것인데, 건물의 일부만이 수용되고 그 건물의 잔여부분을 보수하여 사용할 수 있는 경우 그 건물 전체의 가격에서 편입비율만큼의 비율로 손실보상액을 산정하여 보상하는 한편 보수비를 손실보상액으로 평가하여 보상하는 데 그친다면 보수에 의하여 보전될 수 없는 잔여건물의 가치하락분에 대하여는 보상을 하지 않는 셈이어서 불완전한 보상이 되는 점 등에 비추어 볼 때, 잔여건물에 대하여 보수만으로 보전될 수 없는 가치하락이 있는 경우에는, 동일한 토지소유자의 소유에 속하는 일단의 토지 일부가 공공사업용지로 편

---

144) 대판 1967.11.2. 67다1334

145) 헌재결 1991.2.11, 90헌바17,18(병합); 1998.2.26., 93헌바12; 헌재결 1990.6.25, 89헌마107; 1995.4.20,93헌바20

입됨으로써 잔여지의 가격이 하락한 경우에는 공공사업용지로 편입되는 토지의 가격으로 환산한 잔여지의 가격에서 가격이 하락된 잔여지의 평가액을 차감한 잔액을 손실액으로 평가하도록 되어 있는 공공용지의취득및손실보상에관한특례법시행규칙 제26조 제2항을 유추적용하여 잔여건물의 가치하락분에 대한 감가보상을 인정함이 상당하다.

(2) 상당보상설

이는 주로 사회국가적 견지에서 주장되어온 견해로서, 재산권의 사회적 제약 내지 사회적 구속성, 재산권의 공공복리적합의무의 관점에서 손실보상은 그 재산권침해행위의 공공성에 비추어 공·사익을 형량하여 적정한 보상이면 족하다는 견해이다.

(3) 결 어

손실보상은 재산권보장과 귀책사유없이 공익실현을 위해 특정인의 재산권에 가해진 특별손실을 전보한다는 점에서 완전보상이어야 할 것이고, 완전보상의 내용은 토지수용에 따르는 이전료·영업 손실 등도 본인의 의사에 반하는 토지의 강제취득에 따르는 손실이므로 피침해 재산의 객관적 교환가치에 한정할 것이 아니라 부대적 손실까지 포함되어야 할 것이다.[146]

3. 법률에 의한 보상기준

— 공익사업을 위한 토지 등의 취득 및 보상에 관한 법률의 경우

(1) 시가보상의 원칙

손실보상에 관한 일반규정은 없다. 다만 공용수용의 일반법인 공익사업을 위한 토지 등의 취득 및 보상에 관한 법률 제67조 제1항은 '보상액의 산정은 협의에 의한 경우에는 협의성립당시의 가격을, 재결에 의한 경우에는 수용 또는 사용의 재결 당시의 가격을 기준으로 한다'라고 규정하고 있다.

---

146) 헌재결 1990.6.25, 89헌마107

(2) 공시지가기준

공시지가란 부동산가격공시 및 감정평가에 관한 법률의 규정에 의한 절차에 따라 조사·평가하여 공시한 토지의 단위면적당 가격을 말하고, 표준지공시지가와 개별공시지가가 있다. 한편 공익사업을 위한 토지 등의 취득 및 보상에 관한 법률 제70조 제1항은 시가보상을 원칙으로 하면서도 공시지가를 기준으로 적정가격을 보상하도록 하여 개발이익을 배제하고자 하였다.

> **【판시사항】**
> 수용대상토지의 손실보상액 산정 방법(대법원 2001. 3. 27. 선고 99두7968 판례)
>
> **【판결요지】**
> 수용대상토지의 손실보상액을 산정함에 있어 관계 법령에서 들고 있는 모든 가격산정요인들을 구체적·종합적으로 참작하여 그 각 요인들이 빠짐없이 반영된 적정가격을 산출하여야 하고, 이 경우 행정기관이 개별공시지가를 산정함에 있어 일률적으로 사용하는 건설부장관 작성의 지가산정대상토지의 지가형성요인에 관한 표준적인 비준표를 그대로 적용하여서는 아니 되나 이를 참작하여 비교 수치를 산정할 수는 있고, 다만 이 경우 비준표상의 수치와 비교하여 어떠한 산정요소가 어떻게 참작되어 그러한 비교 수치가 나왔는지 알 수 있도록 비교 수치 산정요소를 구체적으로 특정·명시하여 기술하여야 한다.

(3) 공용수용의 보상기준

가) 취득하는 토지의 완전보상

협의 또는 재결에 의하여 취득하는 토지에 대하여는 공시지가를 기준으로 하여 보상하되, 그 공시기준 일부터 가격시점까지의 관계법령에 의한 당해 토지의 이용계획, 당해 공익사업으로 인한 지가의 영향을 받지 아니하는 지역의 지가변동률, 생산자물가상승률, 그 밖에 당해 토지의 위치·형상·환경·이용상황 등을 참작하여 평가한 적정가격으로 하되, 부대적손실의 보상(잔여지 손실, 공사비보상, 영업손실 등)도 규정하고 있다.

나) 건축물 등 물건에 대한 보상

건축물 등 물건에 대한 보상도 그 이전에 필요한 비용, 당해 물건의 가격이나 거래가격 등을 참작하여 평가한 적정가격으로 하되, 부대적손실의 보상도 규정하고 있다.

다) 개발이익의 배제

개발이익이란 개발사업의 시행 또는 토지이용계획의 변경 기타 사회적, 경제적 요인에 의하여 정상적인 지가상승분을 초과하여 개발사업을 시행하는 자 또는 토지소유자에게 귀속되는 토지가액의 증가분을 말한다(개발이익환수에관한법률 제2조 제1호). 보상액의 산정에 있어서 당해 공익사업으로 인하여 토지 등의 가격에 변동이 있는 때에는 이를 고려하지 아니한다고 규정하여 개발이익의 배제를 명시하고 있다.

【판시사항】
공시지가에 당해 수용사업으로 인한 개발이익이 포함되어 있거나 반대로 자연적 지가상승분도 반영되지 아니한 경우의 손실보상액 평가방법(대법원 1993. 7. 27. 선고 92누11084 판결)

【판결요지】
당해 수용사업의 시행으로 인한 개발이익은 수용대상토지의 수용 당시의 객관적 가치에 포함되지 아니하는 것이므로 수용대상토지에 대한 손실보상액을 산정함에 있어서 구 토지수용법(1991.12.31. 법률 제4483호로 개정되기 전의 것) 제46조 제2항에 의하여 손실보상액 산정의 기준이 되는 지가공시및토지등의평가에관한법률에 의한 공시지가에 당해 수용사업의 시행으로 인한 개발이익이 포함되어 있을 경우 그 공시지가에서 그러한 개발이익을 배제한 다음 이를 기준으로 하여 손실보상액을 평가하고, 반대로 그 공시지가가 당해 수용사업의 시행으로 지가가 동결된 관계로 개발이익을 배제한 자연적 지가상승분도 반영하지 못한 경우에는 그 자연적 지가상승률을 산출하여 이를 기타사항으로 참작하여 손실보상액을 평가하는 것이 정당보상의 원리에 합당하다.

라) 권리에 대한 보상

광업권, 어업권 및 물(용수시설 포함) 등의 사용에 관한 권리에 대하여는 투자비용, 예상

수익 및 거래가격 등을 고려하여 평가한 적정가격으로 보상한다.

Ⅱ. 손실보상의 내용(범위)

1. 개 요

손실보상의 내용 내지 대상은 대인적 보상에서 대물적 보상으로, 대물적 보상에서 생활보상
으로 변천하여 왔다.

2. 손실보상의 내용

(1) 대인적 보상

대인적 보상이란 손실보상이 토지 등 수용목적물의 객관적 가치를 기준으로 하지 않고,
피수용자의 당해 수용목적물의 주관적 이용가치를 기준으로 이루어지는 보상을 말한다.[147]

(2) 대물적 보상

대물적 보상이란 수용목적물에 대한 피수용자의 주관적 가치나 기준이 아니라 수용목적물
에 대한 객관적 시장(교환)가격이 보상의 기준이 되는 것을 말한다. 이는 수용이 없었던
것과 같은 경제상태 실현에 그 주안점이 있다.

(3) 생활보상

1) 의의

생활보상이란 20세기 후반 사회복지국가원리에 바탕을 둔 보상방법으로서 공용침해로 인
하여 재산권의 객관적 가치보상으로 전보되지 않는 손실, 즉 당사자가 생활의 근거를 상실함
으로써 입게 되는 손실을 생활배려적인 차원에서 생활재건에 필요한 정도의 보상을 하는
것을 말한다. 이는 수용전과 같은 경제적 상태 및 생활 상태를 유지시켜주는 보상이다.

---

147) 영국에서 처음으로 손실보상을 인정한 제정법인 1845년 토지조합통합법(Land clause consolidation
Act)에서 그 근거를 찾을 수 있다.

2) 법적근거

헌법 제23조

① 모든 국민의 재산권은 보장된다. 그 내용과 한계는 법률로 정한다.

② 재산권의 행사는 공공복리에 적합하도록 하여야 한다.

③ 공공필요에 의한 재산권의 수용·사용 또는 제한 및 그에 대한 보상은 법률로써 하되, 정당한 보상을 지급하여야 한다.

헌법 제34조

① 모든 국민은 인간다운 생활을 할 권리를 가진다.

② 국가는 사회보장·사회복지의 증진에 노력할 의무를 진다.

③ 국가는 여자의 복지와 권익의 향상을 위하여 노력하여야 한다.

④ 국가는 노인과 청소년의 복지향상을 위한 정책을 실시할 의무를 진다.

⑤ 신체장애자 및 질병·노령 기타의 사유로 생활능력이 없는 국민은 법률이 정하는 바에 의하여 국가의 보호를 받는다.

⑥ 국가는 재해를 예방하고 그 위험으로부터 국민을 보호하기 위하여 노력하여야 한다.

가) 학설

ⅰ) 헌법 제23조설

이 설은 헌법 제23조 제3항을 완전보상으로 보면서, 생활보상[148]도 헌법 제23조 제3항의 완전보상에 포함될 수 있다는 견해이다.

ⅱ) 헌법 제34조설

이 설은 헌법 제23조 제3항은 재산권보장을 염두한 조항이며, 그러한 보상으로 충족되지 않은 내용의 보장은 헌법 제34조에 의하여야 한다고 하면서 생활보상은 헌법 제34조의 사회보장수단으로서의 성격을 가진다고 보는 견해이다. 헌법재판소는 생활보상의 하나인 이주대책에 대해 공공의 필요에 의하여 재산권을 수용당한 국민이 당연히 국가에 대하여

---

148) 완전보상이란 수용 등이 이루어지기 전 상태와 유사한 생활상태를 실현할 수 있도록 하는 보상을 의미한다.

갖는 공법상의 권리인 손실보상청구권과는 전혀 다른 개념으로 헌법 제23조 제3항에서 말하는 정당한 보상에 해당하지 않는다고 판시하였다.[149]

iii) 헌법 제23조, 제34조 결합설

이설은 생활보상을 헌법 제23조의 공적부담의 평등에 근거한 보상의 성격과 헌법 제34조의 생존배려의 근거한 보상의 성격이 결합된 것으로 보는 견해이다. 이 견해에 의하면 생활보상도 헌법 제23조의 정당한 보상의 하나로 파악된다.

나) 판례 - 헌법 제23조 제3항의 입장

공익사업을 위한 토지 등의 취득 및 보상에 관한 법률은 제78조 제1항에서 '사업시행자는 공익사업의 시행으로 인하여 주거용 건축물을 제공함에 따라 생활의 근거를 상실하게 되는 자를 위하여 대통령령으로 정하는 바에 따라 이주대책을 수립·실시하거나 이주정착금을 지급하여야 한다.'고 규정하고 있을 뿐, 생활대책용지의 공급과 같이 공익사업 시행 이전과 같은 경제수준을 유지할 수 있도록 하는 내용의 생활대책에 관한 분명한 근거 규정을 두고 있지는 않으나, 사업시행자 스스로 공익사업의 원활한 시행을 위하여 필요하다고 인정함으로써 생활대책을 수립·실시할 수 있도록 하는 내부규정을 두고 있고 내부규정에 따라 생활대책대상자 선정기준을 마련하여 생활대책을 수립·실시하는 경우에는, 이러한 생활대책 역시 '공공필요에 의한 재산권의 수용·사용 또는 제한 및 그에 대한 보상은 법률로써 하되, 정당한 보상을 지급하여야 한다.'고 규정하고 있는 헌법 제23조 제3항에 따른 정당한 보상에 포함되는 것으로 보아야 한다.[150]

그러나 이와는 달리 생활보상의 성격인 이주대책을 인간다운 생활을 보장하기 위한 것으로 본 판결도 있고,[151] 이주대책에 대해 헌법 제23조 제3항의 보상이 아니라는 결정을 한 사례[152]도 있다.

---

149) 헌재 1993. 7. 29. 92헌마30 결정.
150) 대법원 2011. 10. 13. 선고 2008두17905 판결.
151) 대법원 2003. 7. 25. 2001다57778 판결
152) 헌재 1993. 7. 29. 92헌마 30.

3) 생활보상의 범위

가) 협의설

생활보상이란 현재 당해 지역에서 생활을 하면서 누렸던 이익의 상실로서 재산권 보상으로 메워지지 아니한 손실에 대한 보상이라고 하는 견해이다. 그렇기 때문에 생활재건을 목표로 한 영세민 보상과 이주대책 등 생활재건조치만을 말한다.

나) 광의설

생활보상이란 재산권의 객관적 가치의 보상에 그치는 것이 아니라 유기체적인 생활을 종전과 같은 수준으로 유지할 수 있도록 보장해 주는 보상을 의미한다는 견해이다. 즉 대물적 보상과 정신적 손실에 대한 보상을 제외한 손실에 대한 보상을 의미한다. 그 결과 이 설은 협의의 생활보상 외에 부대적 손실까지 포함하여 생활보상의 내용으로 보며, 주거의 총체가치의 보상, 이직자 보상, 소수잔존자 보상, 이전료 보상, 영업상 손실보상 등을 그 내용으로 하고 있다.

3. 간접손실보상

(1) 간접손실보상의 의의

간접손실보상이란 대규모 공공사업의 시행 또는 완성 후의 시설이 간접적으로 공익사업시행지구 밖에 위치한 타인의 토지 등 재산에 손실을 가하는 경우의 보상을 말한다.

(2) 성질

간접보상을 재산권보상의 하나로 보는 견해와 생활보상의 하나로 보는 견해 그리고 재산권보장과 생활보상과 구별되는 확장된 보상 개념으로 보는 견해가 대립한다.

(3) 법적근거

1) 헌법적 근거

간접손실도 공익사업이 직접원인이 되어 발생한 손실이라고 볼 수 있으므로 직접손실과 달리 볼 이유는 없다. 공공사업의 시행으로 공공사업시행지 밖에 타인의 토지 등 재산에 미치는 손실이 있고 그 손실이 본질적 내용의 침해, 특별희생 또는 수인한도를 넘는 경우에는 그 손실은 보상되어야 할 것이다. 헌법 제23조 제3항의 직접적 효력을 인정하고, 간접손실도 제23조 제3항의 손실보상의 범위에 포함된다고 본다면 보상규정 없는 간접손실에 대하여 손실보상청구권을 인정할 수 있다고 본다. 판례도 간접손실이 헌법 제23조 제3항에 규정한 손실보상의 대상이 된다고 보고 있고, 동 조항이 간접손실보상의 일반적 근거가 된다고 보고 있다.

【판시사항】

행정주체의 행정행위를 신뢰하여 재산출연이나 비용지출 등의 행위를 하였으나 그 후에 수립된 행정계획과 공공사업의 시행 결과 공공사업시행지구 밖에서 간접손실이 발생한 경우, 그 손실의 보상에 관하여 구 공공용지의취득및손실보상에관한특례법시행규칙상의 손실보상에 관한 규정을 유추적용할 수 있는지 여부와 그 요건(대법원 2004. 9. 23. 선고 2004다25581 판결)

【판결요지】

행정주체의 행정행위를 신뢰하여 그에 따라 재산출연이나 비용지출 등의 행위를 한 자가 그 후에 공공필요에 의하여 수립된 적법한 행정계획으로 인하여 재산권행사가 제한되고 이로 인한 공공사업의 시행 결과 공공사업시행지구 밖에서 발생한 간접손실에 관하여 그 피해자와 사업시행자 사이에 협의가 이루어지지 아니하고, 그 보상에 관한 명문의 근거 법령이 없는 경우라고 하더라도, 헌법 제23조 제3항 및 구 토지수용법(2002. 2. 4. 법률 제6656호로 폐지되기 전의 것) 등의 개별 법률의 규정, 구 공공용지의취득및손실보상에관한특례법(2002. 2. 4. 법률 제6656호로 폐지되기 전의 것) 제3조 제1항 및 같은법시행규칙(2002. 12. 31. 건설교통부령 제344호로 폐지되기 전의 것) 제23조의2 내지 7 등의 규정 취지에 비추어 보면, 공공사업의 시행으로 인하여 그러한 손실이 발생하리라는 것을 쉽게 예견할 수 있고, 그 손실의 범위도 구체적으로 이를 특정할 수 있는 경우에는 그 손실의 보상에 관하여 구 공공용지의취득및손실보상에관한특례법시행규칙의 관련 규정 등을 유추적용할 수 있다. 이에 따라 건물신축허가를 받아 공사도급계약을 체결한 후 신축 부지에 공사를 위한 가시설물 등을 설치하였으나 이후 행정청의 개발계획변경결정과 공공사업의 시행으로 신축 부지의 일부가 도로로 협의취득된 사안에서, 가시설물 설치비용과 건축설계변경비용에 대하여

> 구 공공용지의취득및손실보상에관한특례법시행규칙상의 간접보상에 관한 규정을 유추적용하여 손실보상청구권을 인정한 원심을 파기한 사례.

2) 법률적 근거

가) 공사비보상

토지보상법 제79조 제1항은 간접손실인 공사비용의 보상을 규정하고 있다. 즉, 사업시행자는 공익사업의 시행으로 인하여 취득 또는 사용하는 토지 외의 토지에 통로·도랑·담장 등의 신설 그 밖의 공사가 필요한 때에는 그 비용의 전부 또는 일부를 보상하여야 한다. 이에 따른 비용의 보상 및 간접손실의 보상은 해당사업의 공사완료일부터 1년이 지난 후에는 청구할 수 없다.

나) 간접손실보상

토지보상법 제79조 제2항은 공익사업이 시행되는 지역 밖에 있는 토지 등이 공익사업의 시행으로 인하여 본래의 기능을 다 할 수 없게 되는 경우에는 그 손실을 보상하여야 한다. 사업시행자는 이에 따른 보상이 필요하다고 인정하는 경우에는 제15조에 따라 보상계획을 공고하는 때에 보상을 청구할 수 있다는 내용을 포함하여 공고하거나 대통령령으로 정하는 바에 따라 보상에 관한 계획을 공고하여야 한다.

(4) 간접손실보상의 요건

1) 공익사업의 시행으로 인하여 사업지구 밖의 제3자가 손실을 입을 것

여기서 말하는 공익사업의 시행이란 사업계획으로부터 그 사업이 공사완료일까지의 모든 단계를 포함하며, 공익사업지구 밖의 토지·건물에는 잔여지·건축물뿐만 아니라 그 주변지·건축물을 포함한다.

2) 손실예견의 가능성과 손실범위의 특정성

간접손실보상은 공공사업의 시행으로 인하여 그러한 손실이 발생하리라는 것이 예견되어야 하고, 그 손실의 범위가 구체적으로 특정 될 수 있어야 한다[153].

3) 보상규정문제

간접손실보상에 관한 규정이 존재하여야 함이 원칙이다. 문제는 간접손실보상에 관한 규정이 없는 경우인데, 헌법 제23조 제3항의 효력을 직접적 효력설에 따르면 보상청구가 가능할 수 있게 된다. 그런데 판례는 이 경우 헌법 제23조 제3항과 관련법령 보상규정을 유추적용하여 손실보상청구를 인정하고 있다. 그러나 토지보상법 제79조 제2항에 간접손실에 대한 포괄적 규정을 두고 있기 때문에 간접손실에 관한 명문규정의 부재로 인한 문제는 현행법상 크게 문제되지 아니한다.

Ⅲ. 손실보상의 지급수단과 방법

1. 손실보상의 원칙

(1) 사업시행자 보상의 원칙

공익사업에 필요한 토지 등의 취득 또는 사용으로 인하여 토지소유자나 관계인이 입은 손실은 사업시행자가 보상하여야 한다.

(2) 금전보상의 원칙

보상은 다른 법률에 특별한 규정이 있는 경우를 제외하고는 원칙적으로 현금으로 지급하여야 한다. 이는 금전이 자유로운 유통이 보장되고 객관적인 가치의 변동이 적어 재산권의 가치보장의 수단으로서 안정적이기 때문이다

(3) 현물보상

현물보상은 금전보상의 예외로서 토지소유자가 원하는 경우로서 사업시행자가 해당 공익사업이 합리적인 토지이용계획과 사업계획 등을 고려하여 토지로 보상이 가능한 경우에는

---

153) 대판1999.10.8,99다27231: 대판2004.9.23, 2004다25581 대판1999.12.24, 98다5749,57426

토지소유자가 받을 보상금 중 현금 또는 채권보상금액을 제외한 부분에 대하여 그 공익사업의 시행으로 조성한 토지로 보상할 수 있다. 재개발사업시행자에게 관리처분계획에서 정한 대지나 건축시설을 분양하는 것 등이 이에 해당한다.

(4) 매수보상

매수보상이란 물건에 대한 사용제한으로 인하여 종래의 목적대로 사용이 곤란한 경우 상대방에게 그에 대한 매수를 청구(매수청구권)함으로써 그 물건을 매수함으로써 보상하는 방법(국토계획 및 이용에 관한 법률 제47조)으로 현금보상의 변형으로 볼 수 있다. 위 제도의 취지는 토지수용의 결과 잔여지가 종전의 목적으로 이용되는 것이 현저히 곤란하거나 토지사용이 3년 이상일 때 토지소유자는 수용청구권을 행사할 수 있고, 이에 따라 토지를 매수함으로써 정당한 보상을 기하려는 취지를 가지고 있다.

(5) 채권보상

채권보상이란 유가증권에 의한 보상을 말하는데, 이 경우 정당한 보상이 될 수 있도록 5년 이내의 상환기간을 정하고 3년 만기 정기예금 이자율로 지급하도록 규정하고 있다(공익사업을 위한 토지 등의 취득 및 보상에 관한 법률 제63조). 이는 1991. 12. 31. 토지수용법의 개정을 통해, 동법에 도입된 제도이다.

2. 지급방법

보상액지급방법에는 선불, 개별불, 일시불을 원칙으로 하고 있다. 다만 예외적으로 후불, 일괄불, 분할불을 채택하고 있다.

(1) 선불(사전보상)보상의 원칙

사업시행자는 당해 공익사업을 위한 공사에 착수하기 이전에 토지소유자 및 관계인에 대하여 보상액의 전액을 지급하여야 한다. 다만, 천재지변시의 토지의 사용과 시급을 요하는 토지의 사용 또는 토지소유자 및 관계인의 승낙이 있는 때에는 그러하지 아니하다.

(2) 개별불 보상의 원칙

손실보상은 토지소유자 또는 관계인에게 개인별로 행하여야 한다. 다만, 개인별로 보상액을 산정할 수 없는 때에는 그러하지 아니하다.

(3) 일시불 원칙

보상은 전액 일시금으로 함이 원칙이다. 분할금이 이루어지는 경우에는 이자와 물가변동에 따르는 불이익은 역시 보상책임자가 부담하여야 한다.

3. 보상의무자

보상의무자는 수용을 통해 직접 수익한 자이다. 수익자와 침해자가 상이한 경우 침해자는 보상의무자가 아니다. 공익사업에 필요한 토지 등의 취득 또는 사용으로 인하여 토지소유자 또는 관계인이 입은 손실은 사업시행자가 보상하여야 한다(공익사업을 위한 토지 등의 취득 및 보상에 관한 법률 제61조 제1항).

Ⅳ. 손실보상절차

– 공익사업을 위한 토지 등의 수용 및 보상에 관한 법률의 경우

1. 사전협의

사업인정을 받은 사업시행자는 토지 등에 관한 보상에 관하여 토지소유자 및 관계인과 성실하게 협의하여야 하며 협의절차를 거치지 않고는 재결을 신청할 수는 없다. 만일 사업인정 이전에 협의절차를 거쳤으나 협의가 성립되지 아니하여 토지보상법 제20조의 규정에 의한 사업인정을 받은 사업으로서 토지조서 및 물건조서의 내용에 변동이 없는 때에는 협의절차를 거치지 아니할 수 있다.

다만, 사업시행자 또는 토지소유자 및 관계인이 협의를 요구하는 때에는 협의하여야 하고, 협의가 성립된 때에는 사업시행자는 관할 토지수용위원회에 협의 성립의 확인을 신청할

수 있으며, 이때 관할토지수용위원회의 협의확인은 이 법에 의한 재결로 보며, 사업시행자·토지소유자 및 관계인은 그 협의확인의 성립이나 내용을 다툴 수 없다.

2. 재결신청(수용재결)

협의가 성립되지 아니하거나 협의를 할 수 없는 때에는 사업시행자는 사업인정고시가 있은 날부터 1년 이내에 관할 토지수용위원회에 재결을 신청할 수 있다. 토지수용위원회의 수용재결은 행정심판의 재결이 아니라 원행정행위의 성질을 가진다.

3. 이의 신청(이의재결 : 행정심판)

지방토지수용위원회의 재결에 대하여 이의가 있는 자는 당해 지방토지수용위원회를 거쳐 중앙토지수용위원회에 이의를 신청할 수 있다. 이의신청은 재결서의 정본을 받은 날부터 30일 이내에 하여야 한다. 이의신청은 임의절차이다.

【판시사항】
토지수용위원회의 수용재결에 대한 이의절차에 행정심판법의 규정이 적용될 것인지 여부
나. 토지수용재결서정본을 송달함에 있어 이의신청기간을 알리지 않은 경우 행정심판법 제18조 제6항이 적용되는지 여부(대법원 1992. 6. 9. 선고 92누565 판결)

【판결요지】
가. 토지수용위원회의 수용재결에 대한 이의절차는 실질적으로 행정심판의 성질을 갖는 것이므로 토지수용법에 특별한 규정이 있는 것을 제외하고는 행정심판법의 규정이 적용된다고 할 것이다.
나. 토지수용법 제73조 및 제74조의 각 규정을 보면 수용재결에 대한 이의신청기간을 재결서정본송달일로부터 1월로 규정한 것 외에는 행정심판법 제42조 제1항 및 같은 법 제18조 제6항과 다른 내용의 특례를 규정하고 있지 않으므로, 재결서정본을 송달함에 있어서 상대방에게 이의신청기간을 알리지 않았다면 행정심판법 제18조 제6항의 규정에 의하여 같은 조 제3항의 기간 내에 이의신청을 할 수 있다고 보아야 할 것이다.

4. 행정소송

수용재결 또는 이의재결에 대한 불복에는 수용자체를 다투는 경우와 보상액을 다투는 경우가 있다. 불복이 수용자체를 다투는 것인 때에는 재결에 대하여 취소소송을 제기하고, 보상금의 증감을 청구하는 것인 때에는 보상액의 증감을 청구하는 소송을 제기하여야 한다. 한편, 행정소송의 제기는 사업시행자, 토지소유자 또는 관계인은 재결에 불복할 때에는 재결서를 받은 날부터 90일 이내에, 이의신청을 거쳤을 때에는 이의신청에 대한 재결서를 받은 날부터 60일 이내에 각각 행정소송을 제기할 수 있다.

제3절 행정상 결과제거청구권(행정상 원상회복)

Ⅰ. 결과제거청구권의 의의

1. 개념

행정상 결과제거청구권이란 위법한 행정작용의 결과로서 위법하게 남아 있는 상태로 인하여 자기의 법률상 이익을 침해받고 있는 자가 행정주체에 대하여 그 위법한 상태를 제거하여 침해이전의 상태로 회복하여 줄 것을 청구하는 실체법적인 권리를 말한다. 이러한 원상회복청구권의 법리는 민법에서 소유권에 기한 방해배제청구권과 성질이 유사하다.

2. 성 질

(1) 학설

1) 공권설(다수설)

행정주체의 공행정작용으로 인한 침해로 야기된 위법상태를 제거함을 목적으로 하기 때문에 공법의 적용대상이 되고 공권으로 보아야 하며 또한 쟁송절차도 행정쟁송법의 적용을 받는 당사자소송이어야 한다고 한다. 행정주체의 사법활동에 의한 침해로 인한 위법상태의 제거는 민법 기타의 사법의 적용대상이 된다.

2) 사권설(판례)

행정상 결과제거청구권의 원인은 반드시 공권력행사와 관계되는 것만이 아니며 권원없는 행위로 야기된 물권적 침해상태의 제거를 목적으로 하는 권리이므로 반드시 공법적 사유를 대상으로 삼아야할 필요성은 없다는 견해이다. 판례는 결과제거청구권을 사권으로 보아 그 근거를 민법 제213조·제214조 등에서 찾는다.

3) 판 례

대법원의 판례는 민사소송으로 결과제거청구권을 인정하고 있다.154)

3. 국가배상청구권과의 구별

국가배상은 채권적 성질이나 결과제거청구권은 물권적 성질과 비재산적 침해도 포함된다는 점에서, 또한 국가배상은 가해자의 위법작용 외에 고의 과실을 요건으로 하지만 결과제거청구권은 고의 과실은 요건이 아니고 위법작용의 결과 남아 있는 법익침해이면 요건이 충족된다는 점에서, 국가배상은 금전배상을 내용으로 하지만 결과제거청구권은 위법상태의 제거를 내용으로 한다는 점 등에서 양자는 구별된다.

손해배상청구권과 결과제거청구권의 차이점과 양자관계		
구 분	손해배상청구권	결과제거 청구권
요 건	고의 과실 요함	고의 과실 불요
내 용	금전배상의 청구를 내용으로 한다	행정작용으로 인하여 야기된 위법한 결과를 제거하여 원래상태로 회복함을 목적으로 한다
성 질	채권적 성질	물권적, 비재산적 성질
양 자 관 계	손해배상청구권과 결과제거청구권은 독자적으로 성립하며, 원상회복이 되어도 그 피해가 있으면 전보되지 아니한 때에는 부가적으로 손해배상청구가 인정될 수 있다.	

Ⅱ. 성립요건

행정상 결과제거청구권은 행정청의 행정작용의 결과로서 위법하게 남아 있는 상태로 인하여 법률상 이익을 침해받고 있는 자가 행정청에 대하여 그 위법한 상태를 제거해 줄 것을 청구하는 권리이므로, ⅰ) 행정청의 행정작용의 결과로 인한 침해일 것 ⅱ) 위법상태의 존재 및 계속 ⅲ) 타인의 법률상이익을 침해할 것 ⅳ) 결과제거의 가능성 ⅴ) 인과관계가 존재하여야 한다.

---

154) 대판1987.7.7, 85다카1383

1. 행정주체의 공행정작용

행정청의 행정작용에는 사경제적 작용을 제외한 권력행위, 법적행위, 사실행위 작위부작위 등에 의한 모든 행정작용을 말한다. 다만, 국고작용에 의한 침해는 민법상의 방해제거청구권에 의하여야 한다.

2. 법률상 이익을 침해

여기서 말하는 법률상이익 또는 권리는 재산적 가치는 물론 명예 · 평판 등과 같은 비재산적인 것이나 정신적인 것도 포함되지만, 법적보호가치가 없는 사실상이익이나 반사적 이익은 포함되지 않는다.

3. 위법상태의 존재 및 계속

결과제거청구권은 행정작용의 결과로서의 위법상태가 존재하고 계속되고 있어야 한다. 여기서 위법은 침해의 위법을 의미하는 것이 아니라 결과의 위법을 의미한다. 만약 결과로서의 위법상태가 존재하지 않거나 계속되고 있지 않고 권리침해로서의 불이익만 남아 있는 때에는 직무책임으로 인한 손해배상 또는 손실보상의 청구만이 문제된다. 위법한 상태의 존재여부는 사실심 변론종결시를 기준으로 판단한다.

4. 인과관계 존재

원칙적으로 위법한 행정작용의 결과가 그 행정작용을 행한 행정청에게 귀속시킬 수 있기 위해서는 행정작용과 그 결과 사이에 인과관계가 존재해야 하며 책임제한 사유가 없어야 한다.

> 【판시사항】
> 도로예정지에 대한 불법점유를 이유로 한 손해배상청구 가능성(대법원 1969. 3. 25. 선고 68다2081 판결)

5. 결과제거(원상회복)의 가능성

원상 또는 유사한 상태의 회복이 가능해야 한다. 따라서 방해 배제가 불가능하거나 일정한
법적상태가 이미 조성되어 원상회복이 법률상 제약되는 경우에는 그 범위 안에서 결과제거
청구권은 부인되며 손해배상이나 손실보상만이 고려 될 수 있다.

Ⅲ. 쟁송절차

결과제거청구권의 성질을 공권으로 보는 다수설적 견해에 따르면 결과제거청구소송은 행정
소송의 일종인 당사자소송에 의하여야 한다. 따라서 사인은 국가, 공공단체 그 밖의 권리주
체를 피고로 당사자소송을 제기하여야 한다(행정소송법 제39조). 한편 당사자소송은 독자
적으로 제기할 수 있으나, 결과제거청구가 행정처분의 효력 유무와 관련된 때에는 행정소송
법 제10조의 규정에 따라 취소소송 등과 병합하여 관련청구소송으로 제기할 수 있다. 그러나
실무상으로는 결과제거청구도 사권으로 보아 민사소송으로 다루고 있다.

제4절 그 밖의 손해전보제도

Ⅰ. 수용유사적 침해

1. 개념

수용유사적 침해 보상이란 공공의 필요에 따라 재산권을 침해하여 상대방에게 특별한 희생을 가하였지만 보상규정이 없어 보상할 수 없게 된 공용침해(주로 공용제한)를 말한다. 여기에서의 공용침해의 경우는 공용침해에 대한 법적근거 규정을 두면서도 손실보상에 대한 근거규정을 두지 아니하여 위법하게 된 경우를 의미한다.

2. 성립요건

재산권에 대한 공용침해가 공공의 필요에 의하여 발생하고(공용침해는 공공필요에 의한 재산권의 수용·사용·제한 및 그 밖의 공권적 침해를 뜻한다) 그러한 침해로 인해 피해자에게 특별한 손해가 발생하였는데도 불구하고 보상규정이 없어 침해의 위법성이 있음을 전제로 한다. 이는 헌법 원칙에 위반하게 되어 결과적으로 위법을 구성하게 되므로 위법한 행위에 의해 재산권이 직접 침해된 경우에 수용에 준하여 손실보상청구권이 성립된다고 한다.

3. 수용유사적 침해의 인정여부

(1) 학 설

1) 긍정설

헌법 제23조 제1항(재산권 보장)과 제11조(평등권)를 직접적 근거로 각종 보상 관련 규정을 간접적 근거로 삼아 유추적용하여 손해전보제도의 흠결을 보완해주어야 한다는 견해이다.

2) 부정설

재산권의 공용침해에 대한 보상 여부나 기준 및 내용은 국회가 법률로 정할 사항이기 때문에 만일 보상규정이 없는 경우에 법원이 독자적으로 판단하여 보상여부나 내용을 결정해서는 아니 된다는 견해이다.

(2) 판례 · 헌재결

1) 판례

구 도시계획법 제21조에 대해 대법원은 도시계획법상 개발제한구역의 지정에 보상규정을
두지 않은 것을 합헌이라 하였고,[155] 구 도시계획법 제21조에 따른 개발제한구역안의 행위
제한은 보상을 요하는 특별희생이 아니라고 하였다.[156] 그리고 대법원은 수용유사침해에
해당하는 경우를 손실보상의 문제로 해결하기도 하고,[157] 불법행위내지 부당이득의 법리로
해결하기도 하였다.[158] 수용유사침해보상의 이론의 수용여부에 대하여는 소극적인 입장을
취하는 것으로 보인다.[159]

【판시사항】

수용유사행위에 해당성 여부(대법원 1993. 10. 26. 선고 93다6409 판결)

【판결요지】

수용유사적 침해의 이론은 국가 기타 공권력의 주체가 위법하게 공권력을 행사하여 국민의
재산권을 침해하였고 그 효과가 실제에 있어서 수용과 다름없을 때에는 적법한 수용이 있는
것과 마찬가지로 국민이 그로 인한 손실의 보상을 청구할 수 있다는 것인데, 1980.6.말경의
비상계엄 당시 국군보안사령부 정보처장이 언론통폐합조치의 일환으로 사인 소유의 방송사
주식을 강압적으로 국가에 증여하게 한 것이 위 수용유사행위에 해당되지 않는다.

---

2) 헌법재판소

헌법재판소는 분리이론에 입각하여 보상이 아니라, 진정입법부작위로서의 위헌결정,[160]
또는 보상입법의무의 부과[161]를 통해 문제를 해결하게 하였다.

---

155) 대판1990.5.8, 89부2
156) 대판1996.6.28, 94다545110
157) 대판1987.7.21, 84누126
158) 대판1966.10.18, 66다1715
159) 대판1993.10.26, 93다6409
160) 헌재결 1994.12.29, 89헌마2

Ⅱ. 수용적침해보상

1. 수용적침해의 의의

수용적침해보상이라 함은 가량 지하철공사의 장기화로 인한 영업손실과 같이 본래 행정청이 의도하지 않은 적법한 행정작용의 부수적결과로서 타인의 재산권에 가해진 사회적 제약 내지 침해행위가 사회적 제약을 넘는 특별한 희생을 발생시킨 경우, 즉 적법한 행정작용의 비의도적인 이래적인 결과로 타인의 재산권에 침해가 이루어진 경우에 대한 보상을 말한다.

2. 구별개념

(1) 손실보상

손실보상은 처음부터 의도된 수용의 효과를 부여하고 있는데 반하여, 수용적 침해는 처음에는 특별희생에 해당되지 않는 사회적 제약에 지나지 않았으나 이례적으로 즉, 의도하지 않은 결과 때문에 특별한 희생이 인정된다는 점에서 구별된다.

(2) 수용유사적 침해

양자모두 실정법상 국가보상체계의 흠결을 메우기 위해 탄생한 점에서 공통하나 수용유사적 침해는 처음부터 위법을 형성하는데 비하여 수용적 침해는 그 자체가 적법한 행정작용인 점에서 구별된다.

3. 성립요건

수용적침해가 성립하기 위해서는 ⅰ) 적법한 공행정작용일 것 ⅱ) 그 행정작용이 비의도적인 부수적결과로서 타인의 재산권침해가 있어야 하고 ⅲ) 그로 인한 손실이 사회적 제약을 넘는 특별한 희생이어야 한다.

---

161) 헌재결 1998.12.24, 89헌마214

4. 인정여부

독일의 수용적침해의 법리(초기에는 독일 기본법 제14조 제3항에 근거하여 연방민사법원의 판례에 의해 인정되었으나, 오늘날에는 희생보상청구권제도에 근거하여 인정하고 있다)를 도입하여 보상청구가 가능한지가 문제되는데, 이를 적용할 것인지 여부에 대하여는 긍정설, 부정설, 입법적으로 해결해야 된다는 견해가 대립하고 있다. 그런데 이 문제는 우리헌법 제23조 제3항의 효력내지 성질에 관하여 유추적용설을 취하는 입장에서는 긍정하고, 위헌무효설과 직접효력설을 취하는 입장에서는 부정한다.

Ⅲ. 희생유사침해 (비재산적 법익침해에 대한 손실보상)

1. 개념

희생보상청구권이란 행정청의 적법한 공권력 행사에 의하여 생명·건강·명예·자유 등과 같은 비재산적법익의 침해에 대한 보상청구권을 말한다. 예컨대 국가기관의 검정을 받은 약품을 복용하여 뜻밖의 질병에 걸린 경우에 대한 보상 등을 들 수 있다.

2. 수용적 침해·수용유사적 침해와의 차이

희생보상은 비재산적 법익침해 시 문제되는 점에서 수용적 침해 또는 수용유사적 침해로 인한 보상은 재산적 가치 있는 권리나 법적지위에 대한 침해 시 문제되는 점과 차이가 있다.

3. 성립요건

희생보상청구권도 비재산권에 대한 침해인 경우만 제외하면 재산권침해로 인한 손실보상의 경우와 크게 다르지 않다. 따라서 희생보상청구권이 성립하려면 ⅰ) 행정주체의 적법한 권력적 침해(비재산권 침해) ⅱ) 공공의 필요에 의한 행위 ⅲ) 특별희생이 있을 것 ⅳ) 공공필요에 의한 적법행위일 것이 요구된다.

4. 법적근거

희생보상청구권을 개별법규정에서 인정하고 있는 경우는 별문제 될 것이 없다. 현행 행정법 규 중 비재산적 법익침해에 대하여 보상규정을 둔 경우로는 소방기본법 제24조 제2항, 산림 보호법 제44조, 감염병의 예방 및 관리에 관한 법률 제71조 규정 등이 있고, 개별법의 근거규 정이 없는 경우에도 헌법 제23조 제3항을 유추적용하여 희생보상청구권의 근거로 할 수 있다.

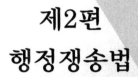

제2편
행정쟁송법

제1장 총 설

제1절 행정소송

1. 의 의

행정소송은 법원이 공법상의 법률관계에 관한 분쟁에 대하여 행하는 재판절차를 말한다. 공법상의 법률관계에 관한 소송이라는 점에서 국가 형벌권의 발동에 관한 소송인 형사소송이나, 사법상의 법률관계에 관한 다툼을 심판하는 민사소송과 구별되고 독립된 재판기관인 법원에 의한 재판이라는 점에서 행정기관이 하는 행정심판과 구별된다.

2. 구별개념

가. 행정심판과 구별

행정소송은 정식절차에 의한 행정쟁송인 점에서 약식절차에 의한 행정쟁송인 행정심판과 구별된다. 정식소송절차로서의 행정소송의 특색으로는 법원의 독립구조, 대심구조, 심리절차의 공개원칙, 구술변론, 법정절차에 의한 증거조사 등의 소송절차의 특수성과 판결에 대한 실질적 확정력 등 특별한 효력 등을 들 수 있다.

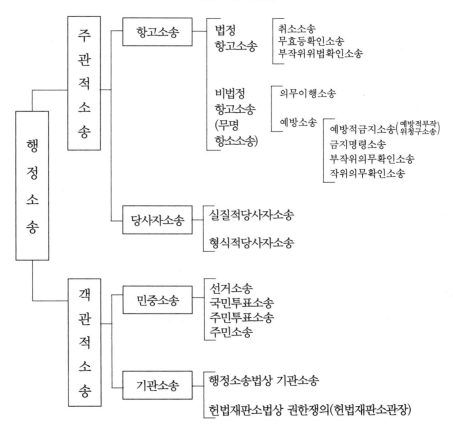

행정소송의 종류

나. 민사소송 및 형사소송과 구별

행정소송은 행정법상 법률관계에 관한 분쟁인 점에서, 사법상의 법률관계에 관한 분쟁인 민사소송과 구별되고, 국가형벌권의 발동을 위한 소송인 형사소송과도 구별된다. 행정소송은 행정심판전치주의, 제소기간의 제한, 행정청을 피고로 하는 것, 집행부정지원칙, 직권심리주의, 사정판결제도 등의 특수성이 인정된다.

3. 행정소송의 종류와 특수성

가. 행정소송의 종류

행정소송법은 행정소송을 내용에 따라 항고소송·당사자소송·민중소송·기관소송으로 구분하고 있다. 항고소송과 당사자소송은 주관적 권리·이익의 보호를 목적으로 하는 주관소송이고, 민중소송과 기관소송은 행정 작용의 적법성 확보를 목적으로 하는 객관소송이다. 한편 행정소송은 성질에 따라 형성의 소·이행의 소·확인의 소로 나눌 수 있다. 항고소송 중 취소소송은 행정청의 위법한 처분 등의 취소·변경을 구하는 소송이므로 형성의 소에 속하고, 행정청의 부작위에 대한 의무이행소송이나 이행명령을 구하는 당사자소송은 이행의 소에 속하며, 항고소송 중 무효등확인소송·부작위위법확인소송이나 공법상의 법률관계의 존부를 확인받기 위한 당사자소송은 확인의 소에 속한다.

(1) 항고소송

항고소송이란 행정청의 처분 등이나 부작위에 대하여 제기하는 소송, 즉 행정청의 적극적 또는 소극적인 공권력행사에 의하여 발생한 위법한 법상태를 제거함으로써 주관적 권리·이익을 보호하기 위한 소송을 말한다. 행정소송법이 명문으로 규정하고 있는 항고소송의 종류로는 취소소송, 무효등확인소송 및 부작위위법확인소송의 3가지이다.

(가) 취소소송

취소소송은 행정청의 위법한 처분 등을 취소 또는 변경하는 소송을 말한다. 본래 행정처분은, 행정법관계의 안정과 행정의 원활한 운영을 도모하기 위하여, 그것이 위법하다 하더라도 당연 무효가 아닌 이상, 정당한 권한을 가진 기관(처분청, 감독청, 재결청, 법원)이 취소하기 전까지는 일단 유효한 것으로 취급되는 효력인 이른바 행정행위의 공정력을 가지는 바, 취소소송은 이러한 효력을 배제하기 위한 소송이다. 한편 원처분주의를 취하므로 행정심판재결의 취소소송은 당해 재결자체에 고유한 위법이 있을 때에만 인정된다. 취소소송의 소송물은 처분의 위법성 일반이다.

1) 취소소송의 소송물

소송물이란 원고의 청구취지 및 청구원인에 의해 특정되고 법원의 심판대상과 범위가 되는 소송의 기본단위로서, 소송의 목적물 내지 소송의 객체를 말한다. 소송물은 심판의 대상으로서 소송절차의 모든 국면에서 중요한 기능을 하는 바, 소송절차의 개시와 관련하여 심판의 대상과 범위를 특정 하는 기준이 되고, 소송절차의 진행과정에서는 소송물의 범위 내에서만 소의 변경과 청구의 병합이 가능하고, 동일소송물에 대한 중복소송이 금지되며, 심리의 범위가 정해지고, 처분사유의 추가·변경, 처분권주의의 위배여부에 대한 판단도 소송물의 범위 내에서만 할 수 있으며, 소송절차의 종결과 관련하여 판결주문의 작성, 기판력의 객관적 범위, 소취하 후의 재소금지 등을 정함에 있어서 기준이 된다. 피고적격, 제3자의 소송참가 등에 있어서도 중요한 의미를 갖는다.

2) 관할

행정법원 명칭	관할구역
서울행정법원	서울시, 의정부시, 동두천시, 남양주시, 구리시, 고양시, 양주시, 파주시, 연천군, 포천시, 가평군, 강원도 철원군
	위 지역을 제외한 구역의 행정소송은 관한 지방법원 본원을 제1심으로 관할

가) 심급관할

행정법원은 지방법원급에 해당한다. 행정법원은 행정소송법에서 정한 행정사건과 다른 법률에 의하여 행정법원의 권한에 속하는 사건을 제1심으로 심판한다. 행정법원의 재판에 대하여는 고등법원에 항소할 수 있고, 고등법원의 재판에 대하여는 대법원에 상고할 수 있다.

나) 토지관할

취소소송의 제1심 관할법원은 피고의 소재지를 관할하는 행정법원으로 한다. 다만 중앙행정기관 또는 그 장이 피고인 경우의 관할법원은 대법원소재지의 행정법원으로 한다. 행정법원이 설치되지 않은 지역에서 행정법원의 권한에 속하는 사건은 해당 지방법원이 관할하도록 되어 있기 때문에 현재는 행정법원이 설치되어 있는 서울을 제외하고는 피고의 소재지를 관할하는 지방법원본원이 제1심 관할법원이 된다. 다만, 토지의 수용 기타 부동산 또는 특정의 장소에 관계되는 처분 등에 대한 취소소송은 그 부동산 또는 장소의 소재지를 관할하는 행정법원에 이를 제기할 수 있다.

다) 사물관할

사물관할이란 사물의 경중 또는 성질에 의한 제1심 관할의 분배로서 소송사건의 제1심을 지방법원합의부와 단독 판사간에 분담시킨 것을 말한다. 행정법원의 심판권은 판사3인으로 구성된 합의부에서 이를 행한다. 다만, 행정법원에 있어서 단독판사가 심판할 것으로 행정법원 합의부가 결정한 사건의 심판권은 단독판사가 이를 행한다.

3) 당사자

가) 원고적격

행정소송의 원고적격도 민사소송의 원고적격에서와 마찬가지로 소의 이익의 문제의 하나이다. 민사소송에서 본안판결을 받기 위해서는 형식적·절차적 요건 외에 당해 분쟁에 관하여 국가의 재판제도를 이용하여 자기를 위하여 그 분쟁을 해결할만한 필요성 내지 이익이 원고에게 존재하여야 하는바, 이를 실체적 소송요건인 소의 이익이라고 한다. 소의 이익은 광의로는 당사자가 본안판결을 받을만한 정당한 이익을 가지고 있을 것(원고적격), 청구의 내용이 본안판결을 받기에 적합한 자격을 가지고 있을 것(권리보호의 자격), 원고의 청구가 소송을 통하여 분쟁을 해결할만한 현실적인 필요성이 있을 것(권리보호의 필요)의 세 가지를 포함하고 있으나, 협의로는 권리보호의 필요만을 의미한다.

나) 피고적격

취소소송은 다른 법률에 특별한 규정이 없는 한 그 처분 등을 행한 행정청을 피고로 한다. 행정청이란 행정주체의 의사를 내부적으로 결정하고 이를 외부적으로 표시할 수 있는 권한을 가진 행정기관을 말하나 여기서 행정청은 기능적인 의미로 사용되어 법원행정처장이나 국회사무총장 역시 행정청의 지위를 갖고 있으며, 지방의회도 처분(제명의결 등)을 발하는 경우에는 행정청의 지위를 갖는다. 처분청이 공정거래위원회와 같은 합의제관청인 경우에는 당해 합의제행정관청이 피고가 된다. 다만 노동위원회법에 따라 중앙노동위원회의 처분에 대한 소송은 중앙노동위원장을 피고로 하여야 한다. 취소소송의 피고적격은 처분이나 재결의 효과가 귀속되는 국가나 지방자치단체가 갖는 것이 원칙이나 행정소송법은 소송수행의 편의를 하여 국가나 지방자치단체 등의 기관으로서의 지위를 갖는 행정청에게 피고적격을 인정하고 있다.

4) 취소소송의 대상

취소소송은 행정청의 위법한 처분 등의 취소변경을 구하는 소송이므로 취소소송을 제기함에는 취소의 대상인 행정청의 처분 등이 존재하여야 한다. 여기서 '처분 등'이라 함은 '행정청이 행하는 구체적 사실에 관한 법집행으로서의 공권력의 행사 또는 그 거부와 그 밖에 이에 준하는 행정작용 및 행정심판에 대한 재결'을 말한다.

5) 기간

처분이 있음을 안 날 또는 행정심판의 재결서를 송달받은 날부터 90일 이내 또는 처분이 있은 날로부터 1년이다. 여기서 처분이 있은 날이란 당해 처분이 대외적으로 표시되어 효력을 발생한 날을 말한다. 위 기간 중 어느 한 기간이 만료되면 제소기간은 종료된다. 제소기간의 도과여부는 법원의 직권조사사항이다.

6) 취소소송제기의 효과

취소소송이 제기되면 실체법적 효과로서 법률상의 기간 준수 효과가 발생하고, 취소소송의 제기에 의하여 처분 등의 효력에 영향을 미치지 아니한다는 집행부정지원칙이 적용된다.

(나) 무효등 확인소송

무효등 확인소송이란 행정청의 처분 등의 효력유무 또는 존재여부를 확인하는 소송을 말한다. 무효등확인소송에는 처분이나 재결의 무효확인소송, 유효확인소송, 존재확인소송, 부존재확인소송, 실효확인소송이 있다. 이 중 처분 등에 원래부터 중대하고 명백한 하자가 있어 당연 무효임을 확인해 달라는, 처분 등 무효확인소송이 대부분이고, 드물게 처분 등의 실효확인소송과 처분 등 부존재확인소송도 찾아볼 수 있으나, 처분 등 유효확인소송, 처분 등 존재확인소송은 실무상 거의 쓰이는 경우가 없다. 무효등확인소송의 소송물은 처분 등의 유·무효 또는 존재·부존재이고, 청구취지만으로 소송물의 동일성을 특정하므로 당사자가 청구원인에서 무효 등 사유로 내세운 개개의 주장은 공격방어방법에 불과하다.

(다) 부작위위법확인소송

부작위위법확인소송이란 행정청의 부작위가 위법하다는 것을 확인하는 소송을 말한다. 즉, 행정청이 당사자의 신청에 대하여 상당한 기간 내에 신청을 인용하는 적극적 처분 또는 각하하거나 기각하는 등의 소극적 처분 등의 일정한 처분을 하여야 할 법률상의무가 있음에도 불구하고 이를 하지 아니하는 경우에 그 위법의 확인을 확인함으로써 행정청의 응답을 신속하게 하여 소극적 위법상태를 제거하고자 하는 소송이다. 행정청의 위법한 부작위에 대한 가장 직접적이고 바람직한 구제수단은 적극적인 의무이행소송일 것이지만 행정소송법은 행정권과 사법권의 영역을 준별한다는 차원에서 적극적 의무이행소송을 인정하지 않고 그 대신 우회적인 권리구제수단으로 부작위위법확인소송을 인정하고 있다. 부작위위법확인소송의 소송물은 처분의 부작위의 위법성이고, 부작위위법확인소송에 대한 인용판결이 있는 경우에는 행정청은 판결취지에 따른 재처분의무가 있으며, 간접강제제도로 재처분의무의 이행을 담보하고 있다.

(2) 당사자소송

당사자소송이란 행정청의 처분 등을 원인으로 하는 법률관계에 관한 소송, 그 밖에 공법상 법률관계에 관한 소송으로서 그 법률관계의 한쪽 당사자를 피고로 하는 소송을 말한다.

일반적으로 당사자소송은 처분 등의 효력에 관한 다툼이라는 점에서 항고소송의 실질을 가지나 행정청을 피고로 하지 않고 실질적 이해관계를 가진 자를 피고로 하는 형식적 당사자소송과 대등한 대립 당사자간의 공법상 권리 또는 법률관계 그 자체를 소송물로 하는 실질적 당사자소송으로 나뉜다. 형식적 당사자소송은 일반적으로 인정되는 것은 아니고 개별법에 특별한 규정이 있는 경우에만 허용된다는 것이 다수설인데 현행법상 인정되는 형식적 당사자소송의 예로는 보상금 증액 또는 감액을 구하는 소송, 특허무효심판청구에 관한 심결취소소송 등의 특허소송 등이 있다. 실질적 당사자소송은 공법상의 신분이나 지위의 확인에 관한 소송, 공법상의 사무관리나 계약에 관한 소송 및 공법상의 금전지급청구에 관한 소송 등이 있다.

※ 당사자소송과 항고소송의 비교

구분	당사자 소송	항고소송
소의 대상	처분등을 원인으로 하는 법률관계 공법상의 법률관계	행정청의 처분등과 부작위
종류	실질적 당사자소송 형식적 당사자소송	취소소송 무효등확인소송 부작위위법확인소송
원고적격	행정소송법에 규정 없음	법률상 이익이 있는자
피고적격	국가, 공공단체 그 밖의 권리 주체	처분청등
제소기간	원칙적으로 제소기간의 제한 없음	처분 등이 있음을 안날로부터 90일, 처분 등이 있은 날로부터 1년 이내
행정심판전치	행정심판전치주의가 적용되지 않음	원칙적으로 행정심판임의주의 적용됨
판결의 종류	기본적으로 취소소송과 동일 다만 사정판결제도 없음	소송판결, 본안판결

(3) 민중소송

민중소송이란 국가 또는 공공단체의 기관이 법률에 위반되는 행위를 한 때에 직접 자기의 법률상 이익과 관계없이 그 시정을 구하기 위하여 제기하는 소송을 말한다. 이러한 민중소송은 법률의 명시적인 규정이 있는 경우에 법률에 정한 자에 한하여 제기할 수 있다. 현행법상 인정되는 민중소송의 예로는 선거소송, 당선소송, 국민투표무효소송, 주민소송 등이 있다.

(4) 기관소송

기관소송이란 국가 또는 공공단체의 기관 상호간에 있어서의 권한의 존부 또는 그 행사에 관한 다툼이 있을 때에 이에 대하여 제기하는 소송을 말한다. 다만, 헌법재판소법 제2조의 규정에 의하여 헌법재판소의 관장사항으로 되어 있는 소송, 즉 국가기관 상호간, 국가와 지방자치단체간, 지방자치단체 상호간의 권한쟁의에 관한 심판은 법원의 관할이 아니다. 이러한 기관소송은 법률의 명시적인 규정이 있는 경우에 법률에 정한 자에 한하여 제기할 수 있다. 현행법상 인정되는 기관소송의 예로는 지방의회의 의결 또는 재의결 무효소송이나 교육위원회의 재의결무효소송, 주무부장관이나 상급지방자치단체장의 자치사무에 관한 명령 또는 처분의 취소나 정지에 대한 이의소송, 위임청의 직무이행명령에 대한 이의소송 등이 있다.

4. 행정소송의 특수성

가. 서설

우리 헌법은 행정소송을 사법작용의 일부로 하여 행정구제 내지 권리구제기능의 면을 중시하고 있으나, 또 한편으로 대륙법계적 영향을 받은 결과 행정통제기능이라는 면도 있으므로 행정소송의 행정작용의 성질을 부정할 수 없고, 민사소송과 다른 특수성을 인정하지 않을 수 없다. 이러한 특수성은 행정처분의 위법을 다투는 항고소송에서 특히 현저히 나타난다.

나. 항고소송의 특수성

(1) 행정소송의 종류상 특수성

행정소송법은 행정소송의 종류를 항고소송, 당사자소송, 민중소송, 기관소송으로 대별·다양화하였고, 항고소송은 다시 취소소송, 무효등확인소송, 부작위위법확인소송으로 구분하여 그 각각에 대하여 적용 법조를 명시적으로 규정하고 있다. 이는 그만큼 개인의 권익보호라는 법치주의 이념을 실현하는 방법·수단에 있어서의 다양성을 제도적으로 마련하기 위한 것이다.

(2) 행정소송의 제기상 특수성

(가) 소의 이익·원고적격확대

소송제기의 범위와 관련하여 소의 이익의 특질을 들 수 있는데, 이러한 소의 이익에 관해서 행정소송법은 원고적격으로서 법률상 이익을 명문으로 규정하고 있다. 그리고 행정소송법은 처분 등이 소멸된 뒤에도 원고적격을 인정하고 있다.

(나) 임의적 행정심판전치주의

행정소송법은 행정소송을 제기함에 있어서 당해 처분에 대한 행정심판을 제기할 수 있는 경우에도 이를 거치지 아니하고 바로 취소소송을 제기할 수 있어 임의적 행정심판전치주의를 원칙으로 하고, 다만, 다른 법률에 당해 처분에 대한 행정심판의 재결을 거치지 아니하면 취소소송을 제기할 수 없다는 규정이 있는 때에는 예외적으로 필요적 행정심판 전치주의를 취하고 있다. 이는 행정내부의 자율적 통제와 신속한 권리구제를 도모하기 위한 것이다.

(다) 관할법원의 특수성

행정소송법은 행정소송의 제1심 관할법원을 행정법원으로 하고 있다. 행정법원이 설치되지 않은 지역에 있어서의 행정법원의 권한에 속하는 사건은 행정법원이 설치될 때까지 해당 지방법원본원 및 춘천지방법원 강릉지원이 관할한다.

(라) 행정법원설치 및 행정소송의 3심제채택

서울특별시에 서울행정법원을 설치하고, 종래의 2심제와 달리 1심 지방법원급인 행정법원 → 고등법원 → 대법원의 3심제를 취하고 있다.

(마) 제소기간의 제한

취소소송은 처분 등이 있음을 안 날부터 90일, 처분 등이 있은 날부터 1년 이내에 제기해야 한다. 행정심판을 거치는 경우는 재결서 정본을 송달받은 날부터 90일 이내에 제기해야 한다.

(바) 피고의 특수성

항고소송의 피고는 국가나 지방자치단체와 같은 권리·의무의 주체인 행정주체가 아니라 처분 등을 행한 행정청을 피고로 한다.

(사) 관련청구의 병합

항고소송에는 그 청구와 관련되는 원상회복, 손해배상 기타의 청구를 동종절차가 아닌 경우에도 병합할 수 있는 관련청구의 병합을 인정하고 있다. 민사소송법은 여러 개의 청구가 동종소송절차에 따르는 경우에 한하여 인정된다.

(아) 집행부정지원칙

항고소송이 제기되어도 그로 인하여 처분 등의 효력이나 그 집행 또는 절차의 속행에 영향을 주지 아니하는 처분의 집행부정지원칙이 인정된다.

(자) 제3자 및 다른 행정청의 소송참가 명문화

권리 또는 이익침해를 받은 제3자 및 타행정청을 소송에 참가시킬 수 있다.

(3) 행정소송의 심리상 특수성
(가) 행정심판기록의 제출명령제도

행정소송상 입증방법에 있어서 원고의 지위를 보장하기 위해 행정심판기록 제출명령제도를 인정하고 있다.

(나) 직권심리주의 요청

행정소송상 심리는 일반 민사소송에 비하여 직권심리·직권탐지주의가 요청된다.

(4) 행정소송의 판결상 특수성

(가) 사정판결제도

법원은 원고의 청구가 이유 있는 경우라도, 즉 행정행위가 위법인 경우라도 그 처분 등을 취소·변경함이 현저하게 공공복리에 적합하지 아니하다고 인정되는 때에는 원고의 청구를 기각할 수 있다.

(나) 판결의 기속력

처분 등을 취소하는 확정판결은 제3자에 대하여도 효력이 있고 그 사건에 관하여 당사자뿐만 아니라 그 밖의 관계 행정청을 기속하는 효력이 있다.

(다) 판결의 실효성보장

소극적 처분에 대한 인용판결의 적극적 효력과 간접강제제도를 인정하고 있다.

(라) 제3자의 재심청구

제3자의 책임 없는 사유로 소송에 참가하지 못한 경우에 재심청구를 인정하고 있다.

5. 취소소송의 가구제 - 집행정지신청제도

가. 개설

취소소송에서의 가구제란 본안판결의 실효성을 확보하기 위하여 분쟁 있는 행정작용이나 공법상의 권리관계에 임시적인 효력관계나 지위를 정함으로써 본안판결이 확정될 때까지 잠정적으로 권리구제를 도모하는 것을 말한다. 행정소송법은 침해적 행정처분에 대한 가구제제도로서 집행정지제도만을 규정하고 있고, 수익적 행정처분의 신청에 대한 부작위나 거부에 대하여 잠정적인 허가 또는 급부 등을 명하는 적극적인 가처분제도는 도입하지 않고 있다.

나. 집행정지제도

(1) 집행부정지원칙

(가) 의의

집행부정지원칙이란 취소소송의 제기가 처분 등의 효력이나 그 집행 또는 절차의 속행에 영향을 주지 아니한다는 것을 말한다. 이는 국민의 권익구제보다는 행정의 신속성과 실효성을 앞세운 것이라 할 수 있다. 독일에서는 항고소송이 제기되면 처분의 집행을 정지시키는 집행정지의 원칙을 택하고 있다. 이 제도가 국민의 권리구제를 위해서는 보다 더 실효적이다.

(나) 적용범위

취소 및 무효등확인소송에는 적용되나 부작위법확인소송에 적용되지 않는다. 거부처분에 대한 집행정지는 인정되지 않는다는 것이 판례의 태도이다.

(2) 집행정지결정의 요건

취소소송이 제기된 경우에 처분 등이나 그 집행 또는 절차의 속행으로 인하여 생길 회복하기 어려운 손해를 예방하기 위하여 긴급한 필요가 있다고 인정할 때에는 본안이 계속되고 있는 법원은 당사자의 신청 또는 직권에 의하여 처분 등의 효력이나 그 집행 또는 절차의 속행의 전부 또는 일부의 정지를 결정할 수 있다. 다만, 처분의 효력정지는 처분 등의 집행 또는 절차의 속행을 정지함으로써 목적을 달성할 수 있는 경우에는 허용되지 아니한다.

(가) 적극적 요건

1) 적법한 본안소송이 계속 중일 것

집행정지신청은 민사소송에서의 가처분과 달리 본안소송이 계속되어 있을 것을 요한다. 따라서 집행정지 신청은 본안의 소제기 후 또는 동시에 제기되어야 한다. 행정소송제기가 적법하게 이루어져야 하며 형식적 요건을 그르친 경우는 본안소송이 계속된 것으로 보지 않는다. 본안자체의 적법여부는 집행정지신청의 요건은 아니지만, 본안소송의 제기자체는 적법한 것이어야 한다.

2) 처분 등이 존재할 것

집행정지를 위해서는 먼저 집행정지의 대상인 처분 등이 존재하여야 한다.

3) 회복하기 어려운 손해의 예방

처분이나 그 집행 또는 절차의 속행으로 인하여 회복하기 어려운 손해를 예방하기 위한 것이어야 한다. 여기서 회복하기 어려운 손해란 사회통념상 금전으로 보상할 수 없는 손해로 서 금전보상이 불능인 경우뿐만 아니라 금전보상으로는 사회통념상 행정처분을 받은 당사 자가 참고 견딜 수 없거나 또는 참고 견디기가 현저히 곤란한 경우의 유형, 무형의 손해를 말한다.

4) 긴급한 필요가 있을 것

긴급한 필요가 있다고 인정되어야 한다. 여기서 긴급한 필요란 회복하기 어려운 손해가 발생이 시간적으로 절박하였거나 이미 시작됨으로 인하여 본안판결을 기다릴만한 여유가 없는 경우를 말한다.

(나) 소극적 요건

1) 공공복리에 중대한 영향을 미칠 우려가 없을 것

집행정지는 적극적 요건이 충족된다고 하더라도 공공복리에 중대한 영향을 미칠 우려가 있는 경우에는 허용되지 않는다. 공공복리에 미칠 영향이 중대한지 여부는 절대적 기준에 의하여 판단할 것이 아니라, '신청인의 회복하기 어려운 손해'와 '공공복리' 양자를 비교·교 량하여, 전자를 희생하더라도 후자를 옹호하여야 할 필요가 있는지 여부에 따라 상대적·개 별적으로 판단되어야 한다.

2) 본안의 청구가 이유 없는 것이 명백하지 않을 것(승소가능성이 있을 것)

본안의 이유유무는 집행정지의 요건이 될 수 없으나 본안청구가 이유 없음이 명백한 경우에 는 행정처분의 효력정지를 명할 수 없다. 즉, 본안소송에서의 처분의 취소가능성이 없음에도 불구하고 처분의 효력정지를 인정한다는 것은 제도의 취지에 반하므로, 효력정지사건 자체에 의하여도 신청인의 본안청구가 이유 없음이 명백할 때에는 행정처분의 효력정지를 명할 수 없다(대법원 1994.10.11. 자 94두23 결정).

(3) 주장 · 소명책임

처분 등의 존재나 그 집행 또는 절차의 속행으로 인한 회복하기 어려운 손해발생 우려 등 적극적요건에 관한 주장 · 소명책임은 원칙적으로 신청인에게 있고, 공공복리 등 소극적요건에 관한 주장 · 소명책임은 행정청에게 있다.

(4) 집행정지결정의 절차

본안이 계속되고 있는 법원은 당사자의 신청 또는 직권에 의하여 처분 등의 효력이나 그 집행 또는 절차의 속행의 전부 또는 일부의 정지를 결정할 수 있다. 신청인은 그 신청의 이유에 대하여 주장 · 소명을 하여야 하고, 피신청인인 행정청은 집행정지의 소극적요건에 대하여 소명하여야 할 것이다. 재판의 형식은 '결정'이며, 변론을 거치지 아니하고 결정할 수 있으나 당사자를 심문할 수도 있다. 집행정지의 관할법원은 본안이 계속된 법원이다.

(5) 집행정지결정의 내용

(가) 처분의 효력정지

효력정지는 구속력 · 공정력 · 집행력 등을 잠정적으로 정지시킴으로써 장래를 향하여 처분 자체가 존재하지 않는 상태로 두는 것을 말한다. 예컨대 영업정지의 처분에 대하여 집행정지 결정이 있으면 상대방은 적법하게 영업을 할 수 있게 된다. 다만, 처분의 효력정지는 처분의 집행 또는 절차의 속행을 정지함으로써 목적을 달성할 수 있을 때에는 허용되지 아니한다. 따라서 예컨대 강제징수절차와 같은 일련의 계속적인 절차에서 그 절차의 속행을 정지함으로써 압류정지의 목적을 달성할 수 있으므로 과세처분의 효력을 정지할 필요성이 없다.

(나) 처분의 집행정지

집행정지는 처분이 가지는 효력은 유지시키면서 이를 실현하기 위한 집행력의 행사만을 정지하게 하는 것을 말한다. 예컨대 강제퇴거명령을 받은 자에 대한 강제퇴거 조치를 정지하는 경우이다.

(다) 절차의 속행정지

절차의 속행정지는 처분의 효력을 유지시키면서 당해 처분의 후속절차를 잠정적으로 정지하게 하는 것을 말한다. 예컨대 토지수용절차나 행정대집행절차의 경우에 후속적인 절차를 정지하는 행위가 이에 해당한다.

(6) 집행정지결정의 효력

처분 등의 효력정지는 효력 그 자체를 정지시키는 것이므로 행정처분이 없었던 것과 같은 원래 상태를 실현시키는 형성력이 발생한다. 다만, 집행정지결정의 효력은 결정의 주문에 정해진 시기까지 존속한다. 주문에서 정하는 바가 없는 때에는 본안소송의 판결선고시까지 효력이 존속하며, 또한 집행정지결정은 장래에 대하여 효력을 발생함이 원칙이나 처분의 효력정지의 경우에는 소급효가 인정된다.

(7) 집행정지효력의 소멸

집행정지결정이 확정된 후 집행정지가 공공복리에 중대한 영향을 미치거나 그 정지사유가 없어진 때에는 당사자의 신청 또는 직권에 의하여 결정으로써 집행정지결정을 취소할 수 있다. 이 취소신청은 행정청이 할 것이나 제3자효행정행위에서 수익자가 행정청의 참가인인 경우 취소신청을 할 수 있다. 집행정지결정의 취소결정이 있으면 일단 발생된 집행정지결정의 효력은 소멸되고 그 때부터 정지되었던 처분 등의 효력 및 그 집행절차는 다시 속행된다. 한편, 본안소송의 계속은 집행정지결정의 요건일 뿐만 아니라 그 효력지속의 요건이기도 하므로 비록 집행정지결정이 있더라도 본안의 소가 취하되면 별도의 집행정지취소결정을 할 필요없이 집행정지결정은 실효된다.

(8) 집행정지결정 등에 대한 불복

법원의 집행정지결정, 기각 또는 집행정지결정의 취소결정에 대하여는 즉시 항고할 수 있다. 이 경우 집행정지결정에 대한 즉시항고에는 결정의 집행을 정지하는 효력이 없다. 제3자효 행정행위에 있어서 수익자가 행정청의 참가인인 경우에는 집행정지결정에 대한 대항수단으로서 즉시항고를 할 수 있다.

제2장 행정사건의 관할

제1절 행정법원

1. 일반법원으로서의 행정법원

행정소송법은 행정소송의 제1심 관할법원을 행정법원으로 하고 있다. 행정법원이 설치되지 않은 지역에 있어서의 행정법원의 권한에 속하는 사건은 행정법원이 설치될 때까지 해당 지방법원본원 및 춘천지방법원 강릉지원이 관할한다. 서울특별시에 서울행정법원을 설치하고, 종래의 2심제와 달리 1심 지방법원급인 행정법원 → 고등법원 → 대법원의 3심제를 취하고 있다.

2. 행정법원관할의 전속성 여부

가. 행정사건의 행정법원 전속

전속관할제도를 명문화하고 있는 가사소송법과(가사소송법 제2조)는 달리 행정소송법에는 행정사건이 행정법원의 전속관할에 속함을 밝히는 규정이 없어 행정사건이 행정법원의 전속에 속하는 가에 대한 논란의 여지가 있다. 그러나 실무에서 성질상 행정사건은 행정법원의 전속관할에 속한다. 따라서 행정법원의 관할에 속하는 행정사건을 지방법원이나 가정법원이 행함은 전속관할 위반이 되고 이는 절대적 상고이유가 된다.

다만, 행정법원이 설치되지 아니하여 지방법원 본원이 행정법원의 역할까지 하는 지역에서, 지방법원 본원이 행정사건으로 취급하여야 할 것을 민사사건으로 접수하여 처리하였을 경우 이는 단순한 사무 분담의 문제일 뿐 관할위반의 문제는 아니다. 그러므로 행정소송법이 정한 절차에 의한 심리를 하지 아니한 경우, 절차 위반의 문제가 발생할 뿐 전속관할 위배라 할 수는 없다. 따라서 행정소송법상의 당사자소송으로 제기하여야 할 사건을 민사소송으로 잘못 제기한 경우에 수소법원이 그 당사자소송에 대한 관할도 동시에 가지고 있다면 행정소송법이 정하는 절차에 따라 이를 심리하면 된다.[162)]

나. 관할의 지정제도

관할이 불분명할 경우 전속관할이 인정되는 가사소송법의 경우 직근 상급법원의 관할 지정제도를 두고 있다. 그러나 행정소송법에서는 이러한 관할지정제도가 마련되어 있지 아니하다는 점에 유의할 필요가 있다.

다. 행정법원의 민사사건처리

행정소송법은 행정법원이 행정사건과 병합하여 관련 민사사건을 처리할 수 있음을 명시하고 있다. 이러한 경우를 제외하고는 행정법원이 행정사건과 분리하여 독립적으로 민사사건을 처리할 수 있는지에 관하여 견해가 대립되지만 이를 굳이 금지할 필요가 없다는 것이 대법원의 입장이다.

> **【판시사항】**
> 구 공익사업을 위한 토지 등의 취득 및 보상에 관한 법률 제91조에 규정된 환매권의 존부에 관한 확인을 구하는 소송 및 같은 조 제4항에 따라 환매금액의 증감을 구하는 소송이 민사소송에 해당하는지 여부(대법원 2013. 2. 28. 선고 판결)
>
> **【판결요지】**
> 민사소송인 이 사건 소가 서울행정법원에 제기되었는데도 피고는 제1심법원에서 관할위반이라고 항변하지 아니하고 본안에 대하여 변론을 한 사실을 알 수 있는바, 공법상의 당사자소송 사건인지 민사사건인지 여부는 이를 구별하기가 어려운 경우가 많고 행정사건의 심리절차에 있어서는 행정소송의 특수성을 감안하여 행정소송법이 정하고 있는 특칙이 적용될

---

162) 대법원 2014. 10. 14. 자 2014마1072 결정.

수 있는 점을 제외하면 심리절차면에서 민사소송절차와 큰 차이가 없는 점 등에 비추어 보면, 행정소송법 제8조 제2항, 민사소송법 제30조에 의하여 제1심법원에 변론관할이 생겼다고 봄이 상당하다.

제2절 토지관할

1. 항고소송의 토지관할

가. 보통재판적

항고소송의 제1심 관할법원은 피고의 소재지를 관할하는 행정법원이다. 다만, 중앙행정기관 또는 그 장이 피고인 경우의 관할법원은 대법원 소재지의 행정법원이다. 행정법원이 설치되지 않은 지역에서 행정법원의 권한에 속하는 사건은 해당 지방법원이 관할하도록 되어 있기 때문에 현재는 행정법원이 설치되어 있는 서울을 제외하고는 피고의 소재지를 관할하는 지방법원본원이 제1심 관할법원이 된다.

나. 특별재판적

토지의 수용 기타 부동산 또는 특정의 장소에 관계되는 처분 등에 대한 취소소송은 그 부동산 또는 장소의 소재지를 관할하는 행정법원에 이를 제기할 수 있다. 여기서 토지의 수용에 관계되는 처분이란 토지수용법상의 국토교통부장관의 사업인정, 토지수용위원회의 재결·이의재결 등의 처분을 말한다. 부동산에 관계되는 처분이란 광업권에 관한 처분, 농지·산지의 보전개발을 위한 규제·해제에 관한 처분, 토지구획정리사업으로 인한 환지처분, 토지거래허가에 관한 처분, 부동산에 관한 권리행사의 강제·제한·금지를 명하거나 직접 실현하는 처분 등을 말한다. 특정의 장소에 관계되는 처분이란 자동차운수사업면허, 택지조성사업에 관한 처분 등과 같은 특정지역에서 일정한 행위를 할 수 있는 권리 등을 부여하는 처분이나 특정지역을 정하여 일정한 행위를 제한·금지하는 처분 등을 말한다.

2. 당사자소송의 토지관할

당사자소송의 제1심 관할법원은 항고소송의 경우와 같이 피고의 소재지를 관할하는 행정법원이 된다. 다만, 국가 또는 공공단체가 피고인 경우에는 관계행정청의 소재지를 피고의 소재지로 본다. 또한 토지의 수용 기타 부동산 또는 특정의 장소에 관계되는 처분 등에 대한 당사자소송은 그 부동산 또는 장소의 소재지를 관할하는 행정법원에 이를 제기할 수 있다.

3. 토지관할의 성질

행정소송법은 제소의 편의를 위하여 항고소송이나 당사자소송의 토지관할에 관하여 전속관할로 규정하지 아니함으로써 임의관할임을 간접적으로 밝히고 있다.[163] 그러므로 당사자의 합의에 의한 합의관할이나 변론관할도 생기며, 항소심에서는 관할 위반을 주장할 수 없다. 다만, 행정법원의 역할을 할 수 있는 것은 지방법원 본원으로서, 지방법원 지원(춘천지방법원 강릉지원 제외)은 비록 합의지원이라 하더라도 행정사건을 다룰 수 없고, 합의관할 등이 생길 여지도 없다.

제3절 사물관할

사물관할이란 사물의 경중 또는 성질에 의한 제1심 관할의 분배로서 소송사건의 제1심을 지방법원합의부와 단독 판사간에 분담시킨 것을 말한다. 행정사건은 원칙적으로 판사 3인으로 구성된 합의부에서 재판하여야 하는 합의사건이다. 다만, 합의부가 단독판사가 재판할 것으로 결정한 사건에 대하여는 단독판사가 재판할 수 있다. 재량권남용 여부만이 문제되는 사건 등 간단한 사건에 대하여 단독판사가 신속히 처리할 수 있는 길을 열어 둔 것이다.

---

163) 대법원 1994. 1. 25. 선고 93누18655 판결.

제4절 심급관할

종래 항고소송과 당사자소송의 제1심 법원을 고등법원으로 함으로써 행정사건에 2심제를 택하여 왔다. 그러 1998. 3. 1.부터 시행된 개정 행정소송법은 지방법원급인 행정법원을 제1심 법원으로 하고 그 항소심을 고등법원, 상고심을 대법원이 담당하도록 함으로서 3심제를 원칙으로 하고 있다.[164]

제5절 민중소송 및 기관소송의 재판관할

민중소송이나 기관소송과 같은 객관적소송의 재판관할 역시 개별법에서 정한다. 대법원이 1심이며 종심인 것이 대부분이다. 그런데, 지역구 시·도 의원선거, 자치구·시·군의원 선거 및 자치구·시·군의 장 선거에 있어서는 그 선거구를 관할하는 고등법원으로 되어있다. 또한 교육위원선거에 있어서는 고등법원으로 되어 있으나 교육감의 선거에 있어서는 대법원이다.

제6절 사건의 이송

1. 이송의 의의

사건의 이송 제도는 관할위반의 경우 소를 각하하기보다는 관할권이 있는 법원에 이송함으로써 다시 소를 제기할 때 들이는 시간, 비용, 노력을 절감하게 하고, 소제기에 의한 제척기간 등 제소기간 준수의 효력을 유지시켜 소송경제를 도모하기 위하여 보다 편리한 법원으로

---

164) 그러나 개별법규 중에는 서울고등법원을 제1심으로 규정함으로써 2심제를 채택하고 있는 것들이 있다. 보안관찰법 23조, 독점규제및공정거래에관한법률 55조, 위 독점규제법 55조를 준용하고 있는 약관의규제에관한법률 30조의2 및 하도급거래공정화에관한법률 27조 등이 그 예이다.

옮겨 심판할 수 있도록 하거나 서로 관련되는 사건 간 판결의 모순, 저촉을 피하기 위하여 하나의 법원에서 심판할 수 있도록 하자는 취지이다.

이렇듯 사건의 이송이라 함은 어느 법원에 일단 계속된 소송을 그 법원의 재판에 의하여 관할권이 있는 다른 법원에 이전하는 것을 말한다. 여기서 이송은 법원간의 이전이므로 동일 법원 내에서 담당재판부를 바꾸는 것은 이송에 속하지 아니하고 사무분담의 문제이다.

2. 이송할 경우

가. 관할위반으로 인한 이송

행정소송의 경우 그 소송의 특수성으로 인하여 민사소송에 비해 관할 위반을 하여 소송을 제기할 가능성이 매우 높다. 그럼에도 만일 이를 부적법 각하처리 한다면 제소기간 경과 등으로 다시 제소할 수 없는 경우가 발생하여 국민의 권리에 중대한 장해가 될 수 있다. 따라서 이를 각하하기 보다는 관할법원으로 이송하는 것이 당사자의 권리구제나 소송경제의 측면에서 더 바람직하다.

이에 따라 우리 행정소송에서도 민사소송법 제34조 제1항이 준용되어 법원은 소송의 전부 또는 일부에 대하여 관할권이 없다고 인정하는 경우에는 결정으로 이를 관할 법원에 이송하도록 하고 있다.

따라서 만일 원고가 고의 또는 중대한 과실 없이 행정소송으로 제기하여야 할 사건을 민사소송으로 잘못 제기한 경우, 수소법원으로서는 만약 그 행정소송에 대한 관할도 동시에 가지고 있다면 이를 행정소송으로 심리, 판단하여야 하고, 그 행정소송에 대한 관할을 가지고 있지 아니하다면 행정소송으로서의 소송요건을 결하고 있음이 명백하여 행정소송으로 제기되었더라도 어차피 부적법하게 되는 경우가 아닌 이상 이를 부적법한 소라고 하여 각하할 것이 아니라 관할법원에 이송하여야 한다.[165]

---

165) 대법원 1997. 5. 30. 선고 95다28960 판결.

나. 편의에 의한 이송

(1) 민사소송법 35조의 준용에 의한 이송

행정소송에도 민사소송법 35조가 준용되어 법원은 그 관할에 속한 소송에 관하여 현저한 손해 또는 지연을 피하기 위한 필요가 있을 경우 직권 또는 당사자의 신청에 의하여 소송의 전부나 일부를 다른 관할법원에 이송할 수 있다. 다만, 전속관할이 정해져 있는 소의 경우에는 그러하지 아니한다. 한편 행정소송의 경우 관할법원이 여럿 있는 경우가 드물어 이 규정에 따른 이송을 할 경우는 흔하지 않다.

다. 관련청구소송의 이송

(1) 취 지

항고소송, 특히 취소소송에서는 한편으로는 위법한 처분 등의 취소 또는 변경을 구하고 다른 한편으로는 그와 관련되는 손해배상이나 부당이득반환 등을 청구할 필요가 있는 경우가 적지 않다. 이 경우 취소소송은 처분청을 피고로 제기하여야 하는데 대하여, 손해배상·원상회복청구소송 등은 공법상 당사자소송 또는 민사소송으로서 국가 또는 공공단체를 피고로 하게 되며, 그 관할법원에 있어서도 차이가 있게 된다. 이러한 경우에 취소소송과 이와 관련되는 수개의 청구를 병합하여 하나의 소송절차에서 통일적으로 심판하게 되면 심리의 중복이나 재판의 모순·저촉을 피하고 당사자나 법원의 부담을 경감할 수 있는바, 이러한 취지에서 행정소송법은 관련청구소송의 이송과 병합을 인정하고 있다.

(2) 관련청구소송의 범위

(가) 당해 처분 등과 관련되는 손해배상·부당이득반환·원상회복 등 청구 소송

여기서 당해 처분 등과 관련된다는 것은 처분이나 재결이 원인이 되어 발생한 청구 또는 그 처분이나 재결의 취소·변경을 선결문제로 하는 경우를 말한다.

(나) 당해 처분등과 관련되는 취소소송

여기에는 당해 처분과 함께 하나의 절차를 구성하는 다른 처분의 취소를 구하는 소송, 당해 처분에 관한 재결의 취소를 구하는 소송 또는 재결의 대상인 처분의 취소소송, 당해 처분이나 재결의 취소 · 변경을 구하는 제3자의 취소소송이 포함된다.

(3) 관련청구소송의 이송

관련청구소송의 이송이란 취소소송과 관련청구소송이 각각 다른 법원에 계속되고 있는 경우에 관련청구소송이 계속된 법원이 상당하다고 인정하는 때에는 당사자의 신청 또는 직권에 의하여 이를 취소소송이 계속된 법원으로 이송할 수 있음을 말한다.

(4) 관련청구소송의 이송의 요건

ⅰ) 취소소송과 관련청구소송이 각각 다른 법원에 계속되어 있을 것 ⅱ) 법원이 상당하다고 인정하는 경우일 것 ⅲ) 당사자의 신청 또는 직권에 의하여 관련청구소송을 취소소송이 계속된 법원에로 이송결정이 있을 것 등이다.

(5) 이송결정의 효과

ⅰ) 소송을 이송 받은 법원은 이송결정에 따라야 하며, 따라서 이송 받은 법원은 사건을 다시 다른 법원에 이송하지 못한다. ⅱ) 이송결정이 확정되면 관련청구소송은 처음부터 이송 받은 법원에 계속된 것으로 본다. ⅲ) 이송결정을 한 법원의 법원사무관 등은 그 결정의 정본을 소송기록에 붙여 이송 받을 법원에 보내야 한다.

제3장 당 사 자

제1절 개 설

행정소송도 원고와 피고가 대립하는 대심구조를 취하여 구체적 사건을 다툰다는 점에서 민사소송과 본질적으로 다르지 않다. 그러나 항고소송 특히 취소소송의 경우 원고는 자신의 권익보호를 위하여 처분 등의 위법을 이유로 그의 취소·변경을 구하는 반면 피고인 행정청은 자신의 권익을 주장하는 것이 아니라 법적용에 있어서 위법이 없다는 것을 주장하는데 그친다. 여기서 행정청은 국가 또는 지방자치단체의 기관으로서 그 자체로서는 피고의 자격을 가지는 것이 아니지만 편의상 피고의 지위가 인정되는 점, 그리고 자신의 이익을 주장하고 방어하는 것이 아니라 공익을 위하여 소송에 임한다는 점 등의 특수성을 갖고 있다.

제2절 당사자능력

당사자능력이란 소송의 주체가 될 수 있는 능력 또는 자격을 말한다. 민법 기타 법률에 의하여 권리능력을 가지는 자는 당사자능력을 갖는다. 그러므로 자연인, 법인, 법인격 없는 사단 또는 재단도 행정소송에 있어서 당사자능력을 갖는다.

당사자능력은 소송요건으로 당사자능력이 없는 자가 제기한 소나 당사자능력이 없는 자를 상대로 한 소송은 부적법하다.

한편 항고소송에 있어 피고능력에 관한 부분에 있어서는 민사소송의 경우와는 달리 당사자능력이 없는 행정청이 당사자능력을 갖는다는 점에 특색이 있다. 이와 같이 행정청이 피고능력을 갖는 것은 행정소송법상의 특별규정 때문이므로, 그러한 규정이 없는 영역 즉, 항고소송의 원고나 당사자소송의 원피고에서는 행정청에게 당사자능력이 없다. 그 외 객관적 소송 (민중소송, 기관소송 등)의 당사자능력은 각 개별법이 정한 바에 따른다.

제3절 당사자적격

1. 원고적격

가. 취소소송의 원고적격

(1) 법률상의 이익을 가진 자

행정소송의 원고적격도 민사소송의 원고적격에서와 마찬가지로 소의 이익의 문제의 하나이다. 민사소송에서 본안판결을 받기 위해서는 형식적·절차적 요건 외에 당해 분쟁에 관하여 국가의 재판제도를 이용하여 자기를 위하여 그 분쟁을 해결할만한 필요성 내지 이익이 원고에게 존재하여야 하는바, 이를 실체적 소송요건인 소의 이익이라고 한다. 소의 이익은 광의로는 당사자가 본안판결을 받을만한 정당한 이익을 가지고 있을 것(원고적격), 청구의 내용이 본안판결을 받기에 적합한 자격을 가지고 있을 것(권리보호의 자격), 원고의 청구가 소송을 통하여 분쟁을 해결할만한 현실적인 필요성이 있을 것(권리보호의 필요)의 세 가지를 포함하고 있으나, 협의로는 권리보호의 필요만을 의미한다.

(2) 법률상 보호이익설의 내용

행정소송법 제12조 제1문은 '취소소송은 처분 등의 취소를 구할 법률상 이익이 있는 자가 제기할 수 있다'라고 규정하고 있는바, 여기서 법률상 이익이 무엇을 의미하는지 문제된다. 판례는 법률상 이익의 의미를 당해 처분의 근거 법규 및 관련 법규에 의하여 보호되는 개별

적 · 직접적 · 구체적 이익으로 보고 있다.[166]

(3) 구체적인 예

(가) 원고적격을 인정한 예

1) 특허산업 등의 경업자

경업자란 신규 허가로 인하여 이익의 몫이 감소되는 경우처럼 이익분할관계에 있는 자를 말한다. 경업자소송이란 새로운 경쟁자에 대하여 신규허가를 발급함으로써 경업자(예, 자동차운송사업면허에 대한 당해 노선의 기존업자, 직행형 시외버스운송사업자에 대한 사업계획인가처분에 대한 기존 고속형 시외버스운송사업자)가 제기하는 소송을 말한다.

2) 경원자

경원자란 대체로 일방에 대한 허가가 타방에 대한 불허가로 귀결될 수밖에 없는 배타적인 경우처럼 단수 또는 특정수의 이익만 성립될 수 있어 그 이상의 추가 진입이 불가능한 「이익대체관계」에 있는 자를 말한다. 경원자소송이란 특허나 인 · 허가 등의 수익적 처분을 신청한 수인이 서로 경쟁관계에 있어서 일방에 대한 면허나 인 · 허가 등의 행정처분이 타방에 대한 불허가로 귀결될 수밖에 없는 경우에 인 · 허가 등을 받지 못한 경원자가 타방이 받은 인 · 허가 등에 대하여 제기하는 소송(예, 같은 공유수면을 대상으로 하는 공유수면매립면허처럼 단수의 진입만 가능한 경우)을 말한다.

3) 근거법률 등에 의하여 보호되는 이익이 침해된 주민

주거지역 내에 설치할 수 없는 공장이나 공설화장장을 설치함으로써 주민의 안녕과 생활환경을 침해받는 주민이 제기하는 소송을 말한다.

---

166) 대법원 2006. 3. 16. 선고 2006두330 판결, 대법원 1989.5.23. 선고 88누8135 판결, 대법원 1995.9.26. 선고 94누14544 판결, 대법원 2007.6.15. 2005두9736 판결 참조.

4) 제2차 납세의무자 등

원납세의무자에 대한 과세처분에 대하여 납부통지서를 받은 제2차 납세의무자 및 물적 납세의무자, 납세보증인 등이 제기하는 소송을 말한다.

5) 소비자단체소송

소비자단체소송이란 사업자가 소비자의 권익증진관련기준의 준수규정을 위반하여 소비자의 생명 · 신체 또는 재산에 대한 권익을 직접적으로 침해하고 그 침해가 계속되는 경우 소비자단체소송을 제기할 수 있는 단체가 법원에 소비자권익침해행위의 금지 · 중지를 구하는 소송을 말한다.

6) 개인정보단체소송

개인정보단체소송이란 개인정보처리자가 개인정보보호법 제49조에 따른 집단분쟁조정을 거부하거나 집단분쟁조정의 결과를 수락하지 아니한 경우 개인정보단체소송을 제기할 수 있는 단체가 법원에 권리침해 행위의 금지 · 중지를 구하는 소송을 말한다.

(나) 원고적격을 부정한 예
1) 경찰허가를 받은 경업자

목욕탕영업허가에 대하여 기존 목욕탕업자 및 약사들에 대한 한약조제권 인정에 대하여 한의사들에 대하여는 원고적격을 부정한다.

2) 반사적 이익을 침해받은 자

개인적공권의 침해와 달리 도로용도폐지처분에 의하여 산책로를 이용할 이익을 침해받은 자나 주택건설사업계획승인처분에 의하여 문화재를 향유할 이익을 침해받는 경우와 같은 단순 반사적 이익의 침해는 원고적격을 부정한다.

3) 단체와 그 구성원 등

단체구성원 개인에 대한 처분에 대하여 그 소속 단체 및 법원이나 비영리사단에 대한 처분에 대하여 그 임원이나 구성원, 주식회사에 대한 주류제공면허취소처분에 대한 그 회사의 대주주 등은 원고적격을 부정한다.

그 외 4) 간접적 이해관계인 5) 압류부동산을 매수한 자 등 6) 채권자대위권자 등의 경우 원고적격을 부정한다.

나. 무효등확인소송의 원고적격

무효등확인소송은 처분의 효력유무 또는 존부의 확인을 구할 법률상 이익이 있는 자가 제기할 수 있다. 여기서 법률상이익이 무엇을 의미하는지에 관하여 견해가 대립되는데, 무효등확인소송은 취소소송과 마찬가지로 주관적 소송으로서 근거법률에 의하여 직접적이고 구체적으로 보호되는 이익이 침해되었다고 주장하는 경우에만 원고적격이 인정된다고 할 것이다.

다. 부작위위법확인소송의 원고적격

부작위위법확인소송은 처분의 신청을 한 자로서 부작위의 위법확인을 구할 법률상의 이익이 있는 자만이 제기할 수 있다(행소법 36조). 즉, 처분의 신청을 현실적으로 한 자만이 제기할 수 있고, 처분의 신청을 하지 않은 제3자 등은 제기할 수 없다.

라. 당사자소송의 원고적격

행정소송법은 당사자소송의 원고적격에 관한 규정을 별도로 두고 있지 않다. 따라서 일반소송의 원고적격에 관한 규정을 그대로 준용하여 공법상 법률관계에 있어서 권리보호이익 또는 권리보호의 필요성을 가지는 자는 누구나 원고가 될 수 있다고 보아야 할 것이다.

마. 객관적소송(민중소송과 기관소송)의 원고적격

객관적 소송은 법률에 정한 자에 한하여 제기할 수 있다. 예컨대 선거소송에 있어서는 선거인·소청인 또는 후보자, 지방자치법상 기관소송에 있어서는 지방자치단체의장이 각각 원고가 된다.

2. 협의의 소의 이익

가. 개 설

소의 이익은 직권조사사항이므로 당사자의 이의가 없더라도 직권으로 조사하여 그 흠결이 밝혀지면 소를 각하하여야 한다. 사실심 변론종결시는 물론 상고심에서도 존속하여야 하며, 상고심 계속 중 소의 이익이 없게 되면(예컨대, 처분효력기간의 경과) 부적법한 소가 되어 직권 각하된다(대법원 1996. 2. 23. 선고 95누2685 판결 등).

나. 취소소송에 있어서의 소의 이익

(1) 원 칙

취소소송은 위법한 처분 등에 의하여 발생한 위법상태를 배제하여 원상으로 회복시킴으로써 그 처분으로 침해되거나 방해받은 권리와 이익을 구제하고자 하는 소송이므로, 처분 등의 효력이 존속하고 있어야 하고, 그 취소로서 원상회복이 가능하여야 한다.

(2) 예 외

처분 등의 효과가 기간의 경과, 처분 등의 집행 등의 사유로 인하여 소멸된 뒤에도 그 처분 등의 취소로 인하여 회복되는 법률상의 이익이 있으면 소의 이익이 있다.

(3) 인가처분 취소소송

행정청이 제3자의 법률행위에 동의를 부여하여 그 행위의 효력을 완성시켜주는 행정행위인 강학상의 인가처분은 보충행위에 불과하여 기본행위가 불성립 또는 무효인 경우에는 인가가 있더라도 아무런 효력이 발생하지 아니한다.

(4) 재결취소의 소

행정심판재결 자체에 고유한 위법이 있어 원처분취소의 소와 그것을 유지한 재결취소의 소가 함께 제기된 경우, 원처분이 위법하다 하여 취소하는 판결이 확정된 때에는 재결취소의 소를 유지할 소의 이익이 없게 된다.

다. 무효등확인소송

무효확인소송의 대상도 취소소송과 마찬가지로 처분 등, 즉 행정청이 행하는 구체적 사실에 관한 법집행으로서의 공권력행사 또는 그 거부와 그 밖에 이에 준하는 행정작용 및 행정심판에 대한 재결이 그 대상이다. 무효등확인소송에는 행정심판전치주의에 관한 규정이 없으나 임의로 행정심판을 전치시킬 수 있으므로 행정심판의 재결도 대상이 될 수 있다. 그러나 재결을 소송대상으로 하는 경우에는 재결자체에 고유한 위법만을 주장할 수 있고 원처분의 위법은 주장할 수 없다. 법규범의 무효확인이나 문서의 진위 등의 사실관계의 확인은 무효등확인소송의 대상이 아니다.

라. 부작위위법확인소송

부작위위법확인소송에 있어서도 취소소송에서 일반적으로 요구되는 소의 이익이 그대로 타당하다. 따라서 신청 후 사정변경으로 부작위위법확인을 받아 보았자 침해되거나 방해받은 권리·이익을 보호·구제받는 것이 불가능하게 되었다면 소의 이익이 없고, 소제기의 전후를 통하여 판결시까지 행정청이 신청에 대하여 적극 또는 소극의 처분을 함으로써 부작위 상태가 해소된 때에도 소의 이익이 없다(대법원 1990. 9. 25. 선고 89누4758 판결).

마. 당사자소송

당사자소송에서의 소의 이익은 민사소송에서와 같다. 가령 계약직 공무원에 대한 채용계획 해지에 관하여 그 해지가 무효라고 하더라도 이미 계약이 만료되었다면 해지무효확인소송을 제기할 소의 이익이 없다.

바. 객관적 소송

객관적 소송은 원래 개인의 권익구제에 목적이 있는 소송이 아니라 행정의 적법성 보장에 그 목적이 있으므로, 통상의 경우는 소의 이익이 문제되지 않으나, 예를 들면, 당선인이 임기개시 전에 사퇴하거나 사망하여 어차피 재선거를 실시할 수밖에 없는 때는 선거무효소송을 제기할 소의 이익이 없는 등 소의 이익을 별도로 고려하여야 할 특수한 경우가 있다.

3. 피고적격

가. 항고소송의 피고적격

(1) 처분청 원칙

항고소송은 다른 법률에 특별한 규정이 없는 한 그 처분 등을 행한 행정청을 피고로 한다(행소법 13조 1항, 38조 1항). 따라서 '처분'에 대하여는 처분 행정청이, '재결'에 대하여는 재결청이 각각 피고로 된다. 부작위위법확인소송에 있어서는 국민으로부터 일정한 행위를 하여줄 것을 신청받은 행정청이 피고가 된다.

(2) 행정청

(가) 의 의

행정청이란 행정주체의 의사를 내부적으로 결정하고 이를 외부적으로 표시할 수 있는 권한을 가진 행정기관을 말하나 여기서 행정청은 기능적인 의미로 사용되어 법원행정처장이나 국회사무총장 역시 행정청의 지위를 갖고 있으며, 지방의회도 처분(제명의결 등)을 발하는 경우에는 행정청의 지위를 갖는다.

한편, 외부적 의사표시기관이 아닌 내부기관은 실질적인 의사가 그 기관에 의하여 결정되더라도 피고적격을 갖지 못한다(대법원 1994. 12. 23. 선고 94누5915 판결 등). 예를 들면, 사법시험 불합격처분은 합격자발표를 외부적으로 한 법무부장관이 피고가 되어야 하고, 사법시험위원회는 피고적격을 갖지 못한다.

(나) 합의제 기관일 경우

처분청이 공정거래위원회와 같은 합의제관청(국가배상심의회, 중앙토지수용위원회, 감사원, 선거관리위원회, 금융감독위원회 등)인 경우에는 당해 합의제행정관청이 피고가 된다. 다만 노동위원회법에 따라 중앙노동위원회의 처분에 대한 소송은 중앙노동위원장을 피고로 하여야 한다.

(다) 공법인 등

공법인이나 개인(공무수탁사인)도 국가나 지방자치단체의 사무를 위임받아 행하는 범위 내에서 '행정청'에 속하며 항고소송의 피고적격을 가진다. 공무원연금관리공단, 국민연금관리공단, 근로복지공단, 농업기반공사, 한국자산관리공사, 대한주택공사 등이 그 예이며, 이 경우 행정권한을 위임받은 자는 공법인 자체이지 그 대표자가 아니므로 처분은 공법인의 이름으로 행하여지고, 그에 대한 항고소송의 피고도 공법인이 되어야 하고 그 대표자가 되는 것이 아니다.

(라) 지방의회

지방의회는 지방자치단체 내부의 의결기관이지 지방자치단체의 의사를 외부에 표시하는 기관이 아니므로, 항고소송의 피고가 될 수 없음이 원칙이다. 그러므로 지방의회가 의결한 조례가 집행행위의 개입 없이도 그 자체로서 직접 국민의 권리의무에 영향을 미쳐 항고소송의 대상이 되는 경우에도 그 피고는 조례를 공포한 지방자치단체의 장(교육·학예에 관한 조례는 시·교육감)이 되어야 하고, 지방의회가 될 수 없다. 다만, 지방의회에 대한 징계의결이나 취소나 무효확인을 구하는 소, 지방의회의장에 대한 의장선출이나 불신임결의의 피고는 모두 지방의회이다.

(3) 처분을 한 행정청
(가) 개 설

여기서 처분 등을 행한 행정청이란 원칙적으로 소송의 대상인 행정처분 등을 외부적으로 그의 명의로 행한 행정청을 의미한다.

(나) 권한이 위임·위탁된 경우

행정청의 권한의 위임·위탁의 경우에는 권한이 수임청·수탁청에게 넘어가기 때문에 이들이 피고가 된다. 사인도 공무수탁사인이 피고가 된다. 반면 내부위임의 경우에는 권한이 이전되는 것이 아니므로 위임청이 피고로 된다. 다만, 판례는 내부위임의 경우 수임기관의 명의로 처분을 한 경우에는 수임기관이, 위임기관의 명의로 처분을 하였다면 위임기관이 피고가 된다고 한다. 다만, 권한의 대리인 경우는 권한이 이전되는 것도 아니고 법적효과도 직접 피대리관청에 귀속하는 것이므로 피대리관청이 피고가 된다는 점에 차이가 있다.

(다) 정당한 권한 유무

외부적으로 그의 이름으로 행위를 한 자가 피고적격을 갖고, 그에게 실체법상 정당한 권한이 있었는지 여부는 본안 판단사항일 뿐 피고적격을 정함에 있어 고려할 사항이 아니다. 그리하여 내부위임이나 대리권을 수여받는 데 불과하여 원행정청 명의나 대리관계를 밝히지 아니하고는 그의 명의로 처분 등을 할 권한이 없음에도 불구하고, 행정청이 착오 등으로 권한 없이 그의 명의로 처분을 한 경우, 그 처분은 권한이 없는 자가 한 위법한 처분이 될 것이지만, 이 경우에도 피고는 정당한 권한이 있는 행정청이 아니라 권한 없이 처분을 한 행정청이 되어야 하는 것이 원칙이다(대법원 1994. 6. 14. 선고 94누1197 판결 등).

(4) 특별법에 의한 예외
(가) 행정청이 대통령인 경우

국가공무원법의 적용을 받는 공무원에 대한 징계등 불리한 처분이나 부작위의 처분청이나 부작위청이 대통령인 때에는 소속장관을 피고로 한다.

(나) 행정청이 국회의장인 경우

국회의장이 행한 처분에 대한 행정소송의 피고는 사무총장으로 한다.

(다) 행정청이 대법원장인 경우

대법원장이 행한 처분에 대한 행정소송의 피고는 법원행정처장으로 한다.

(라) 행정청이 헌법재판소장인 경우

헌법재판소장이 행한 처분에 대한 행정소송의 피고는 헌법재판소사무처장으로 한다.

(마) 행정청이 중앙선거관리위원장인 경우

중앙선거관리위원장이 행한 처분에 대한 행정소송의 피고는 중앙선거관리위원회사무총장을 피고로 한다.

(바) 행정청이 중앙노동위원회인 경우

중앙노동위원회의 처분에 대한 소는 중앙노동위원회 위원장을 피고로 한다.

(5) 피고적격자의 변경

(가) 피고를 잘못 지정한 때

원고가 피고를 잘못 지정한 때에는 법원은 원고의 신청에 의하여 결정으로써 피고의 경정을 허가할 수 있다. 구법에서는 피고를 잘못지정한데 대한 원고의 고의 또는 과실이 없는 경우에만 피고경정이 허용되었으나, 현행 행정소송법은 그러한 규정을 삭제하였다.

(나) 행정청의 권한 변경이 있는 경우

행정소송이 제기된 후 처분 등에 관한 권한이 타행정청에 승계된 경우 또는 행정조직의 개편으로 처분행정청이 없어진 경우에는, 법원은 당사자의 신청 또는 직권에 의하여 권한을 승계한 행정청 또는 처분 등에 관한 사무가 귀속되는 국가 또는 공공단체로 경정한다.

(다) 소의 변경이 있는 경우

소의 변경으로 인하여 피고의 경정이 필요한 경우에도 인정된다.

(라) 피고경정의 효과

피고경정결정이 있는 때에는 새로운 피고에 대한 소송은 처음에 소를 제기한 때에 제기된 것으로 보고, 종전의 피고에 대한 소송은 취하된 것으로 본다.

나. 당사자소송의 피고적격

항고소송과 달리 당사자소송에서는 국가·공공단체, 그 밖의 권리주체를 피고로 한다. 한편, 국가를 당사자로 하는 소송의 경우에는 국가를 당사자로 하는 소송에 관한 법률에 의거하여 법무부장관이 국가를 대표한다. 지방자치단체를 당사자로 하는 소송의 경우에는 당해 지방자치단체의 장이 당해 지방자치단체를 대표한다. 피고의 경정에 관한 취소소송의 규정 역시 준용된다.

다. 민중소송과 기관소송의 피고적격

객관적 소송인 민중소송 및 기관소송의 경우 피고는 원고와 마찬가지로 민중소송이나 기관소송을 인정하는 당해 법률이 정한 바에 따른다. 현행법상 국민투표무효소송의 피고는 중앙선거관리위원장, 선거무효소송에 있어서는 당해 선거구선거관리위원장을 피고로 하여야 하고, 당선무효소송에 있어서는 사유에 따라 당선인 또는 당선인을 결정한 중앙 또는 관할선거구 선거관리위원장이나 국회의장이 피고가 되도록 되어 있다. 또한, 지방의회와 교육위원회의 의결무효소송의 경우는 지방의회나 교육위원회가 피고가 되고 주무부장관이나 상급지방자치단체장의 감독처분에 대한 이의소송의 피고는 주무부장관이나 상급지방자치단체장이 된다.

제4절 당사자의 변경

1. 개 설

가. 개념

소송계속 중에 종래의 당사자 대신에 새로운 당사자가 소송에 가입하거나 기존의 당사자에 추가하여 새로운 당사자가 소송에 가입하는 것을 당사자변경이라 한다. 이러한 당사자의 변경은 당사자의 동일성이 바뀌는 것이므로, 당사자의 동일성을 해하지 않는 범위 내에서 당사자의 표시만을 정정하는 당사자 '표시정정'과 구별된다.

나. 종류

당사자의 변경은 크게 '소송승계'와 '임의적 당사자변경'으로 나누어진다. 전자는 소송 중에 분쟁의 주체인 지위가 제3자에게 이전됨에 따라 새로이 주체가 된 제3자가 당사자가 되어 소송을 속행하는 경우이며, 후자는 분쟁의 주체인 지위의 변경과는 상관없이 새로이 제3자가 소송에 가입하는 경우이다.

2. 소송승계

가. 포괄승계와 특정승계(민사소송법의 준용에 의한 승계)

원고의 사망, 법인의 합병, 수탁자의 임무종료 등에 의한 당연승계, 계쟁물의 양도(예컨대 영업양도)에 의한 특정승계에 관한 민사소송법의 규정은 행정소송의 경우에도 원칙적으로 준용된다. 당사자소송의 경우는 물론, 항고소송의 경우도, 이를테면 과세처분 취소소송 중에 원고가 사망한 경우 상속인들이 승계하여 소송을 수행하게 되고, 공무원면직처분 취소소송 계속 중 원고가 사망한 경우 급료청구권을 상속하는 상속인들이 소송을 승계하게 되며, 건축물철거명령 취소소송 계속 중 그 건축물을 양수한 자는 승계참가를 할 수 있다.

다만, 행정청의 승계허가나 승계신고 수리를 받아야만 지위승계가 인정되는 영업에 관한 처분 등에 관한 소는 행정청의 승계허가나 승계신고수리가 있어야만 소송승계가 가능하며,

각종 자격취소처분 등 순수 대인적 처분이나 일신 전속적인 권리·이익을 침해하는 처분의 취소소송 중 원고가 사망한 경우는 소송은 승계되지 아니하고 그대로 종료되고,[167] 이에 관하여 다툼이 있으면 소송종료 선언절차에 따라 처리하면 된다.

나. 권한청의 변경으로 인한 피고경정

항고소송의 피고는 권리의무의 주체가 아닌 처분 행정청이므로 처분의 취소 등을 구하는 항고소송의 제기 후, 그 처분 등에 관계되는 권한이 다른 행정청에 승계될 때는 당사자의 신청 또는 직권에 의하여 피고를 새로 권한을 가지게 된 행정청으로 변경하고, 승계할 행정청이 없게 된 때에는 그 처분 등에 관한 사무가 귀속되는 국가 또는 지방자치단체로 변경한다. 이는 직권에 의하여서도 가능하다는 점을 제외하고는 경정결정의 절차, 불복, 효과 등은 피고를 잘못 지정한 경우의 경정과 거의 같다.

3. 임의적 당사자 변경

가. 의 의

임의적 당사자변경이란 소송계속 중 당사자의 임의의 의사에 당사자가 교체 또는 추가되는 것을 말한다. 이는 당사자의 동일성이 바뀌는 것이므로, 동일성이 유지되는 범위 내에서 소장 등에 기재된 당사자의 표시만을 정정한 '당사자 표시정정'과 구별된다.

나. 원고의 변경

동일성이 유지되는 범위 내에서 단순히 표시를 정정하는 표시 정정 외에, 임의적 원고변경은 허용되지 않는다. 가령 처분 상대방이 법인인데 법인의 대표자를 처분 상대방으로 보고 법인의 대표이사 개인을 원고로 하여 제기된 소에서 원고를 해당 법인으로 변경하는 정정신청은 원고를 변경하는 것으로서 허용되지 않는다. 다만 고유필수적 공동소송인 중 일부가 누락된 채 소가 제기된 경우, 신청에 의하여 누락된 원고를 추가할 수는 있다.[168]

---

167) 대법원 2003. 8. 19. 선고 2003두5037 판결.
168) 이미 사망한 자가 원고가 되어 제기된 소는 부적법하고, 원칙적으로 경정이나 소송수계가 불가능하나, 피상속인이 과세처분에 대하여 심판청구를 한 후 심판청구 계속 중 사망하여, 조세심판소장으로부터

다. 잘못 지정한 피고의 경정

(1) 민사소송과의 이동

(가) 도입취지

행정소송의 경우 행정청을 피고로 하기 때문에 민사소송의 경우보다 피고를 잘못 지정하는 경우가 빈번히 발생하기 때문에 만일 피고경정을 허용하지 아니할 경우 국민의 권리구제에 중대한 장해를 가져오게 된다. 이러한 연유로 행정소송법은 오래전부터 피고경정을 허용해 오고 있으며, 피고경정에 관한 규정은 취소소송 이외의 항소소송이나 당사자소송, 객관적 소송에도 준용된다.

(나) 민사소송법상 피고경정과의 차이점

행정소송법상 피고경정과 민사소송법상의 피고경정은 첫째 민사소송의 경우 피고가 본안에 관하여 준비서면을 제출하거나 변론준비기일에서 진술하거나 변론을 한 뒤에는 그의 동의가 있는 경우에 한하여 피고경정이 가능한 반면, 행정소송의 경우에는 그러한 제한이 없으며, 둘째 민사소송의 경우 서면에 의한 신청을 요하나, 행정소송에 경우 구두신청도 가능하고, 셋째 민사소송의 경우 제1심에서만 가능한 데 비하여, 행정소송에서는 제2심에서도 가능하다고 해석된다는 점 등에서 차이가 있다.

(2) 요 건

피고경정이 인정되기 위해서는 첫째 사실심에 계속 중이어야 하고(법률심인 대법원에서는 피고경정이 허용되지 아니함), 둘째 피고로 지정된 자가 정당한 피고적격을 가지지 않는다는 것이 객관적으로 인식되어야 하며(피고를 잘못 지정하였을 것), 셋째 원칙적으로 피고를 경정하는 것은 원고의 권한 및 책임이므로 새로운 피고가 피고적격자인지 여부에 관계없이 법원으로서는 피고경정을 허가 할 수 있고,[169] 넷째 원고의 고의·과실이 없을 것을 요하지

피상속인을 청구인으로 표시한 기각결정문이 송달되었는데, 상속인들이 이에 불복하여 과세처분취소소송을 제기하면서 망인 명의로 소를 제기하였다가 후에 상속인들 명의로 수계신청을 한 경우, 이를 다만 원고 표시를 잘못한 데 불과한 것이어서 당사자표시정정에 해당한다고 보아 허가한 예가 있다(대법원 1994. 12. 2. 선고 93누12206 판결).

않으며,170) 다섯째 신·구 피고의 동의를 요하지 않는다.171)

(3) 신청절차

(가) 신 청

피고경정신청은 원고의 신청에 의하며, 이때 신청은 구두 또는 서면으로 가능하며, 만일 구두에 의할 경우는 법원사무관 등의 면전에서 진술하여 그 취지를 조서에 기재한 후 법원사무관 등이 기명날인한다.

(나) 피고경정의 촉구

원고가 피고의 지정을 잘못하였을 경우, 법원으로서는 석명권을 행사하여 원고로 하여금 이를 시정할 기회를 주어야 한다. 만일 그러한 기회를 주지 않고 바로 소를 각하함은 위법이다. 그러나 법원이 피고적격에 관하여 석명할 수 있는 충분한 기회를 부여하였음에도 불구하고 피고경정을 하지 아니한 경우에는 그 소는 부적법하여 각하될 수 있다.172)

(다) 결 정

피고경정요건을 갖추었을 경우 법원은 피고경정허가결정을 한다. 각하결정이 있으면 새로운 피고에 대하여 신소의 제기가 있는 것으로 된다. 이때 허가법원은 신소에 관한 관할권이 있으면 소장부본 및 기일통지서 등을 결정정본과 함께 송달하여야 하고, 피고경정으로 법원이 신소에 대한 관할권을 상실하면, 관할법원으로 이송절차를 취한다.

---

169) 법원이 피고경정을 허가하였다 하여 그 피고가 정당한 피고적격자로 확정되는 것이 아니며, 정당한 피고적격이 있는지 여부는 사후 종국판결에서 따로 판단될 사항이다.
170) 원고의 고의나 중과실에 의한 경우에도 피고경정은 허용되나, 소송지연 등을 목적으로 피고를 다르게 지정하는 경우와 같은 때에는 피고경정을 허가하지 않을 수도 있다.
171) 피고가 본안에서 준비서면을 제출하거나 준비절차에서 진술하거나 변론을 한 후에도 종전 또는 새로운 피고의 동의 없이 피고 경정이 가능하다.
172) 대법원 2004. 7. 8. 선고 2007두16608 판결.

(라) 불 복

신청인은 만일 법원이 경정신청각하결정을 할 경우 즉시항고를 할 수 있다(행소법 14조 3항). 다만 경정허가결정에 대하여는 신청인이 불복할 수 없다.[173] 한편, 이때 경정허가결정은 새로운 피고에 대한 관계에서 중간적 재판의 성질을 갖는 것이므로 새로운 피고는 자신에게 피고적격이 없다고 생각되더라도 본안에서 다투면 되고 특별항고 등으로도 불복할 수 없다.[174]

(4) 효 과

(가) 새로운 피고에 대한 신소 제기

피고경정결정이 있으면 새로운 피고에 대한 소송은 처음에 소를 제기한 때에 제기한 것으로 보는데, 이는 제소기간을 준수하지 아니함으로 인한 불이익 등을 배제하기 위한 것이다.

(나) 종전 피고에 대한 소 취하

피고경정결정이 있으면, 종전 피고에 대한 소송은 취하된 것으로 본다.

(다) 종전 소송자료 등의 효력

경정허가결정이 있는 경우 새로운 피고가 종전 피고의 소에 구속될 이유가 없기 때문에 당사자가 종전의 소송자료를 이용하려면 원칙적으로 그 원용이 필요하다. 다만, 행정청의 권한변경에 의한 피고경정의 경우 신·구 피고가 실질적으로 같다고 평가되는 경우에는 원용조차도 필요치 않다.

라. 소의 변경에 수반되는 피고경정

소의 변경에는 항고소송 상호간, 항고소송에서 당사자소송으로, 당사자소송에서 항고소송을 변경하는 소의변경 및 청구의 기초에 변경이 없는 범위 내에서 청구취지 원인을 변경하는

---

173) 경정전의 피고는 항고제기의 방법으로 불복할 수 없고 다만 특별항고(민소법 449조)가 허용될 뿐이다.
174) 대법원 1994. 6. 29.자 93프3 결정.

경우 등이 있다.

전자의 경우 행정소송법 제21조의 규정[175]에 따라 허용되며, 후자의 경우에는 논란의 여지가 있지만 행정소송법 제14조의 규정[176]에 따라 법원의 허가를 받아 피고경정이 가능하다. 예를 들면, 징계위원회를 피고로 하여 징계의결의 취소를 구하다가 징계처분의 취소를 구하는 것으로 청구취지를 변경함과 아울러 징계처분권자로 피고를 변경하거나, 원처분주의에 반하여 재결청을 상대로 재결의 취소를 구하다가 취소의 대상을 원처분으로 바꾼 뒤 피고를 원처분청으로 경정하는 것은 일반 소의 변경의 요건을 갖춘 이상 허용된다.

마. 필수적 공동소송에서의 누락된 당사자의 추가

행정소송에도 민사소송법 68조가 준용되어, 필수적 공동소송인 중 일부가 누락된 경우, 원고의 신청에 의하여 결정으로 누락된 원·피고를 추가할 수 있다. 이는 제1심 변론종결시까지만 가능하고, 원고의 추가는 그 추가될 자의 동의를 요한다. 또한 공동소송인의 추가가 있는 경우 처음의 소가 제기된 때에 추가된 당사자와의 사이에 소가 제기된 것으로 보므로 제소기간 준수여부 등도 처음 소제기 당시를 기준으로 한다.

바. 관련청구를 병합하는 경우

항고소송에서는 관련청구소송을 병합하여 제기할 수 있다. 이때 그 병합은 원시적 또는 후발적 병합 모두 가능하다. 한편 피고 외의 자를 상대로 하는 관련청구소송의 후발적 병합의 경우에는 당연히 피고 추가가 수반되므로, 이 경우에는 다른 경우와 달리 법원의 피고경정결정을 받을 필요가 없다.[177]

---

175) 제21조(소의 변경)
　①법원은 취소소송을 당해 처분등에 관계되는 사무가 귀속하는 국가 또는 공공단체에 대한 당사자소송 또는 취소소송외의 항고소송으로 변경하는 것이 상당하다고 인정할 때에는 청구의 기초에 변경이 없는 한 사실심의 변론종결시까지 원고의 신청에 의하여 결정으로써 소의 변경을 허가할 수 있다.
　②제1항의 규정에 의한 허가를 하는 경우 피고를 달리하게 될 때에는 법원은 새로이 피고로 될 자의 의견을 들어야 한다.
　③제1항의 규정에 의한 허가결정에 대하여는 즉시항고할 수 있다.
176) 제14조(피고경정)
　①원고가 피고를 잘못 지정한 때에는 법원은 원고의 신청에 의하여 결정으로써 피고의 경정을 허가할 수 있다

제5절 소송참가인

1. 의 의

소송참가란 타인간의 소속 계속 중에 소송외의 제3자가 소송의 결과에 따라 권익침해를 받을 경우에 자기의 이익을 위하여 그 소송절차에 참가하는 것을 말한다. 행정소송법은 제3자의 소송참가와 행정청의 소송참가를 규정하고 있다. 행정소송, 특히 항고소송에 있어서는 그 소송의 대상인 처분 등이 다수의 권익에 관계되는 일이 많을 뿐만 아니라 경업자·경원자·인인 등 제3자효행정행위의 경우처럼 처분의 상대방 이외의 제3자의 권익에 영향을 미치는 경우가 있으므로 소송참가의 필요성이 매우 크다. 특히 행정소송법은 취소판결의 제3자효를 규정하고 있으므로, 이와 관련해서도 제3자의 이해관계의 보호를 위한 제도적 보장이 요청된다. 따라서 행정소송법은 민사소송과는 별도로 제3자의 소송참가를 명문화함과 동시에 피고가 되는 외에는 그 자체로서 당사자적격을 가지지 않는 행정청의 소송참가제도를 규정하게 되었다. 소송참가제도는 취소소송 이외의 항고소송 및 당사자소송과 민중소송, 기관소송에도 준용된다.

2. 소송참가의 형태

가. 행정소송법 제16조에 의한 제3자의 소송참가

(1) 의의

법원은 소송의 결과에 따라 권리 또는 이익의 침해를 받을 제3자가 있는 경우에는 당사자 또는 제3자의 신청 또는 직권에 의하여 결정으로써 그 제3자를 소송에 참가시킬 수 있다. 이는 실질적인 당사자로서의 지위를 갖는 제3자에게 소송에 있어 공격·방어방법을 제출할 기회를 제공하여 권익을 보호하게 하고, 아울러 적정한 심리·재판을 실현함과 동시에 제3자에 의한 재심청구를 사전에 방지하기 위한 의미도 갖고 있다.

---

177) 대법원 1987. 10. 27. 자 89두1 결정.

(2) 요 건

(가) 타인간의 행정소송이 계속 중일 것

적법한 소송이 계속되어 있는 한 심급을 묻지 않으나, 소가 적법하여야 한다.

(나) 소송의 결과에 따라 권익침해를 받을 제3자가 있을 것

권익침해는 법률상이익의 침해를 말하고 단순한 사실상의 이익 내지 경제적 이익의 침해는 해당되지 않는다. 여기서 소송의 결과란 판결주문에 있어서의 소송물 자체에 대한 판단을 말하며, 단순히 이유 중의 판단은 이에 해당되지 않는다. 그리고 '제3자'란 당해 소송당사자 이외의 자를 말하는 것으로, 국가 및 공공단체는 이에 포함되나 행정청은 해당되지 않는다. 또한 제3자란 취소판결의 형성력 그 자체에 의하여 권익침해를 받을 제3자뿐만 아니라 판결의 기속력을 받는 관계행정청의 새로운 처분에 의하여 권익침해를 받을 제3자도 포함된다. 예컨대 A와 B가 경원자로서 허가 신청을 하였는데 A는 허가를 받고 B가 거부됨으로써 B가 허가거부처분취소소송을 제기하여 승소할 경우 그 판결이 곧 A에 대한 허가처분까지 소멸시키는 것은 아니지만, 처분청은 그 판결에 기속되어 A에 대한 허가를 취소하지 않을 수 없으므로 이 경우 A는 권익침해를 받을 제3자로서 참가인이 될 수 있다.

(3) 절 차

제3자의 소송참가는 당사자 또는 제3자의 신청 또는 직권에 의한다. 참가의 신청방법은 민사소송법 제72조가 준용된다. 참가신청이 있으면 법원은 결정으로써 허가 또는 각하의 재판을 하고, 직권에 의한 소송참가의 경우는 법원은 결정으로써 제3자에게 소송참가를 명한다. 법원이 참가결정을 하고자 할 때에는 미리 당사자 및 제3자의 의견을 들어야 하며, 제3자가 신청한 경우 그 신청이 각하되면 각하 결정에 즉시항고 할 수 있다.

(4) 참가인의 지위

행정소송법은 제3자의 소송참가의 경우는 참가인의 지위에 관한 민사소송법 제67조의 규정을 준용하고 있으므로, 제3자는 계속 중인 취소소송에서 필수적 공동소송인에 준하는 지위가 주어진다. 그러므로 제3자는 피참가인의 소송행위와 저촉되는 행위를 할 수 있다. 그러나 제3자는 어디까지나 참가인이며 당사자에 대하여 독자적 청구를 하지 못한다는 점에서 일종의 공동소송적 보조참가와 비슷하다는 것이 통설이다.

나. 행정청의 소송참가

(1) 의의 및 취지

행정청은 본디 권리의무의 주체가 아니어서 특별히 행정소송법에 의하여 항고소송의 피고능력과 행정소송법 17조의 규정에 의한 참가능력 이외에는 당사자능력이 없는 존재이므로 민사소송법에 의한 보조참가 등은 할 수 없다(대법원 2002. 9. 24. 선고 99두1519 판결). 그러나 법원은 다른 행정청을 소송에 참가시킬 필요가 있다고 인정할 때에는 당사자 또는 당해 행정청의 신청 또는 직권에 의하여 결정으로써 그 행정청을 소송에 참가시킬 수 있다. 관계행정청도 취소판결에 기속되는데 따르는 조치이다. 다른 행정청의 협력을 요하는 행위에 의미를 갖는다. 따라서 공공성과 관계되는 취소소송의 적정한 심리 · 재판을 도모하기 위하여 관계 행정청으로 하여금 직접소송에 참가하여 공격 · 방어방법을 제출할 수 있도록 행정청의 소송참가 제도를 명문화 한 것이다.

(2) 요 건

(가) 타인간의 소송이 계속 중일 것

행정청의 소송참가도 소송참가의 일종이므로 타인 간에 행정소송이 계속되어 있을 것을 필요로 한다. 상고심 및 재심절차에서도 가능하다.

(나) 피고 행정청 이외의 다른 행정청이 참가할 것

여기서 다른 행정청이란 피고인 행정청 이외의 모든 행정청이 아니라 계쟁대상인 처분이나 재결과 관계있는 행정청에 한정된다. 또한 행정청에는 법인격을 달리하는 행정주체의 행정청도 포함한다. 피고 행정청 이외의 다른 행정청인 이상, 그 산하의 행정청이라도 참가하지 못할 이유가 없으나, 행정청 참가제도의 취지에 비추어 볼 때, 피고 행정청의 지휘 · 감독하에 있어 피고 행정청이 쉽게 필요한 자료를 얻을 수 있는 경우에는 참가의 필요성이 없을 것이다.

(다) 참가의 필요성이 있을 것

참가시킬 필요가 있다고 인정될 때란 관계행정청을 소송에 끌어들여 공격·방어에 참가시킴으로써 사건의 적정한 심리재판을 실현하기 위하여 필요한 경우를 의미한다.

(3) 절 차

행정청의 소송참가는 당사자 또는 당해 행정청의 신청이나 법원의 직권에 의한다. 신청에 의하든 직권에 의하든 법원은 참가여부의 결정을 하기에 앞서 당사자 및 당해 행정청의 의견을 들어야 한다. 그러나 그 의견에 기속되는 것은 아니다. 참가의 허부재판은 결정으로 한다.[178]

(4) 참가인의 지위(보조참가인)

행정소송법은 행정청의 소송참가의 경우 참가 행정청의 지위에 관하여 민사소송법 제76조의 규정을 준용하고 있으므로, 관계 행정청은 보조참가인에 준하는 지위가 주어진다. 따라서 참가 행정청은 참가 당시의 소송 정도에 따라 공격·방어수단을 제출할 수 있고, 이의신청·상소도 가능하나, 피참가인에 불리한 소송행위는 할 수 없다. 따라서 참가인의 소송행위가 피참가인의 소송행위와 저촉되는 때에는 효력을 상실하게 된다.

---

178) 참가를 명하는 결정이 있게 되면, 실제 참가인으로서 아무런 소송행위를 하지 않더라도 참가인으로 취급된다. 한편 참가허부의 결정에 대하여는 당사자나 참가행정청 모두 불복할 수 없다.

제4장 행정소송의 대상

1. 원 칙

행정소송법에는 소송대리에 관한 특별한 규정이 없으므로 행정소송대리에 관하여는 원칙적으로 민사소송법상의 규정이 적용된다. 따라서 법정대리나 임의대리에 관한 규정이 그대로 적용되지만 항고소송의 경우는 행정청의 장이 그 소속 직원 등을 소송수행자로 지정하여 소송수행을 할 수 있는 점이 민사소송의 경우와 다른 특징이다.

2. 소송수행자

행정소송법에는 소송대리에 관한 특별한 규정이 없으므로 행정소송대리에 관하여는 원칙적으로 민사소송법상의 규정이 적용된다. 다만, 국가를 당사자로 하는 소송에 관한 법률에 의하면 국가를 당사자 또는 참가인으로 하는 소송에서는 법무부장관이 국가를 대표한다. 법무부장관과 행정청의 장은 법무부의 직원, 각급검찰청의 검사, 공익법무관, 또는 소관행정청의 직원 등을 지정하여 국가소송 또는 행정소송을 수행하게 할 수 있고, 변호사를 소송대리인으로 선임하여 국가소송 또는 행정소송을 수행하게 할 수 있다.

3. 소송수행자의 권한

소송수행자는 그 소송에 관하여 대리인의 선임 외에 모든 재판상의 행위를 할 수 있다(위법 7조). 따라서 특별수권이 없더라도 유효하게 소송탈퇴, 상소제기 또는 취하 등을 할 수 있다.

제1절 항고소송의 대상

1. 개 설

행정소송법은 취소소송의 대상을 '처분 등', 즉 행정청이 행하는 구체적 사실에 대한 법집행으로서의 공권력의 행사 또는 그 거부와 그 밖에 이에 준하는 행정작용 및 행정심판에 대한 재결이라고 규정하고(행소법 19조, 2조 1호), 이를 무효등확인소송 및 부작위위법확인소송에도 준용함으로써(행소법 38조 1, 2항), 항고소송의 대상이 '처분'과 '재결'임을 명시함과 아울러, 소송의 대상에 관하여 열거주의가 아닌 개괄주의를 택하였다.

2. 처 분

가. 개 념

취소소송은 행정청의 위법한 처분 등의 취소변경을 구하는 소송이므로 취소소송을 제기함에는 취소의 대상인 행정청의 처분 등이 존재하여야 한다. 여기서 '처분 등'이라 함은 '행정청이 행하는 구체적 사실에 관한 법집행으로서의 공권력의 행사 또는 그 거부와 그 밖에 이에 준하는 행정작용 및 행정심판에 대한 재결'을 말한다. 행정소송법상의 처분의 개념은 행정심판법상의 처분의 개념에 행정심판의 재결을 추가한 것이 특징이다.

나. 요 소

(1) 행정청의 행위

행정청의 행위가 항고소송의 대상이 될 수 있다. 행정청은 원칙적으로 단독제 기관이지만, 방송법상의 방송위원회, 독점규제 및 공정거래에 관한 법률의 공정거래위원회, 각급 노동위원회, 각급 토지수용위원회, 교원지위향상을 위한 특별법의 교원소청심사위원회와 같이 합의제 기관인 경우도 있다. 여기서 행정청은 기능적인 의미로 사용되고 있다. 따라서 국회나 법원의 기관도 실질적인 의미의 행정에 관한 처분을 하는 경우에는 행정청의 지위를 갖는다. 또한 행정소송법은 '법령에 의하여 행정권한의 위임 또는 위탁을 받은 행정기관,

공공단체 및 그 기관 또는 사인'을 행정청에 포함시키고 있다. 행정권한의 위임 또는 위탁을 받은 행정기관은 위임행정청의 하급행정청이나 보조기관 또는 그 밖의 행정청이나 공공단체 및 그 기관을 포함하며, 사인은 공무수탁사인으로서 행정권한이 부여된 사법인 또는 자연인을 의미한다. 행정청에는 단독기관은 물론 합의제관청도 포함된다.

(2) 공권력적 행위

행정행위는 행정청의 법적행위 중에서 공법행위에 제한된다. 이에 따라 사법의 규율을 받는 행정청의 사법행위와 구별된다. 따라서 물자를 조달하거나 일반 재산을 관리하는 국고지원 활동이나 또는 공적인 임무수행행위이기는 하나 사법계약의 형식을 취하는 행정사법작용은 행정행위에 해당하지 않는다. 판례는 잡종재산인 국유림대부행위, 입찰보증금의 국고귀속조치, 창덕궁안내원들의 근무관계 등은 모두 국가가 사경제주체로서 상대방과 대등한 위치에서 행하는 사법상 법률행위라는 점을 이유로 그 처분성을 부인하고 있다.[179] 행정행위는 공법행위 중에서도 우월한 일방적인 의사의 발동으로써의 단독행위만을 의미한다. 따라서 양 당사자의 의사표시의 합치를 요구하는 공법상의 계약이나 합동행위와 구별된다. 그러나 상대방의 동의나 신청을 요건으로 하는 이른바 협력을 요하는 행정행위는 어디까지나 일방적인 공권력행사에 해당되기 때문에 행정행위에 해당한다.

(3) 구체적 집행행위

구체적 사실에 대한 법집행으로서 공권력의 행사란 개별적·구체적 규율로서 외부적 효력을 갖는 법적 행위로서 강학상의 행정행위를 의미한다. 법집행행위이므로 법선언행위인 사법행위, 법정립작용인 행정입법과 구별된다. 이러한 행정행위는 행정주체와 행정의 상대방인 개인 간의 관계에 있어서의 행위이기 때문에 행정조직 내부의 행위는 행정행위가 아니다. 즉 훈령 및 통첩 등의 일반적·추상적 규율인 행정규칙은 물론이고 지시와 같이 상관의 부하

---

179) 반면에, 관리청이 국유재산법 72조와 공유재산 및 물품관리법 81조에 의하여 국·공유재산(잡종재산도 포함)의 무단 점유자에 대하여 하는 변상금부과처분, 국·공유 행정처분의 사용허가나 그에 따른 사용료부과처분(예 : 도로점용허가와 도로점용료부과처분)은 행정주체가 우월적 지위에서 행하는 것으로서 항고소송의 대상이 된다.

공무원에 대한 개별적인 직무명령은 내부적 효과만을 가지고 있기 때문에 행정행위가 아니다. 그러나 행정내부영역인 특별신분관계에 있어서 구성원의 법적 지위에 관한 개별적 · 구체적 규율, 즉 공무원관계에 있어서 해임, 파면, 감봉조치, 전직명령 및 국공립학교재학관계에 있어서 퇴학, 정학, 유급조치 등은 외부적 효력을 갖기 때문에 행정행위에 해당한다.

(4) 국민의 권리의무에 직접 영향이 있는 법적 행위

항고소송은 국민의 권리나 이익 구제를 위한 것이다. 그러므로 어떤 행정청의 행위의 효과가 국민의 권리의무에 영향을 미치는 것이라면 비록 처분의 근거나 효과가 법규가 아닌 행정규칙에 규정되어 있더라도 항고소송의 대상이 될 수 있고, 아예 법적근거 없는 처분일지라도 항고소송의 대상이 될 수 있다. 그러나 국민의 권리의무에 영향이 없는 단순한 행정청 내부의 중간처분, 의견, 질의 답변, 또는 내부적 사무처리 절차이거나, 알선, 권유, 행정지도 등 비권력적 사실행위 등은 항고소송의 대상이 될 수 없다(대법원 2005. 2. 17. 선고 2003두 10312 판결).

3. 행정심판의 재결

가. 개 설

재결이란 행정심판청구사건에 대하여 행정심판위원회가 심리, 의결한 내용에 따라 행정심판위원회가 행하는 종국적 판단인 의사표시를 말한다. 이때의 재결은 원처분과 함께 행정청의 공권력적 행위로서 다 같이 항고소송의 대상이 된다.

한편, 행정소송법 19조 단서, 38조는 원처분과 아울러 재결에 대하여도 취소소송이나 무효확인소송 등 항고소송을 제기할 수 있도록 하면서, 단지 재결에 대한 소송에 있어서는 원처분의 위법을 이유로 할 수 없고, 재결자체에 고유한 위법이 있음을 이유로 하는 경우에 한하도록 함으로써, 원칙적으로 원처분주의를 택하고 있고, 예외적으로 개별법률이 재결주의를 택하고 있는 경우가 있다.

나. 원처분주의와 재결주의

(1) 원처분주의

원처분주의란 원처분과 재결에 대하여 다 같이 소를 제기할 수 있도록 하면서 원처분의 위법은 원처분취소(무효)소송에서만 주장할 수 있고, 재결취소(무효)소송에서는 원처분의 하자가 아닌 재결에 고유한 하자에 대하여만 주장할 수 있도록 하는 제도를 말한다.

(2) 재결주의

재결주의란 원처분에 대하여는 제소 자체가 허용되지 아니하고 재결에 대하여서만 제소를 인정하되 재결 자체의 위법뿐만 아니라 원처분의 위법도 그 소송에서 주장할 수 있도록 하는 제도를 말한다.

다. 재결 자체에 고유한 위법

(1) 의 의

재결자체의 고유한 위법이란 재결자체에 주체ㆍ절차ㆍ형식ㆍ내용상의 위법이 있는 경우를 말한다. 여기서 재결 자체에 고유한 위법이란 원처분에는 없고 재결에만 있는 흠을 말하는 것으로, 주체의 위법은 권한이 없는 행정심판위원회가 재결을 하거나 행정심판위원회의 구성에 하자가 있거나 의사정족수ㆍ의결정족수가 흠결된 경우를 말하며, 행정심판법상의 심판절차를 준수하지 않은 경우나 송달에 흠결이 있는 경우를 말한다. 또한 형식상 위법이란 문서에 의하지 않은 재결, 재결에 주문만 기재가 되고 이유가 전혀 기재되어 있지 않거나 이유가 불충분한 경우 또는 재결서에 기명날인을 하지 않은 경우 등을 말하며 내용의 위법{행정심판청구가 적법함에도 실체 심리를 하지 아니한 채 각하하거나(대법원 2001. 7. 27. 선고 99두2970 판결), 부당하게 사정재결을 하여 기각한 경우, 또는 제3자의 행정심판청구에서 위법ㆍ부당하게 인용재결을 한 경우(대법원 1997. 9. 12. 선고 96누14661 판결)} 등을 말한다.

(2) 각하 · 기각재결

적법한 심판청구인데도 실체심리를 하지 아니한 채 각하한 재결의 경우 실체심리를 받을 권리를 박탈당한 것이므로, 그 재결은 취소소송의 대상이 된다. 또한, 원처분을 정당하다고 유지하고 청구를 기각한 경우는 원칙적으로 내용상의 위법을 주장하여 제소할 수 없다. 다만, 행정심판법 제47조에 위반한 재결은 재결고유의 하자가 있으므로 그 취소를 구할 수 있고, 「사정재결」에 대하여는 원처분을 취소하더라도 현저히 공공복리에 적합하지 않는 것이 아니라는 등의 이유를 들어 그 취소를 구할 수 있다.

(3) 인용재결

취소심판에 대하여 인용재결이 나온 경우 심판청구인은 취소소송을 제기할 필요가 없을 것이다. 다만 제3자효 행정행위에 대한 인용재결과 일부인용재결 및 수정재결이 나온 경우에 이들이 재결취소소송의 대상이 될 수 있는지 문제된다.

(가) 제3자효 행정행위에 대한 인용재결

제3자효를 수반하는 행정행위에 대한 행정심판청구에 있어서 인용재결로 인하여 불이익을 입은 자는 그 인용재결로 인하여 비로소 권리 · 이익을 침해받게 되는 자이므로 그 인용재결에 대하여 다툴 필요가 있고 그 인용재결은 원처분과 내용을 달리하는 것이므로 원처분에 없는 재결에 고유한 하자를 주장하는 소송이 된다.

(나) 일부인용재결과 수정재결

일부인용재결의 경우 원처분과 재결 사이에는 질적인 차이가 없고 양적인 차이만 존재한다고 볼 것이다. 이에 따라 원래의 처분 중 재결에 의하여 취소된 일부분을 제외하고 남은 원처분을 소의 대상으로 삼아야 한다. 수정재결은 일부인용재결과 달리 질적인 차이가 있으나 제재처분의 강도를 감경하는 것에 불과하다는 점에서 일부인용재결과 다르지 않다. 예를 들어, 공무원에 대한 파면처분이 소청절차에서 해임으로 감경된 경우, 원처분청을 상대로 해임처분으로 수정된 원처분을 다투어야 하고, 재결에 대하여 다툴 수는 없다고 보아야 한다.

(다) 이행재결

형성재결에 고유한 위법이 있는 경우에는 형성재결이 취소소송의 대상이 되나 이행재결에 의하여 취소·변경처분이 내려지고 이행재결에 고유한 위법이 있는 경우 이행재결을 취소소송의 대상으로 할 것인지, 이행재결에 따른 취소·변경처분을 취소소송의 대상으로 할 것인지 문제된다. 이행재결에 따른 취소·변경처분은 재결의 기속력에 의한 부차적 처분에 지나지 않는다는 점을 고려할 때 재결만이 소의 대상이 될 것이나 국민에 대한 구체적인 권익침해는 재결에 따른 처분이 있어야 발생한다는 점을 강조하면 취소·변경처분도 소의 대상으로 함이 타당하다.

라. 원처분주의에 대한 예외

(1) 개 설

행정소송법이 취하고 있는 원처분주의에 대한 예외로서, 개별법이 재결주의를 채택하는 경우가 있다. 재결주의를 채택하는 경우에는 행정소송법 제19조 단서와 같은 제한이 없으므로 원고는 재결취소소송에서 재결 고유의 위법뿐만 아니라 원처분의 위법도 다툴 수 있다. 심결에서 판단되지 않은 처분의 위법사유를 심결취소소송에서 주장할 수 있다. 그러나 재결주의가 적용되는 처분이라 하더라도 당해 처분이 당연무효인 경우에는 그 효력은 처음부터 발생하지 않는 것이므로 원처분 무효확인소송도 제기할 수 있다. 재결의 취지에 따른 취소처분이 위법할 경우 그 취소처분의 상대방은 이를 항고소송으로 다툴 수 있다. 재결자체의 효력을 다투는 별소가 계속 중인 경우 재결취지에 따른 취소처분의 취소를 구하는 항고소송 사건을 심리하는 법원이 그 청구의 당부를 판단할 수 있다. 인용재결의 취소를 구하는 당해 소송은 그 인용재결의 당부를 그 심판대상으로 하고 있고, 그 점을 가리기 위하여는 행정심판 청구인들의 심판청구원인 사유에 대한 재결청의 판단에 관하여도 그 당부를 심리·판단하여야 할 것이므로, 법원은 재결청이 원처분의 취소 근거로 내세운 판단사유의 당부뿐만 아니라 재결청이 심판청구인의 심판청구원인 사유를 배척한 판단 부분이 정당한가도 심리·판단하여야 한다.

(2) 재결주의가 채택되어 있는 예

(가) 노동위원회의 처분

중앙노동위원회의 처분도 재결주의의 예에 해당하므로 중앙노동위원회 위원장을 피고로 하여 처분의 통지를 받은 날부터 15일 이내에 재심판정 취소의 소를 제기하여야 한다.

(나) 감사원의 변상판정

감사원법 36조, 40조에 따르면, 원처분에 해당하는 회계관계직원에 대한 감사원의 변상판정은 행정소송의 대상이 되지 못하고, 재결에 해당하는 재심의 판정에 대하여만 감사원을 당사자로 하여 행정소송을 제기할 수 있다.

(다) 중앙해양심판원의 재결

지방심판원의 재결에 대해서는 소송을 제기할 수 없고, 중앙행정심판의 재결에 대하여서만 중앙심판원장을 피고로 하여 재결서 정본을 송달받은 날부터 30일 이내에 소송을 제기하되 대법원의 전속관할로 하고 있다.

(라) 특허심판의 재결

특허출원에 대한 심결에 대한 소 및 심판청구서나 재심청구서의 각하 결정에 대한 소는 특허법원의 전속관할로 하고 특허청장을 피고로 하여야 한다.

(마) 교원소청심사위원회에 의한 사립학교교원이 신청한 재심결정

사립학교교원에 대한 해임처분에 대한 구제방법으로는 학교법인을 상대로 한 민사소송 이외에도 교원지위향상을 위한 특별법 제7조 내지 제10조에 따라 교육부내에 설치된 교원소청심사위원회에 소청심사 청구를 하고 교원소청심사위원회의 결정에 불복하여 결정서 송달을 받은 날부터 90일 이내에 행정소송을 제기할 수도 있다. 이 경우 행정소송의 대상이 되는 행정처분은 교원소청심사위원회의 결정이다.

(바) 중앙토지수용위원회의 이의재결

현행 토지보상법은 구 토지수용법과는 달리 이의신청 전치주의를 폐지하고, 신속한 권리구제 및 조속한 분쟁해결을 위하여 임의적 행정심판주의를 도입하였다. 따라서 지방토지수용위원회의 수용재결에 대하여 불복이 있는 때에는 피보상자는 이의신청을 거치지 않고도 행정소송을 제기할 수 있고, 중앙토지수용위원회에 이의신청을 제기하여 중앙토지수용위원회의 이의재결에 대하여 불복하는 경우에도 원처분주의가 적용되어 이의재결이 아니라 수용재결이 행정소송의 대상이 된다. 물론 이의재결에 고유한 위법이 있다면 이의재결을 다툴 수도 있다.

4. 부작위위법확인소송의 대상

가. 개 설

부작위위법확인소송의 대상은 행정청의 부작위이고, 부작위란 행정청이 신청에 대하여 상당한 기간 내에 일정한 처분을 하여야 할 법률상 의무가 있음에도 불구하고 이를 하지 않는 것을 말한다.

나. 요 건

(1) 당사자의 신청

행정청의 부작위가 성립되기 위하여서는 당사자의 신청이 있어야 한다. 그 신청은 법규상 또는 조리상 일정한 행정처분을 요구할 수 있는 자가 하였어야 한다. 그러한 신청권이 없는 자의 신청은 단지 행정청의 직권발동을 촉구하는데 지나지 않는 것이어서 그 신청에 대한 무응답은 부작위위법확인소송의 대상이 될 수 없다(대법원 1993. 4. 23. 선고 92누17099 판결). 신청절차와 방식 등이 부적법하더라도 행정청이 이를 무시하여 응답하지 않을 수는 없고, 보정을 명하거나 각하하여야 하는 것이므로 신청절차 등이 부적법하다는 이유로 응답하지 않은 경우도 부작위위법확인의 소의 대상이 된다. 즉 응답을 하지 아니하는 이상 무응답의 이유 여하는 묻지 아니한다.

(2) 처분을 하여야 할 법률상 의무존재

부작위는 행정청이 당사자의 신청에 대하여 일정한 처분을 하여야 할 법률상 의무가 있음에도 불구하고 처분을 하지 않는 경우에 성립한다. 여기서 법률상 의무란 처분의 요건이 충족된 경우에 상대방의 신청에 따라 처분을 하여야만 하는 기속행위뿐만 아니라 하자없는 재량을 행사하여야 할 의무가 있는 재량행위에도 존재한다고 보아야 할 것이다.

(3) 상당한 기간

신청에 대하여 상당한 기간 내에 일정한 처분을 하지 아니하여야 한다. 여기서 상당한 기간이란 사회통념상 당해 신청에 대한 처분을 하는데 필요한 것으로 인정되는 기간을 말한다. 이는 획일적·일의적으로 결정될 수 없으며, 그 처분의 성질·내용 등을 참작하여 합리적으로 판단해야 할 것이다. 상당한 기간 내의 판단에 있어서 처분의 지연에 정당한 사유가 있으면 이를 고려해야 할 것이다 행정절차법에 따라 공표된 처리기간을 도과하였다고 하여 곧바로 상당한 기간이 경과하였다고 보기는 어렵다. 법률상 일정한 기간을 정하여 준 경우 그 기간 내에 처분을 하지 아니하면 거부한 것으로 간주되는데, 간주거부의 경우는 거부처분이 있는 것으로 보고, 이에 대하여는 취소소송을 제기해야 할 것이다.

(4) 처분의 부존재

부작위는 행정청의 처분으로 볼만한 외관 자체가 존재하지 않은 상태를 말하므로, 신청을 각하·기각하는 거부처분은 취소소송의 대상인 거부이며 부작위는 아니다. 또한 중대하고 명백한 하자로 인하여 효력은 없으나 외관적 존재는 인정되는 무효인 행정행위도 부작위가 되지 않는다. 더 나아가 법령이 일정한 상태에서 부작위를 거부처분으로 규정을 둔 경우에는 법적으로는 거부처분이라는 소극적 처분이 있는 것으로 되므로 부작위가 성립되지 않는다. 판례는 부작위위법확인소송을 주위적 청구로 하고 거부처분취소소송을 예비적 청구로 한 소송에서 부작위가 거부처분으로 발전된 경우에는 부작위위법확인을 구하는 주위적 청구를 소의 이익의 결여를 이유로 각하하고 거부처분의 취소를 구하는 예비적 청구를 본안에 나아가 심리·판단하여야 한다고 판시한바 있다.[180]

제2절 당사자소송의 대상

1. 개 설

당사자소송이란 행정청의 처분 등을 원인으로 하는 법률관계에 관한 소송 그 밖에 공법상 법률관계에 관한 소송으로서 그 법률관계의 한 쪽 당사자를 피고로 하는 소송을 말한다. 예컨대 행정처분 등의 결과로 생긴 법률관계에 관한 소송, 공무원의 신분이나 지위의 확인에 관한 소송, 공법상금전지급청구소송, 공법상계약에 관한 소송 및 각종 사회보장급부청구소송 등이 이에 해당한다.

2. 당사자 소송의 예

가. 형식적 당사자소송

(1) 의의

형식적 당사자소송이란 행정청의 처분 등이 원인이 되어 형성된 법률관계에 다툼이 있는 경우에 그 원인이 되는 처분 등의 효력에 불복하는 것이 아니라, 그 처분 등의 결과로써 형성된 법률관계에 대해서 제기하되 처분청을 피고로 하지 않고 그 법률관계의 한쪽 당사자를 피고로 하여 제기하는 소송을 말한다. 즉, 소송의 실질은 처분 등의 효력을 다투는 것이지만, 소송의 형식은 당사자소송인 것이 형식적 당사자소송이다. 예컨대 토지수용에 대한 토지수용위원회의 재결과 관련하여 그 보상액에 관한 부분을 토지소유자 등과 사업시행자가 각각 원·피고로 하여 다투는 소송이 이에 해당한다.

(2) 보상금 증감에 관한 소송

공익사업을 위한 토지 등의 취득 및 보상에 관한 법률 제85조 제2항은 토지수용의 재결 또는 이의신청의 재결에 대한 행정소송이 보상금증감소송인 경우에는 원고가 토지소유자 또는 관계인인 때에는 사업시행자를, 사업시행자인 때에는 토지소유자 또는 관계인을 각각

---

180) 대법원 1990. 9. 25. 선고 89누4758 판결.

피고로 하여 소송을 제기할 수 있도록 함으로써 구 토지수용법 제75조의2 제2항과는 달리 토지수용위원회를 피고에서 배제시켜, 당해 소송이 형식적 당사자소송의 성격을 갖고 있음을 명확히 하고 있다.

(3) 특허관계소송 등

특허법 제187조는 항고심판의 심결을 받은 자가 제소할 때에는 특허청장을 피고로 하여야 하나, 특허무효항고심판·권리범위항고심판 등의 경우에는 청구인 또는 피청구인을 피고로 하여야 한다고 규정하고 있으며, 동법 제191조는 보상금 또는 대가에 관한 불복의 소송에 있어서 보상금을 지급할 관서 또는 출원인특허권자 등을 피고로 하여야 한다고 규정하고 있다. 특허법 제191조는 디자인보호법 제167조, 상표법 제85조의 4 등에도 준용되고 있다.

나. 실질적 당사자소송

(1) 의의

실질적 당사자소송이란 본래의미의 당사자소송으로 대립하는 대등 당사자 간의 공법상 법률관계에 관한 분쟁이 있고, 이 분쟁의 한쪽 당사자를 피고로 하는 소송을 말한다. 이러한 분쟁은 처분 등을 원인으로 하는 법률관계뿐만 아니라 그 밖에 공법상 법률관계에서도 발생할 수 있다. 당사자소송의 대부분이 실질적 당사자소송에 속한다.

(2) 처분 등을 원인으로 하는 법률관계에 관한 소송

행정처분의 원인이 되어 그 결과로서 형성된 법률관계에 다툼이 있을 때에는 그 원인인 행정처분에 대하여서가 아니라, 결과로서 형성된 법률관계의 당사자가 권리보장을 위하여 소송을 제기하는 경우이다. 예컨대 처분 등의 무효·취소를 전제로 하는 공법상 부당이득반환청구소송, 공무원의 직무상 불법행위로 인한 국가배상청구소송 등이 있다.

(3) 그 밖의 공법상의 법률관계에 관한 소송

(가) 공법상 신분 · 지위 등의 확인

예컨대 국회의원, 지방의회의원, 공무원, 국립학교 학생 등의 신분 · 지위확인소송 등을 들 수 있다. 공법상 법률관계의 존부확인소송 등도 당사자소송의 대상이 된다.

(나) 공법상 각종 급부 청구

의원세비, 공무원보수, 손해배상청구, 손실보상청구, 공법상 사무관리비용, 행정주체간의 비용부담청구소송, 연금지급청구 등을 들 수 있다. 손실보상청구권의 성질에 관하여 대법원은 전통적으로 사권설의 입장에서 민사소송으로 다루어 왔으나, 하천편입토지소유자의 보상청구권에 기하여 손실보상금의 지급을 구하거나 손실보상청구권의 확인을 구하는 소송을 당사자소송으로 판시하고 있다.[181]

(다) 공법상 계약에 관한 소송

행정사무위탁계약, 임의적 공용부담 계약, 의무교육 대상자 취학입학, 토지보상법상 토지소유자가 기업자에 대해 제기하는 보상금지급청구소송, 지방전문직공무원 채용계약해지의 의사표시 서울특별시립무용단단원의 위촉과 해촉, 광주광역시 합창단원 재위촉거부, 공중보건의사 전문직공무원채용계약의 해지 등도 당사자소송의 대상이 된다.

(라) 국가배상청구

일반적으로 행정법학자들은 국가배상청구소송을 당사자소송의 예로 들고 있으나 대법원은 일관하여 국가배상사건을 민사사건으로 보고 있고, 하급심에서도 예외 없이 이를 민사소송에 의하여 처리하고 있다.

(마) 공법상 권리의 범위 확인

비관리청이 당해 항만시설을 무상사용하는 것은 일반인에게 허용되지 아니하는 특별한

---

181) 대법원 2006. 11. 9. 선고 2006다23503 판결.

사용으로서, 이른바 공물의 특허사용에 해당한다. 비관리청이 당해 항만시설을 무상사용할 수 있는 기간은 총사업비에 의하여 결정되므로, 관리청이 적법한 기준에 미달하게 총사업비를 산정하였다면, 그 금액과 적법한 기준에 의한 총사업비의 차액에 따르는 기간만큼 무상사용기간이 단축되므로, 그 차액에 해당하는 기간에 관하여는 비관리청이 무상사용할 수 없게 된다는 법적 불안·위험이 현존한다고 보아야 한다. 따라서 이를 제거하기 위하여 국가를 상대로 공법상의 당사자소송으로 권리범위의 확인을 구할 필요나 이익이 있으며, 이러한 방법이 가장 유효·적절한 수단이라고 할 것이다.[182]

(바) 행정주체 상호간의 비용부담청구 등

법령에 의하여 관리주체와 비용부담자체가 다르게 정하여져 있는 경우 관리주체가 비용을 청구하는 소송이나 비용부담주체가 과불금의 반환을 청구하는 소송 및 비용부담자가 공무원의 선임·감독자에 대하여 행하는 구상금청구소송 등은 행정주체가 당사자가 되는 소송으로서 공법상의 권리관계에 관한 소송이므로 당사자소송에 해당한다고 볼 것이나, 판례는 민사소송사항으로 보고 있다.[183]

---

182) 대법원 2001. 9. 4. 선고 99두10148 판결.
183) 대법원 1998. 7. 10. 선고 96다42819 판결.

제3절 민중소송과 기관소송의 대상

객관적 소송은 법률에 특별한 규정이 있는 경우에 가능한 것으로, 그 대상도 당해 법률이 정한 바에 의하여 개별적으로 파악할 수밖에 없다. 선거의 무효를 주장하는 소송은 선거의 효력을, 당선의 무효를 주장하는 소송은 당선의 효력 또는 당선인 결정처분을 각 소송의 대상으로 한다. 판례는 지방자치법 107조 3항과 172조 3항의 규정에 의한 조례무효소송은 재의결 자체를 소송의 대상으로 보고 있다.

1. 기관소송

가. 의의

기관소송이란 국가 또는 공공단체의 기관 상호 간에 있어서의 권한의 존부 또는 그 행사에 관한 다툼이 있을 때 이에 대하여 제기하는 소송을 말한다. 다만 헌법재판소법 제2조의 규정에 의하여 헌법재판소의 관장사항으로 되는 소송은 제외한다. 행정소송법상의 기관소송은 행정기관사이의 소송에 한정되며, 행정주체와 행정주체간의 소송은 행정소송법상의 기관소송에 포함되지 아니한다. 행정주체와 행정주체간의 권한쟁의에 관한 소송, 국가기관 상호간, 국가기관과 지방자치단체간 및 지방자치단체상호간의 권한 쟁의에 관한 심판은 헌법재판소의 관장사항으로 행정소송으로서의 기관소송에서 제외된다. 그리고 기관소송은 동일한 행정주체에 속하는 행정기관 상호간의 권한분쟁에 관한 소송이다.

나. 유형

(1) 지방자치법상 기관소송

(가) 지방자치법 제107조 제3항에 의한 기관소송

지방자치단체의 장은 지방의회의 의결이 월권이거나 법령에 위반되거나 공익을 현저히 해친다고 인정되면 그 의결사항을 이송 받은 날부터 20일 이내에 이유를 붙여 재의를 요구할 수 있고, 재의결된 사항이 법령에 위반된다고 인정되면 재의결된 날로부터 20일 이내에 대법원에 그 무효확인의 소를 제기할 수 있다.

(나) 지방자치법 제172조 제3항에 의한 기관소송

지방의회의 의결이 법령에 위반되거나 공익을 현저히 해친다고 판단되면 시·도에 대하여는 주무부장관이, 시·군 및 자치구에 대하여는 시·도지사가 재의를 요구하게 할 수 있고, 재의요구를 받은 지방자치단체의 장은 의결사항을 이송 받은 날부터 20일 이내에 지방의회에 이유를 붙여 재의를 요구하여야 하며, 지방자치단체의 장은 재의결된 사항이 법령에 위반된다고 판단되면 재의결된 날부터 20일 이내에 대법원에 소를 제기할 수 있다.

(다) 지방자치법 제169조 제2항에 의한 기관소송

지방자치단체의 사무에 관한 그 장의 명령이나 처분이 법령에 위반되거나 현저히 부당하여 공익을 해친다고 인정되면(자치사무에 관한 명령이나 처분에 대하여는 법령을 위반하는 것에 한한다) 시·도에 대하여는 주무부장관이, 시·군 및 자치구에 대하여는 시·도지사가 기간을 정하여 서면으로 시정할 것을 명하고, 그 기간에 이행하지 아니하면 이를 취소하거나 정지할 수 있고, 지방자치단체의 장은 자치사무에 관한 명령이나 처분의 취소 또는 정지에 대하여 이의가 있으면 그 취소처분 또는 정지처분을 통보받은 날부터 15일 이내에 대법원에 소를 제기할 수 있다.

(2) 지방교육자치에 관한 법률 제28조 제3항에 의한 기관소송

교육감은 교육·학예에 관한 시·도의회의 의결이 법령에 위반되거나 공익을 현저히 저해한다고 판단될 때에는 그 의결사항을 이송 받은 날부터 20일 이내에 이유를 붙여 재의를 요구할 수 있고, 재의결된 사항이 법령에 위반된다고 판단될 때에는 교육감은 재의결된 날부터 20일 이내에 대법원에 제소할 수 있다.

2. 민중소송

(1) 의의

민중소송이란 국가 또는 공공단체의 기관이 법률에 위반되는 행위를 한 때에 일반국민이나 주민 등이 직접 자기의 법률상이익과 관계없이 그 시정을 구하기 위하여 제기하는 소송을 말한다.

(2) 유형

민중소송은 법률의 명시적인 규정이 있는 경우에 법률에 정한 자에 한하여 제기할 수 있다. 현행법이 인정하고 있는 민중소송은 공직선거법상 민중소송, 국민투표법상 민중소송, 주민투표법상 민중소송, 지방자치법상 민중소송이 있다.

제5장 행정소송과 행정심판

제1절 서 론

행정소송법은 행정소송을 제기함에 있어서 당해 처분에 대한 행정심판을 제기할 수 있는 경우에도 이를 거치지 아니하고 바로 취소소송을 제기할 수 있어 임의적 행정심판전치주의를 원칙으로 하고, 다만, 다른 법률에 당해 처분에 대한 행정심판의 재결을 거치지 아니하면 취소소송을 제기할 수 없다는 규정이 있는 때에는 예외적으로 필요적 행정심판 전치주의를 취하고 있다. 이는 행정내부의 자율적 통제와 신속한 권리구제를 도모하기 위한 것이다. 또한, 행정소송법은 종래 필요적 전치주의를 택하여 원칙적으로 행정심판을 거치지 않으면 항고소송을 제기할 수 없도록 하였으나, 1998. 3. 1.부터 개정법이 시행되면서 행정소송에 3심제를 채택함과 아울러 임의적 전치주의를 원칙으로 하고 있다.

[행정심판과 행정소송의 이동]

비고	행정심판	행정소송
적용법률	행정심판법	행정소송법
존재이유	자율적 통제, 전문성확보	타율적 통제, 독립성 확보
심판기관	행정부: 위원회	사법부: 법원
성질	약식쟁송	정식쟁송
종류	취소심판, 무효확인심판, 의무이행심판	취소소송, 무효확인소송, 부작위위법확인소송
심판대상	위법, 부당한 처분+부작위	위법한 처분+부작위

	예외: 대통령의 처분·부작위, 재결	위법한 재결
거부처분에 대한 쟁송형태	의무이행심판+취소심판	취소소송
적극적 변경여부	가능	불가능
심판기간	처분 안 날: 90일 처분 있은 날: 180일	처분 안 날: 90일 처분 있은 날: 1년
심리절차	구술심리와 서면심리 비공개원칙	구술심리 공개원칙
의무이행확보수단	직접처분권 인정	간접강제제도
고지규정	O	x

제2절 임의적 전치주의(원칙)

1. 의의

구 행정소송법(1998. 3. 1. 시행 전 법률)에서는 행정소송을 제기하려면 반드시 먼저 행정심판을 거치도록 하는 필요적 전치주의를 택하고 있었으나, 행정심판전치주의의 장점을 살리지 못한 채 국민에게 불필요한 절차를 요구함으로써 권리구제의 신속성을 저해하는 장애요인으로 작용하고 있다는 비판에 따라 개정 행정소송법 제18조 제1항에서는 '임의적 전치주의'를 명문으로 규정하고 있다.

예외적으로 각 개별 법률에서 정하는 경우에만 행정심판전치주의를 택하고 있다. 행정심판전치주의를 채택하고 있는 경우는 국가공무원법 제16조, 지방공무원법 제20조의2, 국세기본법 제56조, 관세법 제120조, 도로교통법 제142조, 지방자치법 제140조 제5항, 감사원법 제46조의2 등이 있다.

한편, 행정심판전치주의에서 말하는 행정심판이란 행정심판법에 따른 행정심판 외에 특별법상 심판도 포함한다. 즉 협의의 행정심판은 물론이고 소청, 이의신청, 심사청구, 심판청구 기타 행정청의 위법·부당한 처분 그 밖의 공권력의 행사·불행사에 대한 불복절차를 모두 포함한다.

2. 행정심판청구의 실익

임의적 행정심판전치주의 하에서는 행정심판을 거칠 것인지 여부는 원고의 선택에 맡겨져 있으나 행정심판을 먼저 제기하면 다음과 같은 장점이 있다.

첫째, 행정심판에서는 행정소송과는 달리 심판의 범위가 확대된다. 즉 행정심판은 행정소송과 달리 행정처분이 위법한 경우뿐만 아니라 부당한 경우도 인용재결을 할 수 있으므로, 청구인의 권리구제 범위가 넓다.

둘째, 청구인의 출석 없이 비교적 단기간에 보다 저렴한 비용으로 권리구제를 받을 수 있다는 장점이 있다.

셋째, 설사 행정심판에서 권리구제를 받지 못하였다 하더라도 이후 행정소송절차에서 '행정심판기록 제출명령제도'에 의해 비교적 간편하게 소송자료를 얻을 수 있다(행정소송법 제25조).

3. 필요적 전치사건

개정 행정소송법이 임의적 전치주의를 채택하고 있지만, 다음과 같은 경우에는 반드시 행정심판을 거쳐야 한다.

가. 공무원에 대한 징계 기타 불이익처분

나. 국세기본법과 관세법상의 처분. 단, 지방세는 제외됨.

다. 노동위원회의 결정

라. 부당해고, 부당노동행위 등

마. 도로교통법에 의한 처분

바. 운전면허 취소·정지 등

한 가지 유의할 것은 위와 같은 필요적 전치를 요하는 처분 중 '처분의 취소소송'과 '부작위위법확인소송'의 제기 시에는 반드시 행정심판을 거쳐야 하지만, '무효확인소송'의 제기에는 행정심판을 거칠 필요가 없다는 것이다.

4. 행정소송의 제기

필요적 전치사건에서 행정심판을 제기함이 없이 바로 행정소송을 제기할 수 있는 경우 그러나 다음과 같은 경우에는 비록 필요적 전치사건에 해당한다고 하더라도 행정심판을 거치지 않고 바로 행정소송을 제기할 수 있다.

가. 동종사건에 대하여 이미 행정심판의 기각재결이 있는 경우

나. 서로 내용상 관련되는 처분 또는 같은 목적을 위하여 단계적으로 진행되는 처분 중 어느 하나가 이미 행정심판의 재결을 거친 때 선행처분과 후행처분이 서로 내용상 관련된 경우(원칙적으로 피고가 동일해야 한다)

다. 소송계속 중이거나 또는 변론종결 후에 행정청이 당해 항고소송의 대상인 처분을 변경하여 그 변경된 처분에 대한 항고소송을 제기하는 때

라. 처분청이 행정심판을 거칠 필요가 없다고 잘못 알릴 때(고지의무 : 행정절차법 제26조)

제3절 필요적 전치주의(예외)

1. 취 지

현행 행정소송법은 '취소소송은 법령의 규정에 의하여 당해 처분에 대한 행정심판을 제기할 수 있는 경우에도 이를 거치지 아니하고 제기할 수 있다. 다만 다른 법률에 당해 처분에 대한 행정심판의 재결을 거치지 아니하면 취소소송을 제기할 수 없다는 규정이 있는 때에는 그러하지 아니하다'(제18조 제1항)라고 규정하고 있다. 따라서 원칙적으로 행정심판임의주의를 채택하고 있으며, 예외적으로 각 개별 법률이 규정하고 있는 경우에만 행정심판전치주의를 채택하고 있다. 예컨대 국가공무원법(제16조) 및 지방공무원법(제20조의2) 상의 공무원징계처분, 국세기본법(제56조) · 관세법(제38조의2) 상의 조세부과처분, 도로교통법(제101조의3) 상의 운전면허취소 · 정지처분 등 각 개별법률이 행정심판의 재결을 거치지 아니하면 행정소송을 제기할 수 없다는 특례를 규정하고 있는 경우에만 행정심판전치주의를 채택하고 있다.

이러한 필요적 전치주의는 주로 대량적으로 행해진 처분이나 전문기술적인 성질 띤 처분 등에 대하여 소송에 앞서 행정심판을 거치도록 함으로써 행정청에게 스스로 시정할 기회를 마련하여 행정청이 전문지식의 활용으로 자율적이고 능률적으로 행정작용을 하도록 하는 한편, 법원의 부담경감을 꾀하기 위한 데에 그 취지가 있다.

2. 적용 범위

가. 필요적 전치를 요하는 처분

(1) '법률'의 근거

제소에 앞서 필요적으로 행정심판을 거치도록 하기 위하여는 처분의 근거가 되는 '형식적 의미의 법률'에 필요한 전치를 요하는 규정이 있어야 한다. 법률 이외의 법규명령이나 조례 · 규칙으로써는 이를 규정할 수 없다. 설사 당해 처분이 법규명령이나 조례 · 규칙에 근거한 것이라 하더라도 마찬가지이다. 이에 대하여 조례에 근거한 처분에 대하여는 조례로서 필요적 전치로 할 수 있다는 반대 견해가 있으나, 필요적 전치주의는 일종의 재판청구권의 제한으로서, 국가사무의 하나인 사업에 관한 사무이므로, 조례로써는 불가능하다고 본다.

(2) 명시적 규정

법률에 '행정심판의 재결을 거치지 아니하면 취소소송을 제기할 수 없다'는 취지의 명시적 규정이 필요하다. 필요적 전치주의는 예외적인 제도이므로, 재결을 거치지 아니하면 소송을 제기할 수 없음이 명시적으로 규정되어야 한다.[184]

(3) 현행법상 필요적 전치주의의 적용을 받은 처분

현행법상 필요적 전치를 거쳐야 하는 것으로는, ⅰ) 공무원에 대한 징계 기타 불이익처분(국가공무원법 16조 2항, 교육공무원법 53조 1항, 지방공무원법 20조의2), ⅱ) 국세·관세법상의 처분(국세 56조 2항, 관세 120조 2항), ⅲ) 운전면허취소처분 등 도로교통법에 의한 각종 처분(도로교통법 142조, 다만, 과태료처분과 통고처분은 제외), ⅳ) 해양수산부장관 등의 선박검사 등 처분(선박안전법 72조 3항)을 들 수 있다.

그 밖에 노동위원회의 결정이나 특허청의 거절사정 등과 같이 원처분이 아니라 행정심판 재결만이 소송의 대상이 되는 사건에 있어서도 행정심판을 거침이 불가피하나 이는 재결주의가 채택된 결과로서, 통상적인 전치주의 사건과는 구별된다.

나. 필요적 전치가 적용되는 소송

(1) 취소소송과 부작위위법확인의 소송

원래 행정심판은 행정청의 처분 등이 있고 나서 이에 대하여 제기하는 것이므로 성질상 항고소송에만 적용되며, 공법상 당사자소송에는 적용될 여지가 없다.

그러나 항고소송 중에서도 이론상 취소소송과 부작위위법확인소송에는 당연히 적용된다(제18조 제1항 및 제38조 제2항). 그러나 무효등확인소송은 처음부터 아무런 효력이 발생치 않거나 존재 자체가 의심스러운 행위를 대상으로 하여 단지 무효 등임을 공적으로 확인받기

---

184) 대법원 1999. 12. 20.자 99무42 결정.

위한 것에 불과하므로 굳이 행정심판전치주의를 적용할 이유가 없으며 행정소송법(제38조 제1항)도 이를 명백히 하고 있다.

(2) 무효를 선언하는 의미의 취소소송

형식적으로는 처분의 취소를 구하는 소송이지만 그 청구원인을 살펴보면 무효선언을 구하는 내용인 경우에, 판례는 무효사유와 취소사유의 구별의 상대성, 형식이 취소소송이면 취소소송에 요구되는 소송요건이 구비되어야 한다는 점 등을 들어 행정심판전치주의가 적용된다는 적극설[185]을 취하고 있는 반면, 다수설은 소송은 형식보다는 내용을 중심으로 판단하여야 한다는 전제하에 이러한 경우도 무효확인소송으로 볼 것이므로 행정심판전치주의가 적용되지 않는다고 하는 소극설[186]을 취하고 있다.

(3) 제3자의 제소와 행정심판 전치주의

처분 등의 상대방이 아닌 제3자는 행정심판 청구기간을 지키기 어렵다는 점을 들어 이들이 취소소송을 제기함에는 원칙적으로 전치주의의 적용이 없다는 견해도 있으나, 이들에 대하여는 행정심판법 27조 3항 단서 소정의 행정심판을 처분이 있은 날로부터 180일 이내에 제기할 수 없었던 정당한 사유가 있는 경우에 해당하는 것으로 보는 등 행정심판 청구기간에 특수성을 인정하는 것으로 족하고, 전치주의의 적용 자체를 부인할 수는 없다(대법원 1989. 5. 9. 선고 88누5150 판결).

(4) 재결이나 재결에 따른 처분

행정심판의 재결에 대한 취소소송에서는 다시 행정심판을 청구하는 것이 불필요할 뿐 아니라 불가능하고(행정심판법 51조), 이행재결에 따른 처분에 대한 취소소송에서는 다시 행정심판 절차를 거칠 필요가 없다. 행정심판 전치주의를 택하는 것은 행정청으로 하여금 스스로 시정할 기회를 주는 데 의미가 있는 제도이므로, 그러한 기회가 주어진 뒤 이루어진 재결이나

---

185) 대법원 1987. 9. 22. 선고 87누842 판결 참조.
186) 김동희(Ⅰ), p.717; 박윤흔(상), p.948; 변재옥(Ⅰ), p.647; 이상규(상), p.782.

그 재결에 따른 처분의 취소를 구하는 경우에는 행정심판 전치주의의 적용이 없다.

3. 내 용

가. 소송요건

필요적 전치주의가 적용되는 사건에 있어서는 행정심판의 청구와 그 재결의 존재는 소송요 건이다. 따라서 이러한 사건에 있어서는 먼저 행정심판을 청구하여 재결이 있는 다음 제소하 여야 하고, 만일 재결이 있기 전에 소를 제기하면 부적법한 소로서 각하하여야 한다. 그러나 소송요건의 충족 여부는 변론종결시를 기준으로 하는 것이므로 소를 각하하기 전에 재결이 있으면 그 흠이 치유되고, 행정심판의 청구조차 하지 아니하고 제기된 소송도 변론종결 시까지 전치의 요건을 충족하게 되면 각하할 수 없다.

나. 행정심판 청구의 적법성

행정심판 제기기간의 경과 등 보정이 불가능하여 부적법한 행정심판에 대하여는 위원회가 각하하여야 하며, 각하된 경우에는 행정심판전치의 요건을 충족치 못하게 되어 행정소송을 제기하여도 역시 각하된다. 그러나 만일 이를 간과하고 위원회가 재결을 해 버린 경우에는 행정심판전치의 요건이 충족된다는 판례(대법원 1960. 12. 12, 선고4294행상104 판결)와, 반대로 충족치 못한 것이라는 판례(대법원 1982. 6. 22, 선고 81누368 판결, 대법원 1991. 6. 25, 선고 90누6091 판결)가 있으나, 현행 행정심판기간의 단기성으로 인한 실기의 가능 성 등을 고려하건대 이러한 경우까지 굳이 권리구제의 길을 봉쇄할 필요는 없는 것으로 생각된다. 반대로 적법한 행정심판임에도 불구하고 착오로 위원회가 각하해 버린 경우에는 당연히 행정심판전치의 요건이 충족된 것으로 보아야 할 것이다.[187]

한편, 행정심판만 제기하고 그 재결이 있기 전에 제기된 행정소송은 원칙적으로 부적법하므 로 각하되어 마땅하지만, 실제로 사실심의 변론종결 전까지 재결이 있기만 하면 불필요한 절차의 반복을 피한다는 점에서 그 하자는 치유된 것으로 보고 있다.[188] 나아가서 행정심판

---

187) 대법원 1960. 11. 28, 선고 4291행상9 판결.
188) 대법원 1965. 6. 29, 선고 65누57 판결.

과 행정소송을 동시에 제기하거나, 행정소송만 먼저 제기한 경우에도 그 후 행정심판 제기기간 내에 행정심판을 제기하고 사실심의 변론 종결시까지 재결이 있을 때에는 하자가 치유된 것으로 보고 적법한 소로서 인정하고 있다.[189]

다. 심판청구와 행정소송의 관련성

(1) 인적 관련

특정 행정처분에 대하여 행정심판청구가 있고 그 재결이 있으면 필요적 전치의 요건은 충족된 것으로 보아야 하고, 행정심판청구인과 행정소송의 원고는 원칙적으로 동일인이어야 한다. 다만, 행정소송의 원고가 행정심판청구인과 동일한 지위에 있거나 그 지위를 승계한 자인 경우에는 원고 자신이 행정심판을 거치지 아니한 경우에도 그 행정소송은 적법하고, 동일한 행정처분에 대하여 공동의 법률적 이해관계를 갖는 공동권리자 1인이 적법한 행정심판을 거친 경우 다른 공동권리자는 행정심판을 경유함이 없이 바로 소송을 제기할 수 있다.[190]

(2) 물적요건

행정심판에서 주장했던 청구원인과 행정소송의 청구원인 간에는 기본적인 점에서 동일성이 유지되면 족하다. 따라서 내용이 완전히 일치할 필요는 없으며, 원고는 행정심판에서 제출하지 아니하였던 새로운 청구원인을 주장할 수도 있다.[191]

(3) 주장의 공통여부

행정심판 전치주의는 소송의 제기 전에 행정심판 재결을 거칠 것을 요구하는데 그치고, 청구인이 행정심판 절차에서 주장하지 않았던 위법사유를 소송에서 새로 주장할 수 없도록 하는 취지는 아니다. 그리하여 행정심판에서는 처분의 절차적 위법만을 주장하였더라도 소송단계에 이르러 비로소 처분의 실체적 위법을 주장할 수도 있다. 왜냐하면, 행정심판청

---

189) 대법원 1987. 4. 28, 선고 86누29 판결.
190) 대법원 1988. 2. 23. 선고 87누704 판결.
191) 대법원 1999. 11. 26, 선고 99두9407 판결, 대법원 1982. 9. 28, 선고 81누106 판결.

구가 있으면 재결청은 직권에 의하여 신청인이 주장하지 않은 사항에 대하여도 심사할 수 있는 것이므로, 소송단계에서 주장·입증을 특별히 제한하지 않아도 행정청에 재심사의 기회를 부여한다는 전치의 목적은 달성할 수 있기 때문이다.

4. 필요적 전치의 완화

현행법상 필요적 전치를 요하는 대표적 처분인 국세·관세법상의 처분에 대하여는 행정소송법 18조 1항 본문과 함께 2항, 3항의 규정까지 그 적용이 배제되므로(국세 56조 2항, 관세 10조 2항), 실제 아래에서 설명되는 전치주의의 완화는 위 처분에는 그대로 적용되지는 않으나, 뒤에서 따로 보는 바와 같이 조세소송에서도 세법상의 특별조문에 의하여 또는 성질상 필요적 전치가 완화되는 경우가 적지 않다.

가. 행정심판 재결을 기다릴 필요가 없는 경우

이는 행정심판청구는 이를 하여야 하나 그 재결을 기다릴 필요 없이 행정소송을 제기할 수 있는 경우로서 행정심판을 청구조차 아니하고 직접 제소할 수 있는 다음 '나'의 경우와는 구별된다.

여기에 해당하는 경우 당사자는 행정심판 재결을 기다리지 아니하고 바로 행정소송을 제기할 수 있음은 물론 행정심판 재결을 기다려 소송을 제기할 수도 있다.

(1) 행정심판을 청구한 후 60일을 경과한 때

재결은 피청구인 또는 위원회가 심판청구서를 받은 날부터 60일 이내에 하여야 하고, 다만 부득이한 사정이 있는 경우에는 위원장이 직권으로 30일을 연장할 수 있다. 그러나 행정소송법은 재결이 지연됨으로 인하여 국민이 입게 될 불이익을 방지하기 위하여 행정심판청구가 있은 날로부터 60일이 지나도 재결이 없는 때에는 곧바로 소송을 제기할 수 있도록 하고 있다. 행정소송을 제기한 날에 60일이 지나지 않았더라도 당해 소송의 변론종결 시까지 60일이 경과하였다면 행정심판전치주의에 대한 흠은 치유된다.

(2) 처분의 집행 또는 절차의 속행으로 생길 중대한 손해를 예방하여야 할 긴급한 필요가 있을 때

재결을 기다리다가 처분의 집행, 절차의 속행 또는 부작위의 계속으로 중대한 손해가 발생할 긴급한 사유가 있는 사건에 있어서는 재결을 기다릴 필요 없이 행정소송을 제기할 수 있도록 하여, 본질적인 권리구제수단으로서의 행정소송의 실효성을 확보하기 위한 것이다.[192]

(3) 법령의 규정에 의한 행정심판기관이 의결 또는 재결을 하지 못할 사유가 있는 때

이는 행정심판위원회가 구성되어 있지 않거나 과반수 이상의 결원이 있고 단시일 안에 보충될 가망성이 없는 경우 등을 예상한 것이다. 사유는 일반적으로 예견할 수 없는 일이나, 만일 그러한 사유가 있는데도 불구하고 재결을 기다리는 것은 무용한 시간의 낭비를 초래하고 결과적으로 행정구제제도의 취지에 어긋나게 되는 것임에 비추어 그러한 사유가 있는 때에는 재결을 기다릴 필요 없이 바로 행정소송을 제기할 수 있도록 한 것이다

(4) 그 밖의 정당한 사유가 있는 때

행정심판의 재결을 기다려서는 취소소송을 제기하는 목적을 달성키 곤란한 경우, 60일 이내에 재결이 행하여질 가능성이 없는 경우, 재결의 결과가 예측되는 경우 등을 의미한다.

나. 행정심판을 청구할 필요가 없는 경우

(1) 동종사건에 대하여 이미 행정심판의 기각결정이 있은 때

여기서 동종사건이란 동일한 사실에 대하여 동일 법적 근거에서 대량으로 행하여진 처분, 즉 당해 사건과 기본적인 점에서 동질성이 인정되는 사건을 말한다. 다만, 판례는 쟁점이

---

192) '중대한 손해를 예방하여야 할 긴급한 필요가 있을 때'에 해당하는지 여부는 개별적·구체적으로 판단할 문제이나, 위 (1)항과 관련하여 볼 때 행정심판청구가 있은 날로부터 60일을 기다렸다가는 처분이 집행되는 등으로 말미암아 회복이 곤란하거나 그 밖의 중대한 손해를 입을 위험성이 있는 경우를 말한다. 이러한 긴급성을 요하는 경우는 행정소송법 23조 2항에 의한 집행정지결정을 받아 두어야 할 때가 많을 것이고, 집행정지결정이 있는 뒤에는 행정심판의 재결 전에 판결을 하여야 할 긴급성이 소멸되는 것이 보통일 것이다. 그러므로 이 항에 의한 재결주의의 예외는 주로 집행정지하기에 적절치 않은 거부처분 등에 대하여 속히 본안 판단을 받을 필요가 있는 경우에 그 효용이 있을 것이다.

동일하다 하여 동종사건으로 보고 있지는 않고, 동종사건의 범위를 상당히 좁게 인정하고 있다.

(2) 서로 내용상 관련되는 처분 또는 같은 목적을 위하여 단계적으로 진행되는 처분 중 어느 하나가 이미 행정심판의 재결을 거친 때

여기서 서로 내용상 관련되는 처분이란 각각 별개의 처분이지만 그 내용에 있어서는 관련되는 처분을 말한다. 또한 같은 목적을 위하여 단계적으로 진행되는 처분 중 어느 하나에 대한 행정심판이 있은 때에는 다시 행정심판절차를 거칠 것 없이 취소소송을 제기할 수 있다. 여기서 같은 목적을 위하여 단계적으로 진행되는 처분이란 각각 별개의 처분이지만 하나의 행정목적을 실현하기 위한 단계적인 절차관계에 있는 처분을 말한다. 예를 들어 행정대집행에서 계고와 대집행영장의 통지가 그에 해당한다.

(3) 소송계속중이나 또는 변론종결 후에 행정청이 당해 항고소송의 대상인 처분을 변경하여 그 변경된 처분에 대한 항고소송을 제기하는 때

취소소송이 제기된 뒤에도 행정청은 당해 소송의 대상인 처분을 변경할 수 있다. 그러나 사실심변론종결 후에 행정청이 당해 소송의 대상인 처분을 변경하면 원고로서는 소의 변경을 할 수가 없어 변경된 처분에 관하여 다시 소를 제기하여야 한다. 이 경우 변경된 처분을 대상으로 행정심판절차를 거치게 한다면 원고에게 지나친 부담이 되고, 행정청에 의한 소송지연 또는 방해를 가져올 수 있으며, 처분의 변경에 따른 소의 변경과도 균형을 유지할 수 없으므로 전심절차를 거치지 않고 직접 소송을 제기할 수 있도록 하고 있다.

(4) 처분청이 행정심판을 거칠 필요가 없다고 잘못 알린 때

처분을 행한 행정청이 행정심판을 거칠 필요가 없다고 잘못 알린 때는 잘못된 고지인 것을 알았는지의 여부에 관계없이 행정심판절차를 거치지 않고 행정소송을 제기할 수 있다. 이는 행정에 대한 신뢰를 보호함과 아울러 고지의 실효성을 확보하기 위한 것이다.

5. 특별 전치절차

개별법령이 필요적 전치주의를 취하면서 특별 행정심판절차를 규정하고 있는 경우에는, 행정심판법 제3조의 해석상, 그 특별 전치절차를 거쳐야만 전치주의를 충족한 것이 되고 일반 전치절차만을 거쳐 제소한 경우에는 전치주의 흠결이 될 것이며, 특별 전치절차를 거친 후 다시 일반 전치절차를 거쳐서 제소한 경우에는 제소기간의 기산점을 그 일반 전치절차의 재결서 송달일로 해줄 수 없기 때문에 결국 제소기간 도과의 불이익을 입게 된다(대법원 1994. 6. 24. 선고 94누2497 판결).

가. 조세소송의 전치절차

처분청→고지서발송→고지서를 받은 날로부터 90일 이내→서면접수, 직접접수, 사이버접수→심판청구서를 세무서·세관·지방자치단체의 장 또는 조세심판원에 제출하는 방법으로 진행된다.

(1) 직전구제절차

직권구제절차에 관하여는 국세기본법에는 명문의 규정이 없다. 그러나 지방세기본법 제58조는 지방자치단체의 장은 지방자치단체의 징수금의 부과징수가 위법 또는 부당한 것임을 확인하면 즉시 그 처분을 취소하거나 변경할 수 있다는 명문규정을 두고 있다. 따라서 비록 국세기본법에는 명문의 규정이 없지만 조세법률주의 원칙에 따라 당연히 인정된다고 할 것이다. 하지만 처분청이 직접 과세부당을 인정하고 이를 경정한다는 것을 실제 기대하기 어렵기 때문에 실효성에서는 다소 의문이 남는다.

(2) 과세전적부심사

과세전적부심사는 과세예고통지나 세무조사결과에 대한 서면통지와 같이 납세자에게 결정 내용을 미리 통보하여 납세자가 관련 내용을 검토하게 하고, 30일 이내 심사청구를 하는 경우 과세적부를 심사하여 30일 내에 결정내용을 통지하여 주도록 하는 제도이다. 만약 거부당하는 경우 납세고지를 받은 후 90일 이내에 이의신청이나 심사청구 또는 심판청구

중 하나를 선택해 불복을 제기하면 된다.

(3) 이의신청

국세에 관한 처분이 국세청장이 조사, 결정 또는 처리하거나 하였어야 할 것인 경우를 제외하고는 그 처분에 대하여 심사청구 또는 심판청구에 앞서 해당처분을 하거나 하였거나 할 세무서장이나 지방국세청장에게 이의신청을 할 수 있다. 이럴 경우 세무서와 지방국세청은 30일 이내, 국세청 본청은 60일 이내, 국세심판원은 90일 이내, 감사원은 3개월 이내 정해진 기간에 세금 부과 적법성에 대한 결과를 발표한다. 과세전적부심사와 이의신청 없이도 심사청구와 심판청구를 할 수 있는데 심사청구, 심판청구 후에도 이의가 있는 경우에는 심의 결과 통지를 받은 날로부터 90일 이내에 행정법원에 소송을 낼 수 있다.

(4) 심사청구

심사청구는 불복사유를 갖추어 해당 처분을 하였거나 하였어야 할 세무서장을 거쳐 국제청장에게 해야한다. 이때 심사청구에는 청구인의 주소 또는 거소와 성명, 처분이 있은 것은 안 연월일, 통지된 사항 또는 처분의 내용, 불복의 이유 등의 사항을 기재하여 관계증명서류나 증거물을 첨부하여 이의신청과 마찬가지고 당해 처분이 있은 것을 안날로부터 90일 이내에 청구하여야 한다.

(5) 심판청구

심판청구는 불복의 사유를 갖추어 그 처분을 하거나 하였어야 할 세무서장을 거쳐 조세심판원장에게 제출한다. 기재 사항은 심사청구와 같지만 동일한 처분에 대한 심사청구와 심판청구를 중복하여 제기할 수는 없다. 이 기간 역시 심사청구와 마찬가지로 당해 처분이 있은 것을 안날로부터 90일 이내에 청구하여야 한다. 다만, 국제의 경우 조세심판청구는 필요적 전치절차이기 때문에 조세소송을 제기하기 위해서는 조세심판청구를 우선적으로 하여야 한다.

나. 공무원 징계처분에 대한 행정심판

(1) 일반 공무원

징계처분 기타 본인의 의사에 반하는 불이익처분을 받은 국가 또는 지방공무원은 처분사유 설명서를 받은 날, 이 설명서가 교부되지 않은 경우는 그 처분이 있은 것을 안 날로부터 30일 내에 소청심사위원회에 심사를 청구하고(국공법 76조, 지공법 67조 2항), 이로써 구제받지 못하면 소청결정서 정본을 송달받은 날로부터 90일 내에 소송을 제기하여야 한다 (행소법 20조).

(2) 교원인 공무원

교육공무원 중 교원(교육공무원법 2조 참조)이 징계처분 기타 본인의 의사에 반하는 불이익 처분(재임용거부처분 포함)에 대하여 불복이 있을 때에는 그 처분이 있음을 안 날부터 30일 이내에 교육부에 설치된 교원소청심사위원회에 소청심사를 청구한 다음, 소청심사위원회 의 결정서 송달을 받은 날로부터 90일 이내에 소를 제기하여야 한다(교원지위향상을위한특 별법 9조, 10조).

다. 노동위원회의 결정에 대한 행정심판(재결주의)

지방노동위원회나 특별노동위원회의 결정이나 명령에 불복이 있는 관계 당사자는 그 결정 서나 명령서를 송달받은 날로부터 10일 이내에 중앙노동위원회에 재심을 신청하고, 그 재심 판정서 정본을 송달받은 날로부터 15일 이내에 행정소송을 제기할 수 있다(노동위원회법 26조, 27조, 노동조합및노동관계조정법 85조).

라. 해양수산부장관의 검사·확인·검정에 대한 행정심판

해양수산부장관 또는 그 대행검사기관의 검사·확인·검정에 대하여 불복이 있는 자는 그 검사 등의 결과에 관한 통지를 받은 날부터 90일 내에 해양수산부장관에게 재검사·재검 정을 신청하고(선박안전법 72조 1항, 3항), 그 재검사 등의 결정서를 받은 날부터 90일 내에 소를 제기하여야 한다(행소법 20조).

제6장 행정소송의 제기

제1절 제소기간

1. 개 설

행정소송법 20조는 취소소송을 일정기간 내에 제기하도록 일반 제소기간을 두고 있으며 그 밖의 개별법에서도 행정소송법과 다른 특별 제소기간을 두고 있는 경우가 많다. 행정소송법의 규정 또는 개별법의 규정에 따라 제소기간이 정하여져 있는 소송에서는 제소기간의 준수는 소송요건이다. 따라서 이는 직권조사사항이며, 그 경과여부를 명백히 한 다음 본안판결을 하여야 하고, 만일 제소기간을 도과하여 소장을 접수할 시 법원은 이를 각하한다.

2. 제소기간 제한을 받지 아니하는 소송

가. 무효등확인의 소송 및 부작위위법확인 소송

행정법관계의 조속한 안정이 필요하다 하더라도 처분에 존속하는 하자가 중대하고 명백하여 처음부터 그 효력이 없는 무효인 처분까지도 일정기간이 지나면 그 효력을 다툴 수 없다고 하는 것은 법치행정의 원리상 허용될 수 없다. 그러한 이유로 제소기간의 제한은 원칙적으로 취소소송에만 적용되고, 같은 항고소송이라도 무효등확인소송에는 적용되지 않는다. 다만, 무효선언을 구하는 의미의 취소소송은 형식상 취소소송에 속하기 때문에 제소기간의 제한을 받는다.[193]

---

[193] 대법원 1984. 5. 29. 선고 84누175 판결.

부작위위법확인의 소는 비록 행정소송법 38조 2항이 제소기간에 관한 같은 법 제20조를 준용하도록 규정하고 있지만, 그 성질상 부작위 상태가 계속되는 한 언제라도 소를 제기할 수 있고 부작위 상태가 해소되면 소의 이익이 소멸되는 소송이므로 원칙적으로 제소기간의 제한을 받지 않는다고 할 것이다. 다만, 필요적 전치가 적용되는 처분의 부작위위법확인의 소에 있어서는, 취소소송의 경우와 마찬가지로 행정심판 재결서를 송달받은 날로부터 일정 기간 내에 소를 제기하여야 한다.

나. 당사자소송

당사자소송에 관하여는 법령에 특별히 제소기간을 제한하고 있지 않는 한 제소기간의 제한을 받지 않는다. 제소기간의 정함이 있는 경우 그 기간의 성질은 불변기간이다.

3. 취소소송의 제소기간

가. 개 설

행정소송은 민사소송과는 달리 제소기간을 제한하고 있는바 이는 행정법관계는 직접 공익과 관련되어 있어서 오랫동안 불확정상태로 둘 수 없고 조속히 안정시킬 필요성이 있기 때문이다. 취소소송의 제소기간에 관하여 행정소송법은 처분 등이 있음을 안 날로부터 90일, 처분 등이 있은 날로부터 1년 이내로 하면서, 행정심판청구를 한 경우에 있어서는 위각 기간의 기산일을 재결서정본을 송달받은 날을 기준으로 하도록 함으로써 행정심판청구를 한 경우와 하지 않은 경우의 두 가지로 나누어 정하고 있다.

한편, 각 개별법에 제소기간에 관하여 특별 규정을 두는 때가 있고, 이러한 때에는 각 개별법이 행정소송법에 앞서 적용된다.

나. 행정심판 청구를 하지 않은 경우

(1) 제소기간

취소소송은 처분 등이 있음을 안 날로부터 90일, 처분이 있은 날로부터 1년 내에 제기하여야 한다. 위 두 기간 중 어느 것이나 먼저 도래한 기간 내에 제기하여야 하고, 어느 하나의 기간이라도 경과하게 되면 부적법한 소가 된다. 기간의 계산은 행정소송법에 특별한 규정이 없으므로 초일을 산입하지 않는 등 민법의 규정에 따른다.

(2) 처분 등이 있음을 안 날로부터 90일

(가) 처분 등이 있음을 안 날

처분이 있음을 안 날이란 당해 처분의 존재를 현실적으로 알게 된 날을 말하고, 이 기간은 불변기간이므로 법원은 이를 직권으로 단축할 수 없다. 다만 원격지에 주소·거소를 둔 자를 위하여 부가기간을 정하거나, 당사자가 책임질 수 없는 사유로 인하여 이 기간을 준수할 수 없는 경우 그 사유가 없어진 날부터 2주 이내에 소송행위의 추완을 허용할 수 있을 뿐이다. 여기서 당사자가 책임질 수 없는 사유란 당사자가 그 소송행위를 하기 위하여 일반적으로 하여야 할 주의를 다하였음에도 불구하고 그 기간을 준수할 수 없었던 사유를 말한다.[194] 또한, 처분이 있음을 알았다고 하기 위해서는 처분의 존재가 전제되어야 하므로, 아직 외부적으로 성립되지 않은 처분이나, 상대방 있는 행정처분이 상대방에게 통지되지 않은 경우 등은 비록 원고가 그 내용을 어떠한 경로를 통하여 알게 되었다 하더라도 제소기간이 진행될 수 없다.[195]

(나) 앎의 추정

처분이 있음을 알았다고 하려면 단순히 행정처분이 적법하게 송달되어 상대방이 알 수 있는 상태에 놓인 것만으로는 부족하다. 그러나 적법한 송달이 있게 되면 특별한 사정이 없는 한 그때 처분이 있음을 알았다고 사실상 추정된다. 특별한 사정이 있어 당시에 알지 못하였다고 하는 사정은 원고가 이를 입증하여야 한다.[196]

(다) 수령 거절

처분의 상대방이나 정당한 수령권자가 합리적 이유 없이 처분서의 수령을 거절하거나 또는

---

194) 대법원 2005. 1. 13. 선고 2004두9951 판결.
195) 대법원 2004. 4. 9. 선고 2003두13908 판결.
196) 대법원 1999. 12. 28. 선고 99두9742 판결.

일단 수령하였다가 반환한 경우에는 적법하게 송달된 것으로 보아야 하며, 특별한 사정이 없는 이상 그때부터 제소기간이 기산되어야 한다.

(라) 대리인이 안 경우

처분에 대한 처리권한을 명시적으로 제3자에게 위임하였을 때는 물론이고, 장기간의 여행 등으로 그 권한을 묵시적으로 가족 등에게 위임하였다고 볼 수 있을 때에는 그 수임인의 수령 시부터 제소기간이 개시된다.

(마) 처분의 상대방이 아닌 제3자의 경우

행정처분의 상대방이 아닌 제3자인 경우에는 일반적으로 처분이 있는 것을 바로 알 수 없기 때문에 처분 등이 있음을 안 날로부터 진행되는 제소기간의 제한은 받지 않는다. 그러나 제3자가 어떤 경위로든 행정처분이 있음을 알았거나 쉽게 알 수 있는 등 심판청구가 가능하였다는 사정이 있을 때는 그 때부터 90일 내에 소를 제기하여야 한다.

(바) 고시 · 공고 등에 의하여 효력이 발생하는 처분

불특정 다수인에 대한 처분으로서 관보 · 신문에의 고시 또는 게시판에의 공고의 방법으로 외부에 그 의사를 표시함으로서 그 효력이 발생하는 처분은 공고 등이 있음을 현실로 알았는지 여부를 불문하고, 근거법규가 정한 처분의 효력발생일[197]에 처분이 있음을 알았다고 본 후 그 때부터 제소기간을 기산한다.[198]

다만, 특정인에 대한 처분으로서 주소불명이나 송달불가능으로 인하여 게시판 · 관보 · 공보 · 일간신문 중 어느 하나에 공고하는 방법으로 처분서를 송달하는 경우에는 원래 고시 · 공고에 의하도록 되어 있는 처분이 아니므로, 공고일로부터 14일이 경과한 때에 송달의 효력이 발생하지만, 그 날에 처분이 있음을 알았다고 볼 수는 없다.[199]

---

197) 근거법규가 효력발생일을 정하지 아니한 경우에는 공고 후 5일이 경과한 날.
198) 공고 등에 의하여 효력이 발생하도록 되어 있는 행정처분은 그 효력이 불특정 다수인에게 동시에 발생하고, 제소기간을 일률적으로 정함이 상당하기 때문이다(대법원 2006. 4. 14. 선고 2004두3847 판결 등).
199) 대법원 2006. 4. 28. 선고 2005두14851 판결.

(사) 기간의 성질

취소소송의 제기기간 90일은 불변기간이다. 따라서 당사자가 책임질 수 없는 사유로 기간을 준수할 수 없었을 때에는 추후 보완이 허용되므로 그 사유가 소멸된 때로부터 2주 내에 소를 제기하면 된다.

(3) 처분이 있은 날로부터 1년

(가) 처분이 있은 날

'처분이 있은 날'이란 당해 처분이 대외적으로 표시되어 효력이 발생한 날 즉, '처분이 효력을 발생한 날'을 의미한다. 때문에 처분이 단순히 행정기관 내부적으로 결정된 것만으로는 부족하고, 외부에 표시되어 상대방 있는 처분의 경우에는 상대방에게 도달됨을 요한다.[200]

(나) 도 달

'도달'이란 상대방이 현실적으로 그 내용을 인식할 필요는 없고, '상대방이 알 수 있는 상태 또는 양지할 수 있는 상태'면 충분하다. 따라서 처분서가 본인에게 직접 전달되지 않더라도 우편함에 투입되거나, 동거하는 친족, 가족, 고용원 등에게 교부되어, 본인의 세력범위 내 또는 생활지배권 범위 내에 들어간 경우에는 도달되었다고 보아야 한다. 한편 도달은 우편법상의 배달과는 다른 개념으로 우편법 31조에 따른 적법한 배달이 있었다 하여 '도달'되었다고 단정(추정)할 수 없다.[201]

그 외 송달방법 및 장소, 수령인 등에 대하여는 처분의 근거법률에 특별 규정이 있는 경우는 그에 따라야 적법한 것이 되고,[202] 그와 같은 특별한 규정이 없을 경우 행정절차법 14조, 15조의 송달에 관한 규정에 의하면 되고, 행정절차법에 규정하지 않고 있는 부분에 대하여는 민법의 일반원칙에 의하면 된다.

---

200) 대법원 1990. 7. 13. 선고 90누2284 판결.
201) 대법원 1993. 11. 26. 선고 93누17478 판결.
202) 행정심판법 57조는 서류의 송달에 관하여 민사소송법을 준용하게 되어 있으며, 국세기본법 8조 내지 12조는 송달에 관하여 특별히 규정하고 있다.

1) 송달장소

일반적으로 송달장소는 당사자의 주소, 거소, 영업소 또는 사무소 등을 말한다. 그 외 송달 받을 장소가 아닌 곳에서의 송달은 그 곳에 가족 혹은 친척 등이 있었다고 하더라도 본인으로 부터 수령권한을 위임받지 아니하는 한 그 효력이 인정되지 아니한다.[203]

2) 재소자 등에 대한 송달

송달에 관하여 민사소송법의 규정을 준용하는 규정이 없는 통상의 처분에 대하여는, 군사용의 청사 또는 선박에 속하는 자, 교도소·구치소에 구속되어 있는 자에 대한 송달에 관한 민사소송법 181조, 182조가 적용되지 아니하므로, 특별한 사정이 없으면 이들에 대한 송달을 주소지로 하여도 적법하다.[204]

3) 수송달자

본인 및 대리인뿐만 아니라 동거하는 가족이나 고용원이 수령한 경우 적법한 송달로 보아야 한다. 가족이라 하더라도 별거하는 경우 적법한 수령인이 될 수 없는 반면, 비록 친척이 아니더라도 생계를 같이 하여 동거하는 경우는 수령인이 될 수 있다고 보아야 한다.

4) 서면행위

문서에 의할 필요가 없는 행위는 구술에 의한 통지도 무방하다. 그러나 일정한 서면에 의한 행위는 그 서면이 상대방에게 도달하여야 효력이 발생함이 원칙이며, 상대방이 객관적으로 행정처분의 존재를 인식할 수 있었다거나, 그 처분에 따른 행위를 한 바 있더라도[205] 부적법한 송달의 하자(무효사유)가 치유되지 아니한다.[206]

---

203) 대법원 1986. 10. 28. 선고 86누553 판결.
204) 대법원 1999. 3. 18. 선고 96다23184 판결.
205) 예를 들면 적법한 고지서가 발부되지 않았음에도 세금을 일부 납부한 경우.
206) 대법원 1997. 5. 28. 선고 96누5308 판결.

(다) 예외 - 정당한 사유가 있는 때

정당한 사유가 있는 때에는 처분이 있은 날로부터 1년이 경과하였더라도 제소할 수 있다. 여기서 정당한 사유란 불확정개념으로서 그 존부는 사안에 따라 개별적, 구체적으로 판단하여야 할 것이나, 불변기간에 관한 민사소송법 173조의 '당사자가 그 책임을 질 수 없는 사유'나 행정심판법 27조 2항 소정의 '천재·지변·전쟁·사변 그 밖에 불가항력적인 사유'보다 넓은 개념으로, 제소기간 도과의 원인(처분이 공시송달된 경우나 행정청 또는 담당 공무원의 잘못된 교시 등) 등 여러 사정을 종합하여 지연된 제소를 허용하는 것이 사회통념상 상당하다고 할 수 있는가에 의하여 판단하여야 한다.[207] 또한, 행정처분의 상대방이 아닌 제3자는 처분이 있음을 알았다고 볼 수 있는 특별한 사정이 없는 한(알았다면 그 때부터 90일의 제소기간이 적용된다), 원칙적으로 제소기간을 지키지 못한 데 정당한 사유가 있다고 보아야 한다.

다. 행정심판 청구를 한 경우

(1) 제소기간 등

(가) 제소기간

행정심판청구를 한 경우 그 재결서정본을 송달받은 날로부터 90일, 재결이 있는 날로부터 1년 내에 소를 제기하여야 한다. 이 두 기간 중 어느 하나의 기간이라도 경과하게 되면 제소기간이 지난 뒤의 제소한 것이 되어 부적법 하다. 이때 재결서정본 받은 날로부터 90일의 기간은 불변기간이고, 재결이 있는 날로부터 1년의 기간은 정당한 사유가 있을 때는 연장된다.

(나) 행정심판을 청구한 경우

행정심판청구를 한 경우란, ⅰ) 필요적으로 행정심판절차를 거쳐야 하는 처분(행소법 18조 1항 단서에 해당하는 처분)뿐만 아니라, ⅱ) 임의적으로 행정심판절차를 거칠 수 있는 처분(행소법 18조 1항 본문에 해당하는 처분), ⅲ) 또는 비록 법령상은 행정심판청구가 금지되어

---

207) 대법원 1991. 6. 28. 선고 90누6521 판결.

있으나 행정청이 행정심판청구를 할 수 있다고 잘못 알린 처분에 대하여, 행정심판청구를 한 모든 경우를 포함한다.

(다) 임의적 전치사건 및 필요적 전치사건

임의적 전치사건에 있어서는 행정심판청구를 하였다 하더라도 재결을 기다릴 필요 없이 소를 제기할 수 있다. 또한 필요적 전치사건에 있어서도 행정심판을 한 후 60일이 지나도록 재결이 없을 때는 바로 소송을 제기할 수 있다. 그러나 이렇듯 바로 소를 제기할 수 있다고 하여 그 때부터 제소기간이 진행되는 것이 아니며, 재결서정본을 송달받을 때까지는 제소기간이 진행되지 아니한다. 따라서 위 어느 경우에도 재결서정본을 송달받을 날로부터 90일, 재결이 있은 날로부터 1년이 경과되기 전까지는 소를 제기할 수 있다.

(2) 재결서의 정본을 송달받은 날 등의 의미

재결서의 정본을 송달 받은 날이란 재결서정본을 본인이 직접 수령한 경우를 비롯하여 보충송달, 유치송달, 공시송달 등 민사소송법이 정한 바에 따라 적법하게 송달된 모든 경우를 포함된다. 한편 행정심판재결은 심판청구인에게 재결서의 정본이 송달된 때에 그 효력이 발생하는 것이므로, 재결이 있은 날이란 결국 재결서정본이 송달된 날을 의미하게 된다. 따라서 통상 재결이 있은 날[208]과 재결서정본을 송달받은 날은 동일하고, 재결서정본을 송달받은 날로부터 90일이 경과하면 제소기간은 도과하게 되므로, 결국 재결이 있은 날로부터 1년 내라는 제소기간은 거의 무의미하다고 볼 수 있다.

(3) 적법한 행정심판 청구

취소소송 제기기간을 처분기준시가 아니라 재결서를 송달받은 날을 기준으로 기산하기 위해서는 행정심판의 청구가 적법하여야 한다. 행정심판청구 자체가 행정심판 청구기간을 도과되어 청구되는 등 부적법한 경우는 재결을 기준으로 하여 제소기간을 기산할 수 없

---

208) '재결이 있은 날'이란, 재결이 내부적으로 성립한 날을 말하는 것이 아니라, '재결의 효력이 발생한 날'을 말한다(대법원 1990. 7. 13. 선고 90누2284 판결).

다.209) 따라서 이럴 경우에는 행정심판청구의 적법여부는 재결청의 의사에 구애받음이 없이 법원이 판단하여야 한다.

(가) 행정심판의 청구기간

행정심판청구의 제기기간은 원칙적으로 처분이 있음을 안 날로부터 90일(행소법 27조 1항), 처분이 있은 날로부터 180일 내이다. 여기서 처분이 있음을 안날이란 당해 처분의 존재를 현실적으로 알게 된 날을 말하고, 처분이 있은 날이란 당해 처분이 대외적으로 표시되어 효력을 발생한 날을 말한다.

다만, 행정청이 처분을 하면서 심판청구기간을 행정심판법 27조 1항에 규정한 기간보다 길게 잘못 알려 준 경우 즉, 오고지의 경우에는 그 잘못 알린 기간 내에 제기하면 되고, 심판청구기간을 고지 받지 못한 처분 즉, 불고지의 경우에는 처분이 있은 날로부터 180일 내에 청구하면 되는 점이 행정소송의 제소기간과 다르다.

(나) 특별 행정심판의 제소기간

1) 개설

행정심판에 관한 일반법인 행정심판법 외에 처분의 내용·성질에 따라 각 개별법에서 특별 행정심판절차를 규정하고 있는 경우가 있는데, 만일 그러한 특별규정이 있는 경우에는 그 특별절차에 따라야 적법한 행정심판청구라 할 수 있다.

특별 행정심판절차를 규정한 예로는, 수용재결에 대한 이의신청(공익사업을위한토지등의취득및보상에관한법률 83조), 사용료·수수료·분담금의 부과·징수처분에 대한 이의신청(지방자치법 140조 3항), 표준공시지가 및 개별공시지가, 표준주택가격 및 개별주택가격, 공동주택가격에 대한 각 이의신청(부동산가격공시및감정평가에관한법률 8조, 12조, 16조 8항, 17조 8항), 광업법상의 처분에 대한 이의신청(광업법 90조), 주민등록사항의 정정·말소 등에 대한 이의신청(주민등록법 21조), 보조금교부결정 등에 관한 이의신청(보조금의예산및관리에관한법률 37조), 급여 또는 급여변경신청 등에 관한 이의신청(국민기

---

209) 대법원 1992. 7. 28. 선고 91누12905 판결.

초생활보장법 38조, 40조), 국민연금에 관한 처분에 대한 심사청구·재심사청구(국민연금법 108조, 110조), 공무원연금결정에 대한 심사청구(공무원연금법 80조), 산업재해보상보험결정에 대한 심사청구 및 재심사청구(산업재해보상보험법 6장), 자동차등록에 대한 이의신청(자동차관리법 28조) 등이 있다. 이상의 특별 행정심판절차는 각 개별법에서 반드시 그것을 거쳐 제소하여야 한다는 명문규정을 두지 않고 있으므로 모두 임의적 전치절차이다.

2) 감사원의 심사청구 등

감사원법(1999. 8. 31. 법률 제5999호로 개정된 것) 46조의2는 감사원의 감사를 받은 행정기관의 직무에 관한 처분에 대하여 감사원법 43조, 46조의 심사청구와 결정절차를 거친 날로부터 90일 이내에 행정소송을 제기할 수 있다고 규정하여 감사원법에 의한 심사청구절차를 감사원의 감사를 받는 모든 행정청의 처분에 대한 일반적인 행정심판절차로 보고 있다. 그러므로 일반처분은 물론이고, 위 1)에서 본 바와 같은 특별행정심판절차가 따로 마련되어 있는 처분에 대하여도 감사원법상의 적법한 심사청구를 한 후, 심사결정의 통지를 받은 날로부터 90일 내에 소를 제기할 수 있다.

3) 국민고충처리위원회에 대한 고충민원 신청

국민고충처리위원회의 설치 및 운영에 관한 법률에 의한 국민고충처리위원회에 대한 고충민원의 신청은 행정소송의 전심으로서의 행정심판청구에 해당하지 않는다. 다만, 그 고충민원신청이 내용상 행정처분의 시정을 구하는 것임이 명백한 경우에는 이를 행정심판청구로 보되 행정심판청구가 처분청이나 재결청이 아닌 다른 행정기관에 제출된 경우에 해당하므로 행정심판 청구기간 내에 국민고충처리위원회에 의하여 처분청이나 재결청에 와야만 적법한 행정심판청구로 될 것이다.

라. 제소기간과 관련된 특수한 문제

(1) 소제기 전 처분의 변경과 제소기간

단순히 처분을 정정한 경우에는 당초처분을 기준으로 하고, 처분의 내용을 변경한 경우에는 그 동일성이 유지되는가의 여부에 따라 원처분 또는 변경된 처분을 대상으로 제소기간의 준수여부를 판단하여야 한다.

다만, 감액경정처분의 경우는 당초처분의 일부취소에 해당하고 소송의 대상이 되는 것은 일부 취소되고 남은 당초처분으로, 당초처분을 기준으로 제소기간의 준수여부를 따져야 한다. 이에 반해 반대로 증액경정처분의 경우 당초처분은 후의 증액경정처분에 흡수되고 경정처분만이 소송의 대상이 되므로 제소기간의 준수 여부도 경정처분을 기준으로 하여야 한다.

(2) 소의 변경과 제소기간

(가) 개념 등

1) 개념

소의 변경이란 소송의 계속 중에 원고가 심판의 대상인 청구를 변경하는 것을 말한다. 청구의 변경이 아닌 공격·방어방법의 변경은 소의 변경이 아니다. 소의 변경에는 구청구에 갈음하여 신청구를 제기하는 교환적변경과 구청구를 유지하면서 신청구를 추가하는 추가적변경이 있다. 소의 변경은 종래의 소에 의하여 개시된 소송절차가 유지되며, 소송자료가 승계되는 점에 의의가 있다. 행정소송법은 소의 종류의 변경과 처분변경에 따른 소의 변경을 규정하고 있다. 행정소송법상 소의 변경은 민사소송법상 소의 변경을 배척하는 취지가 아니므로 처분의 변경을 전제로 하지 않고 소송의 종류를 변경하지도 않는 청구의 변경도 가능하다.

2) 원칙

소송계속 중에 민사소송법의 준용에 의하여 소를 변경하는 경우에는 원칙적으로 제소기간 내에 하여야 한다.[210] 소송계속 중 소송의 대상인 처분이 변경됨으로써 그 변경된 처분을 대상으로 하는 소변경은 처분변경이 있음을 안 날로부터 60일 내에 하여야 한다. 그 기간을 도과한 경우에는 90일 내에 별소를 제기할 수 있다. 소송계속 중 관련청구소송으로서 취소소송을 병합 제기할 수 있는바, 이 경우도 병합 제기된 때를 기준으로 관련청구의 제소기간

---

210) 대법원 2004. 11. 25. 선고 2004두7023 판결.

준수여부를 살펴야 한다.

3) 요건 및 절차

가) 취소소송이 계속되고 있을 것

나) 사실심의 변론종결시까지 원고의 신청이 있을 것
상고심은 법률심이므로 상고심에서는 소의 변경은 허용되지 않는다.

다) 청구의 기초에 변경이 없을 것
청구의 기초란 신·구 청구간의 관련성을 뜻하고, 청구의 기초에 변경이 없어야 한다는 것은 청구의 기초가 동일함을 말하며, 청구의 기초가 동일하다는 것은 원고가 취소소송에 의하여 구제 받고자 하는 법률상이익의 동일성이 유지되어야 한다는 것을 의미한다.

라) 법원의 허가
법원은 소의 변경이 상당하다고 인정하는 때에는 결정으로 허가할 수 있다. 소의 변경이 피고의 변경을 수반하는 것일 때에는 법원은 변경허가 결정에 앞서 새로이 피고 될 자의 의견을 들어야 한다. 법원은 허가결정의 정본을 신피고에게 송달하여야 한다.

(나) 예 외
행정처분 등으로 인하여 불이익을 받은 자가 그에 불복할 의사를 나타내어 소까지 제기하였음에도 법을 잘 알지 못하여 소송형식 등을 잘못 택하였다거나 청구취지변경 등을 늦게 하였다는 이유로 제소기간을 도과한 부적법한 소라고 보는 것은 당사자에게 가혹한 경우가 적지 아니하다. 이에 따라 행정소송법은 제소기간의 소급을 인정하는 몇 가지 구제규정을 두고 있고, 또한 해석상 제소기간의 소급을 인정하여야 할 경우가 있다.

1) 피고의 경정과 추가

피고를 잘못 지정한 소에 관하여는 당사자의 신청으로 피고를 경정할 수 있다. 이와 같이 피고를 경정할 경우 새로운 피고에 대한 소는 처음에 소를 제기한 때에 제기한 것으로 보기 때문에 제소기간 준수여부 또한 처음의 피고를 상대로 한 제소시를 기준으로 한다. 필수적 공동소송인 중 일부가 탈루되어 추가하는 경우, 추가된 당사자와의 사이의 소도 처음 소가 제기된 때에 제기된 것으로 보기 때문에 이 또한 처음의 소제기 시를 기준으로 제소기간 준수여부를 판단하여야 한다.

2) 소송 종류의 변경

무효등확인소송이나 부작위위법확인소송을 취소소송으로, 당사자소송을 취소소송으로, 항고소송을 당사자소송으로 각 변경하는 경우 모두 변경전 소 제기 당시를 기준으로 제소기간 준수여부를 판단한다.

3) 감액경정처분

감액경정처분은 당초 처분의 일부 취소의 성질을 가지는데 지나지 않고, 소의 대상은 감액처분으로 감액된 당초의 처분이므로, 당초의 처분에 대한 소가 적법한 제소기간 내에 이루어진 이상, 경정처분에 따른 소의 변경시기는 문제되지 않는다.

4) 변경 전·후의 청구가 밀접한 관계가 있는 경우

변경 후의 청구가 변경 전의 청구와 소송물이 실질적으로 동일하거나 아니면 밀접한 관계가 있어 변경 전의 청구에 이미 변경 후의 청구까지 포함되어 있다고 볼 수 있는 등 특별한 사정이 있는 때에는, 당초의 소제기시를 기준으로 제소기간의 준수여부를 살핌이 상당하다.

4. 특별법상의 제소기간

가. 조세소송

국세·관세처분에 대한 소송을 제기하기 위해서는 원칙적으로 국세기본법과 관세법이 정한 특별행정심판절차를 거쳐야 하고, 행정소송은 최종 행정심판결정을 받은 때로부터 90일 이내에 제기하여야 한다. 감사원법상의 심사청구를 거쳐 바로 소를 제기할 수도 있는바, 이 경우 심사청구에 대한 결정통지를 받은 날로부터 90일 이내에 행정소송을 제기하여야 하며, 위 기간은 불변기간이다.

조세사건에 있어서도 해석상 행정심판절차를 거치지 아니하고 바로 소송을 제기할 수 있는 경우가 있는데, 이때의 제소기간에 대하여 국세기본법에 아무런 규정이 없어 논란의 여지가 있으나, 일반의 행정처분과 같이 행정소송법이 정한 제소기간(90일)의 적용을 받는다고 보아야 한다.

나. 토지수용위원회의 수용 · 사용재결에 대한 소

공익사업을 위한 토지 등의 취득 및 보상에 관한 법률에 의한 지방토지수용위원회나 중앙토지수용위원회의 수용 · 재결에 대하여 불복이 있으면, 그 재결서를 받은 날로부터 30일 내에 중앙토지수용위원회에 이의를 신청할 수 있다.[211] 행정소송의 경우 이의신청을 거친 경우에는 이의재결서를 받은 날로부터 60일 내에, 그렇지 아니한 경우에는 수용 · 사용재결서를 받은 날로부터 90일 내에 각 수용 · 사용재결의 취소를 구하는 행정소송을 제기하여야 한다.

다. 중앙노동위원회의 처분 및 재심판정에 대한 소

중앙노동위원회가 한 처분이나 재심판정에 대한 소는 처분 또는 재심판정서의 송달을 받은 날로부터 15일 이내에 소를 제기하여야 한다.

라. 교원징계에 관한 소

교원소청심사위원회의 결정에 대한 소는 그 결정서를 송달받은 날로부터 90일 이내에 소를 제기하여야 하며, 교원 이외 다른 공무원에 대하여는 소청심사위원회의 필요적 전치를 거쳐야 하나 제소기간에 관하여는 특별한 규정이 없으므로 행정소송법상의 제소기간(90일)에

---

211) 대법원 1992. 6. 9. 선고 92누565 판결.

따른다.

마. 해난심판재결에 대한 소

중앙해양안전심판원의 재결에 대한 소는 재결서 정본을 송달받은 날부터 30일 이내에 중앙
해양안전심판원의 소재지를 관할하는 고등법원에 제기하여야 한다.

제2절 청구의 병합

1. 개 설

항고소송(당사자소송 포함)에는 그 청구와 관련되는 원상회복, 손해배상 기타의 청구를 동종절차가 아닌 경우에도 병합할 수 있는 관련청구의 병합을 인정하고 있다. 이는 소송경제와 판결의 모순, 저촉의 방지 등을 위하여 인정되는 제도이다. 행정소송법은 행정사건에 관련된 청구로서 민사청구까지 병합하여 해결할 수 있도록 특별규정을 두고 있다.

2. 병합의 종류와 형태

행정소송법은 취소소송과 관련하여 ⅰ) 관련청구소송의 병합인 객관적 병합(제10조 2항 전단), ⅱ) 피고 외의 자를 상대로 한 관련청구소송을 병합하는 것으로서의 주관적 병합(제10조 2항 후단), ⅲ) 공동소송으로서의 주관적 병합(제15조) 등을 인정하고 있다. 이러한 소의 병합은 다시 병합의 시점에 따라 ⅰ) 제소시에 행하는 시원적 병합과, ⅱ) 소송의 계속 중에 행하는 후발적(추가적) 병합으로 나뉘어진다.

가. 취소소송과 무효확인소송간의 관계

취소소송과 무효확인소송은 보충의 관계에 있는 것이 아니라 서로 병렬관계에 있다. 그러므로 행정청의 처분 등에 불복하는 자는 소송요건을 충족하는 한, 바라는 목적을 가장 효과적으로 달성할 수 있는 항고소송을 택할 수 있다. 취소소송과 무효확인소송을 예비적으로 병합하여 제기할 수도 있다. 다만 취소소송의 소송물을 처분 등의 위법성일반으로 보는 이상 취소소송의 기각판결의 기판력은 무효확인소송에도 미친다.[212]

나. 취소소송과 당사자소송과의 관계

행정처분은 비록 하자가 있더라도 당연무효의 흠이 아닌 한, 공적기관에 의하여 취소될

---

212) 대법원 1992. 12. 8. 선고 91누6891 판결, 대법원 1993. 4. 27. 선고 92누9777 판결.

때까지는 일응 유효한 것으로 취급되는 것이므로, 행정처분에 취소사유의 흠이 있는 경우, 처분취소송 이외의 방법으로 그 효력을 부인할 수 없다. 그러므로 파면처분을 당한 공무원은 그 처분에 비록 흠이 있더라도 무효사유가 아닌 취소사유에 해당하는 흠인 경우 파면처분 취소송을 제기하여야 하고, 바로 당사자소송으로 공무원지위확인소송을 제기할 수 없다.

다. 무효확인소송과 당사자소송의 관계

처분이 무효인 경우는 이른바 공정력이 없고 누구나 어떠한 방법으로나 그 효력을 부인할 수 있는 것이므로, 예를 들면, 공무원 파면처분이 무효인 경우 항고소송으로서의 파면처분 무효확의 소가 가능할 뿐만 아니라 당사자소송으로서 그 파면처분무효임을 전제로 한 공무 원지위확인소송도 가능하고, 과세처분이 무효이면 항고소송으로서 과제처분무효확인의 소와 당사자소송으로서의 조세채무부존재확인의 소도 가능하다고 보아야 한다.

3. 관련청구의 병합(행소법 10조 2항)

가. 요 건

(1) 관련청구일 것

청구의 병합은 각 청구가 관련청구임을 전제로 한다. 다시 말해 취소소송에 병합할 수 있는 청구는 취소송의 대상인 처분 등과 관련 되는 손해배상, 부당이득반환, 원상회복 등 청구 소송과 본체인 취소송의 대상인 처분 등과 관련되는 취소송이다.

(2) 주된 청구가 사실심 계속 중일 것(후발적 병합의 경우)

관련청구의 병합은 사실심의 변론종결 이전에 하여야 한다. 그러나 사실심의 변론종결 이전 이면 원시적 병합이든 후발적 병합이든 상관없다. 다만, 후발적 병합의 경우에는 주된 청구 가 사실심 변론종결전이어야 한다. 항소심에서의 병합에 대하여는 심급의 이익과 관련하여 상대방의 동의를 요하는지가 문제되나, 명문규정이 없는 이상 동의는 불필요하다.

(3) 관할법원

병합되는 소송의 관할법원은 취소소송이 계속된 법원이다. 병합대상인 관련청구소송은 같은 법원에 계속된 경우도 있고 다른 법원으로부터 이송되어 온 경우도 있을 수 있다. 이송받은 법원은 이송된 사건에 대하여 독립된 사건번호와 표지를 부여하여 표지는 종전절차의 기록표지 앞에 철하고, 그 후의 당해 사건서류는 종전기록에 가철한다.

(4) 피고가 동일할 필요는 없다.

행정청을 피고로 하는 취소소송에서 국가를 피고로 하는 손해배상청구를 병합하는 경우와 같이 관련청구소송의 피고는 원래의 소송의 피고와 동일할 필요는 없다.

원고는 원시적으로 수인의 피고를 상대로 한 관련청구를 병합제소할 수 있을 뿐만 아니라, 후발적으로 사실심종결시까지 피고 이외의 자를 상대로 한 관련청구를 병합하여 제소할 수 있다.

이 점이 민사소송의 경우와의 주된 차이점이다. 이처럼 원고가 피고를 추가할 수 있을 뿐, 제3자가 원고로 추가되는 병합청구는 비록 관련청구라 할지라도, 행정소송법 10조 2항에 의해서만 허용되지 않는다.

나. 청구절차 및 심리

원시적으로 관련청구를 병합 제기할 경우는 소장에 관련청구까지 포함하여 청구하면 되고 특별히 문제될 것이 없고, 후발적으로 관련청구를 병합 제소하는 경우에는 소변경서를 제출하는 방식에 의한다. 새로운 피고가 추가되는 경우에도 동일하다.

다만, 행정사건에 관련청구로서 민사사건인 손해배상이나 부당이득반환청구가 병합될 경우 그 민사사건의 심리에 적용될 법규에 관하여, 모두 행정소송절차에 따라야 한다는 설도 있으나, 심리가 공통되는 부분, 예를 들면 행정처분이 위법성 부분에는 행정소송법을 그대로 적용하여야 하지만, 심리가 공통되지 않는 손해배상액의 산정과 같은 부분은 민사소송절차에 따라야 할 것이다.

제3절 소의 변경

1. 개 론

소의 변경이란 소송의 계속 중에 원고가 심판의 대상인 청구를 변경하는 것을 말한다. 청구의 변경이 아닌 공격·방어방법의 변경은 소의 변경이 아니다. 소의 변경에는 구청구에 갈음하여 신청구를 제기하는 교환적변경과 구청구를 유지하면서 신청구를 추가하는 추가적변경이 있다. 소의 변경은 종래의 소에 의하여 개시된 소송절차가 유지되며, 소송자료가 승계되는 점에 의의가 있다. 행정소송법은 소의 종류와 변경과 처분변경에 따른 소의 변경을 규정하고 있다. 행정소송법상 소의 변경은 민사소송법상 소의 변경을 배척하는 취지가 아니므로 처분의 변경을 전제로 하지 않고 소송의 종류를 변경하지도 않는 청구의 변경도 가능하다.

2. 소의 종류의 변경

가. 종류

소 종류의 변경에는, ⅰ) 항고소송과 당사자소송간의 변경과, ⅱ) 동일한 항고소송 내에서의 취소소송, 무효등확인소송, 부작위위법확인소송간의 변경이 있다. 이러한 소의 변경은 행정소송의 경우 그 종류가 다양하고 또 종류별로 그 성질과 소 제기요건을 달리하므로 만일 원고가 그 종류를 잘못 선택하였더라도 행정구제의 기능을 살리기 위해서 그 변경이 필요하다.

나. 요 건

(1) 사실심에 계속 중이고 변론종결 전일 것

소의 변경은 사실심 계속 중이고 변론종결 전일 것을 전제로 하므로 상고심에서는 인정되지 아니한다. 또한 부적법한 소라도 그것이 각하되기 전이라면 소의 변경이 가능하다.

(2) 청구의 기초에 변경이 없을 것

청구의 기초란 신·구 청구간의 관련성을 뜻하고, 청구의 기초에 변경이 없어야 한다는 것은 청구의 기초가 동일함을 말한다. 또한 청구의 기초가 동일하다는 것은 원고가 취소소송에 의하여 구제 받고자 하는 법률상이익의 동일성이 유지되어야 한다는 것을 의미한다.

(3) 소의 변경이 상당하다고 인정될 것

민사소송과 달리 행정소송의 경우 소의변경은 그것이 상당하다고 인정하는 때에 법원은 이를 허가할 수 있다. 여기서 상당성은 각 사건에 따라 구체적으로 판단할 것이나 소송자료의 이용가능성, 당사자의 이익, 소송경제(소송의 지연여부), 새로운 피고에게 입히는 불이익의 정도 등을 종합적으로 고려한다.

(4) 신소의 적법성

신소는 그 자체로 적법한 요건을 갖추어야 한다. 따라서 예컨대 당사자소송을 취소소송으로 변경하고자 하는 경우에는 행정심판전치주의, 제소기간을 준수해야 할 것이다. 다만, 제소기간에 관하여는 행정소송법은 처음의 당사자소송을 제기한 때에 항고소송을 제기한 것으로 본다.

다. 절 차

(1) 신청과 의견청취

소의 변경은 원고의 신청이 있어야 한다. 즉, 소의 종류의 변경은 일종의 소송 중의 소제기이므로 소변경서의 제출이 필요하다. 다만 소의 변경으로 피고를 달리하게 될 경우에는 법원은 그 허가결정에 앞서 새로이 피고로 될 자의 의견을 들어야 하며, 법원의 허가결정이 있어야 한다.

(2) 요건의 심사 및 허부결정

행정소송법상의 소의 종류의 변경은 법원의 허가결정이 있어야 한다. 민사소송법의 준용에 의한 소변경의 경우에는 허가의 경우 법원의 허가결정이 불필요하고 불허가의 경우에만 불허가결정을 하는 것과 다르다.

위 허가결정은 피고에게 고지하여야 하고, 피고가 변경되는 소변경의 경우에는 허가결정의 정본을 새로운 피고에게 송달하여야 한다.

라. 불복방법

소변경 허가결정에 대하여는 신·구청구의 피고 모두 즉시항고가 가능하나(행소법 21조 3항), 불허가결정에 대하여는 독립하여 불복할 수 없고 종국판결에 대한 상소로써만 다툴 수 있다.

마. 효과

법원의 허가에 의한 소의변경 허가결정이 있는 때에는 새로운 피고에 대한 소송은 처음 소를 제기한 때에 제기한 것으로 보며, 종전 피고는 소송에서 탈퇴된다. 따라서 구 피고의 소송대리인이 신 피고의 소송대리를 계속하기 위하여는 신 피고로부터의 새로운 위임장이 필요하다.

3. 처분변경으로 인한 소의 변경

가. 의 의

법원은 행정청이 소송의 대상인 처분을 소가 제기된 후 변경한 때에는 원고의 신청에 의하여 결정으로써 청구의 취지 또는 원인의 변경을 허가할 수 있다. 이러한 소의 변경을 인정하는 취지는 피고의 책임 있는 사유로 소의 목적물이 변경 또는 소멸되어 생기는 소 각하와 다시 제소를 하여야만 하는 절차의 불합리한 반복을 피하고 원고로 하여금 신속하게 구제받도록 하는 데 있다.

나. 요 건

(1) 사실심 계속 중 처분의 변경이 있을 것

처분의 변경으로 인한 소의 변경은 사실심 변론 종결 전이며, 전분의 변경이 있을 것을 전제로 한다. 여기서 처분의 변경이란 당해 소송의 대상인 처분이 처분청 또는 상급감독청의 직권에 의하여 또는 원고가 행정심판을 청구하였으나 재결을 기다리지 않고 취소소송을 제기하였는데 소송 계속 중에 재결에 의하여 당초의 처분이 일부 취소되거나 적극적으로 변경된 경우이다. 따라서 당해 처분이 아닌 관련된 처분이 변경된 경우에는 이에 해당하지 않는다.

(2) 청구의 기초에 변경이 없을 것

처분변경으로 인한 소의 변경은 변경 전 후 청구의 기초에 변경이 없어야 한다. 다만, 변경전의 처분에 대하여 행정심판절차를 거쳤으면 변경된 처분에 대하여도 행정심판 전치요건을 갖춘 것으로 본다. 그 외 변경된 신소는 적법하여야 한다.

다. 절 차

원고가 당해 처분의 변경이 있은 것을 안 날로부터 60일 이내에 소변경신청을 하여야 하며, 법원의 변경허가 결정이 있을 것을 요한다. 허가결정에 대하여는 독립하여 불복할 수 없고(소의 종류의 변경에서와 다른 점이다), 소변경신청이 부적법한 경우 소변경을 불허한다는 결정을 할 수도 있으며, 결정을 따로 하지 아니하고 종국판결 이유 중에서 판시하여도 무방하다.

라. 효과

소의 변경을 허가하는 결정이 확정되면 새로운 소는 변경된 소를 처음에 제기한 때에 제기된 것으로 보며, 변경된 구소는 취소된 것으로 본다.

4. 민사소송법의 준용에 의한 소의 변경

행정소송법에서 인정하는 소변경의 형태는 민사소송법상의 소변경을 배척하는 것은 아니다. 그러므로 행정소송의 원고는 소송의 현저한 지연을 가져올 우려가 없는 한 청구의 기초에 변경이 없는 범위 안에서 사실심의 변론종결시까지 청구의 취지 및 원인을 변경할 수 있다. 또한 행정소송이라 하더라도 민사소송법에 따른 청구의 변경에는 원칙적으로 소변경신청서를 법원에 제출한 때 기간을 준수한 것으로 본다.

제4절 행정소송에서의 가구제

1. 집행정지

가. 적용범위

(1) 개 설

취소소송과 무효확인소송이 제기된 경우에 가능하고(행소법 23조 2항, 38조 1항), 부작위 위법확인소송에는 허용되지 않는다(행소법 38조 2항). 취소소송에서의 가구제란 본안판결 의 실효성을 확보하기 위하여 분쟁 있는 행정작용이나 공법상의 권리관계에 임시적인 효력 관계나 지위를 정함으로써 본안판결이 확정될 때까지 잠정적으로 권리구제를 도모하는 것을 말한다. 행정소송법은 침해적 행정처분에 대한 가구제제도로서 집행정지제도만을 규정하고 있고, 수익적 행정처분의 신청에 대한 부작위나 거부에 대하여 잠정적인 허가 또는 급부 등을 명하는 적극적인 가처분제도는 도입하지 않고 있다.[213]

(2) 거부처분

각종 신청에 대한 불허처분, 즉 거부처분은 그 효력을 정지하여도 신청인의 법적지위는 거부처분이 없는 상태(즉, 신청시의 상태)로 돌아가는 것에 그치고 만다. 집행정지에 관한 행정소송법 23조 6항도 판결의 기속력에 관한 30조 1항만을 준용하고 거부처분에 대한 처분의무를 규정한 같은 조 2항은 준용하지 않고 있다. 따라서 거부처분의 효력이 정지되어도 처분청은 위 정지결정의 취지에 따라 다시 신청에 대한 처분을 할 의무를 지는 것은 아니어 서 거부처분에 대한 집행정지결정을 얻은 신청인의 법적지위는 신청시의 법적지위 이상이 될 수 없다.

---

[213] 그 밖에 각 개별법상 집행정지에 관한 규정으로는, ① 감사원법 40조 2항 단서에 감사원의 재심의판정(대법원 1984. 4. 10. 선고 84누91 판결)에 대한 감사원을 상대로 하는 행정소송에 있어서는 그 효력을 정지하는 가처분결정을 할 수 없다고 규정하고 있으며, ② 지방자치법 107조 3항과 172조 3항은 지방자치단체의 장 등이 지방의회의 재의결사항에 대하여 법령위반을 이유로 대법원에 소를 제기할 경우, 지방자치법 172조 7항, 8항은 재의요구지시를 받은 지방자치단체의 장이 재의를 요구하지 아니하여 주무장관 등이 직접 대법원에 소를 제기하는 경우에 그 의결의 집행정지결정을 신청할 수 있다고 규정하고 있다(주의적·확인적 규정으로 해석된다).

그런데 거부처분에 대한 집행정지를 구하는 자가 주장하는 회복 곤란한 손해란 일반적으로 그 신청을 받아들이지 않음으로써(허가가 되지 않음으로써) 입은 손해를 말하므로 그것을 방지하기 위해서는 적극적으로 허가처분이 된 것과 같은 상태를 창출하지 않으면 안되고, 단순히 거부처분의 효력을 정지하여 거부처분이 있기 전의 상태로 돌아가는 것만으로는 충분하지 않다. 결국 일반적으로 거부처분에 대한 집행정지는 당해 거부처분에 의하여 생긴 손해를 방지하는데 무력하고 따라서 그 집행정지신청은 신청의 이익을 흠결한 부적법한 것이 될 수밖에 없다.

나. 집행부정지 원칙

집행부정지원칙이란 취소소송의 제기가 처분 등의 효력이나 그 집행 또는 절차의 속행에 영향을 주지 아니한다는 것을 말한다. 이는 국민의 권익구제보다는 행정의 신속성과 실효성을 앞세운 것이라 할 수 있다. 독일에서는 항고소송이 제기되면 처분의 집행을 정지시키는 집행정지의 원칙을 택하고 있다. 이 제도가 국민의 권리구제를 위해서는 보다 더 실효적이다. 이러한 집행부정지원칙은 취소 및 무효등확인소송에는 적용되나 부작위법확인소송에는 적용되지 않는다. 거부처분에 대한 집행정지는 인정되지 않는다는 것이 판례의 태도이다.

다. 집행정지의 요건

취소소송이 제기된 경우에 처분 등이나 그 집행 또는 절차의 속행으로 인하여 생길 회복하기 어려운 손해를 예방하기 위하여 긴급한 필요가 있다고 인정할 때에는 본안이 계속되고 있는 법원은 당사자의 신청 또는 직권에 의하여 처분 등의 효력이나 그 집행 또는 절차의 속행의 전부 또는 일부의 정지를 결정할 수 있다. 다만, 처분의 효력정지는 처분 등의 집행 또는 절차의 속행을 정지함으로써 목적을 달성할 수 있는 경우에는 허용되지 아니한다.

(1) 형식적 요건
(가) 집행정지의 이익이 있을 것

철거집행이 완료된 뒤에 있어서의 계고처분 집행정지와 같이 이미 집행이 완료되어 회복이 불가능한 경우에는 집행정지신청은 신청의 이익이 없어 부적법하다. 다만, 집행이 완료된 경우라도 위법상태가 계속 중이거나 처분의 효력정지효과로서 사실상태를 원상으로 복구할 수 있는 경우에는 집행정지가 가능하다고 보아야 할 것이다(예 : 교도소장의 이송명령이나 국립요양원의 퇴원명령 등).

(나) 적법한 본안소송이 계속 중일 것

집행정지신청은 민사소송에서의 가처분과 달리 본안소송이 계속되어 있을 것을 요한다.[214] 따라서 집행정지 신청은 본안의 소제기 후 또는 동시에 제기되어야 한다. 행정소송제기가 적법하게 이루어져야 하며 형식적 요건을 그르친 경우는 본안소송이 계속된 것으로 보지 않는다. 본안자체의 적법여부는 집행정지신청의 요건은 아니지만, 본안소송의 제기자체는 적법한 것이어야 한다.

한편, 본안소송의 계속은 집행정지결정의 요건일 뿐만 아니라 그 효력지속의 요건이기도 하므로, 비록 집행정지결정이 있었더라도 본안의 소가 취하되면 별도의 집행정지취소결정을 할 필요 없이 집행정지의 결정은 당연히 실효된다(대법원 1975. 11. 11. 선고 75누97 판결).

3) 처분 등이 존재할 것

집행정지를 위해서는 먼저 집행정지의 대상인 처분 등이 존재하여야 한다.

(2) 집행정지의 실체적 요건

(가) 본안청구가 이유 없음이 명백하지 아니할 것(소극적 요건)

집행정지제도는 신청인이 본안소송에서 승소판결을 받을 때까지 그 지위를 보호함과 동시에 후에 받을 승소판결이 무의미하게 되는 것을 방지하려는 제도이므로, 본안소송의 승소가능성(즉, 처분에 취소나 무효사유의 흠이 있을 가능성)이 있어야 함은 해석상 당연하다. 그러나 본안소송의 승소가능성은 신청인이 소명책임을 지는 적극적 요건이 아니라 본안소

---

214) 대법원 1988. 6. 14. 선고 88두6 판결.

송의 승소가능성이 없음을 피신청인(행정청)이 소명해야 하는 소극적 요건이다.

(나) 보전의 필요성

긴급한 필요가 있다고 인정되어야 한다. 여기서 긴급한 필요란 회복하기 어려운 손해가 발생이 시간적으로 절박하였거나 이미 시작됨으로 인하여 본안판결을 기다릴만한 여유가 없는 경우를 말하며, 그 소명책임은 신청인에게 있다.

(다) 공공의 복리에 중대한 영향을 미칠 우려가 없을 것(소극적 요건)

집행정지는 적극적 요건이 충족된다고 하더라도 공공복리에 중대한 영향을 미칠 우려가 있는 경우에는 허용되지 않는다. 공공복리에 미칠 영향이 중대한지 여부는 절대적 기준에 의하여 판단할 것이 아니라, '신청인의 회복하기 어려운 손해'와 '공공복리' 양자를 비교·교량하여, 전자를 희생하더라도 후자를 옹호하여야 할 필요가 있는지 여부에 따라 상대적·개별적으로 판단되어야 한다.

마. 집행정지 신청 및 심리
(1) 신청 또는 직권

집행정지는 당사자의 신청 또는 직권에 의하여 한다(행소법 23조 2항). 집행정지신청방법에 관하여 행정소송법에 특별한 규정이 없으므로 구술로 할 수도 있으나(민소법 161조), 서면에 의함이 보통이다.

(2) 관 할

본안이 계속되고 있는 법원은 당사자의 신청 또는 직권에 의하여 처분 등의 효력이나 그 집행 또는 절차의 속행의 전부 또는 일부의 정지를 결정할 수 있다. 이는 민사 가처분의 경우와 마찬가지로 항소심과 항고심에서도 가능하다.

(3) 심 리

신청인은 그 신청의 이유에 대하여 주장·소명을 하여야 하고, 피신청인인 행정청은 집행정지의 소극적 요건에 대하여 소명하여야 할 것이다.

집행정지의 요건에 관하여는 증명이 아닌 소명으로 족함은 민사상의 보전처분의 경우와 같다(행소법 23조 4항). 소명에 갈음하는 보증금공탁(민소법 299조 2항)은 실무상 채용되지 않고 있다. 통상 집행정지절차의 긴급성에 비추어 서면심리로 그치거나 심문을 하는 정도가 관례이다. 제3자의 이해관계가 있는 처분에는 행정청 이외에 그 제3자의 의견을 들을 필요가 있다. 심문기일에 당사자가 대동한 증인에 대한 신문 등은 실무에서 널리 행하여지고 있다. 위법한 집행정지로서 침해되는 이익은 공공의 이익이므로 위법한 보전처분으로 말미암아 상대방이 입을 손해를 담보하기 위한 민사집행법 280조 2항 소정의 담보제도는 적용되지 않는다.

바. 집행정지 결정

(1) 처분의 효력정지

처분이 효력정지는 구속력·공정력·집행력 등을 잠정적으로 정지시킴으로써 장래를 향하여 처분자체가 존재하지 않는 상태로 두는 것을 말한다. 예컨대 영업정지의 처분에 대하여 집행정지결정이 있으면 상대방은 적법하게 영업을 할 수 있게 된다. 다만, 처분의 효력정지는 처분의 집행 또는 절차의 속행을 정지함으로써 목적을 달성할 수 있을 때에는 허용되지 아니한다. 따라서 예컨대 강제징수절차와 같은 일련의 계속적인 절차에서 그 절차의 속행을 정지함으로써 압류정지의 목적을 달성할 수 있으므로 과세처분의 효력을 정지할 필요성이 없다.

(2) 처분의 집행정지

집행정지는 처분이 가지는 효력은 유지시키면서 이를 실현하기 위한 집행력의 행사만을 정지하게 하는 것을 말한다. 예컨대 강제퇴거명령을 받은 자에 대한 강제퇴거 조치를 정지하는 경우이다.

(3) 절차의 속행정지

절차의 속행정지는 처분의 효력을 유지시키면서 당해 처분의 후속절차를 잠정적으로 정지하게 하는 것을 말한다. 예컨대 토지수용절차나 행정대집행절차의 경우에 후속적인 절차를 정지하는 행위가 이에 해당한다.

(4) 집행정지결정의 효력

(가) 형성력

집행정지결정이 고지되면 행정청의 별도의 효력정지통지 등이 없이 당연히 결정에서 정한 대로 처분이 효력 등이 정지된다. 당해 처분이 유효함을 전제로 한 후속처분 등도 할 수 없다. 그러나 소급효는 없다. 이러한 집행정지결정은 잠정적·일시적인 성질을 갖는 것이나 그 효력은 종국적인 것으로, 후에 본안에서 원고청구가 승소확정될 것을 조건으로 하는 것이 아니다. 예컨대 운전면허정지처분에 대한 집행정지결정이 있은 뒤, 본안에서 원고 패소판결이 확정되었다 하더라도 위 정지 기간 중의 자동차운전이 무면허운전으로 되는 것은 아니다.

(나) 기속력

집행정지결정은 당해 사건에 관하여 당사자인 행정청과 그 밖의 관계행정청을 기속한다. 따라서 행정청은 동일한 내용으로 다시 새로운 행정처분을 하거나 또는 그에 관련된 처분을 할 수 없다. 집행정지결정의 기속력에 위반하는 행정처분은 당연무효이다. 또한, 집행정지의 효력은 제3자에게도 미치지만[215] 결정은 판결이 아니므로 기판력은 없다.

(다) 시간적 효력

집행정지결정의 효력은 결정의 주문에 정해진 시기까지 존속한다. 주문에서 정하는 바가 없는 때에는 본안소송의 판결선고시까지 효력이 존속한다. 또한 집행정지결정은 장래에 대하여 효력을 발생함이 원칙이나 처분의 효력정지의 경우에는 소급효가 인정된다.

---

215) 대법원 1955. 7. 12. 선고 4288민상132 판결.

한편, 기간을 정한 제재적 처분에 있어 그 시기와 종기가 특정일자로 표시된 경우, 집행정지 신청이 받아들여져 처분의 집행을 본안판결확정시까지 정지한다는 결정이 내려졌다고 할 때, 본안사건의 심리도중 위 제재기간의 종기가 경과하게 되면, 그로써 본안사건의 소의 이익이 소멸하는 것이 아닌가 하는 의문이 들 수 있다. 그러나 통상의 제재적 처분은 그 제재기간에 중점이 있는 것이고 비록 시기와 종기가 표시되어 있다고 하더라도 이는 단순히 기간을 정하는 의미가 있을 뿐이므로, 집행정지결정에 의하여 처분에서 정한 제재기간의 진행이 정지되면, 그 집행정지된 기간만큼 제재기간이 당연 순연(順延)되는 것에 불과하고, 그 처분시에 기재한 종기가 경과하였다 하더라도 그 처분의 취소를 구할 소의 이익이 소멸하였다고 할 수 없다(대법원 1974. 1. 29. 선고 73누202 판결).

사. 집행정지결정 등에 대한 불복

집행정지결정 또는 기각결정에 대하여는 즉시항고를 할 수 있다. 따라서 결정고지가 있은 날로부터 1주일 내에 원 결정법원에 항고장을 제출하여야 한다. 집행정지결정에 대한 즉시항고에는 그 결정의 집행을 정지하는 효력이 없다.

아. 집행정지효력의 소멸

(1) 집행정지결정의 취소

집행정지결정이 확정된 후 집행정지가 공공복리에 중대한 영향을 미치거나 그 정지사유가 없어진 때와 같은 사정변경이 있어 더 이상 행정처분 등의 효력이나 그 집행 또는 절차의 속행을 잠정적으로 정지시킬 필요가 없어진 경우에는 당사자의 신청 또는 직권에 의해 이를 취소할 수 있다(행소법 24조 1항). 취소의 재판도 정지의 재판과 마찬가지로 결정의 형식으로 한다.

(2) 본안의 소취하

본안소송의 계속은 집행정지결정의 요건일 뿐만 아니라 그 효력지속의 요건이기도 하므로 비록 집행정지결정이 있더라도 본안의 소가 취하되면 별도의 집행정지취소결정을 할 필요

없이 집행정지결정은 실효된다. [216)

2. 민사집행법상의 가처분 규정의 준용 여부

가처분이란 금전이외의 특정한 급부를 목적으로 하는 청구권의 집행보전을 도모하거나 분쟁이 있는 법률관계에 관하여 임시의 지위를 정함을 목적으로 하는 보전처분을 말한다. 집행정지결정은 민사집행법상의 가처분과 같이 광범위한 권리에 대한 잠정적 보호를 가능하게 하는 것이 아니라 처분 등을 전제로 하여 그 효력 등을 정지시키는 것을 내용으로 하는 부담적 행정행위에 대한 보전처분으로서의 소극적 기능만을 수행하고 있어, 수익적 행정처분의 신청에 대한 부작위나 거부에 대하여 잠정적인 허가 또는 급부 등을 명하는 조치는 취할 수 없다는 한계를 가지고 있다.

한편, 민사소송법상 가처분 규정의 준용 여부에 관하여 행정소송법은 명문규정이 없어 집행정지제도 이외에 가처분제도를 인정할 것인지 여부에 대하여 논의가 대립한다. 판례는 항고소송에서 민사집행법상의 가처분 규정은 준용되지 않는다고 보고 있다.

---

216) 대법원 2007. 6. 28. 선고 2005무75 판결.

제7장 행정소송의 종료

제1절 소송의 종료사유

1. 종국판결의 확정

소송판결이나 본안판결이 확정되면 소송이 종료되는 것은 당연하며 가장 보편적인 종료사유이다. 종국판결은 상소기간의 도과, 상소권의 포기 등에 의하여 확정된다.

2. 당사자의 행위로 인한 종료

가. 소의 취하 등

(1) 소의 취하

당사자가 소 또는 상소의 취하로 소송을 종료시킬 수 있다. 피고가 본안에 관하여 준비서면을 제출하거나 변론준비기일에서 진술하거나 변론을 한 후에는 상대방의 동의를 얻어야 함은 민사소송의 경우와 동일하다(민소법 266조 2항). 또한 항고소송은 제소기간의 제한이 있기 때문에 취하 후의 제소가 불가능하므로, 취하할 경우 소송이 종국적으로 종결되는 효과가 있어 취하에 부동의할 실익이 거의 없다.

(2) 행정소송과 민사소송의 병합

행정소송에 민사소송인 관련청구가 병합되어 있는 경우, 기본이 되는 행정소송이 취하되면 병합된 민사소송을 각하하여야 한다는 견해도 있으나, 별개 독립의 소로 취급하여 심리

판단하거나 관할법원으로 이송하여야 할 것이다. 행정소송법 16조에 의한 참가인인 경우 참가인과 피참가인 모두의 의사가 합치되어야 소의 취하나 상소의 취하가 가능하다.

(3) 쌍방 불출석으로 인한 소취하나 상소취하

쌍방 불출석으로 인한 소취하나 상소취하에 관한 민사소송법 268조의 규정이 행정소송에도 준용된다.

나. 청구의 포기 · 인낙 · 화해

행정소송은 원칙적으로 당사자가 임의로 처분할 수 없는 공법상의 법률관계를 그 소송의 대상으로 하며, 제3자에게도 판결의 효력이 미치는 점 등에 비추어 볼 때, 원칙적으로 청구의 포기나 인낙, 화해 등이 허용될 수 없다. 항고소송에서는 원고가 소를 취하함으로써 청구의 포기와 동일한 결과를 가져올 수 있고, 행정청이 직권으로 처분을 취소 · 변경하고 원고가 소를 취하함으로써 청구의 인낙이나 화해와 같은 결과를 가져 올 수 있으므로 이들을 인정할 실익은 크지 아니하다.

다. 조 정

행정소송에서의 조정의 허용 여부는 소송상 화해의 허용 여부처럼 이론상의 다툼이 있을 수 있으나, 행정소송법이 민사조정법을 준용하는 명문의 규정을 두고 있지 않으므로, 현행법상 행정사건은 조정이 허용되지 않는다 할 것이다.

라. 기타의 종료사유

성질상 승계가 허용될 수 없는 소송에서 원고가 사망한 경우 소송은 중단됨이 없이 종료하게 된다.[217] 다만 피고 행정청이 없게 된 때에는 그 처분 등의 사무가 귀속되는 국가 또는 공공단체가 피고로 소송을 승계해야 하기 때문에 피고 행정청의 폐지로 인한 소송의 종료는 있을 수 없다. 또한 당사자지위의 혼동으로 인한 종료도 예상할 수 없다.

---

217)대법원 2007. 7. 26. 선고 2005두15748 판결.

제2절 행정소송의 판결

1. 판결의 종류

가. 중간판결, 종국판결

중간판결은 소송 진행 중에 독립적 공격 또는 방어의 방법, 그 밖의 중간의 다툼이나 청구의 원인과 액수 중 원인에 대한 다툼과 같이 당사자 사이에 쟁점이 된 사항을 미리 판결하는 판결이다. 중간판결을 하였을 경우 그 쟁점에 대하여 변론을 제한하여야 하며, 이에 대하여 독립한 상소는 허용되지 아니한다. 반면, 종국판결은 행정소송의 전부 또는 일부를 종료시키는 판결의 유형이다.

나. 전부판결, 일부판결

수개의 청구가 병합되어 제기되었거나 변론이 병합된 경우에 그 전부를 판결한 정도로 심리가 진행되었을 경우에는 전부판결을 하여야 한다. 다만 그 일부에 대한 심리만을 마친 때에는 일부판결을 할 수 있다. 이때 일부판결을 할 것인가의 여부는 법원의 재량사항이다. 그러나 선택적, 예비적 병합 또는 필수적 공동소송의 경우에는 일부판결을 할 수 없다.

일부판결을 할 경우에는 그 부분 변론을 분리하여 재판하고 나머지 청구에 관하여는 심리를 속행하여 나머지 부분을 판결하며, 일부판결은 종국판결이므로 독립하여 상소하는 것은 가능하다.

2. 이행판결

국가 · 공공단체에 대하여 일정한 행위를 명하는 판결은 당사자소송에서 나타난다. 손실보상금증액청구소송도 형식적 당사자소송으로서 이행판결을 한다. 하지만 행정청으로 하여금 일정한 행정처분을 하도록 명하는 이행판결을 구하는 소송은 현행법상 허용되지 아니한다.[218]

---

218) 대법원 1997. 9. 30. 선고 97누3200 판결.

3. 사정판결(事情判決)

가. 의 의

사정판결이란 원고의 청구가 이유 있더라도 당해 처분 등을 취소·변경함이 현저하게 공공복리에 적합하지 아니하다고 판단될 때에는 이유 있는 원고의 청구를 기각하는 판결을 말한다. 사정판결제도는 법치행정 내지 행정의 법률적합성 및 재판에 대한 권리보호라는 헌법원칙에 대한 중대한 예외이므로 그 요건을 엄격하게 해석해야 하고, 불가피하게 사정판결을 하는 경우에도 원고에 가해진 침해에 대한 구제책이 반드시 확보되어야 한다.

나. 요 건

(1) 처분 등이 위법하여 원고의 청구가 이유있을 것

처분 등이 위법하여 원고의 청구가 이유있을 것이라 함은 쟁송의 대상인 처분 등이 위법하고, 그 위법한 처분 등에 의하여 원고의 법률상이익이 침해되었을 것임을 의미한다.

(2) 처분을 취소하는 것이 현저히 공공복리에 적합하지 않을 것

사정판결은 승소판결을 하는 것이 공공복리에 현저히 적합지 아니하여 공익을 위하여 사익을 희생시키는 것으로, 극히 엄격한 요건 안에 제한적으로 인정되어야 한다.[219] 여기서 어떠한 경우에 처분 등을 취소하는 것이 현저히 공공복리에 적합하지 않는 것인가에 관하여 구체적인 기준을 정할 수 있는 것은 아니나, 위법한 행정처분의 효력을 유지하는 것 자체가 당연히 공공의 복리를 저해하는 것이므로 위법한 처분을 취소하지 아니하고 방치함으로써 발생하는 공익침해의 정도보다 위법처분을 취소함으로써 발생하는 새로운 공익침해의 정도가 월등하게 큰 경우, 예를 들면 처분이 위법하기는 하나 이미 집행되어 버렸고 그로 말미암아 다수 관계인 사이에 새로운 사실관계, 법률관계가 형성되어 이를 뒤엎을 경우 그로 인한 손해가 크고 이에 비하면 위법한 처분으로 불이익을 받은 자의 손해의 정도는 비교적 근소하며 또 다른 방법으로 그 손해를 보충할 수 있다고 인정되는 경우이어야 한다(대법원 1980. 12. 23. 선고 76누70 판결 등).

---

219) 대법원 1991. 5. 28. 선고 90누1359 판결.

다. 적용범위

사정판결은 취소소송에만 인정된다. 취소소송에는 무효선언을 구하는 취소소송을 포함한다. 그러나 당사자 소송은 물론이고, 항고소송 중 무효등확인소송은 존치시킬 효력이 존재하지 않기 때문에 각각 사정판결이 인정되지 않는다. 당사자소송, 무효등확인소송과 부작위위법확인소송에는 사정판결을 준용하는 규정도 없다.

라. 사정판결에 대한 불복

(1) 청구기각

처분이 위법함에도 불구하고 원고의 청구는 기각된다. 기각의 효과는 일반의 기각판결과 같다. 따라서 그 범위 내에서는 원고는 패소한 것이므로 사정판결에 대하여 원고는 항소 · 상고 할 수 있다.

(2) 위법명시

사정판결을 하는 경우 법원은 판결주문에서 당해 처분이나 재결의 위법성을 명시하여야 한다. 판결주문에 위법성을 명시함으로써 (i) 처분 등의 위법성에 대하여 기판력이 발생하고, (ii) 당해 처분이 적법 · 유효한 것임을 전제로 하는 후속처분 등을 저지시키며, (iii) 원고에 대한 보상적 구제를 가능하게 하고, (iv) 소송비용의 결정에 참작되도록 하기 위한 것이다.

(3) 소송비용부담

사정판결에 있어서는 원고의 청구가 이유 있음에도 불구하고 공공복리를 위하여 청구가 기각되는 것이므로 소송비용은 피고가 부담한다.

(4) 불복

사정판결에 대하여는 원고와 피고 모두가 상소할 수 있다. 원고는 사정판결을 할 사정이 없는데도 사정판결을 하여 원고청구가 기각되었음을 이유로 다툴 수 있고, 피고도 원고청구를 기각한 것에 대하여는 불만이 없지만 처분이 적법한데도 위법하다고 선언하였다는 점을 이유로 다툴 수 있다.

제3절 판결의 효력

1. 기속력

가. 의 의

기속력이란 판결이 그 내용에 따라 소송 당사자인 행정청과 기타 관계행정청을 기속하는 효력을 말한다. 판결이 행정처분을 취소하였음에도 불구하고 처분청이 동일한 행위 또는 판결의 취지와 배치되는 행위를 할 수 없도록 하기 위하여 인정된 효력이다. 이러한 취소판결의 기속력은 무효등확인소송과 부작위위법확인소송에 준용된다.

나. 성 질

모든 민·형사판결의 주문은 그 후의 모든 재판을 구속하여 이와 모순되는 재판을 금지하는 효력, 즉 기판력의 내용에 따른 결과로서 인정되는 것이라는 '기판력설'도 있으나, 취소소송의 실효성을 확보하기 위하여 기판력보다 널리 직접 행정청을 구속하는 효력이라는 '특수효력설'이 통설이다. 항고소송의 대상은 특정 처분이고 그 처분의 전제가 된 법률관계가 아니므로, 처분 등을 취소한다는 판결 등이 확정되더라도 행정청이 또 다시 같은 내용의 처분을 되풀이한다면 판결의 실효성이 없으므로, 행정소송 판결의 실효성 확보를 위하여 특별히 인정된 효력이라 할 것이다.

다. 내 용

(1) 반복금지효 및 원상회복금지

취소판결이 있으면 행정청은 동일한 사정 하에서 동일한 당사자에게 동일한 내용의 처분을 반복하여서는 아니 되며(반복금지효), 이에 위반하면 그 자체가 중대하고 명백한 하자로 되어 무효사유에 해당한다.[220]

한편, 이러한 소극적 반복금지효에서 한걸음 더 나아가 행정청은 취소된 처분에 의하여

---

220) 대법원 1982. 5. 11. 선고 80누104 판결.

초래된 위법상태를 원상으로 회복할 적극적인 의무까지도 진다(예, 과세처분의 취소판결이 있으면 나아가 압류 · 공매 등의 체납처분까지도 취소하는 것).

(2) 재처분의무

거부처분에 대한 취소판결 또는 부작위위법확인판결이 있으면 행정청은 판결의 취지에 따라 종전의 원고의 청구에 대하여 재처분의무를 지게 된다. 이 경우 원고는 처분에 대한 신청을 다시 할 필요가 없다. 피고인 행정청은 반드시 원고의 신청대로 재처분할 의무는 없으며, 판결내용에 적시되지 않은 다른 적법한 거부사유가 있으면 이를 이유로 다시 거부처분을 할 수 있다.

라. 범위

기속력은 당사자인 행정청뿐만 아니라 모든 관계행정청까지 미치며(주관적 범위), 판결의 주문뿐만 아니라 이유에 명시된 사실인정과 법률문제에 대한 판단에까지 미친다(객관적 범위).

(1) 주관적 범위

취소판결은 당사자인 행정청 기타의 관계행정청을 기속하는데, 여기의 '관계행정청'이란 피고 행정청과 동일한 행정주체에 속하는 행정청이나 동일한 사무계통에 속하는 상하관계에 있는 행정청에 한하지 않고, 취소된 행정처분을 기초 또는 전제로 하여 이와 관련된 처분 또는 이에 부수하는 행위를 할 수 있는 모든 행정청을 총칭한다.

(2) 객관적 범위

기속력의 객관적 범위는 판결의 주문뿐만 아니라 이유에 명시된 사실인정과 법률문제에 대한 판단에까지 미친다. 따라서 과세가격 평가방법이 잘못되었거나 추계조사결정의 필요성 및 그 방법의 합리성 내지 타당성에 잘못이 있다고 하는 경우에는 다시 위법사유를 보완하여 새로운 과세처분을 할 수 있으며,[221] 공무원에 대한 징계처분취소판결이 있은 뒤에 그 징계처분사유설명서의 기재사유 이외의 사유를 들어 다시 징계처분을 할 수 있다.[222) 거부처분을 취소하는 확정판결이 있으면 행정청은 원칙적으로 원고의 신청을 인용하는 처분을 하여야 하지만,[223) 예외적으로 종전의 거부처분 이유와 다른 이유를 들어 재차 거부할 수 있다. 거부처분이 절차위배를 이유로 취소된 경우 다시 적법한 절차에 따라 처분하도록 한 행정소송법 30조 3항은 당연한 것을 규정한 주의규정에 불과하다.

(3) 시간적 범위

처분 당시의 법령이나 사실관계에 변동이 있을 때에는 판결의 기속력이 인정되지 아니한다. 그 결과 행정청은 확정판결에 의하여 취소된 처분과 동일한 이유로 동일한 내용의 처분을 다시 할 수 있다. 판례 중에는 사실심 변론종결시를 기준으로 그 이후에 법령이나 사실상태가 변동되어야만 기속력을 받지 않는 것처럼 설시한 것도 있으나, 부작위위법확인의 소송을 제외하고는 처분의 위법여   부 판단의 기준시점이 사실심변론종결시가 아닌 처분시인 점에 비추어, 당초의 처분이 있은 후에 법령이나 사실상태가 변동된 이상 그 변동시점이 사실심 변론종결 이후인지 여부에 관계없이 기속력을 받지 아니하므로, 동일한 이유로 동일한 내용의 처분을 할 수 있다고 보아야 할 것이다.[224)

마. 위반행위의 효력

취소판결이 확정된 후에 그 기속력에 위반하여 한 동일한 내용의 처분은 위법하고, 그 하자가 중대·명백하여 당연 무효이다.[225)

---

221) 대법원 1992. 11. 24. 선고 91누10275 판결.
222) 대법원 1989. 2. 28. 선고 88누6177 판결.
223) 대법원 2001. 3. 23. 선고 99두5238 판결.
224) 대법원 1998. 1. 17.자 97두22 결정.
225) 대법원 1990. 12. 11. 선고 90누3560 판결.

2. 형성력

가. 의 의

취소판결이 확정되면 처분청의 별도의 취소처분 없이 당해 처분은 당연히 효력이 상실된다. 이에 따라 처분 등에 기하여 형성된 기존의 법률관계나 법률상태에 변동을 가지고 오는 효력을 형성력이라 한다. 이러한 형성력은 기속력과 마찬가지로 원고 승소판결에만 인정되는 효력이다.

예를 들어, 과세처분을 취소하는 판결이 확정되면 그 과세처분은 소멸하므로, 과세처분을 취소하는 판결이 확정된 후에는 그 과세처분을 경정하는 경정처분을 할 수 없고 그 경정처분은 당연 무효이다.[226]

나. 소급효

소급효를 지니는 형성력은 취소판결이 확정되면 당해 처분은 처분 당시부터 당연히 효력이 없었던 것으로 된다. 그로 인해 가령 어업면허취소처분을 취소하는 판결이 확정되면 그 판결이 있기 전의 어로행위는 무면허가 되지 아니하고, 영업허가취소처분을 취소하는 판결이 확정되면 영업허가 취소처분을 받고서도 한 영업행위가 무허가 영업으로 되지 아니한다.[227]

다. 제3자효

처분 등을 취소하는 확정판결은 제3자에 대하여도 효력이 있다. 따라서 행정처분취소판결이 있으면, 제3자라 하더라도 그 취소판결의 존재와 그 취소판결에 의하여 형성되는 법률관계를 용인하여야 한다.[228]

---

226) 대법원 1989. 5. 9. 선고 88다카16096 판결.
227) 대법원 1993. 6. 25. 선고 93도277 판결.
228) 대법원 1986. 8. 19. 선고 83다카2022 판결.

3. 기판력

가. 의 의

기판력은 취소판결이 확정된 때에는 동일한 사항이 다시 소송상으로 문제가 되었을 때에 당사자는 이에 저촉되는 주장을 할 수 없고 법원도 이에 저촉되는 판단을 할 수 없는 효력을 의미한다.[229] 행정소송법 8조 2항에서 이 법에 특별한 규정이 없는 사항에 대하여는 민사소송법을 준용한다고 하므로 행정소송 판결에 대하여도 기판력이 있음은 의문의 여지가 없다.

나. 범 위

(1) 주관적 범위

기판력은 당사자와 그 승계인(상속인·매수인·권한인수관청 등)에게 미치며, 특히 피고인 행정청이 소속된 국가 또는 공공단체에게도 미친다고 볼 것이다. 따라서 처분의 취소소송에서 위법임이 확정된 이상 그 위법한 처분으로 인한 손해배상청구소송에서 국가는 위법이 아님을 주장할 수 없다[230].

그 결과 세무서장을 피고로 하는 과세처분취소소송에서 패소한 자가 국가를 피고로 하여 과세처분의 무효를 주장하여 과오납금반환청구소송을 제기하면 위 취소소송의 기판력에 반한다.[231] 그러나 토지수용재결이나 환지처분에 대한 취소소송에서 패소한 자가 위와 같은 처분 등의 무효를 전제로 제3자인 사인(私人)을 상대로 종전토지의 소유권에 기하여 토지인도소송을 제기하는 경우에는 위 패소판결의 기판력이 미치지 않는다고 할 것이다.

(2) 객관적 범위

민사소송에서의 판결과 같이 판결의 주문(즉 판단의 결론부분)에만 기판력이 미치며, 판결이유에 적시된 위법사유에 관한 판단에 대하여는 미치지 아니한다.[232]

---

229) 대법원 1987. 6. 9. 선고 86다카2756 판결.
230) 박윤흔(상), p.983. 서원우 교수는, 취소소송의 청구인용판결의 기판력은 손해배상청구소송에 미치지만, 청구기각판결의 기판력은 그에 미치지 않는다고 하는 기판력 일부긍정설을 취하고 있다. 서원우, 취소소송판결의 국가배상소송에 대한 기판력, 고시계 1987.11, p.164 이하.
231) 대법원 1998. 7. 24. 선고 98다10854 판결.
232) 대법원 1987. 6. 9. 선고 86다카2756 판결.

(3) 시간적 범위

기판력은 사실심(고등법원까지만을 의미)의 변론종결시를 표준으로 하여 발생한다. 따라서 확정된 종국판결은 그 기판력으로서 당사자가 사실심의 변론종결시를 기준으로 그 때까지 제출하지 않은 공격방어방법은 그 뒤 다시 동일한 소송을 제기하여 이를 주장할 수 없다.[233]

---

[233] 대법원 1992. 2. 25. 선고 91누6108 판결.

제4절 종국판결의 부수적 재판

1. 가집행선고

행정처분의 취소·변경을 구하는 취소소송은 확정이 되어야 형성력이 생기기 때문에 가집행선고를 할 수 없다. 또한 무효등확인소송이나 부작위위법확인소송에서도 성질상 가집행선고가 불가능하다. 다만, 당사자소송 또는 행정사건에 관련청구도 병합된 민사사건에 대하여는 민사소송법 213조 1항이 적용되어, 재산상의 청구에 관한 한, 상당한 이유가 있는 경우를 제외하고는 가집행선고를 하여야 할 것이다.

2. 소송비용재판

가. 소송비용의 부담

(1) 패소자부담의 원칙

소송비용의 부담에 관하여는 원칙적으로 패소자 부담이고 원고 청구의 일부가 인용되는 때는 원·피고가 분담한다. 다만, 사정판결은 형식적으로는 원고 패소판결이지만 실질적으로는 피고 패소판결에 해당하므로 소송비용은 피고의 부담으로 한다.

(2) 취소소송

취소소송 계속 중에 피고 행정청이나 상급행정청에 의하여 소의 대상인 행정처분의 전부 또는 일부가 취소·변경됨으로 인하여 청구가 각하 또는 기각된 경우에는 그 취소·변경에 해당하는 부분에 대하여는 피고의 부담으로 한다.

(3) 부작위위법확인소송

명문의 규정이 없으나 부작위위법확인의 소에 있어서 소송계속 중 피고 행정청이 상당한 기간이 경과한 후에 처분을 한 경우에도 소송비용은 피고의 부담으로 하여야 할 것이다.

(4) 당사자소송

당사자소송에 있어 당해 공법상의 법률관계의 원인이 되는 행정청의 처분 등이 취소 · 변경
되어 각하 또는 기각된 경우에도 위 행정소송법 32조가 준용된다.

나. 소송비용에 관한 재판의 효력

소송비용에 관한 재판이 확정된 때에는 피고 또는 참가인이었던 행정청이 소속하는 국가
또는 공공단체에 그 효력이 미치는데. 이는 행정청에는 권리의무능력이 없기 때문이다.
따라서 소송비용을 피고의 부담으로 하는 판결이 확정된 때는 피고 행정청이 속하는 국가
또는 공공단체가 비용을 부담하여야 하고, 소송비용을 원고의 부담으로 하는 판결이 확정된
때는 피고 행정청이 속하는 국가 또는 공공단체가 비용채권자로서 소송비용액확정결정신청
을 하고 강제집행을 할 수 있다.

당해 행정청의 소속관계는 사무의 귀속관계와는 다르므로 기관위임사무의 경우 행정처분의
효과는 국가에 귀속되나 소송비용부담의 재판은 처분청이 소속한 공공단체에 대하여 그
효력이 생긴다.

제8장 행정소송의 강제집행

제1절 서 론

1. 개념

행정소송에 있어서의 강제집행이란 국가의 집행기관이 집행권에 표시된 공법상 청구권을 국가권력에 의하여 강제적으로 실현하는 법적절차를 말한다. 따라서 집행권에 표시된 사법상의 청구권에 관한 민사소송의 강제집행과는 구별되고 행정기관이 행정목적의 달성을 위하여 사람의 신체 또는 재산에 대하여 실력으로 행정상 필요한 상태를 실현하는 행정강제와도 구별된다,

2. 대상

강제집행의 대상되는 것은 이행청구권에 한하며, 확인판결이나 형성판결은 그 확정에 의하여 기판력이나 형성력이 발생하여 그 판결을 구하는 목적이 달성되므로 강제집행을 할 필요성은 없다. 당사자소송에서는 이행판결이 가능하므로 이행판결에 기하여 강제집행이 허용되지만 행정소송법에서는 특별한 규정을 두고 있지 아니하므로 민사집행법 규정이 준용된다. 강제집행이 허용되는 경우라도 국가에 대한 강제집행의 경우에는 국유재산 중 국고금234)에 압류함으로써 하며, 국가 이외의 지방자치단체 등 공공단체에 관하여는 일반원칙에 따라 모든 재산이 집행의 대상이 된다.

---

234) 국고금이란 법령 또는 계약 등에 따라 국가의 세입으로 납입되거나 기금에 납입된 모든 현금 및 현금과 같은 가치를 가지는 것으로 대통령령으로 정하는 것 등의 자산을 말하고(국고관리금 제2조 제1호), 채무자가 국가인 이상 집행문 내용에 표시된 관서의 소관 국고금이 아니라도 압류할 수 있다.

제2절 간접강제

1. 적용범위

의무이행소송 대신에 인정되는 부작위위법확인판결과 거부처분에 대한 취소판결의 실효성을 담보하기 위하여 행정소송법은 단순히 판결의 기속력에 따른 처분청의 재처분의무를 규정함에 그치지 아니하고, 재처분의무를 이행치 아니할 경우에 대비하여 당사자의 신청에 의하여 법원의 결정으로 상당한 재처분기간을 정하고 그 기간 내에 처분치 아니할 경우에는 그 지연기간에 따라 일정한 손해배상을 할 것을 명하거나, 즉시 배상을 할 것을 명할 수 있도록 하였다. 이 손해배상명령은 피고 행정청이 소속하는 국가 또는 공공단체에게도 그 효력이 미친다. 이러한 간접강제제도는 부작위위법확인소송에도 준용된다.

2. 요 건

가. 거부처분취소 등 판결의 확정

거부처분취소의 판결, 거부처분무효확인의 판결, 부작위위법확인의 판결 등의 확정이 간접강제의 전제요건이다. 위 판결들은 모두 성질상 가집행선고를 할 수 없다는 특징이 있다.

나. 상당한 기간 내 판결의 취지에 따른 처분이 없을 것

특별한 사정이 없는 한 판결확정시로부터 새로운 처분을 하는데 필요한 상당한 기간 내에 새로운 처분을 하여야 하고, 그 기간 내에 처분이 없을 경우 간접강제가 가능하다.[235]

---

235) 판례 중에는 변론 종결 이후에 발생한 새로운 사유에 기한 거부처분만이 여기의 새로운 처분에 해당하는 것처럼 설시한 것도 있으나(대법원 2004. 1. 15.자 2002무30 결정 등), 거부처분의 위법여부 판단의 기준시는 변론종결시가 아니라 처분시이므로, 그 취소된 거부처분이 있은 이후에 사실관계나 법령의 변동이 있을 경우 동일한 사유로 재차 거부처분을 하더라도 이러한 거부처분은 새로운 처분이므로 이러한 처분이 있으면 간접강제가 허용되지 않는다(대법원 1998. 1. 7.자 97두22 결정).

3. 결정 등

가. 간접강제결정 및 집행

간접강제결정은 변론 없이 할 수 있다. 다만, 변론을 열지 않고 결정을 하는 경우에도 처분의무 행정청을 심문하여야 한다. 따라서 법원은 당사자의 신청이 이유 있다고 인정되면 상당한 기간을 정하고, 행정청이 그 기간 내에 이행하지 아니하는 때에는 그 지연기간에 따라 일정한 배상을 할 것을 명하거나 즉시 손해배상을 할 것을 명할 수 있다. 한편, 간접강제결정은 소송비용의 부담재판과 마찬가지로 금전지급의무의 주체가 될 수 없는 행정청에게 금전배상을 명한다는 점에서 특이하고, 결국 그 배상의무는 당해 행정청이 속한 국가나 지방자치단체가 부담한다.

나. 간접강제결정의 변경

(1) 사정변경으로 인한 변경

간접강제결정이 있는 경우라도 그 후 사정의 변경이 있을 경우 법원은 당사자의 신청에 의하여 그 결정내용을 변경할 수 있다. 그 신청은 원·피고 모두 가능하고, 후발적 사정이 아니라 간접강제결정 당시 존재하였던 사정이라도 그것이 후에 밝혀진 경우에는 변경결정을 할 수 있다. 변경결정을 하는 경우에는 신청의 상대방을 심문을 요한다.

(2) 주된 변경내용

간접강제의 주된 변경내용은 처분을 할 기간의 연장 또는 단축, 배상금액의 증액 또는 감액, 즉시 일정금액의 배상을 명하던 것을 지연기간에 따라 일정금액을 배상하도록 변경하는 것 등이다.

(3) 소급효 금지

법원의 간접강제 변경결정이 있으면, 그 효력은 장래에 향하여 생기고, 소급효는 없다.

4. 배상금의 추심

간접강제결정이 있은 후에 의무행정청이 그 결정에 정한 상당한 기간 내에 확정된 판결의 취지에 따른 처분을 하지 않는 경우에는 신청인은 간접강제결정 자체를 집행권원으로 하여 집행문의 부여를 받아 집행할 수 있다. 이 때 위 결정은 피신청인 또는 피참가인이었던 행정청이 소속하는 국가 또는 공공단체에 그 효력이 미치므로 이들 소유의 재산에 대하여 집행한다. 간접강제결정에 기한 배상금의 추심에도 불구하고 행정청이 처분 등을 하지 않은 경우에는 그 결정내용이 지연기간에 따라 일정한 비율에 의한 배상금의 지급을 명하는 경우에는 재차 배상금을 추심할 수 있고, 일시금의 배상금을 명한 경우에는 당사자는 재차 간접강제신청을 할 수 있다.

5. 불복절차

간접강제신청에 관한 기각결정이나 인용결정에 대하여는 즉시항고를 할 수 있다(민집법 261조 2항).

찾아보기

감수

채우석(법학박사)

· 숭실대학교 법과대학 법학과 졸업

· 日本國 明治大學校 大學院 졸업

現) 숭실대학교 법과대학 법학과 교수(행정법)

저자

김동근 (법학박사 · 행정사)

· 숭실대학교 법과대학 법학과 졸업(법학사)

· 숭실대학교 대학원 법학과졸업(법학박사 : 행정법)

現) 행정사(4기)

　　　숭실대학교 초빙교수(행정법 강의)

　　　숭실대학교 미래인재교육원 탐정사최고위과정 대표강사(탐정관련법 강의)

　　　대한탐정협회 부회장 겸 교육원장

　　　대한행정사회 행정심판강의 교수(행정심판강의)

　　　국가전문자격시험출제위원

　　　행정심판학회 학회장

　　　대한행정사협회 대의원

　　　YMCA 병설 월남시민문화연구소 연구위원

前) 공인행정사협회 법제이사

　　대한부동산학회 이사

　　공인행정사협회 법제위원장

　　한국법무보호복지학회 이사

　　공인행정사협회 행정심판전임교수

　　서울시장후보 법률특보단장

〈주요 논문〉

• '주택재건축 매도청구권행사상 문제점 및 개선방안에 관한 연구', 「숭실대학교 법학논총」 27집.

• '주택재개발·재건축사업의 개선방안에 관한 법적연구', 숭실대학교 박사학위논문(2012.6).

• '정비사업조합설립·운용상의 개선방안에 관한 연구', 「대한부동산학회지」 제30권 제2호 (통권 제35호), 대한부동산학회, 2012.12.

• '정비사업조합설립추진위원회설립·운용상의 문제점 및 개선방안에 관한 입법정책적 연구', 「부동산학보」 제52집, 한국부동산학회, 2013. 2. 외 6편.

〈주요 저서〉

건축법 이론 및 실무(진원사), 주택법 이론 및 실무(진원사), 도시개발법 이론 및 실무(진원사) 국토계획법 이론 및 실무(진원사), 부동산소송(진원사), 핵심 재개발·재건축분쟁실무(진원사) 주택상가임대차보호법 분쟁실무(법률출판사), 공무원교원소청심사청구(법률출판사), 영업정지·취소구제 행정심판(법률출판사), 운전면허취소·정지구제 행정심판(법률출판사), 출입국관리법 이론 및 실무(법률출판사), 사건유형별 행정소송 이론 및 실무(법률출판사), 사건유형별 행정심판 이론 및 실무(법률출판사), 토지수용 및 손실보상절차(법률출판사), 비영리법인 설립절차 이론 및 실무(법률출판사), 비송사건처리절차법 이론 및 실무(법률출판사), 행정심판·행정소송 실무(법률출판사) 외 30여 종

행정법원론

2021년 6월 20일   1판 1쇄 인쇄
2021년 6월 30일   1판 1쇄 발행

감   수   채우석
저   자   김동근
발 행 인   김용성
발 행 처   **법률출판사**
            서울시 동대문구 휘경로2길 3, 4층
            ☎ 02) 962-9154   팩스 02) 962-9156
등 록 번 호   제1-1982호
ISBN   978-89-5821-386-4   13360
e-mail :   lawnbook@hanmail.net